혁신과 통합의 한국경제모델을 찾아서

A New Korean Economy Model for Innovation and Integration

이 책은 성공회대학교 사회문화연구원 민주주의와 사회운동연구소가 한국학술진흥재단의 지원으로 수행하고 있는 1999년 중점연구소 지원과제 〈한국 자본주의 발전과 사회구성의 변화〉 (1999-2001, KRF-99-005- C00020) 가운데 (통합)제1세부 과제의 3단계 연구인 〈민주화·세계화 '이후' 한국자본주의와 민주주의의 '대안'적 체제(regime) 모형 연구〉 (KRF-2003-005-B00025)의 성과물입니다.

혁신과 통합의 한국경제모델을 찾아서

A New Korean Economy Model for Innovation and Integration

유철규 편

함께읽는책
COBOOK

책 머리에

역사와 현실로부터 대안으로

1

이 책은 성공회대학교 사회문화연구원 한국자본주의 연구팀의 공동연구를 묶은 네 번째 결과물이다. 앞선 세 번의 연구결과들은『한국자본주의 발전모델의 형성과 해체』(2001년),『한국자본주의 발전모델의 역사와 위기』(2003년), 그리고『박정희 모델과 신자유주의 사이에서』(2004년)라는 제목으로 각각 출간되었다. 이전의 책들이 주로 산업화시기를 대상으로 한국경제의 역사와 구조를 분석하고, 해방이후 제기되어 왔던 다양한 사회발전의 구상과 정책담론의 역사를 발굴하고 정리하려고 했다면, 이번 책은 우리 나름대로 정리한 우리사회의 역사와 지적 유산을 바탕으로 대안의 모색이라는 영역으로 조심스럽게 발을 내딛는다. 한편에서는 지난 6여 년에 걸쳐 수행되어 온 연구팀의 공동 작업을 일단락 짓는 마무리이기도 하지만, 또 다른 한편에서는 향후 지속될 본격적인 대안연구의 시작이기도 하다.

언제나 그렇듯이 연구결과물을 세상에 내 놓는 데에는 상당한 용기가 필요하지만, 특히 이번의 연구는 대안을 찾아보고자 했던 만큼 더욱 그러하다. 우리 경제의 새로운 발전 방안을 찾는 일은 결과를 알 수 없는 수렁이 되기 십상이다. 오랜 기간 함께 연구해 온 연구팀이었지만, 과거를 다룰 때와 현재와 미래를 다룰 때는 차이가 컸다. 역사를 다루는 이전의 연구에서는 연구 참여자들의 다양한 이론적, 실천적 기반과 경험들이 논쟁을 통해 서로 상생하는 시너지 효과를 얻는 경우가 더 많았지만, 현재를 평가하고 앞으로의 대안을 모색하는 과정에서는 그렇지 못하고 서로 평행선을 그리며 충돌하는 경우가 많았다. 또한 한 부분이 어느 정도라도 모습을 갖추면 그 대가로 다른 부분이 일그러지는 과정을 피할 수 없었으며, 그럴듯한 아이디어도 역사와 부합하지 않아 폐기되어야 했다.

더구나 역사와 현실에 부합하는 대안의 모색은 대부분 그렇게 깔끔하거나 근사한 모습을 띠지 않는다. 한 쪽 발을 역사와 현실의 모순에 담근 채, 다른 발을 내딛는 일이 경우에 따라 대단히 소모적인 일이며 고통스러운 일이라는 것을 나름대로 경험해 온 필자들이지만, 이번 연구에서도 같은 과정이 또 한번 반복되었다.

국민경제의 핵심적인 재생산 기제가 외국자본의 통제에 들어가는 길과 재벌지배로 회귀하는 길 어느 쪽도 국민대중의 삶의 요구에 부합하는 한국경제의 대안이될 수 없다는 데 필자들 모두가 동의했지만, 실제의 작업 결과는 종종 양자의 길에 휩쓸리곤 했다. 영미식 주주 자본주의의 폐해에 이론적으로 깊히 몰두해 있는 연구진이 있는가 하면, 영미식이니 유럽식이니 하는 것이 왜 중요한가 이름이 중요한 것이 아니라 우리에게 도움이 되는 제도를 찾아야 하지 않는가라고 강하게 반문하는 연구진도 있었다. 양자는 끊임없이 충돌할 수밖에 없었는데, 이론에서 현실로, 추상적인 것에서 구체적인 것으로 다가가려 할수록 그 정도는 점점 더 심해질 수밖에 없는 일이다. 이런 상황은 외환위기이후 8년여의 시간이 흐르면서도 경제위기의 원인과 처방을 둘러싼 논쟁이 정리되기보다는 오히려 더 치열해지는 이유와도 관련이 있다. 학술적 시각과 이론의 차이에 머물러 있던 것이 시간이 갈수록 계급별, 계층별 이해관계가 점점 분명해지면서 현실의 문제로 바뀌고 있기 때문이다.

갈수록 치열해지는 현실의 사회적 갈등 구조 속에서, 수익성을 절대적인 목적으로 삼는 왜곡되고 편협한 자본의 세계화를 넘어 평화와 공존을 가능하게 하는 세계화의 길, 가속화되는 생산력의 확대와 노동의 폐기를 넘어 국민다수의 경제적 사회적 생존을 보장하고 민주주의의 실제적인 확대와 부합하는 사회 통합적인 대안이 과연 존재하겠는가? 의욕은 컸지만 결과는 조촐하기 그지없다. 그래도 연구진이 실망하지 않는 것은 이제 시작이라는 자위 아닌 자위 때문이다. 또 이에 대한 대답은 사회운동의 성과와 함께 하는 것이기에 우리 사회운동의 잠재력과 가능성을 믿는 마음도 크다. 이 믿음으로 연구실에서는 잘 해결되기 어렵다고 판단되는 우리 내부의 모순과 충돌을 굳이 무마해서 덮어 두려고 애쓰지 않았다.

연구팀의 성과물을 낼 때마다 책머리 글에 붙여 온 다음 글을 또 다시 인용하는 것은 이번 연구 성과가 결코 만족할 만한 것이기 때문은 아니다. 연구 분야가 다르고 근거하고 있는 이론과 현실적 입지가 달라도, 필자 모두가 지난 6년의 세월 내내 붙들고 있으려 했으며, 앞으로도 유지해 나갈 기본 입장이기 때문에 또 다시 밝혀 두고 싶다.

진정한 사회 발전의 대안은 사회통합의 이념을 담고 있어야 한다. 이러한 이념은 다수 국민대중의 삶의 요구와 역사적 경험에 기반하여 그들의 동의와 적극적 참여를 끌어낼 수 있을 때 비로소 실현될 수 있다. 기득권의 관점에서 벗어나 '시민사회의 눈'으로 '국민대중의 눈으로' 그리고 '노동자의 눈'으로 '아래로부터' 문제에 접근하려는 시도가 필요한 것이다. 강조하건대 이것은 단순히 이데올로기적 필요 때문이 아니다. 대중의 민주적 참여, 즉 우리가 민주주의적 동원이라고 부르는 것에 의해서만 사회적 비용을 최소한으로 줄이면서 우리사회의 발전을 기대할 수 있기 때문이다 (『한국자본주의 발전모델의 형성과 해체』, 2001, p.12).

책의 세목에 "혁신"과 "통합"을 세워 둔 것은, 우리가 이번 연구로 이 두 가지에 근접한 결과를 얻었다고 생각하기 때문은 아니다. 대안 경제체제를 모색하는 데 고려되어야 할 내용으로 이 두 가지 화두가 반드시 포함되어야 한다는 필자들의 공감대를 표현한 것이며, 우리가 혁신과 통합이 어떻게 우리사회에서 결합될 수 있는지를 계속 연구해 가겠다는 약속의 표시이다. 성급한 출간과 정제되어 잘 조화되지 못한 내용에 대한 독자의 비판을 기다린다. 비판이 클수록, 우리사회의 미래에 대한 고민이 활성화될수록 우리의 의욕도 높아질 것이라고 생각한다.

2

책은 12개의 글들로 구성되었다. 본문의 첫 글인 1장 "한국경제의 대안적 체제 모델로서 '한국형 사회적 시장경제 모델' 구상" 과 마지막 12장의 글 "2000년대

한국경제의 쟁점과 민족경제론 — '외국자본 지배론' 비판을 중심으로"는 각각 신
정완과 정건화가 썼다. 두 글은 서로 조응하면서 책의 앞 뒤 두 기둥을 세워 놓았다.
신정완은 흩어져 따로 놓기 쉬운 부분 연구들을 가지고 대담한 '퍼즐 맞추기'에 도
전했고, 정건화는 한국경제의 현안인 위기론의 쟁점을 풀어 열린 민족경제론, 진보
적 민족경제론의 문제의식을 세움으로써 향후 연구과제를 던지고자 했다.

이 두 글 사이에 기업지배구조(송원근), 금융개혁(유철규), 산업구조의 변화와
산업정책(김정주), 조세정책(김은경), 국민연금의 지배구조(전창환), 노동운동의
위기와 극복(신정완), 지역발전모델로서의 지역혁신체제(이상철), 지역균형발전
을 위한 금융시스템(송홍선), 동아시아 금융정책협력방안(김은경), 그리고 남북경
제의 신 성장동력 창출을 모색하는 임강택과 김양희의 글을 차례로 실었다.

이 가운데 송원근의 글은 미국의 기업지배 관련제도에, 송홍선의 글은 미국의
지역재투자제도에 많은 관심을 두고 있다는 점에서 전반적으로 비(非)앵글로 색슨
지역의 제도에 관심을 두고 있는 다른 연구들과 차별성이 있다. 외환위기이후 거의
강제적으로 우리 경제에 도입된 영미형 제도들이 일으키는 제도적 마찰 현상 때문
에, 영미형에 비판적이면서도 정작 그 경제 제도들을 깊이 있게 바라보지 않는 연구
자들에게 주의를 환기시키는 역할을 해 주었다. 아쉬운 것은 그 중요성에도 불구하
고 남북문제를 다루는 연구에 우리가 비중을 두지 못했다는 점이다. 이 점에서라도
기꺼이 외부기고 청탁에 응해 준 임강택, 김양희 두 분이 고맙기 그지없다.

3

아무리 큰 의욕을 가지고 있다 해도 물질적인 지원이 없었다면 이 연구는 훨씬
늦어 졌을 것이다. 그간의 연구는 학술진흥재단의 지원으로 수행되었으며, 이 책은
동재단의 대학 중점연구소 지원사업 '한국자본주의 발전과 사회구성의 변화'의 3
단계 연구결과물임을 밝힌다.

갈등과 좌절 그리고 힘겨운 논쟁의 시간들을 함께 건디고 건너 온 연구자들의 수
고는 물론이고 주변의 끊임없는 관심과 격려에 말할 수 없이 크게 힘입었다. 이 자

리를 빌어 물심양면의 도움을 주신 모든 분들께 감사를 드린다. 성공회대학교 김성수 총장님과 전체 교직원들의 이해와 지원, 그리고 성공회대 사회문화연구소(원)의 전임소장 이종구 교수와 이영환 교수, 현임 원장 정원오 교수의 지원과 격려에 감사드린다. 연구교수로서 제 역할을 다해 준 오유석 연구 교수의 노고와 연구원의 행정을 맡아준 전임 여순주 연구원, 현임 유소영 연구원 그리고 김문갑 연구조교의 수고를 빼 놓을 수 없다. 정치, 사회분야의 타 세부과제 소속 동료교수, 연구교수들의 적극적인 토론과 비판에 큰 빚을 진만큼 감사의 말씀을 드린다. 어려운 사정 속에서도 기꺼이 출판을 맡아 준 출판사 〈함께 읽는 책〉의 임직원과 편집진께 진심으로 감사드린다.

2005년 10월 20일
연구책임자 유철규

차 례 ────────────────────────────

'한국형 사회적 시장경제 모델' 구상

신정완

1. 들어가는 말

1997년 말의 외환위기 이후 한국 경제의 현황을 진단하고 발전방안을 모색하는 논의가 활발하게 전개되어왔다. 특히 IMF의 권고와 압력 하에 한국 정부가 적극적으로 추진해온 신자유주의적 경제개혁의 성과와 문제점에 대한 평가를 둘러싸고 치열한 논쟁이 전개되어왔다. 이 논쟁은 자연스레 한국 경제가 향후 지향해야 할 경제체제(economic regime) 모델 또는 발전 모델이 무엇인가에 관한 논쟁을 포함하게 되었는데, 대체로 신자유주의적 개혁의 주체인 국민의 정부와 참여정부가 지향해온 영미 모델(Anglo-American model) 또는 신자유주의적 발전 모델을 지지하는 주류 신고전파 경제학자들을 한 축으로 하고, 유럽형 사회적 시장경제 모델을 지지하는 제도경제학자 및 케인스 경제학자들을 다른 한 축으로 하는 구도로 논쟁구도가 형성되었다. 그런데 논쟁의 쟁점이 광범위하고 복잡한 관계로 쟁점별로 매우 복잡다기하게 입장들의 이합집산이 이루어졌다. 그리고 이 논쟁은 재벌개혁이나 외자 문제 등 구체적 현안들 중심으로 전개된 관계로, 논쟁에 참여한 논자들이 지향하는 경제체제 모델이 종합적이고 체계적으로 제시된 경우는 드물었다.

이 논문은 한국경제가 중장기적으로 지향해야 할 경제체제 모델 또는 발전 모델과 관련하여 또 하나의 시각을 보태려 하는 시론(試論)적 성격의 글이다. 기존 논의에서 종합적인 대안적 경제체제 모델 제시 사례가 드물다는 점을 고려하여, 다소의

무리를 무릅쓰고 가능한 한 대안적 경제체제 모델의 종합적 상(像)을 그려보려 시도하였다. 이 논문에서 제시하고자 하는 대안적 경제체제 모델은 '한국형 사회적 시장경제 모델'인데, 이 모델의 사회철학적 기초를 제시하고 이 모델을 구성하는 제도요소들과 모델의 작동방식을 개략적으로 그려보는 것이 이 논문의 핵심 내용이다.

2. 한국형 사회적 시장경제 모델 설계의 제약조건과 모델의 사회철학적 기초

대안적 체제나 제도에 대한 구상을 제시할 때에는 그것이 전제로 하고 있는 시지평(time horizon)의 차원과 그것이 가정하고 있는 제약조건들을 명시해야 한다. 우선 이 글이 전제로 하는 시지평은 아주 장기는 아니다. 이는 우선 모종의 사회주의 체제나 생태주의적-공동체주의적 대안 등 자본주의 체제와 원리적으로 다른 체제에 대한 구상을 배제한다는 것을 의미한다. 또한 남북통일 이후의 경제체제 문제를 다루지 않는다는 것을 의미한다. 그리고 한국의 경우에는 한국 사회의 구성원들이 통제하기 어려운 중요한 외부변수가 많고 이것이 중요한 제약조건으로 작용하는데, 이 글에서는 세계화 추세가 장기간 지속되며, 북한의 급속한 경제회생을 기대하기 어렵고, 중국의 고도성장이 지속되고, 한국에 대한 미국의 정치경제적 영향력이 유지될 것이라는 점을 대안적 경제체제 모델 설계에서 중요하게 고려해야 할 외부 제약조건으로 간주한다.

한편 이 글에서 이야기하는 '한국형 사회적 시장경제'에서 '사회적 시장경제'(social market economy)라는 용어는 어느 정도 고유명사화 된 구 서독식 사회적 시장경제를 의미하는 것은 아니다. 이 글에서 이야기하는 사회적 시장경제에서 '사회적'이라는 말은 다음과 같은 의미를 함축한다.

1) 경제운영의 지도적 원리로서 '연대의 원리'를 중시하는 시각을 함축한다.
'자유'시장경제를 지향하는 자유주의적 또는 시장주의적 관점에서는 경제운영의
지도적 원리로서 압도적으로 중요한 것은 '자유의 원리'이다. 개인들의 자발적 선
택과 교환에 기초한 시장경제질서 자체가 자유의 원리를 내장하고 있기 때문에 가
능한 한 시장경제원리를 존중하고, 명백하고 심각한 '시장실패'가 발생할 경우에
만 국가의 개입 등을 통해 시장경제를 보완·교정해주면 된다고 보는 입장이다.

반면에 '사회적' 시장경제를 지향하는 입장은 자유의 원리를 존중하되 이에 못
지않게 연대의 원리를 중시하며, 시장경제질서 자체는 연대의 원리를 구현하는 데
큰 한계를 갖고 있다는 시각을 취한다. 연대의 원리란 개인의 운명에 대한 사회의
책임, 즉 다른 개인들의 책임의 범위와 깊이를 확장·심화시킨다는 것이다(신정
완, 2002: 333). 연대의 원리를 중시하는 입장은 사회를 원자적 개인들이 맺은 자
발적 계약의 총체로 보기보다는 개인들이 그에 대해 지속적 소속관계와 폭넓은 권
리-의무관계를 갖는 하나의 '공동체'로 보는 시각을 강하게 함축한다. 이 입장에서
는 개인들은 개별적 계약 이전에 사회구성원으로서 상호간에 '메타(meta) 계약'을
맺는데 이 메타 계약의 내용에는 모든 구성원의 생존권, 약자 보호의 의무, 어느 정
도 결과적 평등 추구의 필요성 인정, 타인에게 많은 영향을 미치는 사안에 대한 계
약과 의사결정에서 계약당사자 이외의 사회 구성원들의 참여권 인정, 즉 광의의 민
주주의 등이 포함된다.

'평등'은 연대라는 가치의 하위범주로서 연대라는 가치가 구현·표현되는 한
형태이자 연대의 활성화를 위한 조건이라 할 수 있다(신정완, 2002: 332). '사회적'
시장경제를 지향하는 입장은 사회구성원간의 사회경제적 평등 실현을 중요한 목
표로 삼는다. 그리하여 사회복지제도나 노동법 등을 통해 사회경제적 약자층에게
의도적으로 경제적 지원을 제공할 뿐 아니라, 시장경제원리 하에서는 묻혀버리기
쉬운 사회경제적 약자층의 사회적 발언권을 높여줄 수 있는 다양한 제도적 장치를
마련하려 한다. 또 시장경제 작동의 조건과 결과 모두 공동체로서의 사회에 대해 동
등한 '회원권'(membership)을 갖는 사회구성원들의 민주적 의사결정에 의한 승인
절차를 필요로 한다고 본다. 이러한 입장은 개인에게 있어 사회라는 것이 그의 활동
이 이루어지는 '환경'으로서만 존재하는 것이 아니라 어느 정도는 '삶의 의미의 귀

속처'로서 존재한다는 시각을 취한다는 것을 의미한다.

2) 경제조정양식의 측면에서 시장 이외의 조정기제들을 광범위하고 적절하게 활용한다는 입장을 함축한다. 사회를 하나의 공동체로 보는 시각은 '정치적 공동체로서의 국가'의 사회경제적 역할을 폭넓게 인정하는 입장으로 귀결된다. 이는 사회구성원들이 자신의 선호와 이해관계를 표출하는 방식과 관련하여 '이탈선택'(exit option) 외에도 '발언선택'(voice option)을 비중 있게 활용할 수 있다는 것을 의미한다.

서구 여러 나라들에서 발전한 바 있는 사회 코포라티즘적 사회 운영은 그것이 사회적 의사결정의 중심축이 될 경우에는 민주주의 원리에 위배되기 때문에 수용할 수 없으나, 대의제 민주주의의 한계를 보완하는 부차적 의사결정양식으로는 용인할 수 있다는 입장을 취한다.

3) 국민경제의 통합성 확보를 중요한 정책목표로 고려한다는 입장을 함축한다. 국민국가간 경계가 약화되어가는 추세이긴 하나 현재의 세계화 수준이 '탈국민국가 시대'를 운위할 만큼 진전되었다고 보기는 어렵다. 또한 전 지구적 수준에서의 정치공동체가 부재한 상태에서 '공동체로서의 사회'라는 관점을 제도적으로 구현해낼 수 있는 가장 유력한 단위는 국민국가일 수밖에 없다. 정치공동체의 경계가 너무 약화될 경우에는 공동체로서의 사회, 특히 사회경제적 약자들이 발언하고 보호받을 수 있는 공간으로서의 사회가 소멸하게 된다. 이는 상당 기간 '사회적인 것'(the social)과 '국민적인 것'(the national)의 영역이 상호 중첩될 수밖에 없다는 것을 의미한다. 그런데 일정한 규범에 기초하여 구속력을 행사하는 단위로서의 국민국가의 자율성이 유지되려면 그 물질적 기반인 국민경제의 통합성이 어느 정도 확보되어야 한다.

이러한 사회적 시장경제 모델은 제도 설계에 있어 경험적으로는 스웨덴, 독일 등 유럽대륙의 여러 나라들에서 발전했던 복지자본주의(welfare capitalism) 또는 사회적 시장경제의 경험을 긍정적 사례로 중요하게 참조한다. 그러나 구체적 제도 설계는 공간적으로 한국 실정에 맞게 짜여져야 하며 시간적으로 세계화된 경제질서의 도래라는 조건에 부합되게 짜여져야 한다.

한편 '한국형'이라는 말은 대안적 경제체제 모델 구상에서 한국사회의 특수한 조건들이 반영되어야 한다는 의미를 함축하는데, 이 논문에서는 다음과 같은 점들을 중요하게 고려해야 할 조건으로 간주한다. 첫째, 서구의 사회적 시장경제 모델 형성기에 비해 고도성장의 필요성이 높다는 것이다. 세계에서 가장 빠르게 진행되는 인구 고령화에 따르는 잠재성장률의 저하, 통일에 대한 준비과정 및 통일 이후에 치러야 할 막대한 경제적 비용, 또 한국경제가 고도성장하는 중국경제와 산업적 보완성을 계속 유지하기 위해서는 산업구조의 빠른 고도화가 요구된다는 점 등이 고도성장을 요구하는 대표적 요인들이다. 둘째, 세계화, 개방화의 압력이 매우 높다는 점이다. 수출주도 경제성장을 이루어온 한국경제의 역사가 강하게 규정하는 경로의존성이 있을 뿐 아니라 세계화와 시장개방을 선도하는 미국의 영향력이 앞으로도 한국사회에 강하게 작용하기 쉬운 것이다.

셋째, 국민경제의 통합성 해체의 압력이 높다는 것이다. 세계화된 경제질서 하에서 국민경제의 완결적 순환구조를 확보할 수 있는 나라는 없겠으나 한국의 경우 최근 들어 수출/내수간, 대기업/중소기업간 연결고리가 현저하게 약화되는 양상을 보이고 있다. 넷째, 사회안전망 구축의 필요성이 매우 높다는 점이다. GDP 대비 사회복지지출 규모가 선진국에 비할 바 못되게 저위에 머물러 있는데다, 경제의 세계화, 정보화, 금융화 추세와 신자유주의적 경제정책 기조 속에서 빈곤층이 급속히 확대되고 있는 것이다. 다섯째, 물적 부존자원이 매우 빈약한 편이라는 점이다. 반면에 인구의 초고학력화로 인해 인적자원의 질 고도화의 중요성과 가능성이 매우 높은 편이다. 이는 노동정책과 사회복지정책도 인적자원의 질 고도화와 긴밀히 연계되는 형태로 추진될 필요성이 높다는 것을 함축한다.

3. 한국형 사회적 시장경제 모델의 제도요소와 작동방식

1) 제도 설계에서 중요하게 고려해야 할 사항들

(1) 제도적 보완성과 복선형 제도 클러스터

경제체제를 구성하는 하위 제도들 사이에는 '제도적 보완성'(institutional complementarity)이 확보되어야 한다. 예컨대 금융제도와 노동시장 및 노사관계 제도, 사회복지제도가 각기 전혀 다른 별개의 원리에 따라 구성되거나 심지어 서로 충돌하는 원리에 따라 구성되어서는 경제 전체의 원활한 작동을 기대하기 어렵다. "하나의 제도의 존재가 다른 제도의 효율성을 증가시킬 경우 이 두 제도 간에는 보완성이 있다고 이야기할 수 있다"(Amable, 2003: 6). 다양한 자본주의 경제들을 유형론적으로 비교·평가하는 최근의 '자본주의의 다양성' 논의들은 모두 제도적 보완성의 중요성을 크게 강조하고 있다(Hall, P. A. & Soskice, D., 2001; Amable, B., 2003).

홀과 소스키스(Hall, P. A. & Soskice, D.)는 선진자본주의국의 경제체제를, 영미를 대표로 하는 자유시장경제(Liberal Market Economies, LME)와 독일을 대표로 하는 조정시장경제(Coordinated Market Economies, CME)로 대별하여 분석하는데, LME와 CME는 각기 높은 수준의 제도적 보완성을 가진 제도들의 집합으로 구성되어 있다고 본다(Hall, P. A. & Soskice, D., 2001: 17-44).

LME의 대표격인 미국경제의 경우, 금융시장에서 자본이동은 단기 수익성 원리에 따라 이루어지고 M&A가 활성화되어 있어 기업 경영진은 기업 경영에서 단기 수익성 제고를 통한 배당률 제고와 주가 부양에 주력하게 된다. 기업과 금융기관 간에는 밀접하고 장기적인 관계가 형성되어 있지 않아 금융기관들이 기업의 상세한 내부정보를 취득하기 어렵다. 따라서 주로 공표된 자료에 기초하여 투자나 대출을 결정하게 된다. 기업지배구조에서 경영진은 높은 수준의 경영전권을 가지고 있어 경영상의 의사결정과 관련하여 노동자와 협의할 필요가 없다. 생산물시장은 매우 경쟁적인 구조를 가지고 있고, 노동시장은 매우 유연하여 고용과 해고가 자유롭다.

고용보호 수준이 낮은 노동자들은 특정 기업이나 산업에서나 활용 가능한 특수숙련을 형성할 유인이 작으므로 숙련형성체계가 주로 일반적 숙련 중심으로 구성되어 있다.

과학기술적 지식과 같은 일반적 숙련의 중요성이 크고 자본과 노동의 이동성이 높은 LME는 과학기술적 지식에 기초하여 기술의 근본적 변화를 중심으로 하는 혁신, 즉 '급진적 혁신'(radical innovation)에서 비교제도우위(comparative institutional advantages)를 갖는다. 그리하여 미국은 의료, 생명공학, 반도체, 소프트웨어, 정보통신, 방위산업 등 과학기술적 연구에 크게 의존하며 기술 내용이 빠르게 변화하는 산업에서 경쟁력을 보이고 있다는 것이다.

반면에 CME의 대표격인 독일경제의 경우, 은행을 중심으로 하는 금융기관과 기업들 사이에 안정적인 장기거래가 이루어져 금융기관은 기업에 대한 내부정보에 기초하여 단기 수익성에 너무 좌우되지 않는 '인내하는 자본'(patient capital)을 제공한다. 기업지배구조에서는 노동자 경영참가가 이루어져 있어 경영자는 경영상의 의사결정과 관련하여 노동자와 협의해야 하므로 양자간의 지속적 신뢰관계 형성이 중요하다. 고용보호 수준이 매우 높고 노동비용이 높은 관계로 노동자들은 자신이 고용된 기업이나 산업에서 활용되는 특수숙련을 형성할 유인을 가지고 있고, 기업들도 노동자들의 특수숙련 수준을 높여 노동생산성을 높임으로써 높은 노동비용을 상쇄할 유인을 가지고 있다.

기업특수적 또는 산업특수적 숙련의 중요성이 크고 자본과 노동의 이동성이 낮아 경제주체 간에 장기적 신뢰에 기초한 안정적 거래가 유지되는 CME는 생산현장에서의 경험적 지식의 축적에 기초한 '점진적 혁신'(incremental innovation)에서 비교제도우위를 갖는다. 그리하여 독일은 기계, 공장설비와 같은 자본재 산업, 내구소비재 산업 등에서 높은 경쟁력을 보여왔다는 것이다. 즉 어떤 형태로든 하나의 경제체제는 나름대로 서로 제도적 보완성을 갖는 하위제도들로 구성되어야 좋은 경제적 성과를 낳을 수 있으며, 제도적 보완성의 내용이 무엇인가 하는 것은 해당 경제체제가 어떤 산업에서 경쟁력을 가질 수 있는가를 결정하는 핵심 요인이라는 것이다.

아마블(Amable, B., 2003)은 '혁신과 생산의 사회적 체계들'(social systems of

innovation and production, SSIP)이라는 개념을 중심으로, 각 자본주의 경제들이 생산물시장에서의 경쟁, 임노동체계와 노동시장제도, 금융중개 부문과 기업지배구조, 사회복지, 교육 부문이라는 다섯 가지 핵심 영역에서 어떠한 특성을 보이느냐에 주목하여, 선진자본주의 경제를 다섯 가지 하위 체제로 유형화한다. (1) 영미를 대표로 하는 시장기반경제, (2) 스웨덴, 핀란드 등 북유럽국을 대표로 하는 사민주의적 경제, (3) 일본을 대표로 하는 아시아 자본주의, (4) 독일, 프랑스를 대표로 하는 유럽대륙 자본주의, (5) 남유럽 자본주의가 그것이다. 그리고 각 경제체제 유형에서 서로 보완성을 갖도록 구성된 제도들을 연결시켜주는 지배적 원리가 무엇이냐에 따라 각 경제체제 유형에 속한 나라들이 어떤 산업에 특화되느냐가 크게 좌우된다는 것이다. 또한 아마블도 홀과 소스키스와 마찬가지로 제도적 보완성의 확보·유지가 좋은 경제적 성과를 낳는 데 핵심요인으로 작용한다고 본다.

이러한 '자본주의의 다양성' 논의들은 한국의 대안적 경제체제 모델 또는 발전모델을 구상하는 데 있어 중요한 시사점을 준다. 첫째, 대안적 경제체제 모델을 구상하는 데 있어, 그 체제를 구성하는 하위제도들 사이의 제도적 보완성 확보를 매우 중요하게 고려해야 한다는 것이다. 예컨대 금융제도는 미국식, 사회복지제도는 독일식, 노동시장 및 노사관계제도는 일본식이 좋아 보인다 하더라도 이러한 이질적 원리들을 가진 제도들을 그저 모아놓아서는 좋은 경제적 성과를 보이기가 어렵다는 것이다. 둘째, 하위제도들을 어떤 원리에 입각하여 서로 제도적 보완성을 가지도록 연결시킬 것인가 하는 문제는 해당 경제가 어떤 산업에서 경쟁력을 갖고자 하는가와 밀접히 연결되어 있다는 것이다. 예컨대 급진적 혁신이 중요한 첨단산업에서 경쟁력을 확보하는 데 주안점을 두면서, 독일식 경제체제를 도입하고자 하는 것은 넌센스라는 것이다.

이러한 제도적 보완성에 관한 논의를 한국에 적용해보면 어떤 함의를 얻을 수 있을까? 한국의 경우 현재 자동차, 석유화학, 조선 등 전통적인 생산재 산업 및 내구소비재 산업에서 경쟁력을 보이고 있으며 이러한 부문에서의 고용비중도 큰 편이다. 이러한 산업들은 대체로 점진적 혁신이 큰 중요성을 갖는 분야들이다. 그러나 동시에 반도체, 이동통신 등 IT 산업의 비중도 매우 크며 이 부문의 비중이 빠르게 증가하고 있는 중이다. 그리고 현재 노동력 양성체계상 노동력의 초고학력화가 이루어져 있어 일반적 숙련의 비중이 큰 반면에 기업특수적 숙련체계의 형성이나 중위 기능 노동자 양성에 필요한 직업훈련체계의 발전은 취약한 편이다.

이러한 사정은 장기적으로는 한국이 점진적 혁신보다는 급진적 혁신이 중요한 첨단산업 분야에서 경쟁력을 가지는 방향으로 산업구조가 변화되어갈 가능성이 높다는 점을 시사한다. 이는 아마블의 분류체계에 따르자면 유럽대륙형 자본주의보다는 영미를 대표로 하는 시장기반경제나 IT 산업, 의료업 등에서 경쟁력을 보이는 스웨덴, 핀란드 등 사민주의적 경제와 유사한 경제체제로 나아가는 것이 더 적합하다는 것을 시사한다. 그러나 전통적인 생산재 산업 및 내구소비재 산업의 비중도 상당히 큰 편이고 발전가능성도 작지 않기 때문에 점진적 혁신에 적합한 제도의 유지나 도입도 무시할 수 없다는 문제가 있다.

필자는 '자본주의의 다양성' 논의에서 강조한 제도적 보완성 개념과 관련지어 '제도 클러스터'(institutional cluster)라는 용어를 사용하고자 한다. 최근 빈번히 사용되는 용어인 '산업 클러스터'가 특정 산업에서 상호 보완성을 가진 기업 및 기관들이 일정 지역에 모여 있는 상태를 의미한다면, 제도 클러스터란 '상호 보완성을 가진 채 연결되어 있는 제도들의 집합'을 의미한다. 그런데 한국의 경우 IT 산업 등 급진적 혁신이 중요한 산업들의 비중이 커가는 가운데 점진적 혁신이 중요한 전통적 제조업의 비중이 현재로선 매우 크고 또 향후 발전가능성도 여전히 남아 있는 상황으로 판단되므로, 제도 설계에 있어 단일한 제도 클러스터가 아니라 '복선형 제도 클러스터'(double-tracked institutional clusters)를 구상하는 것이 합리적이라 판단된다.[1]

(2) 국민경제 수준에서 유연안정성 확보의 필요성

유연성(flexibility)과 안정성(security)의 적절한 결합을 의미하는 '유연안정성'(flexicurity)은 본래 노동시장 영역에서 사용되어온 용어이나, 국민경제 전체 차원에서 사용해도 무방한 용어라 판단된다. 세계화, 정보화, 금융화 등으로 대표되는 세계경제의 변화방향은 국민경제의 유연성 제고를 필수적 요구로 만들고 있다.

---

1) '복선형 제도 클러스터'라는 용어는 이병천(1998)이 박정희 시대의 산업정책의 성격을 설명할 때 사용한 '복선형 산업화'라는 용어에서 힌트를 얻어 고안해본 것이다.

반면에 이러한 세계경제의 변화방향은 국민경제의 안정성 제고의 필요성도 높이고 있다. 안정성이라는 것 자체가 본래 국민경제가 추구해야 할 중요한 가치이기도 하지만, 세계화, 정보화, 금융화 등의 흐름은 국민경제 및 그 구성원들의 경제적 여건을 매우 불안정하게 만들기 쉽기 때문에 이를 보완하기 위해선 안정성을 강화하는 제도적 인프라가 마련되어야 할 필요성이 높아진다. 문제는 유연성을 높이는 제도적 인프라와 안정성을 높이는 제도적 인프라가 상충하지 않는 방식으로 제도설계를 할 수 있느냐는 것이다.

선진국들의 경험을 보면 이 문제 영역에서 가장 우수한 성과를 보이고 있는 나라들은 스웨덴, 핀란드, 덴마크 등 북유럽국들이다. 아마블의 용어에 따르면 '사민주의적 경제'들이다. 스웨덴의 경우엔 유명한 스웨덴 모델의 전성기인 2차대전 이후 1960년대 말의 기간에 렌-메이드네르 모델(Rehn-Meidner model)이라는 종합적 경제정책 패키지를 통해 유연성과 안정성을 순조롭게 결합시켜본 경험이 있다.[2] 1970년대 이후 경기침체를 겪고 고용안정을 중시하는 노동자들의 요구를 수용하는 과정에서 안정성이 보다 제고된 반면에 유연성이 약화된 경험을 가지기도 했지만, 1990년대 이후 복지국가의 부분적 규모 축소와 노동시장 유연화 조치의 부분적 수용, 그리고 IT 산업의 발전 등을 통해 다시금 유연성과 안정성의 적절한 결합을 이루어낼 수 있었다. 덴마크도 구체적 제도와 정책은 다르나 보편주의적 복지국가라는 튼튼한 사회안전망을 배경으로 노동시장 유연화, 또 국가가 제공하는 '학습복지'(learnfare)의 강화에 따른 노동력의 질 및 적응력 제고를 통해 유연성과 안정성의 상보적 결합을 이루어내었다.

이 나라들이 이러한 성취를 이룰 수 있게 한 핵심적인 제도로는 규모가 크고 잘 정비된 복지국가, 특히 이전지출보다는 사회서비스의 제공에 무게중심이 두어진 복지국가체계, 전국이나 산업 수준에서 중앙집권적으로 조직된 노동조합과 사용자단체를 중심으로 형성된, 잘 조정된 노동시장 및 노사관계질서 등을 들 수 있다.

반면에 유연성에 초점을 둔 경제체제 모델의 대표격인 영미의 경우에는 과도한 노동시장 유연화, 불충분하게 발전한 복지국가, 노동조합의 조직률이 낮아 파편화

---

2) 렌-메이드네르 모델에 대한 설명으로는 신정완(2000: 131-140) 참조.

된 노사관계질서, 금융부문의 비대성 등으로 인해 경제적 불평등 수준이 높고 서민 대중의 경제적 불안정성 수준이 매우 높다는 단점을 갖고 있다. 한편 안정성에 초점을 둔 경제체제 모델의 대표격인 독일, 프랑스의 경우에는 사회서비스 제공보다는 이전지출에 무게중심이 두어졌으며 경제참가율 제고와 완전고용보다는 실업자에 대한 생활보장에 치중하는 복지국가체계, 기업 수준에서의 고용안정에 대한 과도한 가치 부여 등으로 인해 유연성 확보에 어려움을 보여 저성장, 고실업의 문제를 보이고 있다.

그런 점에서 한국경제가 향후 지향해야 할 모델은 스웨덴, 덴마크, 핀란드 등에서 정착된 '사민주의적 경제' 모델과 가까운 것이어야 한다고 생각된다. 그리고 이 모델은 앞 절에서 이야기한 '사회적' 시장경제의 사회철학적 지향에 잘 부합되는 모델이기도 하다.

2) 제도 요소

(1) 금융제도와 기업지배구조

금융제도와 관련하여 핵심 쟁점의 하나는 자본시장 중심의 금융제도를 가질 것인가, 아니면 은행 중심의 관계지향형 금융제도를 가질 것인가 하는 문제이다. 외환위기 이후 진행된 금융개혁은 자본시장 육성을 지향한 것이었으나 주식시장의 불안정성으로 인해 핵심 저축주체인 가계가 여전히 은행예금을 선호해온 것 등으로 인해, 주식시장은 주로 외국인 투자에 의해 부양되었다. 또 외자의 지배력이 강화되는 과정에서 재벌총수의 취약한 지분으로 인한 경영권 상실 위험에 대비하기 위해 재벌기업들에서 자사주 매입이 성행하여 주식시장은 자본조달 창구로서의 기능을 제대로 수행해오지 못했다. 이러한 사정을 배경으로 은행 중심의 금융제도가 여전히 한국 현실에 부합된다는 주장이 꾸준히 제기되었다(이찬근, 2001; 조영철, 2001a). 그러나 자본시장의 비중 증대는 독일, 프랑스 등 유럽대륙형 자본주의 국들에서도 뚜렷이 확인되는 추세이며, 금융기법의 발전은 앞으로도 자본시장의 비중을 증대시켜갈 것으로 예상된다.

한국에서 자본시장의 중요성 제고 추세와 관련하여 그 동안 제기되었던 핵심 쟁점은 금융 불안정성 심화 가능성, 급속한 외자의 지배력 증대로 인한 국적기업의 경영권 상실 위험, 일방적 주주권 강화 문제 등이었다. 이러한 문제들에 대한 대응책으로서 학계 일각에서는 재벌총수의 경영권을 안정적으로 확보해주는 다양한 장치들을 마련할 것과 외자, 특히 투기적 금융자본에 대한 통제를 강화할 것을 주장해왔다(이찬근, 2003, 2004; 장하준, 2004a). 그러나 외환위기를 통해 경험한 바와 같이 재벌총수의 경영권 안정화가 늘 국민경제에 도움이 된다는 보장도 없을 뿐더러, 제도와 정책의 설계는 가능하면 일관된 룰에 기초하는 것이 바람직하다는 점에서 외자에 대해 국적자본을 특별히 우대하는 것은 바람직하지 않다.[3] 따라서 외자와 국적자본을 막론하고 일반적인 규제규칙을 마련하는 것이 옳다. 내·외자를 막론하고 이동성이 매우 강한 투기성 자본에 대해서는 자본거래에 대한 조세 부과 등을 통해 규제할 수 있으며, 국민경제의 핵심적 산업이나 기업에서 외자의 과도한 지배력이 우려되는 상황에서는 국민연금을 해당 기업에 투자하고 주주로서의 국민연금의 발언권을 통해 국적자본을 보호하는 방식이 정도일 것으로 판단된다.

기업지배구조, 특히 재벌기업의 지배구조와 관련해선 현재와 같은 재벌총수 중심의 지배구조를 유지할 것이냐, 아니면 순수한 주주자본주의(shareholder capitalism) 모델로 갈 것인가의 양자택일적 구도에서 벗어나는 것이 중요하다. 이와 관련하여 우리 실정에서 고려해볼 만한 기업지배구조 개선방식은 이사회에 노동자 대표가 소수 위원으로 참여하는 것과 주주로서의 국민연금의 발언권 행사, 그리고 현행 사외이사제의 내실화라 생각된다. 그리고 주주로서의 국민연금의 발언권 행사는 국민연금 거버넌스(governance)의 민주적 개편을 동반해야 한다.

은행의 경우엔 외환위기 이후 대대적 구조조정과 개혁과정을 통해 '관치금융'에서 벗어났지만, 이제는 오히려 수익성과 안정성을 쫓다보니 가계금융에 치중하여 기업금융 기능이 약화되고 금융의 '공공성'이 결정적으로 훼손되었다는 비판이 제기되었다. 표 1은 그러한 사정을 잘 보여주는데, 특기할 만한 것은 1999년에 비해 2004년에 기업대출의 상대적 비중은 크게 줄었지만, 절대액으로 볼 때 대기업 대출은 정체상태인 데 반해 중소기업 대출은 대폭 증가했다는 점이다. 이는 대기업

---

3) 물론 외환위기 이후 정부가 추진해온 외자에 대한 과도한 우대정책도 바람직하지 않다.

들이 부채비율을 줄이려 한데다 외환위기 이후 순조로운 성장을 통해 주로 사내유보이윤과 자본시장에서 쉽게 자금을 조달하게 됨에 따라 발생한 현상으로 보인다.

현재 상황은 대기업은 주로 사내유보이윤과 자본시장으로부터 자금을 조달하고 중소기업은 은행으로부터 자금을 조달하는 형태로 금융시장이 양분되어 있는 것으로 보인다. 그러나 향후 대기업들이 투자증대를 위해 은행대출을 증가시키려 할 경우엔 중소기업 대출이 쉽게 구축되기 쉬우므로 중소기업에 대한 은행대출을 안정적으로 확보해주는 제도적 장치가 필요하다. 그러나 이것이 과거와 같이 시중은행에 '정책금융'을 부과하는 형태로 이루어지기는 어려울 뿐 아니라, 과거와 달리 치열한 경쟁에 노출된 민간은행에 수익성과 공공성이라는 양립되기 어려운 복수의 성과기준을 부과하는 것은 바람직하지도 않은 것으로 생각된다. 따라서 국민경제적 목표 달성을 위해 중소기업 육성용으로 공급되는 중소기업 대출은 국책은행 등 공공금융기관이 담당하도록 하는 것이 바람직하다. '공'과 '사'의 경계를 명확히 설정하고 필요하다면 '공'의 영역을 확대시키는 방향이 정도일 것 같다.

〈표 1〉 예금은행의 차입자별 원화대출추이

	1999년 말		2004년 말		비 고
	잔액(조원)	비중(%)	잔액(조원)	비중(%)	
가계대출	66.2	33.2	276.3	48.9	절대 규모 4.2배 증가
기업대출	133.3	66.8	289.3	51.1	절대규모 2.2배 증가
(대기업)	34.0		38.2		
(중소기업)	99.3		251.1		절대규모 2.5배 증가
계	199.5	100	565.6	100	

자료: 한국은행, 강호병(2005: 233)에서 재인용.

그런데 금융제도와 기업지배구조는 노동시장 및 노사관계, 그리고 산업특성과 밀접한 관련을 갖는다. 대체로 자본시장 중심의 금융제도와 주주권이 강한 기업지배구조는 노동시장의 유연화를 강제하는 효과가 있으며, 급진적 혁신의 중요성이 큰 산업과 친화력을 갖는다. 반면에 은행 중심의 금융제도와 다양한 이해관계자의 목소리가 반영되는 기업지배구조는 안정적인 노동시장질서 및 점진적 혁신의 중요성이 큰 산업과 친화력을 갖는다. 그런 점에서 각 산업부문의 기술적 특성에 적합한 제도적 보완성을 확보하기 위해서는 복합형 금융제도와 기업지배구조를 마련할 필요가 있다. 앞 절에서 이야기한 '복선형 제도 클러스터'의 형성 원칙에 따른 금융제도와 기업지배구조의 형성이 필요할 것으로 생각된다.[4]

(2) 산업관련 제도 및 정책

한국 상황에서 향후 필요한 산업정책의 대표적 사례로는 중소기업 육성정책과 사회적 학습망 형성정책을 들 수 있다. 전체 고용에서 중소기업이 차지하는 비중이 매우 크고 대기업들의 고용흡수력이 점점 약화되는 현 상황에서 중소기업 육성정책은 우선 고용정책적 고려 차원에서 충분히 정당화될 수 있다. 또한 국민경제의 통합성 제고 차원에서도 필요한데, 특히 소재·부품 부문의 중소기업 발전은 국민경제의 통합성을 제고시킬 뿐 아니라 만성적인 대일 무역적자를 해소하는 데에도 결정적으로 기여할 수 있다. 그런데 이때 국민경제의 통합성을 제고하는 방안으로서 최근에 다소 약화의 기미를 보이고 있는 대기업과 하청 중소기업 간에 수직적 분업 연관을 재강화하는 길만 있는 것은 아니다. 완제품 수출에 주로 의존하는 대기업들이 소재·부품의 조달과 관련하여 글로벌 아웃소싱(global outsourcing)에 크게 의존하더라도, 국내 대기업 외에도 해외 완제품 대기업 등 독자적 판매대상을 가진 경쟁력 있는 중소기업들이 발전한다면 국민경제는 나름대로 완결성 있는 산업구조를 가질 수 있다. 또 이렇게 경쟁력 있는 중소기업들이 많이 존재할 경우엔 필요에 따라 완제품 생산 중심의 국내 대기업과 소재·부품 부문의 중소기업 간의 수직적 분업연관도 쉽게 재복원, 재강화 시킬 수 있다.

수요독점기업인 국내 대기업과 하청 중소기업 간의 불공정한 거래관계를 시정하기 위한 방안으로는 공정거래정책의 엄격한 집행 외에도 노사간 단체교섭구조를 변화시키는 방안을 고려할 수 있다. 현행 기업별 단체교섭 대신에 산별 단체교섭이나 수직계열화된 기업들을 포괄하는 계열기업군별 단체교섭이 주된 단체교섭 형태로 발전한다면, 대기업이 임금인상 부담을 하청 중소기업으로 전가시키는 것

---

4) 김석용(2005: 270)도 이런 방향으로 기업지배구조를 발전시켜가야 한다고 주장한다.

을 어렵게 하는 효과를 볼 수 있을 것이다.

한편 개인, 기업, 정부 등 경제주체들 전체의 지식·숙련 수준을 높이는 정책은 좁은 의미에서의 산업정책에는 포함되지 않겠으나[5] 산업 발전을 위한 핵심적인 인프라를 구축하는 정책으로서 고급 인적자원의 중요성이 부각되는 '지식기반경제' 시대에 꼭 필요한 정책이다. 또 기업과 인력의 국제적 이동이 활발해지는 세계화 시대에는 특정 산업이나 기업을 지원하는 정책보다 인력개발을 지원하는 정책이 자국 국민의 생활수준 개선에 더 효과적일 수 있다(이근 편, 2005: 357).

최근에 고안된 개념인 '사회학습망'(social learning net)은 사회구성원 모두가 평생에 걸친 삶의 주기에서 중층적으로 구축된 그물망적인 학습체계에 걸리도록 사회적으로 촘촘하게 짜여진 제도적 장치를 의미한다(강순희·박정섭·장원섭, 2003: 20). 사회학습망 형성의 일차적 주체는 국가이다. 국가는 공교육에 대한 투자 강화를 통해 사회구성원들이 평균적으로 보유하는 일반적 숙련 수준을 제고하고, 학교 교육의 내용과 산업수요 간의 간극을 줄여주고, OJT(on-the-job training) 등 기업특수적 또는 산업특수적 숙련 형성에 많이 투자하는 기업들을 우대하며, 국가가 주도적으로 운영하는 평생학습기관들을 설립하여 사회구성원들의 지식수준과 학습능력, 기술구조 및 산업구조 변화에 대한 적응력을 높여주어야 한다.

(3) 노동시장 및 노사관계 관련 제도

노동시장 및 노사관계 관련 제도를 어떻게 설계할 것인가 하는 문제와 관련하여 가장 근본적인 고려사항은 생산요소로서의 노동의 효과적 활용과 시민으로서의 노동자의 권리 보장을 어떻게 적절하게 조화시킬 것이냐는 문제이다.

영미 모델의 경우엔 노동시장 규율원리가 매우 시장원리 지향적이다. 노동시장 유연화 수준이 높아 노동자의 채용과 해고가 자유로워, 노동시장 유연화전략과 관련하여 수량적 유연화에 대한 의존도가 높고, 노조 조직률은 낮으며 노사관계가 매우 분권화되어 있다. 반면에 독일의 경우엔 기업 수준에서의 고용안정을 매우 중시하여 노동시장 유연화 수준이 낮고 노사관계는 산별 교섭을 중심으로 상당히 집권

---

5) 산업정책의 정의와 관련된 논의를 소개한 연구로는 Chang(2003: 109-113) 참조.

화 되어 비시장적 방식으로 조정된 노동시장과 노사관계의 비중이 큰 제도를 갖고
있다. 스웨덴의 경우엔 노사관계의 집권성 정도가 독일보다 높지만 기업 수준에서
의 고용안정 보장에 치중하기보다는 적극적 노동시장정책을 통해 노동자의 고용
가능성(employability) 제고에 주력함으로써 노동시장의 유연안정성을 확보하는
데 주력해왔다. 일본의 경우엔 최근 들어 다소 노동시장 유연화의 흐름이 나타나곤
있지만 여전히 대기업들의 경우 고용안정 수준이 국제적으로 매우 높아 노동자들
의 기업에 대한 헌신 수준이 높고 노사관계는 기업별 노사관계 중심으로 매우 분권
화된 모습을 보이고 있다.

한국의 경우엔 일부 일본과 유사한 모습을 보이는 측면도 있지만 전체적으로는
영미 모델과 매우 유사한 형태로 노동시장구조가 발전해가고 있으며, 노사관계는
기업별 노사관계 중심으로 편성되어 외환위기 이전부터 OECD 국가들 중 가장 분
권화 또는 파편화된 형태를 취해왔다. 한국은 현재 OECD 국가들 중 가장 시장원
리 지향적인 노동시장 및 노사관계질서를 갖고 있다고 해도 과언이 아닐 것이다.

이러한 노동시장질서 및 기업별 노사관계제도는 기업간의 시장경쟁을 기본원
리로 삼는 자본주의 경제의 구성원리와 잘 부합된다는 점에서 끈질긴 생명력을 갖
고 있다고 볼 수 있다. 그러나 이러한 시장원리 지향적인 노동시장질서와 노사관계
제도가 갖는 약점도 크다. 이러한 노동관련 제도는 본래 시장원리에 완전히 부합되
기 어려운 '특수한 상품으로서의 노동력'이 제기하는 경제적, 사회적 문제들을 잘
수용해내기 어려우며, 사회의 핵심 구성원으로서의 노동자의 시민적 권리를 노동
현장에서 구현해내는 것을 매우 힘들게 한다. 경제적 효율성의 측면에서도 부정적
측면을 여럿 보이는데, 예컨대 한국의 경우 OECD 국가 중 최고 수준의 비정규 노
동자 비율을 보이고 있는데 이로 인한 노동자들의 숙련 및 노동의욕 저하 문제가 심
각하고, 기업별 단체교섭에 따르는 높은 교섭비용의 문제도 있다. 따라서 한국의
노동시장질서 및 노사관계제도는 비시장적 원리에 의한 조정(coordination)의 도
입을 상당히 높은 수준에서 필요로 하고 있다고 판단된다.

조정된 노동시장 및 노사관계제도를 가진 대표적 모델 사례인 독일식 모델과 스
웨덴식 모델 중에서는 스웨덴식 모델을 지향하는 것이 바람직하다고 판단된다. 독
일의 경우 기업 수준에서의 고용안정에 치우친 결과 기업경영의 유연성 확보가 어

렵고 높은 실업률을 보이고 있다는 문제가 있다. 또 청년 실업률을 낮추기 위해 고령노동자의 조기퇴직을 유도하고 높은 수준의 이전지출을 통해 고령 퇴직자의 생활을 보장하는 독일식 모델은 인구 고령화의 압력을 장기적으로 견디기 어려울 것으로 보인다. 기업 수준에서의 고용안정보다는 노동자의 생애 전체를 통한 고용가능성 제고와 고용기간 연장, 또 실업자에 대한 생활보장보다는 완전고용 달성에 더 무게중심을 둔 스웨덴식 모델이 지속가능성의 측면에서나 노동자의 장기적 생활조건 개선의 측면에서나 우월한 것으로 보인다.

그런데 현재 한국의 노동시장은 현재 유연성 수준이 너무 높으므로, 중단기적으로는 고용안정을 강화하는 데 주력하는 것이 장기적으로 바람직한 수준의 '유연안정성'에 도달하기 위한 옳은 순서일 것으로 판단된다. 이를 위해서는 대기업의 경우에는 노동자의 다기능화를 위한 인력투자를 늘려 기능적 유연성을 제고하는 데 주력할 필요가 있다. 현재 국제적으로 혁신적 대기업들에서 '기술다각화'(techno-logical diversification)가 빠르게 진행되는 추세인데(이근·박규호, 2005: 359-360), 기능적 유연성 제고 노력은 이러한 추세에도 잘 부합되는 방향이다.

산업 부문별로는, 급진적 혁신의 중요성이 크며, 일반적 숙련 수준이 높은 고학력 노동자의 고용비중이 큰 산업들에서는 유연성이 강조된 노동시장 및 다소 분권화된 노사관계 질서를 형성하고,[6] 점진적 혁신의 중요성이 크며, 기업특수적 또는 산업특수적 숙련을 구비한 중위 기능 노동자의 고용비중이 큰 산업들에서는 안정성이 강조된 노동시장 및 다소 집권화된 노사관계 질서를 형성하는 것, 즉 '복선형 노동관련 제도 클러스터'를 형성하는 것이 적합하다고 판단된다.

노조 조직체계 및 단체교섭체계와 관련해서는 산별 노조 및 산별 교섭체계를 골간으로 하는 것이 바람직할 것으로 보인다. 1980년대 이후 서구에서 단체교섭체계의 분권화가 진행되어 왔지만, 이는 스웨덴에서처럼 중앙단체교섭이라는 가장 집중화된 교섭체계가 무너지고 산별 교섭체계 중심으로 교섭체계가 개편되었거나, 독일 등 산별 교섭체계가 유지되고 있는 나라들에서 기업 수준 교섭의 중요성이 다소 강화되었다는 것이지, 한국처럼 기업별 교섭체계 중심으로 교섭체계를 개편한

---

6) 일반적 숙련 수준이 높은 고학력 노동자들은 고용가능성(employability)이 높아 유연한 노동시장에 대한 적응력이 상대적으로 높다고 볼 수 있다.

나라는 없다.

또한 산별 교섭체계는 현재 한국에서 확인되는 바와 같은 대기업/중소기업간, 정규직/비정규직간 노동자들 사이의 과도한 고용조건 차이를 완화시키며, 잘 운영될 경우에 교섭비용을 크게 줄이고, 노동자들의 사회적 영향력을 강화시켜 계급간 세력균형 관계를 확보할 수 있게 해준다는 장점이 있다. 문제는 산별 교섭체계에서는 임금 등 고용조건의 균등화가 이루어져 중소기업에게는 인건비 상승 압력을 높이기 쉽다는 점이다.

스웨덴의 경우엔 기업의 규모나 수익성 수준에 관계없이 동일 노동을 수행하는 노동자들에게는 동일 임금을 지급하도록 요구하는 '연대임금정책'이 1950년대 중반 이후 강력히 추진된 결과 대기업의 수익률을 제고시켜 경제력 집중을 가속화한 반면에 중소기업의 경영여건 악화와 이로 인한 이 부문의 고용 감소 문제를 낳은 경험이 있다.

중소기업의 고용비중이 크고 중소기업 육성의 필요성이 크며, 세계화, 정보화의 흐름 속에서 대기업의 성장이 고용증대로 연결되는 효과가 현저히 떨어진 한국의 현실에서 스웨덴에서와 같은 강한 연대임금정책을 시도하는 것은 바람직하지 않을 것이다. 그러나 대기업/중소기업 간에 임금 등 고용조건 격차를 줄이는 것은 바람직한데, 이것이 중소기업 부문의 과도한 약화로 이어지지 않으려면 다양한 제도적, 정책적 보완조치가 필요하다. 우선 중소기업 육성, 특히 혁신형 중소기업 육성이라는 산업정책적 조치가 병행되어야 하고, 산별 단체교섭에서 주로 임금지불능력이 높은 대기업의 재원에 기초하여 해당 산업의 중소기업을 지원하고 대기업-중소기업간 협력을 지원하기 위한 '산업발전기금' 등을 조성할 수도 있을 것이다.[7] 한편 사회복지제도를 통한 '사회임금'의 비중을 높여 중소기업 노동자들을 간접적으로 지원할 필요성이 크다.

한편 인구의 빠른 고령화로 인한 잠재성장률 저하가 문제되는 현 상황에서는 고령자의 조기퇴직을 유도하고 이전지출을 통해 퇴직자의 생활을 보장해주는 방식보다는, 정년 연장, 임금피크제 도입, 연공서열이 아니라 직무내용과 직업능력을

---

7) 1960년대에 스웨덴의 노동조합운동에서 이 문제가 논의된 바 있다.

중심으로 하는 임금체계의 정착, 평생교육 강화, 고령자 친화적인 '사회적 일자리' 마련 등을 통해 고령자의 은퇴시점을 늦추는 정책이 더 바람직하다.

적극적 노동시장정책의 확대와 내실화는 노동시장의 유연안정성 제고를 위한 대표적 방안이다. 국가 주도로 평생교육체계와 직업훈련체계를 확대·정비하여 그 중요성이 점증해가는 '학습복지'(learnfare)를 강화하고, 직업훈련기관이나 공공 고용안정기관을 노·사·정이 공동으로 운영함으로써 취업촉진효과를 제고하고 고용증대를 위한 노·사·정 협력을 강화할 필요가 있다.

(4) 사회복지제도

에스핑-안델센(Esping-Andersen, 1990)의 유명한 복지국가 유형론에 따르면, 복지국가체제(welfare-state regime)는 '자유주의적'(liberal) 복지국가, '보수주의적'(conservative), '조합주의적'(corporatist) 복지국가, '사민주의적'(social democratic) 복지국가로 삼분된다. 미국, 캐나다, 호주를 대표로 하는 자유주의적 복지국가는 대체로 복지국가의 규모가 크지 않고, 주로 저소득층을 대상으로 자산조사(means-test)에 기초한 부조가 이루어지며 비교적 작은 규모의 이전지출이 이루어지고, 비교적 약한 사회보험제도가 들어서 있다. 자유주의적 노동규범이 강하여 복지국가는 시장을 어느 정도 보완하는 수준에 자리 잡고 있다.

오스트리아, 프랑스, 독일 등 유럽대륙국들을 대표로 하는 보수주의적, 조합주의적 복지국가는 자유주의적 복지국가와는 달리 시장지향성은 약하나 가족주의적 성향이 강하다. 즉 전통적 성별관계를 중시하여 남성 가장이 시장에서 소득을 얻고 부인은 가사를 돌보는 전통적 가족모델에 기초한 가족복지제도를 갖고 있다. 또한 계급 및 계층간 격차가 복지국가체계에도 그대로 반영되는 구조를 갖고 있어, 사회보험에 있어 직역(職役)보험의 비중이 크고 시장에서의 소득수준 차이가 보험급여 수준 차이로 직결되어 복지국가를 통한 계급 및 계층간 경제적 여건의 균등화효과가 약하다.

스웨덴 등 스칸디나비아 나라들을 대표로 하는 사민주의적 복지국가의 경우엔 복지국가의 규모가 매우 커 교육, 의료 등의 탈상품화 정도가 매우 높으며, 빈곤층 뿐 아니라 전 국민을 복지정책의 대상으로 삼는 '보편주의'(universalism) 원리에 기초해 있다. 또한 강한 평등주의에 기초해 있어 전 국민을 단일 사회보험체계로 통합해내고 있으며 복지급여의 수준이 매우 높아 복지국가에 의한 소득/소비 균등화 효과가 매우 크다. 또한 복지와 노동의 결합을 강하게 지향하여 실업자에 대한 생활 보장보다는 완전고용 달성에 주안점을 두고 있으며 사회서비스의 비중이 매우 큰 제도 틀을 갖고 있다(Esping-Andersen, 1990: 26-29).

'한국형 사회적 시장경제 모델'은 사회복지제도의 틀과 관련하여 '사민주의적 복지국가'를 지향한다. 이는 사민주의적 복지국가를 관통하는 평등주의적 이념과 그 성과를 높이 평가해서이기도 하지만, 국민경제 차원에서 유연안정성 제고의 필요성이 커가고 인구 고령화가 빠르게 진행되며 인적자원의 질 제고가 시급한 과제로 대두되고 있는 한국경제의 과제를 해결하는 데에도 더 유효할 것으로 판단되기 때문이기도 하다.

바람직한 사회복지제도는 시민들이 생애를 통해 경험하게 되는 각종 위험을 흡수해주는 사회안전망 역할을 충실히 담당할 수 있어야 할 뿐 아니라, 시장에서 형성되는 소득/소비수준의 격차를 크게 줄여줄 수 있을 정도로 재분배효과가 커야 한다. 그런 점에서 규모가 작고 시장지향성이 강한 자유주의적 복지국가나 재분배효과가 작은 보수주의적, 조합주의적 복지국가는 각기 결함을 갖고 있다. 또한 급속한 인구 고령화로 인해 머지않은 장래에 노동공급 부족 문제에 봉착하기 쉬운 한국 사회의 경우엔, 여성 및 고령자의 경제활동참가를 촉진하여 노동공급규모를 늘리고 인적자원의 질을 제고하여 노동생산성을 높여야 할 절박한 필요에 직면해 있다. 이 과제를 잘 해결하는 데에는 완전고용 지향성이 강하고 육아 서비스 등 사회서비스의 비중이 크며, 취업률 제고와 인적자원의 질 향상에 기여하는 적극적 노동시장 정책이 잘 발전된 사민주의적 복지국가가 가장 적합하다.

문제는 이 복지국가 모델의 경우 규모가 매우 커서 고조세-고지출의 구조를 가질 수밖에 없는데 한국사회가 중단기적으로는 이러한 조세-지출구조를 갖기가 어려운 형편에 있다는 점이다. 따라서 중단기적으로는 각종 사회복지 프로그램의 급여수준은 비교적 낮게 유지하더라도 복지 프로그램의 내용 면에서 사회서비스의 비중을 높여가는 방향으로 지출구성을 변화시켜갈 필요가 있다. 또 국민적 동의에 기초하여 조세-지출규모를 꾸준히 늘려가는 노력을 병행해야 한다.

이러한 틀의 사회복지제도는 '복선형 제도 클러스터' 형성과 국민경제 차원의 '유연안정성'을 지향하는 '한국형 사회적 시장경제 모델'을 구성하는 제도요소들 중 가장 기저에 깔린 기초제도로서 기능하게 된다. 충분한 사회안전망 확보를 통해 국민경제의 유연한 조정과 적응과정에 대한 사회구성원의 불안감을 줄이고, 학습 복지를 중심으로 적극적 노동시장정책과 결합되어 인적자원의 질 제고에 기여하며, 적정 수준의 사회임금 제공을 통해 산업간, 기업규모간 노동자들의 소득격차를 줄이고, 임금인상을 둘러싸고 진행되는 단체교섭의 거래비용을 낮춘다.

3) 모델의 전체 구조와 국가의 역할

'한국형 사회적 시장경제 모델'을 구성하는 제도요소 중 최하부에 위치한 제도가 사회복지제도이다. 사회복지제도는 사회구성원들을 각종 사회적 위험에서 보호해주는 튼튼한 '사회안전망'의 역할을 담당할 뿐 아니라, 사회구성원들의 학습 능력을 높여주고 노동시장에의 진입을 용이하게 해주며 생애에 걸친 고용기간을 연장시켜주는 데 기여하는 '사회학습망'이자 '고용안전망'(employment safety net)으로서노 기능한다.

사회복지제도 위에 노동시장제도가 자리 잡는다. 노동시장제도는 여성 및 고령자의 고용을 촉진하는 방향으로 편제되며, 노동시장제도에서 사회복지제도와 유기적으로 결합된 적극적 노동시장정책이 큰 비중을 차지하게 된다. 노동시장의 유연안정성을 강화하는 문제와 관련해선, 중단기적으로는 노동시장의 안정성을 강화함으로써 기업에 대한 노동자들의 소속감을 높여 자기개발에 투자할 유인을 제공하며, 기업도 노동자들의 기업특수적 숙련이나 산업특수적 숙련에 투자할 유인을 가지도록 해준다.

노사관계제도와 관련해선, 현재의 기업별 교섭체계를 산별 교섭체계 등으로 상향조정하여 노동자들 사이의 고용조건 격차를 줄이고, 산업 수준 또는 국민경제 수준에서 제기되는 의제들을 단체교섭이 수용할 수 있게 함으로써 국민경제 전체 차원에서 유연안정성을 확보할 수 있도록 한다.

노동시장 및 노사관계와 금융제도 및 기업지배구조를 상보적으로 연결지우는 방식과 관련해선 '복선형 제도 클러스터' 형성을 지향한다. 급진적 혁신이 중요한 산업의 경우에는 비교적 유연한 노동시장 및 분권화된 노사관계를 형성하고 자본시장의 비중이 큰 금융제도를 배치하여 생산요소의 신속한 이동 및 생산요소 결합방식의 유연화를 추구한다. 반면에 점진적 혁신이 중요한 산업의 경우엔 안정성이 강한 노동시장 및 집권화된 노사관계를 형성하고 은행의 비중이 큰 금융제도와 노사간 장기거래를 촉진하는 기업지배구조를 형성한다.

이 모델에서 국가는 다양한 차원의 역할을 담당한다. 우선 국가는 이 모델의 최하부에 위치한 제도인 사회복지제도와 적극적 노동시장정책의 핵심 담당 주체로 기능한다. 또한 산업 특성에 맞는 제도 클러스터의 형성을 지원·조정하는 역할을 담당한다. 또한 세계화 추세가 진행됨에 따라 심화되기 쉬운 사회집단간의 이해관계 대립을 조정, 완화시켜주는 '갈등관리자' 역할도 담당한다.[8] 이 과정에서 노·사·정 협의 등 사회 코포라티즘적 의사결정구조를 적절히 활용할 수 있다. 전통적인 규제·감독의 역할은 특히 노동시장 및 금융시장에서 큰 몫을 차지한다.

국가의 경제적 역할의 주된 성격과 관련해선 슘페터적 근로국가(Schumpeterian workfare state)적 성격과 케인즈적 복지국가(Keynesian welfare state)적 성격을 균형 있게 결합시킨다. 구미의 경우엔 사회구성원의 경제적 안정과 구성원간의 사회경제적 평등을 지향하는 케인즈적 복지국가의 경험을 상당기간 거치고 나서 어느 정도는 이에 대한 반격으로서 혁신능력 제고와 노동규범 강화를 중시하는 슘페터적 근로국가가 강화되는 경험을 거친 바 있으나, 아직 케인즈적 복지국가의 경험을 갖지 못한 한국의 경우에는 복지국가의 강화가 중요한 과제가 된다.[9] 그러나 이것이 '유연성 없는 안정성' 추구로 귀결되어 성장잠재력을 약화시켜 결국 복지수준 제고도 어렵게 만드는 길로 빠지지 않도록 하기 위해서는 한국의 국가는 슘페터적 근로국가의 성격도 띠어야 한다. 그런데 이는 그저 서로 다르거나 상충되는 두 가지 성격을 동시에 가지는 문제는 아니다. 인적자원의 질을 제고하고 노동시장 참

---

8) 장하준은 국가가 수행할 수 있는 경제적 역할을 '기업가로서의 국가'와 '갈등관리자로서의 국가'로 대별한다. Chang(2003), Ch. 2 참조.
9) 장상환(2003: 89-90)은 한국이 겪은 외환위기는 선진자본주의국들이 겪은 바 있는 1929년 대공황과 성격이유사한 것이기에 이에 대한 적절한 처방은 케인즈주의적 정책이었는데, 실제로는 이와 정반대의 신자유주의적 처방을 내렸기 때문에 모순이 심화되었다고 본다.

여를 지원하는 사회복지제도와 노동시장정책의 발전, 또 중소기업 육성을 통한 내수시장 안정화 등을 통해 양자의 성격을 조화롭게 결합시킬 수 있는 길도 있다고 판단된다.

4. 맺음말

외환위기 이후 한국경제의 중장기적 발전 모델, 또는 대안적 경제체제 모델을 둘러싼 논의가 이루어져왔다. 이 논문은 이러한 논의에 또 하나의 시각을 보태려는 시도인데, 이 논문에서 제시한 '한국형 사회적 시장경제 모델'은 과거 서구에서 발전했던 복지자본주의 또는 사회적 시장경제 모델의 경험을 긍정적인 경험적 레퍼런스(reference)로서 침조히되, 한국경제의 특성과 세계화 시대의 도래라는 제약조건을 고려하여 고안해본 모델이다. 이 모델의 구체적 내용은 한국 산업구조의 특성을 반영하는 '복선형 제도 클러스터' 형성과 세계화시대에 필수적으로 요구되는, 국민경제 차원의 '유연안정성' 확보를 중심적 문제의식으로 삼아 구상되었다. 실존하는 경제체제 모델 중에서는 스웨덴을 필두로 하는 북유럽 모델 또는 사민주의적 모델과 유사성이 크다.

끝으로 이 논문의 한계와 향후 더 고민해야 할 지점으로는 다음과 같은 점을 들수 있을 것 같다. 우선 매우 중요한 주제임에도 불구하고 이 논문에서 다루지 않은 것들이 있다. 국제경제관계와 관련된 제도와 정책을 다루지 않았으며, 한국경제에서 가장 큰 비중을 차지히는 산업 부문인 서비스업의 선진화 방안도 다루지 않았다. 또한 이 논문에서 제시한 '한국형 사회적 시장경제 모델'로 실제로 이행해가려면 이러한 이행을 주도할 사회적 주체가 형성되어야 하고 이행전략도 마련되어야 한다. 또 이 문제를 다루려면 한국사회의 계급, 계층간 역학관계 등에 대한 심도 있는 분석이 필요한데 이것도 다루지 못하였다.

한편 이 논문에서 '복선형 제도 클러스터'의 형성이 중요한 논리적 축을 이루고 있는데, 한 국민경제 내에 복수의 제도 클러스터가 장기 공존 가능한 것인지도 더 고민해야 할 필요가 있는 문제라 판단된다. 서로 다른 제도 클러스터 사이에 형성될 수 있는 다양한 상호작용의 문제를 더 고민할 필요가 있어 보인다. 그리고 이 논문에서는 '자본주의의 다양성' 논의에 기대어 주로 산업특성에 따라 이에 적합한 제도 클러스터를 구상해보았는데, 제도 클러스터 구상과 관련하여 산업특성 못지않게 중요하게 고려해야 할 다른 변수는 없는지도 더 고민해야 할 문제로 남아 있다.

참고문헌

강순희·박성재·장원섭. 2003,『사회학습망 구축방안』, 한국노동연구원.

강호병. 2005,『금융강국 코리아』, 굿인포메이션.

김광수경제연구소. 2003,『현실과 이론의 한국경제』, 김광수경제연구소.

_____. 2004,『현실과 이론의 한국경제 II』, 김광수경제연구소.

김기원. 2002,『재벌개혁은 끝났는가』, 한울.

김상조. 2004, "재벌개혁: 이해관계 충돌 및 조정의 현실적 고려사항,"『시민과 세계』5
　　호, 234~249.

김석용. 2005, "기업지배구조와 경쟁력," 이근 외,『한국경제의 인프라와 산업별 경쟁
　　력』, 나남, 231~284.

김연명 편. 2002,『한국복지국가 성격논쟁 I』, 인간과복지.

김진방·성낙선 외. 2001,『미국자본주의 해부』, 풀빛.

김진방·이상호 외. 2003,『유럽자본주의 해부』, 풀빛.

김형기. 1999, "한국경제의 위기와 대안적 발전모델,"『사회경제평론』 12호,
　　121-150.

김형기 편. 2002,『21세기 한국의 대안적 발전모델』, 한울.

민경국. 2003,『자유주의와 시장경제』, 위즈비즈.

신정완. 2000,『임노동자기금 논쟁과 스웨덴 사회민주주의』, 여강.

_____. 2001, "노동자 경영참가 문제에 대한 스웨덴 노동조합 총연맹(LO)의 접근방
　　식,"『사회경제평론』17호, 95~130.

_____. 2002, "사회주의의 어제, 오늘, 그리고 내일," 김수행·신정완 편,『현대 마르
　　크스경제학의 쟁점들』, 서울대출판부, 287-337.

_____. 2004, "재벌개혁 논쟁과 스웨덴 모델,"『시민과 세계』6호, 317~335.

오승구. 2005,『독일 경제위기를 어떻게 볼 것인가: 사회적 시장경제체제와 슈뢰더의
　　개혁정책』, 삼성경제연구소.

유철규. 2004, "한국 자본주의의 현안과 갇힌 진로,"『동향과 전망』61호, 68~100.

이근 편. 2005,『중진국 함정과 2만불 전략』, 이두신서.

이근·박규호. 2005, "한국 산업의 지식생산 및 학습능력 제고와 경쟁력," 이근 외,
　　『한국경제의 인프라와 산업별 경쟁력』, 나남, 345~375.

이병천. 1998, "발전국가 자본주의와 발전 딜레마," 이병천·김균 편『위기, 그리고 대
　　전환』, 당대, 44~71.

_____. 2005a, "전환시대의 한국 자본주의론: '61년 체제'와 '87년 체제'의 시험대,"
　　『역사비평』71호, 67~90.

_____. 2005b, "양극화의 함정과 민주화의 깨어진 약속: 동반성장의 시민경제 대안을 찾아서,"『시민과 세계』 7호, 9~56.

이병천・조원희 편. 2001,『한국경제, 재생의 길은 있는가』, 당대.

이원재. 2005,『주식회사 대한민국의 희망보고서』, 원앤원북스.

이일영 편. 2004,『동북아 시대의 한국경제 발전전략』. 한신대 출판부.

이일영・전병유. 2004, "개혁 이후의 경제개혁: 신진보주의 경제모델 구상,"『동향과 전망』 61호, 7~35.

이찬근. 2001,『창틀에 갇힌 작은 용』, 물푸레.

_____. 2003, "유럽 소국의 기업지배권 방어기제: 국내 재벌개혁에의 시사점,"『사회 경제 평론』 21호, 7~51.

_____. 2004, "한국 경제시스템의 위기와 대안정책,"『시민과 세계』 6호, 298~316.

이찬근 외. 2004,『한국경제가 사라진다』, 21세기북스.

장상환. 2003, "신자유주의 구조조정과 자본주의 모순의 심화," 경상대학교 사회과학 연구원 편,『신자유주의적 구조조정과 노동문제: 1997-2001』, 한울, 53-113.

_____. 2005, "한국경제의 위기와 민주노동당의 대안,"『시민과 세계』 7호, 128~160.

장하준. 2004a, "경제'개혁'의 방향을 다시 생각한다,"『시민과 세계』 5호, 250~266.

_____. 2004b,『개혁의 덫』, 부키.

장하준 저, 형성백 역. 2004c,『사다리 걷어차기』, 부키.

장하준・정승일. 2005,『쾌도난마 한국경제』, 부키.

전창환・김진방 외. 2004,『위기 이후 한국자본주의』, 풀빛.

전창환・조영철 편. 2001,『미국식 자본주의와 사회민주적 대안』, 당대.

정성진. 2005, "21세기 한국 사회성격논쟁: 마르크스주의적 분석은 여전히 유효하다,"『역사비평』 71호, 91~113.

정원호. 2004, "유럽의 유연안정성(flexicurity) 전략 연구," 한국직업능력개발원.

조영철. 1998, "국가 후퇴와 한국 경제발전모델의 전환," 이병천・김균 편,『위기, 그리고 대전환』, 당대, 137~173.

조영철. 2001a, "세계화와 사회민주적 대안의 조건," 전창환・조영철 편,『미국식 자본주의와 사회민주적 대안』, 당대, 297~320.

_____. 2001b, "기업지배구조와 재벌개혁," 이병천・조원희 편,『한국경제, 재생의 길은 있는가』, 당대, 171~199.

_____. 2004, "위기 이후 구조재편의 문제점과 대안적인 정책 방안," 전창환・김진방 외,『위기 이후 한국자본주의』, 풀빛, 197~245.

좌승희 외. 2005,『한국경제를 읽는 7가지 코드』, 굿인포메이션.

하준경. 2005, "선진국 진입을 위한 성장동력과 경제발전 모델," 기획예산처・KDI 공동주관 공개토론회 자료집 『미래 한국의 선택, 무엇인가?』, 69~92.

Amable, B. 2003, The Diversity of Modern Capitalism. Oxford Univ. Press.

Amsden, A. 2001, The Rise of "The Rest". Oxford Univ. Press.

Auer, P. 2000, Employment revival in Europe: Labour Market Success in Austria, Denmark, Ireland and the Netherlands. 장홍근 외 역. 2000, 『노동정책의 유럽적 대안』, 한국노동연구원.

Chang, Ha-Joon. 2003, Globalization, Economic Development and the Role of the State. Third World Network.

Esping-Andersen, G. 1990, The Three Worlds of Welfare Capitalism. Polity Press.

Hall, P. A. & Soskice, D. (ed.). 2001, Varieties of Capitalism. Oxford Univ. Press.

Kelly, G., Kelly, D., Gamble., A. et al. 1997, Stakeholder Capitalism. 장현준 역. 2003, 『참여자본주의』, 미래M&B.

Schlecht, O. 1990, Grundlagen und Perspektiven der Sozialen Marktwirtschaft. 안두순 외 역. 1993, 『사회적 시장경제』, 비봉출판사.

Shin, Jang-Sup & Chang, Ha-Joon. 2003, Restructuring Korea Inc. 장진호 역. 2004, 『주식회사 한국의 구조조정 무엇이 문제인가』, 창비.

Stützel, Wolfgang (ed.), trans. by Derek Rutter. 1982, Standard Texts on the Social Market Economy. Gustav Fisher.

Weiss, L. (ed.). 2003, States in the Global Economy. Cambridge Univ. Press.

우리나라 기업지배구조의 대안 모색을 위하여

송원근

1. 서론

한국경제의 성장과정에서 재벌이 부정적인 유산만을 남긴 것이 아니듯, 1997년 외환금융위기도 재벌의 한계로만 설명될 수 없다. 그렇지만 분명 1997년 외환금융 위기는 그동안 재벌과 재벌 대기업을 중심으로 한 발전모델 혹은 성장 방식의 한계 를 드러낸 사건임은 분명하다. 이 모델의 중심축이었던 재벌은 1997년 위기에 대 한 책임에서 결코 자유로울 수 없다. 사정이 이러하다면, '재벌개혁'은 단순히 재벌 혹은 그 계열사의 지배구조에 국한된 문제가 아니라, 한국경제의 새로운 발전모델 혹은 성장전략에 관한 문제일 수밖에 없다.

새로운 발전모델이나 성장전략을 모색하는 것은 과거 국가-재벌간 지배연합에 서 형성되었던 것과 같은 정부 정책으로는 해결될 수 없다. 더구나 IMF 위기 이후 글로벌 금융자본의 활동을 제한하는 어떠한 형태의 국가 개입도 인정하지 않으려 는 분위기가 확산되고 있다. 또 기업만으로도 안된다. 최근 삼성전자나 삼성 재벌 의 '세계 1등주의'나 '프리미엄 전략' 등이 생산하는 기업경쟁력, 기업효율 혹은 주 주가치경영, 사회책임경영 등과 같은 담론들의 이면에는 경영권 세습을 위한 불법 과 탈법, 불법의 합법화, 정부 정책을 무력화시키는 '자본파업', 주주가치 훼손과 지배주주에 대한 부(富)의 이전, 무노조 경영 등 전(前)근대적 기업 방식이 변함없 이 자리하고 있다. 일부에서는 재벌 중심의 경제시스템은 동아시아 발전 모델의 전형이고, 따라서 여전히 유효한 시스템이며 앞으로도 그러할 것이라고 주장한다. 그러나 이러한 주장들은 과거 재벌 중심 경제시스템을 합리화하고 정당화시킬 우려가 있다. 최근 경기 침체 분위기 속에 '경제 살리기'나 '기업하기 좋은 환경 만들기'라는 구호가 난무하고 또 주식시장에서 외국자본의 소유 비중이 높아지면서 '외국자본에 대항한 재벌의 경영권 보호'라는 어설픈 '민족주의' 주장이 확산되면서 각종 재벌 관련 개혁 조치들이 약화되거나 무산되는 듯한 경향도 이와 무관하지 않다.

외환금융위기 이후 사업구조조정, 재무구조개선, 경영투명성 및 책임경영 강화 등 기업지배구조 개혁 등 다양한 방식으로 진행되고 있는 재벌 개혁의 핵심은 기업지배구조 개선이다. 주주자본주의에 입각한 것이라는 비난에도 불구하고 이 기업지배구조 개혁은 본질적으로 총수의 절대적 지배력을 약화시키는 것이다. 그러나 외환금융위기 이후 재벌개혁이라는 이름으로 진행된 개혁들은 일부 가시적인 성과에도 불구하고 지배구조 개혁에 기본적으로 실패하였다. 한 걸음 더 나아가 최근 일부 재벌의 예이기는 하지만 최근 '금융산업의 구조개선에 관한 법률'(일명 금산법) 개정을 둘러싼 재벌 대기업과 정부의 힘겨루기는 향후 재벌 기업의 지배구조 개혁이 더욱 어려워질 것이라는 예측을 가능하게 한다. 게다가 고용 없는 성장과 소득 양극화, 기업 및 산업간 양극화, 외국 자본의 국내 시장 잠식과 고배당, 금융시스템의 중개 기능 약화로 인한 투자 부진과 양극화 속에서 경기 침체가 더욱 심화되고 있다.

이렇듯 기업지배구조 개선은 재벌 개혁과 맞물려 있고 그만큼 쉽지 않은 과제임에 분명하다. 한국경제의 발전과정에서 드러나듯이, 재벌의 장점은 대체로 그 단점과 맞물려 있다. 그래서 재벌의 장점과 단점을 현실적으로 구분할 수 있다고 해도, 그 단점만을 제거하기란 생각만큼 쉽지 않다. 자칫하면 재벌의 단점과 함께 그 장점까지도 제거할 수 있기 때문이다. 재벌 개혁의 필요성을 인정하는 사람들 사이에서도 그 방향이나 수단에 대한 논쟁이 끊임없이 이어지는 이유는 이와 무관하지 않다. 설령 재벌의 단점만을 제거한다고 해도 재벌개혁이 완료된다는 보장도 없다. 과거 고도성장을 견인했던 재벌의 장점이 세계화 혹은 글로벌화라는 외적 조건 아래서도 동일하게 작동될 것인지 의문이기 때문이다.

주지하다시피 우리나라 기업들의 소유지배구조 개혁의 문제 설정은 외환금융위기 이후 자본시장이 개방되고, 금융시스템이 기존의 은행 중심에서 주식 시장 중심으로 재편되면서부터이다. 그 결과 시장 규율을 통한 기업 감시와 주주 중심의 기업지배구조가 전면화하고 보편화하였다. 그럼에도 소유-경영 분리를 특징으로 하는 주식회사 제도를 취하는 한 기업 경영자의 대리인 행위를 막는 것은 원천적으로 불가능하다. 이런 이유로 주주들의 경영감시와 경영자의 주주가치 극대화 경영은 주주들과 경영자의 이해가 일치되는 한에서만 '가치 있는' 것이었고, 소유권을 기반으로 한 주주들과 기업 경영자들의 힘겨루기 싸움의 최종 승리자는 경영자였다. 이런 의미에서 보면 현재의 자본주의는 여전히 경영자자본주의(managerial capitalism)를 완전히 탈각하지 못했다.

더구나 총수와 그 일가를 중심으로 한 재벌이 중심이 된 기업시스템 하에서 지배구조 개선은 더욱 복잡하고 어려운 문제를 제기한다. 따라서 우리나라 기업들의 지배구조 개선은 애초부터 경영자의 대리인 행동을 방지함으로써 경영자자본주의를 극복해야 하는 문제와 총수의 지배력을 약화시켜야한다는 두 가지 문제를 동시에 해결한다는 의미를 내포한다. 그러나 그간의 경험에서 알 수 있듯이 대기업 지배구조 개선을 위한 정부의 재벌 개혁 조치는 근본에서 재벌 해체를 지향하는 것이 아니었다. 이런 상황에서 우리나라 기업의 지배구조 개선에 대한 외부의 평가도 긍정적이지 못하다. 예를 들면 경제협력개발기구(OECD)가 2003년 7월 발간한 아시아 지배구조 백서에 의하면 아시아 다른 국가들과 마찬가지로 우리나라 상장 기업 대부분이 아직 가족경영 단계에서 벗어나지 못하고 있으며 지배구조 개선이 시급한 것으로 지적하였다. 또 국제금융연구소(IIF)가 작성한 '한국의 기업지배구조: 투자자의 시각'이라는 보고서(2003)는 한국이 외환위기 이후 지배구조 개선에 가시적인 성과를 거두었지만 더 개선해야 할 요소들이 남아 있다고 진단하였다. 기업지배구조 관련 제도 틀이 어느 정도 갖추어졌지만 해당 법제와 규제들이 어떻게 해석되고 집행되는지가 여전히 불투명하다는 것이다. 이와 같이 불완전한 재벌 개혁 과정에서 기존의 재벌 체제나 기업시스템과는 다른 새로운 형태들과 문제들이 나타남으로써 기업지배구조의 개선은 더욱 복잡한 양상을 띠기 시작했다. 이런 맥락에서 기업지배구조 개선을 주도해왔던 정부는 재벌 기업을 중심으로 한 기업지배구조의 개선 방향을 다음과 같은 몇 가지로 설정한 바 있다. 첫째, 소유구조가 단순하고 투명한 지주회사로 전환하거나 둘째, 브랜드나 이미지를 공유하는 정도의 느슨한 연계 체제, 즉 재벌 계열사간 내부거래, 상호 출자, 상호지급보증 같은 계열사간 연결 고리를 끊고 계열사들이 독자적으로 기업을 경영하는 "독립 기업들의 느슨한 연합체"를 통하여 기존의 선단식 경영 체제를 지양하거나 셋째, 경우에 따라서는 독립 기업으로 분리시키거나 전문 업종별 소그룹으로 분화하는 등의 대안이 그것이다(강철규, 2003).

이 글은 재벌 대기업을 포함한 우리나라 대기업의 바람직한 지배구조 대안은 무엇인가를 모색하기 위한 하나의 시도이다. 그러나 항상 그렇듯 대안을 내놓는 작업은, 더구나 재벌 대기업에 대한 개혁 요구와 재벌의 반발이 공존하는 와중에서 이들 대기업의 지배구조 대안을 찾는 것은 더욱 쉽지 않은 일이다. 따라서 대안을 직접 제시하기보다 외환금융위기 이후 시장 규율 중심의 기업지배구조를 정착시키기 위한 몇 가지 제도들과 그 한계를 지적할 것이다. 나아가 위에서 언급한 정부의 세 가지 지배구조 대안들과 이에 대한 재벌 대기업의 대응 양상을 살펴본다. 또 새로운 노사관계 형성에 기초한 새로운 기업 모델들이 가진 한계와 문제점을 지적함으로써 대안적인 기업지배구조를 모색하는 토대로 삼고자 한다.

2. 시장에 의한 기업 규율과 그 한계

1) 내부 감시 장치 및 시장 규율의 강화

1997년 말 발생한 외환 금융 위기와 이에 대처하는 과정에서 시장 중심의 경제 질서 혹은 시장에 의한 경영 규율이 경제 및 사회 영역 전반에 확산되었다. 그것은 우리나라 재벌 대기업들의 기업지배구조의 실패가 1997년 경제위기를 초래한 주요 원인 중의 하나라는 인식 때문에 설득력을 더했다. 외환금융위기 당시 김대중 정부가 재벌에 대해 요구했던 개혁의 본질은 글로벌 금융시장 질서에 순응하는 경제 시스템 혹은 기업 시스템이다. 물론 금융 및 기업 구조조정 과정에서 새롭게 도입된 시스템과 제도들은 과거 발전국가 시기의 제도들과 잘 조응하지 못하는 경우가 많았지만 기본적으로는 '주주자본주의'를 지향하는 시스템이었다. 경제시스템 변화로 외환금융 위기 이전의 정부-기업간 위험 분담 체계는 본질적으로 변화했고, 재벌과 정부의 협력 관계를 대신하여 시장 규율이 작동하기 시작했다. '글로벌 표준'이라는 이름 하에 기업지배구조 개선을 위한 제도들이 강화되고 새롭게 도입되었다. 사외이사의 수가 절반을 넘는 기업들이 생겨나고, 독립적인 감사위원회를 설치하는 등 기업 내부의 감시 장치가 강화되었다. 다른 한편으로는, 증권집단소송제도를 비롯한 사법적 피해구제 제도 개선, 그리고 최근 미국의 엔론사 파산 등 대규모 회계부정 사건 이후 활발하게 논의되고 있는 회계 감독 및 공시 제도에 있어서 법적, 제도적 개선 등이 있었다. 최고경영자(CEO) 및 최고재무책임자(CFO)가 재무보고서에 서명하도록 하고(302조) 감사인이 내부 통제 과정을 인증하고 날인하도록 한(404조) 샤베인-옥슬리법의 영향으로 공인회계사법과 외부감사법, 증권거래법 등이 개정됨으로써 기업 경영에 대한 내부 감시 체제의 강화에 영향을 미치기 시작했다.

2) 총수 지배력과 지배구조 개선의 한계

그럼에도 이른바 '총수' 및 창업자 가족을 중심으로 한 피라미드식 소유 구조를 기초로 지배 주주가 소유권을 훨씬 초과하는 통제권을 행사하는 우리나라 기업 지배 구조의 특수성은 주주들의 경영감시를 훨씬 더 제한하였다. 실제로 사외 이사제도가 도입되고, 사외이사 중 감사위원 선출로 독립성이 높아지면서 내부 감시 장치가 강화되었지만 명목적인 제도 개선에 그쳤다. 우량계열사가 부실계열사를 합병하는 방식으로 일반 주주들의 부(富)를 지배 주주에게 이전시키는 관행이나 주주들의 이익을 무시하는 의사 결정 구조는 근본적으로 개선되지 못했다. 재벌 기업의 경영자들은 기업 이익을 주주에게 배당하기보다 총수의 지배력을 확대하기 위하여 그룹 차원에서 다른 계열사의 주식을 매입했다. 금융계열사를 이용해 다른 계열사에 출자하는 행위는 금융보험계열사의 자산을 구성한 일반예금자나 가입자들의 재산을 이용하는 것이므로 이들의 재산권을 침해하는 대표적인 사례이다.

내부감시 장치가 제 기능을 못하는 상황에서 기관투자가 등에 의한 외부의 경영

감시도 효과적으로 작동하지 못했다. 예를 들면 기관투자가들은 기업지배구조에서 효과적인 역할을 수행하지 못했는데 그 가장 큰 이유는 기관투자자의 주축을 이루는 보험회사, 투자신탁회사 등 제2금융권 금융기관들이 재벌의 영향력 아래에 있기 때문이다. 감시대상 기업들이 대주주이기 때문에 이러한 금융기관들은 기관투자자로서 효과적인 역할을 수행하기 어렵다. 특히 주주로서 외국자본은 총수의 주주 이익 침해 행위를 감시해야 했지만, 주주 가치 경영, 기업 경쟁력 강화를 명분으로 주가나 단기 수익만을 높이려는 의사결정에서 이해관계가 일치했다. 기업들은 재투자나 신규 설비 투자를 축소하고, 자사주 매입을 우선하였으며, 정규직을 비정규직으로 대체하는 등 고용 조정을 일상화했다. 재벌기업들의 경우 지배주주가 복잡한 출자를 통해 계열사들에 대한 통제권을 확보하고 있기 때문에 재벌기업들을 대상으로 한 적대적 인수합병(M&A) 시장도 발전하지 못했다. 외환금융 위기 이후 재벌 그룹의 총수들은 금융 계열사를 동원한 계열사간 순환 출자를 이용하여 이전보다 더 적은 지분으로 더 많은 계열사에 대해 지배력을 행사하고 있다. 이와 같은 총수 중심의 기업지배구조 하에서 시장의 규율, 주주들의 압력만으로는 기업지배구조를 개선하는 것은 한계가 많을 수밖에 없었다.

3) 기업경영 감시자로서 은행의 역할

이와 함께 과거 은행 중심 시스템 하의 여러 제도들과 규칙들은 시스템 위기를 초래한 주범들이었으며 이른바 '글로벌 스탠다드'에 부합할 수 없는 것처럼 보였다. 그리고 주식시장은 기업 자금조달의 주요 통로로서 기능하고 시장의 압력은 기업경영을 규율할 수 있을 것으로 보였다. 그러나 은행에 대한 정부개입과 은행 자체의 취약한 지배구조 등으로 기업경영 감시자로서 은행의 역할은 제대로 수행되지 못하고 있다. 은행이 기업지배구조에서 제 역할을 수행하기 위해서는 무엇보다 은행 자체의 소유 지배구조가 개선되어야 하는데 현재 은행 민영화 방향과 그 영향력에 대해서는 아무것도 결정된 것이 없는 상황이다. 외환위기 이후 시중 자금이 은행에 집중되는 추세와 함께 기업지배구조에서 은행의 역할은 일정 정도 개선되고 있기는 하지만 은행의 위임된 정보생산자(delegated monitor)로서 역할은 외환금융위기 이전에 비해 오히려 퇴보하였다. 은행지배구조와 관련하여 외국인 자본 참여가 확대되면서 지배구조를 개선하고 수익성 위주의 경영이 지배적 담론으로 자리 잡아 가고 있지만 여전히 대부분의 은행들은 공적자금 투입으로 정부 지분이 확대되어 외환위기 이전에 비해 정부의 간섭이 많아졌고, 기업지배구조는 더 취약해졌다(김용렬·진태홍, 2003).

4) 외국 자본의 기업경영 감시와 투자 전략

이론적으로 말하면 지배주주에 의한 소유 집중이 심하고 지배 주주와 소액 주주 사이의 이해 상충이 효과적으로 억제되지 못하는 나라에서 외국인 투자자는 경영 감시자의 역할을 할 수 있는 중요한 이해관계자가 될 수 있다. 1992년 외국인에 대해 국내 주식시장이 부분적으로 개방되고, 외환금융 위기를 계기로 일반 법인의 주식에 대한 외국인 투자 한도는 전면 폐지되었고 주식 시장에서 외국인이 차지하는 비중도 급증하였다. 또 소유와 경영에 동시에 참여하는 외국인 자본 유입은 앞으로도 더욱 늘어날 것이다. 그런데 국내에 진출한 외국 자본의 입장에서 취할 수 전략은 다음 몇 가지로 요약된다. ① 첫째, 재벌 기업지배구조를 해체함으로써 이른바 세계적 과잉 생산을 방지하고 국제적 경쟁을 약화시키거나, 이를 통하여 세계 시장에서 거대 집단으로서 재벌들의 공격성을 완화하는 방법이다. 외환금융 위기 이후에도 세계경영 전략으로 기존의 공격적 경영을 내세우던 대우 재벌의 해체는 이러한 전략의 첫 번째 시험이었다. ② 둘째, 재벌 대기업과 구조적인 '연합'을 형성함으로써 재벌들이 수익을 배당 형태로 수취하는 방법이다. 실제 POSCO, 삼성전자, 현대자동차 등 이른바 우량 대기업들에 대한 외국자본의 소유 지분은 절반을 넘는다. ③ 셋째, 골드만삭스의 진로에 대한 경우에서 드러난 것처럼 국내 기업에 대한 적대적 인수·합병 등을 가능케 하여 경영권 탈취를 시도하는 전략을 구사할 수도 있다. 이와 같은 외국 자본의 전략은 해당 기업 혹은 재벌들의 소유지배구조나 수익성, 기업경영 방식이 어떤가에 따라 다양하게 나타나고 있지만 일반적으로는 기업경영 감시에서 주요한 역할을 수행하고 있는 것으로 판단된다(김용렬 외, 2003).

실제로 SK㈜의 소버린이나 삼성물산의 헤르메스와 같은 외국인 주주들은 해당

기업들을 대상으로 인수합병의 위협을 가하기도 하였다. 그러나 다른 한편으로는 SK㈜의 사례에서와 같이[1] 소버린 등 외국인 주주들의 주식취득 목적은 경영권 개입을 통하여 기업지배구조를 개선하는 데보다는 출자자산의 가치와 해당 기업 주식가치의 차익을 통하여 이익을 확보하려는데 더 중요한 목적이 있었다. 예를 들면 SK㈜의 경우 ㈜SK텔레콤 등 수익성이 좋은 기업들에 대한 출자자산을 갖고 있었고 이 출자자산의 가치가 SK㈜의 주식 가치보다 커서 출자자산의 처분만으로도 커다란 이익을 남길 수 있다. 우량 자산이 많은 삼성물산㈜의 경우도 여기 해당된다. 헤르메스의 경영권 인수합병 위협은[2] 결과적으로 기업지배구조 개선을 위한 적대적 인수·합병을 시도하기 위한 것이 아니라 보유하고 있던 주식을 팔아 막대한 차익을 남기기 위한 것이었다.

이와 같이 국내 기업들에 대하여 높은 배당을 요구하고, 경영권을 위협하여 막대한 시세 차익을 챙기는 투기적 외국 자본에 의한 국부(國富) 유출을 막고 재벌 우량 대기업의 경영권을 보호하자는 주장까지 제기되었다. 발행 주식의 의결권에 차등을 두는 차등의결권이나 적대적 인수 시도가 있을 경우 기존 주주에게 신규 주식을 시가 이하로 배정하여 인수희망자의 지분을 희석시키는 독약처방(poison pill) 등이 도입되어야 한다는 것이다. 이러한 주장에 의하면 우리나라 외국인투자자의 지분 비중이 높은 (대)기업들은 경영권을 방어하기 위해 현금 보유를 늘리고 자사주나 유가증권을 매입하는 등 설비투자를 기피함으로써 기업경쟁력을 약화시키고 성장 잠재력을 크게 약화시켰다고 주장한다(삼성경제연구소, 2005). 또 계열사간 출자총액을 제한하거나 금융계열사의 의결권을 제한하는 정부정책이 국내기업을 적대적 인수·합병 위협에 노출시켰다고 주장한다.

그러나 SK㈜와 달리 삼성전자㈜의 경우 출자자산의 가치보다 기업 가치가 더 높다. 이런 상황에서 경영권을 장악해도 단기적으로 이익을 남길 수 없다. 게다가 삼성전자㈜의 주요 외국인 주주들은 캐피탈그룹이나 도이치에셋, 싱가폴투자청

---

1) 최태원의 이사 재선임 저지에 실패한 소버린은 2005년 6월 20일 공시를 통해 SK㈜ 지분 1,902만 8,000주(14.82%)의 보유 목적을 경영권 참여에서 단순 투자로 변경했다.
2) 2004년 12월1일 영국계 자산운용회사인 헤르메스는 삼성물산㈜의 경영진이 만일 주주가치를 극대화할 수 있는 의사결정을 하지 않고 대주주 일가 또는 삼성그룹의 이해관계를 우선하는 결정을 내리는 등 지배구조가 개선되지 않는다면, 헤르메스는 M&A를 시도하는 펀드를 지원할 것이라고 밝힌바 있다.

등 투자펀드들이다. 굳이 경영권을 장악할 이유도 없고 장악하더라도 경영할 능력도 없다. 또 삼성전자㈜와 같은 경우 이사 시차 임기제와 같은 경영권 방어 장치를 갖고 있어 외국인 주주들이 표대결을 해서 이기더라도 이사의 1/3만 교체할 수 있다. 오히려 외국인 주식 보유 비중이 높은 우리나라 기업일수록 총 이사에서 사외이사와 감사가 차지하는 비중을 구한 기업지배구조 투명성 지수가 높다는 연구도 있다.3) 또 외국인 지분이 기업은 대체로 수익성이 좋은 것으로 나타나고 있으며 배당성향이 반드시 높은 것도 아니고 설비투자가 줄어드는 경향도 없는 만큼 외국인의 경영 간섭에 따른 악영향도 확인할 수 없다(양두용, 2005). 또 대기업들의 경상이익이 크게 늘어났음에도 신규 투자보다 재무구조 개선에 주력하며, 국내 투자보다 해외 투자에 더 치중하는 경향이 있고, 수출기업들에 대한 투자 편중이 주식시장의 투자양극화를 심화시키는 것은 부인할 수 없는 사실이지만(한국은행, 2005), 외국인 투자자들로 인하여 기업들의 투자가 감소했다는 것은 과장된 것이며 따라서 사실과 다르다. 이미 여러 연구에 의해 외국인 소유 지분과 배당성향(배당금/당기순이익)은 상관관계가 없다는 것이 밝혀졌다. 우선 출자는 다른 회사의 주식을 취득하는 행위로서 통상적인 의미의 투자와는 관련성이 그리 높지 않다. 우선 기존 회사 내 신규설비 투자나 사업부 신설을 통한 투자는 출자총액제한의 대상이 되지 않는다. 또, 기업경쟁력 강화, 성장잠재력 확충 등과 관련된 타회사 출자는 출자총액제한 적용제외나 예외인정을 통해 출자한도에 관계없이 허용된다. 또 IMF 사태가 수습된 후에는 경영이 안정되고 기업의 경영투명성이 향상되면서 배당에 대한 압력이 오히려 감소되었다(김기원, 2005). 또 고율의 배당을 실시한 기업들 대부분이 외국인 지분이 아주 낮은 기업이며 외국인 비중이 50%를 넘는 삼성전자㈜나 현대자동차㈜의 배당 성향은 평균치에도 미치지 못한다. 물론 외국인에 대한 배당금 총액은 크게 늘었다. 그러나 이는 외국인지분이 늘어나고 기업수익성이 개선된 결과로 해석해야 할 것이다. 2003년 외국인의 지분 비중은 40.1%인데 배당금 비중은 37.4%다(김기원, 2005). 따라서 허구적인 외국자본의 경영권 탈취 주장, 경영권

---

3) 이 분석에 따르면 외국인 지분율이 60~70% 이상 기업의 투명성지수는 0.25인 반면 그렇지 않은 기업의 지수는 0.24로 낮았고, 지분율 70% 이상인 기업의 경우 0.30과 0.24로 그 차이가 더 확대되는 것으로 집계됐다.

보호를 위한 설비투자 부진과 경기침체 주장 등을 근거로 우리나라 기업들의 경영권 방어 수단을 추가적으로 도입하자는 것은 비현실적이다. 차등의결권을 도입할 경우 1주1표주의 근대법적 소유권 원리를 부정하는 제도일 뿐만 아니라 일반 주주의 재산권을 침해할 가능성이 높다. 마찬가지로 독약처방(poison pill) 같은 제도도 주주 다수의 동의 하에 도입되어야 하는데, 기존 대주주가 평균 5%도 안 되는 지분을 가지고 주주 다수의 동의를 끌어내기는 쉽지 않은 문제일 뿐만 아니라 그래서도 안 된다. 또 '경영권'이라는 것은 주주가 최고경영자에게 기업가치 제고를 위해 노력하도록 위임한 권한이지 재벌 총수 일가가 대대손손 승계하는 권한이 아니므로, 총수 일가의 경영권을 보호해야 한다는 명제는 성립되지 않는다. 일부에서는 경영권 방어 장치 도입 결정권을 주주총회 대신 이사회에 부여하자고 주장하고 있으나, 경영권 방어 장치처럼 주주 재산권에 큰 영향을 미치는 사안을 주주의 직접적인 동의 없이 결정한다는 것은 주주가치 경영의 기본 정신을 무시하는 것이다(임원혁, 2005).

5) 금융계열사를 이용한 지배권 유지와 소유-지배 괴리도 문제

결국 그동안 진행된 기업지배구조 개선은 총수의 지배력을 변화시키지 못했으며, 오히려 재벌의 결속력을 강화시키는 결과를 초래했다. 우리나라 기업들의 지배구조가 여전히 취약한 근본 원인은 기업 특히 재벌 기업의 지배주주가 소유권을 초과하는 통제권을 행사한다는 데 있다. 이것을 잘 보여 주는 것이 바로 재벌기업들의 소유권과 지배권 괴리도 실태이다. 공정거래위원회에 따르면 2004년 이후 연속 상호출자제한 기업집단으로 지정된 35개 대기업집단의 소유지배괴리도[4]가 2004년에 비해 0.07%포인트 낮아져 30.94%포인트를 기록했다. 의결권 승수도 지난해 7.60배에서 올해 6.86배로 떨어진 것으로 나타났다. 그럼에도 2005년도 지정 상호

---

4) 소유-지배 괴리도는 의결권과 실제 출자 지분 사이의 차이를 말하며 지배 주주의 사익 추구의 유인이 얼마나 큰 것인가에 중점을 두는 지표이며, 의결권 승수는 의결권을 실제 출자 지분으로 나눈 것으로서 실제 출자 지분의 수준을 더 중시하는 개념이다. 예를 들면 개별 기업의 경우 실제 출자지분이 4%이고 의결권이 40%라면 소유-지배 괴리도는 36%(40%~4%)가 되며 의결권 승수는 10(40%/4%)이다. 기업집단의 경우에 의결권 승수는 개별기업의 승수를 각 계열사의 자본총계로 가중 평균하여 구한다.

출자제한 기업집단 38개의 경우 총수일가는 여전히 4.94%의 적은 지분으로 그룹 전체를 지배하고 있는 것으로 나타났다. 총수 일가 지분은 4.94%, 계열사 지분율을 포함한 내부지분율은 51.21%로 2004년에 비하여 각각 0.33%포인트, 2.12% 포인트 증가해 계열사 지분율이 총수일가 지분율보다 조금 더 높아졌다. 또 이들 기업집단의 소속 계열사 835개 중 총수 및 친인척 지분이 전혀 없는 계열사도 502개나 됐다. 전체 계열사 수의 60.12%에 달하는 계열사를 총수일가 지분 하나도 없이 지배하고 있는 것이다. 또 비상장사의 소유지배괴리도와 의결권승수가 상장사보다 훨씬 높게 나타나고 있어 상장회사에 비해 비상장사의 소유지배구조가 더 왜곡된 것으로 드러났다(공정거래위원회, 2005c).

〈표 1〉 2005년도 기업집단의 소유지배 괴리도와 의결권 승수 분포

괴리도 의결권 승수	25% 이하	25%~29%	30%~39%	40%~49%	50% 이상
3배 이하	11개(한진, 현대중공업, 신세계, LS,효성, KCC, 현대산업개발, 부영, 동양화학, 하이트맥주, 한국타이어)	2개 (CJ, 삼양)	5개(GS, 동국제강, 현대백화점, 태광, 농심)	4개(세아, 대한전선, 이랜드, 대성)	
3배 초과 ~4배			4개(롯데, 금호, 동부, 대림)	1개(영풍)	
5배~9배	1개(현대)	2개(삼성, 한솔)	2개(현대자동차, LG)	1개 (코오롱)	1개 (두산)
10배~14배				1개(한화)	
15배~19배			1개(SK)		
20배 이상					2개(동양, STX)

자료: 공정거래위원회(2005c).

이와 같은 괴리도 확대는 기업 가치를 하락시키고, 기업지배구조를 더욱 악화시키는 결과를 초래한다. 물론 기업지배구조가 개선되더라도 기업 경영을 잘못하여 성과가 나쁠 수 있고 반대로 지배구조가 나쁘더라도 경영 능력이나 기술, 인력 등 다른 이유로 인하여 기업성과는 좋을 수도 있다. 그러나 어떤 경우에든 합리적인 의

사결정체계를 갖추고, 주주, 채권자, 거래당사자, 종업원, 고객 등 이해관계자를 공평하게 취급하며, 정당한 권익을 보장하는 좋은 지배구조를 가지고 있다면 기업 가치는 높아지고 경영 성과도 더 좋아질 것이다. 그러나 괴리도(확대)와 기업 성과 사이의 관계를 분석한 연구들은[5] 괴리도 확대가 기업 가치를 하락시키고 있음을 보여주고 있어 이른바 Korea Discount(장하성, 2001)[6]의 가장 중요한 요인이 되고 있다.

6) 우리나라 기업들의 주주가치 경영 실체

한편 기업 경영 전략으로서 우리나라 기업들의 '주주가치 극대화 경영'의 실상을 보자. 기업들은 주주 가치 경영, 기업 경쟁력 강화를 명분으로 주가나 단기 수익 극대화를 추구했다. 기업들은 재투자나 신규 설비 투자를 축소하고, 자사주 매입을 우선하였으며, 정규직을 비정규직으로 대체하는 등 고용 조정을 일상화했다.

또한 외환금융 위기 이후 '주주가치 극대화'가 글로벌 표준으로 기업에게 강제되면서 수익중시 경영이 보편화되고, 이에 따라 재벌 그룹들의 주요 계열사들 역시 자사주 매입[7] 등을 통해 기업 가치를 올리고, 이를 통해 주주들의 이익을 고려하는 경영 행태를 보이기도 하였다. 예컨대 2005년 6월 자산총액 기준 상위 10대 재벌 그룹들의 자사주 보유 현황을 보면 총 11조 6,679억원으로 전체 시가총액의 5.60%에 달했다. 2001년 말 5조 3,078억원에 불과했던 자사주 보유금액은 지속적인 자사주 취득 확대 및 주가 상승 등으로 현재 두 배 이상으로 늘었다.[8]

---

5) 박경서·조명현(2002)은 기업지배구조와 투명성이 기업가치와 밀접한 관계가 있다는 실증 분석을 제시한 바 있고, 조성욱(2003)은 소유지배 괴리도가 10%p 커질 때, 경상이익률은 0.2%p 하락한다는 것을 밝혀냈다. 박경서 등(2003)도 괴리도가 클수록 수익성이 낮은 것으로 분석하였다. 또 장하성· Black, B., 김우찬(2003)에서는 자산 2조원 이상의 기업은 사회이사 50%를 두고, 사외이사후보 추천위원회를 두어야한다는 법규정을 이용하여 이와 같은 강제적 규정이 경영성과를 개선시키는 것으로 분석한 바 있다. 한편 외국의 경우에는 괴리도가 클수록 기업가치와 주가수익률이 낮은 것으로 조사된 바 있다(Lemmon et al., 2003; Classens et al., 2002)

6) 증권거래소가 2003년 8월 현재 KOSPI200에 편입된 우리나라 기업의 PER를 조사한 바에 따르면 우리나라 기업들은 11.0인 반면, 미국은 22.0, 일본은 39.8, 프랑스 15.8, 독일의 11.7에 비하여 아주 낮은 수준이다. 대만도 23.3을 기록했다.

7) 2005년 6월 말 현재 상장 법인의 63.2%인 999사가 전체 시가총액(563.5조원)의 5.41% 상당액(30.5조원)의 자기주식을 보유하고 있는 것으로 나타났다(금융감독원, 2005).

〈그림 1〉 우리나라 주요 재벌의 연도별 자사주 보유금액 및 비중 현황

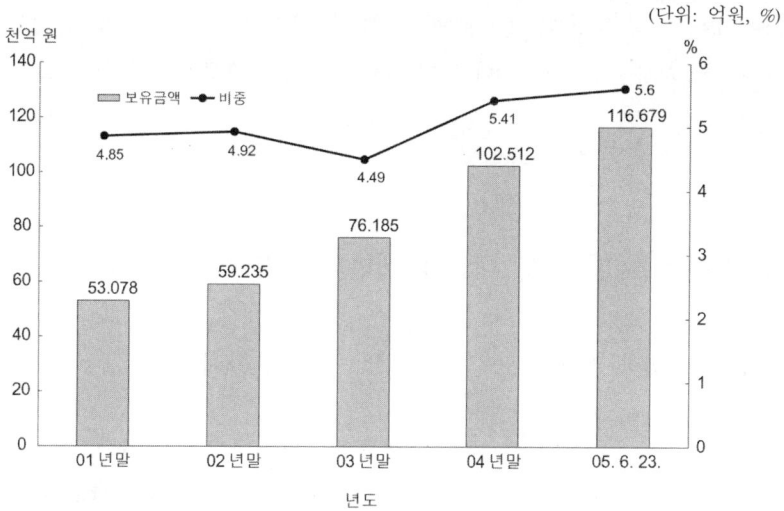

자료: 증권선물거래소(2005).

원래 자사주는 소유자 혹은 주주로서뿐만 아니라 기업의 중요한 이해당사자로
서 소유 분산과 노동의 경영 참여를 보장하는 것이 목적이었으나 현재는 종업원들
이 주인 의식을 갖고 열심히 일할 수 있는 토대를 제공하기보다는 자본시장에서 종
업원들을 '대주주에 우호적인 주주'로 만드는 데 그쳤다. 오히려 자사주는 내부정
보 유출 등 불법 등이 동원됨으로써 주가를 관리하고 그 결과 총수 일가 등 지배 주
주의 재산가치 보전을 위한 경영 전략으로 이용되는 경우가 많았다. 현재 우리사주
조합이 회사 또는 금융기관으로부터 차입해 자사주를 구입하고 회사의 출연금 등
으로 차입금을 상환하는 '차입형 우리사주제'가 비상장·비등록 법인뿐만 아니라
상장·등록법인까지도 가능하게 되었지만 현재와 같은 노사관계 하에서는 자사주
를 통한 경영참여는 아직 요원한 것으로 보인다. 결국 '근로자 혹은 사원의 주인화'
를 목표로 도입되었던 우리사주제도9)는 본래의 목적과 달리 유명무실한 상태이

---

8) 재벌별로 보면 2001년 말 이후 삼성, 현대자동차, 한진 재벌의 경우 점차 증가하는 경향을 보
   이고 있고 LG, SK, 한화는 감소하는 추세를 보였다. 현대중공업은 12.76%포인트로 가장 많
   이 줄었고 금호아시아나도 4.17%p 감소했다(증권선물거래소, 2005).
9) 우리나라 자사주제도(ESOPs)의 역사 자체는 상당히 오래된 편이어서 1968년 '자본시장 육성

다10). 게다가 관련 법령 간 충돌 등 제도적 결함과 세제 및 금융지원 부족, 우리사주
제에 대한 노사간의 경계감 등으로 인하여 제 기능을 기대하기가 거의 어려운 상황
이다. 결국 자사주를 통한 우리나라 기업들의 주주가치 경영은 왜곡된 형태 그 자체
였다.

3. 정부의 재벌 개혁 대안과 재벌의 대응

1) 지주회사 전환과 소유투명성: LG 재벌의 사례

외환금융 위기 이후 정부는 지주회사를 현행 재벌 체제의 기업지배구조를 개혁
할 수 있는 방안 중 하나로 제시한 바 있다. 참여정부 들어 공정거래위원회가 2003
년 11월 '시장개혁 3개년 로드맵'에서도 밝히고 있듯이 현재의 재벌 시스템이 지주
회사 시스템으로 전환한다고 해서 모든 문제가 해결되는 것은 아니지만, 소유구조
가 '지주회사→자회사→손자회사'간 관계로 단순·투명하게 되어 소유지배구조
의 왜곡 문제가 줄어드는 효과가 있다고 보고 지주회사 전환을 더욱 촉진하였다. 이
를 통해 계열사간 순환출자가 제한되고 그런만큼 가공 자본에 의한 총수 일가 등의
지배력 확장이 줄어들 수 있다. 또 지주회사와 자회사의 주주간 권리·의무 관계가
명확해져 경영 감시도 한층 쉬워진다는 것이다. 또한 시장 환경 변화에 따른 계열사
들의 진입·퇴출도 쉬워져 동반부실의 위험이 줄어드는 효과도 있다. 실제 LG재
벌이 지주회사 ㈜LG를 중심으로 한 지주회사로 성공적으로 전환하면서 지주회사
화에 대한 관심이 높아졌다. 또 당시 공정거래법상 상호출자금지의 제한 대상 그룹
은 LG와 동원 2곳에 불과했고, 이미 지주회사를 도입한 그룹들은 중소 규모 그룹들

에 관한 법률'에 종업원 주식 소유에 관한 사항이 처음 들어간 이래 증권거래법에 '종업원지
주제도'로 정의하면서 본격적으로 실시되었다. 2001년 8월 근로자복지기본법을 통해 제도
시행 범위를 비상장, 비등록법인까지 확대하고 명칭도 '우리사주제도'라는 이름으로 재규
정하였다.

10) 우리사주조합은 2004년 3월 현재 전체 기업의 1.3%인 2161개에 불과하다. 그중 35.3%인
764개 조합이 우리사주를 보유하고 있고, 결성조합의 총 발행주식 대비 종업원 소유 지분은
상장 법인의 경우 1% 미만에서 거의 변화가 없다(머니투데이, 2004년 7월 27일).

이었지만, 상호출자금지의 적용 대상 그룹 중 26%가 지주회사로의 전환을 계획하고 있어 지주회사 체계가 대규모 그룹까지 확장될 가능성도 충분하다.[11] 또 삼성 재벌의 경우 현재 실질적인 지주회사 역할을 하고 있는 삼성카드를 이용하여 지주회사 전환을 모색하고 있다는 조사도 있다.[12] 물론 여기에는 에버랜드의 지주회사 해당 여부에 관한 논란이라든가 삼성생명의 상장 문제 등이 복잡하게 얽혀 있고 그 가능성도 높지 않다.

LG 재벌은 2000년 7월 지주회사 전환을 선언한지 약 3년의 기간 동안 일련의 작업을 거쳐 지주회사 (주)LG를 출범(2003년 4월)시켰으며, 이 과정에서 LG그룹 은 계열회사간 복잡한 출자관계를 정리하였다. 즉 구씨와 허씨 일가의 수많은 친족 들이 많은 수의 계열사들을 지분을 복잡하게 보유하고 있던 가족간의 지분관계를 지주회사를 통해 해결하고 LS, GS그룹 등 친족 그룹들을 분리하는데도 성공하였 다(그림 2 참조). 그 결과 LG전선그룹과 GS홀딩스가 분리되기 전의 LG 재벌은 상 장사(이후 상장된 LG필립스LCD 제외) 평균 의결권 승수가 2.65배를 기록해 그룹 전체의 3.12배보다 낮아졌다. 이처럼 LG재벌은 지주회사 전환을 통해 지배력의 약화에 성공한 듯 보였다(KDI, 2004). 그러나 LG 재벌의 지주회사 전환 과정을 꼼 꼼하게 살펴보면 다음과 같은 문제점이 있다는 것을 알 수 있다.

첫째, LG그룹 구본무 회장 등 지배주주 일가들은 추가 자금 투입 없이 지주회사 (주)LG의 지분 42.79%(2003.3.31 현재)를 확보하여 지주회사 (주)LG에 대한 지배 권을 충분히 확보하였다. 구본무 및 그 가족들은 지주회사로 전환하기 전(1999. 12.31 현재) LG화학(주)의 지분 5.79%와 LG전자(주)의 지분 6.63%, 그리고 LG홈 쇼핑의 지분 47.77%를 보유하고 있었을 뿐이다. 그러나 두 번의 공개매수와 합병 을 거치면서 지주회사 (주)LG에 대한 구본무 일가의 지분은42.79%(2003.3.31 현 재)로 급격히 증가했다. 지주회사 (주)LG는 자회사들에 대하여 안정적인 지분을 확 보하고 있으므로 구본무 일가는 지주회사 LG에 대하여 상당한 지분을 보유하게 됨

11) 전국경제인연합회(2003)
12) 삼성은 인베스트AB라는 지주회사를 통해 계열사를 지배하고 있는 발렌베리 등 스웨덴식 지 배구조에서 관심의 끈을 놓지 않고 있다. 일부에선 '발렌베리는 삼성의 미래'라는 이야기가 여전히 나돈다. 하지만 스웨덴의 역사적, 자연적, 사회적 환경을 볼 때 발렌베리 그룹을 삼성 과 일치시키기에는 무리가 있다는 지적도 높다. 현실적으로 지주회사 형식의 발렌베리 모델 을 삼성이 그대로 적용하기에는 어렵다는 의견도 여전하다.

<그림 2> LG 재벌의 친족분리

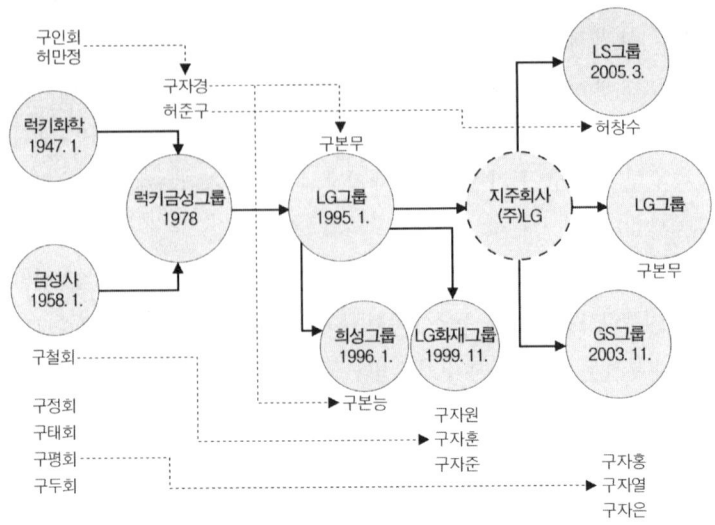

으로써 지주회사 LG에 대한 지배권을 강화하였으며, 지주회사 LG를 통하여 자회사들에게까지 지배권을 행사함으로써 그룹에 대한 지배권을 강화할 수 있게 되었다. 이것이 가능했던 이유는 바로 유상증자를 통한 공개 매수의 방법에 있다. 즉 자회사주식을 공개매수 하면서 그 대가로 지주회사의 신주를 발행하였는데 이 공개매수에 소액주주들은 많이 참여하지 않은 반면 구본무 일가는 보유한 지분 거의 전부에 대해 공개매수에 참여하였다. 그 결과 지주회사 전환 후 LG 재벌에 대한 구본무 등 지배주주 일가의 지배권은 더욱 강화되었다. 과거 각 주요 계열사에 대하여 소수의 지분을 따로따로 보유하고 있던 것을 지주회사 하나의 회사에 대량의 지분을 보유함으로써 지주회사 LG에 대한 경영권도 강화하고 그룹에 대한 경영권 방어가 가능하게 되었다. 또한 지주회사를 통한 자회사 지배권도 합법화하였고 더욱 강해졌다. 소액자본으로 다수의 기업을 용이하게 지배하는 지주회사의 단점을 잘 보여주는 사례이다(이은정·이주영, 2003).

둘째, 지주회사 전환을 전후하여 LG전선 그룹과 GS그룹 등 친족 분리가 있었는데, ㈜LG의 지주회사 전환은 ㈜LG에 대한 지배주주의 지배권을 높이기 위한 대량의 자금을 확보하는 방법이었을 뿐만 아니라 분리 그룹들의 지배주주 및 그 일가들에게는 일정 정도의 이득을 보장해 주는 과정이었다. 이것은 주로 계열사 주식 매입과 매각 과정에 있었던 내부자 거래 등을 이용하였다. 이는 곧 해당 계열사의 주식을 보유한 소액주주들의 부가 지배주주 및 일가의 수중으로 흘러들어갔다는 것을 의미한다. 이러한 내부자거래에 의한 주가 차익 실현 사례는 많다. 예를 들면 LG카드(2002년 4월 22일 코스닥 등록)의 경우 허씨 일가들의 주식매각(2002년 11월), 그리고 2003년 4월 대주주 및 외국인 주주들과 유상증자 참여여부를 협의하던 시점에 구씨(LG전선그룹의 일가들, 구자홍 LG전선 그룹 명예회장과 구자열 LG전선 사장) 일가들의 대규모 주식매각이 있었다. 이 때는 정부가 '카드종합대책'을 발표하던 시점이었다. 그리고 이어 2003년 11월(18일과 19일)에는 LG전선 계열 대주주들(18명)이 대거 매각하였는데 며칠 지나서 LG카드의 현금서비스 중단을 필두로 대란이 시작되었다. 따라서 이른바 '카드대란'의 원인이 LG 일가의 의도적인 주가매각과 차익실현에 있다는 의혹이 제기되기도 하였다. LG정보통신이 LG홈쇼핑의 주식을 구씨 일가에 주당 6천원의 헐값에(1999.4), 같은 시기에 LG캐피탈이 LG홈쇼핑의 주식을 허씨 일가에 주당 6천원에 넘긴 것은 본질적으로 불법적인 내부자 거래에 의한 대주주들의 이익 챙기기이다. LG화학이 1999년 6월에 이어 2000년 4월 보유중이던 LG칼텍스정유(118만주), LG유통(164만주)의 비상장 주식을 구씨 일가로부터 비싸게 매입한 것도 마찬가지이다.[13] LG화학을 통해 생긴 차익으로 범LG일가들은 LG전자의 주식매입 비용으로 사용했다. 이와 같은 주식매각은 LG그룹의 지주회사 전환 과정에서 막대한 규모의 자금이 필요했기 때문이다.

셋째, 유동성 위기가 초래한 LG카드 사태와 현금서비스 중단, LG의 금융계열사 포기 등의 과정을 보면 LG화학, LG전자는 지주회사에 편입되었어도 금융계열사의 부실 위험으로부터 보호받지 못하는 것으로 나타났다. 즉 LG카드의 지원의 경우 LG그룹의 지배주주와 계열회사들의 지원내역을 보면 표면적으로는 대주주와 각 계열사가 분담하는 것처럼 보인다.

---

13) LG화학이 당시 범 LG일가의 주식을 (비싼 가격에) 사들이는 데 들인 비용은 모두 3,766억원이었는데 이는 LG화학이 1999년 전체 흑자액보다 100억원 이상 많은 것이었다. 일반 주주들에게 돌아가야 할 1년 매출액의 이익분이 모두 범 LG일가의 수중으로 흘러 들어간 셈이다(헤드라인 뉴스, 2005).

〈표 2〉 (주)LG와 계열사들의 LG카드 지원액

	지원자	지원액	지원 내용
	구씨 일가	1,000억원	LG카드 CP 매입
지주회사 (주)LG 및 자회사	(주)LG	3,000억원	LG카드 CP 매입
	LG전자	1,500억원	LG카드 CP 매입
	LG화학	1,000억원	LG카드 CP 매입
	LG석유화학	500억원	LG카드 CP 매입
	LG이노텍	500억원	LG카드 CP 매입
지주회사 이외의 계열사	LG건설	500억원	LG카드 CP 매입
	LG상사	500억원	LG카드 CP 매입
	계	8,500억원	

그러나 실제 자금부담은 LG화학과 LG전자에 집중되어 두 계열사가 부담하는 비중은 막대하다. 또 지주회사 LG(주)는 LG카드 CP매입으로 3,000억원을 지원하면서, 같은 날 한국전기초자 지분(20%)과 LG다우폴리카보네이트 지분(50%)을 각각 LG전자와 LG화학에 넘겨, 자회사로부터 LG카드 지원대금을 받아냈다. 달리 말해서 (주)LG는 LG전자와 LG화학의 지주회사이지만 관련업종의 주식을 자회사가 보유할 수 있다는 공정거래법의 규정을 이용하여 자회사에게 주식보유기능까지 이전시키고, 자회사의 현금을 가져갔다. 결국 (주)LG는 지배주주의 이해관계에 따라 자회사를 부실계열사 지원에 동원하고, 심지어는 자회사의 이익을 수탈해가고 있는 것이다.

결국 LG재벌의 지주회사 전환 과정은 총수 친인척 사이의 복잡한 지분의 정리와 부의 막대한 이전을 토대로 한 것이었으며, 만약 지주회사 전환으로 얻은 것이 있다면 소유가 집중됨으로써 투명성이 높아지고, 외국자본에 의한 적대적 M&A의 위협이 작아졌다는 사실 정도일 것이다. 그럼에도 출자관계가 정리된 것만 가지고 지배구조가 개선되었다고는 볼 수 없으며 자회사 역시 지주회사 설립으로 인하여 지주회사와 혹은 자회사간에 부당내부거래가 발생할 가능성이 줄어든 것으로 단정하기도 어렵다. 따라서 지주회사 전환에도 불구하고 한 계열사의 부실이 다른 계열사에 확산되는 것을 방지할 수 없다. 우리나라 재벌체제에서 지배구조의 가장 큰 문제는 지배주주가 자신의 행사 가능한 의결권보다 많은 지배권을 행사하는데 근본적인 문제가 있기 때문에 지주회사를 통해 출자 관계가 정리되는 것만으로는 이러한 문제를 근본적으로 해결할 수가 없다. 오히려 LG의 경우 지주회사에 대한 구본무 등 지배주주 일가의 지배권이 더욱 강화됨에 따라 LG그룹이 구본무 등 가족들의 의사에 따라 좌우될 요인은 더욱 커진 것으로 보인다. 또한 과거 구조조정본부가 법적 실체가 있는 지주회사 LG로 바뀜에 따라 그룹전체의 의사결정기능은 더욱 강화되었으며, 지주회사의 수익원을 창출하기 위하여 자회사와 지주회사간의 부당내부거래가 증가될 수도 있다. 또한 LG와 같이 지주회사 설립으로 지배주주들이 지주회사에 대한 지분을 상당량 확보한 경우 오히려 현재의 지배주주가 지배하는 재벌체제를 더욱 견고히 만들어줄 가능성도 있다.[14]

2) 전문 그룹화의 이면: 현대자동차 그룹

외환금융 위기 이후 자동차 전문그룹화를 지향했던 현대자동차의 경우를 보자. 현대자동차 그룹은 정몽구를 중심으로 소유가 집중되고, 업종도 전문화되었으며, 기아자동차를 인수함으로써 시장점유율도 높아지는 경향을 보였다. 물론 현대자동차의 경우에도 주식 보유 구조 면에서는 외국인 주주의 비중이 커지는 경향을 볼 수 있다.

그럼에도 현대자동차의 사례는 전문그룹화의 이점을 충분하게 살리지 못한 것으로 보인다. 최근의 사업다각화 실적이나 순환출자, 그리고 부(富)의 상속(정의선의 임명) 등에서 알 수 있듯이 현대자동차 그룹의 전(前)근대적 지배구조 체제는 여전하기 때문이다. 특히 2005년 3월 1일 정의선 부사장 등 현대자동차그룹 내 3세들, 즉 정몽구 회장의 아들 및 사위들이 사장으로 대거 승진했다. 또한 정의선 사장은 현대모비스 이사로 재선임되었으며 특히 기아자동차에서는 대표이사로 선임되

---

14) 2005년 9월 현재 지주회사 체제로의 전환이 가장 유력시되는 재벌은 롯데다. 롯데는 계열사들이 대부분 비상장 회사지만 총수 일가의 지분율이 높아 지주회사 전환에 유리한 것으로 알려져 있다. 이 밖에 한화, SK, 코오롱 그룹 등의 지주회사 체제 전환도 심심치 않게 논의되고 있다. 특히 한화그룹은 주력사인 ㈜한화를 중심으로 금융지주회사와 비금융지주회사로 분할한다는 계획 아래 핵심 계열사의 지분을 꾸준히 늘리고 있다(한겨레신문, 2005년 9월 9일).

었다. 또한 정몽구 회장은 INI 스틸의 이사로 신규 선임되었으며, 정일선 사장이 BNG스틸의 대표이사로 그리고 신성재 사장이 현대하이스코의 대표이사로 신규 선임되었다. 이와 같은 인사를 통해 드러난 현대자동차 그룹 지배구조의 특징은 ① 한 사람이 다수 회사의 경영을 담당하고 있다는 것, ② 그룹 내 주요 계열사의 모든 주요 직책, 즉 사장 및 대표이사 등에 정몽구 회장 본인 및 그 후계자들이 차지하고 있으며, ③ 아직까지 경영능력이 검증되지 않은 3세들이 중요한 직책을 맡고 있다는 점이다. 이는 현대자동차 그룹은 정몽구 회장의 지배권을 강화하고, 현대자동차 그룹의 후계 구도를 조기에 안정시키기 위한 것으로 현대자동차 그룹의 전(前)근대성을 드러내는 대표적인 사례이다(이은정, 2005).

〈그림 3〉 현대자동차 그룹의 순환출자의 변화

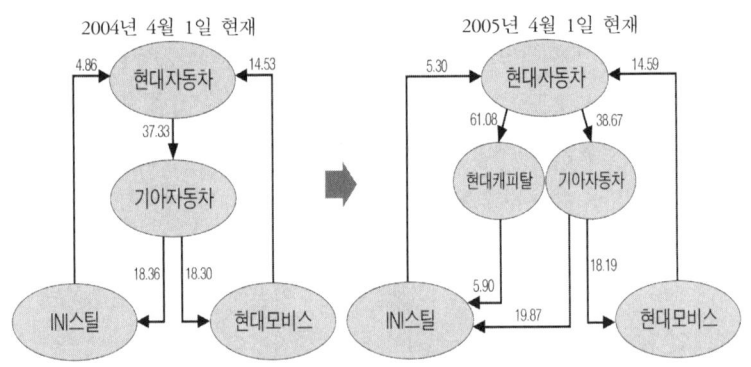

뿐만 아니라 현대자동차 그룹의 경우 현금 흐름권은 0.048이나 지배권은 0.319로 의결권 승수가 8.574이다. 의결권 승수가 클수록 적은 지분을 가지고 많은 지배권을 행사하는 것이다. 현대자동차그룹의 의결권 승수는 11개 출자총액기업집단 중네 번째로 크며 이는 평균 6.079보다 높은 수치이다(KDI, 2003). 2005년의 경우에는 의결권 승수가 7.0으로 감소하고 현대자동차 그룹이 속한 출자총액제한 기업집단(9개) 평균(8.57)보다는 다소 낮아지기는 했지만 상호출자제한기업집단(39개) 평균(6.78)보다는 여전히 높은 수준을 유지하고 있다(공정거래위원회, 2005). 이와 같은 지배력은 순환출자 구조의 변화를 통해서도 확인될 수 있다. 그림 3에서 보듯 현대자동차 그룹은 2004년에 비해 2005년 순환출자의 고리가 하나 더 늘었다.

3) 금융자본의 산업자본 지배— 금융지주회사의 가능성?

외환금융 위기 이후 재벌 기업지배구조에서 주목할 또 하나는 금융계열사를 통한 지배력의 확대이다. 금융계열사를 통한 지배력 확대와 유지 효과는 여타 재벌의 금융업 신규진출 유인을 더욱 강화할 것으로 예상되며, 금융자본의 산업자본 지배 뿐만 아니라 산업자본에 의한 금융자본의 지배라는 문제를 심각하게 노정하게 될 것이다. 산업자본에 대한 지배의 수단으로서 금융계열사들은 다음과 같은 점에서 다른 기업들에 비하여 훨씬 더 심각한 문제를 가지고 있다. 첫째, 금융기업 자산의 대부분은 부채, 즉 저축자의 자금으로 구성되어 있다. 따라서 금융기업의 이사·경영자·지배주주는 주주에 대해서만이 아니라 저축자에 대해서도 일반기업의 이사·경영자·지배주주가 부담하고 있는 선관주의의무와 충실의무에 버금가는 의무를 지고 있다.

둘째, 생명보험사나 투자신탁 등 금융계열사는 대부분이 비공개기업이다. 따라서 이사·경영자·지배주주의 신임 의무를 통해 그 이익을 보호할 외부주주가 사실상 존재하지 않는다. 이것은 일반기업의 경우 문제를 간명하게 하는 효과가 있으나, 금융기업의 경우에는 오히려 저축자에 대한 신임의무 위반의 가능성을 높이는 반면 이에 대한 제재 가능성을 낮추는 문제를 낳는다.

마지막으로, 비공개기업의 특성상 생보사와 투신사는 집중된 소유구조를 갖는데, 그 지배주주는 대부분 자연인이 아니라 법인이며, 많은 경우 산업자본이다. 따라서 모기업의 이익을 위해 자회사의 이익이 희생될 가능성이 높으며, 결국 저축사의 희생으로 귀착될 가능성이 높다. 이것은 신임의무의 부담주체를 모기업, 나아가 모기업을 지배하는 자에게로까지 확대해야 하는 정말 어려운 문제를 야기한다(김상조, 2002).

1998년 이후 우리나라 재벌들은 소유 제한이 없는 제2금융권을 중심으로 산업자본의 금융지배를 점점 강화해왔다. 예를 들어 1998년부터 2002년 사이에 대기업집단 금융 회사 비중이 자산 기준으로 생명보험사는 42%→54%, 손해보험사는

45%→56%, 증권회사는 44%→52%로 증가했다. 대기업집단[15] 소속 계열금융
보험사의 수도 2001년 4월 76개에서 2002년 4월에는 78개로, 그리고 2003년 4월
에는 85개로 변화했다. 이와 함께 규모가 큰 재벌일수록 금융보험사의 계열사 출자
도 많아지는 경향을 보이고 있다(공정거래위원회, 2004). 2005년에 지정된 55개
상호출자제한기업집단(자산 2조원 이상인 기업집단)의 그룹 내 금융보험업의 자
산 비중을 보면 47개 기업집단이 10% 미만이다. 그러나 한화와 동양은 70%이상,
삼성과 태광산업 그룹이 50%이상을 차지하고 있다(표 3 참조). 이 4개 재벌 중 삼
성 그룹보다 금융업 비중이 높은 3개 기업집단은 삼성그룹과 규모면에서 비교도
할 수 없다는 점에서 삼성그룹 내의 금융보험업 비중은 유례가 없는 것이다. 2005
년 현재 삼성그룹의 9개 금융계열사[16]의 총자산은 117.6조원으로, 삼성그룹 전체
의 총자산 209.1조원의 56.2%를 차지하고 있다. 삼성그룹은 다른 재벌들과는 비

〈표 3〉 상호출자제한 기업집단 내 금융보험업의 자산 비중 분포

(2005.4.1 기준)(단위: %)

자산 비중	재벌그룹 명
10%미만(47개)	한전(0.0), LG(0.8), SK(9.4), 한국도로공사(0.0), 롯데(8.2), KT(0.0), 포스코 (0.0), 대한주택공사(0.0), 한진(1.0), GS(0.0), 한국토지공사(4.2), 현대중공업 (1.4), 한국가스공사(0.0), 두산(0.4), 한국철도공사(0.0), 신세계(0.0), GM대 우(0.0), CJ(8.1), LG(0.0), 동국제강(0.0), 대림(0.1), 대우건설(0.0), 대우조선 해양(0.0), 효성(6.8), 코오롱(2.1), KT&G(0.0), 농업기반공사(0.0), STX(0.0), 현대백화점(0.0), 현대오일뱅크(0.0), KCC(1.2), 세아(0.0), 현대산업개발 (0.4), 하나로텔레콤(0.0), 한솔(0.0), 부영(0.6), 대한전선(1.7), 영풍(0.0), 이 랜드(0.0), 대성(1.6), 대우자동차(0.0), 농심(0.0), 동양화학(0.0), 하이트맥주 (0.0), 문화방송(0.0), 삼양(0.0), 한국타이어(0.0)
10%∼30%(2개)	현대자동차(17.9), 금호아시아나(25.9)
30%∼50%(2개)	동부(45.3), 현대(34.5)
50%∼70%(2개)	삼성(56.2), 태광산업(61.6)
70%이상(2개)	한화(73.9), 동양(75.7)

자료: 공정거래위원회(2005.4.8), '개편된 대기업집단 제도에 따른 2005년도 상호출자제한기업집
단 등 지정' 보도자료.

---

15) '01.4.1(30개 기업집단), '02.4.1(43개 기업집단), '03.4.1(49개 기업집단), '04.4.1(18개 기업
집단), '05.4.1(13개 기업집단).
16) 2005년 4월 현재 삼성그룹의 계열사는 총 61개사로, 그 중 금융기관은 9개사이다. 삼성벤처
투자(주), 삼성생명보험(주), 삼성선물(주), 삼성증권(주), 삼성카드(주), 삼성투자신탁운용
(주), 삼성화재해상보험(주), (주)생보부동산신탁, 삼성화재손해사정서비스(주) 등.

〈표 4〉 금융보험사의 계열사 주식 보유 현황　　　　(단위: 보통주 기준, %)

기업집단 명	2001.4.1 기준	2002.4.1 기준	2003.4.1 기준	2004.4.1 기준	2005.4.1 기준
삼성	2.72	3.29	3.23	7.58	16.40
엘지	4.79	5.43	5.34	3.52	-
에스케이	0.36	0.70	0.88	1.34	2.62
현대자동차	4.94	7.71	11.04	7.88	4.67
한진	2.28	2.39	2.68	1.51	-
롯데	0.00	0.00	45.00	4.59	4.54
한화	5.34	5.34	8.66	2.51	2.76
현대중공업	74.00	74.00	74.00	65.03	65.03
현대	4.72	11.22	13.09	4.86	6.15
금호	1.37	1.04	6.24	2.84	6.24
동부	9.78	11.21	6.11	8.69	9.32
씨제이	26.65	18.36	17.10	91.80	91.80
동양	18.23	19.76	19.48	40.12	42.74
코오롱	8.54	7.97	7.97	2.50	2.50
한솔	6.28	25.21	29.89	28.78	-
동원	0.00	21.41	30.12	63.64	-
태광산업	13.60	14.03	14.03	8.62	16.12
삼보컴퓨터	0.00	0.00	2.58	-	-
기업집단 평균	4.62	7.40	8.06	9.94	12.58

교할 수 없을 정도로 금융보험업의 비중이 높다.

재벌 계열사에 대한 금융보험계열사의 지분소유를 통한 계열사 지배 현황을 보면 금융보험계열사의 지분율이 2001년 4.62%→7.40%(2002.4)→8.06%(2003.4)→9.94%(2004.4)→12.58%(2005.4)로 계속 증가 추세를 보이고 있다(표 4 참조). 이를 좀 더 구체적으로 살펴보자. 2003년 4월 기준으로 2002년 대비 기업 집단별 계열사 주식 증감 현황을 보면, 금융보험사를 보유하고 있는 19개 집단 중 10개 집단의 계열사 지분이 상당히 증가하였음을 알 수 있다.[17] 나머지 9개 기업집단 중 5개 집단은 변동이 없으며, 4개 집단은 금융보험사가 보유한 계열사지분이 근소하게 감소하였다. 이것은 2002년 1월 계열 금융보험사의 계열사 주식에 대한 의결권 제한 완화로 인해 계열사주식 취득 유인이 증가하였기 때문이다.

그렇다면 금융지주회사 전환을 마친 재벌의 문제점은 무엇이며, 금융자산의 비

17) 한화: 5.34%→8.66%, 금호: 1.04%→6.24%, 한솔: 25.21%→29.89%, 동원: 21.41→30.12% 등

중이 높은 다른 재벌 그룹의 금융지주회사화는 과연 가능할 것인가? 우선 동부 재벌의 경우 재벌 그룹의 금융계열사를 통한 계열사 지배는 산업 자본과 금융 자본의 분리 원칙을 오히려 훼손하고 있다. 즉 동부 그룹은 동부화재와 동부생명(및 동부건설)을 통해 아남반도체를 인수하였으며, 아남반도체가 다시 동부 전자에 출자하고 이를 근거로 동부 전자가 산업은행이 중심이 된 신디케이트단으로부터 대규모 차입을 하는 사태가 전개되고 있다(김상조, 2002). 다음으로 삼성 재벌의 경우를 보면 금융계열사는 그룹의 지배구조 및 경영권 승계 구도에서 핵심 고리에 있다. 따라서 삼성 재벌은 공정거래법 제11조(계열금융기관의 의결권 제한), 금산법 제24조(동일계열 금융기관의 다른 회사 주식 소유 제한), 금융지주회사법 등 산업자본과 금융자본의 분리 원칙과 관련된 각종 법률에 사활적 이해관계를 가질 수밖에 없는 상황이다. 삼성에버랜드의 삼성생명 주식가액 합계가 에버랜드의 자산총액의 50%를 초과하여 원치 않는 금융지주회사를 가지게 될 뻔했던 삼성이 금융지주회사를 만든다면 삼성생명이 삼성에서 금융 부분을 분리하는 형태를 취하게 될 것이다.[18] 확인되지 않았지만 삼성 재벌은 2002년 말~2003년 초 현재 체제의 대안으로서 LG재벌과 같은 지주회사 체제를 대안으로 생각한 적이 있고, 또 스웨덴의 발렌베리 그룹 등 외국 기업들의 소유·경영 실태를 세밀하게 연구한 것으로 알려졌다.[19] 그러나 현재 삼성 재벌로서는 이러한 대안은 쉽지 않은 상황이다. 현재 상황에서는 금융·산업 자본의 분리 원칙과 금융지주회사법에 따라 삼성전자와 삼성생명을 두 축으로 해서 그룹을 두 부문으로 나누고 이건희를 포함한 일가는 둘 중 하나를 선택해야 하기 때문이다. 총수 일가가 삼성생명 지분 등을 팔아 삼성전자 그룹으로 집중시키더라도 안정적인 지분을 확보하기 힘들다. 삼성전자 지분의 20%를 확보하려면 대략 17조 원(1주당 50만원 기준)을 들여야 한다. 또 삼성생명을 중심으로 한 금융지주회사를 만들고 이를 통해 은행을 소유하는 방안도 있을 수 있지만 이 방법 역시 삼성전자 등 '세계 1등 기업'을 포기할 때 가능한 방법이다.

---

18) 강철규 공정거래위원장은 2005년 9월 국내 인터넷신문과 한 인터뷰에서 "(삼성) 전체가 하나의 지주회사로 가기는 어렵겠지만, 분야별로 지주회사를 만드는 등 여러 아이디어가 있을 것"이라며 "금융이나 전자 소그룹 등으로 (분리해서) 갈 수도 있을 것"이라고 말한 바 있다. 그러나 이에 대한 삼성측은 전자와 금융 둘 중의 하나를 포기하라는 것이라면서 매우 부정적인 입장을 취하고 있는 것으로 알려져 있다(오마이뉴스, 2005년 9월 9일).

19) 한겨레21, 2005년 9월 13일.

4) 기관투자가 의결권 행사에 의한 기업경영 감시

일반적으로 증권시장이 발달한 국가들에서 기관투자가들은 기업지배구조의 외부장치로서 중요한 역할을 수행하고 있다. 적어도 이론적으로는 기관투자가들은 소유의 재집중을 기초로 의결권 행사나 주주제안 등의 방식을 통하여 기업경영을 효과적으로 감시할 수 있다.[20] 이외에도 주식시장의 안정성 제고 · 우량 국내 기업에 대한 우호 지분으로서 역할도 수행할 수 있다. 그러나 외환금융 위기 이후 주식시장을 중심으로 한 금융시스템을 지향하면서 양적인 규모가 크게 증가한 것에 비해 주식시장에서 기관투자자가 차지하는 비중은 경제위기 이전에 비해 오히려 감소하였다.[21] 또 기업에 대한 장기 투자자의 역할을 제대로 수행하지 못하고 있다. 특히 우리나라 주식시장이 급속하게 성장하는 과정에서 외국인 투자가의 영향력이 빠르게 확대되고 있고, 기업구조조정의 필요성이 더욱 높아지고 있는 상황에서 기관투자자의 역할은 그 어느 때보다도 커졌다. 그럼에도 기관투자가가 기업지배구조에서 효과적인 역할을 수행하지 못하고 있다(신인석, 2001). 그것은 첫째, 기업 감시에 한계를 가질 수밖에 없는 기관투자가들의 속성이나 행태 그 자체에서 연유한다. 경영감시 대상으로서 기업과 다양한 사업관계를 가진 대상으로서 기업들 사이에서 기관투자가들이 직면하는 이해 상충(conflicts of interest) 문제가 그것이다.[22] 특히 우리나라 기관투자자의 주축을 이루는 보험회사, 투자신탁회사 등 제2금융권 금융기관들이 재벌의 영향력 아래에 있기 때문에 이해상충이 오히려 심화될 가능성이 높다.[23]

둘째, 기관투자가들이 기업을 효과적으로 감시할 수 있는 제도적 환경이 만들어져 있지 못하기 때문이다. 예를 들어 경영감시의 기본적 수단 가운데 하나인 기관투

---

20) 기관투자가의 기업 경영감시자로서 역할 등에 대한 이론적 정리로는 Gillan & Starks(2003)을 참조하기 바람.
21) 2004년 말 현재 우리나라 주식시장에서 기관투자자가 차지하는 비중은 전체 시가총액의 17.0%에 이른다. 이중 은행이 7.7%로 가장 많고, 투신사 3.8%, 연기금, 2.7%, 보험사 2.1% 순이다(금융감독원, 2005).
22) 이에 대한 더 상세한 논의는 Gorton & Kahl(1999)과 임영재 · 이중기(2003)를 참조 바람.
23) 신인석(2001)은 국내 기관투자가들은 보유주식의 의결권 행사와 관련하여 '무관심' 또는 '소극적 우호지분'의 태도를 보이고 있음을 지적하고 그 원인으로 ① 소액주주적 지위, ② 단기투자 성향, ③ 해당기업과의 거래관계 등이 들고 있다.

자가의 의결권 행사관련 법적 규정을 살펴보자. 1995년 '신탁재산에 손실을 초래할 것으로 명백히 예상되는 경우를 제외'하고는 기관투자가의 중립적 의결권 행사 (shadow voting)를 의무화했고, 1998년에 의결권 행사를 자유화하면서 신의성실 의무(즉 선관주의 의무) 및 공시 의무를 부과하였는데, 계열회사 주식에 대해서는 중립적 의결권 행사를 계속 유지하였다. 2002년 초에는 법개정을 통해 계열회사 주식에 대해서도 '정관 변경, 임원 임면, 합병 및 영업 양수도 등 경영권 변동 관련 사안으로서 신탁 재산에 손실을 초래할 것이 명백히 예상되는 경우'에 국한하여 의결권 행사를 허용하였다. 또 기관투자가 중 하나인 투자신탁회사들이 채택하고 있는 내부통제 기준에 '적극적으로 의결권 행사에 참여하여야 한다'고 규정하고 있으나 사실상 아무런 효과를 발휘하지 못하고 있다. 따라서 현재 우리나라 금융시스템 하에서는 기관투자가들의 경영개입 비용이 예상편익에 비해 훨씬 크다. 즉 기관투자가의 보유자산 규모도 그리 크지 않고 평균 보유기간도 길지 않은 상황이다. 또 기관투자가 주식보유 제한[24], 그리고 국민연금 등의 의결권 행사 관련 제도들도 미비한 상황이다(윤봉한・박광우, 2004). 예를 들면 2005년 초에 국민연금관리공단 기금운용본부가 발표한 국민연금의결권 행사기준은 주주로서 연금가입자의 이익이나 의결권 행사를 통한 기업지배구조 개선에 목적이 있다기보다 오히려 기업 경영권을 보호하려는 목적이 우선되고 있다.

4. 대안적 체제의 모색과 그 문제점

1) 재벌 체제의 대안으로서 벤처 체제

---

[24] 전통적으로 미국에서는 금융기관으로의 권력 집중을 민주주의의 훼손으로 이해하는 대중주의적(populism) 전통을 계승하여 금융기관이 기업 경영에 적극적으로 개입하지 못하도록 하는 법률이 존재하고 있었다. 은행 및 보험사의 주식 보유를 제한하고, 소액투자자 보호를 통해 대중의 주식 참여를 이끌어낸다는 명분 위에 내부자 거래를 금지하였으며, 뮤추얼펀드와 연기금에 대해서는 분산투자 규정을 적용하고 있었던 것이다. 이러한 규제 환경이야말로 미국의 금융기관들로 하여금 유럽과 달리 기업경영에 대해 일정한 거리를 유지하도록 한 결정적인 요인이었다(박종현, 2005).

(1) 벤처체제의 실상—재벌들의 인터넷 사업 진출

투명하지 못한 소유구조와 총수 중심의 지배구조의 문제점에 대한 인식은 기존의 재벌 체제를 대신할 수 있는 새로운 소유지배구조의 벤처기업들을 중심으로 한 벤처 체제의 모색으로 구체화되기도 하였다. 특히 외환금융위기를 전후하여 첨단 산업에 대한 진출을 통해 경제의 활력을 모색하던 정부의 적극적인 벤처육성책이 가세하면서 이른바 '벤처 붐'이 조성되었다. 재벌기업들도 주식취득을 통한 기존 기업의 인수나 계열사 사업부의 분사, 신규기업의 설립 등을 통해 신경제의 주역인 정보통신산업에 대한 진출을 활발하게 시도하였다. 이는 재벌소속 대기업들의 인터넷 계열사 확장경쟁으로 본격화되었다. 특히 2000년 닷컴 열풍과 함께 재벌그룹 및 재벌기업간 e-비즈니스 영토확장 경쟁을 가속화되었다. 일례로서 2000년 초부터 2001년 5월까지 삼성, SK, LG, 현대, 현대자동차 등 5대 재벌에 새로 편입된 정보통신 관련 계열회사는 모두 45개에 달했다. 이 수치는 5대 재벌이 같은 기간 동안 신규 확장한 전체 계열사의 절반을 넘는 수치다. 특히 2001년 5월까지 이들 5개 재벌들이 신규 편입한 22개 계열회사 가운데 e-비즈니스 관련 기업이 13개나 될 정도로 정보통신 분야 진출에 강한 열의를 보였다. 이와 같은 재벌 대기업들이 e-비즈니스 계열사 확장은 표면적으로 그룹 전체의 핵심 역량을 강화하고 이른바 온·오프 라인 연계 사업을 구축하며, 미래의 수익성 있는 사업을 집중 육성한다는 것이었다. 게다가 자본이나 인력 측면에서 정보통신 계열사, 그 중에서도 특히 인터넷 계열사들은 계열 편입과 매수에 따르는 신규 자금부담과 절차 등에 있어서 과거와 비교하여 비교가 안 될 정도로 부담이 작은 것도 크게 작용하였다.

(2) 경영권 및 부의 상속을 위한 e-비즈니스 사업 진출: 삼성 재벌 이재용의 사례

그런데 문제는 그러나 재벌을 중심으로 한 대기업들의 이와 같은 인터넷 계열사 확장이 과거와 같은 '문어발식 선단경영'과 동일한 맥락에서 이루어짐으로써 그룹 핵심 역량과 관계없는 '돈'이 될 만한 분야는 무조건 계열사로 끌어들이는 결과를 초래하였다는 것이다. 더 심각한 것은 인터넷계열사를 재벌 2, 3세의 변칙 상속이나 증여, 나아가 경영권 승계의 수단으로 이용하려 하였다는 사실이다. 삼성 재벌의 이재용에 대한 경영권 승계 시도가 그 대표적인 예이다.

1995년 말 이건희 회장이 이재용에게 61억원을 증여하면서 시작된 삼성의 경영권 승계 작업은 계열사 주식의 시세 차익을 이용한 재산 증식과 이를 통한 계열사 지배로 요약된다. 이재용이 삼성에버랜드의 최대 주주가 되는 것으로 승계 작업은 마무리된 듯했다.25) 그러나 이 과정에 생긴 불법 거래의 의혹들은 사회적 파장을 일으켰다. 뿐만 아니라 불법적인 상속 여론을 무마하고 경영능력을 가진 이재용이라는 이미지를 구축하기 위해 벤처지주회사인 e-삼성(주), e-삼성인터내서널(주), 시큐아이닷컴(주) 등을 설립하여 인터넷 관련 사업을 맡겼다. 그리고 6개월여 만에 두 지주회사 산하에 총 16개의 계열사를 편입시켰다. 그때까지만 해도 삼성 재벌 안에 'e-삼성그룹'이 만들어지는 듯했다. 그러나 벤처 붐이 꺼지면서 이들 계열사들의 수익 전망이 없어지자 마침내 이재용의 소유 지분을 다른 계열사들이 초기투자액을 상회하는 비싼 가격으로 떠 안았다.26) 물론 당시 삼성 재벌이 벤처투자를 변칙 상속 및 증여 수단으로 이용하려 한다는 비난과 그룹 내 다른 계열사들의 인터넷 사업부들과 마찰 등도 인터넷 사업을 정리하는 계기가 되었다. 이로 인해 지분을 인수한 계열사들은 5,000억원이 넘는 주가하락을 경험한 바 있다(참여연대, 2001). 또 최근 삼성계열사들이 소유하고 있던 (주)엠포스의 지분을 정리하면서도 약 380억원 이상의 손실이 발생했다(참여연대, 2005). 총수 일가의 재산과 경영권을 지키기 위해 다른 계열사들이 손실을 보전하였고 이는 결국 주주 권리와 재산 가

---

25) 이재용은 96년 12월 주식전환가격이 7,700원인 전환사채에 48억 3,000만원을 투자, 지분 31.9%를 가진 에버랜드 최대주주가 됐다. 곧이어 에버랜드는 삼성생명 지분을 매입했다. 당시 에버랜드는 주당 9,000원에 삼성생명 주식을 대량으로 사들여 지분을 2.25%에서 20.7%로 높였다.

26) e-삼성 지분 75%는 제일기획이, e-삼성인터내서널의 지분 60%는 삼성SDS·삼성SDI·삼성전기가, 가치네트의 지분 57.2%와 시큐아이닷컴 지분 45.5%도 삼성증권·삼성카드·삼성캐피탈 등 금융계열사들이 나누어 인수했다. 당시 총인수대금은 초기투자금 505억원을 상회하는 511억원 규모로 알려졌다. 물론 여기에 대해서는 피인수 계열사의 주식가치가 오히려 저평가되었다는 해석도 있다. 즉 피인수계열사들의 주당 인수가격이 미래기업가치를 감안하지 않고 보수적으로 산출한 결과라는 것이다(내일신문, 343호 2000년 8월 2일자). 당시 메릴린치증권은 삼성SDI분석 보고서를 통해 "e-삼성인터내서널과 같은 벤처회사는 현재 순자산가치에서 30~40% 할인되어 팔리고 있다"면서 삼성SDI가 이재용으로부터 주당 순자산가치를 기준으로 삼아 인수하는 것은 적절하지 못한 것으로 평가했다(한겨레 21, 2001년 4월 3일).

치를 심각하게 훼손한 것이다. 이 밖에도 삼성 재벌 계열사가 주주들에게 끼친 손실은 부실 삼성카드의 유상증자에 대한 계열사 참여에서도 드러난다. 예를 들어 삼성카드의 지분을 인수한 삼성전자는 2003년 8,900억원, 2004년 7,800억원 등 총 1조 6,700억원의 지분법 평가손실을 기록했다.

(3) 정보통신계열사의 내부 상품거래와 그 부정적 효과

이러한 문제 이외에도 신생 벤처기업들에 대해 그룹 차원에서 이루어지는 다른 계열사의 직·간접적인 지원은 기업 자체의 경쟁력을 약화시킬 뿐만 아니라 시장 경쟁을 제한하는 반시장적인 질서를 온존시킬 가능성도 있다. 이미 우리나라 재벌들은 독립법인화한 그룹 내 정보통신 계열사(예를 들면 시스템 통합업체)에 대하여 그룹의 기업 솔루션을 독점적으로 몰아주는 식의 내부 매출 등을 통해서 정보통신 계열사 및 그룹 전체 외형을 확대한 경험이 있다. 그 결과 국내 소프트웨어 시장의 경우 80%는 회계처리 소프트웨어 등 기업 정보시스템을 구축해 주는 대기업 계열의 시스템 통합업체가 장악하고 있다.

이들 시스템 통합 계열사들의 내부매출 비중을 보면 다른 계열사들에 비해 그 비중이 아주 높은데 2004년 말 현재 11개 대상기업 매출의 57.7% 정도를 그룹 계열사에 대한 매출에 의존하고 있을 정도이다. 삼성 재벌의 경우 2000년에 들어서면서 정보통신 산업에 대한 진출을 가속화했다. e-삼성, e-삼성인터내셔널 등을 시작으로 가치네트, 뱅크풀, Fn가이드, 엔포에버, 엠포스 등 20개 계열사를 편입했다. 당시 8개 금융·보험계열사를 제외하면 삼성 계열사 중 40% 가량이 온라인 계열사였던 셈이다. 삼성재벌 역시 과거 삼성SDS와 같은 그룹 내 시스템 통합(SI)업체 대한 몰아주기 방식과 동일하게 이들 기업을 지원했다. 그리고 이러한 지원은 이들 신생 계열사 성장에 절대적인 영향을 미쳤다. 2004년 말 현재 이들 정보통신 계열사들의 내부매출액은 1조 1,656억원에 이르며 해당 계열사 전체 매출액의 65.8%에 이르는 것이다.

이와 같은 계열사를 상대로 한 내부매출 거래를 통한 지원과 지나치게 높은 그룹 의존도는 해당 거래의 부당성 여부는 별개로 하더라도 다음과 같은 문제점을 낳는다. 먼저 시스템 통합기업들의 높은 그룹 의존도로 인하여 이들 기업의 수익성이 거

래 상대 계열회사 혹은 재벌 모기업의 영업 실적에 의해 좌우된다는 점이다. 실제로
매출액 기준 빅3 업체인 삼성SDS, LG CNS, SK C&C의 전체 영업이익률은
1~2% 내외에 그치는 반면, 그룹 내에서의 영업이익률은 10~15%에 이른다.

〈표 5〉 재벌의 시스템 통합업체의 내부매출액과 그룹의존도　(단위: 억원, %)

순위	회사명	2000년		2001년		2002년		2003년		2004년	
		내부 매출액	의존도	내부 매출액	의존도	내부 매출액	의존도	내부 매출액	의존도	내부 매출액	의존도
1	삼성SDS	8,108	64.3	8,376	63.4	9,585	61.8	11,424	67.0	11,656	65.8
2	LG CNS	1,419	20.1	4,093	44.0	5,135	44.2	6,440	49.7	5,915	40.4
3	SK C&C	5,155	90.0	5,558	73.7	6,543	74.0	6,703	76.8	6,511	69.3
4	한전 KDN	2,834	75.7	2,270	56.4	2,526	73.1	924	25.5	2,954	76.6
5	포스데이타	1,433	53.2	1,690	56.0	1,924	54.3	2,227	58.6	2,305	67.3
6	신세계 I&C	559	62.7	714	56.4	1,014	55.5	903	54.1	1,051	60.1
7	CJ시스템즈	866	84.3	736	74.5	560	84.5	722	83.9	895	92.7
8	현대정보기술	2,138	37.5	1,022	22.6	543	12.4	473	11.9	-	-
9	동양시스템즈	512	54.7	444	43.2	495	40.2	348	34.1	320	44.3
10	한진정보통신	428	52.1	431	47.8	416	41.6	332	39.1	363	41.7
11	코오롱정보통신	273	12.4	327	11.1	311	12.4	256	10.5	69	3.1
	합　계	23,726	54.6	25,661	52.7	29,052	53.0	30,751	54.0	32,039	57.7

　　외환금융위기 이후 불어닥친 계열사들의 부실 여파는 재벌 소속 대형 SI업체의
수익성을 악화시키는 결정적인 요인이 되었다. 그 대표적인 예가 바로 현대정보기
술(주)이다. 이른바 '왕자의 난' 이후 현대라는 거대 재벌이 몇 개의 독립그룹으로
분리되면서 타격을 입은 현대정보기술을 비롯하여 쌍용정보통신, 대우정보시스템
의 매출액 증감률(2001년~2002년)은 각각 -3.0%, -18.1%, -1.8%를 기록했다.
그러나 이보다 더 큰 문제는 시스템 통합, 혹은 우리나라 소프트웨어 시장이 전체
규모가 매우 협소해지는 결과를 초래할 수 있다는 점이다. 삼성SDS는 삼성그룹 외
에 LG나 SK그룹의 프로젝트는 수주하기 어렵다. LG CNS나 SK C&C 역시 마찬가
지다. 따라서 그룹 계열사가 아닌 중견 및 중소기업, 혹은 정부 부처 등 공공부문[27)

---

27) 한국전산원의 정보화 사업(2000~2002년) 통계 자료를 보면 전체 공공정보화 사업 가운데
삼성SDS가 43.6%, LG CNS가 21.4%를 차지했다. 두 회사의 점유율을 합치면 무려 65%(수
주액 기준)에 달한다.

으로 경쟁 영역이 제한된다. 이는 결국 시장참여기업들이 가격경쟁에만 매달리는 결과를 초래하게 되며 이것은 곧 산업 자체의 경쟁력을 약화시키는 요인이 된다. 뿐만 아니라 이들 신생정보통신 계열사들은 일반적으로 내부지분율이 높고 따라서 이들에 대한 지원은 지원주체 계열사들의 부(富)가 피지원기업의 지배주주로 이전될 가능성을 높이고(송원근·이상호, 2005), 따라서 지배주주 이외의 주주들의 재산권을 침해할 수 있다.

(4) 재벌을 닮아가는 벤처 기업의 지주회사화─벤처 체제의 역기능

외환금융 위기 주식시장 중심의 금융시스템을 지향하면서 벤처캐피탈 시장의 구조 변화는 주목을 끌기에 충분한 것이었다. IMF 이전 대기업에 의해 장악되고 있던 금융기관들(은행과 투신권) 자체가 구조조정의 대상이 되면서 자본 흐름이 더 투명하고 수익성 있는 투자처를 찾아 이동하려 하였고, 이것은 벤처 부분 활성화를 더욱 촉진시켰다. 특히 코스닥이라는 거래시장이 활성화되면서 투자회수(exit) 계기가 마련됨으로써 투자가 활성화되면서 벤처캐피탈(VC)도 급증하게 되었다. 여기에 '국민의 정부'의 벤처기업 육성책은 재벌개혁에 대한 대안을 모색한다는 차원에서 기존의 신업 정책을 대체할 정도의 적극성을 띠면서 벤처 부문의 양적인 성장을 촉진했다. 2003년부터는 창업투자회사의 숙원 사업이었던 코스닥 등록 후 지분 매각을 제한하였던 락업(lock-up)제도가 개선되었으며, 투자조합 중심의 재원 조달이 지속적으로 증가하는 등 전반적인 침체 가운데서도 성장이 지속되고 있다. 투자방식에 있어서도 기존의 보통주 투자방식 이외에 투자기업에 대한 통제가 가능한 프로젝트방식, 전환사채(CB), 상환우선주로 다변화되고 있으며, 그 결과 벤처캐피탈의 투자기업에 대한 사전, 사후적 경영 간섭에 대한 관심도 더 높아지고 있다. 2003년에는 위기에 처한 한계 기업들에 대한 인수합병 등 벤처 부분의 구조조정이 가속화되는 상황에서 벤처 기업 인수합병시장이나 전문회수 시장(Secondary Market)이 생겨났다. 이와 함께 벤처기업 들 사이에서도 지주회사 설립, 혹은 지주회사 전환이 활발하게 전개되었다.

벤처기업이나 산업 자체의 특수성으로 인하여 벤처 기업의 지주회사화에 대해서는 찬반 양론이 무성하지만 긍정적인 측면에서 보면, 지주회사화는 일반적으로 규모의 이익 추구 및 범위의 경제 실현할 수 있고, 활발해진 적대적 인수합병에 효과적으로 대처할 수 있으며, 기업간 네트워크를 통한 관련다각화를 성공적으로 수행할 수 있다. 또 지주회사를 통해 벤처기업은 경영 독립성과 창의성을 인정받으면서 안정적인 자금 확보도 가능하다. 다른 한편으로 거시적 관점에서는 전망이 좋은 벤처기업이 일시적인 자금부족이나 경기불안으로 인하여 사장되는 것을 막고 여유자금의 효율적 배분을 기대할 수 있다고도 한다. 뿐만 아니라 지주회사를 통해 대기업과 벤처기업 협력의 토대를 구축할 수 있다. 예를 들면 재벌기업 산하의 종합상사는 대량생산, 대량판매의 해외수출 경험에서 얻은 노하우와 자금을 바탕으로 벤처기업과 파트너십을 구축함으로써 이른바 '벤처종합상사'라는 개념의 벤처 지주회사의 형태를 만들어 낼 수 있다는 것이다. 이와 같은 긍정성에 부합하여 공정거래법은 2000년 12월의 개정에서 벤처지주회사에 유리한 규정을 둔 바 있다. 즉, 벤처캐피털 성격의 회사가 다양한 종류의 벤처기업에 쉽게 투자할 수 있도록 함으로써 신기술을 사업화하는 벤처기업이 활성화되도록 할 목적으로, 벤처기업을 자회사로 두는 벤처지주회사는 자회사의 지분 중 20% 이상만 보유하도록 완화하였고(제8조의 2 제1항 제2호—종전 50% 이상), 기업구조조정 촉진을 위해 현물출자 방식이외에 상법상 회사 분할을 통해 지주회사로 전환·설립하는 경우 1년간 부채비율 제한 예외 인정, 2년간 지분율 제한 예외를 인정하고 있다(동조 제1호 단서·제2호 단서).

그러나 벤처기업의 지주회사화에 대한 역기능도 만만치 않다. 우선 벤처기업의 지주회사화가 확대될 경우 이것이 재벌들의 우회적인 계열 확장 수단으로 악용될 수 있고 이것은 경제력 집중을 심화시킬 수 있다. 재벌과 무관한 벤처지주회사들이라고 할지라도 이들의 지주회사화는 기존 재벌들의 계열사 확장이나 이를 통한 소유지배구조의 축소판에 불과한 경우들이 많았다.[28] 국내 벤처기업도 투자수익을

---

28) 우리나라 벤처기업들은 성숙기에 접어들면서 기업 대표를 포함한 친·인척 지분이 오히려 늘어나는 '오너 일가' 중심의 지분 구조를 보이고 있다. 대표적인 예로 다음커뮤니케이션의 경우 이재웅 사장과 그의 친·인척 지분이 약 22%에 달한다. 이 대표 지분 17%를 포함, 많지는 않지만 부모와 형제, 처와 조카 등이 4% 가량을 보유중이다. 코스닥 상장 뒤 온라인교육 간판기업으로 떠오른 메가스터디의 경우 손주은 사장 지분 31%를 포함, 동생 등 친·인척 지분율이 40%에 육박하고 있다. 보광그룹이 대주주인 휘닉스피디아도 홍석규 대표 일가의 지분율이 40%를 웃돌고 있다. 홍 회장 지분 13.19%를 포함, 친·인척이 총 45.89%의 지분

바탕으로 기술개발에 주력하기보다 사업 다각화 등 무리한 확장 경영으로 자금 경색을 초래한 경우가 많았다. 이러한 부정적 사례들은 단순한 사업 확장 차원을 넘어 경영자들의 도덕적 해이를 초래하기까지 하였다. 결국 사업다각화를 명목으로 한 일부 벤처기업들의 지주회사화는 벤처기업을 '손쉬운 돈벌이' 수단으로 전락시켰다(이인찬·심동철·이경형, 2000). 과거 새롬기술의 인터넷 지주회사 설립 계획, 메디슨의 무한창업투자(주)를 통한 사업다각화, 한국디지털라인의 정현준 사건 등은 모두 이러한 맥락에서 이해될 수 있다(송원근, 2004)

2) 노사대타협을 통한 사회책임 경영과 새로운 기업 모델

(1) 노사 대타협과 경영권 보호론의 허구

재벌 총수 일가의 경영권을 보장해 주는 대가로 재벌이 '사회적 책임'을 이행하도록 한다는 '대타협' 구상이 제기된 바 있다(이찬근, 2004). 이러한 주장은 노동과 자본 사이의 대타협 모델로 흔히 얘기되는 스웨덴의 발렌베리 그룹을 전거로 하고 있다. 그러나 이는 역사적 사실과는 거리가 있다. 스웨덴에서 발렌베리와 같은 기업이 저대저 인수·합병에 대응하는 수단으로 차등의결권을 확보한 것은 1896년의 일로서 노동세력과의 대타협과는 관계가 없다. 재계와 노조간의 타협이 이뤄진 것은 그 후의 일로서 주로 노사관계를 선진화하는 데 초점을 맞췄다. 예를 들어 1906년 12월 타협을 통해 노동자는 경영자의 배타적 경영권을 인정하는 대신 노조 결성권을 확보했고, 1938년 살췌바덴 협약을 통해서는 재계와 노조 대표가 노동시장위원회를 구성하여 기업 또는 산업 단위에서 해결할 수 없는 노사문제를 논의하고, 노동쟁의 절차를 제도화한 바 있다. 즉, 노사관계의 틀을 개선한 것이지 경영권 보호를 대가로 일자리 창출과 고용안정을 약속받는 형태의 타협이 이뤄지지는 않

을 보유중이다. 이외에도 KH바텍, 주성엔지니어링, 인선이엔티, 넷웨이브 등 벤처로 대별되는 코스닥상장기업 시가총액 상위사 중 오너와 친·인척 중심으로 20~30%대 지분을 보유중인 기업들이 적지 않다(아이뉴스24, 2005년 9월 19일). 물론 창업 초기부터 친·인척의 지분 참여가 많았거나 창업 이후 10~20년을 거치면서 지분구조에 변화가 생긴 것을 재벌식 지배구조 문제로 돌릴 수는 없지만 최근 벤처기업들의 계열사 확대를 통한 오너 일가 중심의 지분 구조는 기존 재벌과 동일한 지배구조의 문제를 낳을 수 있다는 우려를 낳기에 충분하다.

은 것이다. 1970년대 중반 스웨덴의 사민당과 노조 일부에서 임노동자기금을 만들어 스웨덴 기업 이윤의 일부를 주식 형태로 기부하도록 강제하는 방안을 추진하려고 한 적은 있지만, 이는 생산수단의 사회화라는 궁극적인 목표를 달성하기 위한 것이었지 노동과 자본 간의 대타협을 염두에 둔 것은 아니었다(임원혁, 2005).

스웨덴 모델을 무엇으로 규정하든 우리나라의 경우 재벌 총수의 경영권을 보호해 주는 대가로 재벌이 '사회적 책임'을 이행하도록 한다는 대타협을 이루는 데는 한계가 많다. 우선 재벌의 중핵 회사가 대부분 상장되어 있는 상황에서 기존 대주주의 경영권을 보호하기 위해 차등의결권을 도입할 경우 일반주주에 대한 재산권 침해 논란을 야기할 가능성이 높다. 더 근본적으로는 평균 5%도 되지 않는 지분을 가지고 기업집단 전체에 대해 주인 행세를 하는 재벌 총수를 경영성과와 관계없이 보호해 주는 것이 기업의 경영효율을 제고하고 국민 경제에 기여하는 것인지도 의문이다(임원혁, 2005).

경영에 실패한 경영자도 경영권 위협에서 100% 보호되도록 한다면 경영에 대한 규율은 전혀 작동되지 않을 것이기 때문이다. 또, 대타협을 모색하는 과정에서 평균 95% 이상의 지분을 가지고 있는 일반 주주를 배제하고 대주주와 노동세력 간의 합의를 도출하겠다는 구상이 과연 현실적이고 타당한지도 의문이다. 이와 더불어 경영권 보호의 반대급부인 '사회적 통제' 또는 기업의 '사회적 책임'의 실체가 무엇이고 이를 구현할 수단이 무엇인지도 명확하게 밝혀져야 할 것이다. 특히 연기금을 통해 기업의 주식을 매입하는 방안을 추진할 경우 기업지배구조를 개선하여 기업 가치를 제고함으로써 연금 가입자가 혜택을 볼 수 있도록 해야지, 기업의 경영성과에 관계없이 '국민의 돈'을 가지고 기존 대주주의 경영권을 방어해 주는 수단으로 사용해서는 안 될 것이다. 이와 같은 관점에서 볼 때 이러한 주장은 현실성이 부족한 것으로 보인다.

(2) 새로운 노사관계 모델에 기초한 기업모델─유한킴벌리(Y-K) 모델

한편 재벌기업의 경영권 보호를 주목적으로 한 노동과 자본 사이의 사회적 대타협과는 별개로 새로운 노동개혁(노사관계 모델)의 하나로서 노사대타협 모델 논의도 활발하게 전개되고 있다. 주지하다시피 영미식 주주자본주의를 지향하는 국가들에서 이른바 고용 없는 성장은 단기수익성 제고를 목적으로 한 '다운사이징과 배당' 메카니즘을 통해서였으며 우리 경우도 예외는 아니었다. 즉 노동 부문에서는 상시적 인력 구조 조정과 노동 유연화, 노동 배제적 성장이 일반화되고, 기업들은 사상 최대의 매출과 순이익을 내고 있음에도 총 고용량은 외환위기 이전 수준을 회복하지 못하고 있다. 게다가 기업들은 고임금을 감당하지 못해 해외 진출에 주력함으로써 고용 위기를 심화시켰다. 기업들은 값싼 인건비와 고용 유연성을 이유로 갈수록 비정규직을 선호하고 있다. 비정규직의 확산은 노동시장의 불안과 사회적 형평성을 심각히 해치고 있다. 더 큰 문제는 기업들의 이러한 전략이 작업장의 숙련 축적과 기술 혁신을 저해하고 있다는 점이다. 이러한 상황에서 우리나라 기업들은 단기수익성을 높이기 위해 저임노동에 기초한 노동유연화 전략(low road)을 더욱 강화할 것인가 아니면 고임금을 유지하면서 직업 교육을 통해 노동자의 숙련 축적을 지원하고 기술혁신을 통하여 기업효율성과 성과를 높이는 전략(high road)[29]을 지향해야 할 것인가 하는 기로에 서 있다고 할 것이다(Ellerman, 2004).

후자의 대표적인 예가 이른바 '유한킴벌리 모델(Y-K모델)'이다.[30] 4조 2교대와 노동자 평생 교육을 통한 지식근로자를 양성하는 유한킴벌리 모델은 기존의 기업 모델을 대체할 '뉴 패러다임'[31]의 전형으로 불려지기도 한다. 유한킴벌리 모델

---

29) 하이로드 전략의 해외 사례 중 대표적인 것은 1990년대 초 미국 위스콘신주에서 볼 수 있다. 생산 현장 노동을 경시하는 미국의 일반적인 풍조와 달리 위스콘신의 경우 스웨덴식 하이로드 방식을 통해 실업문제를 해결해왔다. 시카고에 인접한 지역적 특성으로 위스콘신 지역은 자동차부품업체를 중심으로 하여 제조업이 비교적 발달한 곳이다. 80년대 후반 미국자동차 업계의 불황에 따라 실업문제가 심각해지자 지역의 노동단체와 사용자단체, 그리고 정부 등 지역노사정이 위기극복을 위해 협력을 약속하고 실업자들에 대해 직업교육에 들어갔다. 노동자측신 직업의 숙련도를 높여 노동력의 부가가치를 높이게 되고, 사용자에게는 기술숙련도가 높은 노동자를 손쉽게 구할 수 있게 되고, 나아가 지방정부는 실업문제 해결과 빈곤문제 등 사회문제를 해결하게 되는 등 노사정 각 주체에게 모두 환영을 받게 된 것이다. 이와 같은 위스콘신 방식의 시사점은 지역노사정의 역할이라 할 수 있다.
30) 이 모델에 대한 구체적 사례 연구는 조성재(2004)를 참조 바람.
31) 정부는 2003년 12월 30일 발표한 내년도 경제 운용 방향에서 고용 창출과 노동생산성 향상을 위한 방안으로 교대근무제를 제시하고 모범 사례로 유한킴벌리를 소개했다. 정부는 유한킴벌리 모델을 공식적으로 도입하기 위하여 '사람입국 신경쟁력 위원회'라는 준비 조직을 설치하였고, 2004년 3월 노동연구원 부설 '뉴 패러다임 센터'가 만들어졌다. 이 센터는 Y-K 모델을 국내 산업 전반에 보급하는 것을 목표로 하는 이 센터는 출범 1년도 안 돼 13개 중견, 중소기업 및 공공기관에 이 모델을 도입하는 성과를 올렸다고 한다(미디어다음, 2005). 경기 침체를 이유로 대기업들까지 감원을 주저하지 않는 상황에서 풀무원, 대명화학 등 '뉴 패러다임'을 선택한 기업들은 고용을 20~30%씩 늘리고 생산성까지 높이고 있다.

은 기존 인력보다 25~30% 정도의 고용 증대 효과를 기대할 수 있다. 더 나아가 4조 교대제를 통해 생산성을 증가시켜 성장하면 사업에 대한 투자가 그만큼 더 늘어나고, 이는 다시 새로운 일자리 창출로 이어질 수 있다. 고용은 100% 보장되지만, 내부 노동시장은 유연하다. 따라서 유한킴벌리의 노-사 동반성장 모델은 곧 '고숙련-고기술-고성과-고임금'의 선순환구조가 핵심이라 할 수 있다. 이러한 신경영전략을 통해 유한킴벌리는 인력을 최소 33%~100% 더 고용한 대신 고정자산 투자를 24시간 360일 가동할 수 있는 능력을 확보해 물적 자산에 대한 투자비 및 운영비를 20% 줄였다. 또 안전율, 품질, 생산성, 원가 측면에서 획기적 성과를 이뤘다. 그 결과 유한킴벌리는 해당 분야에서 시장지배 사업자의 지위를 계속 유지하는 것은 물론 생산성과 수익성이 크게 높아졌다. 노동자들의 근무시간은 줄고 임금은 유지되었으며,[32] 기업은 고성장을 지속했다.[33] 결국 유한킴벌리 모델이 주목 받게 된 가장 큰 이유는 고용 없는 성장 문제를 해결하고, 직업 교육을 통한 숙련 축적과 생산성 향상을 기할 수 있다는 두 가지 점에서이다. 또 이 모델의 지속적 성공에는 안정적이고 협력적인 노사관계가 바탕을 이루고 있음에도 주목할 필요가 있다. 학습·혁신체제가 아무리 우수하더라도 노동조합이 찬성하지 않을 경우 성공하기 힘들었을 것이라는 점에서 협력적 노사관계의 현실적인 중요성이 있다. 협력적인 노사관계는 참여적 작업 조직과 교육훈련의 토대가 되었다는 점에서 유한킴벌리 모델의 중요한 구성 요소라 할 수 있다. 뿐만 아니라 소유구조 측면에서도 모기업인 30%의 지분을 소유한 유한양행[34]의 창업주 가족 및 친인척의 경영참여가 없고 전문경영자에 의해 기업경영이 이루어지고 있어 소유와 경영 분리의 모범을 보이고

---

32) 전체 비용에서 인건비가 차지하는 비중이 15%에 이르며 이중 교육훈련비가 차지하는 비중이 25%에 이른다.
33) 동아일보와 한국IBM BCS가 공동 실시한 '2005년 존경받는 30대 한국 기업' 조사에서 유한킴벌리는 직원과 사회 부문에서 1위를 차지했다. 국내 최초로 현장 노동자를 대상으로 4교대 근무를 실시하고 휴무일에는 교육에 참가하거나 사회공헌 활동을 할 수 있도록 했다. 이 회사의 이직률은 0.3%로 30대 기업 평균 이직률(4.8%)보다 크게 낮다. 장애인 고용 비율이 30대 기업 평균의 5배이고, 매출액 대비 사회공헌 투자액은 0.97%로 30대 기업 평균의 4배였다.(동아일보, 2005년 6월 27일)
34) 유한양행은 IMF 이전까지 유한킴벌리의 지분 40%를 소유하고 있었는데, IMF 직후 10% 지분을 KCC에 매각하여 3,400만 달러의 외자를 유치했다. 그 결과 2004년 말 현재 유한양행이 30%의 지분을 가지고 있고 KCC(Kimberly Clark Corporation)가 23.6%, Kimberly Clark Inc.가 46.4%를 소유하고 있는데 이와 같은 소유구조는 수년 동안에 걸쳐 매우 안정적이다.

있다는 점에서 재벌 기업의 소유지배구조와 다르다. 또 노사협의회나 각 급 노사간 담회를 통해서 경영정보가 공개되고 있어 경영투명성도 높다.

'한국적 미시 코포라티즘'의 성공 모델이라는 긍정적인 평가(임상훈 외, 2004)에도 불구하고 이 모델에 대한 비판도 만만치 않다. 즉 시장 지배력이 낮거나 고정 자산이 적은 기업의 경우 인건비 부담 등으로 오히려 기업의 채산성을 악화시킬 수 있다는 것이다. 또 새로운 교대제로 인하여 노동자들의 생활 리듬에 문제가 생기거나 작업장 내 동료 노동자들 간 연대감이 부족하게 될 수도 있다. 뿐만 아니라 이 모델은 환경친화적 혹은 지속가능한 경영 모델과는 거리가 멀다는 비판도 있다. 즉 생산성을 높여 더 많은 상품을 만들어내므로 결국 더 많은 자원을 고갈시킬 가능성이 높고, 따라서 이 모델은 대량 생산 대량 소비를 특성으로 하는 포드주의 생산방식에서 크게 벗어나지 못했다는 것이다. 동일한 맥락에서 정보통신기업 등 교대 근무제 등이 활성화되어 있지 않은 지식집약 산업 분야의 성공 사례가 아직 없다는 것도 약점으로 지적된다.[35] 또 노동자 경영참여도 교육 훈련에 대한 노동자의 적극적 참여나 제안 제도 등으로 표현되는 지식경영에 대한 참여에 머물러 있어 노사파트너쉽 형성에 주력하는 단계이며, 경영 참여도 노동조합이 순응하는 방식을 취하고 있다. 또 권한 위임에 있어서도 사무관리직의 경우 비교적 상당한 재량권이 주어지지만 생산직의 권한 위임은 매우 제한적인 수준에 머물러 있다(한국노동연구원, 2000). 따라서 생산계획·생산성/품질관리·신기술도입·인력관리 및 개발·기타 노사현안 등과 같이 사업장 전략적 의사결정과 관련된 경영 전반에 대한 노사협의가 이루어지지 못하고 있다.

5. 결론: 새로운 대안을 찾아서?

외환금융위기 이후, IMF와 김대중 정부에 의해 추진된 재벌개혁 정책은 불투명한 기업경영과 경영실패에 대해 책임지지 않는 총수체제 등 기존 한국 재벌의 문제

---

35) 이와 같은 주장에 대해 뉴패러다임 센터는 혁신의 속도가 빠른 IT기업일수록 직원들에 대한 학습을 보장해주는 뉴패러다임이 더 필요하다는 반론을 펴고 있다.

를 개선하고 주주가치 경영의 정착 등 시장 원리에 의한 규율이 작동하게 하자는 것이었다. 물론 글로벌 스탠더드란 명목 아래 재벌개혁의 방안으로 도입된 자본시장의 전면개방과 소액주주권의 강화 등 신자유주의적 기업구조조정 과정은 본질상 영미식 주주자본주의 원리들을 한국경제에 이식하는 과정이라는 비판이 있다. 그럼에도 '총수'를 정점으로 한 지배주주 위주의 기업지배구조가 존재하는 상황에서 대규모 재벌의 자발적인 구조조정에 의한 기업지배구조 개선은 한계를 드러냈으며, 출자총액제한제도, 금산법 개정 등과 같은 정부의 규제를 통해서도 재벌 기업의 지배 구조를 바꾸기가 힘들다는 사실이 확인되었다. 오히려 개혁 조치로 알려진 지주회사제도나 계열사간 내부거래 의존도의 심화 등에서 알 수 있듯이 계열사들 사이의 결합력은 더욱 강화되고 있다. 기존의 재벌 체제를 대체할 새로운 기업시스템으로서 벤처체제의 모색에 있어서도 벤처기업의 지주회사 등은 기존의 재벌 형태를 모방하는 부정적인 결과를 낳았다. 나아가 거시경제 차원에서는 빈부격차 심화와 비정규직 확대에 따른 소득과 소비 양극화, 금융시스템의 중개 기능 약화로 인한 투자 양극화, 고용 없는 성장 등 한국 경제의 구조적 위기는 더욱 심화되고 있다. 게다가 이러한 위기가 기존 정부의 재벌개혁 정책의 부정적 효과(예컨대, 국내 기업에 대한 역차별) 때문이라는 논리적 비약에 근거하여 재벌 기업의 경영권을 보호하자는 '사이비 민족주의' 주장도 제출되어 있다. 따라서 주주가치 경영 자체가 가지고 있는 문제점과 국내에 진출한 외국자본의 보여준 폐해는 심각하게 고려해야 할 문제이기는 하지만 대안적 지배구조를 모색하려는 과제의 핵심에서 비켜서 있다. 그래서 외환금융위기 직후부터 현재까지 우리나라 기업지배구조 개선의 핵심은 '총수'의 지배력을 약화시키는 것이라는 점에서는 변함이 없다. 문제는 그동안 재벌 체제의 순기능을 최대한 살리면서 역기능을 최소화하는 기업지배구조와 이를 위한 여러 제도와 정책을 찾는 일이다.

후발산업화 국가의 성장 모델과 실패, 그리고 '신성장 동력' 산업에 대한 진출을 모색함으로써 새로운 성장 모델을 만들어가야 할 시점에서 과거 재벌의존적 성장 체제의 순기능, 혹은 장점은 무엇인가? 그것은 아마도 부채의존적 성장이 불가피하였던 후발국적 상황과 자본시장의 미비라는 조건 하에서 정부의 보증을 기반으로 한 새로운 사업의 진출과 계열사간 자금이나 상품의 거래를 통한 새로운 사업의 확대, 그리고 내부자본 시장을 활용함으로써 가능했던 거래비용의 감소 효과 등을 들 수 있을 것이다. 그럼에도 문제는 그러한 계열사간 상호 지원과 독립 계열사 혼자로서는 도저히 불가능했을 집단 시너지 효과가 합리적인 의사결정에 의하지 않고, 또 기업을 둘러싼 여러 이해관계자들의 이해를 무시한 채 진행되었다는 점이다. 즉 총수가 멋대로 계열사간 자금 흐름을 결정하고 또 그 과정에서 주주의 이익을 침해하고 사익을 챙겨왔다는 점이 본질적인 문제인 것이다(김기원, 2002). 따라서 이와 같은 재벌과 경제시스템의 건전한 선순환 구조가 제대로 작동하기 위해서는 무엇보다도 다수의 독립 계열사들의 집단이 형성하고 유지해왔던 기존 재벌의 목적함수가 변해야 한다. 현재까지도 재벌은 개별 독립 기업들의 목적에 좌우되기보다는 집단 전체의 목적, 즉 총수의 통제권 편익을 높이는 방향으로 기업의 의사결정이 이루어지고 있다. 그간 진행되었던 내·외부의 기업지배구조 장치의 도입과 활성화, 지주회사제도 전환 등은 바로 개별 기업의 목적 함수를 극대화하는 시도들이다(송홍선, 2000).

이러한 측면에서 집단의 이익과 목적을 우선하고, 총수 지배력을 확장하기 위한 수단으로서 재벌 체제에서 핵심적인 역할을 하는 금융 계열사를 통한 지배력 유지는 금융과 산업자본 외 분리 원칙, 금융에 대한 규율 강화를 통해 해결하여야 한다. 달리 말하면 재벌의 금융 계열사의 (준)내부화를 제도적으로 차단하는 것이다. 또 이 글에서는 다루지 않았지만 은행이 기업지배구조에서 제 역할을 수행하기 위해서는 무엇보다 은행 자체의 소유 지배구조가 개선되어야 한다. 즉 민영화 이후 은행의 책임경영이 이루어지도록 정부 소유 은행들의 민영화 방향과 원칙이 조속히 확립되어야 하고 분식 회계의 근절을 포함한 투명성 관련제도의 개선도 시급하다. 둘째, 금융계열사의 의결권 행사를 부분적으로 허용하는 등 산업과 은행의 결합을 허용하는 경우, 정부의 금융감독을 통해 자산극대화 유인, 나아가 부채조달 유인을 약화시키는 방법이 있다. 셋째, 독립, 분사 계열사에 대한 출자도 규제해야 한다. 직접 상호출자를 금지하고 출자총액을 순자산의 일정 범위 내로 제한하는 것은 부채를 통해 분사적 다각화를 차단한다는 점에서 다각화에 따른 부채조달유인을 줄여주는 효과가 있다. 그런데 이 방식은 재벌집단에만 적용되는 규제이자 대증요법적 규제라는 비판과 자본시장이 발전할수록 출자비율이 시장을 통해 적정화될 수 있기 때문에 불필요하다는 비판에 직면할 수 있다. 또 금융지주회사 전환을 통한 재벌체제 유지 가능성은 별로 보이지 않지만 금융계열사에 대한 '지배'와 '금융지주회사'의 개념도 근본적으로 전환해야 할 필요가 있다. 즉 금융지주회사법에 의해 금융지주회사로 인가받은 자만이 아니라, 금융기업을 사실상 지배하는 자[36] 역시 금융지주회사로 간주함으로써 보다 강화된 기준에 의한 신임의무를 부담하도록 해야 한다.[37] 특히 금융 기업의 특수성을 고려하면, 금융기업의 지배주주에 대해 보다 엄격한 신임의무를 부과하지 않는 한 지배구조 개선의 실질적인 효과를 기대하기 어려울 것이다(김상조, 2002).

이러한 일련의 노력들과 제도 변화들은 재벌의 역기능을 최소화시키는 일이 될 것이다. 이런 측면에서 주주자본주의, 즉 주주가치 경영은 여전히 경영권 승계 등 부작용을 연출하고 있는 재벌의 전(前)근대성을 교정하는 역할을 할 수 있을 것이다. 이런 측면에서 보면 자본시장의 개방으로 국내 주식시장에서 큰 비중을 차지하고 있고, 또 앞으로도 그 비중이 증대해갈 것으로 예상되는 외국인 투자자들은 주주이자 경영 감시자로서 총수 중심의 지배구조 개선하는데 긍정적인 역할을 할 수 있을 것으로 예측된다. 그러나 현재까지 외국 자본은 주주가치 극대화 경영을 명분으로 한 국내 기업의 경영 전략, 예를 들면 인원 감축과 비정규직 확대 등 고용 조정에 있어서는 이해관계가 일치했다. 또 주식시장 내 투기자본의 행태를 보임으로써 국부유출 논란의 주범이 되기도 하였다. 따라서 외국자본의 대량 유입에 따른 문제점

---

36) 미국의 은행지주회사법(Bank Holding Company Act)과 Gramm-Leach-Bliley Act 상의 '지배(control)' 개념에 대해서는 전성인(2001), pp. 5-9 참조. 이에 따르면, 다음 세 가지 경우 중 하나가 성립하면 은행 또는 회사(즉 은행지주회사)에 대한 지배가 인정된다. ① 어떤 회사가 은행이나 회사가 발행한 어떤 종류(any class)의 의결권 있는 주식 총수의 25% 이상의 주식을 직접 혹은 간접적으로 또는 일인 혹은 다수의 사람을 통해 소유(own)하거나 지배(control)하거나 혹은 의결권 행사 권한을 보유한 경우, ② 어떤 회사가 어떤 형태로든 은행이나 회사의 이사(directors or trustees)의 과반수의 선출에 지배력을 행사하는 경우, ③ 통지와 청문회를 개최한 후, Fed가 어떤 회사가 직접 혹은 간접의 방법으로 은행 혹은 회사의 경영이나 정책에 지배적인 영향력을 행사하고 있다고 결정한 경우 등이다. 여기서 중요한 것은 은행 혹은 다른 자회사의 지배에 대한 판단 기준이 단순히 지분율과 같은 객관적 지표에만 국한되지 않는다는 점이다. 물론 은행에 대한 지분율이 25% 이상인 경우에는 의심의 여지없이 지배가 인정되지만, 그 외의 경우에는 감독기관에 광범위한 재량권이 부여된다. 즉 지분율이 5% 미만일 경우에는 다른 반대의 증거가 없는 한 지배가 인정되지 않지만, 지분율이 5~25% 경우에는 감독기관의 재량에 의해 지배 여부가 결정된다.
37) 예컨대, 삼성생명의 최대주주인 에버랜드와 그 지배주주인 이건희 회장은 사실상의 금융지주회사로서 삼성생명의 경영에 대해 신임의무를 부담하도록 하는 것이다.

을 최소화하고 투기적 활동을 통제함으로써 주식 시장 개방의 긍정적 효과를 거두기 위한 제도적 장치를 마련하는 것이 필요하다. 또한 기관투자가를 통한 간접 주식 투자 문화를 확대하여 개인투자가의 외국인 투자패턴 추종 매매 등에 따른 외국인 투자자의 국내주가에 대한 영향력을 완화시키는 것도 필요하다(한국은행, 2005).

시장의 규율자로서 기관투자가의 의결권 행사를 통한 경영감시는 의결권 행사를 활성화해야 한다는 일반적인 목표와 재벌의 금융 계열사를 지배구조 왜곡 효과를 방지해야 한다는 특수한 목표 사이의 충돌을 조화시켜야 하는 어려운 문제이다. 기관투자자의 의결권 행사를 활성화하기 위해서 의결권 행사의 법적 의무화를 고려할 필요가 있다. 미국에서는 1988년 Avon사의 사례에서와 같이 연기금 관리자가 연기금의 자산가치에 영향을 미치는 사안이라면 의결권을 행사해야 할 의무가 있음을 분명히 하였고(Avon Letter), 이 원칙을 증권거래위원회(SEC)와 통화감독청(OCC)도 받아들임으로써 여타 기관투자가에도 확대 적용되었다(신인석, 2001). 한편, 1999년 증권거래소 규정(Combined Code) 개정 당시 의결권 행사의 법적 의무화를 반대하고 단지 권고 사항으로 남겨 두었던 영국도 마이너스 보고서(Myners' Report, 2001)의 제안 내용을 모두 받아들여, 연금자산 운용기관들의 주주권 행사 의무화를 추진하고 있다. 동 의무에는 의결권 행사뿐 아니라 경영진에 대한 적극적 모니터링과 대화도 포함되어 있다는 사실에 주목할 필요가 있다.[38]

우리나라에서는 이미 각 투신사가 채택하고 있는 내부통제 기준에 '적극적으로 의결권 행사에 참여해야 한다'고 규정하고 있으나 사실상 아무런 효과를 발휘하지 못하고 있음을 감안할 때, 법적 의무화가 필요하다. 다만, 의결권 행사 의무화 대상 안건은 기존의 증권투자신탁업법 및 공정거래법 규정처럼 '정관 변경, 임원 임면, 합병 및 영업 양수도 등' 경영권 변동 관련 주요 사안으로 한정하는 것이 바람직할 것이다. 또한, 의결권 행사를 담당할 부서를 설치하도록 하고, 의결권 행사 기준 및

---

38) 마이너스 보고서 중 기관투자가의 주주권 행사 관련 내용을 보면, ① 미국의 ERISA 입법례와 같이 영국도 연금자산 운용기관들에 대해 주주권 행사를 법적 의무화해야 함, ② 동 의무에는 경영진에 대한 적극적인 모니터링과 대화, 그리고 의결권 행사가 포함되어야 함, ③ 그러나 동 의무는 주주권 행사에 따른 비용을 감안 연금자산의 가치 제고에 도움을 줄 수 있을 것으로 판단하는 경우에만 구속력을 가짐, ④ 동 의무를 위반했을 경우 손해배상 소송이 가능해야 함, ⑤ 동 의무의 이행 여부를 모니터링할 수 있도록 주주권 행사 내역을 공시해야 함 등이다.

절차를 규정한 내부 문서를 갖추고 이를 공시하도록 해야 할 것이다. 국민연금 등 공적 연기금에 대해 이상의 조치를 우선적으로 시행하고[39], 민간 금융기업으로 점차 확대하는 방안도 생각해 볼 수 있다.

한편, 재벌 산하 금융기업이 보유한 계열사 주식에 대한 의결권 행사는, 적어도 당분간은, 원칙적으로 금지하는 것이 바람직할 것이다. 계열사 주식을 보유하는 자체가 자기거래이며, 그에 대한 의결권 행사는 이해상충의 소지가 농후하기 때문이다. 기관투자자들의 기업 감시활동을 활성화하기 위해서는 재벌의 제2금융권 지배를 차단하는 것이 시급하다. 재벌의 영향권 밖에 있는 기관투자자들에 대해서도 자율성을 높이는 방향으로 규제를 완화하고 지배구조를 개선하는 것이 필요하다. 굳이 대안을 찾는다면, 의결권 행사에 대한 책임을 명시적으로 이사회에 부여하는 방안을 고려할 수 있다. 특히 계열사의 '정관변경, 임원임면, 합병 및 영업양수도 등'에 대한 사안은 소액투자자 또는 외부주주와의 이해상충이 야기될 가능성이 높으므로, 의결권 행사의 내용과 그 근거를 이사회의 사전 의결을 거쳐 공시하도록, 즉자기거래의 실체적 검증과 절차적 검증을 훨씬 더 엄격하게 하여 사후적으로 신임의무 추궁이 가능하도록 해야 할 것이다.

그러나 이러한 노력들만으로는 재벌기업이 중심이 된 우리나라 기업들의 지배구조 개선에 한계가 있을 수밖에 없다. 이는 그간 진행된 재벌 대기업의 자율적인 구조 개혁이 총수의 지배력을 약화시키지 못했고, 오히려 소유-지배 괴리를 확대하여 총수를 비롯한 일가들은 이전보다 더 적은 지분으로 더 많은 계열사를 지배하는 역설적인 결과를 낳은 것에서도 잘 알 수 있다. 이런 점에서 우리나라 기업지배구조 개선과 대안적 지배구조의 모색에 있어서 핵심은 변함없이 총수의 지배력을 약화시키는 것이 되어야 한다. 같은 맥락에서 2004년 6월 경제협력개발기구(OECD)도 미국의 샤베인-옥슬리법을 계기로 기업 투명성을 강화한 새로운 '기업지배구조원칙'을 통해, 지배주주의 소수주주 이익 침해 위험성을 강조하면서 그룹 형태가 일반화된 나라의 경우 지배주주의 권한 남용을 방지할 수 있는 장치를 마련할 것을 강력히 권고하고 있다. 이 '새로운 원칙'에 따르면 '주주 동등 대우' 분야에서 지배

---

39) 국민연금의 의결권 행사 활성화를 위한 방안에 대해서는 김우찬(2001.10.11) 참조.

주주가 소수주주의 이익을 침해하지 못하게 하고, 이익 침해가 있을 때 이를 효과적으로 교정할 수 있는 수단을 강구하도록 촉구하고 있다. 즉 지배주주가 계열사 출자로 지배권을 확대하는 주식 피라미드화와 차등의결권주 등은 지배 주주의 남용 위험성을 증폭시키며, 특히 그룹 형태가 일반화된 국가에서는 이사의 충실의무가 그룹(또는 총수)에 대한 충실의무로 변질된다고 강조하고 있다. 또 지배주주의 남용에 대한 교정 수단으로서 집중투표제와 대표소송 및 집단소송제도 도입 등을 권고했다. 이사회의 책임에서도 이사회의 독립성을 경영자뿐 아니라 지배주주까지 확대하고, 사외 이사의 역할을 강조했다. 마지막으로 이해관계자의 역할에서는 기업의 성과 향상을 위해 종업원 경영 참여를 허용하는 방법으로 종업원 대표의 이사회 참여, 종업원 지주제, 이익 공유 등을 구체적으로 예시하고 있다. 그러나 소유 분산과 제한적인 경영 참여를 위한 종업원지주제는 현재 제도틀이나 노사관계 하에서는 아직 요원한 것으로 보인다. 따라서 주주로서 노동자의 경영 참여에는 기본적으로 한계가 존재할 수밖에 없어 보인다. 게다가 지배 주주의 남용이 존재하는 경우 투명성과 책임성 제고, 그리고 일반적인 경영감시 장치만을 통해서는 그것을 통제할 수 없다. 다른 한편 뉴패러다임 모델로서 노동자의 지식경영 참여 역시 생산성을 제고하기 위한 새로운 경영 모델을 넘어서지 못하는 한계를 가지고 있다. 경영 참여는 노동조합이 주도하기보다는 경영자에 순응하는 방식을 취하고 있다. 또 노동자에 대한 권한 위임도 매우 제한적이며 따라서 생산계획, 생산성/품질관리, 신기술 도입, 인력관리 및 개발, 기타 노사 현안 등과 같이 사업장 전략적 의사결정과 관련된 경영 전반에 대한 노사협의가 이루어지지 못하고 있다.

　결국 바람직한 지배구조의 대안은 주주들만이 아니라 기업의 중요한 헌신투자자로서 노동자를 비롯한 다양한 이해관계자들의 실질적인 경영 참여가 보장되는 지배구조 모색에서 출발할 수밖에 없다. 이러한 주장의 이론적 논거는 다음과 같은 몇 가지 점에서이다. 주류적인 근대법적 소유관념에 기초한 주주들은 기업에 대한 지분을 소유할 뿐, 기업의 자산까지 소유하는 것은 아니다. 다시 말해 유·무형의 기업 자산은 주주가 아닌 기업 자체가 갖고 있는 것이기 때문에 기업은 그 자체가 자율적 실체로 간주돼야 한다. 또 기업의 위험 부담은 주주만이 아니라 노동자, 채권자, 공급자, 고객, 지역 단체 등도 기업의 특수한 자산을 창출한다는 점에서 상당한 위험을 지고 있다. 특히 인적자산 투자는 불가역적인 것들이 많아서 노동자가 감수해야할 위험 역시 아주 크다. 시장의 유동성이 커지고 자산 다변화가 이루어지면서 유한 책임 주주는 위험을 전가하기 쉽지만 노동자들은 그럴 수 없다. 또 주주가 접할 수 있는 기업 내부 정보도 극히 제한적이기 때문에 기업의 핵심역량과 가치를 제대로 평가할 수 없고, 따라서 투자 결정 등 기업의 주요 의사결정 권한을 주주들에게만 주면 기업의 가치 창조 능력은 약화될 수밖에 없다. 그럼에도 이러한 주장과 논거들은 자본주의의 근간인 사유 재산권을 침해하는 것이라는 원론적인 반론을 방어하기 힘들다. 아울러, 위에서도 살펴보았듯이 주주 이외의 자격으로서 이해 관계자가 기업 경영에 관해 자신의 권리를 주장할 수 있는 통로와 방법이 없다는 현실적인 한계도 극복하기 어렵다. 따라서 노동자의 실질적인 경영참여가 보장되는 기업지배구조를 위해서는 이론적으로 뿐만 아니라 실천적으로 넘어야할 장벽들이 여전히 많다.

참고 문헌

강철규. 2003, "시장경제와 경쟁정책의 과제," 공정거래위원회 강연자료(9.8).

공정거래위원회. 2002, "대규모내부거래 공시이행실태 점검결과," 보도자료(10.31).

_____. 2003, "2001년 시장구조 조사·분석 결과," 보도자료(12.10).

_____. 2004, "대기업 집단의 소유지분 구조 공개," 보도자료(12.28).

_____. 2005a, "개편된 대기업집단 제도에 따른 2005년도 상호출자제한기업집단 등 지정," 보도자료(4.8).

_____. 2005b, "금융보험회사 의결권 제한, 왜 필요한가?," KFTC 경쟁이슈 05-04, 제13호(7.4).

_____. 2005c, "2005년 대기업집단 소유지배구조에 관한 정보공개,"보도자료(7.13).

금융감독원. 2005, "상장 법인의 자기주식 보유현황 분석," 보도자료(8.30).

금융감독위원회. 2002, "기업의 투명성 제고를 위한 회계제도 개혁안," 보도자료(11.8).

김건식 외. 1997,『우리나라 지주회사금지제도의 평가와 개선방향』, 공정거래위원회

김기원. 2002,『재벌개혁은 끝났는가』, 한울아카데미.

_____. 2005, "외국자본이냐 재벌이냐의 잘못된 2분법에서 벗어나라,"『말』2005년 6월호.

김상조. 2001, "재벌소속 금융기관의 계열사주식 보유 한도 및 의결권제한 완화의 문제점," 참여연대 경제개혁센터 주최『재벌 및 금융부문 규제완화 관련 토론회』자료집(10.18).

_____. 2002, "비은행금융기업의 지배구조 개선: 과제와 대안," 예금보험공사 정책심포지움 발표문(11.19).

_____. 2005, "삼성의 기업지배구조 문제: '금융'을 통한 그룹 지배와 '배임'에 의한 3세 승계,"『역사비평』, 제72호(가을).

김용렬·진태홍. 2003,『기업지배구조 개혁의 성과에 관한 연구』, 산업연구원.

김우찬. 2001, "국민연금의 의결권 행사체계 확립과 기금운용의 건전성 제고 방안," 참여연대 경제개혁센터·사회복지위원회 주최『국민연금 기금운용체계 개선을 위한 공청회』자료집(10.11).

김준기. 2002, "Enron의 기업지배구조의 실패와 미국의 Sarbanes-Oxley Act of 2002," Center for Good Corporate Governance,『기업지배구조연구』, 2002년 가을호.

류영재. 2005, "관계투자 시대에 역행하는 5%룰,"『기업지배구조연구』, 2005년 6월

호.

미디어다음. 2005, "뉴패러다임," 기획연재(2005.1.6~1.9).

박경서. 2000, "기업지배 체제에 있어 기관투자가의 역할," 이선 외 엮음,『한국 기업지
　　　배구조의 현재와 미래』, 미래경영개발연구원.

＿＿＿. 2002, "국내은행의 지배구조," 예금보험공사 정책심포지움 발표문.

박경서 · 조명현. 2002,『경영투명성과 기업가치』, 한국경제연구원.

박종현. 2005, "기관투자가의 경영감시," mimeo.

석명철. 2001,『미국증권관계법: 미국의 시장원리와 그 운용』, 박영사.

서울대학교 기업경쟁력연구센터. 2003,『출자총액제한제도의 바람직한 개선방향』.

송원근. 2004, " 벤처기업 특성과 벤처붐: 김대중 정부 벤처 정책의 허와 실,"『위기 이
　　　후 한국자본주의』, 풀빛, pp.247~301.

＿＿＿. 2005, "삼성재벌의 경제력과 성장의 그늘," 『역사비평』,제 72호(가을),
　　　pp.35~67.

송원근 · 이상호. 2005,『한국의 재벌: 사업구조와 경제력 집중』, 나남출판사.

송홍선. 2000, "재벌의 전략적 다각화와 재무위험," mimeo.

신인석. 2001,『투신사의 의결권 행사 실태와 정책 대응』, 한국개발연구원, 정책연구
　　　시리즈 2001-02.

신장섭 · 장하준. 2003, "한국 금융위기 이후 기업구조조정에 대한 비판적 평가,"『한
　　　국경제의 분석』, 9권 3호.

신정완. 2004, "재벌개혁 논쟁과 스웨덴 모델".『시민과 세계』, 2004 하반기,
　　　pp.317~335.

양두용. 2005, "국내기업 주주로서 외국자본: 주요 쟁점 검토," KIEP 오늘의 세계경제,
　　　대외경제정책연구원.

유한킴벌리. 2000, "고능률생산조직의 도입과 성공: 유한킴벌리의 경영혁신 사례," 유
　　　한킴벌리.

이은정. 2005, "가족 경영방식의 확대로 현대자동차그룹의 지배구조위험 증대,"『기
　　　업지배구조연구』, 2005년 6월호.

이은정 · 이주영. 2003, "지주회사 LG의 설립과정과 특징: 소유구조를 중심으로,"『기
　　　업지배구조연구』, 2003년 가을호.

이인찬 · 심동철 · 이경형. 2000,『벤처산업의 구조적 변화와 정책대응』, 한국정보통
　　　신정책연구원 정책보고서, 00-17).

이찬근. 2004, "한국경제시스템의 위기와 대안정책,"『시민과 세계』, 2004 하반기,
　　　pp.298~316.

임상훈 · 최영기 · 김균 외. 2004,『한국형 노사관계 모델의 탐색』, 한국노동연구원.

임영재 · 이중기. 2003, "기업연금의 지배구조 설계에 관한 소고," 한국개발연구원,

2003. 12.

임원혁. 2005,『재벌 개혁과 경영권 방어』, 코리아연구원 정책보고서(4.25).

장하성. 2001, "Korea Discount와 기업지배구조,"『기업지배구조연구』, 2001년 겨울호.

장하성·Black, B.·김우찬. 2003, "기업지배구조 개선은 기업가치를 향상시키는가".

전국경제인연합회. 2003, "지주회사제도: 주요 쟁점 및 시사점," CEO Report on Current Issue(CER-2003-11).

조성욱. 1999, "한국기업의 수익성 분석: 대주주와 소액주주의 이해갈등을 중심으로,"『KDI정책연구』, 1999 Ⅱ, 한국개발연구원.

_____. 2000, "재벌의 기업지배구조 개선에 대한 분석: 주식시장의 평가를 중심으로,"『KDI정책포럼』제152호, 한국개발연구원(7.3) .

조성재. 2004, "유한킴벌리의 협력적 노사관계". 참여사회연구소 참여사회 포럼 발표문(4.2).

증권선물거래소. 2005, "주요 그룹 자사주 보유 현황", 보도자료(6.27).

참여연대. 2001, "이재용 등과의 거래로 인한 제일기획, 삼성SDI의 주가영향," 보도자료(4.2).

_____. 2005, "삼성그룹 주요계열사 이재용씨의 부실 인터넷 기업 떠안아 380억원대 손실 부담," 보도자료(7.13).

참여연대 참여사회연구소 경제분과. 1999,『한국5대재벌백서』, 나남출판사.

한국개발연구원. 2003,『시장개혁 추진을 위한 평가지표 개발 및 측정』, 2003.9.

한국노동연구원. 2000,『작업장 노사관계 혁신 모델 연구』, 연구용역보고서(1월).

한국신용평가정보주식회사, KISLINE 기업정보.

한국은행. 2004, "설비투자 부진 원인과 대응 과제,"『금융경제연구』, 제 210호,(11.26).

_____. 2005, "가계와 기업의 성장양극화현상-현황·원인·대책,"(1.20), 보도자료.

_____. 2005, "은행의 금융 중개 기능 약화 원인과 정책과제,"『금융경제연구』, 제 214호.

_____. 2005, "외국인 주식 투자가 주가양극화에 미친 영향 및 시사점,"『금융경제연구』, 제 218호.

한국증권거래소. 2000, "IMF 이후 10대그룹 계열사 지배구조의 변화," 보도자료.

헤드라인뉴스. 2004, "범 LG일가 계열회사 주식수탈사" 2004년 10월호.

Choi & Cho. 2003, "Shareholder Activism in Korea: An Analysis of PSPD's Activities," Pacific-Basin Finance Journal, 11(3), pp.349-63.

Ellerman, D. 2004, "Re-constituting the corporation," Paper for International Conference 'Road to Korean capitalism: ESOP and New Paradigms of industrial relations', July, 21, Seoul, Korea

Gillan, S. L., & L. T. Starks. 2000, "Corporate Governance Proposals and Shareholder Activism: The Role of Institutional Investors," Journal of Financial Economics, 57, 2, 2000, pp.275~305.

_____. 2003, "Corporate Governance, Corporate Ownership, and the Role of Institutional Investors: A Global Perspective," Lerner College of Business and Economics Working Paper.

Gorton, G. & Kahl, M. 1999, "Blockholder Identity, Equity Ownership Structure and Hostile Takeovers," NBER working paper 7123.

IIF. 2003,『한국의 기업지배구조: 투자자의 시각』, IIF보고서.

Lazonick, W. 2001, "Public and corporate governance: The institutional foundations of the market economy," Paper to be presented at Spring Seminar of the United Nations Economic Commission for Europe, Geneva, Switzerland.

Myners' Report. 2001, Institutional Investment in the U.K. - A Review .

OECD. 2003, White Paper on Corporate Governance in Asia, OECD Paris.

한국 금융시스템의 평가와 재구축 과제
―산업구조와 금융구조의 연계를 중심으로

유철규

1. 문제제기

1997년 외환위기로 한국사회는 경제체제(system)의 전환이라는 상황에 직면했다. 같은 해 12월 3일 경제부총리와 IMF 총재 간의 협약에서 구제금융의 조건으로 IMF가 내건 구조조정 방안은 사회경제적 이념, 정책이념, 법제도의 변화와 아울러 각 경제주체의 행동방식과 상호관계의 설정을 바꾸는 문제까지 내포하고 있어서 그 범위가 '체제전환(system transition)'에 비견될 정도로 전면적이었기 때문이다.

정규직 중심의 고용관행, 강하게 억제된 주주 권한, 은행을 중심축으로 하여 간접 금융을 중심으로 운영되던 금융시스템, 국적기업에 의한 산업육성 등을 과거 한국경제시스템의 모습이라고 잡아 본다면, IMF가 요구했던 노동시장의 유연화, 주주권의 급진적인 강화, 주식시장을 축으로 하는 직접금융 시스템으로의 전환, 산업 및 금융 소유구조의 개방과 외자의 적극적인 도입 등은 과거 시스템의 거의 완전한 해체를 통하지 않고는 단기간에 달성되기 어렵다.

이후 8여년이 지난 지금까지도 외환위기의 원인을 둘러싼 논쟁이 지속되고 있으며, 오히려 더 치열해지기까지 하고 있다. 초기에는 학술적 시각과 이론의 차이, 그리고 그것에 기초한 예측과 전망의 차원에 머물러 있던 것이 시간이 갈수록 계급 간, 계층 간에 구조조정의 비용과 혜택의 불일치가 인식되고 이들 간의 이해관계가 점점 분명히 드러남으로써 현실의 문제로 바뀌고 있기 때문이다. 원인에 대한 상이한 진단은 구조조정의 효과에 대한 상이한 평가로 이어지는 것이고, 경제체제 재구축을 위한 구조조정의 방향과 내용을 다르게 설정하는 근거가 된다.

경제시스템의 실체가 제도간의 관계라고 설정하면(Aoki, 2001; 青木昌彦·奧野正寛, 1996), 제도적 접근(institutional approach)을 따르는 주요 연구들에 따라 한국의 개발시대 발전모델의 가장 중요한 관계로 정부(+은행)-재벌간 관계를 꼽을 수 있다(Amsden, 1989). 물론 이런 접근을 취한다는 것은 제도간 관계의 안정성과 지속성을 궁극적으로 결정하는 계급간 관계를 분석(research)의 이면에 미루어 놓는다는 것을 의미한다.

IMF의 구조조정은 정부-은행-산업(재벌)간 관계의 단절과 재구축을 의미했으며, 이 관계의 재구축이라는 측면에서 보면 금융시스템이 가장 중요한 경제체제전환의 대상이다. 정부로부터 분리된 금융제도가 다른 제도들과 어떤 관계를 새롭게 맺게 되는가가 시스템 전환의 핵심이기 때문이다. IMF 구조조정에서 노동과 재벌등 다른 부문의 구조조정은 상대적으로 '관계'의 측면이 금융부문보다 약했다.

그러나 자본시장, 특히 주식시장을 중심으로 움직이는 영미식 금융제도의 전면적인 도입을 목표로 했던 금융구조조정은 소기의 성과를 내지 못하고 있다. 뒤에서 다시 볼 것이지만, 주식시장의 기업투자자금 조달기능은 1998년에 일시적으로 활성화되는 것처럼 보였으나, 시간의 경과와 함께 침체되어 오히려 외환위기이전 수준에도 못 미치고 있다. 거꾸로 은행을 중심으로 하는 간접금융시장의 비중은 외환위기 이전 수준으로 복귀했지만, 은행은 과거와 달리 기업 금융의 리스크를 극단적으로 회피함으로써 투자 침체의 한 제도적 요인이 되고 있다. 전반적으로 금융세계화의 일반적 경향인 투기적 금융활동의 활성화와 생산적 투자의 침체 현상이 장기간 지속되고 있으며, 더욱이 중소기업 금융의 불안 등 잠재적인 금융경색의 가능성이 높아져 금융시장의 불안정성은 더욱 커졌다.

"이미 돌이킬 수 없을 정도로"(홍영기, 2004: 306) 앵글로 색슨형의 제도적 틀이 수용된 상황에서 한국경제의 불안정성이 여전히 지속되고 있으며, 또한 최근 경제 전반의 양극화 현상이 더욱 심화되고 있어서(이내황 외, 2004) 과연 국민경제의 안정적인 재생산 구조가 구축될 수 있을까 조차 매우 불투명한 상황이다. 한국경제의 이러한 상황을 이라크 전쟁 혹은 북핵위기 등과 같은 외부환경요인, IT산업의 침체와 같은 경기변동적 요인 혹은 친노동적 정권의 출현과 강성노조의 이기주의와 같은 정치사회적 변화 요인에 기인한 것으로 보는 것은 피상적이다. 한편 시장근본주의에 입각해서 한국의 구조조정이 앵글로 색슨형을 목표로 하여 충분히 진행되지 않아서 그렇다고 진단하는 것은 무책임하다. 왜냐하면 이미 한국의 구조조정은 IMF 체제하에서 유례없이 급진적으로 진행된 측면이 있기 때문이다(전창환·김진방 외, 2004).

이 글에서는 한국 금융시스템의 문제점을 분석하고, 대안적 개혁과제를 모색하기 위해 금융 구조조정 과정에서 나타난 시스템 부정합성(system mismatch)에 주목하는 것이 필요하다고 제안한다. IMF 관리체제하에서 광범위하게 도입된 '영미식' 시장경제제도가 제도간 정합성(Aoki, *et al.*, 1996)을 확보하지 못하고, 기존의 시스템과 충돌하고 때로 악조합을 일으키고 있다는 점을 주장하고자 한다.

아래에서는 우선 금융세계화가 초래하는 일반적 경향인 은행의 탈중개화(disintermediation), 투자 감소, 기업의 금융자산 거래 및 보유 확대 경향들이 한국에서 어떻게 나타나고 있는가를 살펴봄으로써 한국금융의 현황을 파악한다(2절). 다음 절에서는 금융구조조정을 초래하거나 그 과정에서 발생한 제도간 부정합성의 몇 가지 측면을 제시할 것이고, 마지막 절에서는 대안적 금융개혁의 길에 대해 생각해 볼 것이다.

2. 세계화와 외환위기, 그리고 한국의 금융시스템 전환
- 탈중개화 경향, 투자감소 경향, 금융자산투자증가 경향

외환위기는 금융시장의 세계적 통합 즉, 현재의 세계화에 한국 금융시스템이 빅뱅방식으로 결합하게 된 중요한 계기이다. 따라서 외환위기이후 한국금융시스템에서 관찰되는 현상들 가운데 우선적으로 주목해야 할 것들은 세계화 과정에서 다른 국가들에서도 나타나는 공통적인 것들이다. 샤버그(Schaberg, M., 1998)는 세계화를 단일한 글로벌 금융시장을 창조하는 것으로 이해하고, 각국 금융제도의 작동 방식과 금융시장에서의 기대 형성 방식, 그리고 충격에 반응하는 방식이 동일해지면서 대부분의 산업경제(industrialized economies)에서 탈중개화 경향, 투자감소경향, 금융자산구입증가경향이 나타난다고 보고했다. 이를 참고로 한국의 경우에 대해서도 이 세 가지 경향을 중심으로 현황을 살펴보기로 하자.

은행의 금융중개기능 약화는 통상 은행을 매개로 하는 간접금융의 비중이 축소하고 반면 증권을 매개로 하는 직접 금융의 비중이 증가하는 현상을 지칭한다. 그러나 한국의 경우는 외환위기 직후 특히 1998년의 일시적인 직접금융 증가 현상이 관찰되지만 그 이후 상황은 역전되는 상황이 나타나, 어떤 일관된 경향이 보이지 않는다. 즉 아래 그림 1에서 나타나듯이 기업의 자금조달에서 차지하는 간접금융과 직접금융의 비중 추이를 보면, 1996년 각각 47.3%, 28.0%이던 직접금융비중과 간접금융비중은 2005년 1/4분기 현재 각각 49.9%, 30.0%로 외환위기 이전과 현 시점간의 차이가 거의 보이지 않는다. 자본시장 중심의 영미형 금융시스템 구축을 지향하는 구조조정에도 불구하고 금융자산(부채) 중 은행의 비중은 감소하지 않고 있다.

이 때문에 한국 금융시스템이 은행 중심형에서 자본시장 중심형으로 전환되었다는 주장에 쉽게 동의하기 어렵다(이건범, 2005). 즉, 시스템이 전환되었다는 논의는 자금조달이나 자본시장 규모에 관한 객관적인 자료보다는 주주자본주의를 지향하는 제도의 도입과 정부의 주식시장 활성화 정책에 주목한 판단이다. 조복현(2004)이 한국의 금융시스템이 자본시장 중심시스템으로 전환되었다고 평가할 때도 정부의 주식시장 활성화 정책이 중요한 판단의 근거로 제시되었다.

여기서 주목해야 할 것은 아래 그림 1에서도 보이듯이 외환위기 이전에 이미 한국의 직접금융 비중이 매우 높았다는 점이다. 레빈 등(Demirguc-Kunt & Levine, 2001)은 한국이 1997년에 이미 매우 발달된 주식시장을 가지고 있는 자본시장 중심시스템으로 분류하고 있기도 하다. 주식시장의 활성화 정도나 주식거래 회전율로 평가한 유동성 정도를 가지고 주식시장의 발달 정도를 평가하면 이러한 논의는 타당성을 갖는다. 그렇다면 외환위기이후 한국 금융시스템 전환의 실체는 은행중심이냐 자본시장 중심이냐 하는 문제의식에서 접근될 문제가 아닐 수 있다. 또한 탈중개화 현상도 간접금융과 직접금융의 비중 변화로 파악하기 어렵다.

〈그림 1〉기업의 자금조달 중 직접금융과 간접금융의 비중(%)

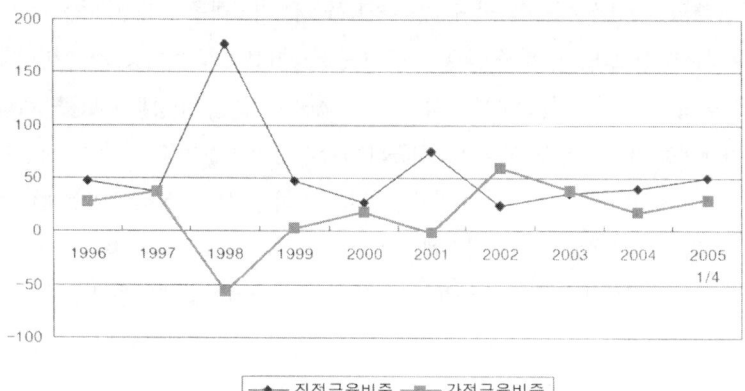

자료: 한국은행, "자금순환동향," 각년도.

금융제도를 나누는 범주에는 은행중심과 자본시장 중심제도로 나누는 방식이 외에 퇴장 중심제도(exit-dominated system)와 발언 중심제도(voice-dominated system)로 나누는 방식이 있다(Pollin, 1995). 폴린에 따르면 전자는 자본시장중심 제도와 겹쳐 미국과 영국을 실례로 들며, 후자는 은행중심제도와 현실적으로 겹쳐 프랑스, 독일, 일본 등이 속한다. 그럼에도 불구하고 그 의미는 다를 수 있다. 요컨 대 한국의 경우 은행중심제도가 아니었으나 발언중심 제도이기는 했다는 해석이 가능해지기 때문이다. 이 발언은 '은행'의 발언이 아닌 '정부'의 발언이었다. 이 해 석이 금융체제의 재구축 과제에 제시하는 함의는 다음과 같다. 한국의 금융시스템 은 1990년대 들어 정부가 빠져 나갔고, 외환위기를 거치면서 더욱 급진적으로 정 부의 발언개입이 위축되었는데, 그 공백을 어떻게 메워 비금융산업과 금융산의 관 계를 구축할 것인가 하는 문제는 사실상 거의 새로 시작하는 문제였다는 것이다. 은 행중심이든, 자본시장 중심이든 어느 쪽으로의 길도 모두 열려 있었고, 또 어느 쪽 의 길도 쉽지 않았다. 기존에 없던 제도를 창조하고 만드는 문제였기 때문이다.

한국의 경우 금융세계화에 나타나는 일반적인 현상인 탈중개화 현상을 간접금 융과 직접금융의 비중 변화로 파악하기 어렵기 때문에 조금 더 세밀하게 들어갈 필 요가 있다. 이를 위해 은행의 자산구성변화, 관계 지향적 대출(relationship

lending)의 비중, 중소기업 및 저소득층의 금융접근 정도라는 3 측면에서 접근해본
다. 은행의 자산 구성을 평가할 수 있는 지표들로는 기업대출과 가계대출의 비중,
신용대출과 담보대출의 비중, 국공채 등 안전 금융자산의 투자 비중, 장단기 대출
비중 등이 있다. 강종구(2005)는 이들 지표의 최근 변화 즉, 기업대출 비중의 하락
과 가계대출 비중의 상승, 신용대출 비중의 하락과 담보대출 비중의 상승[1], 국공채
에 대한 투자 비중의 증가, 단기 유가증권 보유비중의 증가에 주목해서 기업에 대한
정보축적과 정보생산 및 모니터링에 기반하고 있는 은행 고유의 금융중개기능이
약화되고 있다는 평가를 내리고 있다. 또 한편에서는 관계지향적 대출의 변화도 관
찰된다. 관계지향적(relationship-oriented) 금융은 자금 공급을 위한 심사 및 모니
터링 과정에서 만들어진 자금수요자에 관한 고유 정보를 기반으로 해서 자금 공급
자 즉 은행과 자금수요자간의 장기적이고 안정적인 관계가 유지되는 것을 의미한
다. 김현정(2002)은 외환위기이후 관계금융의 성격을 갖는 대출의 비중이 빠르게
감소하고 있다고 보고하고 있으며, 서근우(2003)는 중소기업 대출에 있어서 금융
기관들이 관계지향적 대출을 거의 활용하지 못하고 있음을 밝히고 있다. 이 연구들
의 결론은 상당한 타당성을 가지는 것으로 판단된다. 끝으로 중소기업 금융의 위축
여부에 대해 재정경제부(2004)는 중소기업 대출액의 빠른 증가를 강조하고 있지
만, 그럼에도 불구하고 예금은행 대출 중 중소기업 대출의 비중은 감소하고 있다
(조복현, 2004). 또한 회사채 시장에서의 중소기업 조달액 비중은 200년 44.1%에
서 2003년 23.4%로 줄었고, 주식시장에서의 중소기업 조달액 비중은 1999년
3.9%, 2000년 0.7%이다가 2003년 0.5%이었다(재정경제부, 2004). 그리고 서민
금융은 구조조정 과정에서 지역에 기반을 둔 중소기업 전담은행이 대거 퇴출되고
서민금융기관 수가 급감한 이후 그 공백이 대형화된 시중은행에 의해 메워지지 않
음으로써 전반적으로 1997년 수준에 미치지 못하는 것으로 평가된다(조복현,
2004).

---

1) 일반은행의 담보대출 비중(%)

연도	1994	1995	1996	1997	1998	1999	2000	2001	2002	2003
	49.75	47.83	42.79	47.61	45.86	46.20	44.96	49.32	52.41	52.87

자료: 한국은행, 은행경영통계, 각년도. 인용: 강종구(2005).

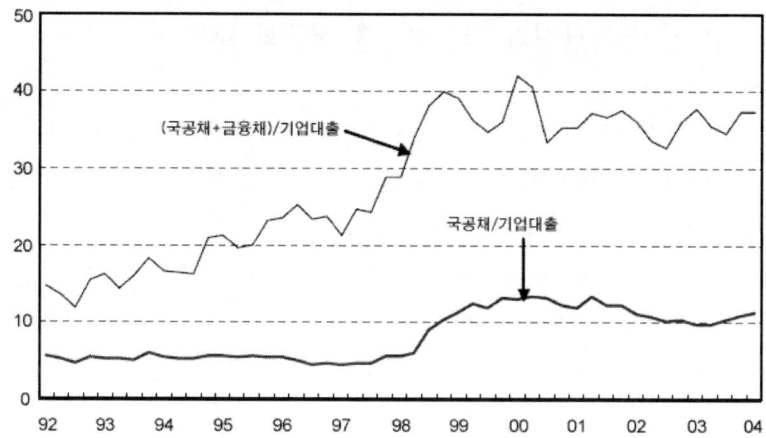

〈그림 2〉 예금은행의 기업대출 대비 국공채, 금융채 비율(%)

자료: 한국은행, 조사통계월보.
인용: 강종구(2005).

따라서 한국의 경우 탈중개화 현상은 은행 비중의 축소로 표현되는 것이 아니라 은행영업 행태의 변화로 나타나고 있다.

세계화가 초래하는 또 다른 경향은 비금융 기업과 금융기관이 공히 주식이나 금융자산을 직접 구입하거나 그 구입을 위한 대출의 비중을 늘리는 것이다. 한국의 경우에도 이 경향은 외환위기이후 현저해 진 것으로 관찰되는데, 그림 2는 예금은행의 국공채와 금융채 구입현황을 보여주고 있다. 아직까지는 은행의 경우 국공채 등 안전자산 위주로 금융자산을 구입하고 있지만, 향후 금융자금의 배분이 산업투자보다 주식이나 보다 투기적인 금융자산의 구입에 치중되는 일반적 경향이 관철될 것으로 예상된다.

끝으로 투자율의 저하와 설비투자의 위축[2]은 평가는 달라도 현상자체에 대한 이견은 거의 없는 편이므로 특별히 상술할 필요는 없을 것이다.

결국 외환위기이후 금융세계화가 산업국가들의 금융시스템에 야기하는 일반적 현상들이 한국에서도 관찰된다고 할 수 있다. 다만 시스템 전환의 여부는 여전히 불명확하다고 보아야 할 것이다.

---

2) 설비투자의 일반 추이에 대해서는 전승철 외(2004) 참조.

3. 제도간 부정합성과 금융시스템 전환의 교착

금융세계화가 금융시스템에 야기하는 일반적 현상들이 한국에서도 관찰된다고 해서, 한국에서도 서구나 일본과 마찬가지로, 점진적이고 내부 보완적인 방식으로 금융시스템의 수렴현상이 진행될 것이라고 볼 수는 없다. 우리가 영미형, 독일형, 일본형 식으로 정형화된 독자의 체제를 설정할 수 있듯이, 이들은 각자 자체 제도적 정합성을 이미 갖춘 상태에서 금융시스템 전환의 압력을 받은 것이고, 이 때문에 내부 보완적인 방식으로 시스템을 전환하는 길이 열려 있다. 그러나 한국의 경우는 상황이 다르다.

암스덴(Amsden, 1989)은 한국의 급속한 산업화가 가능했던 제도들을 다음과 같이 열거한 바 있다. 정부에 의한 금융지배, 진입제한적인 산업정책, 시장 지배적 기업에 대한 가격 통제, 자본도피를 엄격하게 막는 외환관리, 사회보장제도의 결여에 따른 약한 재정부담 등이 그것이다. 그리고 이 제도들 간의 보완성과 정합성을 확보하고 유지시키는 힘이 정부의 역할이었다. 분명히 암스덴의 제도적 접근 방법은 신고전파나 종속이론의 한계를 넘어서서 한국의 급속한 산업화와 성장을 설명하는데 강점을 가지고 있다. 그러나 정부와 산업(재벌)간의 관계를 산업화 시기 제도의 핵심으로 설정하고 나머지 부문 예를 들면 금융부문은 정부에 속한 것으로 보고 중시하지 않았기 때문에 80년대 후반부터 90년대 중반까지 진행된 한국의 경제시스템 전환 과정의 내부적인 논리를 이해하는 데는 한계가 있다.

필자(졸고, 1997)는 1988년 한국은행과 한국개발연구원에 의해 관치금융 폐해론이 공식적으로 제기된 이후, 1996년 경제개발협력기구(OECD) 가입에 이르기까지 한국 금융시스템에 발생한 긴장을 다음과 같이 설명한 적이 있다.

金融産業改編의 경제적 필요성과 방향을 파악하기 위해서는 경제구조 전반의 변화가 可視化된 시점과 내용, 그리고 원인을 찾는 일이 중요하다.
((중략)) 經濟構造의 變化가 ((중략)) 대체로 産業構造의 變化를 수반한다는 데 대해서는 이견이 없어 보인다. 그런데 한 국민경제의 산업구조가 변화해 가는 것은

결국 어떤 산업에 얼마만한 자본을 투자할 것인가에 달려있는 것이기 때문에, 이에 대한 결정권을 어떤 경제주체가 갖는가가 경제구조의 변화를 구분짓는 핵심적인 기준이 될 수 있다.

((중략)) 과거 정부계획에 의해 이루어졌던 투자계획과 자금조달간의 조정이나 조응이 경제성장의 결과로 무너지게 되었고 이제 金融改革으로 다시 양자간의 조응을 회복시켜야 할 상황이라고 한다면, 금융부문과 비금융부문간의 관계를 어떻게 정립하느냐가 業務領域問題나 가격자유화 문제에 앞선 본질적 문제라고 볼 수 있다. 최근의 금융 변화의 핵심은 開發金融體制의 基本骨幹을 바꾸는 문제이며, 본질적으로 관련 경제주체들간의 관계를 재정립하는 것이기 때문이다. 사실 이에 대한 결론을 미루는 것이 금융자율화의 진척을 늦추는 최대의 원인이라고 할 수 있다. 그리고 이 문제는 독과점 및 금융시스템의 안정성 문제와 직접 관련되어 있다(졸고, 1997).

다시 말해 정부가 주도했던 개발금융체제가 작동하기 위해서는 경제개발계획으로 표상되는 정부의 투자계획(투자 결정)과 이를 실행할 수 있는 자금조달(금융) 통제가 동시에 조응하고 있어야 했다. 투자계획이 재벌에 의해 독자적으로 수립되기 시작하자 정부가 통제력을 갖고 있는 금융시스템과의 제도적 보완성은 유지되지 않았다. 이 문제를 해결하고자 하는 것이 관치금융 폐해론이 제기된 핵심적인 이유라는 주장이다. 외환집중제나 외자차입에 대한 정부(=은행)보증제도의 폐기, 그리고 은행경영의 자율화가 추진된 것은 이런 맥락에서 이해된다.

암스덴이 고성장을 가능하게 한 제도로 꼽은 것 가운데, 정부에 의한 금융지배와 자본도피를 엄격히 막는 외환관리제도의 해체로부터 구 금융체제의 해체가 시작된 것이다. 1980년대 후반 이후의 변화들은 한국 경제시스템에 최소한 두 가지 새로운 제도요소를 추가했다. 정부로부터 분리된 금융부문과 새로이 탄생된 노동시장이 그것이다.

이제 새로운 경제 시스템은 과거의 정부-재벌 관계로부터 정부-금융(은행)-재벌-노동(노조)-정부 간 관계의 설정으로 구성되어야 했다. 그 가운데 금융(은행)-산업(재벌)간에 새로 형성되어야 하는 관계가 새로운 금융시스템의 성격을 결정짓게 된다. 은행이 산업(재벌)을 모니터하고 그 투자계획을 심사하고 있지 않았기 때문에, 정부를 매개로 하지 않은 금융-산업 관계라는 것이 사실상 없었다고 볼 수 있다. 구체제에서는 은행 중심 금융제도에서 관찰되는 채권자의 발언(voice)권이 은행에게 있지 않고 정부에 있었던 것이다.

당시 금융개혁안의 핵심 내용은 OECD 가입을 위한 협상안에 집약되었는데, 아래 인용에서 보듯이 흥미롭게도 금융-산업간 관계의 구축이라는 문제의식이 거의 나타나지 않고 있었다. 외환위기이후 금융 구조조정 과정이 금융부문과 비금융 산업부문과의 연계를 전반적으로 무시하는 경향은 이미 이때 설정되었다고 볼 수 있다.

OECD 가입은 한국이 경제·금융 제도의 통합이라는 세계적 흐름을 時差없이 수용한다는 것을 의미하며, 금융제도 개혁이 추구해야 할 금융산업의 변화 방향을 명시적으로 제시하고 있다. 이를 요약해서 표현하면, 금융산업은 그 자체로 타 산업과 대등한 산업으로서 영업활동을 자유화해야 하며 금융산업과 비금융산업간의 차별적인 규제는 최소화되어야 한다는 것이다. 기업활동의 자유란 결국 투자 지역 및 대상과 투자 규모를 선택하는 자유, 생산방식을 결정할 자유 그리고 생산물의 가격과 생산량을 설정하는 자유를 포함하는 것이기 때문에, 금융산업에 대해서도 진입규제의 완화, 업무영역의 재조정을 통한 상품개발의 자유화, 그리고 금리 및 수수료율 등 금융상품의 가격 자유화 등이 폭넓게 추진되고 있다. 이제 금융산업은 더 이상 비금융 기타 산업들을 지원하는 역할에 머무를 수 없게 되었다. 그러나 일반적으로 규제의 완화나 자유화는 공공재적 성격도 강하게 갖고 있는 금융시스템을 불안하게 만들 가능성이 있기 때문에, 이를 보완하기 위한 제도적 장치들이 동시에 강구되고 있다 (졸고, 1997).

그러나 위 인용에 언급된 금융시스템의 불안정을 제어할 수 있는 제도적 장치는 결국 마련되지 않았다.

금융과 산업 두 부문간의 연계성과 제도보완성에 대한 고려가 약하다는 점이 OECD 가입협약을 거쳐 외환위기 이후 IMF가 주도하는 구조조정에 이르기까지 공통적으로 관찰된다. 금융산업을 기타의 다른 산업부문과 독립된 독자적인 구성물로 인식하는 것은 현재까지도 정부경제부처와 관련 국책연구소들에서 일관되게 유지되는 관점이다. 그리고 이 관점이 정부-금융(은행)-재벌-노동(노조)-정부 간의 관계들이 일정한 방향성을 가진 시스템으로 조직화되는 것을 막고 있다. 사적 기업으로서 금융기관의 수익성과 경쟁력을 확보하는 문제와 타 부문과의 보완적 관계 속에 형성되는 금융제도의 효율성은 반드시 일치하는 것이 아니라는 점에서, 금융기관의 수익성 회복에 치중하는 구조조정의 한계를 찾을 수 있다.

비교제도연구의 틀에서 보면, 현재 한국의 금융시스템 전환은 어떤 일정한 방향성을 갖고 있는 것으로 보기 어려울 뿐만 아니라, 향후의 전개과정도 매우 불투명하다. 외환위기 직후 직접금융의 비중이 급격히 커짐에 따라 자본시장 중심의 금융체제로 전환되는 듯한 시기가 있었다. 그러나 자본시장을 통한 직접금융의 비중 증가 시기는 외환위기이후 최초 2년여에 그쳤다. 2000년 이후에는 주식시장과 회사채 시장을 통한 기업의 자금조달이 현저히 둔화되면서 은행의 비중이 회복되었고, 양적인 측면에서 보면 금융체제상 중심은 다시 은행이 차지하게 되었다. 그러면서도 내용상에서 보자면 한국의 금융체제는 은행중심 금융체제의 일반적 특성과는 상당한 거리가 있다 은행에 자금이 집중될 뿐이지, 은행이 기업정보의 축적과 생산의 주축을 담당하고, 기업과의 장기 안정적 관계에 기초를 둔 기업자금 공급 기능을 원활히 수행하고 있다고 볼 수 없다. 영·미 금융의 특성으로 알려진 자본시장중심 금융체제나 일본이나 독일 등 은행을 중심으로 한 관계지향(relationship)금융체제의 그 어느 쪽도 현재 한국에서는 뚜렷한 우위를 보여주지 못한 채, 그 어느 쪽도 제대로 기능하거나 기능할 수 있는 전망을 보여주지 못하고 있다.

홍영기(2004)는 금융시스템 내부의 제도적 부정합성에 관해 가계, 기업, 공공부문 등 경제주체의 행위 양식에 주목하는 논점을 제시했다. 그는 IMF 위기이후 금융구조조정 및 금융시스템 전환의 목표를 자본시장 활성화와 시장규율의 강화라고 파악하고, 이것을 가능하게 하기 위해 가계의 자산운용패턴과 기업의 자금조달방식의 변화가 일어나야 한다고 보고 있다. 가계가 증권화된 자산을 선호하고 기업이 장기자금을 자본시장에서 조달하며 대량의 국공채 발행으로 적자재정 편성이 지속되는 경우와 자본시장 활성화와 시장규율의 강화를 핵심으로 하는 금융시스템이 서로 조응하기 때문이다. 그러나 앞에서 보았듯이 기업이 자금을 자본시장에서 조달하는 비율에 일관된 변화가 보이지 않는데, 2005년 1/4분기 현재 1996년 수준과 거의 차이가 없다. 또한 민간부문 특히 가계의 경우 총금융자산중 주식과 채권투자 비중은 외환위기이전에 비해 오히려 하락하기까지 하고 있다. 이 비중은 1995년 20.9%, 1996년 20.3%, 1997년 19.4%, 1998년 21.9%, 1999년 20.2%, 2000년 17.3%였다(홍영기, 2004). 반면 미국의 경우는 동 비중이 1995~2000년 기간중 평균 44.57%이고 일본은 17.18%로 나타났다[3].

끝으로 외환위기 이후 한국에 도입된 다양한 제도와 부분 시스템들은 영미형으로 분류되는 것만이 아니다. 영미형의 제도는 공정거래제도와 금융 및 대기업 분야에서 집중적으로 관찰되는 반면, 사회정책의 영역에서는 유럽형(라인형)의 요소들이 다수 도입되었다. 또한 구(舊) 체제의 특성과 결합된 일본형의 요소들도 여전히 온존하고 있다. 최근(2005년 9월) 통신정책을 둘러싸고 정보통신부의 유효경쟁정책[4]과 공정거래위원회가 내린 통신업체들간 담합판정간의 상충은 시스템 부정합의 한 예이다. 이병천(2001)은 외환위기이후 빅뱅식으로 급격히 도입된 영미형 제도와 구 시스템간의 부정합성에서 발생하는 부정적 현상을 "글로벌 스탠더드와 구 체제의 악조합"이라고 불렀다. 그러나 상호 충돌하고 조응하는 제도들 간의 구체적 관계를 분해해서 정합성 여부를 평가하는 일은 여전히 과제로 남아 있을 뿐이다. 더욱 어려운 문제는 금융시스템이 그 내부 제도들간 관계와 산업시스템과의 관계만에 의해 갖추어 지는 것이 아니라, 노동시장에 속하는 임금시스템, 복지영역에 속하는 사회안전망과 복지제도, 그리고 기업지배구조에 이르기까지 총체적으로 연결된 시스템의 한 부분으로 존재한다는 점이다.

---

3) 홍영기(2004) p.322에서 계산한 것임(각국의 자금순환 계정).
4) 후발사업자들이 선발사업자와 경쟁할 수 있을 만큼 클 때까지 과당경쟁을 막고자 하는 정책.

4. 결론: 금융구조개혁의 길

만약 제도적 보완성과 정합성이 금융시스템의 전환과 재구축에 가장 중요한 고려사항이 되어야 한다는 점을 인식하더라도 시스템 재구축의 방법을 선택하는 일은 또 다른 어려움을 가져온다. 하나의 방식은 이미 내부적 정합성을 갖춘 것으로 평가된 시스템을 일거에 전면적으로 도입하는 방법이다. 또 다른 방법은 영미나 독일, 일본이 그랬던 것처럼 이질적인 시스템 요소들 간의 보완성이 형성될 만큼 충분한 시간을 확보하는 것이다.

전자가 빅뱅식 방식이고 후자가 점진적인 방법일 텐데, 그 어느 쪽도 현재 한국이 취하기에는 어렵다. 아니 한국은 이미 두 길을 모두 경험했거나 경험하고 있다고도 볼 수 있다. 외환위기 이전 10년의 금융개혁이 점진적이었다면 외환위기이후 금융개혁은 급진적인 빅뱅식이었다. 점진적인 길을 따랐을 때 는 구체제의 모순도 장기간 온존될 뿐 아니라 시스템 전환의 동력이 장기간에 걸쳐 유지될 보장이 없었다. 빅뱅식의 길은 일거에 상당부분의 모순을 제거할 수 있지만 보다 더 효율적인 제도 간 정합성과 보완성이 어느 정도의 시간에 걸쳐, 어느 정두의 비용으로 형성될지 알기 어렵다. 외환위기이후에 추진된 영미형 자본주의 시스템을 모델로 한 빅뱅식 금융구조조정이 초래한 비용은 금융적 투기의 팽창과 생산적 투자의 위축, 그리고 정책의 독자성 상실이다. 그리고 이것들은 영미형 시스템을 모델로 세계화에 대응한 모든 국가들에서 관찰되는 현상이므로 상당한 정도로 구조적이다. 즉, 시스템 전환이 성공적으로 이루어지더라도 그것들은 시스템의 내부 성격으로 구조화될 것이다. 따라서 금융시스템을 재구축하는 이유가 "금융적 투기를 억제하고 생산적 투자를 촉진하기 위해서"(Schaberg, 1998), 또는 "지난 시기 관치금융이 초래한 '연성예산제약'의 폐해를 극복할 뿐만 아니라, 산업에 대한 새로운 대안적 금융지원체제를 수립하기"(이병천, 2001) 위해서라면 금융시스템의 모델은 영미형의 자본시장 중심 혹은 퇴장 중심형은 될 수 없다. 극단적으로 금융업을 완전히 외자에 맡겨 영미 금융자본과 통합하더라도 금융업이 한국경제의 안정성과 성장을 주도하는 산업으로 육성할 수 있다고 믿을 수 없다. 현실적으로 생각할 수 있는 시야내에서는 한국경제의 안정과 성장의 축은 제조업일 수밖에 없기 때문에, 제조업의 성장과 고용창출 능력을 어느 수준 이상 훼손하는 구조조정은 바람직하지 않다.

은행 중심 금융제도는 자본시장 중심에 비해 투기성은 낮고 신용을 산업투자로 유도하는데 장점을 갖고 있다(조복현, 2005). 한편 현재 금융시스템은 성장, 일자리 창출, 형평에 악영향을 주고 있으면서 교착상태에 있다. 따라서 지금부터라도 기존 시스템을 파괴하는 데 그칠 것이 아니라 관계중심 금융제도의 구축을 목표로 삼아 점진적으로 제도 전환을 도모하는 방법을 모색하는 것은 여전히 의미있는 일이다. 이 길이 성공하려면 최소한 두 가지 조건이 갖추어져야 한다. 하나는 은행(혹은 금융기관)이 재벌에 대한 견제력과 통제력을 가질 수 있어야 하고, 다른 하나는 은행의 정보 생산능력이 확보되어야 한다. 전자는 은행 스스로 할 수 없는 일이므로 시장 안에서 해결될 수 없고, 후자는 서구가 그러했듯이 많은 시간을 요하는 일이다. 그러나 한국 금융시스템에 미치는 외자의 영향력을 그대로 두고는 아무 것도 시작 할 수 없는 것이 현실이다. 제도 형성을 위한 사회적, 정치적 타협과 합의의 공간 바깥에 존재하면서 강력한 영향력을 행사하는 존재, 즉 외자를 내부 필요성에 부합하도록 유도, 관리하지 않고는 제도 형성의 합의가 어려울 것이고, 필요한 시간도 확보할 수 없기 때문이다.

참고문헌

강종구. 2005, "은행의 금융중개기능 약화 원인과 정책과제," 『금융경제연구』 214호, 한국은행 금융경제연구원.

김종연 외. 2004, "기업가 정신의 약화와 복원방안," 삼성경제연구소, CEO Information, 457.

김현정. 2002, "외환위기이후 은행-기업 관계의 변화," 한국은행 금융경제연구원.

서근우. 2003, "중소기업 금융의 현황과 과제," 한국금융연구원.

유철규. 1997, "금융산업구조의 문제점과 금융개혁의 방향," 『입법조사연구』, 통권 244호, 1997.4, 국회 입법조사분석실.

_____. 1996, "한국의 OECD 가입과 금융 개혁," 『동향과 전망』, 통권 32호, 한국사회 과학 연구소, 1996.

이건범. 2005, "현 단계 한국 금융의 성격과 금융혁신의 방향," 『동향과 전망』, 통권 64 호, 한국사회과학 연구소, 박영률 출판사.

이내황 · 하준경 · 강태수 · 임철재. 2004, "경제양극화의 원인과 정책과제," 금융경 제연구 184, 한국은행 금융경제연구원.

이병천. 2001, "전환기의 한국경제와 김대중정부의 구조조정 실험: 글로벌 스탠더드 와 구체제의 악조합," 『한국경제, 재생의 길은 있는가』, 당대.

재정경제부. 2004, "중소기업 금융 현황 및 대응 방안".

조복현. 2004, "외환위기이후 금융제도의 변화와 경제적 효과," 2004 사회경제학계 공 동학술대회, 한국사회경제학회.

_____. 2005, "경제성장과 안정에 기여할 수 있는 금융제도의 방향," mimeo, http://policy.kdlp.org/

전승철 · 김영준 · 하준경. 2004, "최근의 설비투자 부진원인과 정책과제," 한국은행.

진태홍 · 김덕영 · 함정호. 2004, "우리나라 금융시스템의 발전방향," 경제분석 제10 권 제2호, 금융경제연구원.

홍영기. 2004, "위기이후 금융시스템 전환의 성격과 한계," 전창환 · 김진방 외, 『위기 이후 한국자본주의』, 풀빛.

Amsden, A.H. 1989, Asia's Next Giant: South Korea and Late Industrialization, New York: Oxford University Press.

Aoki, M. 2001, Toward a Comparative Institutional Analysis, MIT Press.

Demirguc-Kunt, A. & Levine, R. 2001, "Bank-Based and Market-Based Financial Systems: A Cross-Country Comparison," in Demirguc-Kunt, A. & Levine, R. (Eds.), Financial Structure and Economic Growth: Cross-Country

Comparisons of Banks, Markets, and Development, MIT Press, Cambridge.

Krueger, A. & A. Tornell(2000), "The Role of Bank Restructuring in Recovering From Crisis: Mexico 1995-98," NBER Working Paper Series, 7042.

Park, Yung-Chul & Dong-Won Kim. 1994, "Korea: Development and Structural Change of the Banking System," in H.Patrick & Y.C. Park(eds.), The Financial Development of Japan, Korea and Taiwan, New York, Oxford Press.

Schaberg, M. 1998, "Globalization and financial systems: policies for the new environment," in D. Baker, G. Epstein & R. Pollin(eds.), Globalization and Progressive Economic Policy, Cambridge University Press.

青木昌彦・奧野正寛(1996), 經濟システムの의 比較制度分析, 동경대학출판회.

경제위기 이후 산업구조의 변화와 대안적 산업정책 방향의 모색

김정주

1. 서론

지난 시기 한국경제의 압축적 고도성장 과정에서 국가주도의 선별적 산업정책은 당시 한국경제가 직면해있던 가용자원의 제약 하에서 경제의 성장잠재력을 극내화하고 단기간에 산업구조의 고도화를 달성하는 데 결정적 역할을 하였다[1] 한국경제의 고도성장기에 있어서 '경제개발 5개년 계획'은 사실상 국가주도의 투자계획에 기초한 산업구조정책이 근간을 이루고 있었다고 할 수 있는데, 이처럼 국가에 의한 산업구조정책이 강력하게 추진될 수 있었던 것은 무엇보다도 국가가 은행을 비롯한 금융산업을 실질적으로 국유화함으로써 투자재원에 대한 배분권을 국가에 귀속시킬 수 있었기 때문이었다. 국가는 금융산업 및 투자재원에 대한 배분권을 장악함으로써 경제개발 초기 매우 한정된 자원을 특정산업에 전략적으로 배분할 수 있었으며, 여기에 더하여 투자주체로 선정된 민간기업에 대해서는 소요부지의 공적 개발, 조세 및 금융지원, 수출지원 등 다각적 지원을 제공해주었다. 또한 시장진입과 관련된 인허가제도 및 수입규제를 통해 지원대상 산업 및 기업에 대해 독

---

[1] 일반적으로 산업정책은 '시장실패를 조정하고 경제성장, 국제경쟁력강화를 달성하기 위하여 정부가 산업에 대한 지원, 조정, 규제를 통해 산업일반 또는 특정산업의 생산, 투자, 거래활동에 개입하는 경제정책'이라 정의될 수 있다(이경태, 1995: 5).

과점적 이윤을 보장해줌으로써 신속한 규모의 경제 실현을 통해 해당 산업 및 기업이 국제경쟁력을 확보할 수 있도록 축적기반 자체를 마련해주었다. 따라서 한국경제의 고도성장기에 있어서 국가는 시장실패에 따른 산업에 대한 지원, 조정, 규제의 차원을 넘어 경제를 구성하는 산업 및 산업구조 그 자체를 창출해갔다고 할 수 있을 것이다.

경제개발기 국가주도의 선별적 산업정책에 대해서는 여러 가지 평가가 있을 수 있으나 정책이 갖는 지나친 선별성으로 인해 산업별(중화학공업과 경공업, 수출산업과 내수산업) 및 기업규모별(중소기업과 대기업) 불균형이 심화되었고, 또한 특혜에 가까운 국가의 지원을 획득하기 위한 생산규모 및 실적을 둘러싼 기업들 사이의 경쟁을 격화시킴으로써 해당산업에서의 과잉중복투자 및 그에 따른 주기적 투자조정을 불가피하게 했다는 점 등이 가장 큰 문제점으로 지적될 수 있다. 더욱이 투자조정 과정에서 발생하게 되는 기업 및 은행의 부실을 재정자금으로부터의 공적자금 지원이나 발권력에 의존한 한국은행 특별융자 등으로 보전해주었던 것은 투자실패에 따른 비용을 불특정 대다수 국민들에게 떠넘기고 그에 따른 희생을 강요한 것이나 다름없었다.

그럼에도 불구하고 한국에서의 산업정책은 한정된 자원을 전략적으로 배치하면서 성장잠재력을 극대화하고 세계적으로 유례가 없는 짧은 기간동안에 산업구조의 고도화를 달성함으로써 적어도 경제의 성장잠재력 및 경쟁력을 전략적으로 제고하는 것에는 성공한 것으로 평가될 수 있으며[2], 이러한 이유로 경제적 자원배분 과정에서 시장기능과 대비되는 국가의 독자적 역할을 모색하는 데 있어서 가장 중요한 사례로 간주되고 있다.

1980년대 이후 한국경제의 대내외적 환경의 변화와 정치적 민주화의 진행에 따

---

2) 가장 대표적인 사례로는 1973년 이후 국가가 전략적으로 추진한 중화학공업화 정책을 들 수 있다. 중화학공업화 정책은 당시 한국경제의 규모와 발전단계에서는 불가능한 것으로 여겨져 민간기업은 물론 미국에 의해서도 부정적 평가를 받았으나 정부는 경제기획원과는 별도로 대통령 직속조직인 '중화학공업기획단'을 설치하고 이를 강력하게 추진하였다. 중화학공업화 정책은 초기에 시장규모를 고려하지 않은 대규모 투자와 과잉중복투자로 수익성이 저하되는 등 부실화의 위기를 경험하기도 하였지만, 1980년대 중반 이후 한국경제에 있어서 수출뿐만이 아니라 수입대체에 있어서도 두드러진 기여를 함으로써 경공업 중심이었던 한국의 기존 산업구조를 오늘날과 같은 중화학공업 중심의 산업구조로 고도화하는 데 결정적 계기가 되었던 것으로 평가받고 있다.

라 경제과정에 대한 직권적 개입을 특정으로 하는 기존의 국가역할에 대해 문제가 제기되기 시작하였으며, 이에 따라 산업정책의 성격이 점차적으로 변화하기 시작하였다. 즉 산업정책의 목표가 전략적 산업구조 고도화를 의도하는 산업구조정책으로부터 재벌을 중심으로 한 시장 내 독과점적 구조를 규제하고 공정거래질서를 확립함으로써 시장 및 산업 내 경제적 성과를 제고하려는 산업조직정책으로 전환되기 시작하였으며, 정책수단에 있어서도 국가가 경제과정에 직, 간접적으로 개입함으로써 국가가 의도하는 정책방향과 일치하도록 기업활동을 유도하는 유인적, 규제적 정책으로부터 정부가 보유하고 있는 정보분석능력을 민간기업에 제공해줌으로써 민간부분이 직면해있는 불확실성을 제거하여 민간부문의 의사결정이 보다 합리적이고 효율적으로 이루어지도록 보조해주는 비전제시정책으로 점차적으로 전환되었다. 이에 따라 산업정책의 성격 또한 국가가 발전전망이 유망한 특정산업을 선정하여 집중적으로 지원해주는 선별적 정책으로부터 사회간접자본의 확충 및 연구개발 등과 같이 정책의 효과가 모든 산업 및 기업에 균등하게 나타나는 일반적 혹은 기능적 정책으로 점차적으로 전화하게 되었다.

이처럼 1980년대 중반 이후 산업정책의 성격이 변모해갈 수밖에 없었던 가장 큰 요인으로는 대외저 개방화와 대내적 자유화의 진행으로 인해 금융산업의 실질적 국유화와 외자배분권에 대한 국가장악을 통해 형성될 수 있었던 강력한 개발금융체계의 와해를 꼽을 수 있다[3]. 즉 1980년대 후반 이후 대외적 개방화와 대내적 자유화의 추진을 통해 국가주도의 개발금융체계가 해체됨으로써 국가가 경제과정에 직접적으로 개입할 수 있는 여지는 점점 좁아질 수밖에 없었으며, 이에 따라 과거에 산업구조 형성을 위해 국가가 선별적으로 행사할 수 있었던 정책적 수단들 또한 점차 한정된 범위로 제한될 수밖에 없었다.

또한 1987년 이후 정치적 민주화가 진행되는 과정에서 '경제민주화'에 대한 요구가 제기되었는데, 이러한 '경제민주화'에 대한 요구가 강압적 국가통치에 대한 거부감과 더불어 '경제민주화 = 경제자유화'라는 등식을 낳음으로써 경제과정에 대한 국가역할의 축소를 정당화하였으며, 점차 최소국가를 지향하는 시장주의의

---

3) 1980년대 중반 이후 한국에서의 금융자유화 및 금융개혁 추진이 기존의 개발금융체계의 해체와 관련해 갖는 의미에 대해서는 유철규(1997)를 참고.

무분별한 수용으로 귀결되었다.4) 이처럼 1980년대 중반 이후 한국에서 나타난 산업정책의 성격변화는 경제과정에서 국가기구의 전면적 후퇴와 그를 대신한 시장주의의 수용에 따른 경제운용 방식의 변화 및 제도적 구성의 변화라는 보다 본질적 측면들을 반영하고 있다고 할 수 있다.

1980년대 중반이후 한국경제에 있어서 개방화, 민영화, 탈규제화로 대별되는 시장주의의 무분별한 수용은 금융구조의 재편과 맞물려 기업투자에 대한 사회적 규율의 공백상태를 낳았으며, 이에 따라 1980년대 중반 '3저 호황기'에 실현된 무역수지 흑자와 막대한 외화유동성의 유입에도 불구하고 이를 경쟁력 강화를 위한 산업구조 재편에 효과적으로 활용하지 못하는 결과를 낳았다.

사실 WTO체제의 성립을 통한 세계무역구조의 재편, 대외적 개방의 가속화, 그리고 중국경제의 부상에 따른 국제경쟁의 격화 등은 이미 1990년대 초반부터 한국경제가 직면하게 될 가장 중요한 과제들로 인식되고 있었다. 또한 이러한 문제들에 대한 대응으로 결국 제조업 부문의 기술경쟁력을 배양하고 부품-소재산업 및 첨단산업 중심으로 산업구조를 고도화해야 한다는 인식도 이 시기에 이미 광범위하게 공유되었다고 할 수 있다. 이에 따라 신기술, 신산업의 육성, 경쟁력우위산업의 육성, 산업의 전-후방 연관을 고도화하는 지적자원의 창출, 그리고 재벌의 무리한 사업확장에 대한 규제와 업종전문화의 유도 등이 이 시기 정부의 중요한 정책적 목표로 제시되었다. 그러나 1993년 김영삼 정부 출범 이후 산업정책상의 장기계획에 해당되는 기존의 경제개발 5개년 계획이 '신경제 5개년 계획'으로 대체되면서 실질적으로 폐기되고, 최소국가론을 주장하는 시장주의의 무분별한 수용과 자유화 국면의 확대에 따라 국가의 산업정책이 갖는 정책적 유용성 그 자체가 의문시되면서 고도성장기 동안 유지되어 왔던 국가를 통한 사회적 투자조정 기제가 폐기되기에 이르며, 이를 대체한 것이 바로 재벌을 중심으로 제기된 '민간주도경제론'이었다.

그러나 당시의 '민간주도경제론'이란 자본계정의 대외적 자유화와 '외화관리 집중제도'의 폐지 등으로 인해 투자자금 조달상의 자율성을 획득한 대자본이 투자

---

4) 시장경제가 효율적으로 작동하기 위한 제도적 인프라가 결여된 상황에서 시장주의의 무분별한 수용은 역설적이게도 1990년대 이후 대자본의 경제적 헤게모니를 강화시키는 결과를 낳게 된다. 이처럼 1990년대 이후 경제과정에서 국가기구의 전면적 후퇴와 대자본의 경제적 헤게모니가 강화되는 과정에 대해서는 김정주(2004)를 참고.

영역의 확대를 위해 이에 대한 국가규제의 철폐를 요구한 것에 다름 아니었다. 실제 산업정책의 후퇴 등으로 인해 투자영역에 대한 국가의 규제가 완화되거나 철폐되자 재벌들 간에는 새로운 첨단산업으로의 진출보다는 철강, 전자, 자동차 등 기존의 중화학공업 부문에 대한 경쟁적 진출과 시장확대를 위한 노력이 가속화되었으며, 이에 따라 1990년대 중반 이후 중화학공업 부문에서의 과잉중복투자가 다시금 한국경제의 가장 큰 문제로 대두되기에 이른다. 결국 1990년대 한국경제는 대내외적 경제환경의 변화에 따라 투자에 대한 새로운 사회적 규율기제를 마련하고 산업구조 재편을 통한 성장잠재력 확충을 서둘렀어야 했음에도 불구하고, 오히려 국가 차원의 장기적이고 대안적인 발전전략과 이를 실행할 정책수단의 부재 속에 사실상 '잃어버린 10년'을 보내게 된다.

1997년 경제위기 이후 한국경제의 구조개혁에 있어서 시장주의는 신자유주의 구조조정이라는 보다 강화된 형태로 전개되었으며, 경제위기 이후 대안적 경제시스템에 대한 사회적 합의가 부재한 가운데 새로운 성장동력의 미발굴, 고용 없는 성장의 구조화, 산업부문별-기업규모별 경제적 성과의 양극화, 그리고 대기업에 대한 중소기업의 종속심화 등 한국경제는 시급히 해결해야 할 많은 내부적 과제들을 떠안은 채 불안정한 성장국면을 지속하고 있다. 최근 대두되고 있는 이 모든 문제들은 1997년 경제위기 이후 그 심각성이 더욱 증폭되기는 하였지만, 사실상 1990년대 이후 장기적이고 지속가능한 국가차원의 성장전략이 부재한 가운데 산업구조의 전환이 지연됨으로써 나타난 문제들이라 할 수 있다.

더욱이 경제위기 이후 자본시장 및 은행산업에 대한 외국자본의 지배력이 강화되면서 장기투자를 위한 안정적인 산업자금의 공급보다는 단기실적을 중시하는 경향이 강화됨으로써 은행을 중심으로 한 금융산업의 자금중개기능이 약화되었으며, 이에 따라 변화된 환경에 대응하여 산업구조의 신속한 전환을 정책적으로 강제할 국가의 금융적 수단은 더욱 위축되었다고 할 수 있다. 이와 같은 금융산업의 자금중개기능 약화와 국가정책과의 괴리는 현재 한국경제에 요구되고 있는 산업구조의 신속한 재편과 구조조정을 지연시킴으로써 한국경제가 당면한 여러 구조적 문제들에 대한 대응을 더욱 어렵게 하고 있다.

이러한 측면에서 보자면, 현재 한국경제가 처해있는 상황에서 대안적 산업정책에 대한 모색은, 첫째, 국제분업 관계의 변화 속에서 한국경제의 성장잠재력을 극대화할 수 있는 최적의 산업구조를 발견하는 것, 둘째, 산업정책상의 목표를 실현할 수 있는 금융적, 정책적 수단들을 발견하는 것, 셋째, 산업구조의 재편과 더불어 지속가능한 성장의 선순환구조를 창출할 수 있는 대안적 경제시스템을 모색하는 것 등의 세 가지 과제로 집약될 수 있을 것이다.

본 연구는 우선 경제위기 이후 산업구조의 변화와 그로부터 야기되고 있는 문제들이 구체적으로 무엇인지를 검토하게 될 것이다. 또한 장기적인 산업구조의 재편 및 자본의 재배치와 관련하여 현재 정부가 구상하고 있는 정책방향이 위의 세 가지 문제들을 해결하는 데 얼마나 바람직한 것인가를 비판적으로 평가하고, 이를 통해 궁극적으로는 지속가능한 성장을 위한 대안적 산업정책의 방향성에 대해 나름대로 모색해보고자 한다. 그럼에도 불구하고 본 연구가 앞의 세 가지 문제 모두에 대해 분명한 답을 제공할 수는 없을 것이다.

단지 본 연구를 통해 한 가지 사실만은 분명히 확인할 수 있는데, 시장과 기업이 외적 조건의 변화에 따라 자신을 재구조화하는 데에는 스스로 효율적일 수 있지만 그 과정에서 자신의 외부에 새롭게 발생시키게 되는 문제들을 해결하는 데에는 비효율적일 뿐만 아니라 심지어 무관심하다는 사실이다. 이러한 이유 때문에 시장과 기업의 한 요소로 결코 환원될 수 없는 공적영역과 국가의 역할을 강조하는 것은 여전히 중요하다. 또한 바로 이러한 이유 때문에 국가가 기업을 대신한 투자의 주체로 행동하는 것도 바람직하지 않지만, 국가의 정책목표 자체가 시장을 추종하는 것은 더욱 바람직하지 않다고 할 수 있다. 이런 측면에서, 본 연구는 개발연대 이후 국가의 역할을 재인식하고 재정립하는 것이 대안적 사고에 있어서 무엇보다 중요하다는 것을 강조하게 될 것이다.

2. 경제위기 이후 산업 및 고용구조의 변화

1) 산업별 부가가치 구성의 변화

최근 한국의 산업구조 변화에 있어서 가장 두드러진 특징은 서비스 부문의 정체와 더불어 제조업 부문의 비중이 오히려 증가하고 있다는 점이다. 아래의 표 1은 1990년 이후 부가가치 생산에 있어서 각 산업별 비중의 변화를 보여주고 있는데, 이를 통해 경제위기 이후 명목GDP 구성에 있어서 제조업 부문의 비중이 다시 증가하고 있음을 확인할 수 있다.

〈표 1〉 명목GDP의 부문별 구성 변화 　　　　　　　　　　　　(단위: %)

	1990	1992	1994	1996	1997	1998	1999	2000	2001
농림어업 및 광업	9.6 (8.5)	8.2 (8.2)	7.3 (7.1)	6.7 (6.9)	6.2 (6.8)	5.7 (6.5)	5.8 (6.2)	5.3 (5.8)	4.9 (5.7)
제조업	31.1 (29.3)	30.2 (29.4)	30.4 (30.1)	30.4 (31.0)	30.5 (31.0)	32.0 (29.9)	32.5 (33.3)	33.8 (35.8)	33.1 (35.3)
서비스업	59.3 (62.2)	61.7 (62.4)	62.3 (62.8)	62.9 (62.1)	63.3 (62.2)	62.2 (63.6)	61.7 (60.5)	60.8 (58.4)	62.0 (59.0)

주: (　　) 안은 실질GDP 기준 부문별 구성비.
자료: 한국은행(각년도), 『국민계정』으로부터 계산.

경제위기 이후 부가가치 생산에 있어서 제조업 비중이 증가하고 서비스업 비중이 감소하는 현상은 실질GDP를 기준으로 할 경우 더욱 뚜렷하게 나타나고 있는데, 즉 실질GDP를 기준으로 할 경우 제조업과 서비스업 간 부가가치 비중의 격차는 더욱 줄어들고 있다[5].

선진국의 경우 제조업의 성장세가 상대적으로 둔화되면서 서비스업의 비중이 확대되고 동시에 서비스업이 경제전체의 성장을 이끌게 되는 것이 일반적이라 할

---

5) 실질GDP가 아닌 실질총산출액을 기준으로 할 경우에는 경제위기 이후인 1999년부터 제조업과 서비스업의 비중이 역전되는 현상이 나타나고 있다. 즉 1999년 실질총산출에서 차지하는 제조업과 서비스업의 비중이 각각 50%와 46%로 역전된 이후 2001년에는 50.9%와 45.6%로 더 확대되고 있다.

수 있다. 그러나 한국의 경우에는 제조업이 여전히 서비스업에 비해 높은 성장세를 유지하면서 최근의 경제성장을 이끌고 있다. 이처럼 부가가치 구성에 있어서 서비스업 부문이 여전히 높은 비중을 점하고 있음에도 불구하고 제조업 부문에 비해 성장률 및 성장기여도가 낮은 것은 결국 서비스업 부문의 비중 증대가 실물생산의 증가보다는 가격상승에 주로 기인해왔기 때문이라고 할 수 있을 것이다[6]. 따라서 경제위기 이후 두드러지고 있는 제조업과 서비스업 부문 간 부가가치 비중 격차의 감소, 특히 실질GDP 구성에서의 급격한 격차 감소와 성장기여도에서의 역전현상은 경제위기 이후 심화된 제조업 부문과 서비스업 부문 간 실물생산성 격차를 반영하고 있다고 할 수 있다.

지금까지의 설명을 통해 경제위기 이후 한국경제의 성장에서 제조업 부문이 갖는 중요도는 이전 시기에 비해 훨씬 커졌음을 알 수 있다. 그러나 제조업 부문이 갖는 이와 같은 중요도는 제조업을 구성하고 있는 업종에 따라 또한 매우 불균등하게 나타나고 있는데, 먼저 1990년대 이후 제조업 내부의 주요 업종별 구성변화를 살펴보면 표 2와 같다.

표 2에 따르면, 1980년 이후 중화학공업 부문의 제조업 내 비중은 압도적으로 높아져서 2000년에는 제조업 총산출의 77.2%를 점하게 되었으며, 반대로 경공업 비중은 22.8%로 크게 위축되었다. 표 2에서 나타난 제조업 내 주요 업종별 구성에 있어서 가장 두드러진 변화는 한국의 주력 수출산업으로 경제성장을 이끌었던 섬유의복산업 및 철강금속산업의 비중이 1990년대 이후 급격하게 감소하고 있다는 점이다. 이와는 반대로 제조업 내에서 전기전자산업의 비중이 두드러지게 증가하고 있는데, 그 가운데에서 반도체와 IT기기의 비중이 매우 빠르게 증가하고 있음을 알 수 있다. 따라서 1990년 이후 나타난 제조업 내 주요 업종별 구성 변화의 특징은 전통적 주력산업인 섬유의복산업 및 철강금속산업의 쇠퇴와 전기전자산업의 부상으로 요약할 수 있을 것이다.

---

6) 실제 1971～2002년 기간동안 서비스업 부문의 실질생산 증가율은 실질GDP 증가율(7.2%)보다 낮은 연평균 6.9% 증가에 그친 반면 가격은 GDP디플레이터(10.4%)보다 높은 연평균 11.6%의 상승을 보이고 있다(신창식·조한상, 2003: 7). 경제위기 직후인 1995～2001년 기간을 보더라도 GDP디플레이터의 평균증가율이 1.9%인데 반해 서비스업의 디플레이터 증가율은 연평균 2.7%의 높은 증가를 보이고 있다. 이는 동기간 동안 제조업 부문 디플레이터의 평균증가율 0.8%에 비해 매우 높은 증가율이다.

〈표 2〉 제조업 내 주요업종별 구성의 변화[7]   (단위: %)

	1990	1994	1998	2002
섬유 및 의복	12.74	9.94	6.84	5.29
화학제품	12.31	12.73	12.64	13.05
철강, 금속	14.24	14.09	13.62	12.88
일반기계	5.63	5.69	3.89	5.35
전기 및 전자	13.93	15.37	18.04	17.87
(반도체)	(1.62)	(3.46)	(4.34)	(2.06)
(전자부분품)	(4.99)	(4.68)	(5.13)	(4.69)
(IT기기)	(6.47)	(6.35)	(7.66)	(9.94)
(가전기기)	(0.85)	(0.87)	(0.90)	(1.17)
자동차	9.09	9.74	6.81	10.62

	경상가격 기준			1995년 불변가격 기준		
	1980	1990	2000	1980	1990	2000
경공업	46.2	34.1	22.8	57.9	39.5	17.6
중화학공업	53.8	65.9	77.2	42.1	60.5	82.4

자료: KDI(2004), 『한국의 산업경쟁력 종합연구(II)』, p.260.
　　　산업연구원(2001), 『2010년 산업발전 비전』, p.4.

이와 같은 제조업 내 주요업종별 구성의 변화추세는 부문별 성장률과 성장기여도를 통해서도 확인할 수 있는데, 이를 요약한 것이 표 3이다. 표 3으로부터 1980년 이후 1990년대 중반까지는 섬유의복, 철강금속, 자동차 산업 등이 제조업 내에서 성장기여도가 높은 산업으로 성장을 주도하였음을 알 수 있다. 그러나 경제위기 직후인 1995～2001년 기간 동안에 매우 극적인 변화가 나타나는데, 전통적 성장 주력산업들의 성장기여도가 급격히 감소한 반면에 전자부품 및 IT기기 부문의 성장기여도가 놀라울 정도로 빠르게 증가하면서 1990년대 중반 이후 이른바 신성장산업으로 급부상하였다.

1990년대 중반 이후 제조업 내 이러한 신성장산업의 부상은 수출구성의 변화에 있어서도 확인할 수 있는데, 표 4는 제조업 내 주요업종별 수출에서 차지하는 비중의 변화를 보여주고 있다.

표 4로부터 1980년대 한국의 주력 수출품목이 섬유의복 및 철강금속이었다면,

---

7) 업종분류에 있어서 IT기기는 TV, VTR, 음향기기, 기타영상음향기기, 유선통신기기, 무선통신 및 방송장비, 컴퓨터 및 주변기기, 사무용기기 등을 포함하고 있다. 반면 가전기기에는 보일러 및 난방조리기구, 냉장고, 세탁기, 선풍기, 기타 가정용 전기기기 등이 포함된다.

〈표 3〉 제조업 내 주요업종별 연평균성장률 및 성장기여도　　　　　(단위: %)

	1980~85	1985~90	1990~95	1995~01	1980~01
섬유 및 의복	6.79 (7.41)	5.82 (4.20)	-3.14 (-2.20)	-5.52 (-2.83)	0.84 (0.43)
화학제품	12.00 (5.77)	15.73 (6.97)	10.30 (7.45)	5.56 (5.37)	10.84 (6.44)
철강금속	12.91 (5.05)	13.69 (4.84)	11.60 (6.55)	4.28 (3.25)	10.56 (4.85)
일반기계	16.93 (2.61)	22.23 (4.03)	12.60 (4.52)	-0.95 (-0.43)	12.36 (2.55)
반도체	8.61 (0.50)	30.47 (1.99)	27.13 (5.50)	10.59 (4.63)	18.80 (3.69)
전자부품	17.37 (2.55)	24.65 (4.51)	3.62 (1.15)	22.36 (11.07)	16.71 (5.42)
IT기기	17.48 (3.21)	21.88 (4.76)	5.20 (1.91)	33.58 (24.99)	19.10 (10.32)
가전기기	19.62 (0.41)	21.79 (0.56)	0.45 (0.02)	18.86 (0.98)	14.84 (0.52)
자동차	17.40 (1.73)	36.86 (5.77)	17.13 (7.69)	4.40 (3.04)	18.39 (4.94)

주: 연평균 성장률은 총산출액 기준. (　　) 안은 업종별 성장기여도.
자료: KDI(2003), 『한국의 산업경쟁력 종합연구: 통계자료집』.

〈표 4〉 수출에 있어서 제조업 내 주요업종별 비중의 변화　　　　　(단위: %)

	1980	1985	1990	1995	2000
섬유 및 의복	23.87 (37.7)	21.71 (43.3)	24.97 (47.1)	14.35 (47.0)	9.73 (49.2)
화학제품	9.33 (17.7)	9.25 (19.3)	6.67 (13.4)	8.85 (18.8)	8.42 (22.5)
철강금속	12.35	10.93	8.70	7.05	5.69
일반기계	1.09 (11.3)	0.90 (6.2)	2.42 (10.4)	3.89 (16.1)	3.92 (22.7)
반도체	2.21 (87.9)	2.97 (85.0)	5.81 (85.2)	13.58 (88.2)	12.00 (82.3)
전자부품	2.44 (21.0)	2.71 (24.0)	4.07 (22.8)	4.72 (25.8)	4.61 (28.1)
IT기기	4.82 (40.8)	7.08 (57.6)	9.90 (49.1)	8.04 (41.1)	10.46 (46.1)
가전기기	0.26 (10.4)	0.86 (22.6)	1.04 (20.3)	1.13 (24.3)	1.14 (33.8)
자동차	0.62 (8.5)	2.21 (20.3)	2.79 (8.5)	6.72 (19.3)	7.15 (28.6)

주: (　　) 안은 수출률(=수출액/총생산액).
자료: KDI(2003), 『한국의 산업경쟁력 종합연구: 통계자료집』.

1990년대 들어서는 반도체, IT기기, 자동차가 한국의 주력 수출산업으로 부상하였음을 알 수 있다. 또한 수출 주력상품 구성에 있어서의 이러한 변화가 1990년대 중반 이후 매우 빠른 속도로 진행되고 있음을 알 수 있다.

현재로서는 1990년대 중반 이후 나타난 산업구성상의 이러한 변화가 더욱 가속화될 것으로 예상되고 있다(산업연구원, 2001: 25-32). 그럼에도 불구하고 신성장 산업 내에서도 주로 단순조립가공에 기초한 반도체와 컴퓨터 산업의 구성비가 높아지고 생산공정상의 기술경쟁력이 중요한 정밀기기 및 정밀화학 등은 구성비가 정체하거나 오히려 감소할 것으로 예상되고 있어 한국경제가 안고 있는 기술적 취약성의 문제는 앞으로도 해결해야 할 과제로 여전히 남을 전망이다.

2) 산업별 고용구조의 변화

1990년 이후 산업별 취업자 비중에서 나타나는 가장 큰 특징은 서비스업 부문의 취업자 비중이 매우 빠르게 증가하고 있다는 점이다.

표 5를 살펴보면, 우선 농림어업 부문의 취업자 비중이 1990년 18.3%에서 2003년 8.5%로 매우 빠르게 감소하였다. 제조업 또한 1990년 26.9%에서 2003년 19%로 큰 폭의 감소를 보이고 있다. 반면 서비스업 부문의 취업자 비중은 매우 빠르게 증가하여 1990년 47%로부터 2003년에는 63.9%에 이르게 되었다.

이러한 산업별 취업자 구성의 변화를 통해 결국 1990년 이후 주로 농림어업 및 제조업 부문에서 방출된 노동력이 서비스업 부문으로 흡수되었음을 알 수 있다. 제조업의 경우, 경제위기 직후인 1998년에 대규모 노동력이 일순간에 방출되었다가, 그 이후에는 노동력 방출규모가 다소 줄어드는 추세를 보이고 있다8). 경제위기 이후 제조업 부문에서 나타나고 있는 취업자 수의 안정적 변화를 고려한다면, 경제위기 이후에도 지속되고 있는 서비스업 부문의 고용비중 증가는 결국 농림어업 부문에서 방출된 노동력과 신규 취업자의 대부분을 서비스업 부문이 흡수함으로써 나

---

8) 실제 제조업 부문의 취업자 수는 1997년 448만 명에서 경제위기 직후인 1998년 389만 명으로 급격히 줄었다가 다시 증가하여 2000년 이후에는 420만 명 수준에서 안정되는 추세를 보이고 있다. 그러나 취업자 수에서 나타나는 이러한 안정적인 추세가 결코 제조업 부문에서의 고용형태가 안정적임을 의미하는 것은 아니다.

타난 결과라 할 수 있다. 또한 이처럼 신규 노동력과 타산업에서 방출된 노동력의 대부분이 서비스업 부문에 흡수되었다는 점은 제조업 부문의 고용흡수력이 절대적으로 둔화되었음을 의미하는 것이기도 하다[9].

〈표 5〉 산업별 취업자 비중 (단위: %)

	농림어업	제조업	서비스업	전산업 취업자 증가율
1990	18.3 (-3.7)	26.9 (0.1)	47.0 (5.7)	3.0
1992	15.8 (-3.4)	25.5 (-1.5)	49.6 (5.9)	2.5
1994	13.7 (-4.1)	23.7 (0.8)	53.4 (5.7)	3.0
1996	11.7 (-4.1)	22.5 (-2.2)	56.2 (4.8)	1.9
1997	11.3 (-1.8)	21.2 (-4.5)	57.8 (4.3)	1.4
1998	12.4 (4.0)	19.5 (-13.0)	60.1 (-1.6)	-5.3
1999	11.6 (-5.3)	19.8 (2.8)	61.3 (3.4)	1.4
2000	10.6 (-4.5)	20.3 (7.2)	61.6 (4.8)	4.3
2001	10.0 (-4.2)	19.8 (-0.6)	62.8 (4.1)	2.0
2002	9.3 (-3.7)	19.1 (-0.6)	63.6 (4.0)	2.8
2003	8.5 (-9.3)	19.0 (-0.9)	63.9 (0.4)	-0.1

주: 광업 및 사회간접자본 부문은 계산에서 제외하였음. (   ) 안은 전년도 대비 취업자 증가율.
자료: 노동부(각년도), 『노동통계연감』으로부터 계산.

이와 같이 산업별 고용구조만을 고려한다면, 이른바 탈산업화(de-industrialization)가 한국에서 매우 빠르게 진행되어 왔다고 할 수 있을 것이다. 주요 선진국의 경험에 비추어 볼 때, 탈산업화 과정의 진행은 제조업 부문의 성장이 둔화되면서 제

9) 실제 1990년 이후 제조업 부문의 고용흡수력(=취업자증가율/생산증가율)은 1991~97년 기간에 -0.16, 1998~2002년 기간에 -0.15로서 생산증가와 더불어 오히려 노동력을 방출하고 있는 것으로 나타났다. 반면 서비스업의 고용흡수력은 1991~97년 기간에 0.73, 1998~2002년 기간에 0.65로서 제조업에 비해 월등히 높은 것으로 나타났다(신창식·조한상, 2003: 9).

조업 부문의 고용비중이 동시에 감소하는 것이 일반적이다. 그러나 한국의 경우에는, 앞의 1절에서 이미 살펴보았듯이, 경제위기 이후 부가가치 구성에서 제조업 부문의 비중이 오히려 증가하는 추세에 있으며, 또한 성장률 및 성장기여도에 있어서도 제조업 부문이 서비스업 부문에 비해 압도적으로 높은 성과를 보여주고 있다. 따라서 한국에서 이른바 탈산업화의 진행은 생산과 고용이 괴리된 채 제조업 부문의 생산증가가 고용의 확대로 이어지지 못하는 구조 속에서 진행되고 있으며, 제조업 부문에서 일자리를 얻지 못한 노동력이 경제성과가 상대적으로 부진한 서비스업 부문에 집중되고 있는 기형적 형태로 진행되고 있다.

이러한 측면에서 보자면, 한국에서 서비스업 부문의 고용비중 증가는 제조업 시장이 포화상태에 이름으로써, 따라서 제조업 부문의 성장이 한계에 도달함으로써 제조업 부문의 자본이 서비스업 부문으로 이동하면서 생겨난 현상이 아니라, 생산과정에서 노동력을 기계로 대체함으로써 제조업 부문의 비용을 절감하는 과정에서 생겨난 현상이라 할 수 있다. 또한 한국의 경우 전통적으로 GDP에 대한 수출의 비중이 매우 높고 수출의 대부분을 제조업 상품이 차지하고 있는 현실을 고려해본다면[10], 선진국의 경험에서처럼 제조업 부문의 성장이 한계에 도달하게 됨으로써 제조업 부문의 자본이 서비스업 부문으로 이동하게 되는 본격적인 탈산업화의 진행은 당분간 어려울 것으로 예상된다[11].

그러나 1990년대 이후 개방화와 자유화의 급격한 진행으로 인해 해외시장은 물론 국내시장에서도 경쟁이 치열해지고 과거 제조업이 누리던 저임금의 이점이 사

---

10) 한국에 있어서 경상 GDP에 대한 수출의 비중은 1990년대 초반에 27~28%선에서 안정적 움직임을 보이다가 경제위기 직후인 1998년에는 50%까지 증가했으며, 2001년에는 43% 수준에 이르고 있다. 미국과 일본의 경우 경상 GDP에 대한 수출비중이 10% 내외에 머무르고 있다는 점을 고려해보다면, 한국에 있어서 GDP에 대한 수출비중은 매우 높다고 할 수 있으며, 따라서 내수시장보다는 해외시장을 활용할 수 있는 정도가 개별산업의 성장에 더 결정적이라 할 수 있다.

11) 아직 분명한 실증적 증거가 존재하지는 않지만, 선진국에서 진행되고 있는 서비스업 중심의 탈산업화 과정은 제조업 상품시장의 포화상태에 따른 제조업 부문의 성장잠재력 감소보다는 선진국 주요 제조업 기업들의 다국적 기업화와 그에 따른 자국 제조업 부문에서의 산업공동화(hollowing-out of industry), 그리고 제조업을 대신한 금융부문의 비대화가 하나의 중요한 요인으로 작용했을 가능성이 높다. 이러한 측면에서 보자면, 단순히 서비스업 부문에서의 고용확대를 근거로 경제의 탈산업화를 주장하는 것은 선진국에서 진행된 탈사업화 과정의 중요한 전제들을 간과하는 것이 될 수밖에 없으며, 한국이 처한 현재의 경제발전 단계에서 급속하게 진행되고 있는 고용 측면에서의 탈산업화가 과연 바람직한 것인지에 대한 분명한 해답 또한 제공해주지 못하고 있다.

라짐으로써 제조업의 생산방식 자체가 비용절약을 위한 자본집약적 방식으로 전환되고 있으며, 그 결과 제조업 부문의 생산증가가 고용확대로 이어지지 못하고 있다. 따라서 서비스업에 비해 높은 제조업 부문의 성장성에도 불구하고 고용은 서비스업 부문에 집중되는 기형적 현상 또한 당분간 지속될 것으로 예상할 수 있다.

이처럼 제조업에 비해 낮은 성장성에도 불구하고 서비스업 부문에 고용이 집중됨으로써 서비스산업의 노동생산성은 매우 낮은 수준에 머무르고 있으며, 제조업과의 노동생산성 격차는 갈수록 벌어지는 추세에 있다.

표 6에 따르면, 1990년대 서비스산업의 노동생산성 증가율(1.7%)은 제조업의 노동생산성 증가율(9.8%)에 비해 매우 낮은 수준이며, 전산업 평균(4.6%)에도 훨씬 미치지 못하는 수준이었다. 그 결과 제조업과 서비스산업 간 노동생산성 격차는 매우 큰 폭으로 확대되어 왔는데, 1995년 서비스산업의 노동생산성이 제조업 노동생산성의 76% 수준이었으나 경제위기 이후인 2000년에는 50.1%로 크게 감소하였다. 또한 국제간 비교에 있어서도 한국 서비스산업의 노동생산성은 2000년 현재 일본 및 대만의 서비스업 노동생산성의 50% 수준에 불과한 실정이다.

〈표 6〉 산업별 노동생산성 증가율 추세 및 제조업 대비 서비스산업의 노동생산성

(단위: %)

	1970~79	1980~89	1990~99	2000	2001
제조업	6.5	5.4	9.8	9.4	2.8
서비스업	2.2	2.3	1.7	3.2	1.0
전산업	4.4	4.8	4.6	5.3	1.6

	1995	1996	1997	1998	1999	2000
제조업대비 노동생산성	75.6	70.5	64.0	58.6	52.2	50.1

자료: 양동욱·권태용(2002), p.17; 신창식·조한상(2003), p.30.

이처럼 현재 서비스산업이 직면해 있는 낮은 성장성과 노동생산성을 고려해본다면, 서비스산업이 앞으로도 계속 지금과 같은 고용흡수력을 유지할 수 있을지가 의문이며, 설령 유지한다 하더라도 제조업의 50% 수준에 불과한 노동생산성을 고려해 볼 때 서비스 부문에서의 저임과 고용질의 저하, 그리고 제조업과의 임금격차

확대가 불가피할 것으로 예상된다. 서비스산업의 낮은 노동생산성은 결국 성장성 자체가 낮음에도 불구하고 제조업 부문 등에서 방출된 노동력이 서비스 부문에 과도하게 집중됨으로써 나타난 문제라 할 수 있다. 따라서 이러한 문제를 해결하기 위해서는 기업 내 서비스 기능의 아웃소싱 활성화를 통한 서비스 시장의 확대, 서비스 산업의 수출산업화 및 수입대체 잠재력이 높은 서비스 업종의 발굴, 파견근로제 확대를 통한 서비스산업에서의 노동유연화 제고, 그리고 서비스산업에 대한 자금지원 및 연구개발 지원정책의 확대 등이 하나의 대안으로 제시될 수도 있겠으나(신창식·조한상, 2003: 33-4), 보다 근본적으로는 현재 서비스산업에 비해 성장성이 월등히 높은 제조업 부문의 고용흡수력을 회복함으로써 서비스 부문으로의 과도한 노동력 집중 자체를 억제하는 것이 더 중요하다고 할 수 있다.

한편 1990년 이후 제조업 내 주요 업종별 고용비중의 변화를 살펴보면 다음의 표 7과 같다.

〈표 7〉 제조업 내 주요 업종별 고용비중의 변화   (단위: %)

	1990	1992	1994	1996	1998	2000	2001
섬유의복	27.0 (-8.5)	23.7 (-9.1)	20.6 (-5.4)	17.5 (-9.6)	16.8 (-13.7)	16.5 (3.0)	15.4 (-6.9)
화학제품	8.8 (2.4)	9.6 (0.0)	10.0 (2.4)	10.2 (-0.2)	11.2 (-7.3)	11.3 (6.3)	11.7 (3.6)
철강금속	8.7 (-2.2)	9.6 (-2.5)	10.4 (4.9)	11.1 (0.7)	11.0 (-13.4)	10.9 (3.9)	11.1 (1.9)
일반기계	7.1 (5.3)	7.6 (-2.4)	8.4 (5.9)	9.3 (3.4)	8.6 (-20.8)	9.3 (10.6)	9.4 (0.6)
반도체	1.7 (11.8)	1.6 (-13.1)	2.0 (13.8)	2.6 (1.6)	3.0 (-11.6)	3.1 (13.5)	2.6 (-15.2)
전자부품	5.8 (-6.0)	6.1 (5.4)	6.3 (2.1)	7.0 (4.1)	7.7 (-5.2)	8.7 (12.5)	8.9 (3.0)
IT기기	6.7 (-1.0)	6.4 (-7.8)	6.0 (3.4)	5.7 (-2.3)	5.3 (-20.2)	6.0 (14.9)	5.7 (-4.0)
가전기기	1.6 (-5.8)	1.6 (-7.3)	1.6 (3.2)	1.2 (-10.7)	1.3 (-16.1)	1.2 (2.8)	1.2 (3.1)
자동차	6.2 (17.8)	6.6 (0.5)	7.2 (8.8)	8.1 (7.0)	8.1 (-15.8)	7.7 (4.3)	7.6 (-1.9)

주: ( )안은 전년도 대비 고용증가율.
자료: KDI(2003), 『한국의 산업경쟁력 종합연구: 통계자료집』으로부터 계산.

앞의 1절에서 제시한 표 2와 위의 표 7을 비교해 보면, 섬유의복산업의 경우 1990년대 이후 제조업 내 부가가치 비중이 5.3%까지 하락하였지만, 2001년 고용 비중은 15.4%로서 여전히 제조업 내 가장 높은 비중을 점하고 있다. 따라서 최근 섬유의복산업의 경쟁력 상실로 인한 산업구조조정의 필요성에도 불구하고 제조업 부문의 고용흡수력을 유지하기 위해서는 섬유의복산업의 포기보다는 고부가가치 화를 유도함으로써 장기적으로 경쟁력을 강화해 가는 것이 여전히 중요하다고 할 수 있다.

화학제품과 자동차산업의 경우 1990년대 들어 높은 성장률과 성장기여도를 실 현함으로써 고용 또한 안정적으로 증가하는 추세를 보여주고 있다. 그 결과 제조업 내 고용비중 또한 이들 업종에서는 지속적으로 증가해왔다. 그러나 문제는 반도체, 전자부품, IT기기 등 전기전자산업인데, 이들 업종의 경우 1995~2001년 기간동 안 제조업 내 어떤 업종보다도 높은 성장률을 실현해왔으며, 그 결과 제조업 내 부 가가치 비중이 빠르게 증가해온 업종이라 할 수 있다. 그럼에도 불구하고 이들 업종 에서는 성장률만큼 고용이 확대되지 않았으며, 특히 전자부품과 IT기기 업종의 경 우 성장률과 고용증가율 간의 격차가 매우 크게 나타나고 있다.

결국 1990년대 이후 제조업 부문의 고용흡수력이 둔화된 요인은 전통산업인 섬 유의복산업의 경쟁력 약화로 인한 대규모의 노동력 방출과, 경제위기 이후 신성장 산업으로 부상한 반도체, 전자부품, IT기기산업 등에서 높은 성장률의 실현에도 불 구하고 그에 비례한 고용이 창출되지 못하고 있기 때문인 것으로 요약할 수 있다. 한편 서비스산업 내 업종별 취업자 비중의 변화를 살펴보면 표 8과 같다.

1990년대 들어 서비스산업 내에서 생산자서비스 부문의 취업자 비중이 빠르게 증가해온 것으로 나타났는데, 이는 경제의 금융화가 진전되고 제조업 내 서비스 기 능에 대한 아웃소싱이 활발히 진행되어 제조업의 생산우회도가 증가하게 됨으로 써 나타난 결과라 해석할 수 있다. 현재 한국경제에 있어서 금융부문의 지속적인 비 중증가와 더불어 제조업 내에서 비용절약적 구조조정을 위한 아웃소싱이 계속 확 대되는 추세에 있다는 점을 감안한다면, 서비스산업 내에서 생산자서비스 부문의 취업자 비중은 앞으로도 계속 증가할 것으로 예상된다.

〈표 8〉 서비스산업 내 업종별 취업자 비중의 변화　　　　　(단위: %)

	1993	1995	1998	2000	2002	연평균증가율 (1993~2002)	고용흡수력 (1993~2002)
생산자서비스 (금융보험) (사업서비스)	7.8 (3.9) (2.6)	9.3 (4.6) (3.4)	10.7 (5.2) (4.1)	10.9 (5.2) (4.8)	11.9 (5.2) (5.6)	5.9 (4.6) (9.7)	0.65 (0.59) (1.26)
유통서비스 (도소매)	20.8 (16.8)	22.4 (18.5)	23.5 (19.1)	23.3 (18.2)	23.1 (18.0)	2.6 (2.2)	0.49 (0.41)
사회서비스 (공공행정) (교육서비스)	9.3 (2.9) (4.8)	9.7 (3.2) (5.0)	11.3 (3.7) (5.7)	11.4 (3.6) (5.7)	11.7 (3.2) (6.0)	3.9 (2.3) (3.9)	2.17 (2.88) (1.77)
개인서비스 (음식숙박업)	11.4 (6.4)	12.9 (7.9)	14.2 (8.8)	15.9 (9.1)	16.6 (9.1)	5.4 (5.0)	0.90 (0.86)

주: 총취업자 대비 비중임.
자료: 신창식·조한상(2003), p.10.

　그러나 생산자서비스 부문 등은 업종성격상 제조업 부문의 성장과 밀접한 연관을 가질 수밖에 없으며, 이는 곧 서비스산업의 성장이 제조업의 성장을 전제할 수밖에 없음을 의미한다[12]. 따라서 제조업을 대체할 새로운 성장동력으로서 서비스산업의 독자적 성장내지 서비스산업 주도의 성장(service-led growth)을 모색하는 것은 올바르지 못하며, 또한 장기적으로 바람직한 대안이리 할 수도 없다. 현재 서비스산업과 제조업 사이의 연관에 있어서 문제가 되는 것은 서비스산업 내에서 제조업과 생산적 보완관계를 갖는 생산자서비스 부문의 비중이 지나치게 낮고, 반대로 제조업 부문의 비용상승을 유발할 수 있는 유통서비스와 개인서비스 부문의 비중이 지나치게 높다는 데 있다. 그 결과 제조업의 성장이 서비스업의 성장과 고도화를 이끌지 못하고 있을 뿐만 아니라 서비스산업의 비대화가 오히려 제조업의 성장잠재력을 떨어뜨리는 요인으로 작용하고 있다. 따라서 현재 고용 측면에서 서비스산업이 갖는 중요성을 고려할 때 서비스산업의 성장잠재력을 높이는 것은 매우 중요

---

12) 이처럼 서비스산업의 성장이 제조업의 성장을 전제할 수밖에 없다는 관념은 소득발생의 원천에 있어서 본원적 소득(primary income)과 파생적 소득(secondary income)을 구분하는 Marx의 정치경제학적 분석틀과 소득창출과정에서 실물생산 및 승수효과를 중시하는 Kaldor의 전통적 경제성장이론에서는 매우 분명하게 제시되어 있다. 그러나 소득의 원천보다는 소득의 발생 및 획득 그 자체를 중시하는 오늘날의 신고전파적 분석틀에서는 제조업의 성장과는 별개로 서비스산업의 독자적 성장을 사고하려는 경향이 매우 강하다.

한 일이라 할 수 있으나, 그 방향은 서비스산업의 독자적 성장을 상정하기보다는 제조업의 성장이 서비스산업의 성장을 이끌면서, 또한 생산자서비스를 중심으로 한 서비스산업의 고도화가 제조업의 생산효율성을 증대시킬 수 있는 방향으로 설정되어야 할 것이다.

한편 서비스산업 내에서 공공행정과 교육서비스를 포함한 사회서비스 부문은, 표 8에서 알 수 있듯이, 서비스산업 내 다른 어떤 업종보다도 고용흡수력이 높은 부문임에도 불구하고 1990년대 들어 가장 낮은 고용증가율을 보이고 있다. 최근 제조업 부문의 고용증가율 둔화로 인해 노동시장에서 탈락한 계층이 숙박, 음식, 도소매 등의 특정 서비스업종에만 과잉진입하게 됨으로써 서비스산업을 중심으로 지나치게 높아진 자영업자 비중이 문제가 되고 있는 현실을 고려할 경우13), 정부의 공공지출 확대를 통해 서비스산업으로 과잉진입하고 있는 이들 계층을 공공행정을 중심으로 한 사회서비스업 부문으로 흡수하는 것이 고용안정 차원에서 뿐만 아니라 사회안전망 확충 차원에서도 필요하다고 하겠다14).

3) 기업규모별 생산 및 고용비중의 변화

우선 1990년 이후 제조업 내 기업규모별 사업체 수 비중의 변화를 살펴보면 다음의 표 9와 같다.

표 9를 보면, 1990년 이후 상시근로자수 300인 이상의 대기업의 수는 절대적으로 감소하고 있을 뿐만 아니라 사업체 수에서 차지하는 상대적 비중 또한 1990년

---

13) 한국에서 전체 취업자 가운데 자영업자 및 무급가족종사자가 차지하는 비중은 1990년 40% 수준에서 점차 감소해서 2003년에는 35% 수준으로까지 감소하였다(『노동통계연감』, 각년도). 그러나 미국 및 일본과 같은 선진국에서의 자영업자 비중이 10% 남짓이라는 점을 고려해본다면 한국의 자영업자 비중은 그 자체가 비정상적으로 매우 높은 수준이라 할 수 있다. 또한 경제가 고성장 국면에 있을 경우에는 이처럼 높은 자영업자 비중이 사회적으로 문제가 되지 않을 수 있지만, 현재 한국에서처럼 저성장 국면이 지속되면서 제조업 부문의 고용증가율이 둔화되는 경우에는 서비스산업의 특정 업종을 중심으로 자영업자 비중이 증가하는 현상은 곧 위장실업과 같은 불완전고용의 증가를 의미하는 것이기 때문에 사회적으로 문제가 될 수 있다. 이러한 문제점 때문에 정부도 마침내 2005년 6월 '자영업 종합대책'을 준비하기에 이른다(프레시안, 2005년 5월 26일).

14) 이와 관련해서는 노동시장의 유연성을 높이면서도 동시에 사회안전망의 유지 및 불완전취업자의 노동시장 내 흡수를 위해 공공부문의 일자리를 늘리고 있는 스웨덴의 사례를 참조할 수 있다(안병룡, 「스웨덴의 '성장과 발전' 프로젝트」, 월간 『말』, 2005년 5월호).

1.7%에서 2001년 0.6%로 감소하였다. 그 결과 제조업 내 기업체 수에 있어서 300
인 미만의 중소기업이 차지하는 비중은 2001년 99.4%에 이르렀다[15]. 그러나 300
인 미만 중소기업들 가운데에서도 특히 10인 미만의 소기업 내지 영세기업의 수가
매우 빠르게 증가하였으며, 상대적 비중에 있어서도 1990년 31.5%에서 2001년
49.6%로 제조업 내 전체 기업수의 거의 절반에 이르게 되었다. 이는 곧 1990년대
들어 제조업 내 기업규모가 지속적으로 영세화되어 왔음을 의미한다.

〈표 9〉 제조업 내 기업규모별 사업체 수 비중의 변화 (단위: %)

	1990	1992	1994	1996	1998	2000	2001
5~9인	31.5	36.3	41.3	45.4	45.9	46.9	49.6
10~19인	29.2	28.5	28.2	27.0	26.5	26.5	25.8
20~99인	32.8	29.8	26.1	23.7	23.8	23.1	21.4
100~299인	4.7	4.0	3.3	3.0	3.0	2.8	2.5
300인 이상	1.7	1.4	1.0	0.9	0.8	0.7	0.6

자료: 통계청(각년도), 『광공업통계조사보고서』로부터 계산.

한편 제조업 내 기업규모별 종사자수의 비중 변화를 살펴보면 다음의 표 10과
같다. 표 10을 보면, 1990년 이후 기업규모별 종사자 수 변화에서 나타나는 가장

〈표 10〉 제조업 내 기업규모별 종사자 수의 비중 변화 (단위: %)

	1990	1992	1994	1996	1998	2000	2001
5~9인	4.9 (10.2)	6.5 (9.3)	8.5 (4.3)	9.9 (3.3)	10.1 (-16.6)	11.1 (7.7)	12.6 (13.0)
10~19인	9.0 (6.0)	10.3 (1.5)	11.8 (2.1)	12.2 (-0.6)	12.2 (-10.0)	13.2 (8.4)	13.8 (4.8)
20~99인	30.0 (-0.8)	31.5 (-1.9)	32.0 (1.3)	30.8 (-1.4)	31.7 (-10.5)	33.4 (7.7)	33.3 (-0.6)
100~299인	17.6 (-7.1)	17.5 (-2.3)	16.8 (2.0)	16.3 (-4.5)	16.4 (-15.2)	16.3 (5.3)	16.1 (-1.0)
300인 이상	38.4 (-4.5)	34.2 (-10.1)	30.9 (0.6)	30.8 (-2.9)	29.5 (-17.0)	26.0 (1.7)	24.2 (-7.2)

주: ( ) 안은 전년도 대비 종사자수 증가율.
자료: 통계청(각년도), 『광공업통계조사보고서』로부터 계산.

15) 업종별로 다소 차이는 있으나, 서비스산업의 경우에 있어서도 중소기업으로 분류될 수 있는
기업체 수의 비중은 2002년 현재 98.5~99.9%에 이르고 있다(중소기업청, 2003).

큰 특징은 20인 미만 소기업의 비중이 빠르게 증가하면서 100인 이상 기업, 특히 300인 이상 대기업의 고용비중이 빠르게 감소하고 있다는 점이다. 그 결과 1990 ~2001년 기간동안 20인 미만 소기업 부문에서 27만 여개의 일자리가 창출되었음에도 불구하고 100인 이상 기업에서는 62만 여개의 일자리가 사라졌으며, 특히 300인 이상 대기업 부문에서는 무려 52만 여개의 일자리가 사라진 것으로 나타났다.

결국 1990년대에 나타난 제조업 부문의 취업자 비중 감소는 대기업 부문에서의 노동력 감소가 주도했다고 할 수 있으며, 중소기업들 가운데서도 비교적 규모가 큰 100인 이상 기업체들 또한 고용을 창출하기보다는 노동력을 지속적으로 방출해왔다고 할 수 있다. 그 결과 1990년 이후 제조업 내 노동력은 20인 미만 영세 사업장에 집중되는 경향을 보이고 있으며, 경제위기 이후 이러한 경향은 더욱 강화되는 추세에 있다[16].

한편 제조업 내 기업규모별 부가가치 구성비를 살펴보면 다음의 표 11과 같다[17].

표 11에 따르면, 제조업 내 부가가치 생산에 있어서 300인 미만 중소기업이 차지하는 비중은 1990년 44%에서 2001년 50%로 증가하였다. 특히 20인 미만 소기업이 차지하는 비중이 매우 빠른 속도로 증가해왔다. 이러한 측면에서 보자면, 부가가치 생산에 있어서 제조업 내 중소기업이 갖는 중요성은 1990년대 전기간에 걸쳐 증대되어 왔다고 할 수 있을 것이다.

실제 부가가치를 기준으로 한 성장률을 보면 제조업 내 100인 미만 중소기업의

---

16) 서비스산업에 있어서 영세사업장에 대한 노동력 집중도는 이보다 훨씬 높고 빠르게 증가하고 있다. 제조업에 있어서 중소기업에 대한 노동력집중도는 2001년 현재 75% 수준이지만, 서비스산업의 경우 이 비율이 일반적으로 88~99%에 이르고 있다(중소기업청, 2003). 특히 도소매업과 음식숙박업의 경우 2002년 현재 이 비율이 각각 97%와 99%로서 타업종에 비해 매우 높은 것으로 나타났다. 다만 서비스산업 가운데 금융업만이 중소기업에 대한 노동력집중도가 1990년대 중반 45%에서 2002년 현재 30% 수준으로 감소하는 특이한 추세를 보여주고 있다.

17) 표 14를 계산하기 위해 인용하고 있는『한국의 산업경쟁력 종합연구: 통계자료집』(KDI, 2003)은 앞에서 기업규모별 사업체 수(표 12) 및 종사자 수 비중(표 13)을 계산하는 데 이용한『광공업통계조사보고서』(통계청)의 원자료에 기초해 작성되었다. 따라서 앞의 표 12 및 표 13에서 나타나는 추세와 표 14에서 나타나는 추세 사이에는 통계자료상의 일관성이 유지되고 있다.

〈표 11〉 제조업 내 기업규모별 부가가치 구성비   (단위: %)

	1990	1992	1994	1996	1998	2000	2001
1~9인	2.6 (40.4)	3.2 (12.3)	4.2 (17.0)	4.7 (15.8)	3.9 (-16.5)	4.6 (27.9)	5.0 (9.7)
10~19인	5.0 (30.2)	5.4 (10.1)	6.1 (14.7)	6.1 (11.3)	5.5 (-8.3)	6.4 (31.9)	6.4 (-0.1)
20~99인	20.1 (41.7)	20.5 (12.1)	20.8 (17.0)	18.9 (9.8)	18.3 (-6.4)	20.3 (25.7)	20.9 (4.0)
100~299인	16.2 (14.2)	16.6 (14.8)	16.5 (16.4)	15.2 (8.6)	17.4 (8.0)	16.9 (15.3)	17.7 (5.7)
300인 이상	56.0 (22.2)	54.2 (7.3)	52.4 (21.0)	55.1 (9.8)	54.8 (-9.4)	51.8 (13.1)	50.1 (-2.3)

주: ( ) 안은 전년대비 부가가치 증가율.
자료: KDI(2003), 『한국의 산업경쟁력 종합연구: 통계자료집』으로부터 계산.

성장률은 1985~2001년 기간동안 연평균 16.5%를 기록한 반면, 300인 이상 대기업은 연평균 10%에 그치고 있다(KDI, 2003: 102). 따라서 이 기간동안 제조업 내 부가가치 생산에 있어서 중소기업의 기여도는 대기업 기여도에 비해 지속적으로 증가해왔다고 할 수 있을 것이다.

그러나 부가가치 생산에서 중소기업이 보여주고 있는 이와 같은 높은 성장률에도 불구하고 노동생산성 및 생산의 효율성, 그리고 수익률 지표에 있어서는 대기업 부문과 큰 격차를 보이고 있는데, 특히 경제위기 이후 이러한 격차가 지속적으로 확대되는 추세에 있다. 우선 부가가치 기준 기업규모별 노동생산성 격차를 살펴보면 다음의 표 12와 같다.

〈표 12〉 제조업 내 기업규모별 부가가치 기준 노동생산성   (단위: 백만원/1인)

	1984	1990	1995	2000
1~9인	5.71	12.41	16.80	19.73
10~19인	6.58	12.87	17.97	24.35
20~99인	8.30	15.56	22.08	34.98
100~299인	11.28	21.29	32.85	61.33
300인 이상	18.64	31.67	63.44	144.96
제조업 전체	13.39	22.35	35.75	62.43

자료: KDI(2003), 『한국의 산업경쟁력 종합연구: 통계자료집』.

표 12를 보면, 2000년 현재 300인 이상 대기업의 노동자 1인당 부가가치 생산액은 20인 미만 소기업의 6~7.5배에 이르고 있다. 1990년에 이 비율이 2.5배 정도에 불과했다는 점을 고려한다면 1990년대 내내 대기업과 소기업 사이의 노동생산성 격차가 매우 빠르게 진행되어 왔음을 알 수 있다. 제조업 평균과 비교할 경우에도 1990년 300인 이상 대기업의 노동생산성은 제조업 평균의 1.4배에 지나지 않았으나, 2000년에는 2.3배에 달하고 있다. 이를 통해 제조업 내 300인 이상 대기업의 노동생산성은 중소기업에 비해 매우 빠르게 증가해왔으며, 따라서 1990년 이후 제조업 부문의 노동생산성 증가는 이들 대기업에 의해 주도되어 왔다고 할 수 있다. 실제 기업규모별 노동생산성의 연평균 증가율을 살펴보면 다음의 표 13과 같다.

〈표 13〉 제조업 내 기업규모별 노동생산성 연평균 증가율   (단위: %)

	1985~1989	1989~1997	1998~2001	1985~2001
1~9인	14.08	7.55	6.89	7.63
10~19인	12.73	8.45	8.55	8.28
20~99인	12.44	8.87	12.07	9.26
100~299인	11.58	10.64	9.33	10.81
300인 이상	8.59	15.41	20.70	13.57
제조업 전체	8.92	11.25	12.47	10.01

자료: KDI(2003), 『한국의 산업경쟁력 종합연구: 통계자료집』.

표 13에 따르면, 1990년 이후 대기업과 중소기업 간 노동생산성 격차에 있어서 매우 중요한 변화가 나타나고 있음을 알 수 있다. 우선 표 13으로부터 1980년대 말까지는 중소기업의 노동생산성 증가율이 대기업 부문에 비해 월등히 높았을 뿐만 아니라 사업체 규모가 작을수록 노동생산성 증가율이 높았음을 알 수 있다. 따라서 이 시기까지는 사업체 규모가 작을수록 노동투입에 따른 생산효율이 높았다고 할 수 있을 것이다. 그러나 1990년대 들어 이러한 추세는 완전히 역전되는데, 즉 1990년 이후부터는 300인 이상 대기업의 노동생산성 증가율이 여타 규모의 중소기업에 비해 월등히 높을 뿐만 아니라 기업규모가 클수록 노동생산성 증가가 큰 것으로 나타나고 있다. 특히 경제위기 이후인 1998~2001년 기간동안에 중소기업과 대

기업 간 이러한 노동생산성 격차는 더욱 크게 확대되고 있다. 이러한 변화를 고려할 경우, 결국 한국경제에 있어서 성장의 주체가 1990년 이후 중소기업으로부터 대기업으로 완전히 전환되었으며, 생산성 측면에서 중소기업에 대한 대기업의 우위가 경제위기 이후 더욱 확고해졌다고 할 수 있을 것이다(차문중, 2004: 264).

그렇다면 1990년 이후 확대된 대기업과 중소기업 간 노동생산성 격차는 어떻게 설명될 수 있을까? 이에 대해서는 이론적으로 두 가지 대답이 가능한데, 첫째는 동일한 산출물을 생산하더라도 노동집약적 방식으로부터 자본집약적 방식으로 생산방식이 전환되는 경우이고, 두 번째는 더 적은 요소투입을 통해 더 많은 산출물을 얻는 경우, 즉 총요소투입(total factor input)의 증가를 통한 성장보다는 총요소생산성(total factor productivity) 증가를 통한 성장으로 성장방식 자체가 전환되는 경우이다.

그러나 첫 번째 방식을 통해 노동생산성이 증가하는 경우는, 예를 들어 자본장비율이 증가하는 경우처럼, 단순히 생산요소의 투입구성에서 노동투입을 자본재 투입으로 대체하는 것에 불과하기 때문에 생산의 효율성을 실질적으로 증가시키는 기술적 변화를 반영하고 있지 않다. 또한 이 경우에는 노동집약적 생산방식을 채택한 기업과 자본집약적 생산방식을 채택한 기업 사이에 노동생산성 격차가 확대되는 것만큼 자본생산성 격차는 줄어들게 된다[18]. 따라서 1990년 이후 대기업과 중소기업간 노동생산성 격차를 확대시킨 실질적 요인을 검토하기 위해서는 두 부문 간 총요소생산성(TFP)의 변화를 검토할 필요가 있다[19].

---

18) 이와 관련해 노동집약적 생산방식과 자본집약적 생산방식이란 용어 자체가 생산의 효율성 차이를 반영하고 있지 않은, 따라서 경제학적으로는 기술적 중립성을 갖는 용어라는 사실에 주의할 필요가 있다. 실제 통계자료를 검토해보면 1990년 이후 자본장비율 변화에 있어서 대기업 부문의 증가율이 중소기업 부문의 증가율보다 훨씬 큰 것으로 나타났다(KDI, 2003: 169). 이러한 결과를 앞의 표 10에서 제시된 기업규모별 종사자 수 비중의 변화와 연관지어 보면, 1990년 이후 대기업 부문이 중소기업 부문에 비해 훨씬 빠른 속도로 자본집약적 생산방식으로 자신의 생산방식을 전환해온 것으로 볼 수 있다. 또한 대기업 부문에서의 이러한 생산방식 전환이 중소기업에 비해 월등히 높은 노동생산성 증가로 나타났다. 한편 부가가치를 기준으로 한 대기업과 중소기업 사이의 자본생산성 변화에 있어서도 1990년 이후 두 부문간 격차가 줄어들고 있을 뿐만 아니라 경제위기 이후에는 대기업이 중소기업의 자본생산성을 추월하고 있는 것으로 나타났다(KDI, 2003: 171). 따라서 대기업 부문의 빠른 노동생산성 증가는 노동력을 기계로 대체하는 단순한 생산방식상의 변화뿐만이 아니라 요소투입 증가를 통한 규모 확장을 중시하는 방식으로부터 총요소생산성을 중시하는 방식으로 성장방식 자체가 변화된 결과라 할 수 있다.

19) 총요소생산성(TFP) 개념은 애초에 Solow(1957)의 연구에서 '솔로우 잔차항(Solow's residual)'으

표 14는 1985~2001년 기간동안의 기업규모별 총요소생산성 증가율을 보여주고 있는데, 우선 제조업 전체로 보았을 때 경제위기 이후의 총요소생산성 증가가 그 이전 시기보다 매우 높은 것으로 나타났으며, 특히 경제위기 이후인 1998~2001년 기간동안에는 총요소생산성 증가의 성장기여도가 69%나 됨으로써 이 기간에는 요소투입량의 증가보다는 생산효율성 제고를 통한 성장이 매우 두드러졌음을 알 수 있다. 이는 1997년 경제위기 이후 부실기업에 대한 구조조정 과정을 통해 1990년대 들어 중화학공업 부문 내 대기업을 중심으로 제조업 부문에 지속적으로 누적되어왔던 과잉중복투자가 해소함으로써 나타난 결과라 해석할 수 있다.

〈표 14〉 제조업내 기업규모별 연평균 총요소생산성 증가율(성장회계방식) (단위: %)

	1985~1989	1989~1997	1998~2001	1985~2001
1~9인	10.60 (45.29)	5.71 (32.98)	7.27 (37.88)	5.75 (36.18)
10~19인	8.48 (32.07)	4.60 (41.90)	8.61 (49.65)	5.13 (37.12)
20~99인	7.05 (30.77)	3.26 (44.48)	10.84 (59.74)	4.60 (40.35)
100~299인	4.93 (32.26)	3.15 (43.70)	7.97 (60.41)	4.29 (44.67)
300인 이상	2.98 (25.43)	5.73 (58.29)	15.21 (86.53)	4.85 (49.73)
제조업 전체	4.14 (27.24)	4.42 (48.06)	11.68 (69.26)	4.33 (41.90)

주: (   ) 안은 총요소생산성 증가의 성장기여도.
자료: KDI(2003), 『한국의 산업경쟁력 종합연구: 통계자료집』.

앞의 표 13에서 보았던 기업규모별 노동생산성 증가 추세에서와 마찬가지로, 표 14의 기업규모별 총요소생산성 증가추세에서도 대기업과 중소기업 사이에 매우 의미 있는 변화가 나타나고 있다. 즉 1980년대에는 대기업보다 중소기업 부문의 총요소생산성 증가율 및 성장기여도가 현저하게 높았으나, 1990년 이후에는 이러

로 정의된 개념이며 성장회계방정식의 경제성장률에서 노동투입 증가의 기여도와 자본투입 증가의 기여도를 제외한 나머지로 계산된다. 따라서 이는 경제성장분 가운데 생산요소투입의 증가로는 설명되지 않는 기술진보 및 생산효율성의 실질적 증가를 통한 성장분으로 해석된다. 이와 관련해서는 Thirlwall(1989: 68-76)을 참고.

한 추세가 완전히 역전되었다. 특히 경제위기 이후인 1998~2001년 기간동안에는 이러한 역전추세가 매우 크게 나타나고 있다. 이는 곧 1980년대까지 제조업 내 대기업은 주로 요소투입량 증가를 통한 규모확장에 의존한 성장방식을, 반면에 중소기업은 생산성 증가에 기초한 성장방식을 고수해왔다면, 1990년 이후에는 성장방식상의 이러한 추세가 완전히 역전되어 중소기업보다는 대기업이 오히려 생산효율성 증가에 의존하는 성장패턴을 보여주고 있다. 특히 경제위기 이후 대기업과 중소기업 사이의 이러한 성장패턴 변화는 극적일 정도로 매우 두드러지게 나타나고 있다. 이것은 곧 경제위기 이후 대기업 부문이 자신의 성장방식을 규모확장을 통한 기존의 방식으로부터 최소투입을 통해 최대산출을 얻고자 하는 방식으로 빠르게 전환하고 있음을 보여준다.

요약하면, 1990년대 이후 대기업 부문의 노동생산성이 중소기업 부문을 압도할 수 있었던 주된 요인은 노동력을 기계로 대체하는 자본집약적 생산방식으로의 전환과 요소투입보다는 총요소생산성 증가에 의존하고자 하는 성장방식상의 전환이 동시에 작용한 결과라 할 수 있다. 특히 경제위기 이후에는 대기업 부문에서 진행된 총요소생산성에 의존한 성장방식상의 전환이 중소기업과의 노동생산성 격차를 확대한 주된 요인이었다. 이러한 점은 다음과 같은 중요한 사실을 시사해주고 있다.

첫째, 1990년대 이후 대기업 부문에서 진행된 자본집약적 생산방식으로의 전환과, 특히 경제위기 이후 나타나고 있는 성장방식상의 전환은 1990년 이후 대기업 부문에서 두드러진 대규모 노동력 방출과 고용흡수력 둔화의 원인을 잘 설명해주고 있다. 따라서 당분간은 대기업 부문의 성장이 고용의 증가로 이어지기는 매우 어려울 것으로 예상된다.

둘째, 경제위기 이후 대기업 부문에서 두드러지고 있는 총요소생산성을 중심으로 한 성장방식상의 전환이 생산기술상의 새로운 진보를 반영한 현상으로서 앞으로 한국경제의 주된 성장방식으로 정착될지는 여전히 미지수이다. 왜냐하면, 대기업 부문에서 나타나는 이러한 성장방식상의 전환이 경제위기 이후의 저투자 현상 및 중소기업 부문의 비효율성 증가와 동시에 나타나고 있기 때문이다. 즉 대기업 부문에서 관찰되고 있는 성장방식상의 전환과정은 경제전체의 일반적 현상이 아닌 대기업 부문에서만 나타나고 있는 매우 예외적이고 불균형적 현상이며, 따라서 이

러한 현상은 대기업 부문에 집중되었던 기존의 과잉중복투자를 해소하면서 기존
생산시설의 효율성을 최대한 높이고자 하는 과정에서 나타난 일시적 현상일 가능
성이 높다. 즉 경제위기 이후 대기업 부문에서 두드러진 총요소생산성의 증가현상
은 투자규모 및 고용규모의 감소를 전제로 한 단순한 비용절약적 구조조정의 성격
을 반영한 결과일 가능성이 매우 높다.

3. 경제위기 이후 산업구조 변화의 문제점

1) 산업연관의 약화와 경제적 성과의 양극화

1990년대 들어, 특히 경제위기 이후 한국경제의 구조변화에서 나타난 가장 큰
문제점은 성장률 및 성장기여도, 노동생산성 등과 같은 경제적 성과가 산업별, 기
업규모별로 양극화되어 나타나고 있다는 점이다. 그러나 경제위기 이후 더욱 심화
된 불균형적 성장과정이 단순히 경기순환상의 일시적 현상이거나 경제위기 이후
의 구조조정과정에서 불가피하게 나타난 과도기적 현상이 아니라 경제의 수출의
존도가 높아지면서 나타나게 된 구조적 문제라는 데 그 심각성이 있다. 우선 국내산
출물에 대한 최종수요에서 내수와 수출이 차지하는 비중을 살펴보면 표 15와 같
다.

〈표 15〉 최종수요에서 내수와 수출의 비중변화 (단위: %)

	1990	1992	1994	1996	1998	2000	2001
내수	70.6	72.1	72.0	70.1	54.3	54.7	57.2
수출	29.4	27.9	28.0	29.9	45.7	45.3	42.8

주: 내수=(최종소비지출+총고정자본형성) - 수입
자료: 한국은행(각년도), 『국민소득계정』으로부터 계산.

표 15에 따르면, 경제위기 이후 국내산출물에 대한 수요 가운데 수출이 차지하
는 비중이 급격히 증가하고 있음을 알 수 있다[20]. 경제위기 이후 국민경제에서 내

수산업보다는 수출산업의 비중이 급격히 높아진 가운데, 앞의 표 4에서 보았듯이, 제조업 내에서도 반도체 단일품목의 수출비중이 2000년 현재 12%에 이르는 등 수출성과 또한 제조업 내 몇몇 조립가공산업에 집중되고 있다. 따라서 경제위기 이후 산업간 경제성과의 격차가 확대되면서 불균형적 성장과정이 심화되고 있는 현상은 기본적으로 수출산업과 내수산업의 불균형에서 비롯된 것이라 할 수 있다.

이처럼 국민경제에 있어서 수출부문의 비중이 증가하게 된 요인으로는 우선 경제위기 이후 불황국면이 지속됨으로써 내수를 구성하는 소비와 투자가 급격하게 위축된 것을 하나의 주요요인으로 꼽을 수 있다. 표 15에서 알 수 있듯이, 경제위기 직후인 1998년에 30%에서 45.7%로 수출비중이 갑작스럽게 증가한 것은 바로 불황에 따른 내수의 위축이라는 경기순환적 성격을 반영한 것이라고 할 수 있다. 그러나 경제위기 이후의 내수부문 침체와 수출부문의 확대는 단순히 경기순환적 요인만이 반영된 결과로 볼 수 없으며, 오히려 경제위기 이후 내수부문과 수출부문 사이의 국민경제적 연관성을 약화시키는 구조적 요인들이 보다 강하게 작용한 결과로 볼 수 있다. 경제위기 이후 매우 뚜렷하게 나타나고 있는 이러한 구조적 요인들 몇 가지를 꼽아보면 다음과 같다.

첫째, 여타 산업은 물론 수출을 통해 성장을 주도하고 있는 산업 내에서도 경제성과와 투자가 괴리되는 현상이 구조화되고 있다. 다음의 표 16은 제조업 내 주요 업종별 유형자산 증가율을 보여주고 있는데, 유형자산에 대한 투자는 장기간에 걸쳐 기업에 이익을 발생시키는 고정자산에 대한 투자일 뿐만 아니라 기업의 성장잠재력을 보여주는 투자지표가 된다.

표 16에 따르면, 1990년대 중반까지 제조업 내 대부분의 업종에서 비교적 높은 유형자산 증가율을 보여주고 있으나 경제위기 이후에 유형자산증가율이 현저하게 감소하는 추세를 보이고 있다. 특히 2001년과 2002년에는 제조업 전체의 유형자

---

20) 한편 국내산출물에 대한 내수 가운데 소비와 투자(총고정자본형성)가 차지하는 비중의 변화는 다음과 같다.

	1990	1992	1994	1996	1998	2000	2001
소비	62.7	63.3	64.2	64.2	68.8	70.3	72.1
투자	37.3	36.7	35.8	35.8	31.2	29.7	27.9

이를 통해 내수에 있어서 투자의 비중은 지속적으로 감소해왔으며, 특히 경제위기 이후 크게 감소하고 있음을 알 수 있다.

<표 16> 제조업 내 주요업종별 유형자산 증가율 (단위: %)

	1992	1994	1996	1998	2000	2001	2002
섬유의복	8.84 (9.25)	12.21 (18.10)	12.33 (5.37)	20.49 (-1.92)	11.78 (5.88)	-7.57 (-0.98)	-5.87 (-2.14)
화학제품	15.25 (18.04)	9.67 (18.28)	14.96 (8.49)	11.61 (4.13)	2.61 (23.74)	4.86 (10.58)	-3.36 (6.27)
일차금속	8.25 (21.60)	10.34 (17.68)	28.00 (-4.70)	15.84 (2.07)	-9.65 (16.33)	-0.62 (-0.01)	-1.61 (7.39)
금속제품	25.27 (32.99)	17.19 (23.72)	17.69 (13.20)	-4.80 (-16.29)	8.15 (10.95)	-7.55 (-6.61)	3.01 (11.54)
일반기계	24.66 (30.15)	45.62 (25.43)	6.06 (16.50)	18.92 (-15.58)	-12.85 (11.14)	-5.76 (-11.96)	-4.59 (1.60)
반도체	7.38 (35.45)	46.87 (45.69)	56.21 (-3.58)	15.84 (33.97)	5.00 (31.97)	-22.60 (-37.74)	-15.06 (-7.49)
전자부품	13.44 (19.43)	22.80 (27.80)	17.52 (16.74)	30.34 (0.91)	22.97 (13.18)	6.49 (-1.17)	0.26 (17.26)
IT기기	12.26 (14.76)	21.97 (33.55)	26.67 (5.16)	9.14 (8.68)	21.96 (27.79)	2.57 (-6.48)	13.59 (33.34)
가전기기	20.27 (26.35)	31.53 (20.05)	6.85 (9.66)	-5.76 (-12.27)	22.68 (56.69)	4.01 (10.63)	2.45 (3.93)
자동차	17.27 (16.99)	17.51 (27.83)	30.02 (15.66)	16.92 (-22.50)	-9.87 (20.82)	-1.85 (10.85)	-16.77 (12.47)
제조업 전체	13.14 (20.90)	14.55 (19.82)	21.45 (9.99)	17.67 (-1.67)	0.88 (18.85)	-2.07 (0.65)	-3.66 (9.12)

주: (   ) 안은 매출액 증가율.
자료: KDI(2003), 『한국의 산업경쟁력 종합연구: 통계자료집』.

산증가율이 負(ㅡ)의 값을 나타냄으로써 이 시기에는 오히려 유형자산의 규모 자체가 줄어들었음을 알 수 있다. 이러한 사실은 최근 심화되고 있는 제조업 내 설비투자의 부진현상을 분명하게 보여주고 있다.

제조업 내 대부분의 업종에서 유형자산증가율은 매출액 증가율과 밀접한 연관성을 갖고 있는 것으로 나타났으나, 2000년 이후에는 매출액이 비교적 큰 폭으로 상승한 업종에서도 유형자산증가율이 매출액 증가율에 훨씬 못 미치거나 負(ㅡ)의 값을 나타냄으로써 이 시기를 전후해 경제적 성과와 투자의 괴리현상이 더욱 심화되면서 구조화되고 있음을 알 수 있다. 이처럼 경제위기 이후 신규투자보다는 기존의 생산시설을 활용하여 매출을 극대화하고자 하는 경향이 강화됨으로써 전기전자 및 자동차와 같은 수출주도 산업의 상대적 호황에도 불구하고 이들 부문의 경제적 성과가 투자증대를 통한 내수의 증가로 이어지지 않고 있다. 이는 내수부문과 수출부문 사이의 경제적 연관성을 약화시킬 뿐만 아니라 장기적으로 제조업 전체의 성장잠재력 및 경쟁력을 약화시키게 될 것이란 점에서 매우 우려되는 현상이라 할 수 있다.

둘째, 경제위기 이후 제조업 부문에서 대량의 노동력 방출이 있은 후 고용수준이 경제위기 이전 수준을 회복하지 못하고 있으며, 특히 수출산업의 호황에도 불구하고 이들 부문에서 고용이 창출되지 못함으로써 수출실적의 증가가 고용확대를 통한 내수부문의 소비증가로 이어지지 못하고 있다. 경제위기 이후 수출을 주도하고 있는 산업들 가운데 특히 IT기기와 자동차 부문은 제조업 내 다른 부문들에 비해 월등히 높은 성장률 및 수출증가율을 실현했음에도 불구하고 고용흡수력은 크게 감소했는데, IT기기 부문의 경우 2001년 현재 고용수준이 1985년 수준에 미치지 못하고 있으며 자동차 부문의 경우에도 2001년 현재 고용수준이 1994년 수준에 미치지 못하는 실정이다. 또한 성장잠재력이 지속적으로 감소하고는 있으나 수출에서 여전히 높은 비중을 차지하고 있으며 수출률 또한 매우 높은 섬유의복산업에서는 경제위기 이후 무려 10만 여개의 일자리가 사라졌다(KDI, 2003: 85-9).

이처럼 제조업 내 수출주력산업에서 고용흡수력이 둔화되고 대량의 노동력이 방출됨으로써 경제위기 이후 수출산업의 호황에도 불구하고 내수부문의 소비가 확대되지 못하고 있다. 이것은 곧 수출확대가 과거처럼 국내고용의 확대로 이어지지 못할 것이며, 따라서 고용 및 소비의 확대를 매개로 한 수출부문과 내수부문의 경제적 연관성, 혹은 수출부문의 실적이 내수부문의 실적으로 확산되는 부문간 적하효과(trickle-down effect)가 앞으로 계속 약화될 것임을 시사하고 있다[21].

셋째, 경제위기 이후 경공업 부문과 중화학공업 부문 내에서 섬유의복, 철강금

---

21) 이와 같은 수출산업과 내수산업 간 연관성 약화와 제조업 부문에서의 고용흡수력 둔화 등이 최근 대두되고 있는 '서비스산업 주도 성장론(service-led growth)'의 주요한 현실적 근거가 되고 있다. 그러나 이러한 주장들 대부분이 현재 한국에서 제조업과 서비스업 간 산업적 연관성이 매우 낮은 현실을 고려하지 않은 채 서비스산업의 독자적 성장을 상정하고 있다. 따라서 이들 주장 대부분은 과연 서비스산업의 확대 동인을 어디에서 찾아야 하는지에 대해서는 매우 모호한 태도를 갖고 있다. 이러한 관점에서 보자면, 서비스산업의 성장을 모색하는 것은 결국 제조업과 서비스업 간 산업적 연관성을 높이는 문제로부터 출발하여야 하며, 현재 수출부문에 과도하게 의존하는 불균형적 성장과정이 지속되고 있는 한국적 현실을 고려할 때 이러한 문제는 단지 서비스산업에만 국한되는 문제가 아니라 결국 전체 산업의 연관성을 고도화하는 문제라고 할 수 있다.

속, 기계 등 전통산업의 성장잠재력이 빠르게 소진되고 있는 가운데 전기전자 등 신성장 산업 내의 특정 업종만 두드러진 성장을 보이고 있으며, 특히 신성장 산업 내에서도 조립가공업종의 성장률은 높게 나타나고 있지만, 기술력에 기초한 부품소재산업은 여전히 성장이 정체되어 있는 상태이다. 따라서 경제위기 이후 조립가공산업에서의 수출증가가 부품소재산업의 성장을 이끌지 못함으로써 수출부문과 내수부문의 연관성을 더욱 약화시키는 요인으로 작용하고 있다.

표 17을 보면, 1990년 이후 소비재 부문을 제외한 제조업 전업종에서 수입의존도가 높아지면서 국산화율은 감소하고 있으며, 경제위기 이후 이러한 추세가 더 강화되고 있음을 알 수 있다.

이는 곧 경제위기 이후 산업간 연관성이 보다 약화되고 있음을 보여주고 있다. 특히 수출을 통해 경제위기 이후 성장을 주도하였던 전기전자 부문의 경우 수입의존도가 크게 증가한 반면 국산화율은 크게 감소하고 있는 것으로 나타났는데, 따라서 경제위기 이후 중화학공업 부문 내 조립가공산업을 중심으로 한 수출의 증가가 부품소재산업의 성장을 이끌지 못하고 있음을 알 수 있다.

〈표 17〉 산업별 수입의존도와 국산화율의 변화 (단위: %)

	전산업	제조업	소비재	기초소재	조립가공	(전기전자)
1990	10.8 (81.2)	18.0 (75.3)	13.7 (81.6)	23.1 (68.9)	18.0 (74.0)	23.8 (67.1)
1995	10.9 (80.4)	18.0 (73.8)	14.7 (78.8)	20.9 (70.3)	17.5 (74.1)	23.3 (64.9)
2000	13.7 (77.0)	21.8 (70.0)	12.8 (82.1)	26.4 (63.8)	23.1 (68.4)	32.4 (55.4)
일본 (1993)	2.8 (94.3)	5.1 (92.0)	5.5 (91.0)	8.1 (86.9)	2.3 (96.6)	3.4 (94.8)

주: 수입의존도=중간재수입액/총투입액×100
( ) 안은 국산화율(=국산중간재액/중간투입액×100)
자료: 한국은행(1995, 2000), 『산업연관분석개요』, 이덕재(2004: 145)에서 재인용.

지금까지 살펴본 것처럼 경제위기 이후 한국경제에 있어서 경제성과와 투자의 괴리, 노동을 배제하는 성장방식의 전환, 조립가공산업과 부품소재산업 간 산업연관성의 약화 등으로 인해 수출증가가 투자 및 소비의 증가로 확산되지 못하는 수출부문과 내수부문 간 괴리가 심화되고 있다. 따라서 경제위기 이후 한국경제의 대외적 연관성은 심화된 반면 대내적 연관성은 약화되었다고 할 수 있으며, 그 결과 경제적 성과가 수출을 중심으로 한 특정 조립가공산업에만 집중되는 등 경제성과의 양극화가 한국경제에 구조화되어 나타나고 있다.

2) 고용 없는 성장의 구조화와 임금의 양극화

1997년 위기 이후 경제성과와 투자의 괴리뿐만이 아니라 경제성과와 고용의 괴리 또한 심각하게 진행되고 있다. 즉 성장률이 높은 부문에서 방출된 노동력이 성장률이 낮거나 정체된 부문에 집중되고 있다는 점이 경제위기 이후 고용구조 변화의 일반적 추세라 할 수 있다. 경제성과와 고용 사이에 나타나는 이러한 괴리는 경제위기 이후의 구조조정 과정과 관련해 다음의 두 가지 시사점을 주고 있다.

첫째, 경제위기 이후 제조업을 중심으로 경제성과가 빠르게 개선되고 제조업 내 주요업종에서 총요소생산성(TFP)의 성장기여도가 높아지게 된 것은 기업들이 투자와 고용을 유지한 채 생산조직의 혁신을 통한 高진로(high road) 전략을 추구했기 때문이 아니라, 투자 및 고용의 축소를 통한 비용절감 위주의 低진로(low road) 전략을 추구했기 때문인 것으로 볼 수 있다.

둘째, 경제위기 이후 비용절감을 중심으로 한 低진로 성장전략의 추구는 제조업을 위주로 기업의 경제적 성과 및 수익성 개선에는 도움이 되었지만, 대규모 노동력이 방출된 부문과 방출된 노동력이 집중될 수밖에 없는 부문 사이에 노동생산성 및 수익성 격차와 지급여력 격차를 야기함으로써 임금의 양극화를 초래하였다[22]. 현재 이러한 임금의 양극화는 제조업과 서비스산업 사이에, 그리고 제조업 내에서도 대기업과 중소기업 사이에 매우 심각한 수준으로 진행되고 있다[23]. 표 18은 경제

---

22) 이와 관련해서는 유철규(2005)를 참고. 유철규는 경제위기 이후 비용절감 중심의 기업구조 조정과정이 한국기업의 고비용구조 해소에는 도움이 되었지만, 산업 및 기업간 경제적 잉여의 집중현상 및 임금의 양극화를 낳음으로써 국민경제의 순환과정에서 산업 및 고용연관을 통한 경제적 잉여의 환류 메커니즘이 파괴되었다고 보고 있다. 결국 그에 따르면 경제위기 이후 나타나고 있는 고비용구조의 해소와 임금의 양극화는 동전의 양면과도 같은 것이다.

23) 임금수준이 전체 평균임금의 2/3에 미치지 못하는 저임금 노동자 비중은 2001년 23%에서 2004년 26%로 증가하여 OECD 회원국 중 최고수준을 기록하고 있으며, 2000년과 2004년을 비교할 경우 대기업 대비 중소기업의 임금수준은 65%에서 60%로, 정규직 대비 비정규

위기 이후 근로자 수 500인 이상의 대기업과 10인 이하의 중소기업 사이에 임금 격차가 매우 큰 폭으로 확대되어왔음을 잘 보여주고 있다.

〈표 18〉 기업규모별 임금수준 및 임금격차 (단위: 천원, %)

	2000	2001	2002	2003
5~10인(A)	1,274 (6.8)	1,344 (5.5)	1,466 (9.1)	1,543 (5.2)
500인 이상(B)	2,195 (8.7)	2,313 (5.4)	2,718 (17.5)	3,043 (11.9)
임금격차(A/B)	58.0	58.1	53.9	50.7

주: (   ) 안은 전년동기 대비 임금증가율.
자료: 노동부(각호), 『매월노동통계조사보고서』, 조성재(2005: 14)에서 재인용.

경제위기 이후 제조업 내 대기업과 중소기업 사이에 진행되어 온 임금격차의 확대는 경제위기 이후 대기업이 비용절감 위주의 대규모 구조조정을 통해 수익성 및 지급여력을 크게 개선시킬 수 있었기 때문에 나타난 현상이라 할 수도 있으나, 보다 본질적으로는 1980년대 이후 대기업과 중소기업 사이에 구조화된 하도급 관계와 경제위기 이후 비정규직의 확산을 초래한 노동시장의 계층성 심화를 통해 대기업의 비용상승 요인을 중소기업 부문으로 전가하거나 우회할 수 있었기 때문에 나타난 현상으로 보아야 한다. 따라서 대기업과 중소기업 사이의 임금격차 확대는 대기업 부문의 수익성 개선에 따른 결과라기보다는 오히려 대기업이 외부의 저임금 노동력을 활용함으로써 경제위기 이후 자신의 수익성을 개선시킬 수 있었던 하나의 조건이었다고 할 수 있을 것이다[24].

한국경제에 있어서 대기업과 중소기업 사이의 하도급 관계는 1970년대 이후 본

직의 임금수준은 51%에서 48%로, 근로자 임금 대비 자영업자 소득 비율은 120%에서 92% 로 감소하였다(한겨레신문, 2005년 9월 21일).
24) 실제 대기업과 중소기업 사이의 매출액영업이익률 격차를 살펴보면 최근 진행되고 있는 임금의 양극화를 대기업과 중소기업 간 지급여력의 차이로 설명할 수 있을 만큼 경제위기 이후 어떤 유의미한 변화를 보이고 있지는 않다(KDI, 2003; 조복현, 2004). 이것은 곧 대기업과 중소기업 간 수익성 격차가 임금의 양극화를 낳은 것이 아니라, 반대로 기업규모에 상관없이 노동시장의 계층성 심화를 통해 일부 핵심 노동력의 고용 및 고임금을 보장하되, 다른 한편 으로는 중층적 하청관계를 이용한 외주확대를 통하여 광범위하게 존재하는 저임금 노동력 을 활용하고자 하는, 노동에 대한 포섭과 배제의 이중전략이 경제위기 이후 기업수익 창출을 위한 중요한 모델로 정착됨으로써 임금의 양극화가 나타나게 된 것이라 할 수 있다. 이와 관련해서는 조성재(2005)를 참고.

격화된 중화학공업화 과정에서 수출경쟁력 확보를 위한 부품, 소재의 안정적 확보가 필요했던 재벌계 대기업의 요구와 기술적 토대가 취약한 중소기업에게 안정적 시장을 확보해줌으로써 이들을 보호, 육성하기 위한 국가의 정책적 의도가 일치함으로써 형성되고 고착화된 거래관계의 집합이다(조성재, 2005: 25). 과거 중화학공업 부문을 중심으로 한 고도성장기에는 이러한 하도급 관계를 매개로 대기업-중소기업 간 협력관계가 강화될 수 있었으며, 따라서 수출을 주도했던 중화학공업 부문 대기업의 경제적 성과가 중소기업과 일정정도 공유될 수 있었다.

그러나 현재 중소기업 부문에서 하도급 및 수탁거래의 비중은 지나치게 높아져서 제조업 중소기업 가운데 약 2/3가 다른 기업의 위탁을 받아서 경영활동을 전개하고 있으며, 수탁거래에 따른 매출액이 제조업 내 중소기업 매출액의 절반을 차지하고 있다(조성재, 2005: 5). 또한 하도급 및 수탁거래의 형태에 있어서 1차 하도급 업체의 비중은 줄어들면서 2, 3차 하도급 업체의 비중이 증가하는 하도급 관계의 중층화가 진행되고 있으며, 이러한 중층화의 진행에 따라 완제품보다는 단일부품 및 중간제품의 납품비중이 증가하고 있다. 그럼에도 불구하고 최근 10여 년 동안 위탁(대)기업의 수탁(중소)기업에 대한 기술지원, 설비대여, 자금지원, 원자재 제공 등은 감소해왔으며, 반대로 납품단가 인하에 대한 요구는 강화되어 온 것으로 나타났다(조성재, 2005: 6-10). 이것은 결국 경제위기 이후 대기업과 중소기업 사이에 과거와 같은 협력적 관계는 약화되면서 대기업의 수요독점적 수탈이 강화되어왔음을 의미하며, 이러한 추세는 최근 대기업의 해외조달(global sourcing)이 확대되면서 더욱 강화되는 경향을 보이고 있다.

이처럼 경제위기 이후 대기업 부문의 수익성이 크게 개선될 수 있었던 데에는 대기업을 정점으로 한 중소기업과의 수직적 하청계열화 구조가 핵심적으로 작용하고 있었다고 할 수 있다. 이러한 수직적 하청계열화 구조를 통해 대기업은 자신의 기존 생산설비를 최대한 활용하면서 신규투자의 부담을 중소기업에 전가할 수 있었으며, 또한 대규모의 노동력 방출과 더불어 중소기업 부문에 존재하는 광범위한 저임금 노동력을 활용함으로써 생산적 유연성 및 수익률 모두를 제고시킬 수 있었던 것이다.

한편 중소 하도급업체들 또한 납품단가 동결 및 인하에서 비롯되는 수익성 악화를 회피하기 위해 재하도급을 통한 외주확대 및 비정규직 노동자를 중심으로 한 저임금 노동력을 적극적으로 활용해왔으며, 이에 따라 중소기업 부문 내에서도 하도급구조가 중층화되면서 비정규직 노동자가 양산되는 결과를 가져왔다. 앞의 표 9와 표 10에서 보았듯이, 제조업 내에서 특히 10인 이하 영세사업장의 비중이 급격히 증가한 것은 경제위기 이후 제조업 내에서 진행된 이와 같은 하도급구조의 중층화가 일정정도 반영된 결과라 할 수 있을 것이다.

최근 공정거래위원회가 발표한 '부당한 납품단가 인하를 방지하기 위한 하도급거래 관련정보공개' 보고서에 따르면, 종업원 1천명 이상인 자동차 산업 대기업의 평균임금을 100으로 했을 때 중소 부품기업의 평균임금은 1996년 61.4%였으나 2002년에는 43%로 급락했으며, 전자산업에 있어서도 중소 도급업체의 월 평균임금은 1996년 대기업 임금의 62.7%에서 2002년 45.6%로 떨어졌고, 조선산업 하도급 기업의 임금도 같은 기간동안 대기업의 75%에서 61.1%로 떨어진 것으로 나타났다(한겨레신문, 2005년 9월 7일). 또한 하도급 단계가 1차에서 2차, 3차로 내려갈수록 중소기업 노동자들의 임금이 최저임금 수준으로까지 떨어지는 등 저임금 수준이 심각한 것으로 나타났으며, 이러한 저임금의 심화는 대부분 납품단가 동결에 따른 것으로 나타났다. 이에 따라 자동차, 전자, 조선 등 주요 제조업종 내 대기업들은 2001~2003년 기간동안 당기순이익률이 크게 높아지는 등 경영성과가 개선되었지만, 이들과 거래하는 중소 하청기업들은 오히려 당기순이익률이 감소하면서 경영난을 겪고 있으며, 대기업 사내하청을 중심으로 비정규직 또한 크게 증가하고 있는 것으로 나타났다.

지금까지 살펴본 바에 따르면, 경제위기 이후의 구조조정은 주로 대기업을 중심으로 투자 및 고용규모를 줄이면서 매출을 극대화하고자 하는 비용중심의 구조조정이었으며, 그 과정에서 수직적 하청계열화를 통해 구축된 중소기업에 대한 수요독점적 수탈구조와 대기업 외부에 광범위하게 형성된 저임금 노동력의 활용이 매우 핵심적 역할을 담당하였다고 할 수 있다. 또한 경제위기 이후 비용중심의 구조조정 과정에서 광범위하게 형성된 저임금 노동력의 존재와 대기업-중소기업 간 임금격차의 확대는 역으로 외주(out-sourcing) 확대를 통한 비용중심의 구조조정 과정을 더욱 정당화하면서 고용질의 악화와 기업간 임금격차를 누적적으로 심화시켜

왔다고 할 수 있을 것이다.

문제는 경제위기 이후 나타난 이러한 추세가 과도기적 현상이 아니라 향후 한국경제의 유력한 성장전략으로 보다 구조화될 것이라는 점이다. 즉 수익률을 중시하는 기업 발전전략의 전환, 대기업을 중심으로 한 해외 생산 네트워크의 구축 및 해외조달의 증가, 그리고 가치사슬(value chain)상 직접적인 생산공정보다는 제품개발 및 마케팅을 중시하고자 하는 경향의 강화 등으로 인해 대기업을 중심으로 노동에 대한 포섭과 배제의 이중전략이 보다 강화될 것으로 예상되며, 따라서 고용 없는 성장의 구조화 및 임금의 양극화는 보다 심화될 것으로 예상된다. 결국 지난 개발연대 이후 한국경제의 기본적 성장전략이었던 수출부문 대기업을 중심으로 한 불균형적 성장모델이, 그러한 성장모델의 핵심적 전제인 적하효과(trickle-down effect)는 배제된 채 보다 극단적 형태로 추구되고 있다고 할 수 있다.

3) '호두까기' 현상의 심화와 새로운 성장동력의 부재

최근 동아시아 분업구조의 변화 속에서 노동집약적 산업을 중심으로 후발 개도국으로부터의 경쟁이 고도화되고 있는 반면 기술집약적이고 자본집약적인 분야에서는 여전히 선진국을 추월하지 못함으로써 양방향으로부터의 경쟁격화가 불가피한 '호두까기(nut-cracking)' 현상이 한국경제의 중요 현안으로 대두되고 있다. 현재 한국과 비교우위를 공유하고 있는 후발 개도국들 가운데 중국경제의 부상이 단연 두드러지고 있으며, 중국의 급성장은 동북아 전체의 분업구조를 바꾸어 놓으면서 한국경제에 기회와 위협 요인 모두를 제공해주고 있다.

특히 2001년 11월 중국이 세계무역기구(WTO)에 정식 가입함으로써 앞으로 세계 수출시장에서 중국의 약진은 더욱 두드러질 것으로 예상된다. 미국 국제무역위원회(ITC), 한국은행, 그리고 대외경제정책연구원 등 주요기관들은 중국의 WTO 가입이 단기적으로는 한국의 對중국 수출을 확대함으로써 무역수지를 개선시키는 효과를 낳게 될 것으로 예상하고 있다(산업자원부, 2002: 7-8). 이는 현재 중국의 비교우위가 경공업 부문에 집중되어 있는 반면에 한국은 주로 중화학공업 부문에 비교우위를 가지고 있기 때문이며, 또한 반도체 및 전자부품 등을 중심으로 중국의 수입구조가 한국의 수출구조와 유사함으로써 양국 간에 높은 무역보완도를 가지고 있기 때문이다. 실제 한국의 제조업 상품만을 대상으로 할 경우 지난 10여 년 동안 중국과의 교역에서 지속적으로 흑자를 기록해왔으며, 특히 2003년부터는 한국의 전체 수출액에서 중국시장이 차지하는 비중이 미국시장의 비중을 추월함으로써 중국은 한국의 최대 수출시장으로 부상하였다.

그러나 한국에 유리한 현재의 분업구조가 장기적으로 지속될 수 있을지가 의문인데, 중국경제는 이미 요소투입 증가에 의존하는 노동집약적 경공업 부문에서 한국의 산업경쟁력을 급격히 잠식하고 있다. 또한 중국 스스로 제10차 5개년 계획(2001-2005)을 통해 중화학공업을 중심으로 한 산업구조의 고도화를 천명하면서 이를 위해 해외직접투자(FDI)의 적극적 유치를 통한 신속한 기술이전을 추진하고 있으며, 전기전자 산업을 중심으로 수입대체 및 수출산업화를 빠르게 추진하고 있다[25]. 따라서 향후 중국의 산업구조 재편과 맞물려 현재 한국의 주력산업군인 전기전자 부문 등에서 중국과의 경쟁격화는 불가피할 것으로 예상된다. 실제 다음의 표 19가 보여주듯이, 제조업 상품을 대상으로 세계시장에서 한국, 중국, 일본 등 동북아 3국의 시장점유율 변화추이를 비교해보면 중국경제의 약진이 매우 두드러지고 있음을 알 수 있다.

〈표 19〉 동북아 3국의 제조업상품 세계시장 점유율 변화추이 (단위: %)

	1992	1993	1994	1995	1996	1997	1998	1999	2000
한국	2.62	2.84	2.83	3.05	3.07	3.05	3.04	3.33	3.71
중국	2.64	2.92	3.40	3.55	3.64	4.22	4.29	4.46	5.21
일본	11.56	12.37	11.76	11.05	10.24	10.01	9.15	9.57	10.05

자료: KDI(2003), 『한국의 산업경쟁력 종합연구: 통계자료집』.

2000년 현재 한국, 중국, 일본 3국의 수출품 구성을 보면, 한국은 IT기기, 반도

25) 실제 1990년대 중반 이후 반도체, 전자부품, IT기기 등을 중심으로 한 전기전자 산업에 있어서 對중국 수출액이 급격히 증가하고 있지만, 반대로 이들 부문에서 중국으로부터의 수입액 또한 급격히 증가하고 있다(『한국의 산업경쟁력 종합연구: 통계자료집』, KDI, 2003). 특히 IT기기의 경우 2000년 이후에는 중국으로부터의 수입액이 수출액을 초과하고 있는 것으로 나타나고 있다. 이는 중국이 다국적 기업으로부터의 적극적인 해외투자 유치를 통해 이들 산업에서 빠르게 경쟁력을 확보해가고 있음을 보여주고 있다.

체, 섬유의복, 화학제품, 중국은 섬유의복 및 IT기기, 일본은 자동차, 일반기계, IT 기기 및 화학제품이 높은 수출비중을 차지하고 있다. 이 가운데 전기전자 부문에서 3국 모두 높은 세계시장 점유율을 보이고 있어 앞으로 이들 산업에서 3국간의 치열한 경쟁이 예상되고 있다(KDI, 2003: 179-184). 특히 중국의 경우에는 섬유의복 부문이 수출에서 차지하는 비중이 크게 감소하기는 하였지만 여전히 세계시장의 20%를 차지하고 있으며, 또한 반도체를 제외한 전기전자 부문의 세계시장 시장점유율이 한국을 추월하여 급속하게 확대되는 추세에 있다.

한편 한국, 중국, 일본 3국의 산업별 비교우위지수를 계산해 비교하고 있는 연구 (KDI, 2004: 257-299)에 따르면, 노동집약적 산업이든 혹은 자본집약적이거나 기술집약적인 산업이든 한국이 비교우위를 갖는 산업에 대해서는 일본, 중국 가운데 적어도 어느 한 나라가 동시에 비교우위를 갖고 있는 것으로 나타났다. 이것은 곧 한국이 비교우위를 갖는 모든 산업에서 중국, 일본과의 경쟁이 불가피함을 의미한다. 이처럼 한국은 비교우위를 갖는 모든 산업에서 중국, 일본과 경합관계를 형성하고 있는데, 최근 들어서는 일본과의 경합관계는 다소 약화되고 있는 반면 중국과의 경합관계는 더욱 심화되고 있는 것으로 나타났다. 이는 1990년대 들어 일본이 자신의 생산시설을 해외로, 특히 중국으로 대대적으로 이전함으로써 특정 산업에 있어서 일본과의 경쟁은 감소하고 중국과의 경쟁은 더욱 격화되었기 때문인 것으로 해석할 수 있다(KDI, 2004: 283).

한편 경제위기 이후 한국의 수출주력산업인 전기전자 산업 등에서 총요소생산성이 빠르게 증가하고 있지만, 이러한 총요소생산성의 증가와 한국-일본의 수출경합도 간에는 거의 0에 가까운 상관계수를 보이고 있는 것으로 나타났다(KDI, 2004: 283-284). 이것은 곧 한국의 수출주력산업들이 총요소생산성의 빠른 증가를 보이고 있음에도 불구하고, 아직은 이를 통해 일본과의 본격적인 경합관계를 형성하지 못하고 있음을 의미한다. 총요소생산성의 증가를 통해 일본과의 경합관계를 형성하는 데 성공한 산업은 자동차와 반도체 정도이고, 나머지 산업들에 있어서 총요소생산성의 증가가 아직은 한국-일본 간 경쟁구도를 본질적으로 변화시킬 수 있을 만큼 진행되지 못한 것으로 평가되고 있다.

그러나 최근 진행되고 있는 동북아 분업구조의 변화가 비단 해외시장에서의 수출경합도 차원에서만 문제가 되고 있는 것은 아니다. 국내 산업연관성 차원에서 보자면, 동북아 분업구조의 변화가 중국을 중심으로 국내기업의 해외투자 급증을 야기함으로써 이른바 '산업공동화(hollowing-out of industry)' 현상을 가속화시킬 가능성이 존재하고 있다.

국내기업의 해외투자는 1990년 10억 달러 수준에서 매년 증가하여 1996년에 65.9억 달러로 최대치를 기록하였으며, 이후 경제위기의 여파 등으로 다소 줄어들기는 하였으나 1999년부터 다시 증가하여 2001년에 62억 달러, 2002년에 52억 달러에 이르고 있다(재정경제부, 2002: 307-309). 이러한 국내기업의 해외직접투자액 가운데, 표 20에서 알 수 있듯이, 중국에 대한 직접투자 비중이 급격히 늘어나면서 2002년 이후에는 미국을 제치고 한국기업의 최대 해외직접투자국이 되었다.

〈표 20〉 미국, 중국에 대한 해외직접투자 동향 (단위: 억 달러, %)

	1998		1999		2000		2001		2002	
	건수	금액	건수	금액	건수	금액	건수	금액	건수	금액
미국	146	12.3	349	18.1	704	13.0	514	18.1	451	13.7
(구성비)	(20.4)	(21.2)	(27.6)	(36.2)	(31.2)	(21.9)	(22.5)	(29.2)	(18.3)	(27.1)
중국	317	9.0	552	4.8	898	9.2	1,116	9.6	1,357	17.2
(구성비)	(44.2)	(15.5)	(43.6)	(9.6)	(39.8)	(15.5)	(48.8)	(15.4)	(55.2)	(34.0)

자료: 재정경제부(2002), 『경제백서』.

한편, 표 21에서 알 수 있는 것처럼, 경제위기 이후 해외직접투자에 있어서 대기업보다는 중소기업의 비중이 투자건수 및 투자액 모두에 있어서 빠르게 증가하고 있는 것으로 나타났다.

〈표 21〉 해외직접투자 가운데 중소기업 비중 변화 (단위: %)

	1998	1999	2000	2001	2002
투자건수	56.8	55.3	64.4	62.8	62.8
투자액	6.8	18.3	60.4	20.6	37.6

자료: 중소기업청(2003), 『중소기업관련통계』.

따라서 경제위기 이후 한국기업의 해외직접투자는 중국에 집중되는 경향을 보이고 있으며, 중국에 대한 이러한 직접투자의 증가는 대기업보다 중소기업이 주도하고 있는 것으로 볼 수 있다. 특히 중소기업의 중국투자는 2002년 한해에만 87%의 증가율을 보이는 등 최근 들어 더욱 가속화되는 경향을 보이고 있다. 업종별로는 전자통신장비와 섬유의복의 비중이 압도적으로 높은데(한국수출입은행, 2004), 따라서 이들 업종의 중소기업을 중심으로 최근 중국에 대한 직접투자가 증가하고 있는 것으로 볼 수 있다.

해외직접투자가 국내 산업연관에 미치는 부정적 효과로는 국내생산 축소 및 공장폐쇄, 해외생산기지로부터의 역수입에 따른 국내생산의 감소, 이로 인한 국내산업의 고용흡수력 둔화 및 실업의 증가 등을 꼽을 수 있다. 물론 해외직접투자의 증가는 국내로부터 부품, 소재 등 중간재 수출을 증가시킴으로써 오히려 국내생산 및 고용을 촉진하는 긍정적 측면도 갖고 있다. 그러나 해외직접투자가 갖는 이러한 긍정적 효과가 발휘되기 위해서는 최종재와 중간재 간 국내의 산업적 연관성이 높아야 한다는 전제조건이 충족되어야 한다. 따라서 전통적으로 핵심부품 및 소재산업이 매우 취약하고 최종재와 중간재 간 산업적 연관성이 높지 않은 한국경제의 현실을 고려해본다면, 최종재 생산을 중심으로 한 최근의 해외직접투자 급증은 오히려 국내의 고용불안을 가중시키며 경제순환구조를 더욱 불안정하게 할 가능성이 높다고 할 수 있다.

실제 2003년도 산업자원부의 '해외직접투자 시 국내공장의 폐쇄여부'를 묻는 조사에 따르면, 노동집약도가 높은 신발가죽, 섬유, 전자통신, 조립금속 등에서는 국내공장의 축소 및 폐쇄에 대한 응답률이 50%를 넘었으며, 반면에 자본집약도가 높은 수송기계, 석유화학, 일차금속 등에서는 국내공장의 축소 및 폐쇄에 대한 응답률이 15%를 밑돌았다(이상호, 2005: 124-125). 이러한 조사결과는 결국 노동집약도가 높은 산업일수록 국내에서의 혁신과 기술개발을 통해 경쟁력을 높이기보다는 저임금 노동력의 활용을 위해 생산거점 자체를 이전하는 것에 보다 강한 유인을 갖고 있음을 보여준다. 따라서 최근 전기통신기기와 섬유의복과 같이 노동집약도가 높은 최종재 산업을 중심으로 한 중국에 대한 직접투자 증가는 국내산업의 고용흡수력을 더욱 둔화시킴과 동시에 중간재 부문의 중소 하청기업의 경영난을 악화시킴으로써 국내산업의 분업적 연관성 자체를 약화시킬 가능성이 매우 높다.

4. 대안적 산업정책 방향에 대한 모색

1) 성장중심에서 고용중심으로 정책의 전환

경제위기 이후 한국경제의 산업구조 변화에서 나타나고 있는 가장 큰 문제점은 산업연관성의 약화와 불균형의 심화라 할 수 있다. 앞에서 이미 살펴보았듯이, 한국경제에 있어서 제조업과 서비스업 사이의 산업간 연관성은 매우 취약할 뿐만 아니라, 제조업 내에서도 경공업과 중화학공업, 조립가공산업과 부품소재산업 간 불균형 및 산업적 연관성의 단절이 매우 심각하게 진행되어 온 것으로 드러났다. 또한 경제위기 이후 대기업과 중소기업 사이의 생산성 격차가 더욱 벌어져서 대기업이 성장을 주도하는 현상이 더욱 심화되었으며, 반면에 대기업의 성장이 중소기업과 공유되지 못하고 오히려 수직적 하청계열화를 통한 수요독점적 지위를 통해 중소기업에 대한 대기업의 수탈구조가 더욱 강화되고 있다.

따라서 현재 한국경제에 요구되는 산업정책의 일차적 과제는 산업의 성장잠재력 확충과 더불어 국민경제 내 산업적 연관성을 높임으로써 경제적 성과가 모든 부문에 걸쳐 확산되고 공유될 수 있는 산업구조를 찾아내고 설계하는 데 있다고 할 수 있다. 이를 위해서는 무엇보다도 극도의 자원제약 하에서 투입대비 산출의 극대화를 지향했던 과거의 성장 중심적 불균형 발전전략으로부터 벗어나 보다 장기적인 관점에서 경제의 균형적 성장을 추구하는 정책적 사고의 새로운 전환이 절실히 필요하다.

우선, 앞에서도 여러 차례 지적되었듯이, 한국은 전통적으로 요소투입의 확대를 통해 성장을 실현해왔으나 1990년대 이후 이미 생산방식 자체가 자본집약적 방식으로 급격히 전환되기 시작하였으며, 경제위기 이후에는 그나마 요소투입의 성장기여도는 하락하고 총요소생산성의 성장기여도는 빠르게 증가함으로써 제조업을 중심으로 고용흡수력이 현저하게 둔화되고 있다. 이러한 현상은 개별산업 혹은 개별기업의 입장에서는 생산의 효율성이 제고되어 가는 과정이므로 그 자체가 부정적인 것이라 할 수는 없다. 그러나 한편으로 바람직스러운 생산방식상의 이러한 변화로 인해 앞으로 특정부문에 집중되는 불균형적인 대규모 투자가 과거처럼 고용의 직접적 증가를 보장하기는 매우 어려울 것이다. 즉 앞으로 투자의 고용유발 효과 자체가 지속적으로 하락할 것으로 예상된다. 따라서 투자를 통해 고용의 안정성을 유지하기 위해서는 특정부문에 대한 대규모 투자보다는 산업의 분업적 연관성을 고도화함으로써 생산의 우회도 자체를 높이는 것이 필요하며, 특히 국내산업의 분업적 연관성을 높임으로써 연쇄적인 투자를 유발할 수 있는 산업적 구조를 창출하는 것이 고용안정을 유지하는 데 더 효과적이라 할 수 있을 것이다.

또한 경제개발초기 농업 부문에 존재하던 대규모 과잉노동력을 단기간 내에 산업노동력화하는 데에는 대규모 투자를 통한 불균형적 발전전략이 유효할 수 있었으나, 산업발전 단계가 이미 성숙기에 접어든 최근의 한국경제에 있어서는 대규모 자본동원을 통해 산업 외부에 존재하는 과잉노동력을 흡수하는 문제보다는 기존 산업구조의 고도화를 통해 자본 및 노동력을 재배치하는 문제가 훨씬 더 중요해졌다. 따라서 산업정책의 목표가 과거처럼 투자의 극대화를 통해 직접적으로 성장을 추동하기보다는 산업연관성 강화와 성장-고용 간 선순환구조의 창출을 통해 국민경제 내의 고용을 안정적으로 유지하면서 동시에 성장잠재력을 지속적으로 확충해가는 것으로 전환되어야 한다.

최근 한국경제의 발전방향과 관련해 많은 논의들이 전개되고 있다. 그러나 이들 논의들 대부분이 한국경제를 둘러싼 경제적 환경 및 기술적 환경의 변화를 강조하면서도 그 해법에 있어서는 여전히 '선택과 집중'을 통한 새로운 산업의 형성과 '따라잡기(catch-up) 효과'만을 강조하고 있어 과거의 불균형적 단기 성장주의로부터 벗어나지 못하는 한계를 보여주고 있다.

대부분의 논의에 있어서 현재 한국경제를 둘러싼 기술적 환경이 기술혁신의 가속화, 기술의 융합화와 복합화, 정보화, 그리고 서비스화 등의 진전과 더불어 지식이 각 경제주체 및 국민경제 전체의 성과와 경쟁력을 결정하는 핵심요소로 되면서 지식의 창출과 확산, 습득과 활용을 통해 경제주체들이 혁신능력을 배양하고 이러한 능력이 성장의 기반을 이루게 되는 지식기반경제 혹은 디지털경제로 이행하고 있는 것으로 인식되고 있다(재정경제부, 1999; KDI, 2000; 산업자원부, 2001; KIET, 2001; 이건우, 2001). 또한 경제적 환경에 있어서는 서비스 및 기술집약적인 상품의 교역증가, 해외직접투자의 중요성 증가, 금융의 세계화, 지역주의의 강화, 그리고 중국경제의 부상 등이 중요한 변화로 강조되고 있다.

이러한 인식에 기초해 정부는 '10대 차세대 성장동력'을 선정해 앞으로 중점 육성할 계획을 발표하기에 이른다26). 그러나 이러한 전략의 추진과정에서 선진국과의 자원격차, 시장경제 시스템의 열위를 의미하는 제도격차, 기초과학기술 축적의 미비에 따른 지식격차, 경제내부의 제도 및 조직의 혁신동력이 약한 혁신격차 등이 취약점으로 지적되고 있으며, 특히 이 가운데 전통적인 국가간 불균등 성장의 요인이었던 자본격차보다는 '지식격차'와 '혁신격차'가 앞으로 지식기반경제로의 이행과정에서 보다 중요하게 작용할 것으로 예상되고 있다(KDI, 2000: 59). 이에 따라 앞으로 한국경제는 경제의 전부문에 걸쳐 개방화 및 시장경제의 운용원리를 전면적으로 수용하면서, 고학력 기술, 교육인력 등 국내 지식혁신기반을 계속 제고해 나감으로써 기초연구 등 최선도 지식혁신활동이 국내에서 확대 재생산될 수 있는 세계경제의 혁신중심지의 하나로 발전해 나가야 한다는 것이다.

그럼에도 불구하고 현재 한국과 선진국 간의 제도격차, 지식격차, 혁신격차는 단기간 내에 추월하기에 그 격차가 너무 크고, 따라서 단기간 내에 이를 좁힐 수 있는 유일한 방법은 선진 다국적 기업의 직접투자를 적극적으로 유치함으로써 한국을 외국 선도기업들의 중, 고위 기술과 품목 개발을 위한 아시아 생산기지 내지 지역기술센터로 자리매김할 수 있도록 입지조건을 강화하는 전략이 필요하다는 것이다(KDI, 2000: 97; 2003: 24). 이 과정에서 중요한 것은 다국적 기업의 유치에 있어서 중국과의 입지경쟁이라 할 수 있는데, 향후 10년 내에 중국이 체제안정기에 도달하기 전까지 다국적 기업의 유치에 있어서 한국의 입지적 경쟁력을 확고히 하는 것이 중요하며, 이를 위해서도 지역혁신체제, 국가혁신능력, 산업클러스터의 조

---

26) 정부는 2003년 8월 22일 디지털 TV-방송, 디스플레이, 지능형 로봇, 미래형 자동차, 차세대 반도체, 차세대 이동통신, 지능형 홈네트워크, 디지털 콘텐츠, SW솔류션, 차세대 전지, 바이오신약-장기 등 10대 분야와 산하 기술품목을 선정 발표하고 이를 향후 성장동력으로 육성할 계획을 발표하였다. 이러한 품목의 자세한 선정과정에 대해서는 『국가기술지도 1단계: 핵심기술도출』(대한민국 정부, 2002)을 참고.

성 등 내부혁신역량을 배양하는 것이 현시점에서 매우 중요한 것으로 지적되고 있다. 이를 통해 궁극적으로 미래 한국경제의 위상을 지경학적 요인을 최대한 활용한 동아시아 경제권의 물류, 유통의 거점 내지 동아시아의 혁신거점으로 자리매김하고 있다(재정경제부, 2001: 150). 또한 다국적 기업의 유치는 단기적으로는 국내 대기업의 투자위축에 따른 한국경제의 성장동력 약화를 상쇄하면서 고용기반을 유지하는 데에도 필수적이라는 것이다.

이처럼 한국경제의 발전전략으로서 외국자본 유치를 위한 입지전략을 구사하는 것은 앞으로의 한국경제 진로와 관련해 한 가지 대안으로서 충분히 고려할 만한 가치가 있는 것이다. 또한 자본의 이동이 훨씬 자유로워진 지금 외국자본의 유치가 국내고용의 유지에 기여할 수 있다는 것 또한 분명하다. 그러나 이러한 발전전략이 중, 단기적으로는 모르겠으나 현재 나타나고 있는 한국경제의 구조적 문제들과 관련해 장기적으로 바람직한 것이며, 궁극적으로는 지속가능한 전략인지에 대해서는 의문을 갖지 않을 수 없다.

첫째, 앞에서 소개한 발전전략들은 한국과 선진국 간의 자본격차, 지식격차, 혁신능력 격차 등에 대해서는 주목하면서도 한국경제 내부에 존재하는 산업간, 부문간, 기업간 불균형과 격차에 대해서는 지나치게 무관심하다. 최근 한국경제가 당면한 현실을 고려해볼 때, 경제를 둘러싼 외적 조건의 변화를 수용하는 일 못지않게 과거 개발연대 이후 고착화되어 온 한국경제 내부의 불균형적 구조를 시정하는 일이 무엇보다 시급하다고 할 수 있다.

둘째, 최근 한국경제 내부로부터 양극화와 불균형의 문제가 심화되고 있는 것은 1990년대 이후 산업구조 재편에 대한 장기적 전망과 전략적 대안 없이 개방화와 자유화를 무조건적으로 추종한데 따른 결과이다. 따라서 대외개방 및 자유화 그 자체가 한국경제에 누적되어 온 구조적 문제점들을 일거에 해결주지는 않는다는 것을 과거 10여년의 경험은 잘 보여주고 있다. 따라서 개방화와 자유화는 한국경제의 발전방향과 관련해 중요하게 고려해야 할 조건에 불과할 뿐 그 자체가 유일한 대안이 될 수는 없다.

셋째, 최근 정부의 일각에서 제시되고 있는 발전적 대안들은 외자유치를 위한 수동적 입지전략 만을 추구하고 있을 뿐 국내자본의 해외진출과 그에 따른 한국경제의 외연확대에 대비하기 위한 능동적 입지전략을 적극적으로 사고하고 있지 못하다. 최근 일부 노동집약적 산업에서 해외진출이 두드러지고 있으며, 특히 장기적으로 북한경제권과의 통합가능성 등을 고려해본다면, 현재 한국경제는 국제분업구조에 수동적으로 편승해왔던 지난 개발연대 시기의 수준과는 다른 외연확대의 기점에 서있다고 할 수 있다. 이러한 관점에서 보자면, 한국경제의 위상은 더 이상 최종재의 조립생산기지로서가 아니라 국내자본의 외연확대에 따른 중간재의 공급기지로 전환되어야 하며, 이를 위해서는 새로운 산업의 창출 못지않게 기존의 산업구조 및 주력품목의 구성을 중간재 및 부품소재산업 중심으로 재편하려는 실질적 노력이 무엇보다 중요하다고 할 수 있을 것이다.

국내자본의 외연이 확대되고 있는 최근의 경향성은 한국경제의 발전과정이 지금까지와는 본질적으로 다른 경로에서 진행될 것임을 예고해주고 있다. 산업정책의 패러다임이 본질적으로 전환되어야 하는 이유도 단순히 기술적 환경의 변화나 대외적 환경의 변화에 있는 것이 아니라 국내자본의 외연이 확대되고 있는 바로 이와 같은 사실에서 찾아야 한다. 또한, 매우 역설적이게도, 현재 이와 같은 전환국면에서 가장 큰 걸림돌이 되고 있는 것은 자기완결성을 결여한 한국경제의 불균형적 구조이다. 따라서 국내자본의 외연확대가 한국경제의 외연확대로 이어지도록 하기위해서는 국내 산업간 분업연관성을 높이고 산업구조를 고도화하려는 정책적 노력이 필요하며, 만일 산업구조상의 이러한 전환이 지체된다면 국내자본의 외연확대는 오히려 한국경제의 '산업공동화'만을 가속화시킬 가능성이 높다. 또한 국내 산업의 분업적 연관성을 고려하지 않은 채 외국자본 만능론에 빠지거나, 물류 및 금융과 같이 가치실현 과정상의 특정 부문, 혹은 특정산업에 정책의 초점을 맞추는 것은 개발연대 이후 한국경제 내부의 구조적 모순을 심화시켜온 불균형 성장론을 또 다시 반복하는 것에 불과하며, 따라서 장기적으로는 한국경제 내부의 탈구화와 양극화를 더욱 심화시키게 될 것이다.

2) 독립적 중소기업의 창출과 생산조직의 혁신

개발연대 이후 한국의 대기업이 압축적 고도성장 및 고용의 창출에 결정적으로 기여했음을 부정할 수 없다. 그러나 1990년대 이후 대기업의 고용흡수력은 급격히 둔화되는 추세에 있으며, 더욱이 대기업 스스로 극단적 노동 유연화를 추구함으로써 노동의 희생을 전제한 성장을 추구하고자 하는 경향이 최근 들어 더욱 강화되고 있다. 따라서 향후 대기업보다는 중소기업 부문이 한국경제에 있어서 고용창출의 원동력이 될 것으로 예상되며, 실제로 경제위기 이후 부가가치 및 취업자 수 비중에 있어서 중소기업 부문의 비중은 빠르게 증가하고 있다(표 10과 표 11 참고).

또한 한국경제에 있어서 대기업은 주로 중화학공업 부문의 최종재 생산을 담당하는 조립가공산업에 집중되어 있는 반면에 중소기업은 이들에게 중간재를 공급하는 부품산업에 집중되어 있다. 그러나 향후 국제분업구조의 변화와 한국경제의 외연확대에 따라 대기업을 중심으로 한 조립생산라인의 해외이전이 가속화될 것으로 예상되는데, 따라서 국제분업구조의 변화에 따른 국내자본의 재배치라는 차원에서도 중간재 및 부품소재산업을 중심으로 한 중소기업의 육성은 매우 중요하다고 할 수 있을 것이다. 즉 향후 예상되는 국내기업의 해외직접투자 증가에 따른 국내 산업의 공백을 외국자본이 아닌 이들 중간재 부문에서의 중소기업 자본의 경쟁력 강화를 통해 메우는 것이 장기적으로 보다 바람직한 대안이라 할 수 있으며, 따라서 외국자본의 유치 또한 최종재외 단순조립가공 라인이 아닌 중간재 및 부품소재산업에서의 실질적 기술이전을 목표로 전략적으로 추진하는 것이 바람직하다[27].

---

27) 한국의 외국인 직접투자 유치현황을 보면, 경제위기 직후인 1999년에 152억 달러까지 급증하였다가 이후 빠르게 감소하여 2003년에는 65억 달러 수준까지 감소하였다. 또한 외국인의 산업별 투자동향을 보면, 서비스산업의 비중(2003년 기준 64%)이 압도적으로 높으며 그 가운데 숙박업 및 금융업에 대한 비중이 매우 높은 것으로 나타났다. 반면 제조업에 대한 투자비중(2003년 기준 26%)은 낮을 뿐만 아니라, 특히 부품소재산업에 대한 투자비중은 일반적으로 15% 수준을 밑도는 것으로 나타났다(재정경제부, 2003; KDI, 2003). 따라서 현재 정부에 의해 적극적으로 추진되고 있는 외국인 투자유치 노력은 그 내용에 있어서 한국경제의 장기적 산업구조 변화를 전략적으로 고려하지 않은 채 매우 단기적인 시각에서 추진되고 있다고 할 수 있으며, 또한 국내 대기업의 투자부진에 따른 투자공백을 메우기 위한 정책적 수단으로만 활용되고 있다는 인상을 지울 수 없다. 그러나 최근 들어 우려가 커지고 있는 한국 금융산업에 대한 외국자본의 지배력 강화 문제는 차치하더라도, 제조업 부문에서 한국을 단순히 최종재 생산기지 내지 단순협력업체로 전락시킬 수 있는 외국인 투자유치는 단기적 고용유지에는 도움이 될 수 있지만, 장기적으로는 오히려 한국 내 더 큰 산업적 공백을 유발할 수 있다는 점에서 매우 위험한 선택이 될 수 있다. 최근 분명해진 한국 섬유의복산업 및 신발산업의 몰락은 그 대표적 예라 할 수 있다.

앞에서 이미 살펴보았듯이, 현재 중소기업 부문의 발전에 가장 큰 걸림돌이 되고 있는 것은 대기업과 중소기업 사이에 구축되어 있는 불공정한 하도급관계와 수직적 하청계열화 구조이다. 현재의 수직적 하청계열화는 대기업의 수요독점적 지위를 통해 중소기업에 대한 대기업의 지배력을 강화해주고 있으며, 또한 대기업과의 관계에 따라 안정적 시장을 손쉽게 확보할 수 있는 중소기업으로서는 기술개발 및 경영혁신 노력을 게을리 함으로써 자체적인 생존능력을 떨어뜨리는 폐단을 낳았다. 또한 대기업과 하청거래를 하고 있는 중소기업들 가운데서도 최근 승인도 업체보다는 대여도 업체가 증가함으로써 대기업과의 하청거래 관계가 오히려 중소기업의 기술개발 능력을 저하시키는 요인으로 작용하고 있다[28]. 이러한 대기업과의 수직적 하청계열화 관계는 비단 전통적인 중화학공업 부문에만 존재하는 것이 아니라, 최근에는 신성장 첨단산업으로 각광받고 있는 소프트웨어 산업 및 IT산업에서도 확대되고 있는 것으로 나타났다(조성재, 2005: 25).

이러한 사실들을 고려해볼 때, 대기업과 중소기업 사이에 구축되어온 전통적인 수직적 하청계열화 구조를 통해서는 더 이상 중소기업의 발전과 성장이 보장되기 어렵다고 할 수 있으며, 따라서 대기업과의 수평적 네트워크에 기초한 독립적 중소기업을 광범위하게 창출하는 것이 중소기업 정책에 있어서 매우 중요해지고 있다. 이처럼 독립적 중소기업을 창출하는 문제는 다음의 두 가지 방향에서 접근할 수 있을 것이다.

첫째, 부품소재 및 중간재를 생산하는 중소기업의 경우 몇몇 소수 대기업과 장기간에 걸쳐 거래해오던 지금까지의 관행에서 벗어나 거래처를 다양화함으로써 폐쇄적이고 수요독점적인 하도급구조를 개방적인 구조로 전환할 필요가 있다. 특히 광범위한 해외시장 개척을 통해 중간재 및 부품산업 자체를 수출산업화 할 필요가 있을 것이다. 이러한 관점에서 보자면, 독립적 중소기업을 창출하는 문제는 결국 한국경제의 취약점인 중간재 및 부품소재산업의 경쟁력을 강화하는 문제와 맞닿아 있다고 할 수 있으며, 이를 위해서는 중소기업 부문의 기술혁신 능력과 경영혁신

---

28) 대여도 방식은 제품의 상세설계까지 모기업이 수행하고 수급기업은 주어진 대로 생산만 수행하는 형태이며, 승인도 방식은 제품의 기본 개념을 모기업이 제시하면 수급기업이 상세설계 후 모기업의 승인을 받아 생산, 납품하는 형태이다(조성재, 2005: 8).

능력의 제고가 전제되어야 한다.

둘째, 소프트웨어산업과 IT산업 등 최근 빠르게 부상하고 있는 첨단산업 부문에서 최종재 생산을 담당하는 중소기업의 수를 확충하는 일이 중요하다. 최근 이들 산업에서도 소수 대기업이 최종재 시장을 과점하고 있는 현상이 두드러지고 있지만, 이들 산업은 장치산업인 중화학공업에 비해 소규모 투자를 통해서도 최종재 생산이 가능하고, 또한 최근 모듈화되고 있는 기술추세에 따라 이들 산업에서는 생산기술에 비해 상대적으로 적은 연구개발비가 소요되는 제품기술 내지 제품혁신만을 통해서도 높은 부가가치를 창출할 수 있다는 점에서 중소기업들이 충분한 경쟁력을 가질 수 있는 산업이다. 이처럼 대기업이 아직은 과점적 시장구조를 형성하지 못한 첨단산업 혹은 신산업 부문에서 최종재 생산을 담당할 보다 많은 독립적 중소기업을 창출함으로써 최종재 시장을 과점한 소수의 대기업과 이들에게 부품 등을 공급하는 중소기업 사이에 형성되었던 기존의 수직적 기업관계를 중소기업 부문 내부로부터 형성되는 수평적 기업관계로 대체해 갈 수 있을 것이다.

그러나 이처럼 독립적 중소기업의 창출을 통해 대기업과 중소기업 사이의 수직적 하청계열화 구조를 해소해가는 과정이 일부의 우려처럼 최종재산업과 부품산업 사이의 수직적 계열화 자체를 약화시키는 것은 아니다. 최종재산업과 부품산업 간 수직적 계열화는 기업간 거래관행보다는 오히려 산업간 전,후방연관 효과를 통해 보다 고도화되고 효율적으로 유지된다고 할 수 있는데, 따라서 이를 위해서는 최종재산업과 부품산업 모두에 있어서 기술혁신 능력이 매우 중요하다고 할 수 있다. 이러한 관점에서 보자면, 부품 및 중간재 산업에서 기술혁신 능력을 갖춘 독립적 중소기업을 보다 많이 창출하는 것은 오히려 최종재산업과 부품산업 간 산업적 연관성 및 수직적 계열화를 더욱 고도화시키는 계기로 작용하게 될 것이다.

독립적 중소기업의 창출을 위해서는 중소기업에 대한 정부의 지원방식도 지금까지와는 다르게 전환될 필요가 있다[29]. 지금까지 중소기업에 대한 정부의 지원은 주로 온정주의적 관점에서 경영자금 지원에 집중됨으로써 중소기업 부문의 부실

---

29) 중소기업에 대한 지원으로는 한국은행의 자금공급, 일반 예금자의 예금을 재원으로 금융기관이 취급하는 금융자금지원, 정부의 재정자금 지원, 신용보증기금 및 기술신용보증기금 등에 의한 신용보증지원, 코스닥시장을 통한 벤처지원 등을 들 수 있다(강동수, 2004: 75).

노출을 지연시켰을 뿐만 아니라, 중소기업 스스로 경영혁신 및 기술혁신을 통해 생산성을 제고시킬 수 있는 유인을 차단함으로써 정부의 지원효과 자체를 반감시키는 결과를 낳은 것으로 평가되고 있다[30]. 따라서 사회적 약자의 보호라는 관점에서 이루어져 오던 중소기업에 대한 시혜적이고 반복적인 금융지원에서 벗어나 성장성과 실적 위주의 지원을 통해 중소기업 내부의 혁신을 촉진시킬 수 있도록 해야 할 것이다.

과거로부터 현재에 이르기까지 모든 주요 정부정책에 있어서 중소기업이 갖는 중요성은 항상 강조되어 왔으며, 중소기업에 대한 지원정책 또한 빠지지 않고 제시되어 왔다. 그러나 기존 정책에서 중소기업을 바라보는 기본관점 자체가 최종재의 가격경쟁력 유지를 위한 대기업의 하부구조 정도로 인식하는 수준을 결코 벗어나지 못했으며, 따라서 중소기업에 대한 지원내용 또한 수직적 하청계열화가 낳는 구조적 문제를 해결하기보다는 이러한 구조 속에서 중소기업이 떠안을 수밖에 없는 경영상의 애로를 해결해주고 수익구조상의 손실을 보전해주는 수준을 크게 벗어나지 못했다고 할 수 있다. 지금까지 검토해온 산업구조상의 여러 문제들을 고려할 경우, 한국경제에서 중소기업이 담당해야 할 앞으로의 역할은 과거보다 훨씬 중요해지고 있다고 할 수 있으며, 특히 산업연관성의 고도화와 경쟁력 있는 부품소재산업의 육성과 맞물려 대기업 경쟁력의 한 구성요소로서가 아니라 대기업으로부터 자립화된 경제의 독립 구성요소로서 중소기업을 육성해가는 것이 매우 중요해지고 있다.

3) 시장과의 공존: 성장방식의 전환과 공적영역의 확대

경제위기 이후 한국의 산업구조 변화와 관련된 모든 문제들, 즉 산업연관성의 약화 및 경제적 성과의 양극화, 고용 없는 성장의 구조화, 그리고 전통산업의 쇠퇴와 더불어 나타나고 있는 성장동력의 부재 등은 시장의 효율성을 제고하는 과정에서 발생하게 된 문제들이라 할 수 있다. 그럼에도 불구하고 현재 한국경제의 상황은 이러한 문제들을 해결하는 데 있어서 시장이 결코 효율적이지 않음을 보여주고 있다.

---

30) 이와 관련해서는 강동수(2004)와 김현욱(2004)을 참고.

물론 이러한 현상이 과도기적이며 장기적으로는 시장이 새로운 수준의 균형으로 수렴해 갈 것이라 주장할 수도 있으나, 중요한 것은 시장이 자신의 외부로부터 주어지는 변화에 대해 스스로를 재구조화할 수는 있으나 외부에서 주어지는 변화 '그 자체'를 사회가 요구하는 어떤 바람직한 수준으로 재구조화할 수는 없다는 사실이다. 따라서 시장 스스로 자신을 재구조화함으로써 도달하게 되는 새로운 균형상태가 시장구조 내에서는 최선일 수 있지만, 그것이 또한 시장 외부의 또 다른 사회적 제도영역에서도 최선일 수는 없다.

예를 들어, 자본의 이동은 훨씬 빠르고 신속해졌지만 노동은 그러하지 못하다. 변화된 조건 속에서 가장 바람직한 발전전략은 생산과정으로부터 노동을 배제하고 유연화하는 것이지만, 이러한 전략의 수용은 노동의 입장에서 구조적 실업과 노동 질의 저하를 의미하게 된다. 따라서 시장적 전략의 수용과 더불어 노동은 시장외부의 또 다른 전략을 통해 수용될 수밖에 없다. 시장적 메커니즘을 통해 변화를 수용한 결과 나타나게 되는 산업연관성의 약화와 경제성과의 양극화는 사회적 통합력 자체를 해체시키고 특정 부문의 성장과는 별개로 경제 전체의 성장잠재력을 위축시킬 수 있으나, 시장적 관점에서는 '이러한 추세가 과연 바람직한지 아닌지를 따지는 것은 현재로서는 그다지 생산적이지 못하다. 세계 어느 나라도 현재 이러한 추세를 역전시킬 만한 이념적, 경제적 역량을 보유하고 있지 못하며, 어느 개인이나 국가도 이러한 무한경쟁 및 무한책임의 압력으로부터 자유로울 수 없다는 것(만)이 현실이 된다'(KDI, 2000: 32). 새로운 성장동력의 확보와 지속가능한 성장을 위해서는 지금까지와는 다른 새로운 생산 네트워크의 구성 및 장기에 걸친 대규모 투자가 필요할 수도 있지만, 시장에서의 구조변화는 시계(time horizon)를 단기에 국한시키고 장기적 투자에 따른 위험을 회피하도록 한다.

결국 시장 내의 조정과정이 갖는 이러한 측면들은 시장 및 다른 사회적 제도영역 사이의 괴리를 최소화하기 위해 시장 내부의 조정과정과는 별개로 시장외부의 공적 영역 확대가 필요함을 보여주고 있다. 물론 여기서 말하는 공적 영역의 확대가 과거와 같은 경제과정이나 민간의 투자행위에 대한 국가의 직권적 개입을 의미하는 것은 아니다. 단지 시장의 합리성에 따를 경우 배제될 수밖에 없는 요소들을 공적 합리성을 통해 사회적으로 수용하는 것을 의미한다. 따라서 두 영역 간의 합리성을 제도적으로 어떻게 조화시킬 수 있느냐 하는 것이 문제가 될 수는 있으나, 이러한 발상 자체가 시장의 합리성을 제한하거나 그에 기초한 조정과정을 무효화하는 것은 아니다. 이러한 관점에 따를 경우 다음과 같은 몇 가지 대안들을 생각해볼 수 있을 것이다.

첫째, 행정 및 교육 등과 같은 사회서비스 부문이나 공기업 부문을 확대함으로써 시장영역에서 발생하는 구조적 실업을 일정부분 흡수할 필요가 있다. 한국의 경우 사회서비스 부문의 취업자 비중이 10% 내외에 불과한데, 이는 북유럽 복지국가의 20%나 일본의 16% 수준에 비해 낮은 수준이다. 또한 향후 한국경제에 있어서 제조업의 고용흡수력과 투자의 고용유발 효과가 현저히 둔화될 것으로 예상되는 상황에서 양질의 고용을 유지하기 위해서는 서비스 산업의 성장과 더불어, 특히 사회서비스 부문에서의 고용확대는 불가피하다고 할 수 있다. 이처럼 사회서비스 부문의 고용확대는 시장영역에서 고용 없는 성장이 구조화됨으로써 예상되는 사회적 통합력의 약화에 대한 완충효과를 가질 뿐만 아니라 공공서비스의 확대를 통해 성장의 과실을 사회적으로 공유하게 하는 하나의 효과적인 방법이 될 수 있을 것이다

한편 공적영역의 확대, 특히 공기업 부문의 확대가 결코 이들 부문에서 발생할 수 있는 비효율성을 용인하는 것을 의미하지는 않는다. 즉 공적 영역의 확대는 그에 따른 내부 통제와 감시의 확대가 전제되어야 하는 것이다. 또한 공기업 혹은 공적영역이 민간기업에 비해 반드시 비효율적인 것으로 간주되어서도 안 된다. 공기업 부문에서 발생하는 비효율성은 대부분 내부 통제와 감시의 부재에서 비롯되는 경우가 많으며, 이는 민간기업의 경우에도 마찬가지이다. 따라서 민간의 효율성이라는 잣대로 공기업의 역할을 부정하거나 공적 영역의 확대를 시장활동에 대한 제약으로 이해하는 것은 잘못된 관점이며, 이는 사실과 부합하지 않는 하나의 이데올로기에 불과할 뿐이다.

둘째, 사회적 투자의 불일치를 조정하기 위한 국유은행의 설립을 고려해볼 수 있다. 이는 시장의 투자행위가 갖는 단기주의를 극복하고 새로운 성장동력의 발굴이나 산업구조의 재편과 같이 장기적 투자가 필요한 부문에 신속하게 산업자금을 공급함으로써 사회적으로 필요한 투자행위를 원활하게 수행하기 위한 것이다. 특히 최근 은행의 자금중개기능 약화와 자본시장에서 나타나고 있는 기업간 자금조달

의 양극화 등을 고려해본다면, 사회적 투자의 불일치를 조정하기 위한 국유은행의 설립은 한국경제의 장기적 성장잠재력을 확충하는 차원에서 고려해볼 만한 대안이라 할 수 있다.

물론 현재 '한국산업은행'이 국책은행으로서 산업자금 및 장기설비자금의 공급기능을 담당하고 있으나, 이는 주로 재정자금 및 산업채권 발행을 통해 조달되는 정책자금 집행에 국한되어 있을 뿐 민간의 광범위한 유휴자금을 산업자금화하는 데에는 한계가 있을 수밖에 없다. 따라서 산업자금 조달에 있어서 산업은행이 갖는 한계를 보완하면서 민간자본의 조달을 통한 효과적인 산업정책의 집행과 전략산업의 육성을 위해 별도의 국유은행 설립을 하나의 대안으로 고려해볼 필요가 있는 것이다. 이 과정에서 신용보증기금이나 기술신용보증기금과 같은 기존 정부출연기금의 일부기능을 효과적으로 통합하는 것 또한 고려해볼 수 있을 것이다.

금융의 자금중개기능을 강화하기 위한 이러한 대안의 모색은 자칫 과거의 관치금융 논란을 불러일으킬 수 있다. 그러나 과거 관치금융의 핵심이 이자율과 같은 가격변수 통제를 통한 금융억압과 선별적이고 자의적인 자금할당에 있었다면, 자금중개기능의 강화를 통해 원활한 산업자금의 공급을 목적으로 하는 국유은행의 설립 자체를 관치금융의 부활로 간주하는 것은 다소 과장된 논리적 비약이라 할 수 있을 것이다.

지금까지 제안된 몇 가지 대안들은 정책으로서의 구체적 실현가능성과는 별개로 현재 시장영역에서 진행되고 있는 성장방식상의 전환과정을 사회적으로 수용하면서 공적영역의 확대를 통해 시장과의 공존을 모색하고 있다는 점을 인식하는 것이 중요하다. 즉 시장이 합리성과 공적 합리성을 제도적으로 조화시키는 것은 얼마든지 가능하며, 또한 공적 합리성이 갖는 수용의 전략을 통해 시장 합리성이 갖는 배제의 전략을 보완하는 것은 얼마든지 가능하다고 할 수 있다. 이런 측면에서 보자면, 국가의 정책적 방향은 단지 시장의 변화를 추종하는 것이 아니라 최종적으로는 이러한 두 영역 사이의 접합을 모색하는 것에 맞추어져 있어야 하며, 따라서 변화를 수용함으로써 도달하고자 하는 최종적 목표 또한 시장적 합리성에 의존해서 도달할 수 있는 목표와는 달라야 한다. 이것이 바로 시장의 본질에 반함에도 불구하고 국가의 정책적 대안이 여전히 모색되어야 하는 이유라 할 수 있을 것이다.

5. 결론

최근 한국의 산업구조는 과거 개발연대의 산업구조와 중요한 공통점을 지니면서 또한 중요한 차이점을 보이고 있다. 불균형적 성장에 따른 산업간, 부문간 연관성의 약화와 경제적 성과의 양극화는 여전히 심화되고 있음에도 불구하고 투자가 더 이상 고용과 새로운 부문의 투자를 유발하지 못하고 있다. 즉 불균형 성장의 가장 중요한 전제인 사회 전부문에 걸친 경제적 성과의 확산효과는 차단된 채 불균형 성장만이 지속되고 있는 실정이며, 이에 따라 성장 자체에 대한 회의가 깊어지고 있다.

물론 이러한 현상이 경제위기 이후의 급격한 구조조정과 경기순환과정에서 발생한 일시적이고 과도기적 현상이라 할 수도 있다. 따라서 구조조정이 마무리되고 경기순환이 반전되어 투자가 회복되면 성장과 고용, 수출과 내수 부문 사이의 선순환적 성장구조가 다시금 작동하게 될 것이란 전망 또한 가능하다. 그러나 지금까지의 분석에 따르면, 한국경제는 이미 1990년대 초반 이후부터 대규모 투자를 통한 요소투입에 의존하던 기존의 방식으로부터 자본집약적 생산방식을 통해 노동을 배제하면서 투자의 효율성을 높이고자 하는 새로운 방식으로 자신의 성장전략을 전환해왔으며, 1997년 경제위기에 따른 충격은 이러한 전환과정을 더욱 가속화시키는 요인으로 작용하였다. 그러나 투자규모와 고용이 유지되면서 성장전략상의 이러한 전환이 이루어지기 위해서는 과거와는 다른 기술적 효율성이 전제되어야 한다. 이러한 기술적 효율성이 전제되지 않은 성장전략의 전환은 결국 기존 시설만을 최대한 활용한 비용절약적 성장을 추구하도록 하였으며, 그 결과 저투자-저성장-저임금-고이윤의 구조, 즉 저성장과 저임금이 충분한 이윤확보의 전제가 될 수밖에 없는 低진로(low road)형 구조가 형성되었다. 이것은 사실상 생산성 제약을 극복하지 못한 과거와 동일한 기술적 기반 위에서 투자 및 고용수준의 조정을 통해 이윤극대화가 추구되는, 일종의 기술적 구성과 성장방식 사이의 악조합이라 할 수 있는데, 이처럼 현재 한국경제는 성장방식의 전환과 기술적 구성의 괴리 속에 불안정한 저성장 국면에 놓여 있다고 할 수 있다.

그러나 한 가지 분명한 사실은 기술적 한계가 존재함에도 불구하고 경제위기가 가져다준 '학습효과'로 인해 기업들 사이에 나타난 성장방식상의 이러한 전환은 불가역적인 것이며, 더욱이 국가주도 개발체제 하에서 투자위험을 사회화하던 메커니즘이 해체된 상황에서 고위험을 감수한 과거와 같은 선도적인 대규모 투자는 더 이상 재연되기 어렵다는 것이다. 따라서 현재의 투자부진과 저성장 국면은 단순히 경기순환상의 문제가 아니라 한국경제의 생산방식과 성장방식이 전환됨으로써 나타난 구조적 현상이라 할 수 있으며, 임금상승과 소비의 확대를 성장체제 내로 통합할 수 있을 만큼의 실질적인 기술적 진보가 성장방식상의 이러한 전환을 뒷받침하지 않는 한 현재의 노동배제적인 저성장 국면은 당분간 지속될 가능성이 높다.

미래를 좀 더 낙관해서 현재 한국경제가 과거와는 다른 새로운 기술적 패러다임의 수용과정에 있으며, 따라서 머지않은 장래에 한국경제가 현재의 생산성 제약을 극복하고 새로운 성장경로로 이행해갈 수 있을 것이라 가정하더라도, 현재의 경제구조 하에서는 여전히 문제가 지속될 것이다. 즉 기술적 진보가 경제구조로부터 발생하는 문제 그 자체를 해결해줄 수는 없는 것이다. 우선 성장방식의 전환과 예상되는 새로운 성장경로 하에서는 성장을 위한 기술선택의 문제가 투자보다 훨씬 더 중요한 의미를 가질 것이다. 따라서 과거처럼 대규모 투자를 통해 성장이 직접적으로 촉발되거나, 반대로 성장 자체가 대규모 투자를 유발하는 성장과 투자 사이의 자기강화적 인과관계는 더 이상 성립하기 어려우며, 또한 투자확대와 성장이 고용의 직접적 확대로 이어지지도 않을 것이다. 결국 기술선택의 문제를 해결한다 하더라도 그를 통해 고용문제에 대한 대안을 직접적으로 발견해낼 수는 없다. 더욱이 지금과 같이 양극화를 낳는 불균형적 경제구조 하에서는 기술선택의 문제가 오히려 불균형과 더불어 성장과 고용 사이의 괴리를 더욱 심화시킬 가능성이 높다. 이러한 관점에서 보자면, 기술의 심화와 더불어 생산우회도의 증가를 통해 산업간 분업적 연관성이 심화되어야 하며 이러한 분업적 연관성의 심화에 기초해서 산업구조 또한 더욱 고도화 되어야 한다. 즉 대규모 투자의 동원보다는 투자의 승수효과 자체를 높이는 것이 향후 한국경제에 있어서 기술의 심화와 더불어 성장과 고용이 동반상승하는 유일한 길이 될 것이다. 이를 위해서는 무엇보다도 대규모 투자와 요소투입을 전제한 과거의 불균형적 성장전략은 마땅히 폐기되어야 하며, 이를 대신해 기술심화와 더불어 투자의 승수효과를 높일 수 있는 보다 균형적인 성장구조로의 전환이 모색되어야 한다.

한국경제를 둘러싼 대외적 환경 또한 매우 빠르게 변화하고 있는 것이 사실이다. 그러나 대외적 환경에 있어서도 변화를 수용하는 일 그 자체보다는 그러한 변화를 어떤 구조 하에서 어떻게 수용할 것인가가 역시 더 중요하다고 할 수 있으며, 따라서 변화 그 자체보다는 그러한 변화의 수용이 낳게 될 결과를 예상하는 것이 더 중요하다. 대외적 환경의 변화를 강조 하는 대부분의 주장들은 항상 지나치게 과장된 측면들을 갖고 있으며, 이를 통해 불균형적인 내부구조에 대한 관심을 회피하고 있는 것 또한 사실이다. 현재 한국경제를 둘러싼 대외적 환경이 매우 빠르게 변화하고 있으며, 이에 따라 경제주체들의 혁신노력이 가일층 필요한 것은 분명한 사실이다. 그러나 지난 압축적 성장과정에서 한국경제는 자신을 둘러싼 대외적 환경을 항상 생존의 위협요인으로 인식해왔으며, 따라서 압축적 성장과정 자체가 세계에서 유례가 없는 자기혁신의 연속이었다고 할 수 있다. 이런 측면에서 보자면, 단지 대외적 환경의 변화와 그에 따른 혁신만을 강조하는 것은, 그 내용에 있어서는 차이가 있지만, 결국 대외적 환경변화에 대한 인식방식은 과거의 방식과 크게 다르지 않으며, 따라서 그로부터 도출되는 대안 또한 과거와 마찬가지로 배제를 통한 불균형 성장론일 가능성이 매우 높다. 현재 한국경제가 직면해 있는 문제들은 경제적 환경의 변화가 아니라 그러한 변화에 대한 불균형적 인식과 해법에서 기인한 바가 크다. 사태해결을 위한 대안을 여전히 이러한 인식방식에서 구하게 될 경우, 한국경제의 미래란 단지 수준을 달리해서 반복되는 과거에 불과할 뿐이다.

최근 한국경제에서 나타나고 있는 변화들 가운데 가장 주목해야 할 변화는 대외적 환경의 변화라기보다는 오히려 국내자본의 생산외연이 확장되고 있다는 사실이며, 이에 따라 한국경제의 외연이 확장될 가능성이 존재한다는 점이다. 자유로운 국가간 자본이동의 확대는 국내자본에게도 예외일 수 없으며, 이에 따라 국내자본의 해외직접투자는 앞으로 빠르게 증가할 것이다. 또한 북한경제와의 통합가능성을 고려해본다면, 국내자본의 생산외연이 넓어질 가능성은 한층 더 높다고 할 수 있다. 이처럼 국내자본의 생산외연이 확장되는 조건 속에서 과거처럼 국가가 개별기업의 투자행위를 직접 관리하는 것은 가능하지도 않을 뿐만 아니라 결코 효율적이지도 않다. 따라서 국가의 산업정책은 투자행위에 대한 직접적 관리를 통해 대규모 투자를 동원하기보다는 최종재와 중간재 사이의 산업간 연관성을 높임으로써 투자의 연관성을 심화하는 방향으로 전환되어야 한다. 또한 국내 산업의 연관성을 심화시키고 고도화하는 것이야 말로 국내자본의 외연확대와 더불어 그로부터 발생하게 될 경제적 잉여를 국내부문이 공유할 수 있는 가장 효과적인 메커니즘이 될 것이며, 이를 통해 한국경제의 외연은 실질적으로 확대될 수 있을 것이다. 이러한 관점에 입각할 경우, 외국자본의 국내유치 또한 부품소재산업을 중심으로 국내산업의 분업적 연관성을 고도화하고자 하는 전략적 관점에서 추진되어야 한다. 국내산업의 분업적 연관성을 고려하지 않은 자본자유화의 일방적 수용은 국내자본 유출로 인한 투자공백을 야기함은 물론 과거 한국의 일부 산업에서 경험했던 것처럼 한국을 외국자본의 단순한 생산기지로 전락시킴으로써 한국경제의 탈구화를 더욱 심화시키게 될 것이다.

현재 한국경제를 둘러싼 대내외적 환경의 변화와 그로부터 제기되고 있는 성장방식의 전환 필요성은 결국 단순히 변화의 수용 차원에서 뿐만 아니라 지속가능한 성장과 발전을 위해 지금까지와는 다른 경제구조의 전환을 요구하고 있다. 또한 이러한 전환의 방향이 새로운 산업의 창출과 더불어 경제적 성과가 사회의 전부문에 걸쳐 구조적으로 공유될 수 있는 보다 균형잡힌 성장을 지향하는 것이어야 한다는 점은 분명하다. 그러나 1990년대 이후, 특히 경제위기 이후 시장영역에서 진행된 구조조정과정은 시장이 자신을 효율적으로 재구조화하는 과정과 지속가능한 성장 및 발전을 위해 한국경제에 요구되고 있는 이러한 구조전환의 방향이 양립하기 매우 어렵다는 것을 잘 보여주고 있다. 시장에서의 구조조정과 재구조화는 본질적으로 미시적 조정의 성격을 갖지만, 한국경제의 구조전환 과정에는 거시적 조정과 합의가 필요하기 때문이다. 따라서 시장에서의 미시적 조정과 더불어 거시적 차원에서의 조정과 합의가 수용될 수 있도록 국가역할의 재정립을 통한 공적영역의 확대가 한국경제의 지속적 성장과 발전을 위해 반드시 필요하다고 할 수 있다.

이러한 공적영역의 확대를 통해 시장에서의 미시적 투자행위가 사회적으로 조정될 수 있도록 유도되어야 하며, 미시적 조정과정에서 배제되는 노동력이 사회적으로 수용되고 재배치될 수 있도록 하여야 한다. 또한 공적영역의 확대를 통해 궁극적으로는 경제성장의 성과물이 시장영역에서 뿐만 아니라 사회적 영역을 통해서도 공유될 수 있도록 하여야 하며, 반대로 이러한 성장의 공유가 시장에서의 성장잠재력을 확충함으로써 성장을 촉진할 수 있도록 하여야 한다. 이런 관점에서 보자면, 한국경제가 오랫동안 익숙해져 있는 불균형적 관점으로부터 벗어나 균형적 관점을 회복하기까지에는 공적영역의 외연을 실질적으로 확대하는 일이 무엇보다 중요하다고 할 수 있을 것이다. 향후 한국경제에 있어서는 성장의 실현이 시장적 영역뿐만이 아니라 공적영역의 확대를 촉진할 수 있으며, 반대로 공적영역의 확대가 시장영역에서의 지속가능한 성장을 이끌 수 있도록 하여야 한다. 지금까지 이러한 일이 불가능하고 불필요한 것이라 간주되어 왔다면, 앞으로 전개될 변화의 과정 속에서 경제성장이 사회구성원들의 삶을 개선하는 데 실질적으로 기여하도록 하기 위해서는 이러한 전환이 반드시 필요하다고 사고하는 것이야 말로 불균형적 저성장 국면에 빠져 있는 한국경제의 회생을 위해 가장 절실히 요구되고 있는 패러다임의 전환이라 할 수 있다.

참고문헌

강동수. 2004,『중소기업의 부실현황 및 구조조정 방안』, 한국개발연구원.

강호병. 2004, "금융글로벌화의 허와 실," 이찬근 외,『한국경제가 사라진다』, 21세기
　　북스.

김동석 · 이진면 · 김민수. 2002,『한국경제의 성장요인 분석: 1963-2000』, 한국개발
　　연구원.

김동석. 2004,『산업부문별 성장요인분석 및 국제비교』, 한국개발연구원.

김봉기 · 조한상. 2003, "한, 중 산업간 경쟁 및 보완관계 분석,"『한은조사연구』
　　2003-7, 한국은행 조사국.

김승진 · 김주훈 · 박준경 · 우천식 · 이진일 · 장하원. 2000,『위기극복 이후 한국경
　　제의 성장동력』, 한국개발연구원.

김정주. 2004, "시장, 국가, 그리고 한국 자본주의 모델: 1980년대 축적체제의 전환과
　　국가 후퇴의 현재적 의미," 유철규 편,『박정희 모델과 신자유주의 사이에서』,
　　함께읽는책.

김종일. 2004, "생산성 국제비교," 서중해 편,『한국의 산업경쟁력 종합연구(Ⅱ)』, 한
　　국개발연구원.

김진일. 2004, "자본자유화와 외환위기," 이찬근 외,『한국경제가 사라진다』, 21세기
　　북스.

김현욱. 2004,『중소기업 정책금융 지원효과에 관한 연구: 재정자금을 이용한 중소기
　　업 정책금융을 중심으로』, 한국개발연구원.

노동부. 각년도,『노동통계연감』.

대통령직속 중소기업특별위원회. 2001, "중소기업발전 10개년 비전: 21C 디지털 시
　　대의 창조적 성장엔진,"『정부 미래전략보고서 총람(I)』, 국회 미래전략특별위
　　원회.

대한민국정부. 2002,『국가기술지도 '1단계': 핵심기술도출』.

산업연구원. 2001,『2010년 산업발전 비전』.

산업자원부. 2001, "21세기 한국 산업의 발전비전과 추진전략,"『정부 미래전략보고
　　서 총람(I)』, 국회 미래전략특별위원회.

————. 2003a,『한국의 수입: 수입동향 및 통계』.

————. 2003b,『부품, 소재산업 무역통계연보』.

산업자원부 대중국 투자-자원협력반. 2002,『'Made in China'의 부상과 한국의 선택』.

신창식 · 조한상. 2003, "우리나라 서비스산업의 연관구조 및 경쟁력 분석,"『한은조
　　사연구』2003-6, 한국은행 조사국.

안병롱. 2005, "스웨덴의 '성장과 발전' 프로젝트: 양극화 극복의 길 경영은 사회복지 마인드를, 노동은 경영마인드를," 월간『말』2005년 5월호.

양동욱·권태용. 2002, "내외수산업 균형성장을 위한 과제: 최근 '내수주도' 경제로의 전환 논의를 중심으로,"『금융경제연구』제128호, 한국은행 금융경제연구원.

엄미정. 2004, "제조업 기술혁신역량," 서중해 편,『한국의 산업경쟁력 종합연구(II)』, 한국개발연구원.

왕윤종·이재상. 2004, "자본자유화의 환상과 대안," 이찬근 외,『한국경제가 사라진 다』, 21세기 북스.

유철규. 2004a, "산업화이후 경제구조의 변화와 산업정책의 함의: 1987년 이후 한국경제의변화와 동북아 경제중심건설 및 국가균형발전 정책의 관련,"『동향과 전망』통권 60호, 한국사회과학연구소.

_____. 2004b, "한국 자본주의의 현안과 갇힌 진로: 자본 집중과 사회, 경제적 양극화 그리고 자본 수출과 유휴자본의 누적,"『동향과 전망』통권 61호, 한국사회과학연구소.

_____."재벌과 외자의 딜레마," 이찬근 외,『한국경제가 사라진다』, 21세기 북스.

_____. 2005, "1980년대 이후 한국경제의 전개와 양극화 현상," 서울사회경제연구소 제12차 심포지움 발표논문.

이강국. 2004, "자본자유화와 경제성장, 그리고 위기: 한국의 경험을 중심으로," 이찬근 외,『한국경제가 사라진다』, 21세기 북스.

이건범. 2005, "현단계 한국금융의 성격과 금융혁신의 방향,"『동향과 전망』통권 64호, 한국사회과학연구소.

이건우. 2001,『21세기 산업발전의 조류와 대응』, 산업연구원.

이경태. 1996,『산업정책의 이론과 현실』, 산업연구원.

이남주. 2005, "동아시아 경제 공동체와 지속가능한 개방전략: FTA논의를 중심으로,"『동향과 전망』통권 64호, 한국사회과학연구소.

이덕재. 2004, "외환위기 전후 축적구조변화에 관한 시론적 분석,"『사회경제평론』제23호, 한국사회경제학회.

이상호. 2005, "중국이전과 실업: 진보진영 발상 안 바꾸면 제조업공동화, 실업 해결 못해," 월간『말』2005년 5월호.

이일영·전병유, 2004, "개혁 이후의 경제개혁: 신진보주의 경제모델 구상,"『동향과 전망』통권 61호, 한국사회과학연구소.

이일영·이남주·이건범·전병유. 2005, "한국형 신진보주의 경제이념: 개방-혁신-연대의 한반도 경제,"『동향과 전망』통권 64호, 한국사회과학연구소.

장상환. 2005, "1990년대 자본축적과 국가의 역할 변호," 한국사회경제학회 2005년 여름 정기학술대회 발표논문.

재정경제부·한국개발연구원. 2001, "2011년 한국경제의 비전과 전략,"『정부 미래 전략보고서 총람(Ⅰ)』, 국회 미래전략특별위원회.

재정경제부. 2002, 2003,『경제백서』.

전병유. 2005, "한국경제의 성장, 고용 그리고 복지,"『동향과 전망』통권 64호, 한국사 회과학연구소.

조성재. 2005, "하도급구조와 고용관계의 계층성," 한국사회경제학회 2005년 여름 정 기학술대회 발표논문.

조복현. 2004, "은행경영의 형태 변화와 경제적 효과," 이찬근 외,『한국경제가 사라진 다』, 21세기 북스.

중소기업청. 2003,『중소기업에 관한 연차보고서』.

중소기업청 조사평가과. 2003,『중소기업관련통계』.

중소기업협동조합중앙회. 2001,『중소제조업 기술개발 활동실태 조사보고서』.

차문중. 2004, "산업성장 요인과 무역성과," 서중해 편,『한국의 산업경쟁력 종합연구 (Ⅱ)』, 한국개발연구원.

통계청. 각년도,『광공업통계조사보고서』.

한국개발연구원 지식경제팀. 2003,『한국의 산업경쟁력 종합연구』, 한국개발연구원.

＿＿＿＿＿＿＿＿＿＿＿＿. 2003,『한국의 산업경쟁력 종합연구: 통계자료집』, 한국 개발연구원.

한국수출입은행. 2004,『해외직접투자통계연보』.

한국은행. 1995-2004,『국민계정』.

한진희·최경수·김동석·임경묵. 2002,『한국경제의 잠재성장률 전망: 2003 201 2』, 한국개발연구원.

홍태희. 2004, "'구조적 과잉축적'과 중소기업 중심의 경제구조,"『경상논총』제30집, 한독경상학회.

Patnaik, P. 1997, Accumulation and Stability under Capitalism, Oxford University Press.

Thirlwall. A. P. 1989, Growth and Development, Macmillan.

조세정책의 현황과 개혁 방안

김은경

1. 서론

조세는 국가의 재정수입을 위한 기본 재원의 조달 수단으로 효율성(efficiency)과 공평성(fairness)이라는 특성을 충족시켜야 한다.[1] 특히 복지정책과 더불어 조세정책은 공평성의 추구를 통해 소득재분배라는 사회적 목표를 달성할 수 있는 핵심적인 국가 정책수단이다. 그러나 한국에서의 조세정책은 1960년대와 1970년대의 개발독재시대를 거치면서 경제개발을 위한 정책수단으로 특정산업에 대한 지원을 목적으로 운영되었다. 따라서 조세정책은 특정 부문과 특정한 경제주체에게 소득과 부의 집중을 초래하면서 한국사회의 소득불평등 및 빈부격차를 심화시키는 주요한 요인으로 작용하였다. 외자에 대한 우대조치, 금융소득의 분리과세, 금융상품에 대한 각종 감면, 유가증권 양도차익에 대한 비과세 등 자본에 대한 세제지원과 고도성장의 부산물인 부동산에 대한 투기적 수요의 증대를 가속화시킨 취약한 부동산세제 등이 대표적인 예이다. 따라서 한국의 조세체계의 특징은 낮은 소득세 부담과 미약한 소득재분배 기능, 소득 종류간 불평등한 과세체계, 취약한 과세기반, 재산세제의 형평성 부족, 복잡한 조세체계 등으로 규정된다.

---

[1] 조세의 효율성은 세수 한 단위를 얻기 위해 지불해야 하는 사회적 비용이 최소화되어야 한다는 의미이며 공평성은 납세능력에 따라 더 많은 세금을 부과해야 한다는 수직적 공평성과 동일한 납세능력에 대해서는 동일한 세부담을 부과해야 한다는 수평적 공평성으로 구분된다. 따라서 조세의 효율성의 추구가 공평성이나 공정한 분배를 유도하는 것은 아니다.

1980년대의 민주화투쟁을 거치면서 성숙되기 시작한 한국의 민주주의는 조세정책 본연의 기능회복을 통한 소득재분배 및 형평성 강화, 효율적 조세체계 등을 요구하고 있다. 따라서 본 논문은 1990년대 이후의 한국의 조세정책에 대한 간략한 평가 하에서 향후 조세개혁의 방안을 모색하는 것을 목적으로 한다. 이어지는 2절에서는 1990년대의 조세정책 및 참여정부의 조세정책을 간략하게 검토하고 3절에서는 정책의 결과물로서의 조세체계에 대한 평가를 한다. 4절에서는 3절의 평가에 근거하여 조세정책의 개혁방안을 제시하며 5절은 결론이다.

2. 1990년대 이후 조세정책의 특징

1) 1990년대 조세정책의 변화

1990년대는 조세정책이 조세의 형평성 추구를 통해 소득불균등을 시정해야 한다는 문제의식이 점차 정책으로 실현되기 시작한 시기이다. 1986년부터 1988년까지의 3저 호황기의 노동자계급의 투쟁이 개발독재시대의 불평등에 대한 광범위한 문제제기를 하였다면 1990년대의 조세개혁은 불평등 완화라는 시대의 요구에 정부가 적극적으로 대응하기 위한 정책수단의 하나였다.

1990년대 조세정책의 핵심은 개발독재시대를 거치면서 집중적인 세제지원을 받아 성장해온 자본과 부동산에 대한 과세 제도를 개혁하는 것이었다. 노태우 정부 하에서 1990년에 도입된 토지공개념에 기초한 토지초과이득세와 종합토지세는 부동산 투기를 억제하고 형평성을 제고하여 부동산을 통한 부의 편중을 완화하는 것을 목적으로 하였다. 또한 김영삼 정부 하에서 도입된 금융실명제를 필두로 한 금융소득종합과세는 자본이득을 통한 부의 집중과 소득불균형을 시정하는 것을 목표로 하였다.[2] 다른 한편으로 1990년부터 국제수지가 악화되고 1992년부터 경제

---

2) 김영삼 정부의 개혁정책의 핵심은 1993년의 금융실명제와 1995년의 부동산실명제의 도입이었다.

〈표 1〉 1990년대 주요 조세정책 요약

연도	목 적	내 용
1990	부동산투기 억제 및 형평성	토지초과이득세 및 종합토지세 도입
1991	형평성	불균등자본거래를 통한 조세회피 억제
	세제합리화 및 형평성	소득세 세율 체계 단순화, 근로소득공제 및 종합소득공제제도 확대
	세제합리화	방위세법 폐지
1993	세제합리화 및 형평성	소득세 세율체계 단순화, 종합소득공제제도 확대
1994	기업경쟁력 강화	법인세율 인하
	농어업경쟁력 강화를 위한 재원조달	농어촌특별세법 제정
	SOC 투자를 위한 재원조달	교통세법 제정
	세부담 완화	소득세율인하, 근로소득공제 확대
	과표양성화	부가가치세 한계세액공제제도 신설
1995	기업경쟁력 강화	법인세율 인하
1996	형평성	금융소득종합과세 실시
	금융소득종합과세 보완	이자 · 배당소득 종합과세 및 이자소득원천징수제도 도입
	교육개혁	교육세 신설
	기업경쟁력 강화	법인세율 인하
	납세선진화	소득세 신고납부제도 도입
	서화, 골동품에 대한 투기억제	일시재산소득이 과세대상으로 추가
	근로자 지원	자녀양육비 소득공제 신설
	과표양성화	부가가치세 한계세액공제제도 폐지 및 간이과세제도도입
1997	세부담 완화	근로소득공제제도 확대, 근로소득세약공제의 상향조정
	납세자 권리 보호	납세자권리헌장의 제정
	세제 간편화	상속세법과 증여세법 통합
1998	경제위기 극복	금융소득종합과세 무기한 연기
	위헌 판결 및 실효성 부족	토지초과이득세법 폐지
	위기 극복을 위한 재원조달	교통세율 인상 및 과세물품 조정
1999	부동산 매매의 양성화	양도소득세율 인하
	비정상적인 부의 무상이전 제재	상속세및증여세법 개정
	형평성제고 및 세원확대	부가가치세 면세대상 축소
	조세지출예산제도 도입여건 조성	조세감면규제법을 조세특례제한법으로 전환
2000	형평성	대주주의 주식양도차익에 대한 양도소득세 강화
	특별소비세 정상화	생활필수품을 특별소비세의 과세대상에서 제외
	형평성	상속세및증여세법 개정
	EU와의 주세협상 타결	주세법 개정
	부가가치세제의 정상화	부가가치세 과세특례제도 폐지, 간이과세제도 적용대상자 개편
2001	형평성	금융소득종합과세 재실시

성장이 둔화되기 시작하면서 기업의 경쟁력을 강화시키기 위해 지속적인 법인세율 인하가 시도되었다. 특히 1994~1996년 사이 국제수지의 적자폭이 커지면서 기업에 대한 법인세율은 더욱 인하되었다. 한편 사업소득의 과표현실화를 위한 다양한 조치와 일시재산소득세의 도입을 비롯한 종합소득세 체계의 지속적인 개편, 1999년의 변호사, 공인회계사, 세무사, 관세사 등 전문직에 대한 부가가치세 면세 폐지, 2000년 부가가치세의 과세특례제도 폐지 등은 형평성 강화와 세제 합리화에 기여하였다.

그러나 1997년의 외환위기는 개혁적인 조세정책의 기조를 반전시켰다. 이 당시의 조세정책은 경제전반의 구조조정을 촉진시킬 조세유인을 제공하는 한편 구조조정을 위한 재정수요를 확충하기 위한 정책수단으로 전락되었다. 금융소득종합과세제도는 제대로 작동하지도 못한 채 무기한 연기되었고 실효성에 있어서 문제제기가 되었던 토지초과이득세법은 위헌 판결을 받으면서 폐지되었다. 따라서 1990년대 말 경제위기 이후에는 시장기능의 활성화와 경제개혁의 추진에 세제가 집중되어졌으며 금융, 기업, 노동 등 각 부문의 구조조정을 위한 세제지원이 이루어져서 다양한 조세특례조항들이 도입되었다. 또한 금융부문과 기업의 구조조정 및 실업대책을 위한 방대한 규모의 재정재원을 조달하기 위해 교통세율을 대폭 인상하는 한편 과표현실화를 통한 세원 확충을 시도하였다.

결국 외환위기 이전의 조세정책은 자본 및 부동산에 대한 과세를 강화하여 소득재분배에 주력하였던 반면 위기를 기점으로 이러한 정책기조는 급격하게 후퇴하게 되었다. 따라서 1990년대를 관통하는 조세의 형평성과 소득재분배의 강화 시도는 경제개발 이후 한국 사회의 계급적 모순을 완화하기 위한 국가의 시도였지만 외환위기로 인해 정책 운용이 중단되면서 제대로 성과를 이루지는 못한 것으로 평가되며 이러한 개혁적 조세정책의 임무는 참여정부의 과제로 남겨지게 되었다.

2) 참여정부의 조세정책

참여정부의 조세정책의 기본방향은 '넓은 세원, 낮은 세율'로 대표되며 이는 가장 합리적인 조세정책의 목표라고 할 수 있다.[3] 참여정부의 조세정책이 당면한 과제는 외환위기 이후 빈부격차의 심화로 인해 어느 때보다 소득재분배에 대한 요구가 높아지고 있는 상황에서 조세정책의 소득재분배 기능을 강화하는 한편 지속적인 부동산 투기열풍속에서 부동산 투기를 억제하면서도 조세의 형평성을 제고시키는 것이다. 또한 복지지출의 증가를 위한 조세부담의 확대를 효율성이라는 명분과 경제여건의 악화라는 조건을 내걸고 반대하는 주류 조세전문가들 및 경제학자들에 맞서서 재정지출을 위한 재원조달도 증가시켜야 하는 것이 참여정부의 조세정책의 과제이다.

재정경제부(2003: 2-4)는 참여정부의 조세정책의 목표를 세입기반 확충, 조세의 형평성 제고, 조세의 효율성 제고, 지방의 자주재원 확충지원, 신뢰받는 세정구축 등으로 요약하고 있다(표 2 참조). 참여정부 들어 조세정책에서의 주요한 변화는 지방의 재원문제와 세정 합리화를 주요한 과제로 설정하고 있다는 것이다. 이러한 참여정부의 정책기조는 한국 사회의 조세체계의 현황과 문제점을 그대로 보여주는 것이다. 조세형평에 대한 요구가 급증하여 왔지만 소득 종류별, 계층별 과세형평은 미흡하여 조세형평성 제고가 필요하며 부동산 보유과세 비중은 형편없이 낮아 형평성을 저해할 뿐만 아니라 부동산 투기억제 기능이 미흡하며 복잡한 조세 감면세도의 확대는 세입기반의 악화를 초래하였다. 한편 참여정부의 화두가 지방분권과 국가균형발전임에도 불구하고 국세: 지방세의 세입 비중은 8: 2에 불과하여 지방정부의 자주재원은 턱없이 부족하다. 반면 재정지출의 측면에서는 중앙정부: 지방정부의 지출 비율이 44: 56이다. 이러한 세입과 세출의 불균형은 중앙정부에 대한 지방정부의 재정의존도가 매우 높음을 입증해 주는 한편 현행의 조세체계가 지방자치제의 정신과 조응하지 않고 있음을 보여주고 있다.

참여정부의 가장 중요한 조세정책은 2004년의 상속·증여세 완전포괄주의 도입 및 소득세율 1%p 인하, 2005년의 종합부동산세 신설과 종합토지세 폐지, 2005년부터의 법인세율 2%p 인하 등으로 실현되었다. 또한 참여정부는 2003년도 세제개편을 통해 예식비·장례비·이사비의 소득공제를 도입하고 의료비, 교육비,

---

3) '넓은 세원, 낮은 세율'이라는 캐치프레이즈는 사실 조세정책의 일반적인 원칙이다. 따라서 참여정부 들어 이러한 원리가 일반화된 것은 그만큼 한국의 조세정책이 경제정책으로서 정상적인 궤도로 진입하고 있음을 의미한다.

보험료 등에 대한 근로소득특별공제를 확대하였다.

참여정부의 상속·증여세 완전포괄주의 도입은 조세의 형평성을 제고시키면서
도 세수증대에 기여한 바람직한 세제개편의 예를 제시해 주고 있다. 이에 반해 소득

〈표 2〉 참여정부 조세정책 방향

목표		내 용
세입 기반 확충	조세감면 축소	비과세, 감면 규모 및 종류의 축소, 단순화
		R&D 투자, 정보화 등 성장잠재력 확충과 중산서민층 지원은 계속
	자영사업자 세원투명성 제고	현금영수증카드제도 도입
		일정액 이상 현금거래는 국세청 통보 및 과세당국의 금융거래정보 접근폭 확대
	금융소득과세 제도 개선	비과세, 분리과세저축을 지속적으로 축소
		4천만인 종합과세 기준금액을 점진적으로 하향 조정
		주식 등 투자위험이 큰 저축상품 우대
조세의 형평성 제고	부동산 보유 과세 강화	단기적으로는 과표현실화 및 세율체계 조정하고 중장기적으로 보유과세 제도 전면 개편
	부동산 거래내역 및 실거래가 전산신고 시스템 구축
	상속증여세 완전포괄주의 도입
조세의 효율성 제고	넓은 세원, 낮은 세율 체계로 전환	기업에 대한 법인세율 인하의 중장기적 추진
		자영업자 과표양성화가 미흡한 상황에서 소득 종류간 과세형평 감안하여 세부담 수준을 적정하게 관리
		특별소비세의 점진적 축소 또는 폐지와 에너지 및 주류에 대한 과세는 환경친화 및 소비 억제적 조세로서의 기능 강화
	외국인투자지원 조세제도 개선	조세지원 대상은 확대하고 지원기간은 합리적으로 조정하고 제도의 단순화 추진
	여성의 출산과 보육 지원	취업 전 자녀 보육비 경감 및 직장 내 보육시설 투자 유도
	기업과세의 합리적 개편	연결납세제도 도입 및 파트너쉽 과세제도, 톤세제 도입
지방의 자주 재원 확충 지원	지방재정 지원 방식의 효율성과 투명성 제고	교부세의 지원 방식을 단순화, 투명화하고 지방양여금제도의 합리적 개선 및 국고보조금은 관련 사업과 함께 지방으로 이양
	지방의 새로운 세원 개발 유도
	지방재정의 불균형을 야기하지 않으면서 지방의 자주재원 확충방안 강구
국민의 신뢰 받는 세정 구축	신뢰받는 세무행정전자세정, 세무대리인 역할제고와 책임강화 방안 강구, 납세자 의식, 관행 개혁과 성실납세자 우대 풍토 조성

자료: 재정경제부(2003: 5-9).

세 및 법인세 인하로 대표되는 감세정책은 실제 경기활성화에 기여하지도 못하였을 뿐만 아니라 조세의 형평성 강화에도 기여하지 못하는 정책이었다.

소득세 1%p 인하는 저소득층보다는 고소득층에게 더 큰 규모의 세부담 경감 효과를 가져온다. 특히 소득세를 납부하지 못하는 저소득 빈곤층은 소득세율 인하에 따른 어떠한 혜택도 얻을 수 없는 근본적 한계를 가진다. 재정경제부의 추계에 따르면 소득세율 인하정책으로 인해 근로자의 세금은 월 급여 200만원 4인 가구의 경우 현행 소득세 대비 22.6%인 78,000원, 월 급여 1,000만원 4인 가구의 경우 현행 소득세 대비 4.9%인 121만원이 각각 경감되며 사업자의 세부담은 소득금액 2,000만원 4인 가구는 15만원, 소득금액 1억원인 4인 가구는 100만 7,000원이 감소된다. 또한 각종 특별공제항목의 신설·확대로 공제제도가 복잡해지면서 근로자의 납세협력비용이 증가됨을 감안하여 표준공제액을 60만원에서 100만원으로 상향조정한 것은 저소득 납세자들의 세부담과 납세비의 경감을 가져오는 반면 면세점이 다소 상승됨에 따라 과세기반을 위축시킬 수 있다.

한편 2003년에 개정되어 2005년도 개시 사업연도부터 적용되는 법인세율 2%p 인하는 기업이 세율인하를 고려하여 향후 사업소득의 증가를 목적으로 당해 연도에 투자를 확대하지 않는 한 단기적인 경기활성화라는 목적에 적절하게 기여한다고 평가될 수 없다. 또한 소득세율 인하와 마찬가지로 법인세를 납부하지 않는 대다수 영세중소기업에 대한 세율인하 혜택은 전혀 없기 때문에 결국은 대기업에게 세제지원을 하는 것과 같은 효과를 가져왔을 뿐만 아니라 세수감소효과도 매우 크다.

부동산 보유세제 개편 문제는 참여정부에서 가장 논쟁이 격렬하였던 쟁점이었다. 2005년부터 부동산 보유과세 강화정책으로서 종합부동산세가 도입되어 1차는 낮은 세율의 지방세인 재산세, 2차는 전국의 소유 부동산을 인별 합산하여 높은 세율의 국세인 종합부동산세를 각각 부과하며 '8.31 부동산제도 개혁방안(이하 8.31대책)'으로 과세대상이 더욱 확대되었다. 또한 종합부동산세 도입과 함께 유상승계취득 부동산에 대한 등록세율이 3%에서 2%(개인간 거래 1.5%)로 인하된 데 이어 8.31대책에 따라 개인간 주택거래시 취득세와 등록세가 각각 0.5%p 인하되어 거래세가 1%p 인하되었다. 한편 참여정부의 부동산정책 기조에서 가장 중요한 것이 양도소득세 강화정책으로 2006년부터 1세대 2주택에 대해 실거래가액을 기준으로 과세하며 2007년부터는 모든 주택에 대해 실거래가 과세를 실시한다.

참여정부의 부동산세제 개편과정의 가장 큰 문제점은 세제개편이 부동산시장의 변화에 대해 선제적으로 나아가지 못하고 항상 시장의 흐름을 뒤따라가는 방식으로 진행되어 실제 세제개편에 따른 정책효과를 크게 거두지 못하였다는 것이다. 특히 부동산세제는 조세의 형평성을 위하여 개혁되어야 하는 것이지 부동산 투기 억제가 주요한 목적이 되어서는 안 된다. 그럼에도 불구하고 참여정부는 조세의 형평성과 투기억제라는 두 마리 토끼를 잡겠다는 목표 하에 한편에서는 투기 열풍을 몰아오는 다양한 개발정책을 공표하면서 다른 한편으로는 부동산 투기라는 자본주의적 원리에 대해 도덕적 기준에 근거한 평가를 하면서 세제를 통한 수요억제를 시도하였다.

따라서 참여정부의 조세정책은 경기활성화라는 명분 하에 경제적 효과가 크지 않은 감세정책을 도입하면서 세수 기반만 약화시키는 결과를 초래하였으며 부동산세제 개편의 경우 정책목적과 정책수단의 효율적 결합이 이루어지지 않음으로 인해 정책의 실효성에 한계를 노정하는 결과를 초래하였다.

3. 조세체계에 대한 평가

1) 조세수입구조의 특징

2005년은 한국의 조세수입구조에 있어서 커다란 변화가 일어난 해이다. 2005년부터 종합부동산세가 국세로 도입됨에 따라 국세가 기존의 14개에서 15개로 증가되고 종합토지세 폐지로 인해 지방세는 17개에서 16개가 되었다. 따라서 향후 조세수입구조에 있어서 국세와 지방세의 불균형은 더 심화될 것으로 보인다.

GDP 대비 총조세수입은 1985년 이후 급격하게 증가되어 왔으나 2003년 기준으로는 미국과 비슷한 수준을 유지하고 있으며 여타 유럽국가 및 OECD 평균에 비해서는 현저하게 낮다. 한편 조세부담률 및 국민부담률의 경우 2003년 기준으로 각각 20.4% 및 25.3%로 OECD 평균인 28.2% 및 36.3%에 비해 훨씬 하회하는 수준이다.[4] 또한 조세부담률은 2004년 및 2005년에는 19.5%로 추정되고 있다.[5]

〈표 3〉 GDP 대비 총조세수입 추이[*] (단위: %)

	1985	1990	1995	2000	2001	2002	2003 전망
한국	16.0	18.1	19.4	23.6	24.1	24.4	25.3
미국	25.6	27.3	27.9	29.9	28.9	26.4	25.6
영국	37.7	36.5	35.0	37.4	37.2	35.8	35.6
프랑스	43.8	43.0	43.9	45.2	44.9	44.0	43.4
독일	37.2	35.7	38.2	37.8	36.8	36.0	35.5
일본	27.4	30.2	27.8	27.1	27.4	25.8	25.3
OECD 평균	33.6	34.8	35.9	37.2	36.8	36.3	36.3

* 총조세수입은 조세와 사회보장기여금의 합으로 국민부담률과 같은 개념임.
자료: OECD(2005).

한국의 조세수입을 세원별로 보면 다른 선진국들에 비해 소득과세 비중이 낮고 소비과세 비중이 높다. 즉 전체 조세수입에서 소득 및 이윤에 대한 과세비율이 여타 선진국에 비해 매우 낮은 28.0%이며 특히 개인의 소득세비율이 여타 선진국에 비해 현저하게 저조하다. 더우이 사회보장기여금이 조세수입에서 차지하는 비중을 보면 한국의 경우 19.5%에 불과해 OECD 평균인 26.1%에 훨씬 못 미치고 있다. 또한 고용인과 고용주의 사회보장금기여금의 부담비율을 보면 한국보다 부담률이 낮은 영국의 경우에도 고용주의 부담분이 고용인의 부담분보다 훨씬 높을 뿐만 아니라 미국에서조차 고용주가 고용인보다 더 많이 부담함에도 불구하고 한국만이 고용인이 고용주보다 훨씬 높은 부담률을 가지고 있다. 또한 한국의 소비세 및 관세의 비중은 37.1%로 여타 선진국 및 OECD 평균보다 훨씬 높아 간접세의 높은 비중으로 인한 세부담의 역진성의 가능성을 보여주고 있다. 한편 재산과세가 전체 조

---

4) 조세부담률=(조세/경상GDP)이며 국민부담률=(조세+사회보장기여금)/경상GDP이다.
5) 조세부담률에 대한 잘못된 인식은 낮은 조세부담률을 바람직하다고 여기는 관점이다. 조세를 통한 정부의 재원이 국민들에게 적정하게 배분되어 소득재분배에 기여하고 국민들의 전체 후생수준을 제고시킨다면 조세부담률의 수치적 수준은 중요하지 않다. 이러한 의미에서 정부의 조세정책에 대해서는 조세부담률의 수치적 기준이라는 관점으로 접근해야 하는 것이 아니라 소득재분배 효과나 형평성의 기준으로 평가하면서 조세수입이 효율적으로 지출되고 있는가를 감독하는 것이 중요하다.

세에서 차지하는 비중은 영국과 마찬가지로 11.8%이며, 미국보다는 낮고 프랑스와 일본보다는 높아서 OECD 평균보다 2배 이상이 높다. 이는 한국의 재산과세 자체의 부담률이 높아서가 아니라 한국의 경우 전체 조세수입 대비 소득 및 이윤에 대한 과세와 사회보장기여금 등의 비중이 여타 국가들보다 낮기 때문에 조세수입구조면에서는 재산과세가 상대적으로 높은 비중을 가지는 것으로 나타난다.

〈표 4〉 조세수입구조(2003년 기준) (단위: %)

	소득 및 이윤		사회보장기여금[1]		사업 소세	재산	소비세 및 관세	기타
	개인	법인	고용인	고용주				
한국	12.7	15.3	11.7	7.9	0.2	11.8	37.1	3.3
	28.0		19.5					
미국	35.3	8.1	11.7	13.3	-	12.1	18.2	-
	43.3		26.4					
일본	17.5	13.0	16.5	17.6	-	10.3	20.3	0.3
	30.6		38.5					
프랑스	17.5	5.7	9.5	25.7	2.5	7.3	25.5	3.6
	23.2		37.7					
영국	28.7	7.8	7.5	10.3		11.8	32.7	-
	36.5		18.5					
OECD 평균	24.9	9.3	8.2	14.3	0.9	5.6	32.1	0.8
	34.4		26.1					

주: 1) 자영업자 및 급여수혜자들이 지불하는 기여금을 포함함.
자료: OECD(2005).

조세수입 구조는 현행의 조세정책의 문제점과 개혁 방향을 제시해 주는 지표중의 하나다. 현재 한국의 조세체계는 세부담 수준은 높지 않지만 세수입 구조상 직접세의 비중이 낮고 간접세의 비중이 높음에 따라 세부담의 형평성이 부족한 것으로 평가된다.

한편 참여정부 하에서 지방분권 및 국가균형발전은 초기부터 주요한 정책 화두였다. 지방분권은 중앙에서 지방으로 결정권이 '이양'되는 것을 의미하며, 국가균형발전은 자원과 재원을 '분산'하여 지역발전의 형평화를 기하고자 하는 것을 뜻

한다(염명배, 2004: 25).[6]

지방분권의 관점에서 지방재정을 위한 세수입을 안정적으로 확보하는 것은 매우 중요하다. Oates(1993: 240-242)에 따르면 재정분권화는 중앙집권적 상태에서 획일적으로 결정하는 것보다 지역특성을 고려한 결정을 통하여 사회후생을 향상시킬 수 있다. 이는 지방자치단체들에게 독립적인 자주재원이 필요하다는 것과 지방자치단체가 실제적이고 효과적인 재정자율성을 가지려면 자주재원의 비율을 높여서 재정지출의 결정에 있어서 중앙정부로부터 독립성을 획득하면서 동시에 책임성(accountability)을 가지는 것을 의미한다.

따라서 지방자치가 활성화되기 위해서는 지방자치단체의 과세자주권이 확대될 필요가 있다. 1995년에 지방자치제가 본격화된 이후 국세 대비 지방세 비율은 거의 변화가 없이 8: 2의 비율을 유지하고 있다. 2003년도 결산 기준으로 세입 측면에서는 지방세가 21.9%, 국세가 78.1%이지만 세출 측면에서는 중앙과 지방의 비율이 44: 56 수준이어서 국가재정에서 지방재정이 차지하는 비중이 50% 이상을 차지하고 있는 것이다. 지방세 수입 비중이 현저히 낮으면서 지방재정지출의 비중이 높다는 것은 중앙정부의 보조금의 비중이 커서 지방자치단체의 재정자립도가 낮다는 것을 의미한다. 실제로 전국 평균 재정자립도는 1995년 63.5%에서 2003년 56.2%로 낮아졌다. 그동안 담배소비세, 지방주행세, 지방교육세 등이 도입되어 지방재정 확충에 기여하는 효과가 있었지만 근본적인 변화를 가져오지는 못하였다. 1994년 이후연도별 국세 대 지방세 비율을 보면 2002년에 국세 대비 지방세의 비율이 가장 높았으며 2003년도는 1994년도 수준에 머물고 있다. 더욱이 2005년의 부동산세제 개편으로 인해 취득세수가 현저하게 감소되고 종합부동산세가 국세로 도입됨에 따라 지방세수입은 더욱 감소될 것으로 보인다.

결국 이재은(2005: 41)의 지적처럼 세원배분은 철저하게 중앙집중적이었고 이렇게 집중된 자금을 이전재원의 형태로 지방에 배분함으로써 지방자치를 중앙정부에 종속시켜 왔다. 또한 지방정부는 지방세를 징수, 관리하지만 세율 결정 및 지

---

6) 이러한 의미에서 국가균형발전적 시각에서는 지방재정 문제가 크게 중요하지 않다. 왜냐하면 중앙정부가 지방에 자원 및 재원을 적절하게 배분만 하면 되기 때문이다. 따라서 참여정부는 지방분권적 관점보다는 국가균형발전적 관점을 가진 것으로 평가된다.

방세제 개편 등을 포함한 지방세 관련 문제들은 국회에서 결정되고 있어서 지방정
부의 지방세 관련 재량권은 철저하게 제한되어 있다.[7] 한편 국세는 신장성이 높은
재화 및 용역에 관한 소비과세와 소득탄력성이 높은 소득 및 이윤과세의 비중이 높
아 경제성장에 따라 자연증수가 큰 반면 지방세는 재산과세의 비중이 높아 증세를
하려면 인위적인 세제개편이나 과세표준 또는 세율을 조정해야 하는 문제가 있다
(이재은, 2005: 47, 그림 1 참조).

〈표 5〉 연도별 국세 · 지방세 비율 추이 (단위: %)

	1994	1995	1996	1997	1998	1999	2000	2001	2002	2003
국세	78.1	78.8	78.9	79	79.8	80.3	81.9	78.2	76.7	78.1
지방세	21.9	21.2	21.1	21	20.2	19.7	18.1	21.8	23.3	21.9

〈그림 1〉 지방세의 세원별 구성 추이

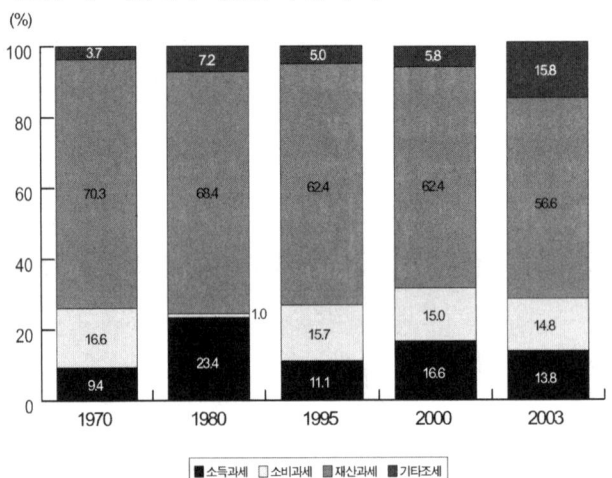

---

7) 종합부동산세 도입을 둘러싼 중앙정부와 지방자치단체간의 첨예한 갈등은 이를 대표적으로
보여주었다. 보유과세의 강화라는 정부의 기본적인 취지는 적합하나 과연 종합부동산세를
반드시 국세로 해야 하는가는 의문의 여지가 있다.

2) 현행 조세체계에 대한 평가

(1) 낮은 소득세 부담과 미약한 소득재분배 기능

한국의 조세시스템에 대해 달스가르드(Dalsgaard, 2000: 8-11)는 조세부담률 및 노동에 대한 유효세율이 낮아 조세정책을 통한 소득재분배 효과가 매우 적다고 지적하고 있다. 즉 소득세법상 누진도는 비교적 높아서 OECD 국가들과 비슷하나 최고한계세율을 적용받는 고소득계층이 상대적으로 적어 결과적으로 소득세를 통한 전체 소득불균형 완화의 효과는 크지 않다는 것이다(안종범, 1997: 274). 또한 한국의 조세체계의 특징으로 간접세의 비중이 매우 높고 직접세의 비중이 매우 낮으며 소득세 및 재산세의 기능이 매우 미약하여 근로소득세 비중은 증가되고 재산세비중은 감소되고 있음을 지적하였다. 50%에도 미치지 않는 직접세 비중과 낮은 소득세 비중 및 높은 소비세 비중은 소득분배에서의 역진성을 초래할 수밖에 없다.

한국의 소득세 부담이 낮은 이유는 저소득층에 대한 세부담을 경감시켜주고 과표양성화율이 저조한 자영업자와의 상대적인 공평성을 맞추기 위해 도입된 근로소득공제 및 근로소득세액공제 때문이다. 이러한 공제의 지속적인 증가는 소득세 부담의 집중도를 높여 소득세 1단위당 소득재분배효과는 상당히 큰 편이지만 소득세 부담비중이 높지 않아 총체적인 소득재분배효과를 상대적으로 작게 만든다. 또한 한국의 소득세율은 상대적으로 낮은 편에 속한다. 실제 소득세율의 경우 한국은 8~35%임에 비해 일본은 10~37%, 미국은 각 주정부에 의한 지방소득세를 제외한 국세로서의 개인소득세가 10~35%, 프랑스는 7.5~52.75%, 영국은 10~40% 등이다.

이러한 소득세 체계 하에서는 소득의 불평등을 거의 축소시키지 못한다. 대부분의 저소득노동자층은 면세자로서 소득세 부담이 없기 때문에 소득공제의 확대에 따른 소득세 경감의 혜택을 받을 수 없다. 반면 고소득층의 세부담은 공제혜택으로 인해 크게 경감될 수 있기 때문에 저소득층을 위한다는 명목 하에 근로소득공제 및 근로소득세액공제를 확대하는 것은 정책목적에 부합하는 적절한 정책수단이 아니다.

따라서 소득세의 비중을 높여 소득재분배 효과를 확대할 필요가 있다. 성명재(2002: 158-160)는 조세부담률이 상승하고 소득세의 비중을 높일수록 소득재분배 효과가 커짐을 보여주고 있다. 따라서 소득재분배를 강화시키기 위해서는 소득세의 과세를 강화할 필요가 있다.

〈표 6〉 근로소득공제 및 근로소득세액공제 개정 추이 (단위: 만원, %)

	1999	2001	2002	2003	2004
근로소득 공제	500이하: 전액 1,500이하: 40 3,000이하: 10 한도: 1,200	500이하: 전액 1,500이하: 40 4,500이하: 10 4,500초과: 5 한도 폐지	500이하: 전액 1,500이하: 45 3,000이하: 10 4,500이하: 10 4,500초과: 5	500이하: 전액 1,500이하: 47.5 3,000이하: 15 4,500이하: 10 4,500초과: 5	500이하: 전액 1,500이하: 50 3,000이하: 15 4,500이하: 10 4,500초과: 5
근로소득 세액공제	50이하: 45 50초과: 30 한도: 60	- - -	50이하: 45 50초과: 30 한도: 40	50이하: 50 50초과: 30 한도: 45	50이하: 55 50초과: 30 한도: 50

(2) 소득 종류간 불평등

한국의 이자 및 배당소득에 대한 세율은 상대적으로 낮을 뿐만 아니라 개인차원의 배당소득은 비과세대상이며 자본소득에 대한 실효세율은 상대적으로 낮다. 따라서 자본소득의 종류에 따른 상이하고 복잡한 세율체계와 사업소득 및 자본소득보다 높은 근로소득에 대한 과세 비중은 형평성이 부족할 뿐만 아니라 조세정책이 소득재분배의 역할을 제대로 수행하지 못하게 만든다(Dalsgaard, 2000: 16-17). 예를 들어 표 7에 따르면 배당소득에 대한 최고한계세율이 OECD 평균보다는 높으나 미국, 프랑스, 독일, 일본 등 주요 선진국에 비해서는 전반적으로 낮다.

〈표 7〉 배당소득에 대한 최고한계세율(2001~2003) (단위: %)

	2000	2001	2002	2003
한국	44.6	53.9	49.5	49.5
미국	59.3	59.2	58.8	51.3
영국	47.5	47.5	47.5	47.5
프랑스	63.2	61.9	58.4	57.0
독일	53.8	51.2	54.5	55.5
일본	66.7	66.7	66.7	66.7
OECD 평균	50.1	49.4	47.7	46.4

자료: OECD(2004c: 27).

이러한 조세정책의 결과는 2000년 이후의 소득세수 추이에서 확인된다. 표 8을 보면 소득세 전체에서 이자소득세의 비중은 저이자율 기조 하에 계속 하락하여 2000년의 27.3%에서 2004년 11%로 크게 하락하였으며 배당소득의 비중도 2000년의 4.4%에서 2004년 3.1%로 감소되었다. 한편 양도소득세의 비중은 2000년의 7.9%에서 2004년 16.4%로 크게 증가하였다. 이에 비해 근로소득의 비중은 2000년의 37.2%에서 2004년에는 41.9%를 기록함에 따라 근로소득세는 소득세수의 가장 주요한 원천이 되고 있다.

〈표 8〉 소득세수 추이   (단위: 억원, %)

	2000	2001	2002	2003	2004
신고분	42,791 (24.4)	54,546 (29.2)	68,604 (35.8)	71,678 (34.5)	83,167 (35.5)
종합소득	28,493 (16.3)	39,251 (21.0)	43,721 (22.8)	42,441 (20.4)	44,529 (19.0)
을근소득	485 (0.3)	487 (0.3)	312 (0.2)	262 (0.1)	251 (0.1)
양도소득	13,814 (7.9)	14,808 (7.9)	24,571 (12.8)	28,975 (13.9)	38,387 (16.4)
원천분	132,297 (75.6)	132,084 (70.8)	123,002 (64.2)	136,195 (65.5)	151,173 (64.5)
이자소득	47,714 (27.3)	35,648 (19.1)	25,514 (13.3)	26,276 (12.6)	25,865 (11.0)
배당소득	7,687 (4.4)	5,722 (3.1)	6,220 (3.2)	7,327 (3.5)	7,323 (3.1)
사업소득	5,573 (3.2)	8,308 (4.5)	9,722 (5.1)	9,757 (4.7)	10,411 (4.4)
근로소득	65,188 (37.2)	76,766 (41.1)	76,189 (39.8)	83,652 (40.2)	98,186 (41.9)
기타소득	2,617 (1.5)	2,932 (1.6)	3,412 (1.8)	5,681 (2.7)	6,385 (2.7)
퇴직소득	3,518 (2.0)	2,707 (1.5)	1,944 (1.0)	3,502 (1.7)	3,003 (1.3)
합 계	175,089 (100.0)	186,630 (100.0)	191,606 (100.0)	207,873 (100.0)	234,340 (100.0)

자료: 재정경제부.

(3) 취약한 과세기반

한국의 과세기반이 취약한 대표적인 이유는 소득세 및 부가가치세의 과세자 비중이 낮기 때문이다. 종합소득세의 납세자중 과세미달자와 무기장자의 비중은 1998년 이후 감소되고 있으나 2003년 기준으로 과세미달자는 48.7%, 무기장자의 비율은 47.9%인 것에 비해 장부·증빙에 의한 근거과세자가 납부하는 세부담은 전체 결정세액의 69.8%를 차지하고 있다. 또한 근로소득자의 과세자 비율도 낮아 미국, 영국, 일본, 캐나다 등이 80%를 넘는 것에 비해 우리나라는 2003년 기준으로 54.2%에 불과하다. 근로소득세의 과세자 비율이 1999년의 58.6%에서 하락한 것은 경제위기로 인해 저소득층의 실질소득 증가율이 낮았던 것도 있지만 기본적으로는 소득공제를 비롯한 근로소득세 경감조치가 크게 확대되었기 때문이다. 반면에 종합소득세의 확정신고 비율이 높아진 이유는 부가가치세 과세특례의 폐지 등을 통한 일반과세자로의 전환과 영수증 복권제, 카드사용액 소득공제 등 과표 양성화를 위한 각종 정책이 시행되고 소득공제 수준의 조정이 크지 않았기 때문이다.

다른 한편 간이과세제도 및 면세제도는 부가가치세의 과세기반을 약화시키고 있다. 간이과세제도는 소규모 영세업자에게 행정절차 간소화를 통한 납세편의를 제공하기 위해 도입되었지만 현재는 세부담 경감을 위한 수단으로 인식되고 있다. 실제 2003년 기준으로 전체 부가가치세 납세자들의 44.4%에 달하는 간이과세자들에게 전체 과세표준액의 1.3%만이 부과되고 있다.

(4) 재산세제의 형평성 부족

한국의 재산세제에서 가장 대표적인 문제점은 부동산과 자본에 대한 과세가 제대로 이루어지지 않아 조세 형평성이 부족하다는 것이다.

부동산세제의 경우 취득과세와 보유과세의 불균형, 과세표준의 복잡성과 저조한 과표현실화율, 세부담의 형평성 부족 등이 문제점으로 지적되어 왔다. 부동산 취득과세에 비해 부동산 보유과세가 지나치게 낮으면 이는 부동산의 효율적인 활용을 저해하게 된다.[8] 1991년부터 2003년까지 취득세 부과액의 평균 GDP 탄력성은 토지의 경우 2.87, 건축물인 경우 2.46이며 부동산 등기에 대한 등록세의 평

---

8) 2003년 기준으로 부동산 보유세와 거래세의 비율은 한국의 경우 23.4: 76.6인데 비해 미국은 98.3: 1.7, 영국은 88.5: 14.5, 일본은 95.2: 4.8 등이다.

균 GDP 탄력성은 2.72이다. 이에 비해 동 기간동안 종합토지세 및 재산세의 평균 GDP 탄력성은 각각 1.94, 1.56이다. 따라서 한국의 취득과세는 보유과세에 비해 경기변동에 더 민감한 영향을 받기 때문에 과도한 취득과세는 부동산거래의 활성화를 저해하고 공정하고 투명한 시장가격의 형성에 제도적 장애가 될 수 있다.

부동산 보유과세의 적절한 부과는 부동산의 과다 보유를 억제하여 부동산투기를 억제하고 누진적인 소득분배효과를 가져 올 수 있다. 그러나 한국의 경우 부동산 보유과세의 비중이 너무 낮아 부동산 보유과세의 부동산투기 억제 효과는 거의 없다고 평가된다. 특히 참여정부 들어 부동산 보유세제가 강화되었다고 하나 실제 2017년이 되어야 실효세율이 겨우 1.0%에 도달되기 때문에 일시적인 가격 안정 효과는 가져올 수 있으나 현재의 부동산 보유세제가 부동산시장의 장기적인 나침반 역할을 할 수 있을지는 명확하지 않다.

한편 한국의 양도소득세의 가장 큰 특징은 부동산 경기변동에 따라 비과세 요건을 강화하는 정책을 수시로 사용하는 정책조세로서의 성격을 강하게 가지고 있다는 것이다. 즉 양도소득세는 경기정책의 일환으로 강화와 완화를 거듭해 온 정책조세이기 때문에 부동산시장이 안정될 경우 세율이 인하될 것으로 경제주체들이 기대하기 때문에 양도소득과세의 강화는 부동산 거래를 더욱 위축시킬 수 있다. 한편 또 다른 특징으로는 비과세 및 감면조항이 다양하여 부동산거래로부터 발생하는 자본이득에 대한 결정세액의 비중이 높지 않고 세제의 복잡성을 가중시켜 과세의 효율성을 저하시킬 뿐만 아니라 세무당국의 과세대상 포착을 어렵게 만들면서 과세기반을 협소화시킨다.[9] 따라서 양도소득과세에서 가장 시급한 개선 사항은 정부가 더 이상 정책조세로서 양도소득세를 활용하지 않고 소득과세의 틀 내에서 일관된 정책을 유지하는 것이다.

한편 자본에 대한 과세와 관련하여 지하경제를 차단하고 공평과세를 통한 조세정의를 추구하기 위하여 금융소득종합과세가 재도입되었지만 거의 실효성이 없는 것으로 평가된다. 종합과세기준금액이 4천만원으로 유지됨에 따라 과세대상인원

---

[9] 예를 들어 주택에 대해서는 중기임대주택, 신축주택 및 수도권외 지역 신축주택의 취득자에 대한 양도소득세 감면, 미분양주택에 대한 과세특례 등의 조세지출항목이 있다. 2003년 기준으로 양도소득세 및 특별부가세 감면액은 4,187억원으로 양도소득세 징수액 2조 8,975억원의 14.5%에 달한다.

은 2002년 신고기준으로 15,000여명일 뿐이다. 또한 부부합산과세제도가 위헌으로 판결됨에 따라 개인별 과세로 전환되었기 때문에 과세대상의 범위는 더욱 축소될 수밖에 없다. 결국 금융소득종합과세는 기준금액이 여전히 높아 많은 자본을 소유한 고소득자들의 추가 세부담은 크지 않은 것으로 평가된다. 또한 주식 및 채권 등 각종 유가증권의 양도차익에 대한 과세를 전면적으로 실시하지 않아 소득불균형 현상이 있다. 물론 불안정한 주식시장과 채권시장 등 자본시장의 현재 여건을 고려해야 하지만 증권거래세를 제외하고는 세부담이 거의 없는 자본시장에서는 고수익을 노린 투기성자본이 항상 유동할 수밖에 없고 이것이 자본시장의 불안정성을 더욱 심화시키고 있다. 따라서 단기적인 투기성 자본을 규제하고 주식과 채권의 장기보유를 유도하기 위해서라도 유가증권의 양도차익에 대한 과세가 필요하다.

(5) 복잡한 조세제도

한국의 조세제도의 주요한 제도적 문제점으로 지적되는 것이 바로 복잡한 조세체계이다. 가장 대표적인 것이 복잡한 조세지출제도와 목적세의 존재이다.

조세지출은 '특례규정에 의한 세금감면'을 의미하는 조세지원제도로서 정부가 특정한 정책목표를 달성하기 위하여 기업이나 개인이 납부해야 할 세금을 감면해주는 것이다. 조세지출의 중요한 목적은 사회적 형평성을 달성하기 위하여 장애자, 퇴직자, 고령자 등 사회적 약자에 대한 조세혜택을 부여하거나 특정한 산업정책의 목적을 위해 혹은 외부효과로 인한 비효율성이 존재할 때 경제적 효율성을 제고시키기 위한 것이다.

2004년도 조세지출 전망을 보면 관련 국세대비 조세지출의 비중이 14.1%에 이르고 있다. 특히 2004년 기준으로 조세지출 중 소득세가 전체의 36.1%로 6조 7,187억원, 법인세가 6조 8,088억원으로 36.5%, 부가가치세가 3조 3,253억원으로 전체의 17.9%를 차지하여, 3세목의 조세지출합계가 2004년 조세지출 전망액 전체의 90.5%를 차지한다.

조세지출은 특정한 정책목적에 따라 불가피하게 운용되어야 하는 특성을 가짐에도 불구하고 현행 조세지출 방식은 여러 가지 문제점을 가지고 있는 것으로 평가된다. 현행의 조세지출은 전체적인 방향이나 구체적인 정책효과에 대한 검토 없이 이익단체나 개별 정책의 보조수단으로 전락되어 정책의 일관성과 효율성이 결여되어 있다. 또한 분야와 종류가 너무 많아 수요자가 쉽게 파악하기가 어렵기 때문에 정책의 실효성이 떨어질 수 있다. 더욱이 복잡한 대규모의 조세지출은 과세기반을 위축시키고 세제의 복잡성을 가중시키며 법에 따라 자동적으로 집행되므로 규모 통제가 불가능하여 대규모 세수손실이 발생될 가능성이 있다.

〈표 9〉 연도별 조세지출

(단위: 억원, %)

	1999	2000	2001	2002	2003	2004전망
조세지출(A)	106,467	132,824	137,298	147,261	175,080	186,270
직접세	73,689	95,147	97,183	101,676	123,311	135,842
간접세	31,730	36,293	39,025	44,323	50,558	49,294
관세	1,048	1,384	1,090	1,262	1,211	1,134
관련국세(B)	661,405	832,214	886,020	964,086	1,075,599	1,130,705
조세지출비율 (A/A+B)	13.9	13.8	13.4	13.3	14.0	14.1

자료: 재정경제부, 『조세지출 보고서』, 각년도.

한편 목적세로는 교통세, 교육세 및 농어촌특별세가 있으며, 주세는 관련 법률에 따라 특별회계의 재원으로 목적세처럼 운용되고 있다. 교통세는 도로 및 도시철도 등 교통시설의 확충에 소요되는 재원 확보, 교육세는 교육의 질적 향상을 도모하기 위하여 필요한 교육재정의 확충에 소요되는 재원 확보, 농어촌특별세는 농어업의 경쟁력강화와 농어촌산업기반시설의 확충 및 농어촌지역개발사업에 필요한 재원 확보 등을 목적으로 한다.

목적세는 상대적으로 적은 조세저항 하에 신규 세목을 설치하거나 증액과세가 용이하며 장기간이 소요되는 주요사업에 대한 자금조달능력을 제고시킬 수 있다. 그러나 목적세는 특정한 사업에 칸막이식으로 매년 일정한 재원을 보장하기 때문에 조세수입의 효율적 배분을 저해하고 재정의 경직성을 초래하면서 충분한 예산 심의를 할 수 없어 예산의 효율성을 떨어뜨릴 수 있다. 특히 예산집행에 대한 납세자들의 감시기능이 충분히 발휘되는 것이 이 제도의 성공의 필수조건이다. 또한 목적세는 시간에 따라 지출이 변경되어야 하지만 정책결정자들이 이를 변화시키거나 수입이 지출을 초과할 때 이 부분을 생산적 목적으로 재분배하는 것이 어려우며 조세구조를 복잡하게 만들어 재정의 효율적 관리를 힘들게 만든다.

특히 목적세 및 주세의 용도에 있어서는 적절성의 문제 또한 있다. 도로정비사업, 수질오염방지사업, 농어촌지역개발사업, 지역개발 사업, 청소년 육성사업 등을 위한 지방양여금관리특별회계는 주류에 부과되는 주세를 재원으로 한다. 또한 금융·보험업자의 수익 및 특별소비세, 교통세, 주세 등을 본세로 하는 부가세인 교육세는 과세대상과 목적세의 부과목적이 적합하지 않다. 더욱이 소득세, 법인세 등의 감면과 특별소비세, 증권거래세 및 지방세를 본세로 하는 농어촌특별세도 과세대상과 부과목적이 조응하지 않는다. 목적세의 목적은 수익자부담 원칙 하에 부담과 편익의 균형을 통하여 자원배분의 효율성을 적극적으로 추진하는 것이다. 따라서 목적세는 특정 세목과 특정 지출을 연계하여 세금이 사용료의 성격을 가지게 함으로서 효율성과 공평성을 제고시키는 것이다. 그러나 한국의 목적세는 특정 사업과 관련된 특별회계의 재원을 안정적으로 확보하는 수단으로만 활용되고 있다.

4. 조세정책의 개혁 방안

1) 조세의 형평성을 위한 과세기반 확대

조세정의를 구현하기 위해서는 모든 소득을 정확하게 파악하여 과세기반을 확충하는 것이 가장 중요하고 이를 바탕으로 사회적 합의에 기초하여 수평적·수직적 공평성을 달성해야 한다. 그리고 세무당국은 세수확보를 통한 정부의 재원조달을 위해 과세정보를 정확하게 파악하고 납세자들이 납세정보를 보다 정직하게 신고하도록 유도하기 위한 장치들을 마련해야 한다. 또한 납세 회피에 상응하는 적절한 징수를 해야만 납세자들의 납세 순응도를 높일 수 있다.

조세부담의 형평성을 실현할 수 있는 조세체계의 구축을 위해서는 근거과세의 기반을 확충하는 것이 선결조건이다. '넓은 세원, 낮은 세율'이라는 목표는 근거과세기반의 확충을 기초로 하며 이를 바탕으로 수직적 공평성을 통해 부의 재분배를 할 수 있기 때문이다. 조세의 형평성·효율성을 기반으로 조세의 소득재분배기능을 보완하는 것이 '넓은 세원, 낮은 세율'을 실현하는 방향이 될 것이다.

한국의 소득세 부담의 형평성을 제고시키기 위해서는 기장의무자의 비율을 확대하고 무기장가산세율도 현행의 10%보다 인상시키는 것이 필요하다. 또한 저소득층에 대한 세부담을 경감시켜주고 과표양성화율이 저조한 자영업자와의 상대적인 공평성을 맞추기 위해 도입된 근로소득공제 및 근로소득세액공제를 축소해야 한다. 근로소득자와 자영업자의 세부담 공평성을 위해서는 근로소득자의 세부담을 자영업자에 맞추어 경감시키는 것이 아니라 과표양성화를 통해 자영업자의 세부담을 현실화시키는 것이 필요하다. 평균적으로 자영업자가 근로소득자보다 고소득자이기 때문에 자영업자들에 대한 소득포착률을 제고해가면서 근로소득세의 소득공제를 축소해야 하며, 물가상승과 소득증가에 따라 소득세의 실효세율이 올라가더라도 소득공제의 상향조정을 억제 또는 동결해야 한다. 또한 자영업자의 과표를 효과적으로 파악하기 위해 현금거래의 비중을 최소화하고 과세미달자의 비중을 점차 축소하여 근거과세의 기반을 지속적으로 확충시켜야 한다. 또한 유가증권 양도차익과세를 개인 투자자까지 확대 적용하고 부가급여나 파생금융상품 등에 대하여도 과세방안을 모색하여 과세대상 소득의 범위를 지속적으로 확대해야 한다. 한편 소득세가 근로의욕에 미치는 영향은 한계세율이 중요하므로 세율을 올리지 않고 소득세 기반을 확충하기 위해서는 복잡한 소득세 감면제도를 정비해야 한다. 이와 함께 근로소득공제정책을 더 이상 저소득층을 지원하기 위한 정책으로 사용해서는 안 되며 저소득층 지원을 위해서는 근로소득보전세제(Earned Income Tax Credit, EITC)를 도입해야 한다. 다른 한편 이상적인 세제는 고소득계층의 소득인 자본소득과 전문직 노동수득에 대해서는 높은 세율을 적용하고 일반 노동소득에 대해서는 낮은 세율을 적용하는 것이므로 조세정책은 직접적인 소득재분배 못지않게 수직적 공평성을 추구하는 것도 중요하다(현진권 외, 2000: 37-38).[10]

소비세제의 과세기반 확충을 위해서는 소규모 영세업자에게 행정절차 간소화를 통한 납세편의를 제공하기 위해 도입되었으나 세부담 경감을 위한 수단으로 인식되고 있는 간이과세제도를 정비해야 한다. 간이과세제도는 일반사업자가 이 제

---

10) 소득재분배는 수직적 공평성의 추구를 통해 이루어질 수 있는 결과이다.

도를 이용하여 탈세를 가능하게 하며 부가가치세의 탈세가 소득세의 탈세로 연결될 수 있기 때문에 탈세의 규모를 확대시킨다. 또한 이 제도는 납세자와 세무공무원 간의 지속적인 관계유지를 통한 구조적인 세무부조리를 초래할 수도 있다. 따라서 부가가치세 납세자를 일반과세자와 면세자로 이원화하여 단순화시키면서 세수기여도가 거의 없는 면세자의 비율을 낮추고 세무행정의 관리대상에서 제외시켜 세정의 효율성을 제고시킬 수 있다. 또한 면세 및 영세율 범위를 축소시킴으로써 부가가치세의 형평성·중립성 및 단순성을 강화시켜야 한다. 특정 산업부문의 지원을 위한 부가가치세 면세제도와 국제적 이중과세의 방지 및 특정 산업의 수출촉진을 위해 도입된 영세율제도는 조세의 공평성을 저해하고 가격체계 및 거래과정의 왜곡을 초래하기 때문이다. 따라서 기능상 또는 제도 운영상의 문제점을 개선시키고 면세 및 영세율 과세대상을 축소시켜야 한다.

재산세제의 과세기반 확충을 위해서는 현행의 종합부동산세를 중심으로 한 보유단계의 세부담을 더욱 강화해야 한다. 부동산 보유세의 강화는 중장기적으로 세제의 효율성과 형평성을 위해 매우 중요하므로 단기적인 부동산 투기대책으로만 간주되어서는 안 된다. 부동산 관련세제의 기본정책방향은 부동산 투기 방지보다는 세수확보와 토지이용의 효율성을 높이는 쪽으로 전환되어야 한다. 재건축 등 여러 요인에 따라 자본이득에 대한 기대치가 매우 높다는 점이 투기를 부추기는 주요 원인이라면 양도차익에 대한 과세를 강화하고 정책의 일관성을 유지함으로써 그 기대치를 낮추는 것이 더욱 중요하다.

2) 빈곤 완화를 위한 조세제도와 급여(benefit)제도의 결합

1997년의 경제위기는 마이너스 성장, 기업도산, 구조조정으로 인한 실업자의 증가 등을 초래하면서 빈부격차 확대와 소득분배의 양극화가 경제적, 사회적 문제로 대두되었다. 이정우·이성림(2001)은 1998년 이후 경제위기로 인한 소득분배의 악화가 소득불평등 및 중산층의 붕괴를 초래하였음을 보여 주었으며 성명재(2002)는 1990년대를 거치면서 점차 소득분배 격차가 확대되고 1997년과 1998년의 경제위기시에 지니계수가 상승하였다고 평가한다. 남상섭·신범철·안병룡

(2005)은 1990년대 후반기의 소득분배의 불평등 심화 및 양극화현상의 원인을 저소득층과 고소득층의 소득격차확대로 평가하면서 사업 및 재산소득의 불평등이 총소득 불평등도의 70~86%, 근로소득은 17~25%정도가 기여하였으며 이전소득과 조세의 상대적 기여도는 아주 적음을 지적하고 있다. 한편 현진권 외(2000: 36)는 한국 소득세제의 소득재분배 효과는 크지 않아 실질적인 세부담을 나타내는 평균세율의 경우 소득계층별로 누진성을 보여주고 있지만 소득세 부담의 절대적 수준이 높지 않은 상태에서 소득과세를 통한 소득재분배정책은 기본적인 한계가 있음을 보여주고 있다.

따라서 소득분배를 개선하고 저소득층의 빈곤문제를 해결하기 위해서는 일자리 창출에 의한 근로소득 증진뿐만 아니라 사업 및 재산소득의 분배개선이 중요하다. 또한 조세에 의한 재분배정책보다는 직접적인 이전지출에 의한 재분배 효과가 더 크기 때문에 사업소득이나 재산소득에 대한 세원확보와 누진성 강화, 근로의욕을 저하시키지 않는 범위 내에서 저소득층에게 이전소득이 더 많아지도록 지급방식을 개선하고 복지지출 규모를 증대시켜야 한다. 즉 사후적 분배대책수단으로서 복지정책과 조세정책의 조화가 필요하다(안종범·송재창, 2000: 4).

따라서 빈곤 완화를 위해서는 조세지원과 급여체계의 개선이 동시에 이루어져야 한다.[11] 표 10은 가장 시장원리에 충실하다는 미국보다도 한국이 공공 사회지출에서 3배 이상 낮은 수준임을 보여주고 있다.

저소득층을 위한 대표적인 조세정책이 미국에서 도입된 근로소득보전세제(Earned Income Tax Credit, EITC)이다. 한국에서도 2006년부터 도입이 결정된 EITC는 저소득근로자를 위한 환급 가능한 미국의 연방 소득세액공제로 근로빈곤층의 사회보장세 부담을 완화하고 근로의욕을 고취하기 위하여 미국에서 1975년에 도입되었다.[12] EITC는 면세점이하의 소득계층에 대해 현금급여혜택을 부여하여 기존의 공적 부조를 대체하는 것으로 국민기초생활보장제도에서의 소득공제와는 달리 근로소득이 있는 경우에만 지급하며 노동자들의 소득이 증가함에 따라 급

---

11) 조세체계에 들어오지 못하는 빈곤층에 대해서는 별도의 급여(Benefit) 지원 방안이 함께 고려되어야 하기 때문에 한국의 급여체계도 개혁이 필요하다.
12) 외국사례에 대한 간단한 소개는 김재진·박능후(2005)를 참조하라.

여혜택의 증가를 가져오는 소득구간의 존재로 인하여 경제활동 참여율을 증가시키는 장점이 있다. 최현수(2002: 210)는 EITC의 도입이 순임금률과 총소득을 변화시킴으로써 가구 또는 개인의 노동공급을 변화시킬 수 있는 유인을 제공한다고 지적한다.

〈표 10〉 공공 사회지출: 주요 범주별 현금이전   (단위: GDP 대비 %)

	총합	노령	유족 보상금	장애 관련 급여	가족	적극적 노동시장 정책	실업	주거	기타
한국	2.4	1.1	0.2	0.3	0.0	0.1	0.2	0.0	0.5
미국	8.0	5.2	0.8	1.1	0.1	0.2	0.3	0.0	0.3
영국	13.7	7.7	0.6	2.2	1.5	0.0	0.3	1.5	0.0
프랑스	17.4	10.4	1.5	1.7	1.5	0.4	1.6	0.0	0.4
독일	15.9	10.8	0.4	1.6	1.1	0.3	1.2	0.0	0.5
일본	9.1	6.4	1.2	0.6	0.3	0.1	0.5	0.0	0.2

자료: OECD(2004c).

EITC의 효율적 운영을 위해서는 일용직 노동자까지 포함하여 금융소득 및 자산소득과 이전소득의 지급조서 제출범위를 확대해야 하며 모든 소득발생에 대한 자료를 철저히 관리하여 노동공급관계의 종료 또는 급여지급일을 기준으로 지급조서가 관리되어야 한다. 또한 사업자의 자가 여부, 종업원수, 급여지급 방법 등과 고용기간, 고용형태 및 급여수준을 포함하여 근로소득을 지급하는 사업장의 기본 현황의 확인 및 관리시스템을 구축하여 소득파악을 위한 인프라를 구축해야 한다(김재진·박능후, 2005: 44-47).

3) 부동산세제 개혁

적절한 정책 방향을 도출하기 위해서는 우선적으로 올바른 정책 목표가 설정되어야 한다. 정책 목표가 잘못되었을 때는 이미 그 정책은 실패를 예고하고 있기 때문이다. 한국의 부동산 정책이 대표적인 예가 된다. 정부가 부동산시장에 개입하는 목적은 부동산시장에서 발생하는 외부성을 교정하거나 시장가격의 왜곡을 방지하기 위해서이다. 특히 주택시장의 경우에는 바람직한 사회적 수준의 주택공급을 위해 주택에 대한 공공투자와 함께 민간투자를 증가시킬 수 있도록 조세정책이나 보조금을 통해 투자를 지원하는 것이 중요하다. 그러나 한국의 경우 정부 및 공공부문이 공공임대주택시장을 육성하지 않고 민간자본에 의한 주택공급에 의존해 오면서 주택에 대한 만성적인 초과수요가 서울을 비롯한 대도시 지역에 존재하고 있으며 다른 한편으로는 다주택소유자에 대한 중과세를 부과하고 있는 상황이다.

우리나라의 부동산세제정책은 실수요자를 위한 주택공급이나 토지소유의 형평성을 제고한다는 외형적 목적을 가지지만 정책 내용에서는 부동산에 대한 규제 조정으로 대표되어 왔다. 따라서 부동산정책의 원칙부터 재고하는 것이 효과적인 부동산세제 정립의 출발점이 될 것이다.

부동산세제정책은 부동산 투기억제를 목표로 하는 것이 아니라 효율적인 부동산시장의 정립을 통한 적정 시장가격 형성과 부동산에 대한 과세형평성을 제고하는 것을 목적으로 해야 한다.[13] 또한 부동산 시장의 효율성 증대를 위해서는 거래자간 거래내용의 투명성을 제고시키기 위해 관련 세제를 개편해야 한다. 또한 중개 및 보조 기능, 법무 및 세무수행 서비스업의 기능 정상화, 거래의 전산입력 의무화 등을 통해 실거래가 과세기반을 구축하고 모든 부동산세제의 과세표준을 실거래가로 일원화해야 한다.

한편 취득과세에 있어서는 하나의 취득 행위에 대해 취득세, 등록세, 지방교육세 등 동일한 과세베이스에 대해 3중과세를 하고 있다. 또한 취득과세의 세율이 높으면 거래비용을 상승시켜 부동산 가격 상승요인으로 작용하고 거래를 위축시키며 주기이동 횟수가 상대적으로 높은 중산층 및 서민층이 느끼는 조세부담이 커지는 문제점이 발생한다. 고율의 취득세와 등록세는 실거래가 과세 적용에 장애가 되며 실수요자의 시장거래를 저해하고 등기회피를 유인하는 부작용을 초래하므로 취득과세를 완화하여 실거래가 거래를 촉진시킬 필요가 있다. 이러한 의미에서 정

---

13) 물론 부동산세제의 강화는 부동산에 대한 과도한 투기를 억제하는 효과를 일시적으로 가질 수 있다. 그러나 부동산 투기는 실제 다양한 경제적 변수 예를 들어 물가, 이자율, 경제주체들의 기대, 주택공급, 통화량 등에 의해 영향을 받기 때문에 세제만으로는 정책적 효과에 한계를 가진다. 즉 세제 효과는 일시적일 수밖에 없다는 것이다. 예를 들어 아무리 세율이 높아도 지불해야 될 세금이 투기로 인한 기대수익보다 낮다면 부동산 투기는 계속될 것이기 때문이다. 이러한 의미에서 세제로 부동산 투기를 억제할 수 있다는 발상을 전환시킬 필요가 있다.

부의 거래세율 인하 정책의 방향은 타당하지만 다른 한편으로는 중장기적으로 등록세가 일종의 수수료 성격을 가진다는 점을 감안하여 취득세 및 등록세를 하나의 세목으로 통합하는 것이 필요하다. 등록세는 본질적으로 인지세와 중복적이므로 등록세를 폐지하여 영국처럼 인지세는 국세로, 취득세는 지방세로 부과하는 방식의 세제개편이 타당하다.

한편 양도차익에 대한 양도소득세제의 강화는 단기적으로 부동산 투자수익률을 낮추면서 가격 상승분을 세금으로 징수하여 가격을 안정시킬 수 있는 한편 거래를 동결시키는 효과를 통하여 가격 상승의 압력으로도 작용하는 양면성을 가진다. 따라서 양도소득세율 인상과 기준시가의 지속적인 상승은 세부담을 증가시키면서 신규 투자를 막는 효과를 가지면서 부동산의 장기 보유경향을 강화시켜 양도소득세에 의한 부동산투기 억제가 불가능하게 된다. 특히 1가구 1주택 비과세 요건을 충족하는 주택이 전체의 60%에 달하는 상황에서 1가구 1주택 비과세제도를 유지하면 시장에서 정확한 부동산가격을 수집하는 데 결정적인 장애가 된다. 따라서 1가구 1주택 비과세 제도를 폐지하고 실거래가 양도차익에 대해 과세를 하되 일정 규모의 양도소득에 대해서는 소득공제 혜택을 부여하여 세부담을 경감시킬 수 있다. 또한 기본적인 소득공제액을 높게 설정하고 세율구조는 누진적으로 하되 매우 낮은 최저한계세율이 적용되는 과세표준계급을 넓게 설정하여 중산층 이하의 1가구 1주택 소유자가 과도한 양도소득세를 부담하지 않도록 해야 한다. 이와 함께 다양한 비과세 및 감면 조항들을 단계적으로 폐지하여 양도과세의 부과 및 징수를 투명하고 간편하게 만들어야 한다. 한편 중장기적으로 양도소득세를 종합소득세에 포함시켜 소득세 체계를 단순화시키는 방안을 고려할 수 있다.

4) 지방자치 강화를 위한 조세정책

지방자치를 확보하기 위한 세제개편에 대한 기존의 논의는 국세와 지방세의 세원배분을 전면 재편하여 지방세를 확충하는 방안, 현행 조세체계 안에서 지방세제의 개편을 통한 세수확충 방안 및 새로운 세원 개발 등으로 정리된다(이재은, 2002: 197).

지방재정의 확립을 위하여 국세의 일부를 지방세로 이양할 경우 중앙정부의 예산이 줄어들 뿐만 아니라 세원이 수도권에 편중되어 있어 전체 지방자치단체의 재정자립도를 향상시키기도 어렵다. 또한 현행 지방세목 16개 중에서 10개 세목들에 대해 탄력세율이 광범위하게 허용되고 있지만 이를 적용하는 지방자치단체가 거의 없다. 이는 지방자치단체가 과세자주권의 실현에 소극적이라는 것을 보여주는 것이며 이러한 상황에서 지방세 세수만을 확대하는 것이 재정자립도의 확립에 기여할 수 있을 지는 불확실하다. 더욱이 지방자치단체들이 투명하고 합리적으로 재정운영을 할 수 있는 제도적 장치가 아직까지 확립되어 있지 않은 것도 국세와 지방세의 세목 조정을 어렵게 할 수 있다.

그러나 지방자치가 발전되기 위해서는 지방재정은 확충되어야 한다. 따라서 국세·지방세의 바람직한 조정방안 마련의 선행조건은 지방세 세원을 개발하고 지방자치단체들이 적극적인 지방세입정책을 실시하는 것이다. 지방세의 경우 주요 세목이 세수의 소득탄력성이 낮은 재산세제 중심으로 되어 있어 지방재원을 조달하기에 힘들며 지역특성에 맞는 세원이 부족하다. 따라서 중앙과 지방간의 상대적인 세출 수요의 연계를 중심으로 세원이 배분되면서 지방재정의 조성에 기여하는 국세·지방세 조정방안이 마련되어야 한다. 또한 국세 및 지방세 정책과 재정정책을 관장하는 부처간의 정책조정기능을 강화하여 전체 조세부담을 고려한 정책이 필요하다. 특히 지역균형발전정책의 실효성 확보를 위한 중앙과 지방간 세원의 적절한 배분방안이 주요한 정책과제인 상황에서 지역간 이동성이 적고 세원이 안정적인 세목을 발굴하는 것은 장기적 발전을 위하여 필수적이다. 따라서 부동산 취득과세의 비중을 줄이면서 보유과세 세수를 안정적으로 확보할 수 있는 방안을 마련해야 하며 실거래가 과세제도가 확립되고 과세인프라가 정립되면 종합부동산세의 징세권은 지방자치단체로 이관되는 것이 타당하다. 또한 장기적인 관점에서 지역간 공공서비스의 차이를 반영하여 지방교육자치제도와 자치경찰제도 도입 등 지방정부의 기능 확충과 권한 확대에 상응하는 지방세제 개편이 필요하다.

염명배(2004: 42-43)는 지방분권과 국가균형발전을 위한 단계적 접근 방법을 제안한다. 1단계에서는 먼저 지방세로 이양할 국세의 대상세목과 이양비율을 정하는 것으로 가급적이면 지역주민의 기본적 경제활동과 밀접히 관련되어 있고 재원이 지역간에 고르게 분포되어 있는 세목을 선택한다.[14] 2단계에서는 보조금 지급을 지방자치단체의 경제개발노력과 연계하여 실시함으로써 지방자치단체의 경제개발 의지 및 징세노력에 대한 유인을 제공하고 도덕적 해이를 최소화하기 위하여 보조금 지급시한과 지급규모에 '일몰규정'을 적용한다. 3단계는 장기적으로 각 지역이 충분히 균형발전이 되었다고 판단될 경우 일몰규정에 의해 양여금을 해체하고 전액을 지방세로 전환시켜 지방자치제 본연의 재정책임원칙에 입각한 자주재원주의를 실현해야 한다. 이러한 단계적 발전과정을 위해서는 지방자치단체의 투명한 회계방식이 정립되고 지역주민들의 지방재정에 대한 감시체계가 확립되는 것이 가장 시급한 과제이다.[15]

5. 결론

본 논문은 1990년대의 조세정책의 전개를 검토하면서 현행 조세체계의 문제점과 개선 방안을 제시하는 것을 목적으로 하였다. 외환위기 이후 심화된 양극화로 인해 조세정책을 둘러싼 계층간의 이해관계는 날로 치열해지고 있다. 부동산 보유세제 개편을 둘러싸고 벌어졌던 강남구 등 부유층이 집중해 있는 지역의 조세저항 및 보수층의 반응은 조세정책의 향방이 계층 및 계급간의 역관계에 의해 결정될 수 있다는 것을 보여주었다. 한편 경제여건의 악화 속에서 재정지출을 보장할 수 있는 조세를 통한 재원확보의 중요성도 날로 높아지고 있는 상황이다. 따라서 조세개혁은 단순한 제도적 변화를 의미하는 것이 아니라 사회 전체의 부를 어떠한 관점에서 누구에게 분배할 것인가의 문제이며 사회적 부담을 누가 얼마만큼을 부담할 것인지

---

14) 누진적인 재분배목적의 조세 및 경기안정화목적에 적합한 세목은 중앙정부가 담당하고 지방세의 세목은 경기변동에 영향을 적게 받는 것이 적합하다. 또한 과표가 지역적으로 심하게 편재되어 있거나 이동성이 심한 세목은 국세로 하는 것이 타당하며 최종적인 소비자에게 판매되는 단계에 부과되는 세목은 지방세로 하는 것이 바람직하다.

15) 한편 지방소득세 및 지방소비세 도입과 관련하여 이재은(2002: 204-208)은 국세인 소득세와 법인세의 과세표준을 공동 이용하여 일정한 비율의 독립된 기초세율을 부과하는 비례소득세와 부가가치세의 세원을 공동 이용하는 방식으로 지방소비세를 신설하는 방안을 제시하고 있다. 이글에서는 지방소비세와 지방소득세 도입에 대한 논의는 생략한다.

를 결정하는 것이다. 이러한 의미에서 진보적인 세력들이 조세문제에 대해 좀 더 심도 있는 연구를 진행시킬 필요가 있다.

한국경제는 경제구조나 인구구조에 있어서 점점 선진국형으로 수렴해가고 있다. 이러한 상황에서 조세정책이 개발독재시대에서처럼 경제발전을 위한 특정한 경제부문을 지원하는 역할을 담당해서는 안 된다. 오히려 선진국들과 마찬가지로 한국의 조세정책도 자본주의의 시장실패에 따른 소득격차의 완화를 위한 소득재분배를 목적으로 해야 하며 이는 저소득층 지원정책을 통해서가 아니라 수평적·수직적 공평성의 원칙에 근거한 과세원리를 충실하게 이행함으로써 달성되어야 한다. 또한 조세정책은 경기활성화를 위한 핵심적인 정책수단으로 활용되기보다는 경제구조 개혁에 대한 정부의 청사진 속에서 적절한 재정운영을 보장하는 재원조달 수단으로서의 임무를 수행해야 할 것이다.

참고문헌

국세청.『국세통계연보』각년도.

김재진·박능후. 2005,『한국형 EITC』도입 타당성 검토, 한국조세연구원 세미나 자료.

김재진·한상국. 2003, "조세정의 구현을 위한 주요 정책과제," 한국조세연구원 세미나자료.

남상섭·신범철·안병룡. 2005, "경제위기 이후 소득분배와 불평등의 요인분해,"『창업정보학회지』제8권 제2호, pp. 159-183.

성명재. 2002,『조세정책의 소득재분배 효과 분석에 관한 연구: 도시가계조사자료를 중심으로』, 연구보고서 02-01, 한국조세연구원.

안종범. 1997, 경제정의를 위한 조세정책(1990년 이후), 최광·현진권 편, 1997,『한국조세정책 50년』, 한국조세연구원.

안종범·송재창. 2000, 저소득세액공제제도 도입의 타당성 분석: 재분배효과와 재정소요를 중심으로, 재정논집 제15집 제1호.

염명배. 2004, "'지방분권' 및 '국가균형발전'과 지방재정 -국세·지방세 재분배문제를 중심으로-,"『재정논집』제18집 제2호, pp. 23-48.

이재은. 2002, "분권화를 위한 지방세제 개혁,"『한국지방재정논집』제7권 제1호., pp. 177-220.

_____. 2005, "지방분권형 재정체계에 적합한 지방세제 개혁의 방향,"『지방분권과 지방재정의 자율성 제고를 위한 지방세제 개혁』, 한국지방재정학회, pp. 39-64.

이정우·이성림. 2001, "경제위기와 빈부격차: 1997년 위기 이후의 소득분배와 빈곤,"『국제경제연구』제7권 제2호, pp. 79-109.

재정경제부.『조세지출보고서』각년도.

_____. 2003, "중장기 조세정책 방향과 '03년 세제개편(안)," 재정경제부 보도자료.

최현수. 2002, "EITC(Earned Income Tax Credit) 도입의 빈곤감소효과 추정,"『사회복지연구』제20호, pp. 201-245.

현진권·이은우·김태일. 2000, "개방화와 조세정책의 변화: 형평성을 중심으로,"『응용경제』Vol. 2, No. 2, 한국응용경제학회, pp. 29-49.

Dalsgaard, Thomas. 2000, "The Tax System in Korea: More Fairness and Less Complexity Required," *Economic Department Working Paper* No.271.

Oates, Wallace E. 1993, "Fiscal Decentralization and Economic Development," *National Tax Journal*, Volume XLVI, No.2.

OECD. 2004a, *Social Expenditure Database*.

_____. 2004b, *Benefits and Wages, OECD Indicators*.

_____. 2004c, *Recent Tax Policy Trends and Reforms in OECD Countries*, OECD Tax Policy Studies No.9.

_____. 2005, *Revenue Statistics 1965-2004*.

국민연금의 지배구조개혁
—민주적 지배구조와 사회적 책임투자

전 창 환

1. 문제제기

신자유주의적 금융화가 고령화와 맞물려 서로 상승작용하면서 연금제도가 하루가 다르게 빨리 변하고 있다. 대체적인 경향으로 부과방식의 공적 연금이 적립방식의 공적 연금으로 바뀌거나 극단적인 경우 이에 적립형의 사적 연금으로 대체될 가능성도 배제할 수 없다.

그렇다면 한국은 어떠한가? 부분적립방식의 확정급여형 연금인 국민연금은 저부담-고급여구조로 인해 재정안정성에 심각한 문제를 안고 있다. 게다가 최근 출산율의 급격한 저하와 수명의 전반적인 연장으로 노후세대부양에 따른 현역세대의 부담이 아주 커질 전망이다. 65세 이상 노인이 전체인구의 7%이상에서 14%로 늘어나는 데 걸리는 기간을 보면, 우리나라에서 고령화가 얼마나 빠르게 진행되고 있는지를 알 수 있다. OECD 통계에 따르면, 프랑스 115년(1864~1979), 독일 40년(1932~72) 일본 24년(1970~94)에 비해 한국은 22년(2000~2022) 걸릴 것으로 추정된다(Bidet, 2004: 7).

우리나라의 연금제도와 관련해서는 굵직굵직한 제도변화가 2003~4년 사이에 집중적으로 이루어졌다. 하나는 국민연금과 관련된 제2차 국민연금법 개정안과 기금관리기본법 개정안이며 다른 하나는 2005년 12월부터 실시될 기업연금제도(종업원퇴직연금제도)에 관한 것이다. 제2차 국민연금법에서는 장기재정안정화, 급여제도의 합리화, 기금운용위원회의 개편 등이 핵심 이슈들이다. 특히 국민연금의 실질적인 심의·의결기구인 기금운용위원회의 개편이 결정적으로 중요하다. 여기에 기금관리기본법 개정이 맞물리면서 국민연금 등 각종 연기금의 주식투자가 크게 확대될 것으로 예상돼 연금제도는 물론 금융시스템과 기업지배구조 등에서도 커다란 변화가 생길 것으로 보인다. 국민연금의 의결권행사도 실질적인 내용이 어떠하든 아주 활발해질 것이다

최근 국민연금과 관련해서는 쟁점(이용하, 2004; 문형표, 2005)들이 너무 많고 다기해서 그것들을 전부 일목요연하게 정리한다는 것은 불가능할 정도이다. 국민연금의 틀을 근본적으로 바꾸는 체계적 개혁(structural reform)을 할 것인지 아니면 기존의 국민연금 틀을 그대로 인정한 상태에서 기여율과 소득대체율만을 조정하는 부분적·모수적 개혁(parametric reform)을 할 것인지, 국민연금의 사각지대 문제는 어떻게 해소할 것인지, 현 정부안대로 기금운용위원회를 개편해도 좋은지, 국민연금의 주식투자확대에 따라 보유주식의 의결권행사는 어떻게 할 것인지, 나아가 다른 직역연금, 그리고 올해 12월부터 실시된 퇴직연금제도(기업연금제도)와 어떻게 연계시킬 것인지 정말 복잡다기하다.

하지만 의외로 국민연금의 지배구조(거버넌스) 문제를 국민연금의 주요이슈에 포함시켜 논의(고광수 외, 2004; 박상수, 2004))하는 경우는 그다지 많지 않다. 그것도 주로 세계은행이 권고 내지 추천하는 캐나다 소득비례연금(CPP: Canadian Pension Plan)의 운용회사(CPPIBP: Canadian Pension Plan Investment Board: 캐나다연기금 운용회사)의 이사회 구조를 벤치마킹해서 논의할 뿐이다. 캐나다연기금운용회사(CPPIB)의 이사회 구조가 정부와 정치세력으로부터 자율적이고 독립성이 강해 가입자의 이해를 최대한 보장할 수 있다고 하지만, 실은 이사회에 가입자 대표(노동자든 사용자든)가 완전히 배제된 채 포트폴리오투자를 통한 금융수익성 극대화만을 지상목표로 하는 신자유주의적 금융전문가들만 존재할 뿐이다. 그래서 본 연구에서는 이와는 완전히 상이한 연금 거버넌스 구조의 기본 틀을 보여주고 이것도 하나의 대안적 연금거버넌스틀이 될 수 있음을 강조할 것이다. 이런

견지에서 국민연금의 거버넌스 구조에서 중추역할을 담당하고 있는 기금운용위원회의 현행구조와 개혁방안에 대해 살펴볼 것이다. 끝으로 주식투자를 통한 국민연금의 의결권행사와 사회적 책임투자에 대해서도 비판적으로 검토할 것이다.

2. 연금 거버넌스의 본질과 그 유형

국민연금이든 기업연금이든 일단 실시가 되면 연금의 기본설계에서부터 시작하여 연금자산의 운용과 배분 등 결정해야 할 사항이 한두 가지가 아니다. 그래서 연금마다 이에 대한 최종적인 심의·의사결정을 담당하는 기구를 둔다. 이에 대해서는 운영이사회 내지 집행이사회(Board of Administration), 수탁자이사회(Board of Trustees) 등 여러 가지 명칭이 따른다. 연금 거버넌스 구조에서 핵심적인 것은 집행이사회 혹은 수탁자이사회의 이사들을 어떤 방식으로 구성할 것인지 그리고 선출된 이사들에게 어떤 권한과 책임을 부여할 것인지의 문제이다.

국민연금의 경우, 연금 보험료를 납부하는 연금가입자의 이해를 최대한 반영하려면 연금 거버넌스 구조는 이렇게 확립되어야 하는가? 국민연금의 경우 직장가입자와 지역가입자가 통합되어 있기 때문에, 종업원과 사용자, 자영업자 등 지역가입자들이 국민연금의 소유자이다. 실제 이 가입자들이 국민연금의 운용에 따른 제반 위험, 예를 들어 연금급여수준 하락과 연금 보험료의 인상 등 모든 부담을 진다. 국민연금의 재정적자와 고갈시 정부의 재정지원과 충당이 명시되어 있지 않지만 전 국민을 대상으로 하는 국민연금에서 정부의 재정지원이 전혀 이루어지지 않는다는 것은 상상하기 어렵다. 이런 측면에서는 납세자도 국민연금의 운용결과에 따라 잠재적 위험을 진다(고광수 외, 2004: 33).

문제는 이들이 직접 연금을 관리·운용하는 것이 아니라 수탁자(fiduciary)들에게 맡긴다는 점이다. 미국의 기업연금 뿐만 아니라 CalPERS(캘리포니아주공무원퇴직기금), CalSTRS(캘리포니아주교직원퇴직기금), TIAA(Teachers Insurance Annuity Association)-CREF(College Retirement Equities Fund), NYCERS(뉴욕시직원퇴직연금) 등 공공부문의 직역연금에서도 수탁자 책임(fiduciary duty)이 아주 엄격하게 명시되어 있다. 연금가입자와 수급자의 연금수급권을 보호하기 위해 제정된 ERISA(종업원퇴직소득보장법)와 각 주법은 각각 기업연금과 공공부문 연금에서 수탁자책임[1]을 명시하고 있다.

기업연금에서 수탁자란 좁게는 기업연금의 운용과 관리에 대해 최종적인 책임과 권한을 가진 기업이사회의 연금위원회이사, 넓게는 신탁 계약을 통해 연금의 운용과 관리를 위임받은 지명수탁자(named fiduciary), 기업으로부터 분리된 연금자산을 보유하는 신탁수탁자, 지명수탁자로부터 다시 연금자산의 운용, 연금의 재무설계 및 기본자산배분 등의 전문적이고 특화된 임무를 위임받은 자산운용자 및 연금컨설턴트 등을 포함하기도 한다. 수탁자 책임원리란 연금 관련 수탁자들이 가입자의 연금수급권을 안정적으로 보호하도록 연금자산의 운용과 관리에 최대한 주의(care)와 충실성(loyalty)을 기할 것을 요구하는 것이다[2]. 수탁자책임원리를 위반했을 때 이들에 대해 민형사상처벌이 가해지기 때문에 수탁자들이 이 책임을 무시할 수가 없다. 기업연금이든 공공부문 연금이든 수탁자 중에서 가장 중요한 것은 연금의 운용과 관리에 대해 최종적인 책임과 권한을 가진 운영이사회(Board of Administration) 내지 수탁자이사회(Board of Trustees)이다.

국민연금에도 수탁자 책임원리에 상응하는 조항들과 운영이사회, 수탁자이사회를 찾을 수 있다. 우선 수탁자책임원리에 상응하는 조항들을 보면(고광수외, 2004: 46), 국민연금법 83조 3항에서는 그 수익이 자산종류별 시장 수익률을 상회하는 성과를 올리도록 신의에 좇아 성실하게 기금이 관리 · 운용되어야 할 것이 명시되어 있다. 또한 국민연금관리공단의 국민연금기금운용규정 제4 조 1항에서도 선량한 관리자로서 주의의무를 다할 것을 규정하고 있다. 국민연금에서는 기금운용위원회가 바로 이런 주의와 성실의무를 다해야 하는 수탁자이사회에 해당된다고 하겠다[3].

---

1) 미국 기업연금에서의 수탁자책임원리에 대해 보다 자세한 것은 송원근(2005)를 참조.
2) Hawley & Williams는 수탁자의 주의 · 충실의무를 수탁자들이 주주가치극대화 이외의 어떤 다른 요소나 기준도 고려하지 않는 것으로 해석한다(Hawley & Williams, 2002)
3) 그렇다고 기금운용위원회가 국민연금의 운용에서 전권을 가지고 있는 것은 아니다. 국회가 매년 연간기금운용 계획 및 기금운용 실적에 대한 결산을 심의 · 의결하여 최종적으로 확정한다는 점에서 실질적인 최고 최종 심의의결기구이다(고광수, 2004: 39)

연금 거버넌스 구조를 결정하는데 있어서 가장 중요한 운영이사회, 내지 수탁자 이사회는 나라마다 그리고 연금의 성격에 따라 크게 다르지만 대체로 다음의 세 가지 유형으로 구분해 볼 수 있다.

첫째, 연금 가입자 내지 수급자의 입장과 참여를 배제한 상태에서 이해당사자로부터 독립적이고 자율적이라고 판단되는 전문가중심으로 이사회를 편성하는 방식이다. 퀘벡 주를 제외한 캐나다 전역을 대상으로 하는 캐나다의 소득비례연금인 CPP(Canadian Pension Plan)가 이런 유형의 가장 대표적인 사례이다. 캐나다소득비례연금(CPP)의 경우 연방법에 기초하여 연방회사로 설립된 캐나다연기금운용회사(CPPIB[4])가 캐나다소득비례연기금(CPP) 가입자의 기여금으로 조성된 적립금을 운용·관리한다. 중요한 것은 캐나다연기금운용회사(CPPIB)의 최고 심의·의결기구인 이사회의 구성이다.

캐나다 연기금 운용회사(CPPIB)의 이사회는 정부로부터뿐만 아니라 가입자들로부터 독립적이고 자율적인 것으로 유명하다. 이사 총수는 12명으로 12개 주정부가 추천하고 연방재무장관이 최종 임명한다. 12명의 이사는 경제학자, 회계사, 금융 및 연금전문가 등 각계의 기금운용 전문가이다. 이들은 기금운용을 건의하며 실제 기금운용을 결정하는 기금운용자를 감독하는 기능을 수행한다. 이사회 내에는 투자위원회, 감사위원회, 인사 및 보수위원회, 지배구조위원회 등 네 개의 위원회가 있다.

세계은행뿐만 아니라 국내의 연금전문가들, 심지어 참여연대 소속 일부 경제학자들도 이 캐나다연기금운용회사(CPPIB)를 공적 연금 거버넌스 구조의 가장 이상적이고 바람직한 형태로 본다. 분명 이사회가 정부 관료들의 입김뿐만 아니라 이해당사자들의 상이한 요구들로부터 자유롭다는 점, 그리고 높은 전문성을 가진 금융전문가로 구성되어 있다는 점이 무엇보다 큰 장점이 아닐 수 없다. 그러나 아이러니하게도 캐나다연기금운용회사(CPPIB)의 이사회에 가입자의 대다수를 차지하는 노동자들의 대표를 전혀 찾을 수 없다.

---

4) 캐나다연기금운용회사(CPPIB)는 1998년 연금개혁을 다룬 의회 법에 따라 연방회사로 설립되었다. 설립 다음해부터 이 운용회사(CPPIB)는 CPP의 적립금을 주식에 투자하기 시작했다. 현재 캐나다연기금운용회사(CPPIB)는 캐나다 최대의 기관투자가(투자회사)로 되어 있다.

실제 캐나다연기금운용회사(CPPIB)의 이사들이 겉으로는 자율적이고 독립적일지는 모르지만 그 대신 금융수익성=포트폴리오가치의 극대화=주주가치극대화를 최우선시하는 신자유주의적 엘리트들이다. 이 운용회사(CPPIB)는 금융수익성 극대화에 집착한 나머지 매우 공격적으로 자산을 운영했다. 1999년 초만 하더라도 이 회사(CPPIB)가 주식시장에 투자한 금액이 1210만 달러에 불과했지만 2002년 12월말에는 184억 달러로 급증했다(CPPIB, 2003). 또한 초기에는 주가지수펀드에 투자하는 등 패시브(passive) 운용전략을 구사했지만 최근 들어 액티브(active) 투자비율을 급속히 늘려가고 있다. 2003년 1월에는 처음으로 직접 부동산투자에 나서기도 하였다.

그 결과 전반적으로 캐나다연기금(CPP)의 시장리스크가 아주 높아졌다. 일례로 2002년 9개월 동안 캐나다연기금운용회사(CPPIB)는 주식투자로 30억 달러를 날렸으며 동기간 투자수익율이 마이너스 15.9%로까지 떨어지기도 했다(CPPIB, 2003). 이 이사들이 금융수익성 극대화를 연기금 운용의 지상목표로 설정하는 이상 공적 연기금이 응당 수행해야 할 사회적 책임투자(Sethi, 2005: 103-114)는 뒷전으로 밀려나기 마련이다. 나아가 캐나다연기금운용회사(CPPIB)가 보유주식의 의결권을 행사할 때에도 기관주주로서 발언할 뿐, 실제 연금가입자인 노동자의 이해에 대해서는 눈을 감는다. 결국 이들은 금융수익성 극대화가 가입자들 특히 노동자들에게 미칠 장기적 역효과와 부작용(고용불안과 감량경영)을 완전히 외면하는 셈이 된다. 이 운용회사(CPPIB)가 주식투자에 나서게 됨으로써 가장 큰 이득을 본 수혜자는 다름 아닌 토론토 증권시장(Bay Street)이다(Cooke, 2003: 129-30)

첫 번째 유형과 정반대의 성격을 갖는 연금 거버넌스는 캐나다 퀘벡 주의 소득비례연금기금인 퀘벡주연금(QPP, Québec Pension Plan)에서 찾아 볼 수 있다[5]. 캐나다연기금(CPP)이 이사회에서 가입자의 대다수를 차지하는 노동자들의 참여를 철저하게 배제하고 있는데 비해 퀘벡주 연기금(QPP)에서는 노동자대표가 이사회에 참여한다. QPP가 금융수익성과 함께 고용창출과 중소기업육성, 지역사회의 발전 등 사회적 책임투자와 연대적 금융(solidaristic finance)을 동시에 추구할 수

---

5) 퀘벡 주의 경우 공적 기초연금은 캐나다 전역에서 실시되고 있는 재산실사 기초연금(OAS)을 그대로 따른다. 따라서 퀘벡 주의 공적 기초연금은 캐나다의 다른 주와 동일하게 운영된다.

있었던 것도 바로 이런 이사회 구성 때문이다[6]. 한편 캐나다연기금(CPP)의 경우, 운용회사(CPPIB)가 적립금을 운용·관리하는데 비해, QPP의 경우, 퀘벡 저축투자금고(CDPQ, Caisse de Dépôt et Placement du Québec)라는 주 차원의 공적 금융기관이 적립금을 운용·관리한다(Lizée, 2002). 특기할 만한 것은 퀘벡저축투자금고(CDPQ)가 노동자들의 자발적 투자기금의 일종인 퀘벡주노동자연대기금(FSTQ, Fonds de Solidarité des Travailleurs du Québec)[7]도 동시에 운용·관리한다는 점이다.

그렇다고 퀘벡저축투자금고(CDPQ)가 수탁자책임원리와 자산운용의 수익성 제고라는 제약에서 완전히 자유로웠던 것은 결코 아니었다. 실제 운영이사회의 노동자대표나 노조수탁자들이 수익성저하를 우려하여 독자적인 목소리를 내지 못하고 사용자 측의 운용방침을 상당 정도 따르는 것으로 드러났다(Quarter et al, 2001: 99-100). 이외에도 노조수탁자들 경험과 훈련부족도 이들이 연금이사회에서 독자적인 운용방침을 내지 못하는 한 요인으로 작용했다.

---

6) 캐나다 노총은 수차례에 걸쳐 캐나다연기금운용회사(CPPIB)의 이사회구성을 노조와 가입자의 경제적 이해를 더 많이 반영하는 쪽으로 바꾸어보려고 시도했지만 성공하지 못했다(Lizée, 1998)

7) 퀘벡 주 노동자연대기금은 1983년 퀘벡노동자연맹(FTQ, Fédération des Travailleur du Québec)이 퀘벡 주 발전의 새로운 전략차원에서 채택한 노조기금전략의 일환으로 결성되었다. 이 연대기금은 캐나다 최초의 노동자투자기금(labour-sponsored investment fund)으로 처음에는 퀘벡 주 노동자들이의 사적 연금체제를 보완하는 역할을 했다. 퀘벡 주 노동자들이 자발적으로 기여금을 냈기 때문에 퀘벡주노동자연대기금은 기본적으로 노동자의 자발적 저축으로 형성된 것이다. 2005년 5월말 현재 약 59만 명이 이 기금에 회원으로 가입하고 있다. 초기에는 노조투자기금으로 시작하였지만 나중에서는 모든 일반대중의 저축자들도 가입할 수 있게 되었다. 총 기여금 중 59%는 노조 및 노동자의 기여금에서 온 것이며 41%는 일반대중의 저축에서 온 것이다. 퀘벡 주 노동자연대기금이 주목받는 이유는 이 기금의 운영방식과 투자전략이 다른 일반 연기금과 크게 다르기 때문이다. 우선 이사회 구성을 보면 16명의 이사회 임원 중 10명이 노조에 의해 임명되고 있다. 이 이사회가 노동자연대기금의 기본적 운영방침을 결정한다. 둘째, 기본적 운영방침과 투자선택의 기준이 아주 독특하다. 이사회는 자본시장에서의 금융수익성 극대화 논리를 맹목적으로 추종하는 것이 아니라 사회적 책임투자, 윤리적 투자, 지역발전을 위한 투자, 고용창출에 적극적인 중소기업과 벤처기업에 대한 투자 등도 적극적으로 수행하고 있다. 특히 이들은 연금자산을 낙후된 지역과 빈곤과 만성적인 경기침체로 시달리는 지역에 투자함으로써 소위 연대적 금융을 지향한다. 중소기업과 벤처기업에 대한 투자실적을 보면, 자산의 60%를 퀘벡 주 중소기업에 투자한 것으로 나타났다. 이들은 전통적 산업에 속하는 중소기업뿐만 아니라 정보통신, 생명공학 등 신기술관련기업에 대해 위험자본을 제공함으로써 이 지역의 고용창출에 크게 기여하였다. 퀘벡 노동자연대기금을 위시한 노동자투자기금이 종종 벤처자금펀드로 불리는 이유도 바로 여기에 있다. 퀘벡주 노동자연대기금에 대해서는 Gendron(2002), Lincoln(2000), Lizée(2003), Quatert et al(2001) 등을 참조

기업연금에서도 위에서 구분한 두 가지 연금 거버넌스 유형을 적용할 수 있다. 미국 종업원퇴직소득보장법과 수탁자책임원리에 의해 지배되는 단일사용자 기업연금의 경우 수탁자이사회내지 운영이사회는 연금가입자인 노동자의 참여를 완전히 배제한다. GE, GM의 기업연금이 여기에 해당한다. 이에 비해 건설, 운수(teamster) 등 다수사용자와 고용계약을 체결하는 노동자들의 경우, 기업연금은 종업원퇴직소득보장법(ERISA)가 아니라 태프트·하틀리법(Taft & Hartley Act)[8]에 지배되고 있는데 여기서는 노동자대표가 노사동수로 수탁자이사회에 참여한다. 네덜란드에서는 산업부문 기업연금과 단일기업연금뿐만 아니라 ABP[9](네덜란드공무원·교직원퇴직연금)와 같은 공공부문연금에서도 노동자대표가 수탁자이사회에 사용자와 동수로 참여한다(전창환, 2003).

끝으로 위 두 가지 유형의 중간적 성격을 갖는 거버넌스 구조는 CalPERS, CalSTRS, TIAA-CREF, NYCERS 등 미국의 주요 공공부문연금에서 찾을 수 있다. 이들 공공부문 연금의 거버넌스 구조는 위의 첫 번째 유형의 거버넌스 구조보다는 훨씬 개방적이고 민주적이다. 이런 공공부문 연금의 경우 이사회(Board of Directors)는 기업연금과 달리 관련 해당 주정부 공무원, 전현직노조임원, 임명된 정치가 등 다양한 대표들로 구성된다. 100대 거대 공공부문 연기금 중 52개는 집행이사회에 종업원대표를 두고 있다. 캘퍼스의 경우 집행이사회 이사 13명 중 6명은 노조배경을 갖고 있는 것으로 드러났다(Maren, 2004: 111; CalPERS, 2003)[10]. 2003년 뉴욕시 경찰 연기금(New York City Police Pension Fund)의 경우 6명의

---

8) 1947년에 제정된 태프트-하틀리법에 따르면 사용자는 단독으로 기업연금을 통제할 수 있었지만 노조만으로는 기업연금을 통제할 수 없다. 이에 따라 다수사용자와 고용계약을 맺는 노동자들은 그 연금을 사용자대표와 공동으로 관리해야만 했다. AFL-CIO의 경우 주로 대기업에 고용되어 있는 CIO 소속 노동자들은 단일사용자 연금에 가입한 반면, 중소기업이 압도적 다수를 차지하는 AFL 소속 노동자들은 다수사용자연금에 가입했다. 이 다수사용자연금에서는 노사대표가 동수로 수탁자이사회에 참여한다.
9) ABP의 최고의사결정기관은 Board of Governors 인데 1명의 의장과 6명의 사용자 대표, 그리고 6명의 직원(피용자) 등 총 13명으로 구성되어 있다. Board of Governors는 일상관리의 책임을 지는 Board of Directors를 임명한다. Board of Directors는 이사회 의장, 연금관리 이사, 자본관리 이사, 그리고 재무이사 등 4인으로 구성된다. 이사회는 Board of Governors에서 제시한 범위 안에서 일상 업무를 관장하며 그 결과를 Board of Governors에 보고한다(박상수, 2004: 65).
10) 총 13명 중 6명은 선출직이며 3명은 임명직, 4명은 법적으로 지정된 직이다. 선출직 6명 중 2명은 전회원에 의해 선출되며 현역 주 회원, 현행 학교 회원, 현행 공공기관, 퇴직회원들이 각각 1명을 선출한다. 3명의 임명직 중 2명은 주지사가 임명한다(CalPERS, 2004).

이사 중 무려 네 명이 여러 경찰노조들의 대표이다(Marens, 2004: 111). 뉴욕시 직원퇴직연금(NYCERS)의 경우에도 7명의 노조대표 중 세 명이 수탁자이사회에서의 결정을 거부할 수 있어 일부에서는 이 NYCERS를 앞에서 잠깐 언급한 노조연금(Union Fund)에 포함시키기도 한다(O'Connor, 1999: 1).

연기금을 통해 노동자의 이해를 관철시키려고 했던 미국의 일부 노조지도자들이 공공 부문 연금을 전략적 제휴세력으로 이해하는 것도 이런 수탁자이사회 내지 집행이사회 구성의 특수한 성격과 무관하지 않다(Marens, 2004: 100). 1997년 연기금수탁자의 교육을 목적으로 만든 미국노동총동맹(AFL)-산업별조합회의(CIO) 산하 노동자자본센터(center for working capital)가 공공 연금과의 네트워크 형성에 착수한 것도 같은 맥락에서 이해할 수 있을 것이다(Chakrabarti, 2004: 48).

물론 미국의 공공부문 연금이 연금자산 포트폴리오가치의 극대화, 수탁자책임원리 등에서 자유롭기는 쉽지 않지만 일반 기업연금이나 뮤추얼 펀드와 달리 운신의 폭이 훨씬 넓다. 주식투자의 경우 상대적으로 장기보유성향이 강하고 적극적인 의결권행사를 통해 투자대상 기업의 거버넌스 구조에 적극적으로 개입한다. 즉 이들은 의결권행사를 통해 아동노동을 착취하는 기업, 환경보호를 등한시하는 기업, 조세회피를 위해 국적을 버리는 기업, 종업원 처우가 열악한 기업 등에 대해 시정을 요구한다. 뿐만 아니라 기업경영자들에게 단기금융수익성추구보다는 실질적 부의 창출을 위한 장기 지속적인 투자를 요구한다(Angelides, 2004: 46). 캘퍼스(Calpers)가 기업들에게 고효율작업체제의 도입과 혁신 잠재력 강화 등을 유도하기 위해 해당기업의 노사관계 및 인적자본정책 등을 중시하기 시작한 것도 이런 관점에서 이해될 수 있을 것이다(O'Connor, 1999). 이 밖에 미국의 공공부문 연금은 주나 지역개발을 위한 투자에도 인색하지 않다.

이상과 같은 세 가지 유형의 연금 거버넌스 유형에 비추어 본다면, 현 국민연금의 거버넌스 구조의 성격은 어떻게 평가할 수 있을까? 그리고 정부 및 여당이 추진하고 있는 거버넌스 개혁 방안은 어떤 방향을 지향하는 것일까? 이에 대해서는 국민연금의 기본성격과 당면한 여러 가지 문제들을 짚어 본 뒤 다시 자세히 언급할 예정이다.

3. 국민연금의 기본 성격과 국민연금지배구조의 문제점

1) 국민연금제도의 현황과 몇 가지 문제점

국민연금은 1988년 처음 실시된 이래 가입대상이 급속도로 확대되어 왔다 최초에는 10인 이상 사업장의 근로자만(443만명)을 가입대상으로 하였지만 92년에는 5인 이상 9인 미만 사업장의 근로자로 확대되었다. 1995년 김영삼 정부에서는 농어민 등 농어촌지역주민에 대해서도 국민연금이 확대 적용되어 총가입자수가 749만 명으로 증가했다. 마침내 1999년 4월 김대중 정부는 도시지역의 자영업자를 포함하여 5인 미만 사업장의 근로자와 일용직, 임시직노동자까지 국민연금의 가입대상(1626만명)에 포함시켰다. 이로써 국민연금은 전 국민을 대상으로 하는 명실상부한 공적 연기금으로 부상하고 있다. 1626만명의 가입자 수는 1988년 국민연금이 처음 도입되었을 때 가입자 수의 약 4배에 달하는 규모다. 기금적립금 및 자산규모도 급격히 늘어 2005년 6월 현재 적립금 총액이 149.8조에 달해 국내최대 연기금 나아가 세계에서도 유례없이 큰 규모의 연기금으로 주목받게 되었다.

〈표 1〉 국민연금의 연도별 가입자 현황 (단위: 개소, 명)

	총가입자	사업장가입자		지역 가입자			임의가입자	임의계속
		사업장	가입자	계	도시	농어촌		
88.12	4,432,695	58,583	4,431,039				1,370	286
95.12	7,496,623	452,463	5,541,966	1,890,187		1,890,187	48,710	15,700
99.04	16,268,779	174,496	4,992,716	11,113,148	9,045,812	2,067,336	34,250	128,665
00.12	16,209,581	211,983	5,676,138	10,419,173	8,381,451	2,037,722	34,148	80,122
03.12	17,181,778	423,032	6,958,794	9,964,234	7,902,223	2,062,011	23,983	234,769
04.12	17,070,217	573,727	7,580,649	9,412,566	7,403,424	2,009,142	21,752	55,250
05.05	16,885,750	614,530	7,749,080	9,074,180	7,124,930	1,949,250	24,655	39,832

자료: 국민연금관리공단, 자료실.

국민연금의 주요 설계원리를 보면 다음과 같다. 우선 보험원리에 기초하여 가입대상자들이 의무적으로 가입해야 하며 보험료가 강제로 징수되고 있다. 의무가입대상은 18세 이상 60세미만의 전 국민이다. 하지만 가입자가 모두 보험료를 납부하는 것은 아니다. 소득활동 중단 등으로 보험료를 일시적으로 납부할 수 없는 사람들, 예를 들면 27세미만의 학생 및 군복무자, 전업주부, 소득이 극도로 낮은 기초생활보장대상자들도 가입자로 간주되어 유지·관리되기 때문에 가입자와 보험료를 납부하는 실효가입자사이에는 괴리가 발생한다(이용하, 2004).

국민연금의 급여는 확정급여형이며 재정원리는 부분(수정)적립방식에 기초한다. 즉 급여액이 보험료수준, 이자율, 국민연금자산의 운용 수익률 등에 따라 변동하는 것이 아니라 법에 의해 사전에 정해져 있다. 즉 국민연금의 급여는 크게 가입연수, 연금수급직전 3년간 전체가입자의 월평균소득액(균등부분), 가입자 자신이 생애가입기간동안 받는 월평균소득액(비례부문)의 세 가지 요소에 의해 결정된다[11]. 그리고 이 급여에는 노후기초생활을 뒷받침할 목적으로 소득수준과 무관하게 일정하게 주어지는 기초연금과 중상위 소득계층의 실질적인 노후생활보장을 위해 소득수준에 비례하도록 설정된 소득비례연금이 동시에 포함되어 있다.

대체로 미국, 네덜란드, 독일 등의 공적 연금은 소득비례연금과 기초연금이 통합·일원화[12]되어 있어 국민연금의 경우 기초연금의 성격과 소득비례연금의 성격이 통합되어 있는 것 자체는 큰 문제가 되지 않는다. 하지만 이런 선진국과 달리 지역가입자 특히 자영업자의 소득파악이 제대로 이루어지지 않고 있는 상황에서 이는 심각한 문제를 야기할 수 있다. 직장가입자의 지역가입자간의 형평성과 소득분배의 왜곡이 바로 그것이다. 특히 자영업자의 신고소득이 실제가득소득보다 늘 낮기 때문에, 연금급여액 결정에 한 요소로 들어가는 균등부분 상승률이 국민전체의 실제 소득증가를 제대로 반영하지 못함으로써 연금액이 전반적으로 하향 평준화될 가능성이 높다.

부담률(기여율)과 소득대체율간의 현격한 불균등도 큰 문제가 된다. 우리나라의 경우 평균소득자가 40년(보험료납입기간) 동안 가입하면 소득대체율이 60%에 달하도록 설계되어 있다. 그러나 이런 소득대체율을 달성하기 위해 필요한 기여율은

---

11) 기본연금액=1.8(균등부분＋비례부분)(1+0.05n). 여기서 n은 20년 초과 가입연수이다(이용하, 2004: 7).
12) 이에 비해 영국, 캐나다, 일본 등의 공적 연금은 우리와 달리 기초연금과 소득비례연금으로 이원화되어 있다.

턱없이 낮다. 실제 기여율은 현재 소득의 9%로 OECD국가에 비해 크게 낮다. 이는 우리나라의 국민연금이 저기여(부담)-고급여로 설계되어 있음을 보여준다. 지금처럼 출산율이 급격히 떨어져 주요 선진국보다 낮아질 경우, 미래 세대가 부담해야 할 기여율은 급격히 높아질 수밖에 없다.

정부는 1998년 제1차 국민연금법 개정을 통해 소득대체율과 기여율을 재조정했다[13]. 그러나 법 개정을 시행한 지 5년이 채 지나지 않은 상황에서 국민연금의 재정을 재계산해 본 결과, 현행 기여율 9%와 60%의 소득대체율을 유지할 경우 2036년에 적자가 발생하기 시작하여 2047년에는 기금이 완전히 고갈될 것으로 예상되고 있다(이용하, 2004: 13). 2003년 말 정부가 국민연금의 기금고갈과 재정불안을 해소하기 위해 보험료와 급여수준을 재조정[14]하는 내용을 담은 제2차 국민연금법 개정[15])에 착수했던 것도 바로 이 때문이다. 이 정부안이 16대 국회에서 회기만료에 따라 자동 폐기되자, 정부는 이 개정안을 2004년 17대 국회에 다시 제출하였다. 그러나 여야, 직간접적인 이해당사자간 첨예한 의견대립으로 제2차 국민연금법의 개정이 어떤 형태로 일단락될지 여전히 미지수이다.

〈표 2〉 국민연금의 납부 예외자현황   (단위: 천 명, %)

	가입자계 (A)	납부예외자 (B)	소득신고자 (C)	납부예외율 (B/A)	소득신고율 (C/A)
1998.12월말	7,126	546	1,583	7.7	22.2
1999.12월말	16,261	5,512	5,310	33.9	32.7
2003.12월말	17,182	4,654	5,399	27.1	31.4
2004.12월말	17,070	4,683	4,729	27.4	27.7

자료: 국민연금관리공단(2005), 2004년 국민연금통계연보, 제17호.

---

13) 1998년 국민연금법 개정 당시 정부안은 소득대체율을 70%에서 55%로 낮추고 연금수급연령을 60세에서 65세로 늘리는 것이었으나 국회통과과정에서 소득대체율이 55%에서 60%로 상향조정되었다.

14) 당국은 보험료율을 현행 9%에서 2010년부터 5년마다 1.38% 포인트씩 인상하여 2030년에는 15.9%로 상향조정하고 연금급여와 관련해서는 소득대체율을 현행 60%에서 2005~07년 55%, 08년부터 50%로 하향 조정하는 법안을 제출한 바 있다.

15) 실제 이 개정안이 2003년 제 16대 국회에 상정되었으나 회기만료에 따라 자동 폐기된 바 있다. 이에 정부는 2004년 17대 국회에 동 개정안을 다시 제출하였다. 그러자 한나라당이 기초연금을 골자로 하는 독자적인 개혁안을 제기하면서 국민연금제도 개혁안 둘러싼 대립이 본격화되기 시작했다. 2005년 4월 양당은 이 문제에 대해 다시 본격적인 논의를 시작할 계획이지만 아직 최종적인 논의결과는 불투명하다.

국민연금의 사각지대문제는 좁게는 장기납부예외자와 체납자로 볼 수 있지만 넓게는 현노령계층과 전업주부로 구성되는 적용제외자까지 포함하기도 한다(이용하, 2004: 15). 하지만 현행 국민연금제도의 성격을 고려하면 국민연금의 사각지대문제는 전자로 국한된다. 왜냐하면 현 노령계층이나 전업주부는 소득을 창출하지 않기 때문에 소득비례연금의 성격을 동시에 띠는 현행 국민연금제도 하에서는 국민연금에 가입할 자격이 없기 때문이다.

국민연금 가입자는 소득신고자와 납부예외자로 구성되며 소득신고자는 보험료 납부자와 미납자로 다시 구분된다. 납부예외자의 주된 구성은 실직자와 미취업자, 생계곤란자등이다. 보험료 미납자도 주로 이들 계층으로 형성된다. 최근 약 1700만 명의 가입자중 450만 명 안팎의 가입대상자가 실직 및 사업실패 등의 이유로 보험료를 납부하지 않고 있다(윤석명, 2005: 51). 대체로 전체 가입자 중에서 보험료를 납부하지 않는 납부예외자가 차지하는 비중이 연도별로 약간씩 차이가 있지만 25～30%대의 높은 수준을 보인다. 특히 지역가입자의 약 절반이 납부예외자이다. 지역가입자들의 납부예외 사유를 보면, 재학, 실직, 미취업 등 합법적 사유가 대부분이다. 하지만 이들의 숫자가 너무 많다는 점은 국민연금이 전 국민의 노후생활보장제노라는 측면에서 심각한 문제가 아닐 수 없다. 하지만 정작 더 심각한 문제는 소득이 있음에도 불구하고 미취업과 실직으로 허위보고를 함으로써 고의적으로 보험료납부를 기피하고 층이 적지 않다는 사실이다.

이렇게 되면 상당수의 저소득층이 앞으로 급여대상에서 제외되거나 가입기간의 미달로 충분한 연금혜택을 받지 못할 가능성이 높다. 이들 대부분이 저소득 불완전 소득계층임은 두말할 필요도 없다. 이외에도 지역가입자(도시, 농어촌) 중에는 일용직, 영세사업장 근로자, 일정규모이상의 기업종사자 중 비정규직 근로자가 포함되어 있는데, 비정규직 중 78%는 직장가입자로 인정・등록되어 있는 것이 아니라 지역가입자로 편입되어 있다. 그 결과 비정규직의 22%만이 직장가입자로 인정되어 사용자가 보험료의 50%를 내주고 있는 실정이다. 사실 이들은 원래 직장가입자로 편입되어야 하지만 공단의 사업장관리의 어려움 때문에 지역가입자로 편입되거나 이것도 여의치 않을 경우 납부예외자로 남게 된다. 해결방안은 이들을 최대한 직장가입자로 편입시키는 것이다(김연명, 2004). 하지만 사용자측이 보험료 부담을 핑계로 직장가입자로의 전환을 고의적으로 지연 · 회피하고 있어 실제 원만한 해결책을 마련하기가 쉽지 않을 것으로 생각된다.

2) 기금운용위원회의 중요성과 정부 개정안의 문제점

표 1에서 보는 바와 같이, 국민연금의 총가입자 수가 2005년 5월 현재 약 1688만 명에 달하고 있다. 또한 국민연금의 적립 액 규모는 149.8조 이른다. 국내에서 이 정도 규모의 적립금을 보유한 연기금이나 기관투자가는 전무하다. 적립기금은 해가 갈수록 급격히 늘어나 2006년에는 183조 2008년에는 244조원에 이를 것으로 전망된다(보건복지부, 2005: 6). 2005년 6월 현재 총 149.8조원의 적립기금에서 채권과 주식을 포함한 금융부문에 대한 투자가 98.1%로 압도적으로 높다. 주식투자는 이미 14조를 넘어 국민연금 자산총액에서 차지하는 비중이 9.8%에 이른다(채권은 87.7%). 그 결과 국민연금의 기금자산이 국내금융시장에서 자지하는 비중과 영향력이 급격히 커질 것으로 예상된다. 2005년 6월말 현재 국민연금이 보유한 국채와 주식이 전체시장에서 차지하는 비중은 각각 26.9%, 2.86%에 이른다(보건복지부, 2005: 7)

국민연금 적립금의 급속한 증대와 함께 2004년 통과된 기금관리기본법 개정안은 국민연금을 포함한 각종 연기금의 주식투자확대를 급속히 늘릴 것으로 예상된다. 2004년 12월 31일 통과된 기금관리기본법개정안은 국민연금을 포함한 4대 연기금과 각 종 기금의 주식투자제한을 철폐하거나 주식투자에 따른 불필요한 부담을 완전히 없애는 것을 골자로 하고 있다16). 기존에는 주식 및 부동산에 대한 투자

---

16) 정부가 기금관리기본법 개정을 추진한 데에는 크게 두 가지 요인이 가장 크게 작용한 것으로 생각된다. 우선 많은 전문가들이 인정하는 바와 같이, 국채발행물량에 비해 연기금의 주식투자가 금지 내지 제한된 상황에서는 연기금이 포트폴리오의 안정성 유지 차원에서 국채를 대거 매입할 수밖에 없는 실정이 크게 작용했다. 4대 연금이 국채를 독식하다시피하고 있는 현 상황에서 주식투자경로가 계속 차단될 경우 국채시장 나아가 채권시장에 심각한 왜곡현상이 발생할 수밖에 없다. 국채에 대한 과다한 수요로 공급물량에 비해 수요가 계속 늘어갈 경우 국채가격이 계속 상승압력을 받게 되고 그 결과 국채수익률이 떨어지게 된다. 이것이 국민연금의 수익성에 부정적인 영향을 미칠 것은 자명하다. 둘째 정부가 염두에 두고 있는 것은 연기금의 주식·부동산 투자를 통해 인위적인 증시부양과 내수 진작을 위한 SOC투자를 실시하여 당면한 경기침체를 타개하는 것이다. 이는 05년 정부 예산의 상반기 조기집행과 함께 현 경기침체를 일정하게 타개하고 부족한 일자리를 늘리는데 일정하게 기여할 것임에

를 원칙적으로 금지해왔고 다만 주식투자가 해당 기금의 설치목적과 공익에 위배되지 않는 범위 내에서 기금운용계획에 반영된 경우 예외적으로 허용했었지만(소위 네가티브방식), 이번 2004년 말 기금관리기본법이 개정되면서 이 네가티브방식이 완전히 철폐되었다.

개별 기금 법에서는 57개 기금 중 25개기금은 여유자금을 주식에 운용할 수 있도록 명시되어 있었으나 14개 연기금에서는 여유자금을 운용할 때 주식투자가 금지되어 있었다. 그리고 나머지 18개 연기금은 주식투자를 포함한 여유자금운용에 관련된 명시적 조항이 없었다. 그 결과 기금관리기본법상의 원칙금지규정에 따라 명문규정이 없는 기금은 물론 주식투자가 허용된 대부분의 기금도 주식투자에 적극적으로 임하지 못했다.

이번 기금관리기본법의 개정의 결과, 개별 기금법에 의해 주식·부동산 투자가 금지되어 있는 14개 기금을 제외하고는 원칙적으로 주식·부동산 투자를 할 수 있게 되었다. 이로써 주식투자가 가능해진 기금이 25개에서 43개로 증가하게 되었으며 이미 이전부터 주식투자가 가능했던 25개 기금도 주식투자에 대한 불필요한 부담이 없어졌다.

4대 연금에 국한해 보면, 국민연금, 사학연금 공무원연금은 그 이전부터 주식투자가 허용되어 왔지만 군인연금은 자산운용에서 주식투자에 대한 명문규정이 없었다. 이번 개정을 계기로 군인연금의 경우 여유자금의 주식투자가 명시적으로 가능해졌으며 특히 국민연금의 경우 주식운용비율이 크게 높아질 전망이다.

문제는 국민연금의 적립금이 자본(주식)시장으로 유입됨으로써 주식시장, 금융시스템, 연금제도 및 복지체제, 기업지배구조 등에 어떤 영향을 미칠 가라는 점이다. 우선 기본적으로 연기금의 부채가 장기적 성격을 갖기 때문에 유동성위기로부터 자유로울 뿐만 아니라 이 때문에 장기투자가로서 일정한 역할을 담당할 수 있을 것으로 기대된다. 하지만 이러한 기대는 어디까지나 가능성일 뿐, 국민연금을 어떻게 운용할 것인가에 따라 완전히 딴 방향으로 실현될 수 있다. 따라서 국민연금 내에 기금운용의 방향과 세부지침이 누구에 의해 어떻게 결정되는지, 그리고 그 권한

는 틀림없다.

을 가진 사람들이 기금운용에 문제가 발생했을 때 어떠한 책임을 져야하는지가 결정적으로 중요해진다. 현재 국민연금제도의 운용 및 관리에 관한 조직구성원리상 이런 권한과 책임을 가지고 있는 조직 내지 기구가 바로 기금운용위원회이다. 기금운용위원회가 현 국민연금 거버넌스 구조의 핵심인 이상, 이번 제2차 국민연금 법 개정에서 기금운용위원회 개혁안이 결정적으로 중요할 수밖에 없다.

그렇다면 정부는 제2차국민연금법 개정을 통해 기금운용위원회를 어떤 방향으로 개편하려고 하는 것일까? 우선 현행 기금운용위원회의 성격과 특징부터 살펴보면, 가입자의 민주적 대표성의 측면에서는 직장가입자와 지역가입자의 목소리가 비교적 충분히 반영된 것으로 볼 수 있다. 실제 현행구도는 1998년 김대중 정부 시절에 이루어진 제1차 국민연금법개정의 일환으로 이루어진 것이다. 제1차 국민연금법 개정 이전만 하더라도 기금운용위원회가 신자유주의적 사고로 무장한 관료와 엘리트들의 아성이라고 할 수 있는 재정경제부 산하에 있었지만 1998년 개혁과

⟨표 3⟩ 현행 기금운용위원회와 개정법안의 기금운용위원회 비교

구 분	현행(21인)	입법예고안(9인)	정부최종안(9인)
위 원 장	복지부장관	민간전문가	좌 동
상임위원	-	1인	좌 동
정부위원	6인 (재경부, 농림부, 산자부, 노동부, 예산처차관, 공단 이사장)	3인 (재경부, 복지부, 예산처차관)	좌 동
비상임 위 원	14인 (근로자 3, 사용자 3, 지역가입자 4, 시민단체 2, 관계전문가 2)	4인 (근로자, 사용자, 지역가입자, 시민단체가 추천하는 전문가 각 1인)	4인 (근로자, 사용자, 지역가입자, 시민단체의 추천전문가 POOL에서 각 1인)
분 과 위원회	실무평가위원회 (21인, 위원장: 복지부차관)	분야별 전문위원회	좌 동
사무국	-	위원회소속	좌 동
위원추천	-	추천위원회(7인) 위원장: 복지부장관	국민연금정책협의회 (10인) 의장: 국무총리

자료: 보건복지부.

정에서 신자유주의적 관료보다는 상대적으로 사회정책마인드가 강한 보건복지부 산하로 이관되었다. 또한 제1차 국민연금법 개정 이전에는 기금운용위원회 위원 총 15명 중 가입자의 몫은 7명으로 과반수에 이르지 못했으며 재경부장관이 위원 장직을 담당했다. 이상과 같은 점들을 고려해 볼 때, 1998년 기금운용위원회 개편 및 제1차 국민연금법 개정안은 그 이전에 비해 상당히 진일보한 안이라고 하겠다. 특히 1998년 제1차 국민연금법 개정안은 그 이전 세계은행의 권고안에 기초한 기 초연금과 소득비례연금으로의 이원화방안을 저지[17]했다는 점에서 큰 의미를 갖는 다(Yang, 2003).

그럼에도 불구하고 민주적 대표성 문제를 좀더 깊이 점검해 보면 전혀 문제가 없 는 것은 아니다. 우선 직장가입자대표로 민주노총(사무총장), 한국노총(부위원장), 금융노련(위원장) 등이 들어왔지만 노조가입률이 10% 대 주변의 극히 낮은 수준 이어서 노조에 가입하지 않은 직장가입자의 이해는 충분히 반영할 수 없게 되어 있 다. 이 문제는 앞으로도 계속 논란의 대상이 될지도 모른다. 지역가입대표자의 대 표성도 문제가 된다. 일례로 지역 가입자 대표로 농협, 수협, 음식업 중앙회, 소비자 보호단체협의회, 공인회계사회, 참여연대 등이 들어오는데 이들이 어떤 근거로 지 역가입대표지기 되었는지, 대표성이 측면에서 더 적합한 단체가 없는지 더 신중하 게 검토해 보아야 할 것이다.

두 번째 문제는 기금운용위원회 위원수가 각 이해당사자들의 이해를 골고루 반 영한다는 차원에서 정해져 어느 연기금 이사회 수에 비해 많아 효율적인 의사진행 과 의사결정을 기하기 어려웠다. 그러나 위원들의 수보다 더 중요한 문제는 위원들 의 대부분이 연금문제에 관련한 충분한 전문적인 식견과 소양을 갖추었다고 보기 어렵다는 점이다, 이로 인해 기금운용위원회가 전문성을 제대로 담보할 수 없었던 것으로 생각된다.

기금운용위원회의 구성과 위원들의 선출과 관련하여 가장 중요한 원칙은 정부 관료나 기금운용본부의 기금운용자보다는 국민연금의 가입자이자 소유자의 이해 를 최대한 반영해야 한다는 점이다. 하지만 정부는 이와는 정반대 방향으로, 다시

---

17) 이 과정이 당시 어떻게 전개되었는지에 대해 좀더 자세한 것은 Kim(2005), Yang(2003)을 참 조.

말해 가입자의 참여를 오히려 위축시키는 방향으로 법 개정을 추진하고 있어 이에 대한 재검토가 절실히 필요하다. 현행체제하에서는 기금운용위원회가 직장가입자대표 6명(근로자 3, 사용자 3), 지역 가입자 대표 4명(농협대표이사, 수협부회장, 공인회계사회 부회장, 음식업중앙회 회장) 시민단체 2명(소비자보호단체협의회 회장, 참여연대 공동대표), 정부 및 정부산하기관대표(보사연원장, KDI원장) 9명 등 총 21인으로 구성되고 이 중에서 직장가입자대표(6), 지역가입자대표(4), 시민단체대표(2) 등 가입자 대표가 총 12명으로 반 이상을 차지했다.

하지만 2004년 법 개정에서는 기금운용위원회의 위원 총수를 9명으로 줄이기로 했다. 또한 기금운용위원회 위원장을 보건복지부장관에서 민간전문가로 바꾸고 가입자대표를 총 위원 9명 중 4명으로 제한했다(근로자, 사용자, 지역가입자, 시민단체가 추천하는 경제, 금융 사회복지전문가). 그 대신. 정부대표는 정부위원 3명(재경부차관, 보건복지부차관, 기획예산처차관)과 상임위원 1명을 합쳐 4명으로 했다. 효율적인 의사결정을 위해 기금운용위원회의 위원총수를 21명에서 9명으로 줄이는 것 자체는 큰 문제가 되지 않을 수 있지만 가입자들의 대표성 반영이라는 측면에서는 많은 문제를 안고 있다. 전체적으로 볼 때, 이전에 비해 가입자대표의 비중이 줄고 정부대표의 비중이 늘었다. 정부와 여당이 이런 변화를 기하게 된 데에는 기존의 기금운용위원회 구조 하에서는 위원수가 너무 많아 논의가 효율적으로 이루어지지 않는다는 점, 그리고 위원들의 전문성이 충분히 확보되지 않는다는 점이 가장 크게 작용했던 것으로 생각된다. 그리고 명시적인 것은 아니지만 국민연금 거버넌스 구조를 개혁하는 과정에서 캐나다연기금운용회사(CPPIB)를 일정하게 참고한 것으로 보인다. 이는 특히 가입자대표를 대폭 줄일 뿐만 아니라 이들을 가입자들이 추천하는 금융·경제·사회복지전문가들로 기금운용위원으로 대체한 대목에서 가장 잘 드러난다.

이번 기금운용위원회 개편에서 또 하나 주목해야 할 측면이 바로 기금운용위원회 위에 국무총리를 의장으로 하는 옥상옥의 기구로 연금정책협의회를 설립하기로 했다는 점이다. 원래 연금정책협의회는 국민연금, 공무원연금, 사학 연금, 군인연금 등 4대 공적 연기금의 효율적 관리를 위해 만들어졌다. 즉 연금정책협의회는 4대연금의 전반적 운용에 대한 기본정책방향을 중점 논의하고 국민연금과 공무원

연금 등 특수 직역연금 간의 연계방안을 협의하게 된다. 아울러 국민연금의 기금운용계획, 국민연금보험료 및 급여의 조정, 국민연금 사각지대 해소방안 등에 대해 정책협의를 추진하기로 되어 있다. 이상과 같은 측면에서는 연금정책협의회의 설립이 대단히 필요하고 심지어 시의 적절한 조치로 보인다. 특히 4대 연금 모두 저부담-고수익체제로 인해 조만간 연금재정의 악화와 기금고갈이 예상되는 시점에서는 더더욱 그러하다. 하지만 다른 몇 가지 측면에서 연금정책협의회의 설립은 적지 않은 문제와 우려를 낳을 것으로 예상된다.

우선 연금정책위원회의 조직위상과 구성을 보면, 관료집단과 정권의 이해와 영향력이 너무 강하게 반영되어 있다는 느낌을 갖게 된다. 연금정책협의회를 총리실 산하에 두기로 하고 국무총리를 협의회의장을 맡도록 한 것 이외에도, 재경부 장관이 부의장을 맡고 복지부 장관이 간사가 되며 기획예산처 장관, 국무조정실장, 청와대 정책실장, 국민연금기금운용위원회 위원장, 의장인 국무총리가 임명하는 경제·금융 및 보건복지 분야 민간전문가 2인 등 총 9명이 협의회에 참여한다. 우리는 연금정책협의회의 위원구성에서 총 위원 중 2/3가 정무직, 청와대정책실장 등 관료집단과 정권의 이해를 대변하는 세력임을 알 수 있다.

국민연금과 관련해서는 연금정책협의회가 국민연금 기금운영에 대한 정책 협의권한을 갖도록 되어 있어 기금운용위원회의 독립성이 훼손될 가능성이 아주 높다. 즉 연금정책협의회가 정책협의권한을 통해 기금운용위원회가 수립한 중장기 투자정책을 무력화시킬 수 있다(김우찬, 2004b). 이 밖에 기금운용위원회의 위원장 및 상임위원 임명의 경우 관련부처 및 가입자단체가 추천한 일정배수의 후보자 중에서 대통령이 임명하도록 되어 있지만 이 중간에 연금정책협의회의 협의를 거치도록 되어있다. 또한 기금운용위원회의 가입자대표 4명의 경우에도, 가입자단체의 추천을 받아 대통령이 위촉하지만 이 역시 중간에 연금정책협의회의 협의를 거쳐야만 한다. 이처럼 기금운용위원회의 위원들을 선정하는 경우에도 그 중간에 연금정책협의회가 최종심의권을 갖게 되어 있어 정치적 입김이 작용할 개연성이 아주 높게 되어 있다.

3) 국민연금의 의결권행사와 사회적 책임투자

이미 앞에서 간단히 지적한 바와 같이, 최근 국민연금의 주식투자금액과 그 비중이 급격히 늘고 있다. 특히 향후 몇 년간 국민연금의 기금적립금규모가 급격히 늘어나는 대신 주식을 제외한 채권 등에 대한 투자는 거의 포화상태에 이르러 국민연금의 주식투자가 늘 수밖에 없는 상황이다. 이제 국민연금은 국내주식투자뿐만 아니라 해외주식투자에 대해서도 적극적으로 나설 계획이다. 2004년 기금관리기본법 개정 이후 국민연금을 포함한 각종 연기금의 주식투자 비중은 더 가속적으로 늘어날 전망이다.

표 4, 5를 통해서도 확연히 알 수 있는 바와 같이, 2000년말만 하더라도 국민연금의 주식투자 금액과 비중은 각각 2조 9205억원, 4.8%였으나 2005년 6월말 현재 각각 14조 6741원, 9.7%로 증가했다.

〈표 4〉 국민연금 적립금현황   (시가기준, 단위: 억원, %)

구 분	2000년말		2004년말		2005년 6월말	
	금액	비중	금액	비중	금액	비중
금융부문	251,994	41.8	1,340,413	95.0	1,470,413	97.6
(주 식)	29,205	4.8	127,015	9.0	146,741	9.7
(대체투자)	0	0	4,381	0.3	5,060	0.4
(단기자금)	12,748	2.2	3,056	0.2	4,360	0.3
(채 권)	210,041	34.8	1,205,961	85.5	1,314,252	87.2
공공부문	341,838	56.6	63,840	4.5	24,709	1.6
복지부문	7,165	1.2	3,753	0.3	3,465	0.2
기타부문	2,551	0.4	3,396	0.2	8,255	0.6
기금 적립급	603,548	100.0	1,411,402	100.0	1,506,842	100.0

보건복지부(2005)

〈표 5〉 국민연금 보유 주식 상위 9개 종목과 투자비중 지분율   (단위: %)

종목	삼성전자	현대자동차	포스코	한전	KT	SK텔레콤	삼성SDI	LG전자	신한지주
보유비중	19.6	5.3	4.5	4.3	3.6	3.5	2.9	2.9	2.9
지분율	2.81	4.45	3.54	3.49	3.74				

김덕순(2005), "국민연금의 의결권 행사기준, 그 문제점과 영향", 좋은 기업지배구조연구소.

국내 주요기업들의 주식보유비중(2004.9.30)과 지분율(2004.12.31)을 보면, 국민연금의 전체보유주식 중에서 삼성전자, 현대자동차 포스코 등 주요 재벌 산하 최우량 기업의 주식보유비율이 높은 것으로 나타났다. 개별 기업에서 국민연금의 지분율이 결코 낮은 수준이 아님을 알 수 있다. 왜냐하면 위 표에서 드러나고 있듯이, 재벌 산하 국내 주요 우량기업에 대한 국민연금의 지분율이 2～5% 수준인데 이는 재벌기업의 지분율에서 계열사 지분율을 제외한 재벌총수의 개인 지분율이 2～4% 대와 맞먹는 수준이다. 향후 10년내에 국민연금의 주식투자가 급격히 늘 경우, 국민연금의 지분률이 현재보다 2～3배 더 높을 수 있다, 조금 뒤 다시 자세하게 살펴보겠지만, 일부 재벌과 이들의 이해를 일정하게 대변하는 한나라 당이 연기금의 의결권행사에 대해 강력하게 반대했던 것도 국민연금이 높은 지분율을 이용하여 경영권간섭 등 경영에 대한 직간접적인 영향을 미칠 것으로 우려하기 때문이다. 역으로 이는 국민연금의 의결권 행사를 통해 기업지배구조를 개선할 수 있는 여지가 많다는 것을 의미한다.

국민연금의 주식투자의 경우 어떤 종목에 어떤 비율로 투자할지 그리고 주식보유에 따른 의결권행사가 어떤 방향에서 이루어져야 하는지에 대해서는 아직 더 많은 논의와 합의형성이 필요하다. 2004년 기금관리기본법 개정안을 제출하기 직전까지만 하더라도 열린 우리당은 주식투자의 제1가치가 의결권이라는 점에서 국민연금이 보유하게 될 주식에 대해 반드시 의결권을 허용해야 한다는 입장이지만 한나라당은 원칙적으로 금지해야 한다고 맞섰다. 한나라당 유승민의원 등은 2004년 9월 제출한 기금관리기본법 개정안에서 법 3조 3항에 "기금관리주체는 주식을 소유하고 있는 당해 회사의 주주총회에서 의결권을 행사할 수 없다. 다만, 주주총회의 안건이 수익률에 중대한 영향을 미치는 경우에는 그러하지 아니하다" 라는 조항을 삽입하여 기금관리주체가 보유한 주식의 의결권의 행사를 원칙적으로 금지하는 법안을 제출한 바 있다(박상수, 2004). 그러자 여당은 의결권을 일부 제한하는 타협안을 내놨다. 즉 여당은 인수·합병이나 영업 양수도 등 예외적인 경우를 빼고는 중립투표방식(Shadow Voting: 의결권을 자신의 의사에 관계없이 다른 주주들의 보유주식 비율로 분산하는 것)대로 하도록 하겠다는 것이다. 또 의결권 행사내역을 추후 공시하겠다는 내용도 추가됐다.

2004년 기금관리기본법 개정안의 통과로 연기금의 주식투자가 전면 허용된 이상 각종 연기금이 보유한 주식에 대해서는 의결권을 제한해서는 안 된다. 왜냐하면 기본적으로 주식의 가치는 미래현금흐름의 현재가치인 수익권과 그것을 지키기 위한 의결권의 가치로 구성되어 있기 때문이다. 따라서 원칙적으로 의결권은 주주가 수익권을 지킬 수 있도록 그 행사가 허용되어야 한다. 결국 2004년 12월 31일 국회에서 통과된 기금관리기본법 개정안은 연기금이 보유중인 주식에 대해 원칙적으로 의결권 행사를 허용하되, 기금의 이익을 위해 신의에 따라 성실하게 행사하고 그 내역을 공시토록 하는 수준에서 일단락되었다(박상수, 2004).

주주총회가 다가오면서 국민연금이 보유한 주식의 의결권을 어떻게 행사해야 하는지에 대한 관심이 고조되자, 국민연금은 시간에 쫓긴 나머지 2005년 2월 24일 사전에 면밀한 준비와 검토 없이 의결권 행사기준을 조기에 발표하였다.

재무제표의 승인에서부터 이사선임, 이사 및 감사보수한도 등 여러 의안을 대상으로 의결권 행사에 대한 기본원칙을 마련하였지만 대체로 기업의 경영권침해에 대한 재계와 일부정치권의 우려만을 무마하는데 초점이 맞추어져 있었다(참여연대, 2005). 그 결과 주요 가입자의 이해를 포괄적으로 반영할 수 있는 체계적이고 종합적인 의결권행사 방침을 마련하는 데에는 실패했다. 이외에도 국민연금이 국내투신운용사와 외국 연기금과 달리 보유주식에 대한 의결권 행사내역을 주주총회 이후 공시함으로써 투자비중과 지분률에 상응하는 영향력을 스스로 축소하는 결과를 초래했다. 끝으로 의결권행사를 전담할 조직과 절차에 대해서는 체계적인 언급이 없다[18].

2005년 5월 말에 개최된 기금운영위에서 이루어진 의결(2006 국민연금운영지침)에 따라 국민연금기금이 보유한 주식의 의결권행사 기준 및 절차를 2005년 하반기 중에 마련하기 위해 기금운용위에 의결권행사에 대한 자문위원회를 두기로 하였다(보건복지부, 2005). 8인 이내로 구성될 자문위원회는 의결권 행사방향, 기준, 절차, 공시방안 등 의결권 행사의 전반에 대한 지침을 마련하여 기금운용위에

---

18) 지금까지는 보유주식비율이 3% 이상인 기업에 대해서는 기금운용본부장과 각 팀장을 포함한 11인의 투자위원회에서 의결권행사를 결정했다, 보유비율이 1~3% 미만인 기업은 기금운용본부장, 1% 미만인 기업에 대해서는 각 팀장이 의결권행사를 결정했다(김덕순, 2005: 3)

보고하도록 했다. 또한 실무지원반을 편성하여 의결권행사에 대한 주요안건을 자문위에 상정하기로 했다.

이 밖에 기금운용위원회는 2006년 기금운용지침을 발표하면서 기금의 장기운용방침과 의결권행사 등에 대한 지침을 포함한 기금운용지침을 발표했다. 이번 지침에는 국민연금의 장기적 안정성을 위해 투자대상 다변화를 통한 수익극대화 위험최소화, 자본시장 육성 및 기업발전에의 기여 등 사회적 책임의 인식 등이 제시되어 있다. 특기할 것은 수익조건과 안정성이 충족되지 못하는 상황에서 특정 경제적 또는 사회적 목적을 위해 기금이 투자되는 것을 금지하고 있다는 점이다. 이는 국민연금이 최근 큰 관심을 끌고 있는 사회적 책임투자에 대해 단호하게 거부하는 것으로 해석된다. 물론 국민연금도 사회적 책임 등을 운운하고 있지만 사실상 그것은 주식투자확대를 통한 자본시장육성과 우량기업에 대한 원활한 자금조달로 국한된다. 국민연금 가입자 중 가장 큰 비중을 차지하고 있는 근로자의 고용여건의 개선, 지역가입자의 상당수를 차지하는 비정규직의 보호, 환경보호, 낙후된 지역의 개발 등 사회적 책임투자의 핵심 내용을 거의 결여하고 있다.

요컨대 기금운용위원회의 민주적 대표성과 전문성 강화가 아주 중요하다. 왜냐하면 기금운용위원회가 최종적으로 개별기업들에 대한 주식투자 한도와 의결권행사 방식을 결정하기 때문이다. 향후 국민연금의 주식투자비율이 급속히 증가할 것으로 예상한다면, 국민연금의 주식투자비율과 의결권행사가 민간기업에 중대한 영향을 미칠 것은 명약관화하다. 우선 기금 운용의 수익성도 중요하지만 그것이 가져올 공공성·사회성도 아울러 고려해야 한다. 국민연금이 뮤추얼펀드나 기업연금, 소액주주들과 마찬가지로 단기금융수익 극대화에만 집착할 경우 기업의 핵심역량이나 국가의 장기적 혁신능력을 약화시킬 수도 있다. 가입자들의 대부분이 노동자이자 시민인 이상 노동권과 시민권을 강화하는 방향으로 의결권을 행사해야 한다. 그러기 위해서는 기금운용위원회가 주주가치(=금융수익성) 극대화논리에 과도하게 집착해서는 안 된다. 궁극적으로는 주주가 법인기업 소유자라는 허구적 관념에서 탈피해야 하지만 소위 금융전문가, 신자유주의적 기술관료, 사용자 측 대표들 대부분이 이런 기업관과 신자유주의적 금융화의 논리에 갇혀 있어 그 전도는 극히 불투명하다.

4. 요약 및 맺음말

DJ 정부 이후 국민연금제도를 포함한 사회정책 영역에서는 다른 영역에 비해 신자유주의적 논리와 공세가 상대적으로 약했다. 하지만 IMF나 세계은행, 이에 동조하는 국내 신자유주의적 엘리트(경제전문가와 관료), 복지부담을 줄이려는 재계 등이 포진해 있어 사회복지의 확대 및 내실 강화가 쉽지는 않았다. 다행히 노동계, 복지관련 시민운동단체, 사회정책관료 등이 연대하여 사회정책과 복지 분야에서 신자유주의적 구조조정에 일정하게 브레이크를 걸 수 있었다. 국민기초생활보장법이나 재분배성격이 있는 국민연금제도는 놓쳐서는 안 될 소중한 자산임에 틀림없다. 그러나 추가적 개혁과 보완이 필요한 부분이 많아 자칫 신자유주의적 공세에 노출될 위험성이 높다. 이중에서도 국민연금제도의 개혁은 사회복지 영역뿐만 아니라 금융시스템, 기업지배구조개혁, 노사관계, 세제개혁 등 경제의 전영역과 관련되어 있어 아주 중요하다.

우리는 지금까지의 분석을 통해 현행 국민연금제도가 여러 가지 문제점을 안고 있지만 그 중에서 국민연금의 거버넌스 구조 특히 실질적인 최종 심의·의결기구인 기금운용위원회를 어떻게 개편할 것인가가 결정적으로 중요함을 확인할 수 있었다. 국민연금의 시장화와 주식투자확대에 따른 금융수익성 극대화를 더 강화하고 그 대신 국민연금이 응당 수행해야 할 사회적 책임투자를 경시하는 캐나다연기금운용회사(CPPIB)모델은 국민연금의 대안적 거버넌스모델이 될 수 없다. 연금가입자의 이해를 민주적으로 반영할 수 있는 퀘벡주연기금(QPP)과 네덜란드 ABP의 이사회 구조를 벤치마킹할 필요가 있다. 이럴 때에만 국민연금을 매개로 한 기업지배구조개입과 보유주식의 의결권행사가 기업의 여러 이해당사자의 다양한 이해관계를 조화시키고 나아가 이해당사자 전체의 이익을 증진시키는 방향으로 작용할 수 있다. 국민연금이 보유주식의 포트폴리오가치 극대화만을 추구하고 이에 따라 기업이 주가극대화경영에만 사로잡힐 경우, 기업 및 국민경제 전체의 장기혁신능력이 약화될 것은 불을 보듯 명확하다. 설상가상으로 국민들 사이에서는 자산적 개인주의가 심화되어 전 국민의 사회통합이 더 약화될 수 있다.

참고문헌

고광수 외. 2004, 『공적 연금의 지배구조에 대한 연구: 국민연금을 중심으로』, 한국증권연구원.

국민연금 기금운용본부. 2005, "국민연금의 의결권행사기준," 2월 24일.

보건복지부. 2005, "2006년도 국민연금기금운용지침(안),"5월.

기획예산처. 2004, "기금관리기본법 개정안 설명자료".

김덕순. 2005, "국민연금 의결권행사기준, 그 문제점과 영향," 좋은기업지배연구소.

김연명. 2004, 토론문, 국민연금, 어떻게 개혁할 것인가, 민노당 정책토론회, 6월 17일.

김우찬. 2004a, "Institutional Shareholder Activism", 국제정책대학원, KDI, 1월 28일.

_____. 2004b, "연기금의 의결권행사는 지배구조개선이 선행되어야," 참여연대.

박상수 외. 2004, 『국민연금 주주권행사방안, 최종보고서』, 국민연금관리공단.

이용하. 2004, "국민연금제도 개선의 가능성과 한계," Working Paper 2004-02, 국민연금연구원.

문형표. 2005, "국민연금개혁의 필요성과 추진방향," 한국은행발표자료, 4월 29일.

윤석명. 2005, "국민연금개혁, 바람직한 방안은?"『나라경제』, 6월.

송원근. 2005, "기업연금의 지배구조: 미국과 네덜란드 비교,"『사회경제평론』, 24호.

양재진. 2003, "한국연금개혁의 주요이슈와 제도개혁대안: 명목확정기여형방식을 중심으로,"『사회과학논집』, 연세대.

오건호. 2004, "연기금의 주식·부동산투자 전면허용, 어떻게 볼 것인가: 기금관리기본법 개정안 비판". 정부의 기금관리기본법 개정안 토론, 심상정의원실.

전창환. 2002, "신자유주의적 금융화와 금융주도자본주의,"『사회경제평론』, 18호.

_____. 2003, "네덜란드의 사회경제모델과 연금제도,"『경제학연구』, 제51집 2호.

_____. 2005, "노무현정부의 한국경제: 현황과 과제,"『동향과 전망』, 64호.

참여연대. 2005, "국민연금 의결권행사기준에 대한 논평".

Aglietta, M. 2004, "L'Utopie de la 〈〈Valeur Actionnariale〉〉," Alternative Economique, No.226, Juin..

Aglietta, M & Rebérioux, A. 2004, Dérives du Capitalisme Financier, Albin Michel.

Angelides, P. 2004, "Power of the Purse: Pension Investors are Shaking up Corporate America," National Political Quarterly, Summer.

Bidet, E. 2004, "Social Protection in the Republic of Korea: Social Insurance and Moral Hazard," International Social Security Review, Vol.57, No.1.

Brennan. 2005, "Fiduciary Capitalism, Political Model of corporate Governance, and the Prospect of Stakeholder Capitalism in the U.S," Review of Radical Political Economy, Winter.

CalPERS. 2004, "Facts at a Glance: General," www.calpers.ca.gov/

CPPIB. 2003, Quarterly Report, Feb,5.

Chakrabarti, M. 2004, "Labor and Corporate Governance: Initial Lessons from Shareholder Activism," WorkingUSA, September.

Cooke, M. 2003, "The Canadian Pension Goes to the Market," Canadian Review of Social Policy, Spring.

Engeln, E. 2003, "The Logic of European Pension Restructuring and the Dangers of Financialisation," Environment and Planning A, Vol.35.

Hawley J. P & Williams A. T. 2002, "The Universal Owner's Role in Sustainable Economic Development," Corporate Environmental Strategy, Vol.9, No.3.

Marens, R. 2004, "Waiting for the North to Rise: Revisiting Barber and Rifkin after a Generation of Union Financial Activism in the U.S," Journal of Business Ethics, Vol.52.

O'Connor, M. 1999, "Union Pension Power and the Shareholder Revolution," Paper prepared for The Second National Heartland Labour Capital Conference, April 29-30, Washington, D.C.

Gendron, G. 2002, "Fonds de Pension à la Québecoise," Le Monde Diplomatique, Avril,.

Kim, S. 2005, "Economic Crisis, Domestic Politics and Welfare State Changes," Pacific Review, September.

Lincoln, A. 2000, "Working for Regional Development? The Case for Canadian Labour-sponsored Investment Fund," Regional Studies, Vol.34, No.8.

Lizée, M. 1998, "Réforme du Financement des Régimes Publics de Retraite: Une Viabilité Assurée," Chronique Internationale de l'IRES, No.55, Nov.

Lizée, M. 2001, "Québec: Amendements à la Loi sur les Régimes Complémentaires de Retraite," Chronique Internationale de l'IRES, No.68, Jan.

Lizée, M. 2002, "Canadian Pension Fund and Active Ownership-Overview," Working Paper, No.6, Center for Working Capital, AFL-CIO.

Lizée, M. 2003, "Les Enjeux des Régimes de Retraite: Un regard de l'action des Syndicat Québecois: Couverture, Sécurité du Revenu et Gestion des Caisse de Retraite," Revue de l'IRES, No.40, 2002-3.

Quarter, J & Carmichael, I &.Sousa, J & Elgie, S. 2001, "Social Investment by Union-Based Pension Funds and Labour-Sponsored Investment Funds in

Canada," Relations Industrielles, Winter, Vol.56, No.1.

Sauviat, C. 2001, "Québec: La Gestion des Caisses de Retraite: un nouveau levier de l'action syndicale pour la FTQ," Chronique Internationale de l'IRES, Janvier, No.68.

Sauviat, C. 2004, "Les Fonds de Pension et Les Fond Mutuels: Acteurs Majeurs de la Finance Mondialisée et du Nouveau Pouvoir Actionnarial," La Finance Mondialisée, Sous la Direction de F.Chesnais, Editions La Découverte.

Sethi S. P. 2005, "Investing in Socially Responsible Companies is a Must for Public Pension Funds," Journal of Business Ethics, Vol.56, pp.99-129.

Yang J-J. 2004, Democratic Governance and Bureaucratic Politics: A Case of Pension Reform in Korea, Policy and Politics, Vol.32, No.2.

노동운동 위기의 원인과 극복방안

신정완

1. 들어가는 말

한국 노동운동의 심각한 위기를 지적하는 담론이 무성하다. 1990년대 초에 이미 '한국 노동운동 위기논쟁'이 전개된 데에 이어[1] 2004년 9월에 '2차 노동운동 위기논쟁'이 촉발되었고,[2] 2005년에 들어선 민주노총 계열 사업장인 기아자동차와 현대자동차에서 노조간부에 의한 채용비리 사건이 확인되고 또 한국노총 간부의 비리사건이 불거지면서 양대 노총의 사회적 위신이 결정적으로 추락하였다. 이제 한국 노동운동이 위기상황에 처해 있다는 점 자체를 부정하는 사람은 찾기 어려운 것 같다. 한국 노동운동의 위기상황을 나타내주는 현상으로 거론되어온 대표적 내용들로는 낮은 노조 조직율과 대기업 정규직 노동자 중심의 노조 조직과 노동운동방식, 대기업/중소기업간, 그리고 정규직 노동자/비정규직 노동자간 노동시장 분절화의 심화, 비정규직 노동자 문제 해결을 위한 노조들의 노력과 능력의 부족, 노동운동의 사회적 의제 선도 기능의 약화와 도덕적 위신 추락, 노동운동 내부 상이한 정파간의 소모적 대립 등을 들 수 있다. 다만 위기의 진정한 원인이 무엇이고 위

---

[1] 1990년대 초에 최장집(1992), 김형기(1992), 박승옥(1992), 임혁백(1993) 등이 노동운동의 때이른 위기를 경고하며 그 주원인으로서 전노협의 전투적 조합주의를 지적하면서부터 '1차 노동운동 위기논쟁'이 시작되었다.
[2] '1차 노동운동 위기논쟁'에서도 '노동운동 위기론'의 입장에 섰던 박승옥이 '왕자병 걸린 노동운동'이라는 글을 발표하면서 '2차 노동운동 위기논쟁'이 전개되었다.

기를 타개할 수 있는 방안이 무엇인가를 둘러싸고는 상당한 견해차를 보이는 입장들 간에 논쟁이 전개되고 있다.

그러나 다른 한편으로는 노동운동의 질적 도약을 기대하게 하는 흐름들도 전개되어 왔다. 양대 노총 모두에서 기업별 노조의 산별 노조로의 전환이 꾸준히 이루어져왔고 2003년부터 비록 소수이긴 하지만 산별 통일교섭 체결 사례도 생겨나고 있다. 또한 상당한 진통을 겪긴 하겠지만 공무원 노조의 정상적 작동도 머지않은 장래의 일정으로 들어와 있다. 그리고 양대 노총 모두 비정규직 노동자의 조직화를 최대의 사업목표로 삼고 조직역량을 여기에 집중 투입하려 하고 있다. 또한 금년에 발생한 도덕성 위기를 계기로 조직의 혁신을 기하려 노력하고 있기도 하다.

종합적으로 평가해볼 때 현재 한국의 노동운동이 중대한 교차로에 놓여 있는 것은 분명해 보인다. 주로 대기업 정규직 노동자들의 이익을 대변하는 협소한 이익단체운동으로 위축될 것인지 아니면 대다수 노동자들, 특히 열악한 위치에 있는 노동자들의 이익을 포괄적으로 대변하며 사회개혁을 선도해갈 대표적 사회운동으로 발전해갈 것인지의 갈림길에 서 있는 것이다.

이 논문은 한국 노동운동의 위기를 야기한 중층적 요인들을 확인하고, 이러한 위기를 타개해갈 수 있는 노동운동의 방향을 모색하는 것을 주 목적으로 삼는다. 위기 원인에 대한 진단과 관련해선 한국경제의 초(超)압축성장을 반영하여 노동운동의 발전과정에서도 다양한 차원에서 상이한 성격의 과제와 도전이 중첩되고 교차하면서 노동운동의 위기가 심화되었다는 점을 강조할 것이다. 즉 서구의 경우엔 100여년의 긴 시간대를 통해 순차적으로 제기되었던 과제와 도전이 한국의 경우엔 불과 10여년의 기간에 압축적으로 제기됨에 따라 노동운동이 안정된 방향을 설정하기가 대단히 어려워졌을 뿐 아니라 특정한 과제에 대한 노동운동의 대응이 다른 과제의 해결을 더 어렵게 만드는 딜레마 상황에 처해 있다는 점을 보일 것이다. 이는 '비동시성의 동시성'으로 인한 위기라 표현할 수 있을 것이다.

노동운동의 위기를 타개하기 위한 방안과 관련해서는, 위기 요인의 중층성과 복합성에 대응할 수 있는 노동운동의 기조는 무엇이며 또 이러한 기조가 구체적으로 어떠한 노동시장 및 노사관계 질서의 추구를 통해 구현될 수 있는가를 논의하고자 한다.

2. 한국 노동운동 위기의 원인

현재 한국 노동운동이 겪고 있는 복합적 성격의 위기는 뒤늦게 발전한 한국 노동
운동이 취해온 특수한 발전경로가 야기한 문제들에다 신자유주의적 세계화라는
세계사적 조류가 결합된 데에 기인한다. 여기에 인구 고령화와 같은 새로운 도전이
추가 결합되었다. 다양한 수준에서 '비동시성의 동시성'이라 할 수 있는 현상이 노
동운동이 짊어져야 할 짐을 늘려온 것이다.

1) 한국 노동운동의 특수한 발전경로

주지하다시피 한국의 노동운동은 분단냉전체제 하에서 고도로 억압되어 오다
가 1987년의 노동자 대투쟁을 통해 급격히 분출되었다. 1987년 노동자 대투쟁과
그에 뒤이어 몇 년간 전개되었던 민주노조운동은 그 표출양식의 전투성과 그것이
부분적으로 의지했던 담론의 급진성에도 불구하고 핵심 요구의 성격이라는 측면
에선 서구에서 주로 19세기에 겪은 바 있는 초보적 단결권 쟁취운동이었다고 평가
할 수 있다. 대다수 노동자들이 노동자 대투쟁에서 표출한 요구는 국가와 자본으로
부터 자주적인 '민주노조'의 결성과 임금인상, 작업장 민주화 등 초보적인 요구들
이었으나, 군사정권의 오랜 정치적 억압 속에서 급진적 이념을 키워온 학생운동 출
신 노동운동가들은 1987년 노동자 대투쟁에서 급진적 사회변혁의 가능성을 읽어
냈다. 그리하여 기본적으로 사회주의 체제를 지향하는 민중민주주의(PD)와 민족
해방주의(NL) 등 다양한 급진적 이념 조류들이 노동운동과 결합되었다. 그런 점에
서 본격적인 노동운동의 시발점이었던 노동자 대투쟁 자체가 이미 '비동시성의 동
시성'을 내장하고 있었다고 할 수 있다.

그러나 노동자 대투쟁 직후인 1989년부터 사회주의권의 붕괴가 일어나면서 혁
명을 지향했던 급진적 노동운동가들의 대안 사회 모델이 일거에 사라져버렸고 이
를 계기로 많은 학생운동 출신 노동운동가들이 노동현장을 떠났다. 급진적 노동운
동의 본격적 개시 직후에 발생한 '전망 상실'이라는 현상 역시 한국 노동운동이 경

험해야 했던 '비동시성의 동시성'의 한 측면이었다.

그러나 그렇다고 해서 변혁지향적, 계급주의적 노동운동 조류가 갑자기 완전히 소멸할 수는 없었을 뿐 아니라 갑자기 성장한 노동운동에 대한 국가와 자본의 거센 반격은 이러한 운동 조류의 정당성을 높이고 생명을 연장시키는 의도하지 않은 결과를 낳기도 했다. 그리하여 사회주의적 지향을 가지는 노동운동의 흐름과 국가와 자본의 반격 속에서 초보적 권리를 쟁취하고 유지하기 위한 일반 노동자들의 초보적 권리투쟁 사이에 정세적, 잠정적 결합이 이루어졌다. 1990년대 초에 노동운동을 주도한 전노협의 '전투적 조합주의'를 둘러싸고 전개된 '1차 노동운동 위기논쟁'은 기본적으로 이러한 정세적, 잠정적 결합을 반영한 것이었다.[3]

국가와 자본이 무엇보다 중시한 것은 급진적, 폭발적 잠재력을 가진 노동운동이 기업 수준의 임·단협 투쟁을 넘어서 산업적, 지역적, 전국적 수준에서 결합되고 정치적 이슈를 중심으로 전개되는 것이었다. 그리하여 국가와 자본은 노사관계의 틀을 결정짓는 중장기 차원에서의 노·사·정 간의 '지형 형성의 정치'(politics of terrain formation)에서의 승리를 위해 잦은 노동쟁의와 특히 대기업에서의 높은 교섭비용 및 높은 임금인상을 감수하는 등 단기적 '이익실현의 정치'(interest politics) 차원에서의 손실을 감수하는 전략을 취했다.[4] 일종의 '봉쇄전략'(containment strategy)을 구사한 것이다.

반면에 민주노조운동은 초기부터 기업 수준의 노조활동을 넘어 지역적, 산업적, 전국적 수준에서 노동운동의 연대를 높이려는 지향을 갖고 있었고 이를 위해 부단히 노력하기도 했으나 국가와 자본의 완강한 봉쇄전략을 극복할 만한 역량을 갖추진 못했다. 또한 특히 대기업에서 격렬하게 전개된 노동쟁의와 이에 대한 국가의 공격적 개입은 노동운동가들로 하여금 기업 수준에서의 노동쟁의에서 승리하고 노동조합을 보존하는 것 자체가 계급적, 전국적 의미를 갖는 것으로 생각하게 만든 측면이 있다. 그리하여 주로 대기업들에서 기업 수준의 임·단협 투쟁을 중심으로 하

---

3) 노동운동 위기론자들은 전노협의 전투적 조합주의가 대다수 노동대중의 현실과 요구와 유리된, 일부 급진적 노동운동가들의 관념적 성향을 반영한 것으로 본 반면에, 이에 반대되는 입장을 취한 논자들은 전노협의 전투성은 국가-자본의 억압에 의해 강요된 측면이 크며 국가-자본의 억압을 극복하고 노동운동을 한 차원 더 발전시키기 위해서는 불가피하기도 하고 바람직하기도 하다는 입장을 취했다.

4) 이 문제를 게임이론의 분석틀을 활용하여 분석한 연구로는 신정완(2004) 참조.

는 노동운동이라는 한국적 노동운동의 기본 틀이 굳어져갔다. 표출양식에서의 전투성과 그 요구사항 및 성과라는 측면에서의 '경제주의'를 특징으로 하는 '전투적, 경제적 조합주의'가 뿌리내린 것이다. 이는 장기적 지형 형성의 정치에서의 승리를 우선시한 국가-자본의 봉쇄전략이 일단 소기의 목적을 달성한 것으로 해석할 수 있게 해준다.

그런데 이렇게 1990년대에 들어 노동운동의 외연적 확산과 연대수준의 제고, 이념적 급진화가 일정하게 차단된 데에는 국가와 자본의 일관된 봉쇄전략 외에도 다양한 요인이 작용하였다. 경제의 서비스화가 진행되면서 제조업 고용이 정체되고 노조 결성이 상대적으로 어려운 서비스업의 비중이 커졌으며, 동남아 개도국 등의 산업경쟁력 제고에 따라 국내 사양산업 부문 중소기업의 경영사정이 어려워져 많은 중소기업이 사업을 중단하거나 사업규모를 축소하고 더러는 동남아 등 해외로 생산기지를 이전시켜 중소기업에서의 노조 결성과 조직 유지가 어려워졌다. 또 시민운동이 빠르게 성장하여 다양한 사회적 이슈를 선점함에 따라 노동운동은 주로 임금 문제 등 협소한 의제만을 다루는 구태의연한 운동으로 치부되기 쉬운 상황이 조성되었다.

1997년의 외환위기는 노동운동에 새로운 위기를 조성하였다. 민주노조운동의 결집체인 민주노총이 외환위기 초기에 노사정 협약에 참여하였다는 점은 변혁지향적, 계급주의적 운동조류가 민주노조운동의 주류로 자리 잡지 못했다는 점을 보여준다. 자본의 구조조정과 퇴출까지 요구하는 대위기 상황에서 자연스레 국민주의적 조류가 강하게 부상한 것이다. 이후 기업, 금융, 공공, 노동이라는 4대부문에 대한 구조조정과정에서 민주노총은 노사정위원회를 탈퇴하여 정리해고와 공기업 민영화 등에 저항했지만 경제 전반에 걸친 구조조정과 비정규직 노동자 증가 추세를 막을 힘은 없었다. 일반적으로 경제위기와 실업 증대는 대개 노동운동의 역량을 약화시키는 경향이 있는 것이다.

종합적으로 볼 때 노동자 대투쟁 이후 노동운동이 한 차원 더 발전하는 것을 봉쇄시킨 요인은 다양한데, 국가-자본의 일관된 봉쇄전략이 가장 중요한 요인이었고 외환위기도 봉쇄효과를 낳았다. 또한 시민운동의 발전도 그런 효과를 낳았다. 서구의 경우엔 노동운동이 먼저 발전하면서 정치적 민주화의 진전에서 주도적 역할을 담당하고 이후에 다양한 시민운동이 발전하며 노동운동과 시민운동 사이에 사안별 연대가 형성되는 경로를 거친 데 반해, 한국의 경우엔 정치적 민주화를 이끌어낸 '6월 시민항쟁'에서 노동운동의 기여가 미미했던 데다 시민운동의 발전이 노동운동의 발전과 거의 동시적으로 이루어져 일종의 경합성까지 보이게 됨에 따라 노동운동이 사회에 미치는 영향력과 사회적 위신이 낮은 수준으로 고착된 측면이 있다.

이러한 상황에서 상대적으로 조직역량과 저항역량이 풍부한 대기업 노조 중심으로 노동운동이 전개되고 이를 둘러싼 노·사·정 간의 공방이 치열하게 전개됨에 따라 대기업 중심의 기업 수준의 임·단투 위주 노동운동이라는 틀이 고착되었다. 대기업 노조 중심의 격렬한 임·단투 위주 노동운동은 국가와 자본에 대한 완강한 저항의 교두보를 보존한 측면도 있으나 다양한 외적 제약조건과 맞물려 노동운동의 차원 높은 진전을 스스로 봉쇄하게 되는 결과도 가져온 것이다.

2) 신자유주의적 세계화의 효과

자본운동의 세계화는 지구적 차원에서 산업의 지리적 재배치를 매우 용이하게 만들기 때문에 이미 높은 수준의 산업화가 이루어지고 노동자들의 고용조건이 양호하며 노동운동의 힘이 강한 나라들에서는 자본의 해외이탈 동기가 강화되기 쉽다. 또 실제로 자본이 해외로 나가지 않더라도, 나갈 수 있다는 가능성 자체가 노동과 국가에 대한 자본의 교섭력을 현저히 증대시킨다.[5] 또한 세계화를 기술적으로 떠받치는 정보화는 유연한 생산방식의 도입과 확산을 야기하여 노동시장의 유연화를 지원하게 된다. 임금, 작업방식, 노동시간, 고용의 유연화 등은 대다수 선진자본주의국에서 일반적으로 관찰되는 현상이다. 또한 세계화된 경제질서라는 여건 하에서 최적의 경영전략을 취하고자 하는 자본은 노사관계의 분권화를 필요로 하는 측면이 있는데, 자본은 이탈선택(exit option)의 구사를 통해 강화된 교섭력을 십분 활용하여 노사관계의 분권화를 추진해왔다. 전체적으로 볼 때 적어도 선진국이나 한국과 같은 상위 중진국의 경우에는 자본운동의 세계화가 노동운동에 불리하게 작용하기 쉽다.[6]

---

5) 자본의 이탈위협이 야기하는 경제적, 정치적 효과에 관한 연구로는 김영용(2005) 참조.

선진국들의 경우엔 이러한 세계화가 신자유주의적 이념 및 정책 조류의 대두와 동시에 진행되었다. 전후 자본주의 황금기에 전성기를 구가했던 케인즈주의적 복지국가가 자본축적에 주는 부담에서 벗어나기 위해, 자본과 국가는 공기업 민영화, 사회복지지출 감소, 자본에 대한 규제의 완화, 노동시장 유연화 등을 추진해온 것이다.

한국의 경우 1990년대에 들어 세계화의 압력이 꾸준히 고조되었으나 이것이 명확한 사회적 실체로 실감된 것은 외환위기를 통해서였다고 할 수 있다. 강한 신자유주의적 기조 속에서 추진된 4대부문 구조조정은 노동자들과 노동운동에 큰 영향을 미쳤다. 특히 공기업 민영화, 정리해고 증대, 비정규직 노동자 증대, 외환위기 직후의 실업률 급상승, 기업들의 아웃소싱(outsourcing) 증가, 기업지배구조에서 주주자본주의적 요소의 강화 등은 노동자들의 고용을 크게 불안정하게 만드는 등 고용조건의 악화를 야기한 대표적 요인들이었다. 노동운동은 이러한 흐름에 저항을 시도하였으나 저항역량이 크게 부족하여 이러한 흐름을 중단시키거나 역전시킬 수 없었다. 또한 신자유주의적 세계화라고 하는 것은 다양한 주체들의 상호작용과 시장논리의 관철을 통해 진행되는 것이기에 공권력을 동원한 국가의 노골적 탄압에 비해 노동운동이 효과적으로 대응하기가 매우 어려운 측면이 있다.

그런데 한국의 경우 서구와는 달리 케인즈주의적 복지국가의 단계를 거치지 않아 사회복지제도가 잘 정비되어 있지 않으며 노사관계의 제도화 수준도 낮은 상태에서 신자유주의적 경제운영방식이 급격히 도입된 관계로 노동자들과 노동운동에 주는 충격이 한층 컸다. 이것 역시 '비동시성의 동시성'이라 부를 만한 현상일 것이다. 특히 기업별 노조와 기업별 단체교섭체계에 기반을 둔 한국의 노동운동은 이러한 초거시적 흐름에 적절히 대응하기가 어려웠다.

---

6) 그러나 자본운동의 세계화는 자본이 유입되는 개도국들을 중심으로 세계적 차원에서는 노동자의 수를 늘리고 노동운동의 세계적 확산을 초래하기도 한다. 현재 서구의 노동운동은 약화와 침체를 겪고 있으나 새로운 성장 중심지로 떠오른 중국, 인도, 러시아, 브라질 등 소위 BRICs의 경우에는 노동운동의 빠른 발전을 기대할 수 있을 것이다. 그런데 서구 노동운동은 지금까지 세계적 수준에서 노동운동의 최전선(frontier)에서 활동하면서 개도국 노동운동 세력이 부러워할 만한 성과를 얻어왔다. 그런 점에서 서구 노동운동의 쇠퇴는 세계적 수준에서 모범 내지는 선도자의 약화를 의미하는 것이고, 이로 인해 그 양적 비중에 비해 그 의미가 다소 과장되게 해석되어온 측면도 있을 것이다.

1987년 노동자 대투쟁 이후 어느 정도 성장한 노동운동에 부담을 느껴온 자본은 신자유주의적 세계화의 흐름에 편승하여 노동시장의 유연화와 노동운동의 약화를 도모해왔고 국가는 이러한 흐름을 바람직한 것으로 보거나 또는 적어도 불가피한 것으로 보면서 노동시장 유연화를 촉진하거나 방조해왔다. 공기업이나 재벌기업 등 대기업의 노조들은 산발적으로 공기업 민영화나 정리해고 등에 저항해왔으나 다른 한편으로는 노동운동에 전반적으로 불리한 환경 속에서 자기 기업 노동자의 이익 보존에 주력함으로써 결과적으로 노동시장의 분절화를 심화시키는 데한 몫을 담당해온 측면도 있다.

이제 한국의 노동운동은 노동자 대투쟁 이후 국가와 자본이 추진해온 봉쇄전략으로 인한 '사회적 고립'에 이어 신자유주의적 세계화라는 세계사적 조류 속에서 추가적인 고립과 약화 위기에 내몰려 있는 상황이다.[7]

3) 노동 관련 사회적 의제의 증폭

최근 들어 대두되고 있는 사회적 현상 중에 노동운동의 적극적 대응을 필요로 하지만 주로 기업 수준에서의 '분배기구' 역할에 치중해온 한국의 노동운동이 제대로 대응하지 못하고 있는 문제들이 있다. 하나는 세계에서 가장 빠른 속도로 진행되고 있는 인구 고령화 문제이다. 인구 고령화는 장기적으로 노동공급량을 줄여 잠재성장률을 낮추고 복지수요를 증가시키게 마련이다. 외환위기 이후 중고령 노동자의 조기퇴직 현상이 두드러지게 나타나고 있지만 사실 인구 고령화는 고용기간의 연장을 필요로 하는 현상이다. 노동자 생애주기 전체를 통한 고용기간의 연장을 가능케 하는 노동시장질서를 형성하는 일은 그리 머지않은 미래의 핵심 과제가 될 것이다. 또한 인구 고령화로 인한 노동공급 감소 문제에 대처하기 위한 방안으로 여성의 노동시장 참가율 제고가 매우 중요한데 이에 적합한 방식으로 노동시장질서 및 사회복지제도를 발전시키는 것이 시급한 과제로 앞에 놓여 있다. 이주노동자의 증가 역시 앞으로도 꾸준히 이어질 현상으로 보아야 할 것이다. 인권 및 노동권의 사

---

7) 1987년 노동자 대투쟁 이후 한국 노동자 및 노동운동의 사회적 고립 문제를 집중적으로 다룬 연구로는 김동춘(1995) 참조.

각지대인 이주노동자 문제를 노동운동이 포용해가는 문제도 중요한 과제로 남아 있다.

또한 한국 사회도 어느 정도 탈산업사회적 면모를 보이게 됨에 따라 탈산업사회적, 또는 탈근대적 이슈들이 중요하게 대두하고 있기도 하다. 환경 또는 생태계, 성, 공동체 등을 키워드로 하는 탈근대적 이슈들은 고용과 분배 문제를 중심으로 발전해온 전통적 노동운동에 새로운 도전으로 다가오고 있다. 노동문제와 관련해선 고용증대와 환경보존 간의 상충 문제, 노동시장 및 노동운동에서 양성평등 실현 문제, 노동자의 다양한 요구와 가치를 담아내는 데 있어 전형적인 근대적 조직으로서의 노동조합의 한계 등이 고민해야 할 문제들로 대두되고 있다.

4) '비동시성의 동시성'과 한국 노동운동의 위기

지금까지 살펴본 바와 같이 한국 노동운동이 1987년 이후 압축적으로 경험해온 '비동시성의 동시성'은 다양한 측면을 갖고 있다. 첫째, 현재 한국 노동운동은 조직화 수준이나 사회적 영향력의 측면에서 19세기 말이나 20세기 초에 서구 노동운동이 도달한 수준에 아직 못 미치고 있는 상태인데, 서구의 노동운동과 마찬가지로 신자유주의적 세계화라는 세계사적 차원의 도전에 동시적으로 직면해 있다. 서구의 노동운동은 대체로 19세기 말 경에 산별 노조와 노동자정당의 건설을 완료하고 20세기에 들어선 노동권의 신장과 복지국가의 형성이라는 과제에 매달린 바 있다. 한국 노동운동의 주류도 그러한 경험을 압축 모방하려 해왔지만, 1987년 노동자 대투쟁 이후 불과 10년 만에 신자유주의적 세계화의 압력에 바로 노출되게 되었다. 노동운동 측에서는 서구 노동운동이 오래 전에 달성한 성과들을 얻으려 하고 있지만 국가와 자본은 이러한 것들을 이미 시대에 뒤떨어진 낡은 것으로 간주하며 이러한 경험을 거치지 않고 바로 신자유주의적 세계화라는 조류에 부합되는 방향으로 노동시장 및 노사관계 질서를 개편하려 하고 있다.

둘째, 한국의 노동운동은 산업사회적 과제에 충실히 대응해본 경험도 제대로 축적하지 못한 상태에서 탈산업사회적, 탈근대적 과제에 대응할 것을 요구받고 있다. 탈산업사회적, 탈근대적 과제의 대두와 시민운동의 빠른 성장은 노동운동의 사회적 입지를 좁히는 방향으로 작용할 가능성이 크다. 또 인구 고령화와 같이 경제와 사회 전반에 큰 영향을 미치게 될 새로운 도전이 대두되었는데, 현재 한국의 노동운동은 전통적인 노동문제에 대응하기에도 조직적, 지적 자원이 부족하고 통합력과 응집력을 가진 조직적 구심을 형성하지 못하고 있는 형편에서 새로운 도전들에도 대응해야 하는 상황에 처해 있다.

3. 한국 노동운동의 위기 극복방안

1) 발전전망과 운동의 원칙

한국 노동운동이 향후 밟게 될 발전경로와 관련해서 다소 거칠게 다음 세 가지 시나리오를 생각해볼 수 있다. 첫째는 노동운동 쇠퇴의 경로로서 주로 상층 노동자들의 이익을 대변하는 협소한 이익단체운동으로 위축되는 길이다. 이 시나리오에서는 향후 공무원 노조가 정상적으로 작동하면서 공무원이나 교원 등 고용안정 수준이 높은 공공부문의 노동조합이 노동운동을 주도하게 된다. 공공부문 노조는 공기업 민영화 저지, 사회복지 확대 등 사회공공성 강화 이슈를 중심으로 노동운동을 주도하게 된다. 반면에 시장경쟁 압력에 노출되어 있는 민간부문 대기업들에서는 고용안정 보장을 매개로 하여 노사협조주의가 정착된다. 중소기업들에서는 노조 조직화 자체가 현재처럼 극히 저위에 머물게 된다. 산별 노조와 산별 교섭이 늘어나긴 하지만 본격적인 산별 통일교섭보다는 기업별 노조와 기업별 교섭의 기조가 유지되는 가운데 산별 노조라는 우산조직을 덮어씌우는 형태로 귀결된다. 비정규직 노동자들의 저항이 간헐적으로 분출되나 제대로 조직되지는 못한다. 공공부문과 민간부문 간, 대기업과 중소기업 간 노동시장 분절화는 현재와 같이 유지되거나 더 심화된다. 이 경로는 미국 노동운동이 이미 겪은 바 있는 경로로서 '노동운동의 미국화'의 길이라 할 수 있을 것이다.

두 번째 시나리오는 과거 독일, 스웨덴 등 유럽대륙국들의 노동운동이 경험한 바와 같이 사회민주주의적 노동운동으로 발전해가는 길이다. 비중이 커가는 공공부문 노조는 사회공공성 강화 이슈를 중심으로 복지국가 발전의 주된 동력으로 기능한다. 민간부문에서는 본격적인 산별 노조 및 산별 교섭체계 형성에 성공한다. 또한 노동자정당의 정치적 영향력이 증대하고 노조와 노동자정당 간에 적절한 역할분담에 기초한 효과적 협력체계가 정착된다. 또한 대다수 노동자 대중의 생활조건 개선 및 노동운동 발전과 양립할 수 있는 경제발전 모델 형성에 노동운동이 기여한다. 노조의 조직형태와 교섭체계 등과 관련해선 전통적인 유럽대륙형 모델과 유사한 형태를 취하되 세계화, 정보화, 고령화 등 새로운 사회경제적 이슈들에 적절히 대응할 수 있는 정교한 정책과 유연한 운동방식을 구사한다.

세 번째 시나리오는 노동운동 급진화의 경로이다. 국가를 상대로 하는 공공부문 노조의 비중이 커지면서 노동운동 및 노사관계의 정치적 성격이 강화된다. 민간부문의 대기업 정규직 위주의 노조는 고용안정을 매개로 노사협조주의로 기울거나, 자본으로부터 양보와 타협을 끌어내기 어려울 경우엔 자신들의 경제적 이익 신장에 치중하는 전투적, 경제적 조합주의 노선을 견지한다. 실질적인 산별 교섭체계는 정착되지 못한다. 비정규직 노동자들의 저항이 크게 증가하면서 노동운동의 중심이 비정규직 노동자들에게로 이동한다. 성장 둔화 등 경제발전의 애로가 증가하면서 안정된 경제발전 모델 구축에 실패한다. 이로 인해 자본주의 체제 자체에 대한 저항이 증가하면서 비정규직 노동자들을 중심으로 변혁지향적인 노동운동이 발전한다. 노사관계는 높은 수준의 불안정성을 보이게 된다.

현실적으론 위 세 가지 흐름이 모두 부분적으로 나타나면서 복잡하게 혼재·착종된 양상을 보이기 쉬울 것으로 예상되는데, 가능한 한 두 번 째 시나리오가 실현되도록 노력하는 것이 노동운동의 바람직한 노선일 것으로 생각한다.

그렇다면 이러한 방향으로 노동운동이 발전해가기 위해 노동운동이 견지해야 할 운동의 원칙은 무엇인가? 첫째는 노동계급 내부의 연대를 강화하는 것이다. 사실 기업 수준의 노동조합조차도 노동시장에서 노동자간 경쟁을 억제하고 연대를 강화하기 위해 형성된 조직인 것이다. 사회적 약자들의 운동인 노동운동이 더 발전하려면 '약자와의 연대 강화'를 핵심적인 실천 원칙으로 삼아야 한다. 대기업 정규직 노조는 비정규직 노동자, 미조직 노동자, 여성노동자, 이주노동자와의 연대를 추구해야 한다. 단기적으로는 손해를 보기 쉽겠지만 장기적으로는 노동계급 전체의 역량을 강화시키는 거의 유일한 길이라 할 수 있다.

문제는 노동운동의 중심세력인 대기업 정규직 노동자들이 현재 보이고 있는 단기주의, 조직이기주의를 어떻게 극복할 수 있겠느냐는 것이다. 연대의 필요성에 대한 교육과 설득도 중요하겠지만 어느 정도는 인센티브도 제공되어야 할 것으로 보인다. 예컨대 본격적인 산별교섭을 통해 대기업/중소기업간 고용조건의 균등화를 추구하려면 대기업 노동자들의 임금인상 억제가 요구되기 쉬운데, 이 경우 임금인상 요구를 억제하는 대신 소속 기업의 주식을 받도록 하는 방안을 생각해볼 수 있다. 이를 통해 대기업 노동자들의 재산소득을 늘려줄 수 있을 뿐 아니라 종업원지주제의 강화를 통해 기업경영에 노동조합이 참여할 수 있는 길을 열어줄 수 있다. 또한 M&A 위협에 처한 기업의 경우엔 종업원 지주제 강화를 통해 경영권의 안정을 도모할 수 있고 단기적 투자수익 극대화를 추구하는 주주자본주의적 경영원리를 억제하여 중장기적 이윤취득 전망 하에 실물투자를 늘리는 효과도 볼 수 있을 것이다.[8]

둘째는 국가-자본에 대한 저항과 협력을 합리적 원칙에 따라 조절하는 것이다. 현재 국면에서는 국가와 자본이 향후 더욱 추진하려 할 신자유주의적 경제운영기조에 일단 저항하는 것이 중요할 것이다. 이러한 저지선 형성을 통해 국가와 자본으로 하여금 새로운 경제발전노선, 자본축적전략을 모색하도록 압박을 가할 필요가 있다. 그러나 다른 한편으로는 국가와 자본의 전략이 단기적으로는 일부 노동자들에게 손실이 된다 하더라도 장기적으로 다수 노동자들의 처지를 개선시키는 방향성을 갖고 있을 경우엔 노동운동도 이에 적극 협조할 필요가 있다. 그리고 국가와 자본에게 보완적 정책을 요구하는 한편 노동계급 내부의 재분배를 통해 손해 보는 노동자 집단을 지원할 필요가 있다. 산업구조조정, 기술혁신 등을 둘러싼 이슈가 이 경우에 해당되는 대표적인 사례일 것이다.

셋째는 노동운동의 구심력을 확보, 강화하는 동시에 노동운동의 외연을 넓히는 것이다. 그런데 일반적으로 구심력 강화와 외연 확장 사이에는 상충이 발생하기 쉽다. '1차 노동운동 위기논쟁'도 이러한 맥락에서 살펴볼 수 있는데, 전노협의 전투

---

8) 한국경제의 대안적 발전 모델 구상의 일환으로 종업원지주제의 중요성을 매우 강조한 연구로는 조영철(2004) 참조.

적 조합주의를 비판한 위기론자들은 노동운동의 외연 확대를 위해서는 이러한 운동노선이 장애가 된다는 점을 지적한 것이다. 반면에 전투적 조합주의를 옹호한 논자들은 전투성과 계급성을 포기하거나 약화시키는 방향의 외연 확대는 결국 운동의 구심력을 약화시켜 거시적 차원의 국가-자본 대 노동운동의 대립구도 속에서 노동운동의 힘과 위상을 약화시킬 것이라고 본 것이다.

이 문제를 해결하려면 현재 노동운동의 중심세력인 대기업 노조들이 확보한 저항역량과 조직역량을 비정규직 노동자, 미조직 노동자들을 위해 사용하는 것이 긴요하다. 노동계급 내부의 연대 차원에서는 대기업 노조들이 확보한 자원을 더 열악한 처지에 놓인 노동자들과 공유하고, 국가-자본과의 관계에서는 대기업 노조들이 보유한 자원과 역량을 저항의 교두보로 활용하는 것이다. 그리하여 향후에도 현실적 조직역량이 큰 대기업 노조들이 노동운동의 구심세력 역할을 담당하되, 그 역량이 노동운동의 외연을 좁히는 것이 아니라 넓히는 방향으로 활용되도록 해야 한다. 이를 위해서는 적어도 중단기적으로는 대기업 노조의 상당한 양보와 자기희생적 실천이 필요하다. 예컨대 산업 수준에서의 고용조건 균등화를 위해 대기업 노조가 임금인상 요구를 자제하거나 대기업 노조가 보유한 조직적, 재정적 자원을 미조직 노동자들을 위해 사용하는 등의 경제적 양보가 대다수 미조직 노동자들의 경제적 지위를 바로 크게 개선시키는 효과를 볼 수는 없겠지만, 노동계급 내부의 연대의 분위기를 고취시키는 첫 모멘텀(momentum)을 만들 수 있을 정도의 양보는 필요할 것이다.

2) 대안적 노동시장 및 노사관계 제도 형성방안과 노동운동의 역할

노동운동은 1차적으로는 노동자 대중의 이익을 증진하는 방향으로 노동시장 및 노사관계 제도를 형성하는 데 기여함으로써 자신의 존재이유를 증명해야 하는데, 한국의 노동운동이 향후 지향해야 할 대안적 노동시장 및 노사관계 제도의 골격은 다음과 같은 것이어야 할 것으로 판단된다.

(1) 대안적 노동시장질서 형성방안

노동운동의 대의에 부합되고 한국경제의 실정에도 부합되는 대안적 노동시장 질서는 우선 다음과 같은 문제들을 해결할 수 있는 성격을 띠어야 한다. 첫째, 현재와 같은 노동시장의 과도한 분절성이 크게 완화되어야 한다. 숙련수준별, 기업규모별, 산업별 노동시장의 분절화는 어느 정도 불가피한 측면이 있으나 현재와 같이 숙련수준 및 수행하는 기능과 관계없이 정규직 노동자/비정규직 노동자간, 대기업 노동자/중소기업 노동자간에 형성된 과도한 분절성은 극복되어야 한다. 둘째, 인구 고령화라는 장기 추세에 부합되어야 한다. 인구 고령화는 노동자들의 생애고용기간의 연장을 요구하며, 고령화로 인한 노동공급 감소 추세를 억제하기 위해선 여성의 노동시장 참가율이 크게 높아져야 한다. 셋째, 인적자원의 질 향상을 촉진할 수 있어야 한다. 물적 부존자원이 빈약한 반면에 노동력의 초고학력화가 이루어져 있어 인적자원의 질 향상의 필요성과 가능성이 높은 한국의 상황은 인적자원의 질 향상을 통한 노동생산성 제고에 한국경제의 미래가 결정적으로 의존해 있다는 점을 보여준다. 넷째, 노동시장질서는 산업구조와 보완성을 가져야 한다. 일반적으로 과학기술적 지식에 기초하여 기술내용의 근본적 변화를 수반하는 '급진적 혁신' (radical innovation)이 크게 필요한 산업의 경우엔 비교적 유연한 노동시장을 필요로 하고, 생산현장에서의 경험적 지식의 축적에 기초한 '점진적 혁신'(incremental innovation)의 비중이 큰 산업에는 고용안정에 기초한 노사간 장기거래를 가능케 하는 안정된 노동시장이 '제도적 보완성'(institutional complementarity)을 갖는다(Hall, P. A. & Soskice, D., 2001: 36-44).

이와 같은 과제에 부응할 수 있는 노동시장질서의 성격과 이러한 노동시장질서를 형성하기 위한 노동운동의 역할은 다음과 같은 것이리라 생각된다.

① 공정한 노동시장

공정한 노동시장이란 무엇보다도 임금 등 노동자들의 고용조건이 주로 노동자의 숙련수준이나 수행하는 직무의 내용에 의해 결정되는 시장이다. 물론 수요-공급 원리에 의해 고용조건이 결정되는 시장원리는 이러한 공정성 기준을 충분히 충족시키기 어렵긴 하지만, 현재와 같이 과도하게 분절된 노동시장구조가 정당화될 수는 없다. 현재 노동시장의 분절성의 핵심이 정규직 노동자/비정규직 노동자 간의 고용조건 격차이고 이러한 현 상황에 대해 자본이 큰 불만을 갖고 있지 않은 상태이므로 문제 해결의 열쇠는 주로 노동운동에 달려 있다고 볼 수 있다. 무엇보다도 비정규직 노동자의 조직화가 필요한데 이를 위해서는 현재 진행되고 있는 산별 노조, 산별 교섭으로의 전환을 가속화해야 할 뿐 아니라, 이러한 조직 및 교섭체계의 전환이 무엇보다도 비정규직 노동자의 고용조건 개선을 주된 목표로 삼아 추진되어야 한다. 아마 비정규직 노동자의 광범위한 조직화를 이루려면 1987년 노동자 대투쟁에서 표출된 바와 같은 수준의 열정과 연대의 정신이 요구될 것이다. 또한 이러한 조직화노력과 더불어 단체협약의 적용률 제고를 위한 법률개정, 정책전환 요구 노력도 필요하다.

산별 교섭이 추진되는 부문에서는 노조가 연대임금정책을 추진해야 한다. 연대임금정책이란 노동자들이 속한 기업의 수익성 수준에 관계없이 가능한 한 '동일노동, 동일임금' 원칙을 관철시키는 임금정책으로서 대표적으로는 1950년대 중반에서 1970년대까지 스웨덴에서 강력히 시행된 바 있다. 그런데 연대임금정책은 노동자간 불합리한 임금격차를 억제하고, 저임금에만 의존하는 한계적 기업들의 경영혁신을 강제하는 효과가 있다는 장점이 있는 반면에, 임금지불능력이 높은 대기업의 인건비 부담을 경감시켜 경제력 집중을 촉진하기 쉬우며, 중소기업의 인건비 부담을 높여 중소기업 부문의 고용감소를 야기하기 쉽다는 문제점이 있다. 중소기업의 고용비중이 큰 한국경제에서 보완적 정책 없이 연대임금정책이 강력하게 시행될 경우엔 부작용이 매우 클 것이다. 따라서 연대임금정책은 중소기업 육성정책이라는 산업정책 차원의 보완을 필요로 한다. 또한 산별 교섭에서 연대임금정책으로 인해 인건비 부담을 줄인 대기업들의 재원에 기초하여 동일 산업 내 중소기업을 지원하고 대기업-중소기업 간 협력을 촉진하기 위한 '산업발전기금'을 조성하는 것도 고려할 수 있는 방안이다.[9]

---

9) 이 문제는 1960년대에 스웨덴 노동조합총연맹(LO)에서 논의된 바 있으며, 한국에서는 2004년에 자동차회사 노조들이 단체협상에서 기업들에게 비정규직 노동자 처우 개선 등에 사용되는 '사회공헌기금' 출연을 요구한 바 있다.

② 완전고용 친화적 노동시장

여기에서 말하는 '완전고용 친화적 노동시장'이란 단지 공식실업률이 자연실업률 수준에서 유지되는 노동시장만을 의미하는 것이 아니라, 이에 더하여 고용률이 높은 수준에서 유지되는 노동시장을 뜻한다. 한국의 경우 공식실업률은 국제적으로 낮은 수준을 기록하고 있으나 고용률이 선진국에 비해 크게 떨어지는 상황에 있다. 이는 무엇보다도 여성 고용률이 현저히 낮은 데 기인하며, 급속한 인구 고령화 추세와 기업들의 중고령자 기피 풍조를 고려할 때 고령층의 고용률도 떨어져갈 가능성이 높다.

인구 고령화로 인해 생애기간과 생애고용기간 사이의 괴리가 커질수록 은퇴자 부양을 위한 사회복지지출 부담이 커질 수밖에 없다. 또한 고령자의 보람 있는 생활 영위와 노동능력의 활용을 위해서도 생애고용기간을 연장시키는 정책이 필요하다. 이를 위해서는 정년을 연장시키고, 연공서열급적 임금체계를 직무급, 직능급 중심의 체계로 전환시키고 임금피크제의 도입 등을 통해 기업의 고령자 기피 동기를 줄여줄 필요가 있다. 노동운동은 고용기간 연장을 대가로 임금피크제 도입 등에 동의해줄 필요가 있다.

또한 여성의 노동시장 참가율을 높이려면 육아의 사회화 등 사회복지제도의 확충이 필요하며 성차별적인 고용관행을 억제시켜야 한다. 노동운동은 사회복지제도 확충의 주된 동력으로 기능해야 하며 노동운동 내에서 여성의 발언권을 증대시키기 위해 노력해야 한다. 여성 노동자의 경우 노조 가입률이나 노조 간부 선임률이 매우 낮으므로, 노조 운영에서도 일종의 '우대조치'(affirmative action)를 도입하여 여성의 발언권을 의식적으로 높일 필요가 있다.

대다수 나라에서 그러하듯 한국의 경우에도 청년 실업률은 전체 실업률보다 훨씬 높은 수준을 유지하고 있는데, 한국의 청년 실업 문제를 해결하기 위해선 청년 노동력의 초고학력화라는 조건을 중요하게 고려해야 한다. 즉 일자리 총량이 부족한 것보다 대부분 대학을 졸업한 고학력 청년층이 선호할 만한 '괜찮은 일자리'(decent work)가 부족하다는 것이 핵심 문제이다.[10] 따라서 비정규직 일자리의

---

10) 참여정부가 지향해야 할 일자리 만들기 정책의 핵심 기조로서 '괜찮은 일자리' 만들기의 중요성을 역설한 연구로는 박태주(2005) 참조.

양산을 통해서는 이 문제를 해결하기 어렵다. '괜찮은 일자리'를 많이 만들어내려면 경제정책 전반이 저임금에 기초한 가격경쟁력 확보보다는 고임금을 가능케 하는 품질경쟁력 확보에 주안점을 두는 방향으로 전환되어야 한다. 이를 위해서는 고용안정 수준을 높여 노동자들에게 기업특수적 숙련이나 산업특수적 숙련을 형성할 수 있는 기회와 동기를 부여해야 한다.

또한 현재 한국의 사회복지제도가 미성숙해 있는 상태이고 인구 고령화로 인한 노인복지 수요 증대와 여성의 노동시장 참가율 제고를 위한 육아서비스 수요 증대가 예상되는 상황이므로, 사회복지 프로그램 중에서도 사회서비스 분야의 확대를 통해 이 부문에서 청년층이 선호할 수 있는 일자리를 많이 창출할 필요가 있다. 현재 가계를 책임지는 청장년 남성 노동자를 중심으로 구성된 노동운동은 노동자의 생애주기 전체를 통해 나타나는 요구들을 포괄할 수 있도록 '세대간 연대'를 가능케 하는 방향으로 운동노선과 정책대안을 발전시켜갈 필요가 있다.

③ 유연안정성이 확보되는 노동시장

'유연성'(flexibility)과 '안정성'(security)의 적절한 결합을 의미하는 '유연안정성'(flexicurity)이란 용어는 본래 고용안정 수준이 높은 유럽대륙국들에서 만들어진 용어이다. 세계시장에서의 경쟁격화와 유연한 생산체계의 확산, 그리고 노동조합에 의해 높은 수준의 고용보호를 받는 '내부자'와 노동시장 진입이 어려운 실업자 등 '외부자' 사이의 분리 심화 등의 문제들에 대응하기 위해 정리해고 용이화 등을 통해 노동시장의 유연성을 높이되, 적극적 노동시장정책과 튼튼한 사회안전망을 통해 노동자의 생활안정과 '고용가능성'(employability)을 높인다는 것이 유연안정성 제고 전략의 핵심이다.

그런데 현재 한국의 노동시장은 유연성이 너무 높고 안정성이 너무 낮은 상황이므로 중단기적으로는 고용안정 수준을 높이는 것이 적절한 수준의 유연안정성에 도달하기 위한 바른 경로일 것이다. 노동시장 유연화의 방법과 관련해선 대기업들의 경우엔 노동자들의 다기능화를 지향하는 기능적 유연화를 추구하도록 유도할 필요가 있다. 현재 한국의 노사관계의 대립성과 노사간의 상호불신으로 인해 대기업들에서도 수량적 유연화 추구를 선호하는 경향이 있으며 노동조합은 노동시장 유연화 전반에 대해 부정적인 입장을 취하고 있는데 이러한 상황은 빨리 시정되어야 한다. 대기업 노조는 고용안정을 전제로 한 배치전환 등 기능적 유연화 추구에는 적극 협력할 필요가 있다. 그것이 노동자들의 생애주기 전체에 걸친 고용가능성을 높여 장기적으로는 노동자들에게도 유리하게 작용하는 방향이다.

수량적 유연화 추구가 어느 정도 불가피한 중소기업의 경우에는 노동법에 의해 최소한의 고용안정을 확보해주는 동시에 사회복지제도의 강화를 통해 노동자들의 생활안정을 도모할 필요가 있다. 사회복지제도는 실직자의 생활안정을 가능케 하는 '사회안전망'(social safety net)으로 기능할 뿐 아니라, 실직자 및 전직희망자의 숙련수준을 높이고 기능범위를 확장할 수 있게 해주는 공적 평생학습체계와 적극적 노동시장정책을 중요한 요소로 포함하도록 설계되어야 한다. 그리하여 사회복지제도가 '사회학습망'(social learning net)이자[11] '고용안전망'(employment safety net)으로도 기능할 수 있어야 한다. 적극적 노동시장정책의 운영에는 노·사·정이 공동으로 참여하며 스웨덴의 경험에서처럼 이 문제에 가장 큰 이해관계를 갖고 있는 조직인 노동조합이 주도적 역할을 수행하도록 하는 것이 바람직하다. 노동조합은 자신의 주도적 참여 하에 노동자들의 숙련수준을 높이고 기능범위를 넓혀 숙련수준의 상향평준화를 지향하는 '연대숙련정책'을 정력적으로 추진할 필요가 있다.

유연성과 안정성 간의 비중 조정은 산업특성에 맞게 이루어져야 한다. 일반적 숙련 수준이 높은 고학력 노동자들을 많이 고용하며 급진적 혁신의 중요성이 큰 IT 산업 등 첨단산업 분야에서는 유연성이 보다 강조된 노동시장질서가 산업특성과 잘 부합되며, 기업특수적, 산업특수적 숙련을 갖춘 중위 기능 수준의 노동자들에 주로 의존하며 점진적 혁신의 중요성이 큰 전통적 제조업 분야에서는 안정성이 보다 강조된 노동시장질서가 잘 부합된다. 그리고 양자 모두 노동자의 생활안정과 고용가능성 제고를 가능케 하는 튼튼한 사회안전망을 토대로 삼아야 한다.

---

11) 최근에 고안된 개념인 '사회학습망'은 사회구성원 모두가 평생에 걸친 삶의 주기에서 중층적으로 구축된 그물망적인 학습체계에 걸리도록 사회적으로 촘촘하게 짜여진 제도적 장치를 의미한다(강순희·박정섭·장원섭, 2003: 20).

(2) 대안적 노사관계제도 형성방안

대안적 노사관계제도 구상과 관련해서 노동운동의 관점에서는 노조 조직률을 제고하고 노동운동의 사회적 영향력을 강화시키며, 노동운동의 '운동성', 즉 새로운 사회개혁 의제들을 주도적으로 제기하고 제반 난관을 돌파하는 추진력을 지속적으로 확보할 수 있도록 해주는 성격의 노사관계제도를 모색하는 것이 중요하다. 한편 국민경제의 관점에서는 노사관계제도가 국민경제를 구성하는 다른 제도 영역들과 제도적 보완성을 가져 국민경제 전체의 효율적 작동을 가능케 하는 방향으로 노사관계제도가 형성되는 것이 중요하다.

현재의 기업별 노조와 기업별 교섭체계 중심의 파편화된 노사관계를 극복하기를 원하는 노동운동가들이나 학자들은 대안적 노사관계제도 구상과 관련하여 높은 수준의 의견일치를 보이고 있다. 산별 노조와 산별 교섭체계로의 전환, 다양한 수준에서 노동자 경영참가제도의 도입과 확대, 노동조합의 입장을 충실하게 수용할 수 있는 방향으로의 노사정 협의체계의 내실화 등이 주 내용이라 할 수 있다. 필자도 이러한 방향에 동의하는데, 노사관계제도가 이러한 방향으로 순탄하게 개편되도록 하기 위해 고려해야 할 몇 가지 사항을 언급하고자 한다.

① 산별 교섭체계로의 전환

산별 교섭체계로의 전환이 쉽지 않은 것은 노사관계의 주요 행위주체인 대기업 노조와 사용자들, 그리고 정부가 모두 산별 교섭에 대해 소극적이거나 기피하는 입장을 보이고 있기 때문이다. 대기업 노조는 산업 수준에서 고용조건 균등화 효과를 낳는 산별 교섭이 정착될 경우 소속 기업 노동자들의 고용조건이 하향 조정되기 쉬우며, 대기업 노조 집행부의 권력이 크게 약화되기 쉽다고 판단하기 때문에 소극적 태도를 보이고 있다. 사용자들의 경우엔 현재의 대립적 노사관계를 고려할 때, 산별 교섭으로의 전환이 교섭비용을 감소시키고 보다 질서 잡힌 교섭체계의 형성을 낳기보다는, 오히려 노조의 교섭력을 강화시키고 파업의 파괴력을 증대시킴으로써 기업 수준의 분쟁을 산업이나 전국 수준으로 확산시켜 노사관계를 더욱 불안정하게 만들기 쉬우리라 우려하고 있는 것이다. 또한 산별 교섭의 정착 이후에도 대기업 노조들이 자신의 기득권을 쉽게 포기하지 않을 것이므로, 산별 교섭 이후에 이루어질 기업수준의 교섭이 산별교섭을 미세하게 보완하는 수준에서 이루어지는 것이 아니라, 산별 교섭과 사실상 별개의 기업별 교섭이 다시 진행되는 방향으로 귀결되어 이중교섭으로 인한 교섭비용 증대를 낳기 쉬우리라 우려하고 있는 것이다(이주희, 2004: 2-3). 정부도 산별 교섭으로의 전환이 노사관계 안정화와 교섭비용 감소에 기여할지에 대해 확신을 갖지 못하기 때문에 주저하고 있다고 볼 수 있을 것이다.

이 문제를 해결하려면 우선 산별 교섭과 기업수준 교섭 간의 역할분담방식을 명료하게 설정할 필요가 있다. 일단 기업 수준 교섭의 의미가 너무 약화되는 강한 산별 교섭체계로의 전환은 대기업 노조의 동의를 이끌어내기가 어려울 것이다. 또한 기업마다 경영여건과 경영전략이 다르다는 점을 고려할 때 너무 강한 산별 교섭체계는 원리적으로도 부적절한 측면이 있다. 따라서 기업 특수성을 고려할 수 있는 기업수준 교섭의 영역을 상당히 넓게 설정하되, 이것이 실질적 이중교섭으로 귀결되지 않도록 하는 것이 중요하다. 이를 위해서는 산별 교섭과 기업수준 교섭에서 다룰 의제를 명확히 구분해주어 동일한 의제를 가지고 중복 교섭하지 않도록 할 필요가 있다. 또한 산별 교섭체계가 정착되어가는 초기 단계에서 노동조합이 강화된 교섭력에 기초하여 산업 수준에서의 파업 등을 빈번하게 감행할 경우엔 사용자들로 하여금 산별 교섭체계를 기피하게 만들기 쉽다는 점에 유의할 필요가 있다.

② 노동자 경영참가제도의 발전

현재 한국에서 노동자 경영참가를 가능케 하는 제도적 틀로는 노사협의회와 단체교섭이 있다. 노사협의회제도는 외형상으로는 기업의 종업원 전체를 대표하는 조직인 직장평의회(Betriebsrat)가 사용자와 경영상의 제반 문제를 협의하고 공동결정하도록 하는 독일식 노동자 경영참가제도와 유사하다. 한편 현대자동차 등 대표적 대기업의 단체교섭에서 고용안정 문제 등을 다루고 있는 실정은 노동자 경영참가와 관련된 제반 사항을 단체교섭에서 다루도록 하는 스웨덴식 노동자 경영참가제도와 유사성이 있다. 그러나 노동자 경영참가의 실질적 수준과 관련하여 한국의 노사협의회제도와 독일의 공동결정제도 사이에는 크나큰 간극이 있고, 또 거의 모든 노동자가 노동조합에 가입해 있으며 법률에 근거하여 산별 교섭에서 노동자 경영참가 문제를 다루는 스웨덴과 일부 대기업에서만 법률적 뒷받침 없이 노조의 교섭력에 근거하여 부분적으로 노동자 경영참가 관련 의제를 다루는 한국의 실정 사이에도 크나큰 차이가 있다.

노동자 경영참가를 활성화하는 동시에 이것이 국민경제에도 좋은 영향을 주도록 하려면, 현행 노사협의회제도를 강화하는 한편, 산별 교섭체계로의 전환과 발맞추어 고용 문제 등 경영상의 주요 의제를 산별 교섭에서 다루도록 하고 이것이 제도화될 수 있도록 법률적 뒷받침이 이루어질 필요가 있다. 현재와 같이 노조의 교섭력이 강한 극소수 대기업에서만 기업별 단체교섭에서 고용안정 문제 등을 다루는 것은 극소수 노동자들에게만 도움이 될 뿐 아니라 노동시장의 내부자와 외부자 간의 분절성을 더 심화시키기 쉽다. 보다 큰 교섭단위에서 고용 문제 등이 다루어져야 많은 노동자의 이익 증진과 국민경제 운영의 합리성이 양립할 수 있는 길을 발견할 수 있을 것이다.

노동자 경영참가의 초보적 형태의 하나는 기업의 경영정보에 대한 노동자 대표의 접근권 보장이다. 예컨대 스웨덴의 경우 회계장부 등 경영상의 주요 정보자료들을 노동자 대표에게 의무적으로 제공하도록 되어 있다. 한국의 경우 기업경영에 있어 위법과 비리 사례가 적지 않은 형편이므로 이 제도만 도입되어도 전근대적이고 사용자 전횡적인 경영관행을 개선하고 사용자에 대한 노동자의 불신을 완화시키는 데 큰 효과를 볼 수 있을 것이다. 노동자 경영참가의 최고형태라 할 수 있는 '노동자 대표의 이사회 참가'는 사용자 입장에서는 가장 기피하고 싶은 사안일 텐데 노동운동은 현재의 대기업의 기업지배구조, 즉 재벌총수의 전횡적 지배구조와 영미식 주주주자본주의적 지배구조가 결합된 형태에 대한 다수 사회구성원의 불만을 정치적 자원으로 활용하여 이사회 참여권을 확보하도록 노력할 필요가 있다. 노동자 대표가 이사회에 소수위원으로 참가할 경우 결코 이사회의 의사결정을 좌우할 수는 없으나, 단 한명의 노동자 대표가 이사회에 참가하는 것만으로도 기업경영의 투명성을 높일 수 있으며 사용자 전횡적 경영방식을 크게 억제할 수 있을 것이다.

③ 내실 있는 노사정 협의체계의 형성

외환위기 이후 노사관계를 둘러싸고 형성된 사회적 쟁점 중 가장 중요한 것의 하나가 노사정위원회의 존폐 문제와 적절한 기능 부여 문제였다. 자유주의적, 시장주의적 입장에 선 논자들은 정치적 기구인 노사정위원회가 시장원리에 따른 구조조정을 지연·왜곡시킬 뿐 아니라, 노사정위원회와 같은 사회 코포라티즘 기구는 입법부와 행정부에 최종적 정책결정권을 부여하는 정치적 민주주의 원리에 어긋나기 때문에 조속히 폐지해야 한다고 주장해왔다. 반면에 노동운동 세력 중 전투적 조합주의의 전통을 계승하고자 하는 측에서는 노사정위원회가 신자유주의적 구조조정을 원활히 수행하기 위한 보조기구이며 노동운동의 개량화를 촉진하는 기구이기 때문에 민주노총은 노사정위원회에 불참해야 한다고 주장해왔다. 한편 사회 코포라티즘을 지지하는 논자들은 현재와 같이 기업별 노조와 기업별 교섭체계에 근거한 소모적 분쟁을 줄이고 비정규직 노동자와 미조직 노동자들의 이해관계를 대변하고 국민경제의 원활한 작동을 지원하기 위해서는 노사정위원회와 같은 기구가 꼭 필요하며 그 운영방식이 더욱 내실화되고 참여주체들의 태도가 더 성숙될 필요가 있다는 입장을 취해왔다.

노사정위원회가 제대로 작동하지 않았던 이유는 다양하다. 우선 노사정위원회 구성을 주도한 정부는 면밀한 검토에 기초하여 노사관계의 중장기 대안으로서 노사정위원회를 구상했다기보다는 외환위기 직후의 혼란을 효과적으로 수습하기 위한 편의주의적 방편으로 노사정위원회를 구상한 측면이 강하다. 그리하여 노사정위원회의 위상 및 기능과 관련하여 정부 내에서도 입장정리가 제대로 이루어지지 않아 혼선을 빚은 측면이 크다. 또한 외환위기라는 비상시국에 도입되어 정리해고 등 주로 노동자들에게 불리한 의제를 많이 다루게 된 관계로 노사관계의 핵심주체인 민주노총이 참여와 불참 사이를 오가다 결국 불참하게 됨에 따라 노사정위원회에서의 논의가 공허해진 측면이 있다. 또 사회적 합의체로서의 노사정위원회가 갖는 제도적 경직성과 과제의 과부하 문제가 있었다.

사실 노사정위원회는 대통령 직속 상설기구라는 제도적 위상만 갖고 보면 국제적으로도 네덜란드의 사회경제협의회(SER) 다음으로 강력한 노사정 협의체계이다. 문제는 이 기구의 참여주체인 노·사·정이 중장기 노사관계 발전방향과 관련하여 의견 공유 수준이 너무 낮은데다 노동조합과 사용자단체의 대표성이 낮고 정부의 입장도 일관되어 있지 못하다는 점이다.

원리적으로는 노동운동의 관점에서는 노사정 협의체계의 활용이 바람직하다. 사실 서구의 다양한 노사정 협의기구들은 대체로 노동운동의 힘이 강력하여 자본이나 국가가 노동운동을 제도화된 협의 틀 내로 끌어들이지 않고서는 노사관계 문제 해결이 용이하지 않은 상황에서 조직된 것들이다. 한국의 경우 상설기구로서의 노사정위원회는 사실 노동운동의 역량에 비해 과분한 측면이 있다. 그런데 노사관계에서 가장 중요한 것은 제도 틀이 아니라 노사의 역량 정도와 정부의 정책기조이기 때문에 한국의 노동조합들이 노사정위원회를 자신에게 유리하게 이끌고 갈 수 없었던 것이다.

노동운동이 노사정위원회와 같은 협의체계를 자신에게 유리하게 이끌어가기 위해서는 다음과 같은 방향의 노력이 필요하다고 판단된다. 첫째, 현재 민주노총과 한국노총으로 양분되어 있는 중앙노조조직을 하나로 통합해가기 위한 노력이 필요하다.[12] 이러한 조직적 분리가 사용자단체와 정부를 상대로 높은 교섭력을 발휘하는 데 장애가 되어왔다. 민주노총과 한국노총은 물론 역사적 뿌리가 다르고 그동안 이념적, 행태적 차이도 컸으나 점차 이념적 격차가 축소되어왔다. 또한 양자 모두 동일한 조직대상을 갖고 있는 관계로 각자의 노조 조직화 노력이 상호 경합성을 가져 노동운동 전체 차원에서의 조직률 제고와 역량 강화에 큰 도움이 되지 않은 측면도 있으므로 중장기적 통합전망을 갖고 협력수준을 높여갈 필요가 있다. 둘째, 적극적 노동시장정책이나 사회학습망 구축과 같이 노·사·정 간에 대립의 측면이 약하고 이해관계 공유 폭이 넓은 영역에서부터 노·사·정 간의 협의와 협력을 노동운동이 주도해감으로써 점차 이해관계 대립의 측면이 강한 의제들에서도 내실 있는 협의 가능성을 높여갈 필요가 있다. 셋째, 사용자단체 및 정부에 비해 상대적으로 약한 역량을 보충하는 방안으로서 현재 매우 활성화되어 있는 시민운동단체들과의 협력을 강화할 필요가 있다. 현재 많은 시민운동단체들이 기본적으로 노

---

12) 이 점을 강조한 글로는 김형기(2004) 참조.

동운동에 호의적이고 빈곤 문제 등 노동운동과 직결된 사회적 의제들에 관심이 많은 상황이므로, 노동운동이 대기업 정규직 노동자 위주의 운동패턴에서 벗어나려 노력하며 환경 문제 등 탈근대적 이슈들도 수용하려는 진지한 노력을 보인다면 시민운동 진영으로부터 상당한 지원을 받을 수 있을 것이다.

4. 맺음말

현재 한국 노동운동이 직면해 있는 위기 상황이 다양한 차원에서 '비동시성의 동시성'으로 인해 발생한 것이라면 위기 극복의 길도 이에 대응하여 복합적인 성격을 가질 수밖에 없을 것이다. 우선 서구 노동운동이 경험한 바 있는 경로, 즉 산별 노조 및 산별 교섭체계의 구축과 노동권 및 사회복지제도 확충에 주력해온 운동의 경험을 압축적으로 추격(catch-up)할 필요가 있다. 서구에서 신자유주의의 대두와 더불어 이러한 운동경로를 통해 축적된 성과가 약화되어갔다고 해서 한국의 경우에도 이러한 과정을 건너뛰어야 하는 것은 아니다.

그러나 동시에 세계화, 정보화, 고령화 등의 흐름에 대응하여 경제운영방식 및 노동시장 작동의 유연성, 효율성을 높이는 데 협력할 필요도 있다. 그러나 한국의 상황은 이를 위해서도 산별 노조 결성 및 산별 교섭체계의 정착, 사회복지제도의 확충 등이 필요한 실정이다. 그런 점에서 세계화, 정보화에 대한 대응이 노동운동의 전통적 원칙인 연대와 통합의 원칙에 거스르는 실천을 필요로 하는 것은 아니다. 그동안 다양한 차원에서 '비동시성의 동시성'의 중첩으로 인해 노동운동이 사회적으로 고립되어온 상황을 타개하려면 우선 노동계급 내부에서 고립된 집단, 노동운동의 지원으로부터도 고립된 약자층과의 연대에 주력해야 할 것이다. 이를 통해, 엄혹한 외적 제약조건들을 매개로 하여 노동운동 내부로까지 스며든 소통과 연대의 단절을 극복함으로써 한국 사회 전체 차원에서 민주적 소통의 단절과 연대의 결핍을 극복해갈 수 있을 것이다.

참고문헌

강순희 외 저. 2000,『지식경제와 인력수요 전망』, 한국노동연구원.

강순희·박성재·장원섭. 2003,『사회학습망 구축방안』, 한국노동연구원.

경상대학교 사회과학연구원 편. 2003,『신자유주의적 구조조정과 노동문제: 1997-2001』, 한울.

김동원 편. 2003,『세계의 노사관계 변화와 전망』, 한국국제노동재단.

김동춘. 1995,『한국사회 노동자 연구: 1987년 이후를 중심으로』, 역사비평사.

김승택·김원식. 2004,『근로시간 단축과 정책과제』, 한국노동연구원.

노동시장 선진화 기획단. 2004,『노동시장의 유연안정성 제고방안』, 한국노동연구원.

김영용. 2005, "FDI의 위협효과에 관한 연구,"『사회경제평론』24호, pp. 7-46.

김유선. 2005, "한국의 노동: 진단과 과제," 한국노동사회연구소 창립 10주년 심포지움 자료집『한국의 노동, 과거 현재 미래』, pp. 21-90.

김형기. 1992, " '진보적 노자관계'와 '진보적 노동조합주의'를 위하여,"『경제와 사회』15호, pp. 14-32.

_____. 1997,『한국노사관계의 정치경제학』, 한울.

_____. 2003, "한국경제의 대안적 발전모델을 위한 노동개혁," 이원덕 외『노동의 미래와 신질서』, 한국노동연구원, pp. 271-300.

_____. 2004, "위기의 노동운동 10대 문제점과 대안," 전태일 기념사업회 주최 토론회 <한국 노동운동, 무엇이 문제이고 어디로 가야하나> 발표분.

박승옥. 1992, "한국 노동운동, 과연 위기인가,"『창작과 비평』20권 2호, pp. 214-246.

_____. 2004, "왕자병 걸린 노동운동," 전태일 기념사업회 주최 토론회 <한국 노동운동, 무엇이 문제이고 어디로 가야 하나> 발표문.

박준식. 2001,『세계화와 노동체제』, 한울.

_____. 2004,『구조조정과 고용관계 변화의 국제비교』, 한울.

빅대주. 2005, "노동시장에서 본 사회해체, 그 단면과 해법,"『시민과 세계』7호, pp. 206-225.

신정완. 2001, "노동자 경영참가 문제에 대한 스웨덴 노동조합 총연맹(LO)의 접근방식,"『사회경제평론』, pp. 95-130.

_____. 2004, "1987-97년 기간의 한국 거시 노사관계 변동에 대한 게임이론적 분석,"『산업노동연구』제10권 제1호, pp. 187-222.

이성균. 2003, "제조업체의 간접고용 확대와 결정요인,"『경제와 사회』58호, pp. 166-192.

이원덕 편. 1998,『21세기 한국의 노동』, 한국노동연구원.

이원덕 외. 2003,『노사관계와 국제경쟁력』, 나남출판.

이원덕 외. 2003,『노동의 미래와 신질서』, 한국노동연구원.

이주희. 2004,『산별교섭의 실태와 정책과제』, 한국노동연구원.

임혁백. 1993, "한국 노동정치의 변화와 연속성: 모순의 지연, 심화, 표류," 한국문화연구원 학술대회 <한국자본주의와 노동정치> 발표문.

장상환. 2003, "신자유주의 구조조정과 자본주의 모순의 심화," 경상대학교 사회과학연구원 편,『신자유주의적 구조조정과 노동문제: 1997-2001』, 한울, pp. 53-113.

정성진. 2003, "신자유주의적 세계화와 노동의 대응,"『경제와 사회』제 58호, pp. 193-221.

조영철. 2004, "위기 이후 구조재편의 문제점과 대안적인 정책 방안," 전창환·김진방 외,『위기 이후 한국자본주의』, 풀빛, pp. 197-245.

주무현. 2003, "경제위기 이후 기업구조조정과 노동,"『경제와 사회』제 58호, pp. 8-33.

최장집. 1992, "한국의 노동계급은 왜 계급으로서의 조직화에 실패하고 있나?," 한국사회학회/한국정치학회 편,『한국 국가와 시민사회』, 한울, pp. 230-254.

_____. 2005, "민주주의와 한국의 노동," 한국노동사회연구소 창립 10주년 심포지움 자료집『한국의 노동, 과거 현재 미래』, pp. 1-20.

Auer, P. 2000, Employment revival in Europe: Labour Market Success in Austria, Denmark, Ireland and the Netherlands. 장홍근 외 역. 2000,『노동정책의 유럽적 대안』, 한국노동연구원.

Hall, P. A & Soskice, D. (ed.). 2001, Varieties of Capitalism, Oxford Univ. Press.

International Conference of ASEM/World Bank/KSSA, 2000, Flexibility vs. Security: Social Policy and the Labor Market in Europe and East Asia.

Magnusson, L. 1999, Den tredje industriella revolutionen(제 3차 산업혁명), Stockholm: Prisma.

Rothstein, B. & Bergström, J. 1999, Korporatismens fall och den svenska modellens kris(조합주의의 붕괴와 스웨덴 모델의 위기), Stockholm: SNS förlag.

새로운 지역발전모델로서의 지역혁신체제*

이상철

1. 서론

최근 한국의 산업정책은 전환기에 처해 있다. 과거 모든 의사결정과 자원을 중앙에 집중하여 제조업 및 국내의 대기업을 육성하던 것에서 정책형성과정에서 중앙과 지방 사이의 분권화된 의사결정과정을 도입하여 일부 자원을 지방에 할당하고, 비제조업 분야도 함께 발전할 수 있는 제도를 확립하며, 나아가 대기업과 중소기업 사이뿐만 아니라 대학 및 연구기관과의 협력 네트워크를 어떻게 구축함으로써 전반적인 기업의 혁신능력을 제고할 수 있는 환경을 어떻게 조성할 것인가 하는 문제가 중요한 정책과제로 대두되고 있다.

물론 이와 같은 정책전환이 하루아침에 이루어진 것은 아니다. 1990년대 중반 이후 국내에서 일정 정도 진전되고 있는 지방화와 전세계적인 글로벌화 과정에 대응하는 가운데, 지난 40여 년간 형성되었던 산업정책의 큰 틀이 변화하고 있는 것이다.

특히 21세기 한국의 산업구조가 어떻게 변화할 것이며, 이를 담당할 기업이 어떠한 성격을 갖게 될 것인가 하는 문제는 한국경제의 발전 전망과 관련하여 큰 의미를 지닌다고 볼 수 있다. 뿐만 아니라 새롭게 변모해 가는 환경 속에서 의사결정과

---

* 이 글은 필자의 논문(「지역혁신체제의 구축: 21세기 한국의 새로운 산업정책인가?」, 『지역사회연구』 제12권 제2호, 2004.12.) 중 일부를 수정한 것이다.

정책자원의 할당 과정에 있어서 그 비중을 점점 높여가고 있는 지방정부의 역할이 어떠해야 할 것인가 하는 문제에 대한 보다 체계적인 연구도 필요하다.

분권적 산업정책의 핵심은 지역산업정책에서 찾을 수 있으며, 이에 따라 산업클러스터의 육성을 통한 지역혁신체제 구축은 현정부 산업정책의 한 축을 형성하고 있다. 즉, 지역혁신체제 구축을 통해 지역의 성장잠재력을 극대화하고 이를 통해 국가 전체의 산업경쟁력을 제고함과 동시에 지역의 발전을 함께 도모한다는 것이 새로운 정책의 핵심내용인 것이다. 이는 급변하는 최근의 국제경제적 환경을 반영하고 있을 뿐만 아니라, 기존의 한국경제 발전패러다임에 대한 반성에 기반하고 있는 것으로 보인다.

이하에서는 먼저 산업정책의 역사적 전개과정을 조망하면서 현정부 산업정책의 특징을 살펴본다. 다음으로는 새로운 지역발전모델로서의 '지역혁신체제' 논의를 살펴본 다음, 참여정부가 표방하고 있는 산업정책의 큰 틀 속에서 지역혁신체제 논의가 어떠한 위치를 차지하고 있는지를 알아본다. 특히 참여정부는 국가균형발전이라는 목표를 달성하기 위한 정책적 수단으로 지역혁신체제 구축 및 분권화를 제시하고 있는 바, 이러한 정부의 지역혁신체제 구축 논의가 과연 지역간의 균형발전이라는 정책 목표 달성에 적합한 정책수단으로 기능할 수 있는 것인지를 살펴보고자 한다.

2. 지역혁신체제의 개념 및 의의

1) 지식기반경제와 혁신의 새로운 개념

지식기반경제는 지식의 창출, 확산, 그리고 활용이 경제활동에 있어서 핵심이 되고, 국민경제 내의 부가가치 창출 및 기업·개인의 경쟁력의 원천이 되는 경제를 의미한다(장석인, 2000).

기술혁신은 이러한 지식기반경제에서 핵심적인 역할을 수행하고 있다. 즉, 거시적 측면에서 볼 때 기술혁신이 국민경제의 성장과 국제무역 패턴에 영향을 미치는 가장 주요한 요인이며, 미시적 관점에서도 R&D는 기술적 지식뿐만 아니라 거의 모든 종류의 새로운 지식을 흡수하고 활용하는 기업의 능력을 제고시켜 준다.

그렇지만 기술혁신이라는 복잡한 과정에 대한 이해는 최근에야 이루어지고 있는 실정이다. 과거 1950∼70년대 동안 과학과 기술에 대한 사고를 지배한 것은 선형모형(linear model) 및 공급지향정책(supply-side oriented policy)이었다. 이에 따르면, 과학적 연구, 새로운 기술의 개발, 그리고 생산 및 시장진출이 잘 정의된 시간적 순서에 따라 이루어진다고 이해되고, 따라서 기술혁신은 '과학과 기술을 최초로 새로운 방식으로 적용한 것으로서 상업적 성공을 거둔 것'(OECD, 1971: 11)으로 정의된다.

그렇지만 실제에 있어서는 대부분의 중요한 기술혁신들이 그 생애 전반에 걸쳐 급격한 변화를 겪게 되고 계속적인 개선이 원래의 발명보다 경제적으로 더욱 중요한 것이 될 수도 있으므로, 이러한 개념은 한계를 가질 수밖에 없다. 더욱이 새로운 상품이나 공정을 개발하는 경우에도 수많은 시행착오와 피드백이 나타나게 된다.

따라서 연구개발은 기술혁신 과정 속에 존재하는 하나의 요인에 불과하며, 기술혁신의 유일한 출발점도 아니고, 기술혁신은 마케팅, 설계 및 공학적 작업 등 다양한 활동들의 상호관계 및 환류가 이루어지는 상호작용 과정이 되는 것이다(과학기술부, 1999: 17).

결국 기술혁신을 단선적 과정에서 발생한 일회적 사건으로 이해하는 것에서 지속적인 상호작용 및 피드백이 발생하는 사회적 과정으로 보는 것으로 사고의 전환이 필요한 것이다.

이에 따라 기술혁신과정에 대한 혁신체제(systems of innovation) 접근법 및 수요지향정책(demand-side oriented policy)이 대두되었다. Klein & Rosenberg (1986)가 제시한 Chain-Link 모형은 기술혁신을 시장기회와 기업이 소유한 지식기반 및 능력 사이의 상호작용으로 개념화함으로써 혁신이 갖는 상호작용 과정으로서의 특징을 보다 잘 이해할 수 있도록 해주고 있다. 이러한 관점에서 본다면, 혁신체제를 구성하는 주요 요소들은 기술혁신의 주체이자 동인인 기업, 과학기술기반, 기술·지식·숙련의 이전을 촉진해 주는 사회문화적 요인, 그리고 기술혁신에 영향을 미치는 법률·제도·거시 경제적 조건 혹은 환경이 된다.

2) 혁신체제론에 있어서 지역의 중요성

현재 대다수의 국가가 혁신, 기술이전, 그리고 과학적 연구의 경제적 활용을 지원하는 정책수단을 개발하고 있다. 그러나 국가별로 처해있는 상황에 따라 다양성이 관찰되는 것도 사실이다. 특히 최근에는 기업의 연구개발 활동 및 혁신관련 자금 등에 대한 직접적 지원정책으로부터 혁신능력을 강화하는 간접적 정책수단으로 초점이 옮겨지고 있는 실정이다. 기업의 혁신관련 흡수능력의 확충, 기업과 공공연구기관 사이의 체계적 협력 지원, 기업이 필요로 하는 혁신관련 서비스의 효과적 지원, 그리고 전략적 네트워크 내로의 기업의 재배치 등이 그것이다.

이와 관련하여, 과학기술 관련 행정 부문에서의 변화도 요구되고 있다. 행정업무의 효율화, 정책기획에 있어서의 유연성 제고, 선진 행정관행에 대한 학습능력의 제고 및 이의 지역적 맥락으로의 적용 등이 그것이다. 나아가 지방, 국가 그리고 지역 차원에서의 상호보완성을 강화할 수 있는 다양한 정책수단 역시 개발되고 있다.

그렇다면 지역이 이렇게 새롭게 정의된 혁신이론의 주요한 적용대상으로 대두되게 된 이유는 무엇일까? 이와 관련하여 지역간 혁신능력의 차이가 발생하는 이유를 설명하는 이론을 살펴보자.

(1) 신성장이론(new growth theory)

신성장이론에 따르면 새로운 지식은 각각의 혁신과정에서 부산물로 생산되며, 지식의 확산(spillover)을 초래하게 된다(Krugman, 1991; Romer, 1986). 지식은 무료로 획득가능한 일종의 공공재로 간주되며 이러한 지식은 경제의 지식 기반을 증대시키게 된다.

또 신성장이론은 암묵적 지식과 (코드화된) 명시적 지식을 구분한다. 전자는 주로 면대면의 접촉을 통해 이전되며, 행위주체들 사이의 일정한 지리적 근접성 및 개인적으로 상호 의사소통할 수 있는 기회를 요구한다. 반면 후자는 기존의 사용가능한 의사소통을 해주는 통신 인프라를 통해 이전된다. 따라서 확산은 의사소통의 기회 및 지식창출기관의 접근을 가능케 해주는 집적지(agglomeration)에서 주로 일어나게 된다.

신성장이론에서는 지역의 혁신능력을 결정하는 요소로 첫째 지식을 창출하는 역할을 수행하는 주체의 존재, 질, 그리고 밀도, 둘째 기업의 흡수능력(이는 다시 지역경제의 구조에 의해 영향받는다), 그리고 셋째 지역 내부 혹은 외부의 다양한 주체들 사이의 지식의 이전을 들고 있다.

(2) 네트워크 접근(network approach)

네트워크 접근은 다양한 경제주체들 사이의 협력에 초점을 맞추고 있다. 이러한 관계의 목표는 정보 및 지식에 대한 접근을 용이하게 할 뿐만 아니라 불확실성과 위험을 감소시키는 것이다. 지역의 혁신네트워크는 주체들 사이의 협력을 통해 혁신을 실현시키게 된다. 이러한 네트워크는 위계구조를 갖지 않는 유연 시스템으로서 네트워크에 참여하는 주체들의 공통의 자원을 효과적으로 활용함으로써 달성된다.

혁신네트워크는 자원, 정보, 그리고 지식의 교환을 지향한다. 즉, 네트워크 참여자들 사이의 신뢰 및 중·장기적 협력, 유연성, 그리고 비위계적 관계 형성을 내용으로 하는 혁신네트워크를 구축하는 것이 혁신을 결정하는 중요한 요인이 되는 것이다.

마샬(Marshall, 1900)의 아이디어에 기초하고 있는 산업지구(industrial district) 개념은 유연전문화라고 하는 포스트 포드주의적 특성을 설명하기 위해 고안되었다. 지리적 근접성, 특정한 환경, 그리고 고객-공급자 사이의 긴밀한 협력은 산업지구를 특징짓는 중요한 요소들이다. 특히 "제3이탈리아"(Third Italy)의 사례는 중소규모 기업들 사이의 긴밀한 관계, (가족소유와 같은) 기업들의 독특한 성격, 그리고 역사적으로 형성된 노사관계의 전통 등이 강조된다.

신산업지구 개념과 달리 주로 생산시스템에 초점을 맞추는 환경접근(milieu approach)은 혁신을 위한 환경적 조건, 즉 분위기를 강조한다. 이때 혁신환경은 복수의 주체에 의한 혁신의 실현을 강조하며, 환경은 지역의 특수한 문화 및 동질성(identity), 그리고 공통의 지향(vision)이란 특징을 갖는다. 또한 상호작용을 통한 학습과 환경문화는 각 주체들 사이의 공식적이고 비공식적인 접촉을 통해 더욱 발전해 나가게 된다.

결국 혁신을 위해서는 상호 의사소통하고 정보를 교환할 수 있는 기회가 마련되어야 한다. 따라서 네트워크에 기반한 접근이거나 환경접근이거나 간에 혁신을 결정하는 요소로는 우선 첫째 지역의 숙련되고 전문화된 노동력의 존재에 의해 지원받는 특정한 상품 생산에 전문화된 기업 간의 네트워크, 둘째 고객과 공급자 사이의 긴밀한 관계(수직적으로 통합된 고도로 전문화된 기업군)[1], 셋째 지역 내 협력의 오랜 전통, 넷째 혁신에 대한 지역 내부의 자각에 기반하여 지역 내의 생산과정 및 혁신을 지원해주는 매개조직의 존재를 들 수 있다.

(3) 학습지역(learning region)

학습지역의 개념은 지역 내 생산시스템 내부에서의 지속적인 학습과정의 중요성을 강조한다. 플로리다(Florida, 1995)의 지적대로, 새로운 세대의 자본주의는 새로운 종류의 지역을 필요로 한다. 즉, 지식집약적 기업의 특성이 끊임없이 개선하고, 새로운 아이디어 및 지식을 창조하며, 조직학습을 하는 것처럼, 지역 역시 점점 더 이와 같은 기준과 조건들을 요구받고 있다는 것이다. 지역은 지식의 창출과 계속되는 학습이라는 원칙을 받아들여야만 하며, 따라서 학습지역이 되어야 한다는 것이다.

학습지역은 지식, 아이디어, 그리고 학습의 흐름을 용이하게 해 줄 수 있는 인프라스트럭쳐를 제공해야 하며, 또 이들은 지역은 자신의 발전에 있어서 기술적 궤적(trajectory)뿐만 아니라 스스로의 개별적 궤적을 따르게 된다. 이러한 인식은 지식이 맥락의존적(context-dependent)이라는 가정—지식은 그것이 창출된 특정한 맥락에 기원을 두고 있음—과 부합한다. 즉 특정 지역은 경쟁에서 성공하기 위해 필수적인 특정한 능력을 가지고 있다는 것이다.

결국 상이한 형태의 지식, 새로운 아이디어와 학습능력[2]을 창출하고 전파시키는 데 유리한 적절한 사회시스템 등을 포함하는 이러한 능력은 지역이 변화하는 조건에 적응하지 못하여 감금(lock-in)되는 일이 발생하지 않도록 해주게 된다.

---

1) 이들의 사회적 연계는 신뢰에 우호적이어서 지리적 근접성에 기초한 정보 및 암묵적 지식의 교환을 강화시켜 준다.
2) 몰학습(unlearning: 학습한 것을 잊어버림) 및 망각(forgetting)을 포함한다.

학습지역 어프로치와 관련하여, 지역의 혁신능력을 결정하는 주요한 요인으로
는 첫째 지역 내 기업을 서로 강하게 연결시켜 주고, 지속적으로 정보를 교환하며,
지역 외부와 접촉을 갖게끔 해주는 생산구조, 둘째 일생에 걸친 학습뿐만 아니라 조
직 구성원들의 공통의 학습 역시 지원해 주는 교육 및 훈련기관, 셋째 지식노동자의
밀도, 넷째 의사소통과 지식공유를 가능케 해주는 지역의 문화를 들 수 있다.

3) 지역간 격차와 지역정책의 의의

(1) 지역간 격차의 존재

신고전학파는 (기술에 대한 접근성 등과 같은) 유사한 초기조건을 갖춘 지역들
은 장기적으로 균형으로 수렴하는 경향이 있다고 본다. 따라서 자본의 이동성, 인
적자원, 지식의 이전, 기술의 확산 등과 같이 생산요소의 이동성을 제고시킬 수 있
는 정책이 강조된다.

그렇지만 만약 구조적 요인에 의해 지역들 간의 지속적인 격차가 존재한다면, 정
책은 지역간 초기조건의 불균형을 시정해 주는 것에 초점을 맞출 필요가 있다. 이와
관련하여 슘페터주의자들은 지역간 수렴과정에 대해 회의적이다. 이들은 초기조
건의 불균형에서 시발하는 누적적 사회경제적 과정에 초점을 맞추고, 자기강화적
과정을 통해 지역간 격차가 초래되는 효과에 관심을 기울이고 있다.

경험적 연구에 따르면, 유럽의 경우 지역 단위에서의 수렴보다는 격차의 확대가
보고되고 있다(Muller et al., 2001: 6). 물론 지난 수 십 년간 EU 국가들 사이의 수
렴 경향은 관찰되고 있으나 지역 레벨에서 관찰한다면, 수렴보다는 발산이 관찰되
고 있다는 것이다. 더욱이 지역별 소득은 불균형하게 변화하여, 1950년대부터
1970년대 중반까지는 소득의 수렴경향이 관찰되었지만 이후에는 발산하였고, 다
시 1980년대 후반이 되면 다시 수렴하는 경향을 보였다가 1990년대 들어 지역간
소득격차는 더욱 벌어지고 있다는 사실이 보고되고 있다.

지역정책의 직접적 효과와 지역정책이 인적자본형성 빛 인프라에 미치는 영향
에 따라 지역간 소득격차가 발생하고 있는 것으로 보인다(Martin, 1999). 즉 유럽
에서 평균 수준 이하의 발전양상을 보이는 지역의 경우, 양질의 노동력과 충분한 인

프라가 성장이라는 성과에 양의 영향을 미친 반면, 평균 수준 이상의 발전을 보이는 지역의 경우에는 연구개발이 지역 성장에 주로 영향을 주고 있는 것으로 보고되고 있다.

(2) 지역정책과 그 목표

신고전학파에 따르면, 경제적 성과는 시장 메커니즘에 의해 달성된다. 따라서 정책은 외부성, 독점 혹은 정보의 비대칭성 등의 존재로 인해 시장실패가 발생하는 경우에만 그 타당성을 인정받게 된다. 결국, 신고전학파 지역성장이론은 시장메커니즘에 의해 생산요소의 지역간 이동을 통해 지역간 소득 불균형이 해소되는 균형상태에 도달하는 과정을 강조한다.

반면 진화론적 접근은 불확실성, 다양성, 루틴(routine), 경로의존성, 제한된 합리성, 그리고 선별(selection) 등과 같은 현상에 초점을 맞추고 있다.

따라서 이들은 정책결정자의 역할과 관련하여, 상이한 시각을 제시하고 있다. 불확실성의 세계에서 정책결정자들은 시행착오적 정책을 추구하게 되는데, 그들은 경험을 통해 학습하고 적응하게 되므로 성공에 대한 어떠한 사전의(ex-ante) 보장도 없게 된다. 또한 이들은 변화에 대한 적응이 지역의 역사에 의해 제한되고 의존할 수밖에 없음을 지적하고 있다. 결국 정책이 성공적이기 위해서는 그것이 시행되는 지역적 맥락을 고려해야 한다는 것이다.

따라서 기술의 변화와 이에 따르는 효과를 예측하기 어려운 상황 아래에서, 정책결정자는 유리한 지역 환경을 조성하는 정책을 입안할 필요가 있다. 기업이 새로운 기술을 개발할 수 있게 하기 위해서는 연구개발인력의 확충뿐만 아니라 진입장벽을 낮추고, 특히 지식의 창출 및 획득에 드는 비용을 줄여주며, 규제의 유연성을 확보하고, 개발된 기술의 상업적 성공을 위해 필수적인 신용에의 접근을 용이하게 해주어야 한다. 즉 교육과 훈련을 강화할 뿐만 아니라 중소기업이 혁신하고 협력 네트워크를 구축할 수 있도록 지원해 줌으로써 지역의 학습과정을 강화할 수 있어야 할 것이다. 또한 기업의 경쟁능력을 발전시키는 데 필수적인 혁신자들과 인력을 유치할 수 있는 환경을 창출하는 것도 필요하다.

일반적으로 지역정책의 목표는 '성장'과 '형평성' 그리고 '안정성'을 달성하는 것이다. 이때 성장목표는 지역 내 생산요소의 보다 효율적인 배분을 통해 달성되며, 형평성은 지역간 생활조건의 격차를 해소하는데 초점을 두고 있으며, 안정성은 산업부문별 경기순환뿐만 아니라 지역별 경기순환이 존재하여 지역의 쇠퇴산업부문에서의 실업이 발생할 수 있다는 점을 고려하고 있다.

그렇지만 이와 같은 지역정책의 3가지 목표가 상충될 수도 있다. 즉 생산요소의 효율적 배분을 도모하는 과정에서 한계수입이 가장 높은 지역으로 자원이 배치될 수 있으며, 형평성 추구가 지역간 자원의 균등한 분배를 선호할 수 있다. 결국 성장 추구전략은 승자를 선택하는(picking the winner) 결과를 낳는 반면, 형평성 추구 전략은 낙후지역을 지원하는 정책으로 귀결될 수 있다.

3. 산업정책의 전환과 지역균형발전정책 그리고 지역혁신체제

1) 산업정책의 전환

1960년대 이후 한국의 공업화 과정에서 형성되었던 산업정책은 유치산업 부문의 국내기업들이 선진국으로부터 구매한 중위기술(mid-technology)에 기반하여 수행하는 캣취업을 용이하게 해 주는 국가적 지원체제를 구축하는 것에 초점을 맞추고 있었다.

중앙정부는 국내·외 금융자원에 대한 통제에 기초하여, 육성대상 업종을 선별하고, 선별된 업종에 진입하는 기업들에 대해 렌트를 배분함과 동시에 규율(discipline)을 부과함으로써 이들 기업으로 하여금 작업장 수준에서 기술능력축적을 위한 투자 및 학습을 하게끔 강제하였다(Amsden & Hikino, 1993; 이제민, 2000; 이상철, 2002; Chang, 2003). 또 중앙정부는 산업단지 건설을 통해 연관산업의 집적에 따른 이득을 제고토록 지원하였으며, 물론 이 과정에서 투자를 담당한 민간기업은 관련·비관련 업종에 다수의 계열사를 거느린 재벌로 성장하였다.

이상과 같은 산업정책은 1986년 공업발전법 제정에 따라 일부 정책수단이 변경(특정산업에 대한 직접적 선별 육성에서 수출, 연구개발, 중소기업 지원과 같은 기능적 지원으로의 변경)되었지만, 그 기본 원리(중앙정부가 지원정책의 기획을 주도하고, 국내 대기업이 중심이 되어 제조업 분야의 캣취업을 추진)에 있어서는 큰 변화 없이 지금까지 전개되어 왔다고 볼 수 있다(Amsden, 2001).

한편 일부 대기업은 1960년대 이후 30년간의 기술능력 축적을 통해, 캣취업과정을 거의 끝내게 되었다. 기업들이 기술의 프론티어에 점차 근접함에 따라 기술격차(technological gap)는 축소되었으며, 그 결과 과거와 같은 급속한 성장의 여지는 줄게 되었다.

캣취업 과정이 종식되어 감에 따라 국내의 기업들은 선진기술(high technology)의 개발을 통해 스스로 산업리더가 될 것을 점점 요구받고 있다. 이와 더불어 대외적 환경 역시 급변하고 있다. 중국경제의 부상 및 글로벌화의 급속한 진전은 한국경제로 하여금 범세계적 차원에서 경쟁우위를 확보할 수 있는 업종 및 기술 분야를 모색하고, 나아가 생산적 활동을 유치하는 능력에 있어서 상대적 우위를 가질 수 있는 입지요소를 발굴할 것을 요구하고 있는 것이다.

〈그림 1〉 구산업정책과 신산업정책

구 분	구산업정책	신산업정책
기술특성	Mid-tech	High-tech
발전전략	Catch-up	Lead
입지정책	물적 인프라 구축	혁신시스템구축
정책목표	제조업 구조고도화	전체산업 구조고도화
정책집행	중앙집권적	분권적
조직형태	수직적 위계	수평적 네트워크

그러므로 새로운 조건과 환경에 부합하는 새로운 산업정책은 기업이 능동적으로 선진기술 개발에 앞장서고 이를 통해 세계시장에서 리더가 될 수 있게끔 지원해 줄 수 있는 유인체제를 갖추는 것이 되어야 할 것이다.

결국 지난 반세기 동안 형성·발전해 온 기존의 산업정책을 대체하는 새로운 산업정책은 글로벌 경쟁 아래에서 하이테크 산업을 리드하는 사회·경제적 시스템을 구축하는 것을 그 내용으로 할 필요가 있다. 또 과거와 같이 중앙집권적 위계 체제에 기반하여 제조업 분야 일부 대기업을 성장시키는 데 초점을 맞추는 것이 아니라, 분권적 정치 및 행정 시스템 그리고 각 혁신주체간의 수평적 네트워크에 기반한 혁신시스템 구축을 통해 전체 산업의 구조고도화를 도모하고 것이 되어야 할 것이다.

2) 현 정부 산업정책의 개요

현정부의 산업정책은 "동북아물류·금융·R&D 허브구축"과 "산업클러스터의 육성을 통한 지역혁신체제 구축"이라는 두 가지 축을 중심으로 추진되고 있다. 이는 급변하는 최근의 국제경제적 환경을 반영하고 있을 뿐만 아니라, 기존의 한국경제 발전패러다임에 대한 반성에 기초하고 있는 것으로 보인다.

산업자원부(2003: 11)는 현정부 산업정책의 방향을 "「혁신과 균형」, 「참여와 연계(networking)」의 산업정책을 통해 새로운 성장동력과 일자리를 창출"하는 것으로 설정하고 있다. 또 현정부 산업정책의 내용으로 첫째, 기존의 자본주도형·양적 성장에서 혁신주도형·질적 성장으로의 발전전략의 수정을 제시하고 있다. 구체적으로는 기술혁신, 부품·소재 및 지식기반 서비스 발전, 그리고 기업 투명성 제고를 들고 있다. 또 산업자원부(2003)는 참여정부 산업정책의 두 번째 내용으로는 기존의 대기업, 제조업, 수도권 중심에서 기업간, 산업간, 지역간 균형으로 산업구조를 변화시킴으로써, 대기업-중소·벤처, 제조업-서비스, 수도권-지방의 선순환 발전을 이룩하는 것을, 세 번째 내용으로는 기존의 기업 중심에서 소비자, 환경, NGO 참여와 연계하는 파트너쉽을 구축하는 것을 제시하고 있다.

나아가 산업자원부(2003)는 산업정책의 7대 과제로 차세대 성장동력의 발굴, 국가균형발전 추진, 동북아경제시대 물류·비즈니스·금융 허브 구축, 혁신 주도형 산업구조로의 시스템 혁신, 대일 무역적자 해소, 지식정보화시대의 선진무역 인프라 확충, 중소·벤처기업의 경쟁력 제고를 제시하고 있다.

그런데 이러한 현정부 산업정책 내용의 상당 부분은 그 이전 김대중정부 시기의

산업정책을 계승하고 있다. 즉 국무조정실에서 지난 정부 5년 동안의 정책을 체계
화하고 다음 정부가 해결해야 할 과제를 정리한 자료(국무조정실정책평가위원회,
2003)에 따르면, 지난 정부의 산업정책의 주요 내용은 기업투자환경의 개선, 기존
산업의 고부가가치화, 신규산업의 육성, 지역경제활성화, 수출증진, 그리고 중소기
업 육성 등으로 산업자원부가 정리한 참여정부 산업정책의 내용과 크게 다르지 않다.

〈표 1〉 과거정부와 현정부의 산업정책 내용 비교

김대중 정부	노무현 정부	
주요추진과제	주요과제	세부과제
기존 주력산업의 고부가가치화 기초과학 및 핵심 · 원천기술 개발 IT, BT, NT 등 신산업 육성	차세대 성장동력 발굴	-주력기간산업 -미래전략산업 -제조업지원서비스산업
균형있는 국토개발 및 지역경제 활성화	국가균형발전 추진	-지역혁신체제 구축 -지방의 역량 강화 -낙후지역 체계적 지원 -국가균형발전특별회계 신설 -국가중추기능 지방이전 -수도권 계획적 관리
외국인 투자환경 개선 도로, 철도, 항만, 공항건설 등 SOC 시설 확충	동북아경제시대 물류 · 비즈니스 · 금융 허브 추진	-경제자유구역 조성 및 금융국제화 -동북아물류허브 구축 -첨단산업 · R&D허브화 -전략적 외자유치 -동북아 경제협력 강화
정보인프라구축과 정보통신산업 육성	혁신 주도형 산업구조로의 시스템 혁신	-국가혁신체제 구축 -산업의 IT활용도 제고
부품 · 소재산업 육성	대일무역적자 해소	-핵심부품 · 소재 경쟁력 제고
새로운 수출동력 창출 및 수출시장 개척	선진무역 인프라 구축	-전자무역 기반 확충 -새로운 수출동력 발굴 -무역전문인력 양성
중소기업 역량강화 및 벤처기업 육성	중소 · 벤처기업의 경쟁력 제고	-중소 · 벤처기업 혁신역량 강화 및 제도개선

자료: 국무조정실 정책평가위원회(2003); 산업자원부(2003); 정책기획위원회(2003).

그렇지만 이전과는 다른 새로운 내용도 확인되는데, 국가균형발전과 동북아경
제시대 물류 · 비즈니스 · 금융 허브 구축이 그것이다. 표 1에 나타나 있는 것처럼,
지난 정부에서 국토의 균형 개발이나 지역경제 활성화 차원에서 논의되었던 국가
균형발전은 현정부 출범이후 가장 중요한 국정과제의 하나로 대두되었으며, 그 세

부 정책 역시 매우 체계적이고 다기하게 추진되고 있다. 또한 지난 정부에서 투자환경 개선이나 물류 인프라 시설 확충 차원에서 논의되었던 외국인투자유치 정책 등은 현정부 아래에서는 동북아경제중심추진이라는 매우 공격적인 구호 아래 물류・비즈니스・금융 허브 구축을 통한 산업구조 전환 및 적극적 외자유치 정책으로 전환되고 있는 것처럼 보인다.

이러한 현정부 아래에서의 새로운 산업정책의 내용은 그 비전으로 제시되고 있는 「동북아 경제중심국가」와 「골고루 잘사는 튼튼한 경제」를 위해 '산업적 토대'를 마련하기 위한 수단으로서 설정되고 있다(산업자원부, 2003: 11).

동북아경제중심추진과 국가균형발전 전략은 동북아지역에서의 최근 전개되고 있는 국제분업구조의 재편과정과 경제의 글로벌화 진전에 따라 치열하게 이루어지고 있는 지역 차원에서의 경쟁에 대한 국가적 대응을 표방하고 있는 것처럼 보인다.

이하에서는 글로벌 경쟁에 대응하는 지역차원의 대응전략인 국가균형발전 및 지역혁신체제 구축 정책의 구체적 내용을 살펴보자.

3) 국가균형발전정책과 지역혁신체제론

국가균형발전은 현 정부 최고 국정과제의 하나로서 '전국이 개성 있게 골고루 잘사는 사회의 건설'(국가균형발전위원회, 2003: 6)을 목표로 설정하고 있다. 이러한 사실은 아래의 언급을 통해서도 확인할 수 있다.

참여정부의…국가균형발전은 사회적 갈등을 유발하고 공동체의 분열을 초래한 지역간 불균형발전을 극복하고 모든 지역이 고루 잘사는 균형사회를 건설함으로써 국민통합을 실현하는 것을 목표로 한다(산업자원부, 2004).

또 정부는 이러한 국가균형발전을 추구하는 데 있어서 다음과 같은 3대 원칙을 제시하고 있다. 첫째, 과거와 같은 개별부처 중심의 단편적 지원방법이 갖는 한계를 극복하고, 지방이 지니는 복합적 문제를 해소하기 위해 지방분권, 국가균형발전, 신행정수도 건설 등 '종합적 접근'으로 지방화를 추진한다. 둘째, 과거와 같은 노동력, 자본 등 물량위주의 요소투입형 경제발전에서 벗어나 자립형 지방화를 위한 '지역혁신체제'를 구축하고, 이를 통해 지방경제를 혁신주도경제로 전환시킨다. 셋째, 과거의 수도권 집중 억제보다는 '선 지방육성, 후 수도권의 계획적 관리'라는 원칙 하에 지방과 수도권이 상생발전할 수 있는 토대를 구축한다(국가균형발전위원회, 2003: 29-30).

이상과 같은 비전과 원칙에 입각한 현 정부 국가균형발전정책의 주요 내용은 표 2에 나타나 있는 것처럼 수도권의 계획적 관리, 국가중추기능 지방이전, 낙후지역 지원, 지역산업 육성, 그리고 지역혁신체제 구축 등으로 이루어져 있으며, 형식적으로는 국민의 정부 아래에서의 관련 정책들을 계승하고 있는 것으로 보인다.

〈표 2〉 과거정부와 현정부 국가균형발전정책 비교

김대중 정부		노무현 정부	
주요내용	세부과제	주요내용	세부과제
수도권 집중 억제	-3개 권역별 행위제한 -공장총량제 등 운영 -수도권정비계획 수립	수도권의 계획적 관리	-지방과 상생적 발전체계 구축 -수도권 공간구조 개편 -수도권 관련시책 및 제도개선
수도권 기능 지방이전	-지방이전촉진제도 -지역균형발전추진전략 -아산 신도시조성 -오송생명과학단지조성	국가중추기능 지방이전	-공공기관 등의 지방이전 -수도권 기업의 지방이전 촉구
지역균형 개발사업	-8대광역권 개발계획 -개발촉진지구(낙후 군) -제주국제자유도시특별법	낙후지역 지원	-낙후지역개발 프로젝트 -전국최소기준관련 정책추진
지역산업 진흥사업	-지역특화 4대산업 육성 -9개 지역산업진흥사업	지역산업 육성	-지역전략산업진흥 -문화관광자원 활용 지역개발 -지역산업클러스터 활성화
RIS 구축	-지역 R&D자금 조성지원 -RDA 구성 예산지원	RIS 구축과 혁신역량 강화	-RIS 구축 및 운영지원 -지방대학육성 및 인적자원개발 -지방혁신주체 역량강화 -정부R&D예산 지방지원 확대 -신산학협력모델 정립 및 확산
		중장기계획 수립	-국가균형발전5개년계획 수립
		제도적 기반 구축	-특별법제정 및 특별회계 신설 -지역특화발전특구 추진 -국가균형발전사업평가체제확립

자료: 국무조정실 정책평가위원회(2003) 및 정책기획위원회(2003).

그렇지만 국가균형발전의 원칙에서 제시된 것처럼 현 정부의 국가균형발전정책은 지방분권을 포함하는 종합적 접근의 지방화추진, 그리고 지역혁신체제 구축과 관련된 풍부한 정책수단의 개발이라는 측면에서 보다 정교하고 체계적인 접근을 시도하고 있는 것으로 평가할 수 있다. 결국 국가균형발전의 궁극적 목표는 지역 간 소득격차 완화이며 이를 달성하기 위한 핵심적인 정책수단이 지역혁신체제의 구축 및 분권화라는 사실을 알 수 있다. 이러한 점은 다음의 언급을 통해서도 확인할 수 있다.

모든 지역에 지역혁신체계를 구축하여 지역경제를 혁신주도형 경제로 전환시키고, 이를 통해 전국을 혁신시켜 나가고자 한다. 그렇게 해서 가까운 장래에 우리 사회는 국민소득 2만불에 도달하고, 궁극적으로 전국이 골고루 잘사는 선진국으로 도약해 나갈 수 있을 것이다(산업자원부, 2004).

그렇다면 만약 지역혁신체제가 구축되고 분권화가 진전된다면 앞에서 언급한 대로 한국은 전국이 골고루 잘사는 선진국으로 될 수 있을 것인가?

4. 지역발전모델로서의 지역혁신체제론 그리고 국가균형발전

1) 지역혁신체체론의 특징과 한계

원래 국가 차원에서 개발된 혁신체제의 개념은 국가 하부 수순의 개념으로 선환되어 지역적 특성과 특정 혁신패턴을 포괄하는 개념(Cooke, 1998)으로 사용되고 있다. 이 개념에 따르면, 혁신기업을 둘러싼 환경은 혁신과정과 관련된 다기한 측면을 포함하고 있다. 즉 이러한 혁신환경에는 (제조 및 서비스 관련)기업, 연구기관, 교육 및 훈련기관, 정책결정자, 금융기관, 각종 지원기관(상공회의소 기술이전센터 등)뿐만 아니라 역사, 문화, 사회발전, 그리고 혁신을 지원하는 문화(즉, 혁신에 대해 개방적인 문화)의 존재 등과 같은 요소들이 포함된다.

따라서 상이한 지역은 지역의 독특한 경제・정치・사회적 환경 및 자신의 고유한 역사에 뿌리내리고 있는 지역 특수적인 거버넌스 구조(governance structure)를 가지게 된다. 적절한 거버넌스 구조는 혁신과 관련된 장기적인 협력을 위한 하나의 전제조건이 되며, 따라서 과학, 산업, 혹은 정치 하나만으로는 글로벌화된 혁신경쟁의 도전을 극복할 수 없게 되는 것이다. 결국 행정부, 기업, 교육 및 연구기관, 그리고 정치집단 사이의 협력의 문제가 제기되는 것이다.

한편 Cooke(1998)은 "혁신체제는 사회시스템이며, 혁신은 경제주체들 사이의 사회적 상호작용의 결과이다. 더욱이 혁신체제는 환경과 상호작용하는 개방된 시스템이다."라고 하면서 혁신체제가 갖는 시스템적 특성을 지적하고 있다. 따라서 새로운 지식과 기술을 창출하는 데 있어서 피드백 메커니즘이 중요하게 된다. 혁신체제는 자신을 둘러싼 환경에 영향을 미칠 뿐만 아니라 스스로의 외적 조건에도 영향을 미치게 되는 것이다. 즉, 혁신체제는 혁신이 갖는 체계적이고 상호작용하는 특성에 초점을 맞추고 있다. 학습과정과 혁신의 성공은 이러한 상호작용을 통해 강화되며, 적절한 거버넌스 구조에 의해 지지된다. 이때의 거버넌스란 과거의 경제행위에 대한 국가의 규제로부터 경제 및 사회 내부의 주요 주체들 사이의 일정한 자기규제로의 이전과 관련이 있다. 이는 기존의 경제적 거버넌스의 일정 부분을 지역 내 공동의 관심사(직업훈련 및 기술이전과 같은)를 처리할 수 있는 자생적 조직으로 이전하는 것을 의미하는 것이다.

그렇지만 단순한 이론적 논의를 떠나서 실제 지역에서 지역혁신체제를 형성하는 보다 구체적인 단계에 이르게 되면 이 개념을 현실화하는 데에는 상당한 어려움이 발생하게 된다. 지역혁신체제론 자체가 상당히 추상적인 '지역' '혁신' '체제'라는 개념들을 결합함으로써 형성되어 있기 때문이다. 우선 지역의 외연을 획정하는 문제가 제기된다. 한국의 예를 들자면, 지역혁신체제의 대상지역을 기초지자체 아니면 광역지자체 중 어떠한 행정단위를 그 지리적 범위로 설정해야 할 것인지, 아니면 기존의 행정단위를 뛰어 넘는 또 다른 지리적 범위로 설정해야 할 것인지를 사전적으로 확정하기 어렵다는 점이다. 현재 우리나라에서의 지역혁신체제 관련 사업은 광역지자체를 기본단위로 전개되고 있지만, 이것이 과연 본래 지역혁신체제의 의미에 부합하는 최적의 단위인가에 대해서는 어느 누구도 확정적 답을 내릴 수는 없을 것이다. 일반적으로 체제라고 한다면 개념상 그 스스로가 어느 정도의 자족성과 완결성을 갖출 것을 요구한다. 그렇다면 지역혁신체제의 지리적 범위를 이러한 기준에 입각하여 주민들의 생활 및 경제활동이 갖는 상호연계성에 따라 획정하는, 즉 연계의 정도가 긴밀한 기초지자체들을 묶어 지역혁신체제 구축 사업의 대상 지역으로 획정하는 방안도 생각해 볼 수 있다. 그렇지만 실제에 있어서는 지역혁신체제 구축 사업이 광역지자체를 중심으로 이루어지고 있기 때문에, 경제활동의 상호 보완성이 긴밀한 인접 지자체 사이에 함께 추진되어야 할 사업들이 전혀 별개의 것으로 중복되어 제각기 독자적으로 추진될 우려가 있는 것이다.

다음으로 지역혁신체제론이 지역혁신체제 발전의 동학에 관한 충분한 설명을 할 수 없는 한계를 갖고 있다는 점을 지적할 수 있다. 앞서 언급한 것처럼 지역혁신체제는 그것을 구성하고 있는 요소들과 그들의 연계로 묘사되고 있어서, "마치 조립식 라디오의 부품을 끼워 맞춘 후 전선을 적절히 연결하는 공학적 접근을 연상"(권오혁, 2004: 19)시킨다는 것이다.

또 지역혁신체제론은 각각의 구성요소가 잘 기능하고 각 구성요소 사이의 모든 연계 네트워크가 활성화될 때 최적의 기능을 발휘한다고 주장한다. 그렇지만 이런 방식의 설명은 지역혁신체제를 구성하고 있는 각각의 요소들 중에서 우선순위를 매기고, 다기한 연계 네트워크 중에서 우선적인 것이 무엇인가라는 현실적 물음에 대해 사전에 답할 수 없다는 한계를 가진다. 이는 발전의 동학이 취약하다는 문제와 관련된다. 현실 세계에서 특정 지역은, 지역혁신체제론의 관점에서 보더라도, 스스로의 고유한 역사를 갖고 발전해 온 결과 현재의 상태에 이르렀을 것이다. 그렇다면 현 단계에서 가장 시급한 혁신의 내용에 따라 우선적으로 발전시켜야 할 구성요소가 있을 것이고, 이러한 혁신활동이 효과적으로 이루어지기 위해 우선적으로 형성되어야할 필요가 있는 연계 네트워크가 있을 것이다. 보다 구체적으로 산업의 종류에 따라, 또 동일한 산업이라 하더라도 산업의 성숙 정도에 따라 혁신을 유발하는 주체가 달라질 수 있으며 혁신을 유발하기에 적합한 산-산, 산-연, 산-학, 산-학-연 네트워크 등 연계의 형태는 차이가 날 것이다. 그렇지만 지역혁신체제론만으로는 이러한 질문에 충실히 답하기 어려울 것이다.

2) 글로벌화와 지역혁신체제

경제의 글로벌화 진전과 국제분업구조의 재편에 따라 경쟁우위의 원천으로서 입지가 갖는 의미가 변화되고 있다. 한편으로는 전통적 생산요소의 확보가 용이한 입지(location)가 갖는 비교우위가 감소함에 따라 지역 내 중소업체가 갖는 우위요소가 줄어들고 있다. 즉, 정보기술의 급속한 발전과 더불어 운송시스템의 개선, 그리고 경제의 글로벌화 진전에 따라 글로벌화된 기업들은 확대되는 세계시장과 네트워크를 통해 특정 지역에서 조달해 왔던 생산요소가 갖는 가격 측면에서의 비교열위를 만회할 수 있는 글로벌 소싱을 증대시키고 있으므로, 이제 기업의 경쟁우위는 지속적 혁신을 통해 이러한 생산요소를 얼마나 효과적으로 활용하는가 여부에 의존하게 되었다. 따라서 경쟁우위의 원천으로서 입지가 갖는 중요성이 줄고 있는 것이다.

그럼에도 불구하고 다른 한편에서는 경쟁우위의 원천으로서 입지가 갖는 중요성은 여전히 큰 의미를 지니고 있다. 실제로, 글로벌화의 진전에 따라 생산요소의 이동성(mobility)이 점증하고 있지만, 일부 지역이 여타 지역에 비해 생산적 활동을 유지하고 생산요소를 유치하는 능력에 있어서 차이가 나고 있다(Markusen, 1996). 보스턴에 집중되어 있는 세계적 투자신탁회사와, 남부 독일지역에 몰려 있는 고급 승용차회사, 그리고 북부이탈리아의 패션업체(Porter, 1998)의 사례는 생산요소의 이동성이 증가하는 글로벌화된 공간(Slippery Space) 내에 자본을 유치하고 생산적 경제활동을 북돋우는 지역(Sticky Place)이 존재한다는 사실, 나아가서는 입지조건이 갖는 새로운 의미—해당 지역이 제공해 주는 유리한 사업환경—에 주목할 필요성을 일깨워 주고 있다.

이와 관련하여 서구 선진국들에서 기존의 전통적 산업지역이 아닌 다른 지역에서 새로운 산업지구들이 성장하고 있다는 사실이 주목받기 시작하였고, 이런 맥락에서 '지역혁신체제'는 유럽 및 미국의 지역경제학자 및 경제지리학자들에 의해 '지역의 경제적 소생'을 설명하는 개념으로 주목받게 되었다(이용숙, 2003).

사실 지역혁신체제에 대한 점증하는 관심은 지난 20여년간 나타난 기업을 둘러싼 경쟁 환경(competitive environment)의 변화와 관련 있다(Mytelka & Farinelli

2000). 우선 지식에 기반한 정보기술의 변화는 지식기반산업의 급속한 성장을 초래하고 있을 뿐만 아니라 전통적 산업군에조차 영향을 끼치고 있으며, 혁신에 기반한 경쟁이 격화되고 나아가 이러한 경쟁이 글로벌화됨에 따라 국제 무역과 투자에 대한 전통적인 장벽들이 제거되고 있는 실정이다. 그 결과, 산업 준부문에서의 경쟁 환경에 많은 변화가 초래되었으며, 중소규모의 기업에게는 혁신의 지속적 수행에 대한 압력 요인으로 작용하고 있다.

이탈리아 신산업지구의 동태적 잠재력에 대한 새로운 평가와 함께 유럽 및 개도국에서의 유사한 혁신클러스터를 발견하려는 노력이 지속되고 있다(Piore & Sable, 1984; Porter, 1990; Mytelka & Farinelli, 2000). 이탈리아의 에밀리오 로마나(Emilio-Romagna) 지역은 입지가 제공해 주는 독특한 사업환경에 기반하여 그 지역의 경제적 번영을 도모하고 이를 통해 상대적으로 높은 임금수준과 삶의 질을 유지할 수 있게 해주는 사례로서 많은 학자들의 주목을 받아왔다(Piore & Sabel, 1984; Scott, 1988; Storper, 1989). 유연전문화지구(flexibly specialized district) 혹은 신산업지구(new industrial district)로 불리우는 이 지역은 경제의 글로벌화 경향에도 불구하고 중소규모의 혁신적 기업들이 지역 내 협력 시스템과 결합함으로써 역외의 자본을 유치하고 지역의 경제발전을 도모하고 있다.

결국 지역혁신체제 논의는 경제의 글로벌화 진전에 대한 지역차원의 대응을 표현하는 것이라고 볼 수 있다. 뿐만 아니라 지역혁신체제론에서는 지역경제 활성화를 위한 지역 단위에서의 경쟁력 강화가 주창되고 이 과정에서 지역 내의 사회적 관계, 계급관계, 그리고 소득불평등 문제 등은 부차적 위치로 물러날 수밖에 없게 된다(이용숙, 2003).

나아가 지역혁신체제를 구축하려는 노력이 결과적으로는 지역간 불균형을 해소하는데 도움을 주지 못할 수도 있다는 점을 인식할 필요가 있다. 앞에서 살펴본 것처럼 국가 차원에서 개발된 혁신체제의 개념은 국가 하부 수준의 개념으로 전환되어 지역적 특성과 특정 혁신패턴을 포괄하는 개념(Cooke, 1998)으로 사용되고 있으며, 이 개념에 따르면 혁신기업을 둘러싼 환경에는 혁신과정과 관련된 다기한 측면(제조 및 서비스 관련 기업, 연구기관, 교육 및 훈련기관, 정책결정자, 금융기관, 각종 지원기관)뿐만 아니라 역사, 문화, 사회발전, 그리고 혁신을 지원하는 문화

(즉, 혁신에 대해 개방적인 문화)와 같은 요소들이 포함된다. 따라서 특정 지역이 해당 지역의 독특한 경제·정치·사회적 환경 및 자신의 고유한 역사에 뿌리내리고 있는 지역 특수적인 적절한 거버넌스 구조(governance structure)가 확립되면 이는 혁신과 관련된 장기적인 협력을 위한 하나의 전제조건이 될 수 있으며, 이에 기반하여 글로벌화된 혁신경쟁의 도전을 극복해 나갈 수 있을 것이다. 그러나 심화되는 경제의 글로벌화 과정에서 지역간의 경쟁을 기본 원리로 하는 지역혁신체제론은 필연적으로 혁신의 창출과 경쟁우위의 개발에 성공한 지역과 그렇지 못한 지역으로의 분리를 초래할 것이며, 이 과정에서 양 지역 사이의 경제적 격차는 더욱 심화될 가능성이 있다. 더욱이 지난 수십년 동안의 중앙정부 주도 성장거점개발 과정 속에서 보다 우월한 산업적 기반을 구축해 놓은 지역이나 대학·연구기관 등 과학기술 하부구조 구축에 있어서 상대적 우위를 갖추고 있는 지역에서의 지역혁신체제 구축이 보다 용이할 것이라는 점은 쉽게 예상할 수 있다.

따라서 지역혁신체제의 구축은, 국가균형발전위원회나 산업자원부의 의도와는 달리, 지역간의 소득격차를 완화시킴으로써 전국적으로 고루 잘사는 나라를 만드는 균형발전전략이라기보다는 오히려 글로벌화 과정에서도 혁신을 지속하면서 세계적 경쟁력을 갖는 지역을 창출함으로써 그렇지 못한 지역과의 불균형을 확대시킬 수도 있는 불균형발전전략으로 귀결될 가능성이 있다. 그러므로 글로벌화의 진전과정에서 더욱 확대될지도 모르는 지역간의 격차를 완화시킬 수 있는 중앙정부 차원에서의 재분배기능을 보다 강화시키는 정책적 노력이 필요할 것이다.

3) 분권화와 균형발전

국가균형발전정책은 지역간의 격차 문제를 해결하기 위한 또 다른 수단으로 분권화를 제안하고 있다. 지난 수십년간 중앙집권형 국가의 불균형성장전략으로 인해 지방자치가 왜소화되고 왜곡되었을 뿐만 아니라, 중앙에 대한 지방의 의존성이 지속적으로 재생산되는 '의존적 지방화(dependent localization)'가 이루어져 왔으며, 과도한 수도권 집중과 심각한 지역격차 문제가 발생하였으며, 이로 인해 부정적 지역주의의 확산과 국민분열의 심화가 초래되었다는 것이다(국가균형발전위원

회, 2003: 17-25). 이에 따라 지방의 저발전을 초래한 외적 요인들을 제거하는 정책
의 일환으로 중앙의 기능, 권한, 재원을 지방으로 이양하는 분권화가 제시되고 있
다(국가균형발전위원회, 2003: 62).

분권화는 지역간의 격차 문제를 해결하는 정책으로서 유효한 것인가? 또 과연
과거 우리나라의 지역격차 문제가 중앙집권형 국가의 불균형성장전략에서 기인한
것일까?

분권화의 경제적 효과에 대한 논의는 이미 오우츠(W. E. Oates)에 의해 이루어
진 바 있다(Oates, 1972). "지방공공재의 생산을 어느 단계의 정부가 담당하든 동
일한 비용이 든다면, 각 지방정부가 스스로의 판단에 의해 그 지역에 적정한 양의
지방공공재를 공급하는 것이 중앙정부에 의한 공급보다 덜 효율적일 수는 없다"는
'분권화 정리(decentralization theorem)'는 지방정부의 기능 및 필요성 나아가 지
방분권화를 뒷받침하는 중요한 이론으로 널리 인식되어 왔다. 뿐만 아니라
Tiebout(1956)도 일찍이 분권화된 체제 아래에서 지방공공재의 효율적 공급이 이
루어질 수 있음을 논증한 바 있다. 그런데 중요한 점은 이들 이론이 분권화의 경제
적 효과 중에서 효율성에 관한 것이지, 자원배분의 형평성에 관한 논의가 아니라는
점이다. 지역간의 소득재분배를 통한 지역간 형평성 제고는 지방분권화만으로 이
루어지기 어려운 것이다.3)

한편 국가균형발전 논의는 오늘날의 지역간 소득불균형 문제가 중앙집권적 정
책으로 인해 야기되었다는 점을 강조한다.

근대화 정책을 추진한 박정희 정권은 제1공화국 시기에 도입된 지방자치제를 강제
로 폐지함으로써 지방의 자율성을 원천봉쇄하고 국가권력을 중앙정부로 더욱 더 집
중시켰다. …소위 불균형발전전략을 채택하여…국가의 총량적인 발전은 이루어졌
지만 지역간 균형발전의 측면이 간과됨으로써 오늘날과 같은 과도한 수도권 집중,

---

3) Pauly(1973)에 따르면, "① 세수와 이전지출에 관계없이 모든 주민은 다른 지역으로 이주하
지 않는다, ② 이전지출의 증대가 후생에 미치는 효과는 한 지역에만 국한되며 외부성은 없
다. ③ 모든 소득재분배는 파레토 효율적이며 따라서 집단적 의사결정 또한 효율적으로 이
루어진다."는 가정 아래에서는 지방정부가 소득재분배를 담당하는 것이 바람직하다. 그렇
지만 이상의 가정이 현실에서 충족되기는 어렵다. 소득재분배문제와 같은 자원배분의 형평
성에 관한 문제는 중앙정부가 담당하는 것이 바람직할 것이다.

지역간 불균형, 지역주의의 문제가 심각한 사회·경제적 문제로 대두하게 된 것이다(국가균형발전위원회, 2003: 14).

수도권으로의 인구집중이 지난 40여년간 한국의 사회·경제적 변화과정에서 불가역적으로 이루어져 왔다는 사실은 여러 가지 자료를 통해 확인된다. 그렇지만 지역간 소득의 격차가 중앙집권적 불균형발전전략의 결과라는 주장은 입증되기 어렵다. 오히려 표 3에 제시된 것처럼, 실증자료는 중앙집권적 정책이 추진되었던 1970년~1990년대 초의 기간 동안 지역간 불균등도(만약 이것이 지역간 소득격차로 측정될 수 있다면)는 완화되었음을 보여주고 있다. 오히려 지방화 및 분권화가 진전되었던 1990년대 중반이후 오히려 지역간 불균등도는 더욱 심화되었던 것이다. 그렇다면 우리나라에서 최근 관찰되고 있는 지역간 소득불균형의 정확한 원

〈표 3〉 시도별 1인당 GRDP 추이(1970~2002년)　　　　　(단위: 천원)

연도 지역	1970	1980	1985	1990	1995	1997	2000	2002
서울	127	1,203	2,027	4,283	8,180	9,683	10,846	12,664
부산	121	999	1,799	3,640	6,265	7,299	8,119	9,547
대구	(경북)	(경북)	1,430	3,125	5,623	6,437	6,800	8,002
인천	(경기)	(경기)	2,270	4,625	7,716	8,736	8,871	10,922
광주	(전남)	(전남)	(전남)	3,700	6,692	7,582	8,265	9,313
대전	(충남)	(충남)	(충남)	3,936	6,166	7,271	8,326	9,781
경기	78	1,033	2,247	4,715	7,862	9,287	11,610	12,699
강원	65	737	1,773	3,404	6,591	8,309	8,501	9,594
충북	71	744	1,959	3,830	8,390	10,557	12,282	13,412
충남	65	681	1,709	3,176	8,280	10,582	12,639	14,687
전북	63	620	1,497	3,009	6,749	8,041	8,838	9,736
전남	58	729	1,742	3,707	9,052	11,213	12,494	13,350
경북	63	761	2,041	4,512	8,882	10,509	12,124	14,004
경남*	75	1,356	2,700	5,513	11,254	13,047	14,609	16,596
제주	67	716	1,568	3,515	7,313	8,652	9,175	10,117
전국	80	1,008	1,971	4,131	7,933	9,405	10,717	12,207
최고 /최저 (비율)	2.19	2.19	1.89	1.76	2.00	2.03	2.15	2.07

주: *경남의 경우 울산을 포함함.
자료: 1970년과 1980년의 수치는 김경환·서승환(2002: 68)에서, 1985년 이후의 수치는
　　　통계청 홈페이지의 통계정보시스템(http://kosis.nso.go.kr) 자료에서 작성.

인을 구명하고 이의 해결책을 찾는 부가적인 노력이 우선될 필요가 있다고 판단된다.

5. 결론

급변하는 국제경제적 환경 아래에서 지난 반세기 동안 형성・발전해 온 기존의 산업정책을 대체하는 새로운 산업정책의 확립은 시급한 과제이며, 그 방향은 과거처럼 중앙집권적 위계 시스템에 기초하여 제조업 분야 일부 대기업만을 성장시키는데 초점을 맞추는 것이 아니라, 분권적 정치 및 행정 시스템 그리고 각 혁신주체 간의 수평적 네트워크에 기초한 혁신시스템 구축을 통해 전체 산업의 구조고도화를 도모하고 것이 되어야 할 것이다.

새로운 산업정책을 특징짓는 분권적 혁신 시스템은 지역산업정책에 반영될 수 있으며, 이에 따라 지역혁신체제 구축이 현정부 산업정책의 한 축을 형성하고 있다.

그렇지만 국가균형발전이라는 큰 틀 속에서 제안되고 있는 지역산업정책의 일부 수단들은 지역경제의 발전과 지역간의 균형발전이라는 정책목표와 정확히 부합하고 있지 않는 측면이 있다고 판단된다. 즉, 지역혁신체제 구축과정이 글로벌 경쟁 아래에서 그러한 경쟁을 이겨낼 수 있는 일부 지역을 선별하는 과정으로 되고, 이에 따라 그렇지 못한 지역과의 경제적 격차를 더욱 더 확대하는 결과를 초래할 가능성이 있는 것이다. 나아가 국가균형발전을 위한 또 다른 정책수단으로 제시되고 있는 분권화 역시 이론적 측면에서 본다면 경제적 효율성에 달성에 초점을 맞춤으로써 지역간 불균형을 심화시키는 추가적인 원인으로 작용할 수도 있을 것이다. 비록 지역혁신체제의 구축이 지역 차원에서의 글로벌 경쟁이 심화되고 있는 현시섬에서의 불가피한 선택이며, 나아가 분권화의 진전이 풀뿌리 민주주의의 발전을 위한 경제적 토대라고 하더라도, 이 과정에서 발생하리라고 예상되는 지역간 양극화 문제에 대비하는 보다 적극적이고 체계적인 노력이 필요할 것이다. 뿐만 아니라 1990년대 중반 이후 분권화의 진전에도 불구하고 심화된 지역간 소득격차를 초래한 원인에 대한 보다 면밀한 검토가 필요하며, 이를 통해 보다 종합적인 지역산업정책이 도출되어야 할 것이다.

참고문헌

과학기술부. 1999, 『1999 지방과학기술연감』.

국가균형발전위원회. 2003, 『참여정부의 국정비전 ③: 국가균형발전의 비전과 과제』, 국정홍보처.

국무조정실 정책평가위원회. 2003, 『'국민의 정부' 5년 정책평가 결과』.

권오혁. 2004, 「지역혁신체계론의 이론적 전개와 정책적 함의에 관한 비판적 검토」, 『응용경제』 제6권 제2호.

김경환·서승환. 2002, 『도시경제』, 홍문사.

김광모. 1988, 『한국의 산업발전과 중화학공업화정책』, 지구문화사.

산업자원부. 2003, 「참여정부의 산업정책방향과 과제」.

_____. 2004, 『산업자원백서(초고)』, 산업자원부 내부자료.

송위진. 2004, 『국가혁신체제에서 정부의 역할과 기능 - 혁신체제론적 접근 -』, 과학기술정책연구원.

이상철. 2002, 「1960-70년대 한국산업정책의 전개 - 위계적 자원배분 메커니즘의 형성을 중심으로 -」, 『경제와 사회』 제56호, 겨울호.

이용숙. 2003, 「지역혁신체제론의 비판적 재검토」, 『동향과 전망』 제58호.

이제민. 2000, 「한국의 산업화와 산업화정책」, 안병직(편), 『한국경제성장사: 예비적 고찰』, 서울대학교출판부.

장석인. 2000, 『지식기반경제의 개관』, 을유문화사.

정건화. 2003, 「동북아 시대 참여정부 산업정책의 방향과 쟁점," mimeo.

정책기획위원회. 2003, 『12대 국정과제 추진을 위한 로드맵』.

통계청, 통계정보시스템(http: //kosis.nso.go.kr).

Amsden, Alice H. 1990, "Third World Industrialization: 'Global Fordism' or a New Model?," New Left Review No.182, July/August.

_____. 2001, The Rise of "the Rest," Oxford University Press.

Amsden, Alice H. & Takashi Hikino. 1993, "Borrowing Technology or Innovating: An Exploration of the Two Path to Industrial Development", In Ross Thomson(ed.), Learning and Technological Change, St. Martin's Press.

Chang, Ha-Joon. 2003, Kicking Away the Ladder?: Policies and Institutions for Economic Development in Historical Perspective, Anthen Press.

Cooke, P. 1998, "Introduction: origins of the concept". in Braczyk, H.-J, P. Cooke, M. Heidenreich(eds.), Regional Innovation System, UCL Press.

Florida, R. 1995, "Toward the Learning Regio," Futures Vol. 25 No. 5.

Klein, S. J. & N. Rosenberg. 1986, "An Overview of Innovation," in Landau R. & N. Rosenberg(eds.), The Positive Sum Strategy: Harnessing Technology for Economic Growth, National Academy Press.

Krugman, P. 1991, Geography and Trade, Cambridge, MIT Press.

_____. 1995, Development, Geography and Economic Theory, The MIT Press.

Markusen, Ann. 1996, "Sticky Places in Slippery Space: A Typology of Industrial Districts," Economic Geography Vol.72 Vo.3.

Marshall, A. 1900, Elements of Economics of Industry, Macmillan.

Martin, R. 1999, "Regional convergence in the EU: Determinants for catching-up or staying behind," Jahrbuch fur Regionalwissenschaft Vol.19..

Muller et al. 2001, RETINE(REgional Typology of Innovation NEeds) - Report to the European Commision -, Fraunhofer Institute Systems and Innovation Research.

Mytelka, Lynn & Fulvia Farinelli. 2000, "Local Clusters, Innovation Systems and Sustained Competitiveness", INTECH Discussion Paper #2005, The United Nations University.

Oates, W. E. 1972, Fiscal Federalism, Harcourt Brace.

OECD. 1971, The Conditions for Success in Technological Innovation.

Pauly, M. V. 1973, "Income Redistribution as a Local Public Good," Journal of Public Economics Vol.2.

Piore, M. & Sabel C. 1984, The Second Industrial Divide: Possibilities for Prosperity, Basic Books.

Porter, M. 1990, The Competitive Advantage of Nations, The Free Press.

_____. 1998, "Clusters and the New Economics of Competition," Harvard Business Review Nov.-Dec.

Romer, P. 1986, "Increasing Returns and Long-Run Growth," Journal of Political Economy Vol. 94, No. 5.

Scott, A. 1988, New Industrial Space, Pion.

Storper, M. 1989, "The Transition to Flexible Specialization in Industry: External Economies, the Division of Labor and the Crossing of Industrial Divides," Cambridge Journal of Economics Vol. 13.

Tiebout, C. 1956, "A Pure Theory of Local Expenditure," Journal of Political Economy Vol.64.

대안적 지역균형발전과 지역금융시스템

송홍선

1. 서론

이 글에서는 현재의 (지역)금융시스템이 지역균형발전에 적합한 구조인지를 검토한다. 이는 거꾸로 지역균형발전을 위해 금융자원이 효과적으로 배분되기 위해서는 어떤 (지역)금융시스템을 갖추어야 하는가의 문제이기도 하다.

불균형발전에서 균형발전으로 패러다임 전환은 그에 걸 맞는 금융자원의 배분시스템의 변화를 요구한다. 균형발전패러다임은 이윤극대화가 목적인 자본의 지역적 집중성, 편중성 경향과 어느 정도 긴장관계를 유지할 수밖에 없고, 경우에 따라서 자본에 대한 일정한 규제를 결과할 수 도 있기 때문이다. 외환위기 이후 금융자원의 배분시스템은 크게 바뀌었지만 그것이 발전패러다임의 변화를 염두에 둔 것은 아니었으며, 때문에 발전패러다임의 변화와 조응하는 것인지도 의문이다.

지역균형발전에 조응하는 (지역)금융시스템을 사고하기 위해서는 무엇보다 지역균형발전을 구체적으로 어떤 전략 혹은 방법론에 입각해서 추진할 것인가에 대한 명확한 입장이 먼저 설정되어야 하고 그러한 전략은 문제의 실질을 해결해야 하고 또 실현가능하여야 한다. 참여정부의 지역균형발전 핵심전략은 역동적 균형을 위해 지역혁신체제를 구축하는 것으로 보인다. 그렇다면 우선적인 검토는 현재의 금융시스템이 지역혁신체제 혹은 클러스터에 적합한가 하는 측면에서 이루어져야 할 것이다. 그런데 혁신을 통한 지역균형발전의 사례는 다른 나라의 지역개발역사를 볼 때 드문 발전전략이거니와 비교적 최근에 거론되는 발전전략이다. 더구나 경험적으로나 원론적으로 지역혁신체제가 지역간의 균형발전을 유도한다는 근거를 찾아보기 힘들다. 불균형을 오히려 심화시킨다는 주장도 있다.

때문에 균형발전의 전략에 관한 규범적 논의가 추가적으로 필요할 것으로 보이며, 본고는 그에 대한 문제제기의 일환으로 지역혁신체제(이하 혁신전략)에 더해 클러스터구축이 어려운 낙후지역의 실업과 빈곤을 완화하는 전략, 특히, 고용유발계수가 높은 산업을 지원하는 전략(이하 고용전략)을 제안하고 그에 걸맞는 금융시스템에 대해 동시에 검토한다. 정부도 혁신이 불가능한 지역에 대해 통합적 균형 개념을 제시하고 있으나 사회정책의 영역으로만 인식하고 있는 듯하여 지속가능성과 가시적인 효과면에서 의문이다. 지속가능한 통합적 균형의 실현을 위해서는 단순히 사회정책을 넘어 경제정책과 결합되어야 하며, 그 결합방식으로 고용창출을 통해 빈곤을 극복하는 고용전략이 고려될 필요가 있다. 지역금융시스템은 이같은 고용전략이 실현되기 위한 기반으로서 중요한 이슈가 된다.

본고는 지역균형발전이 두 가지 전략(혁신전략과 고용전략)을 통해 수행될 때 필요한 지역금융시스템의 기본구조와 구성요소들에 대해 검토하기로 한다. 2절에서는 혁신전략에 대한 비판적 고찰을 통해 균형발전전략으로서의 고용전략의 필요성을 강조한다. 3절에서는 혁신전략과 그 효과를 높이기 위한 금융시스템 조건을 검토한다. 4절에서는 고용창출을 통한 지역개발과 빈곤극복을 위한 지역개발금융시스템에 대해 검토한다. 5절에서는 요약과 결론을 맺는다.

2. 지역균형발전의 두 전략: 혁신전략과 고용전략

지역균형발전의 목적은 특정지역의 과도한 성장을 억제하고 낙후지역의 소득수준과 삶의 질을 향상하는데 있다. 다만, 어떤 철학과 전략을 가지고 낙후지역의 소득수준을 향상시킬 것인가에 따라 서로 다른 수단과 방법들이 동원될 것이다. 이와 관련하여 국가균형발전위원회(2003)는 동태적 균형과 통합적 균형 개념을 제시하고 있다. 그리고 역동적 균형을 위해 지역혁신체제와 클러스터의 조성을 핵심 전략(이하 혁신전략)을 제시하고 있다. 그런데 통합적 균형은 그 전략이 구체적으로 제시되어 있지 않을 뿐만 아니라 전국최소기준 달성을 위한 중앙정부의 지원확대 등과 같이 어떻게 보면 사회정책적인 문제로 인식함으로써 '경제정책으로서의 통합적 균형전략'은 비어있는 상태이다.

또한 역동적 균형만을 지역균형발전 정책으로 강조하다보니 정책 자체가 다소 추상적이고 정치적 수사로 비춰지는 측면도 있다[1]. 통합적 균형의 경우에도 주로 사회정책적 문제로 접근함으로써 통합적 균형의 실질적 진전 가능성과 지속가능성을 담보할 수 있는지 의문이다[2]. 본고는 통합적 균형이 사회정책과 경제정책이 지속가능한 형태로 결합될 때 현실성과 실질적인 진전을 담보할 수 있다고 본다. 그래서 본고에서는 지역균형발전을 위한 두 전략으로 혁신전략과 고용전략을 개념화한다. 혁신전략은 참여정부의 지역혁신체제와 클러스터링 등 지속가능한 동태적 균형 달성을 위한 전략과 동일한 의미로 사용된다. 혁신전략은 한마디로 혁신을 통해 자본의 기대수익률을 높이는 전략으로 정의할 수 있을 것이다.

이와 달리 고용전략은 낙후지역의 실업 및 빈곤의 극복을 위해 고용창출을 극대화하는 낙후지역개발정책이다. 낙후지역이 자립적으로 자활할 수 있는 지속가능한 방법은 고용을 확대하는 것이다. 그렇지만 이윤창출을 극대화는 혁신전략과 달리 고용창출을 극대화하는 고용전략은 기본적으로 자본으로부터 환영받기 어렵다. 때문에 고용전략은 통합적 균형을 위한 경제정책인 동시에 사회정책으로 접근해야 한다. 두 정책의 조화로운 결합이 중요하다. 고용전략은 60년대 영국에서 채택된 적이 있고(송인성, 2003), 현재 미국에서 광범위하게 채택되고 있다. 물론 두 나라가 택한 구체적인 정책은 크게 다르다. 영국은 고용보조금 지급 등 주로 전통적인 케인즈주의적 조세, 재정정책의 길을 택한 반면 미국은 금융정책을 통해 고용전략을 구현하고 있다.

---

1) 지역혁신체제에 대한 자세한 개념과 평가에 대해서는 김형기(2004), 이상철(2004), 박경 (2005) 참조.
2) 그렇다고 필자가 통합적 균형에서 사회정책, 즉 보조금정책의 중요성을 폄하하는 것은 아니다. 기본적으로는 국가는 재정정책을 통해 낙후지역과 저소득층을 지원하여야 할 것이다. 본고는 다만 금융정책관점에서 지역균형발전 문제를 검토하는 과정에서 통합적 균형에서 금융정책적 접근의 필요성을 언급하는 것이다.

1) 혁신전략의 의의와 한계

혁신전략의 핵심은 자본의 기대수익률(expected return)을 높일 수 있는 환경을 조성하는 것이다. 이때 환경여건은 고부가가치 생산에 필요한 개별 혁신주체들이 경쟁력을 높일 수 있도록 여건을 만들어 주고 이들이 공식적 비공식적 네트워크를 강화할 있도록 함으로써 사회적 자본의 축적에 기반하여 새로운 부가가치를 창출하도록 하는 것이다.

지역균형발전에 혁신전략을 도입하는 것은 지극히 경제논리에 기반하고 있다. 낙후지역은 발전된 지역에 비해 자본의 기대수익률이 낮을 수밖에 없는데, 이런 상태에서 낙후지역의 개발에 자본의 자발적 참여를 기대할 수는 없다. 낙후지역은 개발지역보다 물류, 인적자본 등이 부족하며 고용불안과 낮은 구매력으로 자본의 기대수익률이 높을 수가 없다. 그 악순환으로 낙후지역은 더 낙후되고 고용불안과 빈곤이 재생산된다. 따라서 지역균형발전이 시장경제논리에 입각해 추진되기 위해서는 기대수익률을 높일 수 있는 여건을 지원해 주는 정책이 불가피하다. 참여정부가 추진하는 지역혁신체제 혹은 클러스터는 혁신전략을 통해 낙후지역의 내생적인 산업발전을 유도하는 정책으로 몇 몇 나라에서 경험적 사례가 발표되고 있다.

그런데 혁신전략이 지역균형발전을 위한 보편타당한 전략인지는 더 검토해 볼 필요가 있다. 가령, 혁신투자전략은 양질의 노동력과 고숙련, 높은 교육수준을 필요로 하는 산업에서 성공할 가능성이 높다. 혁신의 핵심은 상호작용과 학습을 통한 가치창출에 있기 때문이다. 저숙련, 저교육, 빈곤의 악순환을 반복하는 낙후지역 개발에 혁신전략을 전면적으로 적용할 수는 없을 것이다. 혁신전략이 지역균형발전 전략으로 유효한 경우는 어느 정도 혁신주체가 형성되고 있지만 그들 간에 네트워크효과가 제대로 작동하지 못하는 지역에 적합할 것이다. 따라서 혁신전략은 이같은 조건을 만족하는 어느 특정지역의 개발정책이지, 지역을 골고루 발전시키는 균형발전전략이 되기는 어렵다. 실제로 특정지역, 가령, 미국 실리콘밸리는 혁신전략의 대표적 성공케이스이지만, 실리콘밸리의 혁신전략이 캘리포니아주의 다른 지역으로 확산 적용되지는 않고 있다.

혁신전략이 균형발전전략이 될 수 없는 것은 금융자본의 논리에서도 발견된다.

미국의 벤처캐피탈 등 사모투자는 지역적으로 매우 편중되어 있다. Schmit(2002)에 따르면 1991년부터 2000년 동안 모든 벤처캐피탈 투자의 65%가 캘리포니아주, 매사추세츠주, 뉴욕주, 텍사스주, 콜로라도주에 편중되었다. 그리고 전통적인 벤처캐피탈투자가 다른 지역으로 확산되는 추세는 발견하기 힘들며, 오히려 1990년대 후반 들어 5개 주(state)로 벤처캐피탈의 집중현상은 심화되고 있다. 동 기간 동안 경제적으로 낙후한 하위 25개 주에 투자한 벤처개피탈 투자는 전체의 3.5%에 불과했다. 벤처캐피탈의 지역 편중이 미국 경제의 지역간 불균등을 심화시키고 있는 것이다.

이처럼 어느 나라에서나 지역간 불균등 발전은 관찰된다. 경제적으로 낙후한 지역에서는 산업은 활력을 잃고, 대학은 정체된다. 혁신시스템을 위한 동력이 부족한 상태에서 엔젤투자나 벤처투자 같은 투자자를 찾아보기 힘들다. 따라서 지역간 균형발전이란 관점에서 지역개발을 위해 혁신체제를 구축하기를 바란다면 낙후된 지역의 혁신주체 주체를 형성할 인프라부터 정비하는 것이 순서이다.

2) 고용전략의 의의

양질의 노동력과 자본여건이 갖추어진 지역과 그렇지 않은 지역의 개발정책은 다를 수밖에 없으며 또 달라야 한다. 고용전략은 혁신전략과 달리 저숙련, 빈곤 지역의 개발을 위한 정책이다. 고용전략은 고용유발계수가 높은 산업, 주로 전통산업에 대한 금융지원을 강화하여 고용증대와 빈곤탈피를 목적으로 한다. 자본의 입장에서는 전통산업이 상대적 수익률이 높지 않은 매력적이지 않은 산업이지만 고용 및 빈곤탈피의 관점에서 보면 전통산업은 고용유발효과가 커서 구매력의 전반적인 증대를 가져올 수 있는 산업이다. 미국에서 지역개발정책은 주로 고용전략측면에 맞추어져 있으며 실리콘밸리 등 혁신전략 지역과 지역균형발전에서 상호보완적인 역할을 하고 있다.

지역개발전략으로서 고용전략은 자본의 입장에서 매력적이지 않기 때문에 정부의 적극적인 개입이 필요하다. 정부는 재정을 통해 민간자본을 유인하는 펌핑(pumping)기능을 하기도 하고 또 민간자본의 참여를 강제할 수 있는 사회정책 차원의 규제도 동원할 필요가 있다. 외국자본의 한국금융에 대한 영향력이 증대하고 글로벌스탠더드 등의 환경속에서 금융자본에게 사회정책적 규제를 강제할 수 있느냐는 반론도 있을 수 있지만, 미국 자본주의에서 이같은 규제가 쉽게 발견된다는 데 역설이 있다. 미국의 지역재투자법은 사회정책 목적의 대표적인 강제규정이다. 그렇다고 이 법이 규제일변도의 정책은 아니며 다른 비즈니스기회나 부가적인 편익으로 강제로부터 오는 민간자본의 저항을 완화한다. 미국은 이같은 사회적 규제가 이미 제도적으로 착근된 상태이며 고용창출 목적의 금융기관 대출 혹은 투자가 2000년대 들어 크게 늘어나고 있고, 이를 위한 지역금융기구들도 융성하고 있다. 자금조달 애로가 낙후지역 상공인들의 주요한 경영애로사항이 되고 있는 한, 금융지원정책 중심의 지원프로그램은 지역개발정책의 주요한 수단이 될 수 있을 것이다. 미국의 고용전략이 지역개발금융시스템의 구축 등 금융적 접근이란 점에서 케인즈주의적 복지정책에 기반한 60년대 영국의 지역균형발전정책으로서의 고용전략과는 차이가 있다. 가령, 영국은 지역균형개발의 핵심을 실업문제 해결을 통한 소득증대로 삼고, 낙후지역으로 공업단지를 적극 유인하는 지원대책을 마련(1945년 공업배치법, 1966년 공업개발법)하다. 1960년에는 지방고용법을 제정하여 실업률이 일정 수준이 넘은 지역에 대해서는 지역개발을 지원하였다. 가령, 지역고용보조금제도를 마련하여 제조업에 한해 성인남자고용자는 1인당 주당 1.5파운드씩, 여자는 0.75파운드씩 지급하기도 하였다.

3. 혁신투자전략과 금융시스템 정비

혁신투자를 가능케 하는 혁신시스템이 제대로 작동하는 금융시스템은 어떤 모습이어야 하는가. 이와 관련한 바람직한 금융시스템적 조건을 자금조달, 모니터링, 자금회수(exit) 측면에서 검토하기로 한다. 이를 위해 먼저 혁신투자가 기존의 전통적인 투자와 어떤 점에서 차이가 있고, 그러한 차이가 왜 일반투자와는 다른 금융시스템적 조건을 필요로 하는지 먼저 살펴보기로 하자.

1) 혁신, 과소투자, 지역혁신체제

내부자금이 부족한 기업가가 투자프로젝트를 수행하기 위해서는 싫든 좋든 투자프로젝트의 일부를 매각하여 외부자금을 조달해야 한다. 정보가 완전하다면 프로젝트는 필요한 자금을 균형가격으로 조달할 수 있지만 정보가 불완전하여 아무리 좋은 프로젝트라도 투자자가 볼 때 현금흐름이 불투명하고, 검증조차 어렵다면, 균형가격으로 자금을 조달하기는 어렵다. 현금흐름의 관측 어려움은 금융시장에서 소위 역선택 문제를 야기하며 경영자의 의사결정에 대한 검증가능성 어려움은 도덕적 해이 문제를 야기하여 적정투자의 달성을 어렵게 할 것이다. 프로젝트와 경영자에 대한 이같은 정보의 비대칭성은 지식집약적인 무형자산일수록 더욱 뚜렷하며 무형자산의 과소투자문제를 야기하는 근본 원인이 되고 있다.

혁신투자의 과소투자가 정보문제에서 비롯되는 한 정부의 전통적인 거시통화정책이나 재정정책을 통해 시장실패를 교정하기는 어렵다. 과소투자 문제를 다른 방식으로 완화할 수밖에 없는데, 그 중에 하나가 슘페터주의자들에 의해 개념화된 혁신시스템적 접근이다. 이들은 혁신을 순수한 기술현상으로 이해하지 않고, 혁신을 가능케 하는 구성요소간의 상호작용에 주목한다. 이처럼 혁신 자체를 하나의 시스템적 현상, 구성요소간의 상호작용과정으로 보는 관점은 혁신을 경제현상의 외생변수로 인식하는 신고전파 경제학과 대비된다.

지역혁신시스템은 지역단위로 혁신시스템이 형성되는 현상을 설명하는 접근이다. 제3이태리지구, 실리콘밸리 등은 지역을 단위로 형성된 혁신시스템이다. 이렇듯 혁신시스템이 지역단위에서 형성되는 것은 그리 놀라운 것이 아니다. 지역단위는 지리적 근접성으로 인해 암묵적 지식을 보유한 혁신주체간의 상호작용적 학습이 효과적으로 이루어질 수 있다. OECD도 지리적 근접성에 기초해서 학습과 협력이 이루어지는 것이 효과적임을 지적하고 있다(Equist, 2002). Ottati(1994)에 따르면 지역단위의 혁신시스템은 구성원간에 문화적 동질성을 높이고 공식적, 비공식적 유대를 강화하기 때문에 사회자본인 신뢰와 협력을 강화하는데 유리하다.

신뢰자본의 축적은 혁신투자의 과소투자를 야기하는 정보문제를 완화하는데 매우 중요한 역할을 한다. 지역내에서 혁신기업가는 투자자와 공식, 비공식적인 채널을 통해 관계를 지속하기 때문에 신뢰관계의 재생산이 용이하고 서로간에 투자 프로젝트에 관한 정보를 보다 솔직히 드러낼 유인을 갖는다. 특히, 지역내에서 혁신투자자의 자금조달은 일회성이 아닌 반복적인 게임이고 그런점에서 관계적 금융의 성격을 내포하고 있다. "신뢰는 정보문제를 완화하는 가장 효율적인 자본"(Arrow, 1974)인 것이다.

이와 관련하여 Crevoiser(1997)는 지역내 지역금융의 필요성에 대해 근접자본(proximity capital)이란 개념을 제시하고 있다. 혁신투자를 위해서는 투자자 혹은 벤처캐피탈이 지역에 기반해야 한다는 것이다. 실제로 혁신자본, 가령, 엔젤투자나 벤처캐피탈의 공통점은 지리적으로 근접한 기업에 주로 투자를 한다는 점이다. Mason & Harrison(1995)에 따르면 이들이 투자한 포트폴리오기업의 지리적 근접 정도는 미국 엔젤투자의 72%가 50마일 미만 지역에 위치하고 있고, 영국 엔젤투자의 67%가 100마일 미만, 캐나다 엔젤투자의 53%가 50마일 미만에 위치하고 있다. 조직화된 사모펀드인 벤처개피탈 역시 자신의 평판자본을 유지하고, 포트폴리오기업에 대한 정보를 수집하고, 경영자문을 수행하기 용이한 지리적으로 근접한 기업에 투자를 하는 것이 일반적이다(Black & Gilson, 1998).

2) 혁신주도형 금융시스템의 설계

혁신투자에 부합하는 금융시스템적 요건을 자금조달, 모니터링, 회수 측면으로 나누어 살펴보기로 하자.

(1) 자금조달

혁신투자를 효과적으로 지원할 수 있는 금융시스템의 첫 번째 조건은 혁신기업의 성장단계에 적합한 단계금융시스템(staged finance)을 갖추는 것이다. 혁신투자는 주로 신생 창업기업에 의해 소규모기업형태로 이루어지는 경우가 많고, 이들의 성장속도는 기술혁신속도만큼 급속하다. 따라서 기업규모, 업력(age), 정보 투명성, 신인도 등에 적합한 최적의 자금조달환경을 갖추어 주는 것이 혁신시스템이 성공할 수 있는 금융적 요건이다.

초기 연구개발단계(R & D stage)는 기업규모도 작고, 담보도 마땅찮으며, 매출이 없어 외부에서 자금을 조달하기 어렵다. 창업자와 친인척, 지인 등의 내부자금에 주로 의존하는 것이 일반적이며 엔젤투자 등 개인투자도 크게 기대할 것이 없다. 은행 대출도 창업자 개인 대출형태로 제한적으로 이루어진다. 매출이 발생하고, 성장잠재력이 예견되는 창업단계(Start-Up stage)가 되어야 엔젤투자나 벤처캐피탈 등의 투자를 기대할 수 있다. 상업은행의 본격적인 참여는 초기성장단계(early growth stage)에서 가능하다. 이때는 비록 손익분기점을 넘지 못하였지만 낙관적인 현금흐름 전망이 가능해 지는 시점으로 은행들의 대출 참여가 가능하게 된다. 매출이 급증하고, 손익분기점을 넘어서는 고속성장단계(accelerating growth stage)가 되면 엔젤, 벤처, 상업은행 등을 통한 자금조달은 애로 없이 이루어진다. 이 단계에서 특징은 공모(public offerings)를 통해 주식과 채권 시장조달이 가능하게 된다는 점이다. 고속성장단계를 지나 지속성장(sustained growth)단계에 접어들면 기업들은 주식조달보다 부채조달을 선호하게 된다. 비용면에서나 경영권 안정성면에서 채권조달이 유리하기 때문이다.

우리나라는 창업기업의 연속적인 자금조달이 이루어질 수 있는 단계금융시스템이 아직 미비하다. 특히, 업력이 짧은 신생기업의 자금조달을 지원하는 체제가 미약하여 벤처기업이 활성화하지 못하는 원인이 되고 있다. 벤처캐피탈이 창업한 지 3년미만인 벤처기업에 투자하는 비중이 2001년 59%, 2002년 43%, 2003년 34%, 2004년 21%로 벤처붐 이후 크게 줄고 있다(재경부, 2005). 이렇다 보니 벤처생태계 자체가 제대로 생성되지 못하는 상황이다. 벤처기업에 대한 실태조사에 따르면 자금조달 애로가 26.7%로 기술인력의 확보 애로(34.7%) 다음으로 경영활동을 제약하는 요인으로 지적되고 있다. 벤처기업의 요구사항도 정책자금의 확대(42.7%), 신용보증 확대(24.0%) 등 자금조달 측면에 집중되어 있다(재정경제부, 2005). 이에 정부는 창업초기 기업에 대한 효과적인 자금지원대책으로 창업초기 벤처기업에 대한 모태펀드의 출자비율을 현재 30%에서 50%로 확대하여 이들 기업에 대한 민간자본의 참여를 보다 적극적으로 유인하고, 정책자금도 모태펀드 등이 출자된 기업에 대해 우선적으로 지원하는 투자연계형 자금지원 방식을 도입하여 성공가능성이 높은 창업초기 기업에 대한 자금지원을 확대하고 있다.

〈그림 1〉 벤처기업의 성장단계별 자금조달

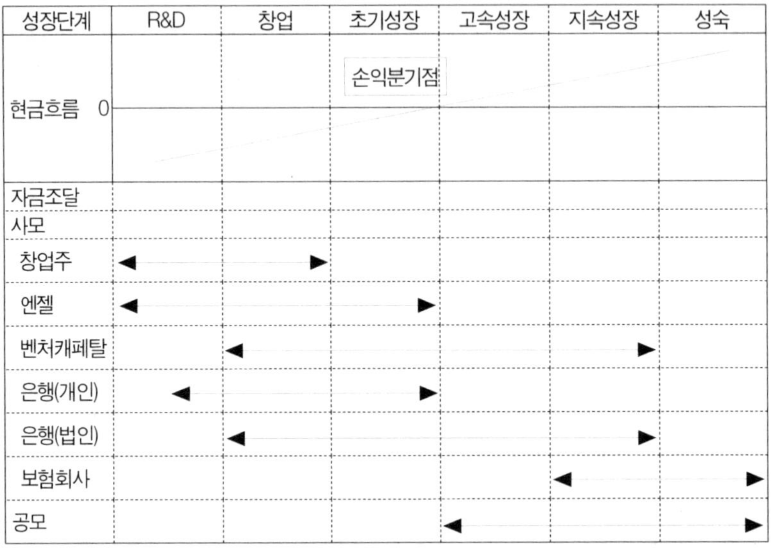

성장단계	R&D	창업	초기성장	고속성장	지속성장	성숙
현금흐름 0			손익분기점			
자금조달						
사모						
창업주	◄	►				
엔젤	◄			►		
벤처캐피탈		◄				►
은행(개인)		◄		►		
은행(법인)		◄				►
보험회사					◄	►
공모				◄		►

그런데 창업초기의 자금조달은 어느 나라 벤처기업도 쉽지 않다. 그리고 그것을 쉽게하는 금융플랫폼을 구비하는 것도 매우 어렵다. 기술평가가 쉽지 않고 업력도 짧아 정보불균형을 극복하는데 한계가 있기 때문이다. 시장실패가 가장 보편적인 시점이 창업초기단계이므로, 정부의 재정적, 제도적 지원은 이 단계에 집중될 필요가 있다. 정부는 정보불균형의 완화에 정책역량을 집중할 필요가 있으며, 이와 관련한 미국의 정책방향은 벤처캐피탈에 정부가 직접 투자하거나 벤처캐피탈이나 금융기관이 벤처기업에 대출할 때 보증(loan guarantee)을 주는 것이다. 미국은 중소기업청을 중심으로 금융기관이 벤처기업에 대출을 할 때 대출보증을 해준다거나 중소기업전용투자회사(SBIC)[3]에 채권발행 보증을 통해 SBIC가 정부보증 벤처캐피탈로서 벤처기업에 광범위하게 투자하도록 유도하고 있다.

자본의 형태로 보면 혁신투자의 초기단계에서 가장 필요한 외부자금은 주식자

---

[3] SBIC는 중소기업청의 벤처기업 육성책으로 1958년에 도입되었으며 정부가 대출 혹은 채권 발행을 보증해주는 민간투자회사이다. 벤처기업에 대한 대출, 주식출자, 경영자문 등을 수행하며 은행이 설립한 SBIC가 1960년대에만 해도 2/3에 이를 만큼 은행의 기여가 크다(송홍선, 2004a).

본이다. 혁신투자의 높은 리스크를 창업자와 일정정도 분담(risk sharing)하는 것이 창업초기단계에서 핵심적으로 중요하기 때문이다. 부채계약은 리스크를 분담해주는 기능이 제한적이며 창업초기에는 오히려 이자 부담에 따른 창업기업의 자금난을 가중시킬 수 있다(Greenspan, 2005).

그런데 창업단계의 벤처기업은 제도화된 자본시장(가령, 다우존스 등)의 엄격한 상장 요건 때문에 공모를 통한 주식자본 조달이 어렵다. 때문에 혁신형 투자와 창업이 많은 나라일수록 사모(private placement) 주식자금 조달제도인 벤처캐피탈이 발달하였다. 영국, 미국 등은 국민총생산에 창업투자의 비중이 각각 0.97%, 0.46%로 높은 편이고 그를 뒷받침하는 벤처캐피탈의 비중도 높다. 반면, 독일과 일본의 경우 기업가형 창업투자의 비중이 국민총생산에서 차지하는 비중이 각각 0.24%, 0.10%로 낮고, 벤처캐피탈 투자도 활성화되어 있지 않다(Jeng & Wells, 2000). 그리고 독일과 일본의 벤처캐피탈은 비첨단산업 분야에 자금을 투자하는 경우가 많았다(Black & Gilson, 1998).

초기 주식자금의 조달처에 있어서는 엔젤투자나 벤처캐피탈, 정부재정 외에 은행의 역할이 필수적이다. 그렇다고 은행이 동일한 본체(in-house)에서 벤처기업에 적극적으로 투자한다는 것은 아니다. 저위험의 은행 부채를 고위험 벤처사업에 직접 투자하는 것은 리스크관리면에서 바람직하지 않다. 대신 은행들은 벤처캐피탈 등에 유한책임사원(Limited partner)으로 참여하는 방법이 미국, 유럽 등에서는 일반적이다. 은행은 관계금융을 통해 이미 지역 상공인등과 밀접한 연관을 맺고 있어 어느 정도의 신뢰자본이 축적되어 있다. 이런 신뢰자본에 기반하여 혁신기업에서 부족한 주식자금의 조달 필요성을 만족시켜줄 수 있는 주체가 은행인 것이다.

그렇다고 은행이 산업자본에 무분별하게 투자하도록 해서는 안 된다. 산업과 금융의 분리원칙이 큰 틀에서 지켜질 수 있도록 은행의 지분투자 범위와 의결권 행사 등에 대해 제한하는 등 분명하고 엄격한 금융감독제도가 정비되어야 한다. 사모펀드제도 등은 이런 요건들을 어느 정도 충족시켜주는 제도이다[4]. 실제로 유럽과 미국 은행들은 벤처기업 혹은 벤처캐피탈에 대해 오래전부터 지분투자를 하고 있다.

---

4) 은행의 사모펀드 투자와 이때 제기되는 산업과 금융의 분리원칙 문제에 대해서는 송홍선 (2004b)을 참조.

미국은 연기금이 벤처캐피탈산업을 주도하는 반면 독일은 은행과 보험, 특히 은행이 벤처캐피탈산업을 주도하고 있다. 유니버설뱅킹 전통이 강한 독일의 경우 벤처기업에 대한 투자가 은행의 주요 비즈니스이다.

미국 벤처캐피탈에서 은행의 역할은 90년대에 10%대를 유지하고 있다. 대공황 이래 엄격히 분리된 미국의 금융환경에 비추어볼 때 다소 의외일 수도 있으나, Glass-Steagal 법에서의 은행업과 산업자본의 분리원칙과는 별개로 은행(지주회사)은 중소기업투자전용회사(SBICs, Small business investment companies) 등을 통해 중소벤처기업을 포함한 산업자본에 투자를 할 수 있었다. 그러다 1999년 금융현대화법 제정으로 상업은행을 계열사로 둔 금융지주회사도 산업자본에 대한 투자를 광범위하게 수행할 수 있게 되었다. 이른바 사모펀드 등 머천트뱅킹(merchant banking)업무를 할 수 있게 된 것이다.

〈표 1〉 투자자별 벤처캐피탈 투자 비중 (%)

	미 국				독 일			
	1992	1993	1994	1995	1992	1993	1994	1995
기업	3	8	9	2	7	9	8	10
개인	11	8	9	17	6	7	8	5
정부	-	-	-	-	4	6	7	8
연기금	42	59	46	38	-	-	-	9
은행보험	15	11	9	18	63	64	67	65
창업자	18	11	21	22	-	-	-	-
기타	11	4	2	3	17	14	10	2

우리나라도 2004년에 간접투자자산운용법을 개정하여 은행들이 사모펀드(private equity fund)의 총괄책임자(General partner)가 될 수 있게 되었으나 투자대상이 성장기업이나 부실기업에 한정되어 있고 투자목적도 지배권의 획득으로 분명히 하고 있어 벤처기업에 대한 벤처캐피탈리스트로서 투자는 이 법의 적용을 받지 못하고 있다. 앞으로 벤처투자도 이 법의 적용을 받게 할 필요가 있다.

(2) 모니터링

개인(창업자)의 인적자본이 회사의 핵심자산(critical asset)인 지식집약적 혁신 투자는 전통적인 투자보다 정보문제가 훨씬 심각하다. 더구나 한번도 검증되지 않은 창업자의 경영능력은 투자자에게 더 큰 위험요인이다. 이런 상태에서 벤처캐피탈이 쉽게 투자하지 않는다. 우리나라의 창업 1년차 벤처기업에 벤처캐피탈이 투자하는 비중(총투자 대비)은 2001년 8%, 2004년 5%에 불과하다(재경부, 2005).

벤처캐피탈이 정보문제를 어떻게 완화(모니터)하느냐는 투자의 성패를 결정하는 중요한 변수이다. 모니터링기법, 가령, 벤처기업의 기술 가치를 평가하는 시스템 등도 정보문제를 완화하는 중요한 인프라이지만, 실질적인 이슈는 벤처캐피탈들이 벤처기업에 대한 경영감시, 나아가 경영권의 행사 여부이다. 현재 우리나라 벤처캐피탈은 법적으로 벤처기업에 대한 자문역할만을 수행할 수 있다[5]. 창업 경영자의 경영능력에 대해 신뢰가 없는 한 벤처기업에 섣불리 투자하기 힘든 구조이다. 창업경영자의 능력이 부족하고 도덕적 해이 등이 있는 경우에도 이를 견제할 장치가 마땅치 않은 것이다.

미국의 경우 창업기업의 경영자는 벤처캐피탈에 의해 필요에 따라 교체될 수 있있도록 하고 있다. 벤처캐피탈은 창업부터 기업공개(IPO)까지 기업의 성장단계에 맞는 경영자를 3~4차례 교체하는 것이 일반적이며 이를 통해 기업의 가치를 높인다는 것이다. 우리나라도 관련법을 개정하여 창업투자회사가 7년이내 창업기업에 대해 경영 지배를 할 수 있도록 법개정을 추진하는 등(재경부, 005) 벤처기업의 경영능력을 극대화할 수 있는 시장규율을 정비하고 있는 중이다.

(3) 자본 회수

벤처캐피탈은 투자를 회수함으로써 투자사이클이 종료된다. 회수(exit) 방법에는 크게 기업공개(IPOs)와 인수(acquisition) 등이 있는데, 금융시스템적으로 다른 의미를 갖는다. 기업공개는 자본시장의 발달이 전제되어야 하는데 비해 인수는 자

---

5) 현재 벤처캐피탈의 투자기업에 대한 경영권 행사는 당국의 승인을 받아야 가능하다. 투자일로부터 6개월 이상인 기업이 부실화하였거나 인수합병을 할 경우에 당국은 벤처캐피탈이 5년 동안 경영권을 행사할 수 있도록 허가하고 있다.

본시장을 반드시 필요로 하지 않는다. 기업인수는 당사자간에 사적인 방식으로 거래가 이루어지기 때문이다.

미국과 독일은 벤처캐피탈이 이 두 가지 회수방식을 대조적으로 사용하는 좋은 사례이다. 미국은 1990년대 나스닥시장의 발전과 함께 기업공개가 지배적인 회수 방법이 되었다. 인수를 통한 기업공개는 비공개기업간의 거래에 한정되어 있다. 독일은 인수를 통한 방식이 일반적이다. 특히, 벤처기업의 창업주가 외부투자자의 지분을 되사들이는 환매(buyback)가 대부분이다.

〈표 2〉 미국 벤처캐피탈의 회수 방식   (단위: 건)

	IPOs	인수(acquisition)를 통한 회수		
		비공개기업 인수	공개기업 인수	총계
1988	36	106	29	135
1989	39	101	45	146
1990	42	76	33	109
1991	127	65	19	84
1992	160	90	4	94
1993	172	78	14	92
1994	143	99	n.a.	n.a.
1995	183	98	n.a.	n.a.
1996	276	94	n.a.	n.a.

회수는 벤처투자와 벤처캐피탈의 발전에 있어 일정한 의미를 갖는다. 벤처캐피탈과 벤처기업간의 관계로 보면 벤처캐피탈이 어떤 회수 방법을 택하느냐는 매우 민감한 문제가 될 수 있다. 회수가 벤처기업에게 경영측면과 경영권측면에서 영향을 주기 때문이다. 벤처캐피탈이 벤처기업의 인사, 재무, 회계 등에 대한 경영지원을 함께 수행하는 상황에서 IPO를 통해 지분을 매각할 경우 벤처기업으로서는 인사, 재무 등 중요한 자산을 동시에 잃을 위험이 있다. 제 3자 인수의 경우 말그대로 제 3자기 인사, 재무 등을 새로운 방식으로 백업하기 때문에 이슈가 되지 않는다. 벤처기업의 경영측면에서 보면 인수가 기업공개에 비해 유리하다. 그러나 벤처창업자의 경영권 측면에서 보면 IPO가 유리하다. 3자 인수의 경우 기존 경영진과 경영권 분쟁 소지를 안고 있다.

이를 근거로 Black & Gilson(1999)은 벤처기업 및 벤처캐피탈산업의 발전을 위해서는 자본시장의 발달을 통한 기업공개가 인수보다 효과적이라고 주장한다. 창업주는 지식과 기술능력, 그리고 경영권을 자신의 의사에 반해서 박탈당하는 것을 가장 두려워하기 때문이다. 자본시장이 발달한 나라에서는 벤처캐피탈과 벤처기업간에 경영권의 유지와 관련하여 암묵적인 계약(implicit contract)이 당사자간에 작동하고 있고, 그것이 벤처기업과 벤처캐피탈의 장기적 협력과 신뢰의 바탕이 된다는 것이다. 독일에서 벤처캐피탈이 발달하지 못한 것은 기업공개시장이 발달하지 않았기 때문인 것이다.

그렇다면, 혁신시스템을 구축하기 위해서는 은행중심의 금융제도를 가진 나라들은 증권시장을 육성해야 하는가 하는 문제가 제기된다. 이와 관련된 최근의 논의는 그럴 필요도 없고, 그렇게 하더라도 경로의존성으로 인해 단기적으로 성공 가능성이 높지 않다는 것이다. 대신 Black & Gilson(1999)은 해외의 자본시장을 활용(piggybacking)할 것을 제안한다. 이스라엘은 외국 증권시장(미국 나스닥시장)을 어떻게 활용하는지를 보여주는 좋은 예이다. 물론 피기배킹이 혁신투자의 성과로부터 국내 투자자를 배제하는 문제가 있지만, 벤처기업의 활성화가 고용창출 등 다른 부가가치를 생산한다는 점을 고려해야 할 것이다.

4. 고용전략과 지역개발금융시스템

1) 지역개발금융시스템의 기본구조

지역개발이 혁신체제를 통해서만 가능한 것은 아니며 그것이 반드시 바람직한 것도 아닐 것이다. 혁신네트워크가 형성되어 있지 않아 당장에 혁신체제의 구축이 어려운 특정한 낙후지역에도 삶의 질을 높일 수 있는 기회, 개발에 대한 의지를 충족시켜 주어야 한다. 때문에 혁신체제와 별도로 금융소외자의 신용접근성을 높일 수 있는 금융지원프로그램이 필요하다.

그런데 이 같은 금융지원프로그램을 설계할 때 염두에 두어야 할 중요한 원칙은 그것이 금융접근성을 높이는 본래 목적에 충실하면서도 지속가능한 제도로 존속할 수 있어야 한다는 것이다. 이는 결국 그 재원을 어떻게 마련하고 그 재원이 소모적이 않고 새로운 가치를 창출할 수 있도록 고용전략과 연계되어 있는가 하는 문제이다. 재원과 관련해서는 두 가지 제약이 있다. 첫째, 정부 재정을 활용할 경우 장래에 재정적 어려움에 직면하거나 재정 제약으로 금융소외자에게 골고루 기회가 주어지지 않을 수 있다. 둘째, 그렇다고 민간 자본의 참여를 강제할 수도 없다. 기대수익률이 낮으면 민간자본은 관심이 없다. 낙후지역에서 고용창출 목적의 투자는 기대수익률이 낮을 수밖에 없기 때문에 정부는 이런 제약아래서 민간자본의 참여를 유도하는 방안을 생각해야 한다. 정부의 재정 제약과 민간의 참여 제약을 동시에 극복할 수 있는 제도를 설계하는 것이 지속가능한 지역금융시스템 설계의 핵심 과제인 것이다.

이와 관련하여 선진국의 경험은 크게 두 가지 측면에서 주목할 만하다. 한 가지 방법은 민간자본에 대해 규제를 강화하는 것이다. 미국은 오랫동안 주간(interstate)영업을 규제하고 지역재투자법(CRA, Community Reinvestment Act)을 제정하여 은행 자금이 지역사회에서 환류하도록 강제하였다. 두 번째 방법은 기대수익률을 높이도록 정부가 펀드를 조성하여 주로 민간자본의 낙후지역 금융지원을 보증해주거나 매칭펀드에 직접 참여하는 방법 등을 활용하는 것이다. 두 가지 방법이 현실에서는 병행적으로 시행되는 나라가 미국이라고 할 수 있다.

결국 미국의 지역개발금융시스템은 우선 민간자본의 참여를 강제적으로 유도하는 법체제(주간 영업규제, 지역재투자법)를 근간으로 하여, 민간 자본에게 어느 정도의 수익률을 보장할 수 있도록 대출보증(loan guarantee)을 적극적으로 제도화하거나 정부가 직접 매칭펀드에 투자자로 참여하여 지역개발벤처캐피탈 등을 활성화하는 구조로 이루어져 있다. 외환위기 이후 우리나라의 금융제도나 금융정책을 수립할 때 미국 제도의 영향을 크게 받는 현실과 지역개발정책이 재정정책이 아닌 금융정책과 결합되어 있는 미국의 사례가 본고의 문제의식과 어느 정도 부합하는 점 등을 감안하여, 아래에서는 미국의 지역개발 금융시스템의 구조를 검토하고, 한국의 지역개발금융제도를 설계하는데 필요한 함의들을 도출하기로 한다.

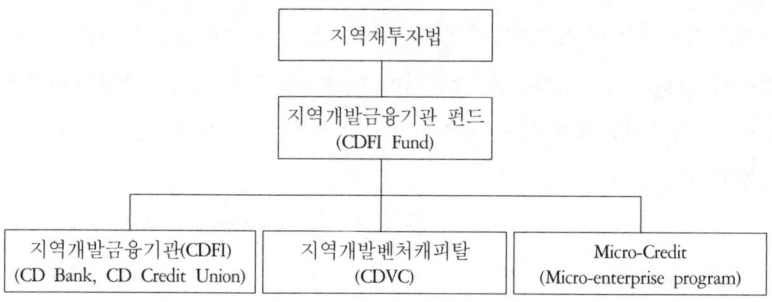

〈그림 2〉 미국 지역개발금융시스템의 구조

```
                    ┌─────────────────┐
                    │   지역재투자법    │
                    └────────┬────────┘
                    ┌────────┴────────┐
                    │ 지역개발금융기관 펀드 │
                    │   (CDFI Fund)   │
                    └────────┬────────┘
         ┌───────────────────┼───────────────────┐
┌────────┴────────┐ ┌────────┴────────┐ ┌────────┴──────────┐
│ 지역개발금융기관(CDFI) │ │ 지역개발벤처캐피탈  │ │   Micro-Credit    │
│(CD Bank, CD Credit Union)│ │     (CDVC)     │ │(Micro-enterprise program)│
└─────────────────┘ └─────────────────┘ └───────────────────┘
```

2) 지역금융과 금융규제: 지역재투자법

미국의 지역재투자법(CRA)은 금융자원의 역내환류제도로써 1977년에 제정된 주간(interstate) 은행자본의 이동을 규제하는 제도이다. 금융자본이 수익성이 있는 곳만 골라 움직이는 소위 솎아내기(cherry-picking)를 방치할 경우 금융소외 혹은 금융차별이 지역적으로 심화될 것을 우려하여 제정된 법이다. 누구에게나 차별 없는 신용 접근을 보장함으로써 여성, 소수민족 등 소수자가 많이 분포하는 저소득 낙후지역의 개발을 지원하는 지역금융의 성격을 갖게 되었다.

지역재투자법의 핵심은 은행 규모가 클수록 지역사회에 대한 사회적 책임을 엄격히 평가하고, 이를 준수하지 못할 경우 인수합병, 지점 증설 등의 인허가시에 불이익을 줌으로써 지역금융서비스를 활성화 한다는 것이다. 대부분의 은행들이 지역재투자와 관련하여 감독당국의 CRA 평가(test)를 받아야 하며 크게 여신부문, 투자부문, 금융서비스부문 등이 포함된다. 여신부문(loan test)은 가계대출, 주택담보대출, 중소기업대출, 지역개발여신 등의 규모와 여신횟수, 지역내 분산정도 및 소득분포별 대출규모 등이 평가된다. 투자부문(investment test)은 소수민 지역에 설치된 은행의 지점을 소수민이 운영하는 예금기관 등에 무상으로 임대하는지, 기증을 했으면 얼마나 했는지 등을 평가한다. 그리고 서비스부문(service test)은 소득수준별, 거주지별 지점 및 ATM 설치 현황 등이 포함된다.

다만, 감독당국이 정한 소형은행(총자산(3년평균) 2.5억달러 미만), 기업금융전문은행 등은 별도의 비교적 완화된 평가기준을 적용한다. 가령, 소형은행은 지역내 예대율 및 대출금 비중, 소득수준별 대출비율, 여신의 지역내 분산 등만을 평가하게 된다. 그런데 미국 전체은행(9,266개)의 70% 정도가 총자산 2.5억 달러 미만의 소형은행이기 때문에 대부분의 은행은 비교적 완화된 소형은행 기준에 따라 평가를 받는다[6].

그럼에도 CRA 등급(rating)은 은행들에게 상당한 부담으로 작용한다. 평가 항목에 대한 부담보다 평가 결과의 활용이 부담인 것이다. 우선, 감독당국이 CRA 등급을 인허가 등 금융감독에 적극 활용한다. 인수합병이나 지점설치, 신규사업 등과 관련한 감독당국의 인허가 기준에 CRA 등급이 포함되어 있다. 1994년 주간 은행 영업 및 지점영업규제가 철폐되면서 지점 확대 경쟁이 심화되고 1999년 금융현대화법(GLB법)으로 금융겸업화의 길이 열림에 따라 은행 경영에서 CRA 등급의 전략적 중요성은 오히려 커지고 있다. 둘째, CRA 등급은 지역사회에 공개되어 지역주민들의 금융기관 선택에 영향을 미친다. 지역자체단체나 주민들은 해당은행의 지역사회 기여도 등을 등급을 통해 평가하고 금융거래 여부 등을 결정한다. CRA 등급은 기업의 사회적 책임을 예금자들이 평가하는 예금자규율(depositor discipline)의 주요한 수단이 되고 있다.

이같은 규율효과로 인해 실제 실증연구(Belsky et al., 2001)에 따르면 1990년 이후 CRA가 저소득계층대출 증대에 기여하였으며 이는 주로 CRA로 인한 규제압력과 관련이 있는 것으로 나타났다. FRB(2001)[7]에 따르면 상업은행의 스몰비즈니스대출의 50%가 CRA 대출이었으며 지역개발대출은 전부 CRA 관련 대출이었다. 은행의 스몰비즈니스대출과 지역개발대출이 대부분 CRA 관련 대출이란 점에서 지역재투자법이 낙후지역의 소상공인과 개발에 미치는 영향은 상당한 것으로 보인다.

CRA 대출의 수익성은 다른 대출(non-CRA)대출에 비해 높지 않다. 둘 간의 상

---

6) 더구나 미국은 2005년 상반기에 소형은행의 총자산 기준을 10억달러로 대폭 높임으로서 더 많은 상업은행들이 보다 간소한 테스트를 받게 되었다(FRB, Docket-R.1225, 2005). 역사적으로 CRA 규제는 공화당 집권기에 완화되는 특성이 있다.

7) 1999년 GLB 7조 규정에 따라 FRB는 CRA 관련 대출의 수익성, 연체율, 채무불이행위험 등을 서베이 하여 국회에 보고. 서베이 대상은 500대 소매은행임.

대적 수익률로 보면 스몰비즈니스대출만 유일하게 Non-CRA대출보다 수익률이 더 높았다. 그렇지만 절대수익률로는 CRA 관련 주택구입대출의 82%, 주택개선대출의 86%, 스몰비즈니스대출의 93%, 지역개발대출의 93%가 수익성(profitable)이 있었다. 요컨대, CRA 관련 대출은 상대수익률은 낮지만 손해를 보는 대출은 아니란 점이다.

오히려 CRA 대출이 새로운 비즈니스기회를 제공하였다는 평가가 많았다. 은행들은 주택구입대출의 63%, 주택개량대출의 71%, 스몰비즈니스대출의 81%가 새로운 비즈니스기회를 제공하였다고 평가하였다. 또한 CRA는 지역사회에서 은행이미지를 제고하고 신규사업 관련 인허가 획득 등 부가적인 편익도 제공한다고 평가하고 있다. 이렇게 볼 때 CRA는 이제 타율적인 규제제도의 차원을 넘어 윤리경영, 기업의 사회적 책임 등을 이끌어 내는데 유익한 수단으로 발전하고 있다. 더구나 새롭고 수익성 있는 비즈니스기회를 포착하기 위한 마케팅전략에도 부합하고 있다. 영업환경 면에서도 CRA로 인해 지역사회내에 금융전산망, 지점 등 지역개발을 위한 대출인프라가 확충되고 낙후지역 금융소외자에 대한 대출심사평가시스템이 개선되었다. 이같은 인프라가 확충된 지역일수록 CRA대출이 더 크게 증가하였다는 연구결과는 이 제도의 순기능을 명확히 보여주고 있다(Holyoke, 2001).

3) 지역개발금융기구(Financial vehicle)의 육성

지역개발에 필요한 자금은 개발 단계, 성격 등에 따라 필요로 하는 자금의 성격이 다르다. 경우에 따라서는 주식자본이 필요할 수도 있고 은행 대출금 같은 부채조달이 필요할 수도 있다. 따라서 고용 창출을 목적으로 하는 지역개발금융기구 역시 이런 필요에 부응할 필요가 있는데, 미국은 이에 따라 대출을 주로 취급하는 지역개발금융기관(CDFI, Community Development Financial Institution)과 지분을 투자하는 지역개발벤처캐피탈(CDVC, Community Development Venture Capital) 제도를 갖추고 있다. 이와 함께 연방정부는 재정자금을 투입하여 지역개발금융펀드(CDFI Fund)를 조성하고 지역개발금융제도들을 위해 보증서비스와 출자를 하고 있다.

(1) 정부의 지역개발펀드(CDFI Fund) 조성

지역개발펀드는 지역개발에 민간자본을 끌어들이고 필요하면 직접 매칭펀드에 정부가 참여하기 위하여 클린턴 정부시절에 조성이 되었다. 카터, 레이건, 부시 등 1980년대 공화당집권기에는 지역개발정책이 사실상 없었다. CRA는 유명무실했고 주간 영업규제도 점차 약화되고 있었다. 특히, 레이건 정부가 복지정책을 축소하면서 저소득층의 신용접근성은 매우 어려워 졌다.

CRA와 낙후지역금융이 강조된 것은 클린턴 정부시절이다. 클린턴은 1995년에 CRA 법을 개정하여 은행의 특성과 규모에 따라 CRA 평가 지표를 달리하고, 해당 지역의 마케팅서비스 등 비본적인 은행영업보다 대출이나 투자 성과 등을 통해 은행의 CRA 등급이 평가될 수 있도록 하였다. 1998년 CRA 규제를 완화하려는 공화당의 법개정 시도도 클린턴정부의 비토권 행사로 무산되었다. 클린턴 정부는 여기서 그치지 않고 1994년에는 Riegle Community Development and Regulatory Improvement Act를 제정하여 지역개발금융기관을 지원할 수 있는 CDFI Fund를 설립하였다. 정부가 전액 출자하여 재무성 산하에 설립한 CDFI Fund는 250개 이상의 CDFI에 대출, 출자, 보증 등의 형태로 지금까지 4억 달러 이상을 제공하였다. 이제는 CDFI Fund의 명성으로 인해 CDFI들은 서로 여기서 펀딩을 받으려고 하며 투자자들에게는 일종의 평판효과까지 제공하고 있다. 즉, 이 지역개발펀드로부터 지원을 받은 CDFI들은 상업은행 등 다른 투자자로부터 자금지원(출자, 차입 등)을 이끌어내는데 매우 유리하다.

(2) 지역개발금융기관(CDFI)의 역할

지역개발금융기관은 전통적인 금융기관이 낙후지역의 금융소외문제를 해결하는데 실패하자 이들에 대한 금융서비스(가령, 지역개발금융, 소액금융 등)를 생산하기 위해 설립된 특화금융기관이라고 할 수 있다. 특화금융기관은 1930년대부터 지역재발 신용협동조합 등이 생겨나기도 했으나 1977년의 지역재투자법과 1975년의 모기지공시법(HMD Act, home mortgage disclosure act) 이후 크게 성장하였다[8].

금융에서 소외된 낙후지역의 개인 혹은 기업의 금융접근성을 높이는 CDFI 중에서 기업금융을 주로 하는 기관으로는 지역개발은행(CD Bank), 지역개발신용협동조합(CD Credit Union), 그리고 지역개발대출펀드(BDLFs, Business development loan funds) 등이 있다. 이들은 중소기업에 대해 금융지원을 한다는 점에서는 일반 상업은행이나 신용협동조합과 다른 점이 없으나 고용유발계수가 높은 지역개발과 관련된 기업 혹은 프로젝트에 전문적으로 금융지원을 것을 고유사업으로 하여 별도의 인허가를 받아야 하는 별개의 금융기관이다.

CDFI는 다시 지역개발은행이나 지역개발신협 등과 같이 연방예금보험공사에 가입하여 건전성 규제를 받는 영리목적의 기관과 지역개발대출펀드 같은 비영리목적의 기관으로 구분된다. 지역개발대출펀드는 지역개발목적의 기업과 비영리조직에 대출서비스를 제공하며 재원은 전통적인 금융기관보다는 연방정부, 주정부, 자선단체, 은행 , 금융기관, 종교단체, 독지가 등에 의존한다. 이들이 기부를 하거나 낮은 금리로 BDLFs에 대출해 주면 BDLFs이 다시 중장기대출(term loan)이나 대출보증 등의 서비스를 지역개발 기업에 제공한다. 지역개발펀드는 금융지원 외에 해당기업의 사업계획, 마케팅전략 등 광범위한 컨설팅을 함께 수행한다.

지역개발은행(CD bank)은 미국 감독당국에 정식으로 인허가를 받아야 하고, 건전성감독의 대상이 되기 때문에 비영리 지역개발금융기관에 비해 적극적으로 지역개발금융서비스를 수행하는데는 한계가 있다. 그럼에도 지역개발은행을 통한 지역금융서비스 실적은 상업은행의 CRA 등급에 반영되기 때문에 기존 상업은행들이 지역개발은행업의 인허가를 받는 경우가 많다.

(3) 지역개발벤처캐피탈(CDVC)의 역할과 구조

CDFI가 지역개발을 목적으로 하는 기업에게 대출서비스를 제공하는 금융기관이라면 지역개발벤처캐피탈(CDVC)은 기업의 사업위험을 공유할 수 있도록 주식자본을 투자하는 금융제도로서 1990년대 들어 미국에서 크게 팽창하고 있다. 수익

---

8) CRA 법은 누구에게나 차별없는 대출을 강제하는 법이고 모기지공시법(HMD)은 금융기관 모기지대출의 지역별 분포를 공시하도록 의무화한 법이다. 1974년의 Equal Credit Opportunity Act도 금융시장에서 인종적 차별을 금지하는 법이었다.

을 목적으로 한 벤처캐피탈이 아니라 고용 창출과 빈곤퇴치를 위한 벤처캐피탈이 발달하고 있다는 점은 다소 의외이자 주목할 만한 금융현상이다. 인내자본으로서 주식자본은 어떤 비즈니스에서도 필수적이지만 지역개발 목적의 기업에 이런 자본이 몰려온다는 것은 놀라운 현상이다. CDVC는 조직의 운영과 형태는 다른 벤처캐피탈과 동일하지만, 고용유발계수가 높은 기업에 대한 투자를 목적으로 한다는 점에서 분명한 차이가 있다. 하는 지역개발이 운영목표라는 점에서 통상의 사적인 벤처캐피탈과 다른 점이다.

지역개발에서 전통적인 벤처캐피탈의 가장 큰 약점은 낙후지역 개발논리와 자본의 논리가 양립하기 힘든 경우가 많다는 것이다. 미국의 경험을 봐도 벤처캐피탈은 기대수익률이 높은 소수 지역에 집중적으로 밀집하여 발전한다. 호이저(Hoiser, 2003)에 따르면 1999년 미국에 투자된 총벤처캐피탈의 67% 이상이 5개 주(State)에 집중되어 있으며 43%는 캘리포니아 한 개주에 밀집되어 있다. 또 캘리포니아주 중에서도 실리콘밸리에 80% 이상이 집중되어 있다. 벤처캐피탈이 집중된 지역이라도 벤처캐피탈은 특정산업에 집중된다. 1999년 벤처캐피탈의 90% 이상이 기술관련 비즈니스에 집중되었다. 결국, 주식자금이 지역균형발전에 매우 중요함에도 벤처캐피탈을 지역개발에 활용하기 위해서는 별도의 보완적 제도가 필요한 것이다. CDVC는 주식자본이 중요하다는 이론적 당위성과 벤처캐피탈의 한계를 고려한 현실적인 지역개발벤처캐피탈(CDVC)인 것이다9).

지역개발벤처캐피탈은 지역개발벤처캐피탈협회(CDVCA)가 발족하고 연방정부가 2000년 신시장벤처캐피탈법(New Market Venture Capital legislation)을 제정하면서 성장에 가속도가 붙고 있다. 2002년에 총 87개의 CDVC 펀드가 영업중이거나 조성중에 있으며 규모는 5.25억달러로 추정된다. 벤처캐피탈산업에 비하

---

9) CDVC와 유사한 기구로는 미국 중소기업청이 지원하는 특별중소기업투자회사(SSBICs)와 정부보증 벤처캐피탈(State-sponsored Venture Capital)이 있다. SSBICs는 금융소외를 기업에게 금융지원을 하는 정부지원 사적투자회사인데 1996년 중소기업청이 신규SSBICs의 설립을 금지함에 따라 2000년에 영업중인 SSBICs는 59개 펀드에 자산 1.4억달러에 불과하다. 정부보증벤처캐피탈(State-sponsored Venture Capital) 프로그램은 주정부가 지역내 산업을 개발하고 고용을 창출하기 위한 도입한 제도이나 실제로 영업중인 펀드는 주별로 소수에 불과하다. 이처럼 두 제도는 실효성이 약해졌을 뿐만 아니라 자금이 특정지역에 집중되는 문제를 해결하지 못하고 있다.

면 하찮은 수준(2002년 전통적인 벤처캐피탈 투자규모의 2.5% 수준)이지만 2000년 이후 벤처캐피탈산업이 IT 버블 붕괴로 크게 위축되는 중에도 CDVC는 빠르게 성장하고 있다(Hoiser, 2003).

영리목적의 합자회사인 전통적인 VC와 달리 CDVC는 2000년에 43%가 비영리조직이고 합자(LP)회사가 38%를 차지했다. CDVC는 영리조직이든 비영리조직이든 지역개발과 일자리창출 등이 목적이기 때문에 실업률이 높고 비숙련 노동자가 많은 지역에서 집행되는 투자대상일수록 선호한다. 특정낙후지역 주민을 특별히 더 많이 고용하라고 해당기업에 요구하기도 하고 환경친화적인 여성 혹은 소수민족이 경영하는 진보적인 경영구조를 가진 기업들을 선호하기도 한다. CDVC 역시 CDFI와 마찬가지로 투자기업에 대해 광범위한 기술, 경영지원을 수행한다. 투자 기업들의 경쟁력이 높지 않기 때문에 CDVC가 직접 혹은 외부전문가를 활용해 해당 기업의 경영에 자문하는 것이 일반적이다.

CDVC의 재원, 특히, 지분구성은 2000년말 현재 은행(31%), 연방정부(25%), 재단(17%), 주정부(11%), 기업(6%), 개인(6%) 등으로 은행이 CDVC 펀드의 큰 자금조달원이다. 감독당국이 은행의 CRA 등급 평가에서 CDVC 투자를 중시하기 때문이다. 다만, 은행우 도시지역 이외 지역에 대한 CDVC 투자를 줄이고 있는데 이는 농촌지역의 소형은행들에 대한 CRA 평가(test)가 덜 엄격한 것과도 관련이 있다. 이렇게 볼때 CDVC의 활성화가 CRA와 얼마나 밀접한 관련이 있는지를 짐작할 수 있는 대목이다. CDVC 이사회구성은 최대출자자인 은행의 비중(18%)이 가장 높고 지역단체 대표가 15%, 기업인 13%, 정부 관계자(10%) 등이다. 이사회 산하의 투자결정위원회도 은행가가 24%, 벤처캐피탈리스트가 12%를 차지하고 있다. 결국, CDVC는 재원면에서는 연방 및 주정부가 주도하고 있지만 민간부문, 특히, 은행, 벤처캐피탈리스트 등의 재원과 투자 전문성을 적극 활용하여 운영하는 것이 특징이다.

CDVC의 투자대상은 전통적인 벤처캐피탈과 달리 고용창출효과가 큰 제조업의 비중이 매우 높다. 교육수준이 낮은 저숙련 인구들이 CDVC의 혜택을 받고 있다. CDVC가 투자한 기업의 50% 정도가 1999년에 제조업이었으며 고성장 업종인 서비스업은 26% 정도에 머물렀다. 그 외 도소매업(6%), R&D 관련 업종(6%)

등에 투자하고 있다. 기술집약적인 기업에 대한 투자는 총투자의 30%에 머물러 이들 기업에 대한 투자가 90% 이상인 전통적인 벤처캐피탈과는 현저한 대조를 보이고 있다.

CDVC의 투자자금 회수는 제 3자 매각(external exit) 방식이 대부분이다. 51%가 제 3자 매각으로 회수했고, 32% 정도가 경영자가 지분을 인수하는 경영자바이백(Management buyback)방식이었다. 이 두 회수방식의 경제적 유인은 매우 다르다. 제 3자 매각은 새로운 주인의 추가 자본투자를 동반하여 회사의 자금흐름에는 긍정적이나 경영권의 변동을 초래할 수 있다. 경영자바이백은 기존 경영자가 지분을 인수하므로 경영의 계속성이 유지되는 장점이 있다. 기업공개(IPO)도 투자자금 회수의 주요 수단이지만 지금까지 14% 정도만 이 방법을 택했는데, 이는 기본적으로 해당기업들이 기업공개(IPO)를 위해 최소한 요구되는 높은 성장잠재력을 가진 경우가 드물기 때문이다. IPO가 CDVC의 회수수단으로 활용되기에는 한계가 있는 것이다. 종업원지주제(ESOP)는 CDVC의 성격으로 볼 때 가장 바람직한 회수수단일 수 있으나 이 방식을 활용한 경우는 매우 드물었다.

4) 한국의 지역금융시스템: 구조와 문제점

(1) 법제도

우리나라는 미국의 지역재투자법처럼 민간금융기관의 지역금융을 직접적으로 강제 혹은 규제하는 법제도는 존재하지 않지만, 한국은행이 중심이 되어 일반은행들의 중소기업 내지 지역금융을 간접적으로 지원하는 중소기업의무대출비율제도와 총액한도대출제도를 운영하고 있다. 1965년에 도입된 중소기업의무대출비율제도는 대출자산의 일정비율을 중소기업에게 의무적으로 대출하도록 하는 제도로서 우리나라의 가장 대표적인 중소기업 및 지역금융 활성화 제도이다. 제도 도입 당시에는 시중은행과 지방은행에 동 의무비율을 동일하게 적용하였으나 1976년부터 지방은행에 에게 더 높은 의무비율을 부과하여 지방은행의 지역중소기업에 대한 지원의무를 강화하였다. 외은지점에 대해서는 1985년부터 동 제도를 시행하고 있다. 중소기업의무대출비율은 1992년이후 현재까지 시중은행은 45%로 상향되었고, 지방은행은 1980년대 중반에는 한때 85%까지 상향되어 운영되다가 1997년 이후 60%로 운영되고 있다.

〈표 3〉 일반은행의 중소기업의무대출비율 변화 추이 (단위: %)

	1965.4	1976.12	1980.10	1985.3	1986.4	1986.8	1992.2	1994.5	1997.7	1999.2
시중은행	30	30	35	35	35	35	45	45	45	45
지방은행	30	40	55	55	80	85	80	70	60	60
외은지점	-	-	-	25	25	35(25)	35(25)	35(25)	35(25)	35(25)

주: ( )는 총액한도대출 비적용 외은지점에 대한 의무비율.
자료: 한국은행.

중소기업의무대출제도는 한국은행의 여신관리규정에 정한 제도로서 그 자체가 강제 사항은 아니었다. 의무대출비율의 미준수에 대해 취할 수 있는 한국은행의 조치는 중소기업 대출 확대를 위해 2%의 저금리로 은행에 자금을 시원해 주는 총액한도대출과 관련하여 불이익을 제공하는 것과 금융감독당국이 규정을 위반한데 대해 제재를 할 수 있는 정도이다. 그런데 이 같은 조치에 대해 일반은행들은 큰 부담을 느끼지 못하고 있다. 특히, 외환위기 이후 기업금융이 위축되고 금리하락으로 자금조달비용이 크게 하락하면서 한국은행의 총액한도대출의 이점은 크게 약화되었다. 실제로 외환위기 이전인 1995년에는 시중은행과 지방은행의 중소기업대출 비중이 각각 51.9%, 76.3%를 차지하여 중소기업의무대출비율을 모두 준수하였다. 그러나 외환위기 이후에는 사정이 크게 달라졌다. 1998년부터는 기업금융이 크게 위축되면서 시중은행은 중소기업의무대출비율을 2004년까지 준수하지 않고 있다. 지방은행만이 외환위기 이후에도 동 제도를 준수하고 있다. 국회(2005)에 따르면 2004년 9월말 현재 국내 8개 시 중은행 중에서 중소기업대출 의무비율을 준수한 은행은 단 한 곳도 없었다. 지방은행 중에서도 금융지주회사로 편입된 지방은행의 경우 동 의무대출비율을 준수하지 않는 은행들이 많았다. 이렇게 볼 때 외환위기 이후 변화된 금융환경 속에서 중소기업 육성과 지역금융의 활성화를 위해 중소기업의무대출비율이 할 수 있는 역할은 대단히 제한적인 것으로 보인다. 더구나 지방은행들조차 지역특화 중소기업 대출을 자산운용의 부담으로 느끼는 상황이다.

〈표 4〉 일반은행의 중소기업대출비율 추이 (단위: 조원, %)

	시중은행			지방은행		
	원화대출(A)	중소기업대출(B)	A/B	원화대출(C)	중소기업대출(D)	C/D
1995	79.5	41.2	51.9	17.1	13.0	76.3
1998	122.2	48.6	39.7	15.3	10.8	70.4
2000	211.1	79.0	37.4	19.3	13.1	68.2
2004	385.6	138.4	35.9	36.2	22.6	62.4

자료: 금융감독원.

한국은행의 총액한도대출제도는 시중의 유동성을 조절함은 물론 함께 중소기업, 지방기업 등에 대한 금융기관의 자금지원을 촉진하기 위하여 1994년에 도입한 제도이다. 2005.1월 현재 총액대출한도는 9조 6천억원에 이르며 지원금리는 연 2.0% 수준으로 시중금리수준보다 낮다. 도입취지에 따라 한국은행의 일반은행에 대한 총액대출한도 배정은 금융기관의 중소기업 대출실적을 기준으로 배정하는 은행별 한도와 지방소재 중소기업에 대한 대출실적 및 지역별 경제사정을 감안하여 한국은행의 지역본부별로 배정하는 지역본부별 한도로 구분된다. 앞서 지적되었듯이 동 제도는 중소기업의무대출비율과 상당한 정책적 연관을 갖고 운영되고 있다. 정부는 총액한도대출제도의 적용대상을 신용등급이 보다 낮은 중소기업으로 확산하여 운영하는 것을 검토하는 등 중소기업 금융지원의 주요한 정책 수단으로 활용하고 있다. 그렇지만 중소기업의무대출비율제도와 마찬가지로 시중금리가 하락하는 가운데 국내 은행들이 대형화 하고 외국계 은행비중이 늘어나면서 국내 은행 전체에 대해 동 제도를 적용하는 데 따른 실효성은 점차 줄어들고 있다. 이렇게 볼 때 법적 제재권이 미약한 한국은행 중심의 중소기업 및 지역금융 지원제도는 글로벌하고 경쟁이 심화되어 금융소외와 차별이 확산되고 있는 외환위기 이후의 상황을 고려할 때 전반적으로 재검토되어야 시점에 이른 것으로 판단된다.

(2) 정부의 재정지원

정부의 재정지원은 미국과 마찬가지로 직접지원(정책자금)과 보증제도로 이원화되어 있다. 미국과 다른 점은 직접지원 형태의 정책자금이 여러 행정부처에 걸쳐 대규모로 존재한다는 것이다. 정부가 직접 지원하는 정책자금은 2003년 3.3조원, 2004년 2.8조원 등 연간 3조원 내외에 이른다. 용도별로는 크게는 중소기업구조개선자금, 중소벤처창업자금, 소상공인 창업지원자금, 중소기업 개발 및 특허지원자금, 중소기업 수출금융지원자금, 중소기업협동화지원자금 등 6개 유형이다. 그런데 정책자금을 지원하는 주체는 중소기업청, 산업자원부, 정보통신부 등 10여개 부처로 분산되어 있다. 유사한 명목의 정책자금이 여러 부처에 혼재해 있고 지원기준이 상이한 경우도 있다. 이렇듯 정책자금의 지원서비스가 복잡하고 비체계적으로 운영되고 있어 창구를 일원화 하고 유사 목적의 정책자금을 통폐합할 필요성이 제기되고 있다. 중소기업청(2004)은 각부처에 흩어진 정책자금의 계정을 통합관리하고 자금의 집행도 중소기업진흥공단과 기업은행으로 이원화할 것을 제안하고 있다. 미국의 경우 금융지원이 대출보증 등 간접 지원이 중기청에 의해 통합적으로 이루어지고, 지역개발금융기관에 한해 지역개발금융기관펀드(CDFI Fund)를 통해 재무성이 통합적으로 관리하고 있다.

간접지원형태의 신용보증제도는 신용보증기금과 기술신용보증기금, 그리고 지역신용보증재단으로 3원화되어 있다. 신용보증기금은 중소기업에 대한 가장 포괄적인 신용보증을 하는 기관으로 2003년말 현재 신용보증잔액은 28조원에 달한다. 기술신용보증은 신용보증기금과 마찬가지로 재정경제부의 감독을 받는 기관이나 중소기업에 대한 일반보증보다는 기술평가 등 기술집약형 중소기업에 대한 보증을 주업무로 하며 2003년말 현재 보증잔액은 16.5조원에 달한다. 한편 지역신용보증재단은 신용상태가 양호하지만 담보력이 부족한 소기업·소상공인 등에 대한 신용보증을 통하여 원활한 자금융통과 지역경제 활성화에 기여하기 위해 민법 제32조에 근거하여 설립되었다. 1996년 3월 경기신용보증조합 설립을 시작으로 시·도별로 설립되었으며, 1999년 9월『지역신용보증재단법』이 제정되어 보증재단으로 변경되었다.2003년 8월 제주재단의 설립을 마지막으로 전국 16개 시·도에 신용보증재단이 설립되었다. 비록 지역신용보증재단의 보증잔액이 2003년말 현재 2.3조원으로 규모는 크지 않지만 소기업 지원을 통한 지역균형발전을 목적으로 지역마다 설립되어 운영되고 있다는 점에서 현재 업무중복으로 역할분담이 명확하지 않은 신용보증기금과 기술신용보증과 차이가 있다.

〈표 5〉 국내 중소기업 신용보증기관 개요

구 분	신용보증기금	기술신용보증기금	지역신용보증재단
설립근거	신용보증기금법	기술신용보증기금법	지역신용보증재단법
보증기업	중소기업	신기술 중소기업	소기업·소상공인
운영주체	중앙정부	중앙정부	광역자치단체
기금조성	정부·금융기관	정부·금융기관	정부·지자체
업무내용	일반신용보증	일반 및 기술신용보증	소기업·소상공인 신용보증
업무감독	재정경제부	재정경제부	중소기업청·지자체
보증방식	부분보증(85%)	부분보증(85%)	부분보증(85%)
예결산승인	재정경제부	재정경제부	광역자치단체
예산확보	중소기업청	중소기업청	중소기업청·지자체
보증잔액('03)	28.2조원	16.5조원	2.3조원

보증제도에 있어서도 미국과 달리 보증운영주체가 재정경제부와 중소기업청으로 이원화되어 있다. 더구나 신용보증기금과 기술신용보증기금은 대위변제로 인한 손실을 정부재정에서 메우기 때문에 손실률을 보수적으로 관리하는 경향이 있다. 때문에 담보가 취약한 지역소재 중소기업을 지원하는데 한계를 드러내고 있다.

(3) 지역금융(기관)의 실태

우리나라 지역금융(기관)의 실태와 구조적 문제점에 대해 지역경제, 지역금융기관, 지역의 금융적 필요와 금융공급의 불일치 등의 측면에서 검토하기로 하자.

① 지역경제의 쇠퇴와 금융양극화

지금까지 살펴본 대로 우리나라는 순수하게 지역금융을 규율할 목적으로 만들어진 법제도는 존재하지 않는다. 다만, 비강제적이고 규제를 준수하지 않는데 따른 불이익도 크지 않은 중소기업의무대출제도나 총액한도대출제도 등 한국은행이 규율하는 제도가 그나마 간접적으로나마 지역금융을 목적으로 하는 금융규제였다. 보증제도에 있어서도 지역신용보증재단이 나름대로 지역금융에 부응하는 서비스를 제공하고 있으나 신용보증기금이나 기술신용보증에 비하면 규모가 크지 않은 수준이다. 이렇듯 지역금융을 규제하는 법적 강제가 미약할 경우 시장경제의 이윤 논리상 금융소외자 내지 금융차별자의 발생은 불가피하다. 다시 말해, 금융서비스에는 수익성 논리만 존재하지 금융의 공공성이 들어설 여지는 없는 것이다.

〈표 6〉 지역별 금융연관비율

	예금은행('85~'02)		비은행금융기관('90~'02)	
	예금/GRDP	대출/GRDP	예금/GRDP	대출/GRDP
전국	0.53	0.48	1.00	0.52
서울	1.19	1.01	2.24	1.12
지방	0.35	0.34	0.74	0.36
(경기)	0.35	0.34	0.52	0.30
(영남)	0.36	0.36	0.77	0.35
(충청)	0.32	0.30	0.72	0.33
(호남)	0.32	0.35	0.76	0.40
제주	0.40	0.38	1.06	0.56

주: 예금(대출)/GRDP=지역내 예금(대출)잔액/지역내총생산
자료: 김효명(2004).

지역별 금융적 차별은 통계로도 확연하게 드러나고 있다. 실물경제 대비 금융경제의 상대적 발전정도를 나타내는 금융연관비율의 경우 예금연관비율이 서울 1.19, 지방 0.35로 3배이상 차이가 나고, 대출연관비율도 서울 2.24, 지방 0.74로 마찬가지로 3배이상 차이가 났다.

② 대규모 지역금융기관 퇴출 및 대출중심의 지역금융

외환위기 이전에 꾸준히 증가하던 지역금융기관들은 외환위기과정에서 금융구조조정의 상징적, 우선적인 대상이 되었다. 지역금융기관들이 구조조정의 우선 대상이 된 것은 금융 부실이외에도 규모가 상대적으로 작았다는 점도 영향을 미쳤을 것이다. 먼저 은행의 경우 1단계 구조조정에서는 퇴출된 5개 은행은 모두 지방에 본사를 둔 지방은행(동남, 대동, 동화,충청,경기)이었다. 동남, 대동, 동화은행은 중소기업전담은행이었으며 충청, 경기은행은 지방은행이었다. 2000년말 2단계 은행구조조정에서도 3개의 지방은행(광주, 경남, 제주은행)이 금융지주회사에 편입되었다. 결국, 금융구조조정으로 지방에 소재한 중소기업 의무대출비중이높은 은

행들이 대부분 퇴출된 것이다.

종금사의 경우 외환위기 이전 30개에서 28개가 퇴출되었으며 17개의 지방종금사는 전부 퇴출되었다. 보험회사도 외환위기 이전 50개 중에서 17개가 구조조정되는 동안 9개의 지방생보사 중에서 3개가 구조조정되었다. 지방투신사도 2개 모두 구조조정되었다. 그 외 지역밀착형 지역금융서비스를 전개하던 상호저축은행은 외환위기 이전 231개에서 2004년말 114개로 줄었으며 신협이 동 기간 34%, 새마을금고도 동 기간 40% 정도 감소하였다. 결국, 외환위기이후 정부의 금융구조조정이 금융의 공공성보다 금융기관의 건전성을 유일한 잣대로 진행되다 보니 건전성이 취약한 지역밀착형 금융기관들이 대부분 퇴출되는 결과를 초래한 것이다. 지역금융기관의 대규모 퇴출로 외환위기로 지역의 금융서비스는 과소 공급 상태에 있다. 금융기관의 수 뿐만 아니라 구체적으로 금융기관의 점포의 지역별 분포를 보면 이같은 과소공급상태는 보다 분명하게 확인된다. 일반은행은 1998년에서 2004년 사이 전국적으로 110개 점포가 줄었는데, 비수도권이 204개 줄어들고 수도권은 오히려 94개가 증가하였다. 신협은 동 기간에 526개 점포가 줄었는데, 수도권(88개)에 비해 비수도권(438개)이 더 크게 감소하였다. 새마을금고도 마찬가지로 비수도권에서 더 많이 감소하였다.

〈표 7〉 금융기관 점포의 지역별 변동 (단위: 개)

	일반은행			신협			새마을금고		
	전국	수도권	비수도권	전국	수도권	비수도권	전국	수도권	비수도권
1998	5103	2940	2163	1592	410	1182	2590	818	1772
2004	4993	3034	1959	1066	322	744	1647	494	1153
증감	-110	94	-204	-526	-88	-438	-943	-324	-619

자료: 지역금융통계, 한국은행.

뿐만 아니라 높은 창업기업이나 중소기업에게 주식자본을 공급해 줄 수 있는 지역금융기관이 존재하지 않는 것도 문제점이다. 이들의 취약한 신용과 짧은 업력, 정보 불균형 등으로 인해 제도화된 자본시장이나 서울 소재 벤처캐피탈로부터 주식자본을 조달하는 것은 사실상 불가능하다. 정부도 지역소재 벤처기업 등에 대한 투자를 행하는 투자펀드에 대해서는 모태펀드의 출자비율을 높이는 방안을 추진하는 등 최근 주식자본 공급기관에 대한 필요성을 인식하고 있으나 아직까지 지방기업에 대한 투자를 전문으로 하는 투자펀드는 출현하지 않고 있다.

③ 지역금융정책의 부재

표 8은 우리나라의 중소기업의 지역별 분포와 중소기업금융서비스의 지역별 실적을 나타내고 있다. 먼저 중소기업의 지역별 분포를 보면 중소기업은 사업체수기준으로 수도권(서울, 경기, 인천)에 46.7%가 분포하고, 비수도권에 53.3%가 분포하여 지방에 보다 많이 분포함을 알 수 있다. 그 중에서 경기지역에 22.8%, 영남지역에 28.4%, 호남지역에 10.4%, 충청지역에 9.6% 각각 분포하고 있다. 이들에 대한 금융서비스 주체는 크게 정책금융서비스를 대행하는 예금은행, 그리고 신용보증기관으로 구분된다. 먼저 국책은행과 일반은행을 포함하는 예금은행의 중소기업대출의 분포를 살펴보자. 예금은행의 중소기업대출 잔액은 2003년말 현재 196.1조원인데, 이중 수도권에 54.9%, 비수도권에 45.1%를 대출해 주고 있어 중소기업의 지역분포와는 비대칭적인 지역별 금융서비스 실적을 보여주고 있다. 단순분포로 볼 때 호남, 영남, 충청권 중소기업에 대해 예금은행들은 금융서비스를 과소 공급하고 있다고 볼 수 있다. 특이한 점은 경기지역 중소기업들도 예금은행들로부터 금융서비스를 과소하게 공급받고 있고 서울지역의 경우 중소기업이 24% 분포하는데 예금은행의 중소기업 대출의 40%가 서울에서 이루어진 것으로 나타났다. 신용보증기금의 경우 수도권의 중소기업 분포에 비해 과도하게 높은 신용보증서비스를 받고 있는 것으로 나타났다. 수도권 중소기업은 신용보증기금 보증잔액의 56.4%, 기술신용보증기금 보증잔액의 59.4%, 지역신용보증재단 보증잔액의 56%를 서비스 받고 있었다.

결국, 우리나라의 지역금융서비스는 중앙정부차원의 체계적인 지원제도가 미비한 가운데 실제 중소기업의 지역별 분포와 중소기업대출의 지역별 분포가 크게 괴리된 채, 지역금융서비스는 과소하게 공급되고 있다고 볼 수 있다. 비록 중소기업의무대출과 총액한도대출 등을 통해 한국은행이 예금은행의 지역금융서비스를 유도하고 있으나 실효를 거두고 있다고 보기 어려우며 담보력이 취약한 지역 중소상인들의 채무보증서비스를 수행하는 신용보증기관들도 제 역할을 하지 못하고 있다. 미국의 경험으로 볼 때 이같은 지역금융서비스의 부족은 금융의 공공성을 적극적으로 제도화하지 못한데서 비롯되는 것으로 보인다. 금융기관에 대해 건전성과 공공성을 균형있게 평가할 때 지역 소재 중소기업의 금융소외 혹은 금융차별문제는 완화될 수 있는데, 기존의 금융규제로는 금융의 공공성을 담보하는데 한계가 있는 것으로 보인다.

〈표 8〉 중소기업 및 중소기업금융의 지역별 분포(2003년) (단위: 조원, 비중(%))

		전국	수도권	비수도권	경기	영남	충청	호남	제주
중소기업	개수(만개)	295	46.7	53.3	22.8	28.4	9.6	10.4	1.3
예금은행	중소기업대출	196.1	54.9	45.1	14.8	30.6	7.9	5.8	0.8
신용보증기금	보증잔액	28.2	56.4	44.0	30.5	26.6	8.2	8.2	0.7
기술신용보증	보증잔액	16.5	59.4	40.0	25.5	26.1	7.9	6.1	0.6
지역신용보증재단	보증잔액	2.3	56.0	44.0	36.1	23.6	10.2	4.6	0.0

자료: 중소기업청, 한국은행, 한국신용보증기금, 한국기술신용보증기금, 전국신용보증재단연합회.

5. 결론

본고에서는 현재의 금융시스템이 지역균형발전으로의 발전패러다임의 변화를 효과적으로 지원할 수 있는지를 검토하였다. 우선 지역균형발전은 혁신시스템을 구축하는 혁신전략 뿐만 아니라 낙후지역에 대해 고용유발계수가 높은 기업을 지원하여 지속가능한 지역발전(고용창출을 통한 빈곤극복)을 유도하는 고용전략이 중요하다는 것을 주장하였다. 그리고 지역금융시스템은 혁신전략과 고용전략을 동시에 지원하는 이원적 시스템(two tier)을 구축할 필요가 있다. 혁신금융체제와 관련하여서는 창업초기의 창업자와 투자자간 정보문제를 완화하는 제도가 좀 더 정비되어야 하고, 고객기반과 지역사회에서 공식적, 비공식적 네트워크를 형성하고 있는 상업은행이 벤처캐피탈에 투자할 수 있도록 보다 근본적인 대책이 필요하다. 이를 통해 궁극적으로는 혁신기업들의 성장사이클에 조응하는 단계적 금융시스템을 구축하는 것이 필요하다.

고용전략을 실현하는 지역개발금융체제를 구축하기 위해서 미국의 지역재투자법(CRA) 같이 기본적으로는 강제적인 규제제도이지만 은행도 그로부터 부가적인 편익을 얻을 수 있는 유인부합적인(incentive compatible) 규제를 우선 도입할 필요가 있다. 그 토대위에 낙후지역의 기업들의 자금수요, 한편에서는 대출자금, 다른 한편에서는 주식자금을 조달할 수 있는 지역개발금융기구들을 육성할 필요가 있다. 특히, 자본시장의 자금조달 기법을 활용한 지역개발벤처캐피탈제도를 검토할 필요가 있다.

한편 한국은행의 총액대출한도제도는 지역중소기업 금융지원대책과의 정책연계성을 강화할 필요는 있으나 한계가 있어 보이며 중소기업의무대출제도는 자산운용에 대한 직접규제라는 점에서 과도한 측면이 있으나 의무대출 비준수에 따른 부담이 크지 않고, 한국은행의 강제력 또한 크지 않아 실효성은 크지 않다. 그 결과 중소기업의 전국적 분포와 중소기업 대출 및 중소기업에 대한 신용보증잔액의 전국적 분포간에는 큰 괴리가 발생하며, 금융서비스의 수도권 집중이 지속되고 있다. 이런 점에서 일반은행들에게 금융의 공공적 역할을 법적으로 강제하는 미국의 지역재투자법이나 일본의 금융평가법 제정 움직임은 글로벌 금융경쟁으로 금융소외 내지 금융차별이 심화되고 있는 외환위기 이후의 변화된 우리 금융환경을 고려할 때 우리나라 지역금융제도와 관련하여 시사하는 바가 크다. 지역금융 수요에 대한 근본적인 해결은 결국에는 정부의 재정이나 특수은행이 아닌 민간금융기관을 통한 금융서비스를 통해서 가능하기 때문이다. 미국의 지역금융시스템은 지역재투자법 같은 유인부합적인 규제 없이는 지역개발, 지역금융, 나아가 지역개발금융회사들이 지속적으로 성장하는 데 한계가 있다는 사실을 우리에게 분명히 가르쳐주고 있다.

참고문헌

국가균형발전위원회. 2003,『국가균형발전의 비전과 과제』.

국회. 2005, "중소기업대출 의무비율제도 관련 자료," 2005년 국정감사 자료.

야마구치. 2005, "금융의 공공성과 금융평가법,"『야마구치 교수 초청 행사자료집』, 금융경제연구소.

김형기. 2004, "국가균형발전정책에 대한 평가와 과제,"『지방분권운동 심포지움 발표 논문집』, 지역혁신박람회.

김효명. 2004, "지역금융활성화에 관한 연구,"『중소기업연구』제 3권.

박경. 2005, "지역균형정책인가 신성장정책인가? 신지역주의의 문제점과 대안모색,"『경제발전연구』제 11권 제 1호, 한국경제발전학회.

송인성. 2003, "외국의 지역균형발전 사례연구,"『도시문제』Vol.38, No.412, 대한지방행정공제회, 64-86.

송홍선. 2004a, "지역혁신체제와 금융인프라," 한국사회경제학회 2004년 봄 정기학술대회 발표문.

_____. 2004b, "미국 은행그룹의 사모투자와 금융감독,"『금융리스크리뷰』창간호, 예금보험공사.

이상철. 2004, "참여정부의 국가균형발전정책과 지역혁신체제구축,"『SIES Working Papaer Series』175호, 서울사회경제연구소.

재정경제부. 2005, "벤처활성화 대책관련 모음집," http://www.mofe.go.kr.

중소기업청. 2004,『중소기업 발전비전과 육성전략』

Akerlof, G.1970, "The market for lemons: quality uncertainty and the market mechanism," Quarterly Journal of Economics 84(3), 488-500.

Arrow, K. 1974, The limits of Organization, New York, Norton.

Belsky, E. S., M.Schill & A. Yezer. 2001, "The Effect of the Community Reinvestment Act on Bank and Thrift Home Purchase Mortgage Lending," Changing Financial Markets and Community Development, A Federal Reserve System Community Affairs Research Conference, Washington, D.C.

Black, B. & R. Gilson. 1998, "Venture capital and the structure of capital markets: banks versus stock markets," Journal of Financial Economics, no.47 243-277.

Equist, C., Eriksson, M. & Sjogren, H. 2002, "Characteristics of collaboration in product innovation in the regional system of innovation of East Gothia," European Planning Studies, vol.10, no.5.

FRB. 2001, "Survey of the performance and profitability of CRA-related lending," http: //www.federalreservegov./

____. 2005, "Community reinvestment regulations," Docket-R.1225, http: //www. federalreservegov./

Gomper, P. A. 1996, "Grandstanding in the venure capital industry," Journal of Financial Economics 42, 133-156.

Greenspan, A. 2005, "Empowering communities, attracting capital and creating opportunities," Remark at the 2005 National Community Reinvestment Coalition Conference, Washington.

Hoiser, A. M. Y. 2003, "Corporate civic investment fund: new models for community development finance," Sustainable Community Development: What Works, What Doesn't, and Why, A Federal Reserve System Community Affairs Research Conference, Washington, D.C.

Holyoke, T. T. 2001, Community organization and Community Reinvestment Act lending in Washington, D.C, Federal Reserve Bank of Chicago, 340-362.

Jeng, L. A. & P. C. Wells. 2000, "The determinants of venture capital funding: evidence across countries," Journal of Corporate Finance 6, 241-289.

Mason, C. & Harrison, R. T. 1995, "Developing the informal capital market in the U.K.," http: //www.babson.edu/entrep/fer/papers95/mason.htm.

Ottati, G. D. 1994, "Trust, interlinking transactions and credit in the industrial district," Cambridge journal of economics, no.6, 529-546.

동아시아 금융정책협력방안의 모색
―EU의 경험을 중심으로

김은경

1. 서론

1997년 외환위기 이후 위기의 효율적 극복과 예방을 위한 동아시아 금융협력의 필요성이 대두되면서 동아시아 금융정책협력에 대한 정부 및 학계의 다양한 논의가 있었지만 정치적·역사적 한계로 인해 괄목할만한 현실적 진전은 없는 것으로 보인다.[1] 특히 치앙마이 이니셔티브(Chiang Mai Initiative, CMI)에 근거한 통화 스왑협정의 양적 증가 이외에는 중장기적으로 달성하고자 하는 역내 통화협력체제의 형태나 전망에 대한 역내 국가간의 합의도 없는 상태이다. 이는 한·중·일 모두 동아시아 금융통합과 관련하여 뚜렷한 목적의식과 그에 적합한 구체적인 정책목표를 가지지 못하였기 때문이다. 또한 동아시아 금융정책협력에 대한 연구에서도 경제통합이라는 목적의식 하에서 동아시아적 대안을 모색하기보다는 자유주의적 관점에서 금융시장의 자유화 논리에 근거한 시장육성의 중요성이 많이 강조되고 있는 것으로 보인다. 더욱이 현재의 CMI도 미국의 주도권이 관철되는 IMF체제의 범주에서 한정적이고 부분적으로 이루어지고 있기 때문에 자주적인 동아시

---

[1] 엄밀한 의미에서 동아시아 지역에 속하는 국가는 한국, 중국, 일본, 몽고, 대만 등이지만 ASEAN국가들까지 포함하여 논의를 하는 것이 일반적이므로, 이 글에서도 ASEAN+3에 속하는 국가들을 (범)동아시아지역 국가들로 간주한다.

아 공동체 형성의 관점은 결여되어 있다.

본 논문은 국제금융시스템의 불안정에 직면한 유럽의 적극적 대응이라는 관점에서 유럽연합(European Union, EU)의 금융정책협력의 특징을 검토하여 동아시아지역에서 유럽의 경험들을 적용할 수 있는 가능성을 모색하는 것을 목적으로 한다. 이어지는 2절에서는 EU의 금융정책협력의 형성과정 및 구조를 분석한다. 3절에서는 동아시아 금융정책협력의 현황을 검토하고 4절에서는 EU의 경험에 근거하여 동아시아 금융정책협력의 방향을 제안한다. 5절은 결론이다.

2. EU 금융정책협력의 특징

1) EU 금융정책협력 형성과정의 특징

유럽경제통합의 시작은 전후 유럽경제의 재건이라는 유럽 국가들의 공동목표에 근거하였다. 전후 외환부족에 직면하여 유럽 내 자유무역의 활성화를 위한 다자간 결제시스템의 보장을 위해 1950년에 도입된 유럽결제동맹(European Payment Union, EPU)은 1958년에 해체될 때까지 역내 교역량을 증대시켰다. 그러나 브레튼우즈체제가 안정적으로 유지되던 1950~60년대 중반까지는 유럽 내 환율시스템이나 금융통합에 대한 논의는 진전되지 않았다. 국제수지 흑자와 점증하는 외환보유고로 인해 회원국들은 통화통합에 대한 인센티브를 가지고 있지 않았기 때문이다(Verdun, 2000: 56). 그럼에도 불구하고 이 시기동안 유럽경제공동체(European Economic Community, EEC) 및 관세동맹이 창설되고 공동농업정책(Common Agricultural Policy, CAP)이 시작되었다. 또한 집행위원회(European Commission)의 통화정책, 환율정책, 재정정책 협력 제안에 따라 1964년에는 중앙은행총재위원회(Committee of Central Bank Governors), 예산정책위원회(Budgetary Policy Committee), 중기정책위원회(Medium-Term Policy Committee) 등이 창설되어 통화위원회(Monetary Committee), 단기정책위원회(Short-Term Policy Committee) 등과 함께 5개의 전문위원회가 구성되었다.

1960대 중반부터 시작된 국제통화체제의 불안정과 1967년의 EEC의 환율위기는 회원국들에게 유럽의 통화통합에 대한 내부적 동기를 부여하는 계기가 되었다. 변동환율제를 국가별로 독자적으로 추구하면 공동시장의 추진은 물론 관세동맹이 유지될 수 없으며 특히 공동가격정책에 기초한 CAP이 초기부터 와해될 수 있다는 위기의식은 각 회원국들이 좀 더 진전된 통합의 필요성을 인식하도록 만들었다. 이러한 배경에서 생산 및 고용, 물가, 국제수지 등과 같은 중기지표에 근거한 회원국간 정책협력, 회원국간 단기적 경제변동에 대처하기 위한 사전적 협의 및 경제정책 조정, 국제수지적자 회원국을 지원할 수 있는 통화협력의 강화 등을 제안한 바르게 획(Barre Plan)이 1969년에 제기되었다.

한편 유럽의 경제통합을 진전시킨다는 목적 하에 1970년에 채택된 베르너 보고서(Werner report)는 연대와 리스크 공유를 강조하면서 구체적으로 3단계의 통화동맹의 창설을 제기하였으나 1단계만을 규정하고 2, 3단계는 제시하지 않았다. 베르너 보고서는 경제통합에 대한 회원국들의 의지를 과대평가하면서 회원국들의 정치적 지지를 극대화하기 위해서는 통화동맹에 도달하는 점진적 프로세스가 필요하다는 현실을 간과하였다(Verdun, 2000: 71). 더욱이 동 보고서는 점진적 통합 과정을 주장하였지만 경제통합을 정치적인 재량에 따른 고통스런 무한한 타협의 과정으로 만들 수 있었다. 결국 경제주의자(Economists)와 통화주의자(Monetarists) 사이의 첨예한 대립, 회원국 사이의 연대 부족 및 상이한 국가적 이해 갈등 등으로 인해 초국적 기관과 다수결의 규칙이 없는 상황에서 통화통합으로의 진전은 거의 없었다.[2]

달러의 평가절하에 이어 닉슨선언으로 현실화된 브레튼우즈체제의 붕괴는 환율조정과 관련되어 EEC 국가들의 갈등을 야기하였다. 경제주의자와 통화주의자의 분열이 재촉발되면서 네덜란드, 이탈리아, 서독 등 경제주의자들은 환율유연성의 확대를 선호하고 베네룩스와 프랑스는 이중시장시스템을 선호하였다. 이러한 과정에서 회원국들은 역내의 대칭적이고 안정적인 고정환율제 실현을 위해 1973년부터 대달러 고정환율제를 포기하고 역내 통화간 변동폭을 상하한 각각 1.125%

---

2) 경제주의자와 통화주의자의 구체적 입장에 대해서는 김세원(2004: 330-333)을 참조.

로 유지하면서 대달러환율은 공동으로 자유롭게 변동시키는 공동변동환율제를 채택하게 되었다. 정치적 의지만 있다면 제한된 환율변동은 유지가능하다는 것이 이 당시 정책결정자들의 기본 판단이었다.

그러나 공동변동환율제는 환율조정의 비대칭적 성격으로 인해 환율조정부담이 약세통화국 내지는 국제수지 적자국으로 전가되어 약세통화국은 자국의 경쟁력에 비해 과도한 평가절상압력에 직면하게 되면서 유럽경제의 국제경쟁력 저하와 디플레현상의 확대를 초래함으로써 회원국들의 경제상황을 악화시키게 된다(김세원, 2004: 335-336). 실제로 공동변동환율제 하에서 통화지원이나 국가경제정책 협력의 보장도 없는 상태에서 회원국들은 EC로부터 어떠한 금융적 지원도 받을 수 없었다.[3] 영국을 필두로 아일랜드, 덴마크, 이탈리아 등이 모두 공동변동환율제를 폐기하고 1974년 프랑스가 스네이크를 떠남에 따라 스네이크제도는 통화통합의 수단으로서의 기능을 상실하였다.

1973년 6월 석유위기의 재발은 각 회원국들이 이해관계의 상이함을 극명하게 드러내는 계기가 되었다. 독일은 지속적으로 국제수지 흑자를 유지하고자 하였으며 베네룩스와 덴마크는 산출 감소가 없는 인플레이션율 하락을 정책목표로 하였고 프랑스와 이탈리아는 완전고용을 목표로 하였다. 결국 회원국들은 서로 다른 우선순위와 정책목표 하에 상이한 정책 수단을 이용해야 했기 때문에 회원국간 합의의 도출은 어려울 수밖에 없었다.

1975년의 마조린 보고서(Majolin report)는 통화통합의 실패 요인으로 첫째, 1960년대 후반 이후의 반복적 위기와 오일쇼크, 둘째, 회원국들의 정치적 의지 부족, 셋째, 지적 근시안(intellectual short-sightedness)을 지적하고 있다(Verdun, 2000: 70-71). 특히 동 보고서는 통화 및 경제적 정책결정을 일국의 정부에 비견할 만한 권력을 가진 공동체적 기구에 양도해야 할 필요성을 지적하지만 구체적인 설립 제안을 하지는 않고 있다.[4]

---

3) 1970년 2월 6개 회원국 중앙은행간 협정이 체결되어 '3개월 자동대출' 과 같은 환율안정을 위한 단기통화지원수단을 마련하였으나 유럽경제가 장기침체로 접어들고 회원국들 내에서 환율이 자주 변동하기 시작하면서 실현되지 못하였다. 유럽통화협력기금(European Monetary Cooperation Fund, EMCF)은 1973년에 창설되었다.

4) 한편 1976년의 틴드만 보고서(Tindemans Report)는 'two-speed' 공동체를 통한 EMU의 재출범을 제안하였다.

1970년대를 거치면서도 유럽 내에서의 회원국간 경제정책협력은 거의 부재하였고 자본시장은 자유화되지 않았으며 재화, 서비스, 생산요소의 자유로운 이동을 보장하는 공동체로의 진전도 거의 없었다. 이는 1970년대의 반복적 위기 속에서 각국의 이해관계의 갈등과 함께 경제주의자와 통화주의자의 대립은 해결되지 않았으며 더구나 공동체의 회원국이 6개국에서 9개국으로 확장됨에 따라 정책협력이 더 어려워졌기 때문이다. 또한 회원국들이 유럽적 이해가 국가의 이해와 연결된다고 인식하고 통화동맹의 건설을 중요한 중장기적 목표로 상정하기 위해서는 회원국들의 경제적 목표와 경제구조의 차이를 축소시키는 것이 요구되었다.

1978년 7월 영국을 제외한 8개 회원국은 역내 통화간 가치안정과 회원국 간 경제격차 해소를 기본목표로 1979년 1월부터 유럽통화제도(European Monetary System, EMS)를 실시하기로 동의하였다. 불안정한 환율은 CAP의 운영에 장애가 되며 역내 산업구조조정이나 무역에도 부정적인 영향을 주기 때문이다. EMS는 환투기나 불안정한 국제통화체제에서도 유지 가능한 유럽차원의 통화제도 수립의 목표를 현실화시킨 것으로 평가될 수 있다.

EMS는 유럽통화단위(European currency unit, ECU), 환율조정메커니즘 (Exchange rate mechanism, ERM), 신용공여장치(credit facilities) 등을 핵심적 요소로 한다. ECU는 영국을 포함한 9개 회원국 통화의 구성단위 수가 고정되어 있는 표준바스켓통화로서 역내 결제수단이자 회계 단위이다. 한편 대칭적인 상호 개입 의무의 원칙에 근거한 ERM은 기준환율을 중심으로 상하한 각각 2.25%의 변동폭을 허용하였으며 각국 통화의 시세가 변동폭의 한도에 달하면 강세통화국과 약세통화국은 모두 무조건적으로 환시장에 개입해야 한다. 그러나 ERM은 현실적으로는 독일 마르크화를 중심으로 운영되었기 때문에 ERM 참여국들은 마르크화에 대한 환율변동폭에만 관심을 두었고 독일은 다른 회원국들과의 환율보다는 달러에 대한 환율관리에만 초점을 맞추게 되었다. 즉 회원국들의 대달러 환율의 유지가 마르크화와의 시세유지를 통해 이루어짐에 따라 비대칭성은 제거되지 못한 채 ERM은 독일의 통화정책에 민감하게 반응하게 되었다. 다른 한편 신용공여장치는 외환시장의 개입을 위해 약세통화국이 강세통화국으로부터 강세통화를 차입할 수 있도록 하기 위해 초단기신용, 단기신용, 중기금융지원 등 3가지 제도로 구성되었다.

특히 초단기신용공여제도는 약세통화국이 EMCF의 중재를 통해 강세통화국의 통화를 45일간 무제한으로 차입할 수 있도록 허용함으로서 EMS의 유지에 중요한 역할을 담당하였다. 1980년대의 EMS 성공의 주요 동력은 참여국들의 의지였으며 EMS는 유럽통합의 상징으로 이 시스템을 통해 회원국들의 협력도 증진되었다.

그러나 1992년의 ERM 위기는 회원국들이 충분하게 정책조정을 하지 않았다는 것을 여실히 드러내 주면서 유럽경제의 안정성 유지는 통화통합만을 통해서 이루어질 수 있다는 것을 입증하는 계기가 되었다. 환투기공격에 대응하여 자국의 통화 가치를 방어할 수 있는 방법은 자본통제나 공적 개입 및 고이자율 정책 등인데 자본통제는 유럽단일시장의 목표에 위배되고 공적 개입은 통화정책의 목표와 상충되며 고이자율정책은 국내경제에 과도한 부담을 줄 수 있기 때문에 고부채국이나 경기침체기에는 정치적으로 사용하기 어렵기 때문이다.

한편 유럽통화통합의 단계적 계획을 제시한 1989년의 들로르 보고서(Delors Report)는 1991년 12월의 마스트리히트조약으로 계승되었고 1999년에 유럽중앙은행(European Central Bank, ECB)이 출범되면서 EU는 단일통화 및 단일통화정책을 가지는 경제통화동맹으로 발전되었다.

2) EU의 금융정책협력 구조

상이한 경제구조를 가진 국가들이 하나의 경제동맹으로서의 결속력을 강화하기 위해서는 상호간의 정책협력이 중요하다. EU는 마스트리히트조약의 수렴조건에 근거하여 경제동맹을 구성하였으나 역동적인 경제적 변화에 따른 경제변동을 서로 동조화시킬 수 있는 경제정책은 매우 중요하다. 특히 안정적인 공동통화정책의 운영을 위해서는 회원국간의 거시경제정책 협력은 핵심적이다.

일반적으로 중앙은행이 하나의 통일된 정치권력을 토대로 발전해 왔던 반면 ECB가 상이한 국가들 간의 정치적 조약에 의거했다는 것은 통화정책의 결정과 효과적 수행을 어렵게 만든다. 더구나 마스트리히트조약은 ECB가 물가안정을 유지하고 자유경쟁적인 시장경제를 존중해야 한다는 것 이외에는 어떠한 구체적인 규정도 하지 않고 있다. ECB의 출범과 함께 덴마크, 스웨덴과 영국을 제외하고 유로화를 채택한 12개 회원국들의 중앙은행과 ECB로 구성된 유로시스템 (Euro-system)이 유로권의 통화정책을 담당하게 되었다.[5] 그러나 실질적인 운영은 ECB의 정책이사회(Governing Council)와 집행위원회(Executive Board)가 담당하고 있다. 그리고 EU의 15개 회원국 중앙은행의 총재들, ECB의 총재와 부총재로 구성된 일반 이사회(General Council)가 ECB의 정책결정 단위의 하나로서 ECB와 유럽중앙은행제도(European System of Central Banks, ESCB)에 조언을 하는 역할을 한다. 결국 정책결정은 ECB의 총재와 부총재를 포함한 6명의 집행위원회와 유로권의 12개 중앙은행의 총재들로 구성된 정책이사회에 달려 있다.

ECB의 근본적인 한계는 마스트리히트 조약이 ECB에게 유동성 위기를 해결할 수 있는 최종대부자(lender of last resort)로서의 역할을 명시적으로 부여하지 않았다는 것이다. ECB는 물가안정을 위해 이자율을 결정하는 책임을 가질 뿐이다. 더욱이 정보의 분산화와 정책결정의 중앙 집중화의 모순으로 인해 ECB가 효과적인 최종대부자로서의 역할을 수행하는 것에도 한계가 있다(Buiter, 1999: 16-17). 최종대부자로서의 역할 유지에 필요한 정보는 각 회원국의 감독기관 차원으로 분산되어 있으면서 금융지원을 제공하는 정책당국은 프랑크푸르트에 집중되어 있기 때문이다.

또한 중앙 집중화되고 연방적인 통화정책과 분산화된 재정권력 사이의 불일치는 유럽의 금융체계가 통합될수록 ECB의 통화정책결정이 형식적으로는 중앙 집중화된 단일한 형태로 표현되지만 내용적으로는 타협과 갈등의 과정으로 나타나게 만든다(김은경, 2002: 44-46). 즉 ECB 내의 결정은 각국 중앙은행의 이해관계의 타협에 근거하기 때문에 정책결정과 집행에 있어서 ECB와 각국 중앙은행들의 총재 사이에는 갈등이 지속적으로 존재하여 개별 회원국들에게 비대칭적인 영향을 줄 수 있는 충격이 발생했을 때 ECB가 신속한 조치를 취할 수 없게 만들 수 있다. 따라서 ECB의 최종대부자로서의 역할을 강화하기 위해서는 ECB의 정책이사회가 EU이사회에 의해서 임명된 집행위원과 전문가들이 다수를 차지하도록 구성되어

---

5) 유로시스템(Eurosystem)은 각 회원국들이 자국의 금융체계에 대한 감독기능에 책임을 지고, ECB가 통화정책을, EU는 유럽 차원의 규제를 담당하는 3원적인 법적, 지리적 기구들로 구성되어 있다.

야 하며 회원국 중앙은행들의 총재는 서로 순번에 따라 소수만이 정책이사회에 참여하도록 규정하여 정책이사회가 각 국의 이해관계의 절충의 장이 되는 것을 막아야 한다. 또한 ECB는 전체 금융시스템에 대한 정보의 항시적이고 안정적인 확보를 위해 금융기관들에 대한 정보를 가진 규제기관이나 감독기관, 그리고 각 회원국의 재무부장관과 협력을 할 수 있는 다국적 협력체제를 구축하여 최종대부자의 역할을 수행하도록 해야 한다.

ECB의 근본적 한계를 보완하면서 효율적인 단일통화정책과 경제통합의 가속화를 위한 목적으로 운영되는 것이 일반경제정책지침(Broad Economic Policy Guidelines, BEPGs)과 '안정 및 성장협약(Stability and Growth Pact, SGP)'이다.

매년마다 집행위원회가 회원국들에게 제안하는 권고안인 BEPGs는 각 회원국의 거시경제정책 및 구조정책을 위한 기초를 제공한다. 이 권고안은 정책입안자들에게 EU 차원에서 시행되어져야 할 경제정책 전반에 대한 지침을 제시하는 동시에 각 회원국 경제에 대한 사후적 평가의 판단기준을 제공하여 다자간 감시의 효율성을 높이기 위한 것이다. 따라서 BEPGs는 회원국들에 의해 동의된 초국가적 준칙 혹은 기준으로서 평가될 수 있다. 따라서 정책에 있어서 주요한 책임은 각 회원국의 재량에 맡기면서도 재량의 폭을 EU 차원에서 제한하는 것이다. 핵심적인 정책협력 방법은 '느슨한(soft)' 형태의 상호감시, 정보교환, 정책적 대화와 수평적 상호압력(peer pressure) 등이다.

그러나 이러한 방식의 정책협력은 실질적인 긴밀한 협력을 유도하기에는 부족하다. 권고안이나 의견교환에 기초한 정책협력은 법적 구속력을 가지는 것이 아니라 자발적 준수가 원칙이기 때문에 정책 협력의 실현여부는 정치적 성격을 가진다. 더구나 BEPGs는 EU 차원에서 제시되어 EMU의 특수성을 고려하기 어렵기 때문에 정책협력에서의 모호함이 존재할 수밖에 없다.[6] 특히 현재의 정책협력구조에서 가장 문제가 되는 것은 정책들 간에 존재할 수 있는 잠재적인 갈등이 현실화되었

---

6) Von Hagen & Mundschenk(2002: 14-21)의 평가에 따르면 단일통화정책과 단일시장의 관리를 제외하고는 EMU는 협의의 정책협력을 한다. 회원국들의 정책협력은 국가별 경제정책을 상호 감시하는 것에 한정되며 EMU 내에서 물가안정을 위협할 것으로 예상되는 문제에 대해서만 이의를 제기할 뿐이기 때문이다. 따라서 구체적인 공동정책목표를 상정하고 이 목표를 달성하기 위해 명시적인 합의를 필요로 하는 광의의 정책협력은 이루어지지 않고 있다.

을 때 적절한 선택을 할 수 있는 기준이 없는 것이다.

이에 반해 SGP는 가장 명시적인 방식으로 회원국들 간의 재정정책협력을 위한 재정준칙(fiscal rule)으로서 제기되었다. EU는 1970년대와 80년대를 거치면서 누적되어 온 재정적자 문제를 구조개혁의 주요한 과제의 하나로서 인식하고 마스트리히트조약을 통해 재정적자의 통제 방법으로서 과다재정적자처리절차(Excessive Deficit Procedures, EDP)를 도입하였다. 이어 1997년 6월의 암스테르담 정상회의는 회원국의 재정운영에 대한 감독과 규제를 구체화한 '안정 및 성장 협약(SGP)'을 채택하였다. 따라서 SGP는 마스트리히트조약의 재정조항을 보완·강화하여 회원국들이 건전한 재정균형과 낮은 공공부채를 유지하도록 만들기 위한 재정준칙이다. SGP에 따르면 EU 회원국들의 재정적자 비율은 GDP 대비 3%를 초과할 수 없으며, 정부부채 비율은 GDP의 60% 이하를 유지해야 한다.

EU의 거시경제정책은 유로화의 안정을 통한 EMU의 유지를 위해 재정적 안정을 강조한다(von Hagen, 2003: 4-5). 통화동맹 내에서 한 회원국에 대한 구제금융으로 인해 초래되는 인플레이션은 전체 통화권에 부정적인 외부효과를 발생시키므로 재정정책을 위한 가이드라인과 현재 및 미래의 정책적 발전경로에 대한 적절한 판단을 결합시킨 정책적 틀이 필요하기 때문이다. 더욱이 'no bail out'과 재정적자제한규정은 경제통합의 강화로 인해 심화될 수 있는 금융시장의 불안을 해소시키고 '신뢰성'을 획득하기 위한 정책적 산물이다.[7]

회원국이 SGP의 기준을 충족시키지 못하면 집행위원회는 기준을 지키지 못한 회원국의 전반적인 재정상황에 대해 유럽이사회에 보고서 및 권고안을 제출하고 유럽이사회는 이에 대한 최종적인 판단을 하여 해당 회원국에 대한 제재여부를 결정한다. SGP는 매년 EMU 회원국들에게는 재정운영계획과 목표를 내용으로 하는 안정화계획(stability programme)을, EMU에 가입하지 않은 영국, 스웨덴, 덴마크에게는 수렴화계획(convergence programme)을 집행위원회와 ECOFIN에 제출하도록 규정하고 있다. 따라서 SGP는 과다한 재정적자의 예방과 억제에 초점을 맞추었다. 한편 회원국의 재정적자가 GDP의 3%가 넘는 경우가 발생하면 다음 해까지

---

7) SGP에 대한 구체적 평가는 김은경(2004: 293-299)을 참조.

자구노력을 하도록 ECOFIN이 해당 회원국에게 조기경보조치 및 권고안을 제시하며, 그 다음해에도 상황이 지속되면 제재조치를 한다. 즉 SGP는 GDP의 0.2%에 GDP의 3%를 초과하는 적자분의 1/10을 가산한 금액을 집행위원회에 무이자예치(non-interest bearing deposit)를 하도록 금융적인 제재를 가하며 각 단계에 대한 최종기한을 설정하여 재정준칙을 실질적이고 시기적절하게 수행할 것을 해당국들에게 지시한다.[8]

SGP는 매우 단순하여 대중들이 쉽게 이해할 수 있으며 결과에 대한 평가의 기준을 명확하게 제공한다는 것이 가장 큰 장점이지만 모든 회원국들에게 동일한 규칙을 적용하는 'one-size-fits-all'의 성격을 가지기 때문에 각 회원국의 자동안정장치로서 작동할 수 없다. 더구나, SGP는 초과적자에 대한 제재는 있지만 호경기동안의 흑자를 축적하게 만드는 효과적인 강제메커니즘이 없기 때문에 경기침체기에 재정긴축을 강요하여 불황을 더 심화시킬 수 있다. 또한 SGP는 각국의 예산정책에 대한 다자간 감시와 ECOFIN의 비구속적인 권고안의 형태로만 이행될 수 있을 뿐이며, 회원국들에게 준칙을 지키도록 강제할 수 있는 메커니즘이 없다. 게다가 SGP의 정치화는 빈번한 비공식적 타협을 초래하여 경고와 제재가 실질적으로 발효되고 강제되는 조건들을 모호하게 만들었다.

단일통화정책의 효과적 수행과 거시경제적 수렴성을 강화하기 위한 EU의 거시정책협력구조는 여러 가지 한계를 가지고 있는 것으로 평가된다. 그럼에도 불구하고 경제통합이 점진적인 과정을 거쳐 이루어진다고 했을 때 EU의 경험의 긍정적인 측면을 수용하면서 그 한계를 극복할 방안을 모색하는 것이 동아시아 금융정책협력을 위한 발전적인 방향이 될 것이다.

---

8) 무이자 예치금은 매년 GDP의 0.5%를 최고한도로 한다. 한편 재정적자 비율의 3% 초과가 2~3년 동안 계속되면 이 예치금을 벌금으로 몰수한다. 단 천재지변이 있거나 연간 실질 GDP성장률이 -2% 이하이면 예치금의무에서 면제되며 -2%에서 -0.75% 사이인 경우에는 ECOFIN에서 제재여부를 결정한다.

3. 동아시아 금융정책협력의 현황과 평가

1) 동아시아 금융정책협력의 의의와 한계

1997년의 외환위기는 경제성장이 자동적으로 금융안정을 보장하지 않는다는 것을 극명하게 드러내 주었다. 경제성장을 최대한의 가치로 지향해 온 동아시아 국가들은 1997년의 위기를 통해 금융시장이 근본적으로 위기적 경향을 가지고 있음을 체험하게 되었다. 따라서 동아시아 국가들은 금융자유화와 세계화체제에 편입됨에 따라 자국들이 금융위기의 가능성에 전면적으로 노출되어 있다는 인식을 공유하게 되었다. 한편 금융위기의 실현과정이 미국 달러의 유동성위기로 구체화됨에 따라 동아시아지역 국가들 사이에서는 달러에 대한 고정환율제의 전반적인 문제점에 대한 비판이 대두되게 되었다. 다른 한편 수혜국의 경제 여건에 대한 고려 없이 신자유주의적인 프레임워크를 경제구조개혁이라는 미명하에 해당국에게 일방적으로 강요한 IMF의 구제금융정책은 IMF의 역할에 대한 비판적 여론을 형성시키는 계기가 되었다.

결국 1997년의 외환위기를 통해 동아시아 국가들은 금융세계화 및 자유화라는 조건 하에서는 자국의 금융시스템의 건전성을 높이고 금융시장의 안정성을 제고해야 할 뿐만 아니라 국제적인 금융정책협력을 강화해야 할 필요를 인식하게 되었다.

그러나 현실적으로 동아시아 금융정책협력의 발전은 요원한 과제였다. 가장 적극적으로 금융정책협력의 구상을 제시한 것은 일본이었다. 외환위기 이후 일본은 아시아 역내 국가들의 외환유동성 부족에 대비하고 IMF가 제공하는 구제금융을 보완할 목적으로 IMF와 유사한 역할을 담당하는 1,000억달러 규모의 아시아통화기금(Asian Monetary Fund, AMF)을 1997년 9월 IMF-World Bank의 연례미팅에서 제안하였다. AMF는 IMF의 감시활동을 보완하는 지역감시 메커니즘으로 AMF의 참가국은 IMF 경제조정프로그램에 맞추어 곤란을 겪는 국가에게 긴급한 금융지원을 한다. 즉 AMF는 지역감시 메커니즘에 근거한 독립적인 아시아기금을 창설하는 것이다. AMF는 일본이 기금의 50%, 한국, 중국, 아세안 회원국 등이 나머지를 부담하는 형태로 제안되었으나 아시아 국가들의 개혁의지를 약화시킨다는 명분 하에 IMF의 지위 약화를 우려한 IMF와 미국의 반대로 좌절되었다.

한편 일부 아시아 국가들도 일본이 AMF를 통해 동아시아 지역에서의 일본의 경제적 영향력을 확고히 하려고 한다는 점에서 AMF 창설을 반대하였다.[9] 노드호그(Nordhaug, 2005: 111)에 따르면 중국은 AMF를 일본이 동아시아에 '엔 헤게모니'를 강제하기 위한 시도로 간주하였으며 WTO 진입을 위한 미국과의 협상을 위해 미국의 의견을 따라 AMF 제안에 대해 반대하였다. 사실 AMF는 동아시아의 금융시장을 안정시키고 효율성을 높이면서 역내 경제를 활성화시키지만 다른 한편으로는 일본의 직접투자를 증가시키고 수출시장을 확대시키면서 일본경제의 성장에 직접적으로 기여할 수 있다. 그러나 다른 한편으로 ASEAN의 역할이 크지 않은 상황에서 일본의 자국중심주의를 견제할 수 있다면 AMF는 동아시아지역의 금융정책협력의 중요한 단초가 될 수 있었을 것이다.

일본은 1998년 7월 아시아 국가들의 외환보유액을 통합한 펀드를 형성하여 투기적 단기자본의 공격에 대비하는 것을 목적으로 하는 미야자와구상을 발표하였으나 이 또한 IMF와 미국의 반대에 부딪히게 되었다. 이어 같은 해 10월 300억달러의 일본 단독출연기금을 형성하여 단기 및 중장기의 외화유동성 및 경제회복자금을 지원하는 목적을 가진 신미야자와구상을 제시하였지만 큰 호응을 얻지는 못하였다.

동아시아 국가들의 금융정책협력은 역내 금융시장의 안정화 및 금융위기 예방, 미국 주도의 일방적인 금융세계화에 대한 동아시아 차원의 전략 확보, 역내 교역 및 투자의 확대 등을 위해 매우 중요한 의의를 가진다. 이러한 의의에도 불구하고 동아시아 금융정책협력은 현실적으로 다음과 같은 한계로 인해 실질적인 진전을 거의 이루어내지 못하고 있는 것으로 평가된다.

첫째, 동아시아 국가들이 금융정책협력의 필요성을 느끼지 못하고 있다. 1997년의 외환위기 이후 급속한 속도로 경제회복을 하게 된 동아시아 국가들에게 위기

---

9) 이 당시 AMF를 둘러싼 자세한 정황에 대해서는 Nordhaug(2005: 111)를 참조.

당시에 공유되었던 금융정책협력은 더 이상 현실의 과제가 아니게 되었다. 또한 금융정책협력에 대한 목적의식이 없는 상태에서 동아시아 국가들은 궁극적인 비전이나 이를 위한 구체적인 정책수단에 대해 문제의식의 공유도 없는 상태이다.

둘째, 동아시아 국가들의 금융정책협력을 주도할 수 있는 지도력을 가진 주도국가가 없다. EU의 경우 프랑스와 독일이 EU 건설의 쌍두마차의 역할을 하였던 것에 비해 중국과 일본은 상이한 이해관계 속에서 금융정책협력을 위한 협력적 관계를 형성하지 못하고 있다. 중국에게는 ASEAN과의 경제적 통합이 경제적으로나 정치지리적으로 일본이나 한국과의 관계보다 더 중요하며 일본은 동아시아국가들과의 경제적 협력의 강화를 지지하는 입장을 가지고 있지만 과거의 역사적 유산으로 인해 동아시아에서 전략적 이해를 정확하게 표출할 수 없는 처지이다(Park & Wang, 2005: 98-99). 또한 중국은 군사적 측면에서는 일본을 능가하지만 경제적 측면에서는 일본에 훨씬 미치지 못하고 있기 때문에 중국과 일본이 경제적으로나 정치적으로 힘의 균형을 유지하면서 동반자적 관점에서 동아시아의 금융정책협력을 주도하는 것은 현 상황에서 쉽지 않다.

셋째, 미국과 동아시아의 관계 설정의 문제가 있다. 아시아의 경제성장이 미국의 적극적인 지원이 없이는 불가능한 상황에서 동아시아 지역만의 지역주의를 용납하지 않는 미국의 의사를 무시하고 미국을 제외한 동아시아 국가들만으로 지역공동체를 형성하는 것은 쉽지 않다. 미국이 주도하는 APEC은 미국정부에 의해서 지역적 이니셔티브를 방해하기 위한 포럼으로서 이용되어 왔으며 대표적인 결과가 AMF의 좌절이었다. 더욱이 동아시아의 대부분의 국가들은 미국과의 교역에서 무역수지 흑자를 기록하고 있기 때문에 미국의 의도에 따라 성장 동력을 잃어버릴 수도 있다는 위기감을 가지고 있을 수 있다.

한편 2000년대에 접어들면서 동아시아지역 내에서 ASEAN을 선두로 한국·중국·일본 3국이 자유무역협정(Free Tradde Agreement, FTA) 체결을 통한 역내무역확대에 대해 적극적 의지를 표명함에 따라 FTA에 대한 논의가 활발해지고 있다. 즉 동아시아지역의 역내시장을 활성화하고 역내시장 중심으로 아시아의 경제성장정책을 추진할 수 있는 기반을 마련하는 것이 필요하다는 공감대가 형성되고 있는 것이다. 따라서 동아시아 국가들 간에 금융통화정책협력이 진전되면 동아시아 지역의 역내교역 및 투자규모가 더욱 확대될 것이다. 환율변동이 제거되면 거래 비용이 제거되고 시장의 투명성이 증가하며 달러화를 통한 거래에서 역내통화를 기준으로 한 거래로 전환된다면 국제유동성의 보유여부에 따른 거래규모의 제약을 받지 않기 때문이다. 실제 금융적 측면의 의의를 차치하더라도 금융통화협력은 환율변동성을 완화시켜 역내교역 및 투자를 확대시키고 공동통화바스켓페그제는 환율의 안정을 강화시켜 주는 역할을 한다(Eichengreen, 2005: 23). 결국 안정적인 상품시장의 발전을 위해서는 통화의 안정성이 중요하기 때문에 단일시장의 진전에 따라 단일통화의 필요성이 대두되는 것이며 이는 EU의 금융통합의 역사적 경험에 의해 입증되고 있다. 그러나 FTA에 대한 최근의 관심은 금융정책협력에 대한 관심을 축소시켜 현실적으로는 동아시아 금융정책협력의 발전에 장애물이 될 수도 있다(Park & Wang, 2005: 98).

2) 동아시아 금융정책협력 현황

(1) 유동성 지원 장치

지역금융협력제도(regional financial arrangement)는 국제수지적자 회원국들에 대한 단기 유동성 지원, 회원국들의 상호 감시메커니즘, 회원국간 쌍방의 환율을 안정화하기 위해 고안된 지역적·집단적 환율시스템 등 3가지 제도적 요소로 이루어지는 경제협력과 정책조정에 의해 이루어진다(Bergsten & Park, 2002: 1-2). 반면 동아시아 지역의 금융정책협력은 유동성 지원, 감시(surveillance) 메커니즘과 아시아 채권시장의 발전 등 3가지를 주요 정책으로 하며 환율시스템에 대한 제도적 장치는 결여되어 있다. 이러한 상황에서 CMI로 대표되는 유동성 지원정책은 가장 핵심적인 정책협력 수단이다.

일시적인 국제유동성 문제를 해결하기 위해 양자간 통화스왑협정(BSAs)을 중심으로 하면서 1977년에 체결된 ASEAN 스왑협정(ASA)을 확대시킨 CMI는 최초의 역내 금융협력 조치로서 중요하다.[10] 상호 유동성지원제도로서의 CMI는 EMS에서 ERM의 효과적인 운영을 위해 설치되었던 장·단기금융지원제도와 유사하

10) ASEAN 국가간에는 10억달러 규모의 ASA가 발효 중이다.

다. 즉 CMI는 동아시아 국가간 양자협정 체결을 통해 역내 특정국가의 외환위기시 약정금액의 한도 내에서 상대국에게 협정액을 지원하는 것을 목적으로 한다. CMI 는 33개의 협정을 위한 협상으로 시작되었으며 그 중 30개의 협정은 한국, 중국, 일본의 동북아 3국과 ASEAN 10개국간의 협정이며 나머지 3개 협정은 동북아 3국간의 협정이다.

〈표 1〉 CMI 현황
(단위: 억달러, 2005년 5월 기준)

	체결일	규모	지원통화	지원방식
한국-일본	2001.7.4	50[1]	달러/원	20억 일방 30억 상호[2]
일본-태국	2001.7.30	30	달러/바트	일방
일본-필리핀	2001.8.27	30	달러/페소	일방
일본-말레이시아	2001.10.5	30[1]	달러/링기트	일방
중국-태국	2001.12.6	20	달러/바트	일방
중국-일본	2002.3.28	30	엔/위안	양방
한국-중국	2002.6.24	40[5]	원/위안	양방
한국-태국	2002.6.25	10	달러/바트(원)	양방
한국-말레이시아	2002.7.26	10	달러/링기트(원)	양방
한국-필리핀	2002.8.9	10	달러/페소(원)	양방
중국-말레이시아	2002.10.9	20	달러/링기트	일방
일본-인도네시아	2003.2.17	30	달러/루피아	일방
중국-필리핀	2003.8.30	20	위안/페소	일방
일본-싱가포르	2003.11.10	10	달러/싱가포르달러	일방
한국-인도네시아	2003.12.24	10	달러/루피아(원)	일방
중국-인도네시아	2003.12.30	20	달러/루피아	양방

주: 1) 신미야자와 구상을 통해 일본이 제공하는 50억 달러(한국)와 25억달러(말레이시아)가 제외됨.
    2) 20억달러는 2004년 6월 27일에 갱신되었고 30억 달러는 2005년 5월 27일에 체결됨.
    3) 2005년 5월 27일에 갱신되었으며 수혜국 요청시 미달러화로 전환됨.

표 1은 2005년 5월 기준의 CMI 현황으로 지원방식에 있어서는 상호 대칭적으로 약정 금액을 지원하는 방식과 자금공여국과 자금수혜국이 미리 설정되는 비대칭적 방식이 있다. 한·중·일 3국을 중심으로 추진되어 온 BSAs는 지원 요청국에 대한 자금 지원국들 간의 협의를 통해 이루어지며 개별 스왑계약의 최대 인출액은 양자협정에 의존한다. 그리고 피지원국이 다수의 국가들과 BSA를 체결하는 경우 지원국간의 협의조정에 의해 실제 지원이 결정되며 스왑의 규모와 통화의 종류

는 전적으로 각각의 협상을 통해 결정된다. 이러한 자율적 방식의 지원협정임에도 불구하고 실질적인 지원은 IMF 등 기존의 국제기구를 통한 자금지원을 보완하는 의미만을 가질 뿐이다. 즉 약정 금액의 10%한도 내에서만 IMF의 자금지원과 연계되지 않고 독립적인 인출이 가능하며 90%는 IMF의 자금지원과 같이 제공되거나 IMF의 자금지원의 전제조건하에 이루어지기 때문이다.

CMI가 동아시아 최초의 실질적인 금융정책협력의 시도임에도 불구하고 다음과 같은 한계에 의해 구체적인 통화통합의 정책수단으로서 기여하는 의미는 크지 않다. 첫째, 가장 중요한 한계는 CMI는 ASEAN＋3을 비롯한 지역에 기반한 기구나 의사결정에 의거한 회원국들의 공동자금 조성에 의한 것이 아니며 이를 목적으로 하는 실제적 외환보유도 존재하지 않은 상황에서 협정 당사국의 협의에 의해 운영된다는 점이다. 이러한 상황에서 CMI는 동아시아 공동체 형성을 위한 어떠한 발전적 전망을 제시하거나 유도할 수 없다. 따라서 양자간 협상이 아니라 다자간 협상에 기반하면서 공동자금을 형성할 필요가 있다. 둘째, 양자간 계약형태를 중심으로 하는 CMI는 각국의 상황에 따라 자의적으로 진행되기 때문에 추진력이 약하고 위기상황에서 자동적 자금지원이 이루어지는 것이 아니며 자금공여국이 지원을 거부할 수도 있다. 또한 실제 자금지원의 경우에도 지원규모, 지원조건 등에 대한 협상과정에서 이견이 발생하면 시의적절한 지원이 이루어지지 못할 가능성도 있기 때문에 급박한 외환위기 상황에 대처하기에는 충분하지 못하다. 셋째, CMI의 자금지원이 적절하고 신속하게 이루어진다고 할지라도 지원액수가 현실적으로 위기를 해결할 수 있는 액수인가의 문제가 제기된다.[11] CMI는 IMF의 자금지원에 대한 보완적 역할을 하기 때문에 자금지원의 액수가 적을 수밖에 없는 문제도 있지만 이러한 유동성 지원제도가 역내 금융정책협력의 수단으로서 자리매김 되기 위해서는 무제한적인 유동성공급이 필요하다.[12] 넷째, CMI를 기반으로 하여 동아시아의 금융통합의 진전을 이루기 위해서는 CMI에 부과되어 있는 IMF와의 연계조건을 제

---

11) 1997년 외환위기시 IMF로부터 태국 172억 달러, 인도네시아 342억 달러, 한국이 570억 달러의 유동성 지원을 받은 사례를 상기하였을 때도 CMI 체제하에서의 총 400억 달러 규모의 지원금액은 매우 부족한 액수이다.

12) 이러한 신용공급에 대해 도덕적 해이의 문제를 제기할 수도 있겠지만 이는 지역내 국가들간의 공동 및 상호 감독체계에 의해 극복되어야 할 문제이다. 도덕적 해이의 발생에 대한 우려로 인해 필요한 역내 유동성 지원제도의 확립이 저지되어서는 안 된다.

거하여 명실상부한 동아시아 지역의 독립적이고 자주적인 유동성 지원체제가 되도록 해야 한다.

ASEAN+3국은 2005년 5월 제38차 ADB 연차총회에서 금융위기시 유동성지원을 위한 통화스왑규모를 400억달러에서 2배까지 확대하고 IMF의 지원 여부와 관계없이 지원할 수 있는 통화스왑 계약비중을 10%에서 20%로 상향조정하기로 결정하였다. 또한 유동성지원 결정여부도 종전의 통화스왑 체결국이 개별적으로 판단하는 방식에서 당사국들이 지원여부를 공동으로 결정하고 실행하는 다자간 협력방식으로 전환하여 신속한 대응이 가능하도록 하였다.

그럼에도 불구하고 CMI의 한계가 완전히 극복되었다고 평가하기는 어렵다. 사실 유동성 지원 장치는 위기관리의 수단에 불과한 반면 금융협력체제는 위기발생시의 지원뿐만 아니라 금융위기의 발생 자체를 효과적으로 예방하면서 발생된 위기에 대해 효과적으로 방어하는 것을 목적으로 해야 하기 때문이다. 이러한 의미에서 CMI는 금융협력의 구조적 틀을 직접적으로 형성하기에는 한계가 있는 것으로 평가된다.

(2) 상호감시를 위한 제도적 장치

전염성이 강한 금융위기나 외환위기를 효과적으로 예방하면서 위기발생시에 신속하게 대응하기 위해서는 위기예방 및 관리를 할 수 있는 제도적 장치가 필요하다. 즉 역내 국가들의 경제 및 금융시장에 대한 지속적인 모니터링 및 감독업무 등을 수행하고 역내 국가간의 정치적 이해관계를 조정하면서 구체적인 통화통합을 진전시키기 위한 보다 제도화된 협력체가 요구된다.

동아시아 지역 내에 현존하는 대표적인 공동체 지향적인 제도적 장치로는 마닐라 프레임워크 그룹(Manila Framework Group, MFG), ASEAN+3 및 동아시아 · 오세아니아 중앙은행이사회(Executives' Meeting of East Asia & Pacific Central Banks, EMEAP) 등이 있다.[13]

외환위기의 산물인 MFG는 1997년 11월 미국, 캐나다, 호주, 뉴질랜드, 동아시

---

13) EMEAP는 한국, 중국, 일본, 홍콩, 싱가포르, 태국, 말레이시아, 필리핀, 인도네시아, 호주, 뉴질랜드 등이 회원국이다.

아 10개국의 재무차관 및 중앙은행과 IMF, 세계은행, ADB, BIS 등이 참가하여 결성되었다. 설립 목적은 동아시아지역의 금융안정을 위해 IMF의 금융위기관리자로서의 역할 강화 및 범세계적인 감시기능을 보완하기 위한 지역감시 메커니즘 도입 등으로 역내 국가들의 금융제도 및 금융감독 기능을 강화하기 위한 것이다. MFG는 일본의 AMF 제안이 미국과 IMF의 반대로 인해 좌절되면서 채택된 대안이다. MFG의 근본적 한계는 동아시아 지역 국가들의 금융안정을 위한 제도적 장치가 아니라 국제금융시스템의 일부분으로서 선진국의 주도하에 운영되는 제도라는 것이다.

한편 본격적인 아시아지역의 금융과 경제협력은 ASEAN+3 회의에서 진행되었다. 이 회의에서는 CMI를 통한 금융지원시스템, 경제동향연구, 단기자금 모니터링, 정보공유, 정치적 대화, 경제적 감시, 지역간 조기경보시스템(Early Warning System) 등 광범위한 주제를 둘러싼 논의가 진행된다. 2002년 11월의 제5차 ASEAN+3 정상회의에서는 동아시아비전그룹(EAVG, East Asian Vision Group)이 동아시아가 지향해야 할 목표로 AMF의 창설을 제안하였으나 통화협력의 청사진은 제시되지 않았다. 한편 2004년 11월의 ASEAN+3 정상회의에서 13개국 정상은 동아시아 공동체 창설의 필요성에 대한 공감대를 바탕으로 '동아시아 정상회의' 창설에 합의하였다. 또한 '브엔티엔 액션 프로그램'에 의거하여 단일시장을 목표로 2007년까지 전기, 농업, 자동차, 수산, 섬유 등 11개 분야의 역내교역을 자유화하고 2020년까지는 금융 및 서비스 부문에서도 단일시장을 형성할 계획이다.

EMEAP는 동아시아 지역 중앙은행간 협력증진 및 정보교환을 위해 1991년 2월에 설립되어 11개 회원국으로 구성되어 있으며 아시아채권시장육성을 주요한 정책협력의 목표로 하고 있다. 따라서 EMEAP는 각국의 통화정책협력에 대한 전반적인 논의를 진전시켜야 함에도 불구하고 아시아채권시장의 육성에만 매진함으로써 진정한 통화통합으로의 진전에 기여하지 못하고 있다.

외환위기를 겪으면서 상호감시체계가 중요하다는 지적이 있었으나 문제는 일정한 정책적 결정이 이루어지더라도 이를 관철시키는 방식이 없다는 것이다. 현재의 제도적 장치들은 동아시아 국가들이 지역협력을 위한 초국가적 구속력을 가지는 정치경제적 협력기구의 창설에는 소극적이라는 것을 보여준다.

(3) 아시아 채권시장 육성

1997년의 금융위기를 겪으면서 동아시아 각국의 정부와 금융기관들은 역내 자본시장육성의 필요성에 공감하였다. 이를 위해 ASEAN+3은 아시아채권기금의 공동조성 등을 통해 역내 채권시장의 활성화를 도모하고 있으며 정책수단으로는 EMEAP가 주도하는 아시아채권기금(Asian Bond Fund, ABF)과 ASEAN+3의 아시아채권시장육성방안(Asian Bond Market Initiative, ABMI)이 있다.

EMEAP는 2003년 6월 역내 미달러화표시 채권에 투자하는 10억달러 규모의 ABF1을 설립하고 이어 2004년 12월에는 역내현지통화표시 국채에 투자하는 ABF2를 20억달러 규모로 설립하였다. ABF2는 아시아 역내통화채권에 대한 수요 증대 및 시장인프라 강화에 초점을 두고 신상품개발, 시장 하부구조 개선, 규제완화 등을 통하여 역내 채권시장 발전 등 장기적으로는 아시아 금융시장의 효율성을 제고시키는 것을 목적으로 한다. ABF2는 각각 50%씩 아시아채권지수펀드(Pan-Asian Bond Index Fund, PAIF)와 국별채권지수펀드(Fund of Bond Funds, FoBF)의 두 부분으로 구성된다. PAIF는 일본, 호주, 뉴질랜드를 제외한 8개 EMEAP 회원국에서 발행된 역내현지통화표시 국채 및 준국채 전체를 대상으로 투자하는 단일채권펀드이다. 그리고 FoBF는 8개 EMEAP 회원국에서 발행되는 역내현지통화표시 국채 및 준국채에 투자하는 국가별 하위펀드(sub-funds)들과 그 하위펀드들에 투자하는 상위펀드(parent fund)로 구성되는 2단계 구조를 가진다. PAIF 및 8개 국가별 하위펀드는 민간부문에서 선발된 펀드매니저가 Pan-Asian Index 및 국가별 인덱스에 따라 운용하며 1단계에서는 EMEAP 회원국들의 투자로만 우선 설립되고 2단계에서는 민간투자자들에게 개방된다.

ABF2는 동아시아 지역의 역내현지통화표시 채권시장 발전에 중요한 계기가 될 것으로 평가되고 있다. 그러나 높은 질의 아시아 역내통화채권에 대한 강한 수요가 존재하고 있는 상황에서 ABF2가 실제로 역내현지통화표시채권의 전반적인 공급 증가를 유도하고 지역통화채권시장에서 유동성을 촉진시키는 것에 기여할 지에 대해서는 여러 가지 비판이 있다(ADB, 2005: 12).

한편 ABF1은 달러표시채권으로만 투자가 가능하기 때문에 1997년 위기처럼 지역통화의 급격한 하락이 발생할 때 채권발행자의 지급불능(insolvency) 위기를 해결할 수 없으며 소극적 투자정책으로 아시아 채권시장의 심화와 활성화에 기여하기 어렵다는 한계를 가진다. 따라서 보수적이고 관료적인 BIS 대신에 아시아의 투자은행, 기관투자가들과 개인들이 직접 참여해야 지역 금융시장 발전에 기여할 수 있다. 또한 ABF는 투자자금 포트폴리오 운용원리상 채권의 만기보유 가능성이 높아 시장거래의 활성화를 기하기가 어렵다(전창환, 2004: 403).

다른 한편 ABMI는 아시아에서 효율적이고 유동적인 채권시장을 발전시켜 아시아 저축을 좀 더 효율적으로 이용하려는 목적을 가진다. 따라서 ABMI는 좀 더 광범위한 종류의 발행자들을 통해 시장에 대한 접근성을 제고시키고 아시아에서의 시장인프라를 강화하는 것에 초점을 맞추는 공급측면에서의 아시아 채권시장 육성방안이다. 2004년에는 말레이시아에서 ADB에 의해 링기트표시 채권이 발행되었고 아시아 다국적기업의 발행채권에 대해 JBIC와 NEXI가 신용보증을 하고 Asian Bonds Online Website가 출범하는 등의 성과가 있었다. 그러나 13개국 금융시장의 상이한 발전수준으로 인해 역내채권시장의 확대는 전반적으로 지지부진한 상황에 있다.

아시아 채권시장의 발전은 단기은행대부에 의존하는 역내기업들의 약점을 보완할 수 있고 달러에 대한 의존도도 감소시킬 수 있다. 또한 안정적인 장기채권시장의 부재로 인해 국제금융센터로 집중된 역내 저축이 금융위기를 촉발시킬 수 있는 단기해외대부로 환류되는 현상을 예방할 수 있다. 그러나 역내 국가들의 자국 채권시장의 성공적인 발전조차 어려운 현실이 ABMI의 발전에 큰 한계로 작용하고 있다.

4. 동아시아 금융정책협력 방안

1) EU의 교훈과 동아시아 금융정책협력 방향

유럽의 역사적·정치적·경제적 조건이 동아시아와는 상이하기 때문에 EU의 경험을 그대로 수용하기에는 한계가 있다. 유럽은 1960년대에는 미국 달러화, 1970년대 이후로는 독일 마르크화라는 기준지표를 선택할 수 있었고 제도적, 정치적, 경제적 기초 작업을 장기적으로 수행하여 왔기 때문에 통화동맹을 형성할 수 있었다(Mundell, 2003: 5). 따라서 유럽 통합의 과정이 그대로 동아시아지역 통합 과정에 투영될 수는 없다. 그러나 EU의 경험은 경제통합의 유일한 역사적 사례이며, 이러한 경험에서의 교훈을 통해 동아시아는 통화동맹으로의 지난한 과정을 압축시킬 수 있는 방안을 모색할 수 있다. 동아시아의 경제통합을 전향적으로 고려할 수 있게 만드는 이론적 근거가 바로 '최적통화지역'(Optimum Currency Areas, OCA) 이론이다.

먼델(Mundell, 1961)에 의해 제기된 OCA 이론은 경제통합의 구체적인 기준을 분석하는 작업으로 시작되었다. 특히 'Lucas Critique'의 아이디어에 근거한 프랑켈 외(Frankel *et al.*, 1997: 755)의 'OCA의 내생성'(endogeneity) 이론에 따르면 한 국가가 사전적으로 OCA의 기준을 충족시키지 못한다 할지라도 일단 통화동맹에 참가하면 시간이 경과함에 따라 OCA의 기준을 사후적으로 충족시킨다. 즉 소득의 상관관계와 무역 확대는 서로 양의 관계를 가지기 때문에 무역확대를 가져오는 통화통합은 환율변동으로 인한 비용을 제거할 뿐만 아니라 무역비용을 감소시켜 상호무역을 증대시키고 경제적·금융적 통합 및 경기순환의 동조성(synchronization)을 강화시킨다. 따라서 'OCA의 내생성'이론에 따르면 OCA를 형성하는 과정이 OCA를 강화하는 것을 의미하며 OCA 형성의 기준 충족이 결정적인 것은 아니다.[14] 따라서 'OCA의 내생성' 관점은 OCA의 기준에 적합한 국가들로 OCA를 구성하는 것이 중요한 것이 아니라 하나의 통화동맹이 형성되면 시간이 지남에 따라 역내 국가들이 OCA 기준을 충족시키게 된다는 것을 강조한다.

'OCA의 내생성'론은 EU의 역동적 발전을 설명해 주면서 동아시아 지역의 경제통합에 새로운 전망을 제시해준다. 즉 EU의 역내 무역 확대가 회원국들의 경기순환의 상관관계를 긴밀하게 만들며 통화동맹의 구성 자체가 무역통합과 경기순환의 대칭성을 좀 더 진전시키는 역할을 한다는 것이다. 또한 무역량이 시간에 따라

---

14) 이와 반대로 Krugman(1993)의 '특화'론에 근거하면 경제통합이 진전될수록 OCA내의 각 국가들은 OCA를 형성하기에 부적합한 관계가 되어 OCA를 구성하는 국가들이 초기에는 OCA 참여국으로서의 기준을 충족시켰다고 할지라도 시간이 경과함에 따라 OCA의 기준을 충족시키지 못하게 되는 'OCA 패러독스'가 발생된다. 결국 Krugman의 논리에 따르면 OCA는 형성될 수 있을지라도 그것을 유지하는 것은 불가능하다.

변화하면서 환율리스크와 거래비용을 감소시키면 그에 비례하여 EMU 자체가 유럽 내 교역을 확대시킨다. EU는 통화통합이 회원국들의 경기순환의 동조성을 높이면서 경제통합을 강화시킴에 따라 OCA 기준을 사후적으로 충족시킨 것으로 평가된다(Kempa, 2002; 117). 따라서 동아시아 지역이 현재 OCA 기준을 충족시키지 못할지라도 지속적인 무역확대와 의식적 금융통합의 노력이 동아시아를 OCA로 형성시켜줄 수 있으며 특히 역내 FTA의 체결은 OCA의 내생성이 작동될 수 있는 조건을 더욱 강화시켜줄 것이다.

둘째, EU는 경제통합에 있어서 물가안정, 재정의 건전성, 환율안정과 장기이자율 등 거시적 관점에서의 경제적 수렴의 기준을 도입하였다. 낮은 인플레이션율과 건전한 재정정책을 유지할 수 있는 국가들만이 단일통화지역의 다른 회원국들에게 부정적인 파급효과를 적게 미칠 수 있기 때문이다. 따라서 동아시아의 효율적인 금융정책협력을 위해서는 각 국가들의 경제적 구조의 격차를 해소하고 수렴성을 높이기 위해 거시경제정책협력 구조를 제도화하는 것이 반드시 필요하다.

셋째, EU의 경우 통화통합을 실현하기 위한 명백한 목표 설정의 노력과 적절한 제도적 메커니즘이 주효하였다. 베르너 보고서나 들로르 보고서 등 끊임없이 발간된 보고서들은 실현여부와 상관없이 계속적으로 금융통합의 비전 및 방식에 대해 연구하고 통합의 청사진을 제시하기 위한 EU의 노력의 산물이었다. 또한 EU의 정책협력과 감독은 1980년대의 급변하는 금융자유화의 환경에서 상이한 회원국들의 이해관계를 조정하여 1990년대의 통화통합이라는 성과를 거둘 수 있는 물질적 토대가 되었다. 한편 EMS의 제도적 프레임워크는 고정환율체제가 지역 차원에서 유지되려면 금융적 지원이 다자간 감시 체제의 확립 및 유지의 전제조건임을 보여주고 있다. 즉 EMS의 성공은 독일과 프랑스의 연대 및 독일의 일관된 통화정책 의지와 환율안정을 위한 무제한의 단기신용공급이 가능하였기 때문이다.

넷째, EU의 금융통합과정은 금융협력 및 통합이 경제적 과정일 뿐만 아니라 정치, 사회적 통합과정이며 정책적 노력의 산물임을 보여주고 있다. EMS의 유지 및 통화통합은 회원국들의 정치적 의지에 의해서 가능하였다. 금융정책협력에 있어서 가장 중요한 것은 정책협력에 대한 역내 국가들의 정치적 의지 및 노력이다.

현실적으로 동아시아지역과 EU의 금융통합은 상이한 과정을 가지게 될 것이다.

EU에 있어서는 통합과정의 초기에는 무역증대가 목표였으며 브레튼우즈체제의 붕괴라는 외적요인으로 인해 환율의 안정성을 추구하는 과정에서 금융통합의 일정이 구체화되었다. 또한 EU는 금융자유화가 역내 통합의 진전과 함께 점진적으로 이루어졌기 때문에 회원국들이 비교적 안정적인 금융시스템을 가지고 통화통합에 결합될 수 있는 조건을 가지고 있었다. 이에 비해 동아시아에서는 EU와 달리 역내 환율의 안정성뿐만 아니라 역외 환율의 안정성도 중요하며 특히 동아시아의 경우에는 안정적인 환율제도가 정착되기 전에 자본자유화가 선행되어 EU와 같이 통화통합의 초기단계로서 유연한 페그제(soft peg)를 도입하기가 어려운 실정이다. 더욱이 동아시아 국가들은 구속력이 강한 초국가적 기구의 결성을 꺼려하고 양자간 협상을 통한 느슨한 형태의 협력체를 선호하고 있는 것으로 평가된다.

이러한 인식하에 향후 동아시아 금융정책협력의 방향은 다음과 같이 설정될 수 있다. 첫째, AMS를 포함하여 거의 모든 고정환율제도는 완전한 환율안정화를 보장해주지 못하므로 단일통화도입에 목표를 둘 필요가 있다. 단일통화를 통해 금융정책협력을 강화하는 것이 동아시아 지역이 OCA를 형성할 수 있는 효율적 방식이 될 수 있다. 둘째, 동아시아 국가간 거시경제정책협력을 위한 제도적 메커니즘을 창설해야 한다. 이는 거시경제정책협력을 위한 조직적 주체를 설정하고 정책결정 사항을 각 국가들이 공동으로 집행하는 이행메커니즘을 확보하는 것이다. 셋째, EU와 달리 역순으로 통화통합이 진전되어야 할 뿐만 아니라 금융자유화가 급속도로 진행된 상황에서는 역내 금융감독시스템의 정립이 필요하다. Eichengreen (2003)이 지적하듯이 동아시아국가들은 환율안정을 위한 공조체제를 도입하기에 앞서 각 국의 금융취약성을 개선하기 위한 공동의 노력이 필요하며 이는 금융감독 시스템의 정립과 불가분의 관계에 있다. 넷째, 유동성 지원형태가 현재처럼 쌍방 국가간의 협의에 의한 형태가 아니라 다자간 협상에 의한 무제한적 공급의 형태로 진행될 필요가 있으며 이를 위해서는 유동성 공급의 핵심 주체인 중앙은행들을 중심으로 유동성 지원제도를 확립할 필요가 있다. 다섯째, 중장기적인 관점에서 안정적인 금융정책협력을 위해서는 재정정책협력이 강화될 필요가 있다. 이는 아직까지 전혀 논의되고 있지 않으며 실제 EU에서도 그 발전 수준이 낮지만, 개발도상국이 대부분인 동아시아에서 지속적인 경제성장을 위해서는 효율적인 재정정책을 운영하는 것은 매우 중요하다. 여섯째, 한국 · 중국 · 일본 등 3국은 동아시아 금융정책협력과 관련하여 장기적인 마스터플랜을 준비해야 한다. 아시아 공동체의식의 부족으로 인해 동아시아에서는 독일-프랑스와 같은 연대가 형성되지 못하고있기 때문에 한 · 중 · 일의 긴밀한 협력과 비전 공유는 동아시아 금융정책협력에있어서 핵심적 요소이다.

동아시아의 통화동맹에 대한 회의적인 견해는 대부분이 정치적 · 사회적 기준에 근거하고 있다(Eichengreen & Bayoumi, 1999: 21-24). 예를 들어 무역 패턴, 경제적 충격, 생산요소 이동성, 통화정책 전달경로 등을 분석하였을 때 마스트리히트조약 체결 직전의 유로권 국가들보다는 진전되지 못했지만 ASEAN 국가들은 일정한 경제적 수렴을 하고 있다(Bayoumi, Eichengreen & Mauro, 2000: 147). 따라서동아시아 국가들은 통화정책, 재정정책, 환율정책 등 제반 경제정책의 협력에 기반한 상호 신뢰의 강화를 통해 정치적 신뢰를 구축하는 단계로 나아가야 하며 이러한과정 역시 각 국의 정치적 의지 및 결단을 필요로 한다.

2) 동아시아 금융정책협력 방안

(1) 금융안정을 위한 거시적 금융정책협력

금융시장의 급속한 통합이나 은행시스템의 급격한 변화 등은 시스템 리스크의실현을 촉발시킬 수 있으므로 금융시장의 건전성은 매우 중요하다.[15] 정보의 비대칭성이 항상적으로 존재하는 상황에서 시장참가자들은 한 금융기관의 부실화 징후에 대해 과잉반응을 하거나 다른 경제주체의 투자행위를 모방하면서 집단적 행동을 통해 금융 불안정성을 증폭시킬 수 있다. 결국 개별 금융회사의 부실화 문제가금융시장 전체로 확대되는 시스템 리스크를 발생시킬 수 있다. 이러한 관점에서 정책당국과 중앙은행은 시스템 리스크의 발발을 예방할 수 있는 주체로서 간주된다.따라서 정책당국은 시장규율의 효율적 작동을 위해 금융시장에의 개입 여부와 정

---

15) 시스템 리스크는 지불체계의 작동이나 투자 자금의 배분을 불가능하게 만들어 금융시장을붕괴시키고 금융위기를 초래할 수 있는 시스템적 사건에 의해 발생되는 리스크로 정의된다.시스템 리스크에 대한 자세한 논의는 De Bandt & Hartmann(2000)을 참조.

도를 판단할 수 있도록 금융기관들의 건전성을 평가할 수 있게 해 주는 금융감독을 수행하고 금융시스템의 구조적 건전성을 강화시킬 수 있는 규칙과 유인들을 정의해야 한다. 특히 금융시장의 통합 및 확대와 회원국 시장의 이질성은 역내 금융시장이 각 국가들 차원의 금융시스템보다 경제적 충격을 더 잘 흡수하도록 만들지만 다른 한편으로는 일국적 충격이 역내 전체로 급속하게 전파될 수 있기 때문에 역내 차원의 시스템 리스크의 가능성을 더욱 높인다. 또한 유동성 위기에 직면하였을 때는 신속한 유동성 지원으로 시스템 리스크의 가능성을 사전에 차단하는 것이 중요하다.

따라서 동아시아 차원에서의 효율적인 금융정책협력은 동아시아에서의 최종대부자 기능을 담당할 제도적 주체를 만들고 거시적인 역내 금융감독협력체제를 구축하는 것이다.16) 현재의 CMI나 EMEAP가 확대된다고 할지라도 이 제도들이 최종대부자의 역할을 담당하기에는 한계가 있기 때문이다.

먼저 ASEAN+3의 중앙은행들이 동아시아의 최종대부자 기능을 담당하면서 통화통합을 목표로 각국의 통화정책 및 환율정책을 조정하고 협력을 도모하는 중앙은행총재위원회(Committee of Central Bank Governors)라는 공동의 협의체를 구성할 필요가 있다. 이는 향후 통화통합이 발전되면 설립될 동아시아중앙은행의 전신이 될 것이다. 한편 이 협의체가 최종대부자로서의 역할을 하도록 만들기 위해서는 각국의 GDP 수준에 비례한 금액을 갹출하여 공동기금을 마련해야 한다. 1997년의 외환위기의 경험에 비추어보았을 때 공동기금은 최소한 1,000억달러는 되어야 할 것이며 기금의 적정 수준은 역내 국가들의 협의에 따라 정해질 수 있다.

한편 안정적인 금융시장의 유지와 지속적인 발전을 위해서는 거시적 금융감독이 중요하다. 거시적 건전성을 강화하는 것은 예금자보호나 투자자 보호에만 조점을 맞추는 것이 아니라 시스템적 관점을 가지고 적시에 적절하게 집행될 수 있는 공적 개입과 시장규율 사이의 균형을 추구하는 것이다. 물론 사업 운영 및 정보 공개와 관련된 준칙의 이행을 통한 투자가 보호와 예금자 및 다른 소매(retail) 채권자들

---

16) EU에서는 구체적인 통화통합이 진전되면서 최근에 이와 관련된 논의가 진행되고 있는 상황이지만 동아시아의 경우에는 통화통합의 진전을 위해서 뿐만 아니라 금융시장의 안정을 위해서 금융감독시스템에 대한 논의들을 진전시켜야 한다. 왜냐하면 동아시아에서는 이미 금융자유화의 논리가 관철되고 있기 때문이다.

의 보호를 목적으로 하여 개별 기관들의 안전성과 건전성을 감독하는 미시적 건전성 감독(micro-prudential supervision)은 매우 중요하다. 그러나 시스템 리스크에 대한 노출을 모니터링하고 금융시장발전과 시장인프라스트럭처로부터 발생하는 잠재적 리스크를 식별하는 거시적 건전성 분석(macro-prudential analysis)이 동아시아 차원에서는 더욱 중요하다. 따라서 미시적 건전성 감독은 개별 국가의 금융감독기관에게 일임하고 동아시아 차원에서는 각국의 금융감독 관련 정보를 수집 · 공유하면서 동아시아 금융시장의 안정성을 목적으로 거시적 감독을 수행하는 동아시아금융감독협의회(East Asian Financial Supervision Committee)를 구성하는 것이 필요하다. 동아시아 차원의 금융감독협의회는 향후 동아시아 금융시장의 안정적인 통합과 확대를 목표로 하면서 역외로부터의 금융적 충격으로 인한 시스템 리스크에 대한 공동정책을 논의하고 실현시키면서 동아시아 금융통합의 발전에 기여할 것이다.

(2) 재정정책협력

사전적 경제정책협력이 불가능하다고 간주하는 자유주의적 관점에서는 책임성을 분명하게 분배하고 목표와 수단을 효율적으로 나누어 정책을 실행하면 사후적으로 정책협력과 동일한 효과를 가져온다. 또한 역내 국가들의 이질성을 고려하면, 협력에 근거한 정책이나 구조적 정책은 바람직하지 않을 수 있으며 재량적 정책협력은 투명성을 감소시킬 수 있다. 그러나 이러한 자유주의적 관점은 회원국들의 경제구조가 상이한 상황에서 회원국들의 경제적 수렴성의 강화를 위해 동아시아 차원에서의 공동정책을 마련하고 구조개혁의 방향을 조화시키기 위한 상호협력 및 적극적인 정책협력구조가 필요하다는 사실을 간과한다.

사실 동아시아 차원에서 어떠한 거시경제정책협력도 수행되지 못하고 있는 상황에서 재정정책 협력은 요원해 보인다. 그럼에도 불구하고 재정정책 협력은 안정적인 금융시장과 금융통합을 위한 물적 토대로서 중요하며 특히 금융통합이 진전됨에 따라 회원국들의 거시경제정책수단으로서 금융통화정책의 역할은 제한되므로 재정정책에 대한 올바른 관점을 정립하는 것은 중요하다. 특히 EU에서처럼 SGP의 오류를 밟지 않기 위해서도 재정정책 협력의 구조를 지금부터 준비해야 한다.

작은 정부 즉 조세부담의 감소와 공급측면의 개선을 통하여 투자 및 성장과 고용을 유도하는 정부의 캐치프레이즈인 재정건전화가 완전고용수준의 잠재적 성장에 기여하는 이자율을 보장하는 것은 아니다. 특히 한국과 일본을 제외하고는 대부분이 개발도상국인 동아시아에서는 재정정책이 경제성장에 기여할 수 있도록 하기 위해 안정적인 거시경제적 환경을 만들어야 한다. 또한 조세와 지원금시스템을 고용 친화적으로 개선하면서 내생적 성장의 원천을 제공하는 생산적 공공지출을 확대해야 한다. 이를 위해 동아시아 차원에서는 재정규율과 국가채무의 지속가능성 보장을 책임지는 독립적인 재정정책위원회(Fiscal Policy Committee)를 창설할 필요가 있다. 이 위원회는 첫째, 각국의 재정상황을 점검하고 공동체적 사업에 대한 지출을 보장하면서 각국의 조세체계의 통일성을 확보해 나갈 수 있는 방안을 제시해야 한다. 둘째, 현재와 미래의 재정상황과 과세 및 재정지출의 결과 등에 대해 평가하면서 동아시아 차원에서의 공동정책 수행을 위한 공동예산을 관리하고 집행하는 것을 임무로 한다.

(3) 환율정책협력 방안[17]

광범위한 자본자유화의 상황에서 조정 가능한 고정환율제나 관리변동환율제 등 중간적 환율체제는 자본이동의 자유화에 매우 취약하다. 특히 동아시아의 경우에 가장 중요한 문제는 거시경제적 기초와 상관없이 엔/달러 환율의 불안정성이 동아시아 경제에 영향을 많이 끼친다는 것이다. 또한 자본이동이 자유로울 경우 독자적인 통화정책과 환율안정을 동시에 달성하는 것이 불가능한 상황에서 동아시아 대부분의 국가들은 금융시장의 규모가 작고 발달단계가 낮아 소규모 자본거래조차도 극심한 환율변동을 초래할 가능성이 높다. 특히 생산 및 무역구조의 다각화가 진전되지 못한 상황에서 상대적으로 높은 대외개방으로 인한 환율변동은 국제자본시장에서의 자금차입여력과 무역거래에 부정적 영향을 주기 때문에 동아시아 국가들이 자유변동환율제를 채택하기는 어렵다. 이러한 상황에서는 역내 국가들

---

17) 동아시아 환율정책에 대한 논쟁점 및 자세한 논의는 전창환(2004)을 참조.

이 기축통화에 대하여 공동보조를 취하는 지역적 환율협력체제가 요구된다.

한편 1997년 외환위기 이후 투기적 매입에 대한 자신들의 통화 방어를 목적으로 하는 동아시아 국가들의 외환보유고 축적정책으로 인해 아시아 7개국의 외환보유액은 2004년말 기준 2조 2,600억 달러로 전 세계 외환보유고의 2/3를 차지하고 있다(표 2 참조). 결국 아시아 국가들이 미국의 경상수지적자와 재정적자의 절반 이상에 대한 자금을 공급하고 있는 것이다.

〈표 2〉 아시아 주요국의 외환보유액 추이(기말기준)   (단위: 억 달러)

	2002	2003	2004			
			1/4	2/4	3/4	4/4
한국	1,214	1,554	1,636	1,670	1,744	1,991
일본	4,697	6,735	8,266	8,180	8,310	8,445
중국	2,864	4,033	4,398	4,706	5,145	6,099
대만	1,617	2,066	2,265	2,031	2,230	2,417
인도	703	1,006	1,103	1,194	1,188	1,310
홍콩	1,119	1,184	1,238	1,208	1,184	1,236
싱가포르	823	963	1,027	1,016	1,027	1,101[1]

주: 1) 11월말 기준임.
출처: 한국은행(2005), 『조사통계월보』, "2004년중 금융·외환시장동향," 2월호.

동아시아 국가들의 외환보유고 축적정책의 리스크는 지속적인 통화공급의 증가로 재화와 자산시장에서 인플레이션 압력을 초래하며 이를 억제하기 위한 통화공급의 조정은 국내 이자율과 미국 재무성증권의 이자율의 격차에 따른 비용을 초래하게 된다는 것이다. 즉 동아시아 국가들의 외환은 현금의 형태가 아니라 미재무성증권의 형태이므로 달러의 강한 평가절하는 과도한 외환보유고로 인해 상당한 자본 손실을 초래한다.

따라서 동아시아 국가들이 외환보유고 축적정책을 폐기하도록 만들 수 있는 유일한 방안은 동아시아 지역에서 공동의 통화정책 및 환율정책을 통해 통화위기를 예방할 수 있다는 확신을 가지게 하는 것이다. 이러한 목표는 위기 발생시 신속한 해결을 위한 유동성 지원체계를 확고히 하는 한편 위기를 예방할 수 있는 환율정책 협력을 통해 실현될 수 있다. 따라서 환율정책협력을 둘러싼 논의의 쟁점은 어떤 방식으로 환율을 안정시킬 수 있는 통화를 창출하는가이다.

먼저 하나의 기축통화를 선택하는 방법으로 엔블록과 달러화통용제도(dollari-zation)를 고려할 수 있다. 1970년대부터 일본에 의해 제기되어온 엔블록의 장점은 일본과의 무역경쟁에 있는 동아시아 국가들에게 엔/달러 환율 변동의 영향을 완화시켜주면서 역내 무역의 증가를 가져올 수 있다는 것이다. 특히 전승철(2004: 27-28)이 지적하듯이 엔블럭이 형성되면 엔의 국제화가 진전되어 일본의 해외자산 중 엔화표시 자산의 비중이 높아짐으로써 자산운용상의 환리스크를 줄일 수 있고, 일본 금융기관의 경우에는 엔/달러 환율의 변동에 의해 달러표시 자산의 엔화가치가 변동함으로써 BIS 자기자본 비율이 변동되는 문제를 완화시킬 수 있다. 또한 일본과 동아시아간 엔화표시 무역 및 자본거래를 확대시킴으로서 엔화표시 무역금융 및 채권인수 등 일본 금융기관이 상대적으로 우위를 점할 수 있는 국제금융중개업을 확대시킬 수 있다. 반면에 가장 큰 문제는 엔화가 실질적인 기축통화로서 역할을 하지 못하고 있는 상황에서 엔화를 주요 국제결제수단으로 사용하는 것은 어렵다는 것이다. 또한 일본을 제외한 동아시아 국가들이 고정환율의 유지를 위해 통화정책의 독립성을 포기하고 일본의 통화정책을 따르는 것은 불가능하다.

한편 달러화통용제도의 경우에는 현실적으로 모든 교역이 달러기준으로 시행되고 있는 상황에서 달러에 대해 환율을 고정하면 동아시아국가들은 환율변동의 pass-through를 완화시켜 물가안정을 유지할 수 있으며 거래비용을 절감시킬 수 있지만 자국의 통화정책을 완전하게 포기해야 되는 결과를 야기한다. 카와이 (Kawai, 2005: 6)는 미국달러를 명목기준지표(nominal anchor)로 선택하면 동아시아 국가들의 국제가격경쟁력이 악화되고 실물경제가 둔화될 것이라고 지적한다. 미국 달러에 현실적으로 고정되어 있는 동아시아 통화들은 미국보다 높은 인플레이션율과 엔화 및 마르크화 등에 대한 달러의 평가절상으로 인해 미국달러에 대해 실질적으로 과대평가되어왔다. 따라서 엔/달러 환율의 변동에 따라 실물경제가 영향을 크게 받아왔으며 통화가치의 과대평가로 인해 투기적 공격의 대상이 될 수밖에 없었다.

다른 한편 달러화에 편중된 역내 국가의 실효환율이 기초경제여건과는 무관하게 변동함에 따른 대외경쟁력 약화를 방지하고 경제 불안정성을 감소시키기 위해 공동통화바스켓페그제를 도입할 수 있다. 공동통화바스켓은 달러, 유로, 엔 등의 기축통화만을 구성요소로 하거나 역내 통화만을 구성요소로 할 수 있다. 기축통화로 구성된 공동바스켓통화에 페그를 할 경우의 문제점은 유럽과 미국처럼 다른 역외 파트너와 상이한 무역관계를 유지할 경우 유로/달러의 강한 변동으로 인해 공동의 가중치를 유지할 수 없어서 공동바스켓페그제가 와해될 수 있다는 것이다.

한편 유럽의 EMS와 유사하게 역내 통화만으로 공동통화바스켓을 구성하고 통화단위인 아시아통화단위(Asian Currency Unit, ACU)를 도입하는 방식의 아시아 통화제도(Asian Monetary System, AMS)가 있다. 즉 ACU는 역외 통화에 대해서는 자유롭게 변동하지만 역내 환율은 ACU와의 기준환율을 중심으로 일정한 변동폭 내에서만 이동하며 역내 각국은 환율개입정책을 구사하면서 기초경제여건의 변동 시에만 기준환율을 조정하는 것이다. AMS는 동아시아 국가들이 단일통화로 이행하기까지의 중간단계의 환율제도로서 역내 국가간의 심도 있는 통합을 촉진시키며 상호 결속을 강화시킬 수 있는 제도적 장치라고 평가될 수 있다. 그러나 EMS의 유지가 자본통제와 함께 약세통화국에 대한 무제한적인 금융지원이 있었기 때문에 가능했다는 사실을 고려할 때, AMS를 유지하기 위해서는 일본이 약세 통화국에게 단기 유동성자금을 무제한으로 지원하는 역할을 담당해야 한다. 사실 이러한 의미에서 AMS는 또 다른 형태의 완화된 엔블록으로 평가될 수도 있다. 또한 1992년의 ERM 위기를 통해 입증되었듯이 변동폭을 갖는 고정환율제도가 환투기에 취약하기 때문에 동아시아에서의 통화협력 목표가 제2의 금융위기를 예방하는 것만을 목적으로 할 경우에는 AMS 또한 ERM과 마찬가지로 취약한 제도이다.

궁극적으로 단일통화를 도입하는 통화동맹을 실현하는 것이 동아시아 금융정책협력의 목표라는 전제 하에 가능한 환율협력체제는 밴드폭을 허용하는 2단계 공동통화바스켓 페그제이다. 즉 1단계에서의 공동통화바스켓은 달러, 유로, 엔의 3 기축통화만으로 구성하고 2단계에서는 역내 통화만으로 공동통화바스켓을 구성하는 것이다. 3개의 기축통화로 구성되는 공동통화바스켓 페그제는 엔/달러의 변동을 완화시키는 역할을 하며 대내외적인 실효환율의 안정성을 제공할 수 있다 (Kawai, 2005: 7). 그러나 유럽의 경험에서 알 수 있듯이 이러한 협정은 개별국가들에 의한 분리된 결정에 의존함으로써 어떤 제도적 지지도 없이 실현될 수 있다.

따라서 공동통화바스켓 페그제 자체가 동아시아 금융통화협력을 강화하거나 유지시켜 주는 것이 아니기 때문에 이를 뒷받침할 제도적이고 의식적인 금융통합으로의 지향점이 명확한 상태에서 페그제가 도입될 필요가 있다.

공동통화바스켓 페그제를 실현하기 위해서 해결해야 할 과제는 첫째, 동아시아각국의 무역구조가 상이한 상황에서(표 3 참조) 공동통화바스켓의 구성에 있어서통화 간 가중치를 고정하는 문제이다. 둘째, 역내 국가간의 구속력이 약하기 때문에 유동성 지원 장치가 미흡하면 위기 발생시 투기적 공격에 대한 대응력이 취약하여 언제든지 동 제도가 폐기될 수 있다는 문제점을 극복해야 한다. 이러한 과제들

〈표 3〉 무역구조(2003년 기준)   (단위: 백만 달러, %)

	수출			수입		
	아시아[1]	미국	유럽[2]	아시아[1]	미국	유럽[2]
말레이시아	61,620 (58.7)	20,540 (19.6)	14,286 (13.6)	53,462 (64.6)	12,851 (15.5)	11,137 (13.5)
베트남	7,960 (39.1)	4,463 (21.9)	5,220 (25.6)	19,455 (76.0)	1,457 (5.7)	3,466 (13.5)
싱가포르	88,986 (61.7)	20,570 (14.3)	21,580 (15.0)	73,983 (57.8)	18,003 (14.1)	19,977 (15.6)
인도	17,360 (28.6)	12,502 (20.6)	16,830 (27.8)	22,500 (26.4)	5,485 (6.4)	22,195 (26.0)
인도네시아	38,451 (63.0)	7,386 (12.1)	9,010 (14.8)	18,414 (56.6)	2,702 (8.3)	4,303 (13.2)
일본	219,483 (46.3)	117,384 (24.8)	82,115 (17.3)	170,996 (44.6)	59,891 (15.6)	60,298 (15.7)
중국	204,477 (46.7)	92,633 (21.1)	92,672 (21.1)	230,725 (55.9)	33,939 (8.2)	72,289 (17.5)
태국	43,871 (54.5)	13,691 (17.0)	13,786 (17.1)	45,412 (59.9)	7,190 (9.5)	9,605 (12.7)
파키스탄	2,370 (19.9)	2,752 (23.1)	3,744 (31.4)	4,546 (34.8)	788 (6.0)	2,686 (20.6)
필리핀	21,556 (59.5)	7,275 (20.1)	6,095 (16.8)	22,113 (59.0)	7,407 (19.8)	3,785 (10.1)
한국	98,899 (51.3)	34,369 (17.8)	32,497 (16.9)	86,969 (48.6)	24,935 (13.9)	24,998 (14.0)
홍콩	135,269 (60.4)	41,780 (18.7)	33,003 (14.7)	187,660 (80.7)	12,784 (5.5)	23,697 (10.2)

주: 1) 아시아는 일본과 나머지 아시아 국가들의 합임.
   2) 유럽은 EU와 나머지 유럽 국가들의 합임.
자료: IMF, *Direction of Trade Statistics Yearbook* 2004.

을 해결하기 위해서는 결국은 동아시아 각국이 동 제도를 도입하고 유지하겠다는 정치적 의지를 가지고 정책결정을 하는 것이 가장 중요한 선결과제이다.

한편 ASEAN+3 국가들이 모두 합의에 도달하여 동시에 공동통화바스켓 페그제를 도입하는 것이 바람직하지만 현재의 정치적 지형 하에서 당장의 실현 가능성이 높지는 않다. 따라서 원하는 국가들을 중심으로 점진적이고 단계적으로 동 제도를 도입하는 것이 가장 효율적인 협력 방식이 될 것이다.

5. 결론

본 논문은 동아시아 지역의 금융정책협력 방안을 모색하기 위해 EU의 경험을 평가하고 그에 근거하여 동아시아 차원에서의 금융정책협력의 전망을 모색하였다. EU의 경험에서 핵심적인 교훈은 금융통합의 발전을 위해서는 개별 국가들이 공동체적 관점을 가지고 통합을 실현하고자 하는 정치적 의지가 가장 중요하다는 것이다. 즉 경제적 유인이 충분히 주어지고 통합의 여건이 성숙하여 통합이 진전되기보다는 금융통합 자체가 통합을 하겠다는 의지의 산물이며, 금융통합으로의 발전과정에서는 경제적 요인보다는 정치적·역사적·제도적 요인이 더 크게 작용하였다.

EU는 정치적 이유로 길고 어려운 제도적 통합프로세스를 거쳤던 반면 동아시아는 정치적 이유로 이러한 과정을 거치지 않으려고 한다. 1997년 외환위기 이후 금융통합 및 금융정책협력에 대한 다양한 논의가 학계를 중심으로 활발하게 진행되어 왔다. 그러나 금융정책협력을 구체적으로 진행시킬 수 있는 집행력을 가진 각국 정부들이 장기적 비전이나 실천적인 계획을 제시하고 있지 않음에 따라 현재 동아시아의 금융정책협력은 거의 진전이 되고 있지 않다. 따라서 금융정책협력의 발전을 위해서는 동아시아 국가들이 적극적인 의사를 가지고 논의를 활성화하고 금융정책협력의 기반이 되는 제도적 메커니즘을 도입하는 것이 급선무이다. 또한 각 국가별 경제구조의 격차를 줄여나가기 위해서 금융정책협력뿐만 아니라 다양한 측면에서의 협력을 시도해야 할 것이다.

참고문헌

김세원. 2004, 『EU경제학, -유럽경제통합의 이론과 현실』, 박영사.

김은경. 2002, "유럽중앙은행의 통화정책에 대한 검토," 『EU학연구』 제7권 제1호.

_____. 2004, "'안정 및 성장 협약': 쟁점과 평가," 『경제논집』 제43권 제1 · 2호.

전승철. 2004, "동아시아지역 통화협력 방안에 관한 최근 논의와 과제," 『금융경제연구』, 제150호.

전창환. 2004, "외환 · 금융위기 이후 동아시아에서의 대안적 환율 · 금융협력체제," 전창환 · 김진방 외 지음, 『위기 이후 한국자본주의』, 풀빛.

Asian Development Bank. 2005, "Asia Bond Monitor 2005," http://asianbond sonline.adb.org.

Bayoumi T., B. Eichengreen & P. Mauro. 2000, "On Regional Monetary Arrangements for ASEAN," Journal of the Japanese and International Economies 14, 121-148.

Bergsten F. C. & Y. C. Park. 2002, "Toward Creating a Regional Monetary Arrangement in East Asia," ADB Institute Research Paper Series No.50.

Buiter, H. W., 1999, "Alice in Euroland," Journal of Common Market Studies 37, 181-209.

_____, 2003, "Two Naked Emperors? Concerns about the Stability and Growth Pact and Second Thoughts about Central Bank Independence," CEPR Discussion Papers 4001.

De Bandt, O. & P. Hartmann. 2000, "Systemic Risk: A Survey," European Central Bank Working Paper Series No. 35.

Eichengreen, B. 2005, "Parallel Processes? Monetary Integration in Europe and Asia," International Conference on "Hanging Together: Toward an Asian Exchange Rate Mechanism?".

Eichengreen, B. & T. Bayoumi. 1996, "Is Asia an Optimum Currency Area? Can It Become One? Regional, Global and Historical Perspectives on Asian Monetary Relations," Institute of Business and Economic Research.

European Commission. 2002, "Co-ordination of Economic Policies in the EU: a Presentation of Key Features of the Main Procedures," Euro Papers No.45.

Frankel, J. A. & A. K. Rose. 1997. "Is EMU More Justifiable ex post than ex ante,"

European Economic Review, 41. 753-760.

Kawai, M. 2005, "Future of Asian Monetary Integration: A Dollar, Yen or Yuan Bloc?," International Conference on "Hanging Together: Toward an Asian Exchange Rate Mechanism?".

Kempa, B. 2002. "Is Europe Converging to Optimality? On Dynamic Aspects of Optimum Currency Areas" Journal of Economic Studies, 29(2). 109-120.

Krugman, P. 1993. "Lessons of Massachusetts for EMU" in T. Francisco & G. Francesco eds. Adjustment and Growth in the European Monetary Union. New York: Cambridge University Press.

Mundell, R. A. 1961. "A Theory of Optimum Currency Areas" American Economic Review, 51(4). 657-665.

_____. 2003, "Prospects for an Asian Currency Area," Journal of Asian Economics 14, 1-10.

Nordhaug, K. 2005, "The United States and East Asia in an Age of Financialization," Critical Asian Studies 37: 1, 103-116.

Park, Y. & Y. Wang. 2005, "The Chiang Mai Initiative and Beyond," The World Economy Vol.28, Issue 1, 91-101.

Verdun, A. 2000, European Responses to Globalization and Financial Market Integration, Macmillan Press Ltd.

Von Hagen, J. 2003, "Fiscal Discipline and Growth in Euroland Experiences With the Stability and Growth Pact," ZEI Working Paper B06.

Von Hagen, J. & S. Mundschenk. 2002, " Fiscal and Monetary Policy Coordination in EMU," Oesterreihische Nationalbank Working Paper 70.

Wyplosz, C. 2001, "A Monetary Union in Asia? Some European lessons, " RBA Annual Conference Volume, 2001-08, Reserve Bank of Australia, 124-155.

남북경제의 신 성장동력 창출 모색

─개성특구 개발을 중심으로

임강택 · 김양희

1. 문제 제기

2005년 6월 평양에서 개최된 6 · 15선언 기념 '6 · 15통일대축전'에 대규모 정부대표단이 북한을 방문한 것을 계기로, 2004년 7월 이후 정체되었던 남북관계가 정상화되는 모습을 보이고 있다. 이어서 개최된 제15차 남북장관급회담(6. 21 ~ 24)과 제10차 남북경제협력추진위원회(7. 9 ~ 12)에서는 그동안 미루어 놓은 각종 현안들을 빠른 시일 내에 처리하기로 합의하였는데, 그 내용들을 살펴보면 남북간에 경제협력사업의 새로운 동력을 만들어 냈다고 평가할 수 있다.

제10차 남북경제협력추진위원회에서 합의된 내용 중에서 특히 눈길을 끄는 것은 "쌍방이 가지고 있는 경제요소를 결합, 새로운 방식의 경제협력사업을 추진"한 다는 첫 번째 조항이다. 여기에서는 북한주민들의 생활에 필요한 의복류 · 신발 · 비누 등의 생필품 생산을 위해 남측이 지원하며, 그 대신 북측은 지하자원의 개발을 남측에 허용하여 그 생산물을 사용할 수 있도록 하는 등의 구체적인 사업을 포함하여 경제협력사업의 범주를 단계적으로 확대해 나가기로 하였다. 두 번째 합의사항도 의미가 큰 내용을 담고 있다. "(2005년) 9월중 개성공단내 남북경제협력협의사무소 개설"에 합의한 것이다. 이는 당국간의 상시적인 협력을 위한 협의 채널을 마런한다는 것을 의미한다. 물론 앞으로 어떻게 운영될 것인지는 좀더 지켜보아야 하겠지만, 그동안 남북경협사업이 안정적인 협의채널의 부재로 어려움을 겪었던 것을 생각하면 남북간의 경제협력사업이 새로운 단계에 진입할 수 있을 것이라는 기대가 가능해진다.

이번의 합의가 제대로 이행된다면 남북한은 경제적 상호의존성과 보완성이 한층 강화될 수 있을 것으로 판단되며 서로에게 경제적으로 이익을 주는 방식의 사업이 보다 확대될 것으로 보인다. 그러나 지금까지 남북당국간의 경제협력을 위한 합의가 정치·안보적인 변수로 인해서 이행되지 않거나 이행의 속도가 심각하게 늦추어지는 사례가 종종 나타났다는 점을 감안하면 마냥 낙관만 하기 힘든 것도 사실이다. 따라서 한편으로는 남북당국이 협력 확대에 합의한 사실을 긍정적으로 평가하면서도, 보다 긴 호흡에서 남북간의 경제협력사업을 고민하고 주도해 나가려는 우리들의 냉철하고 전략적인 사고와 긴 안목을 강조하고 싶다. 이 과정에서 특히 정경분리원칙 하에서 경제협력을 지속적이고 점진적으로 확대해 나감으로써 남북관계를 안정적으로 관리하는 측면도 중시되어야 한다.

그동안 남북간의 경제협력사업을 반추해 보면 크게 두 가지 점을 발견할 수 있다. 첫째, 1989년 남북간의 교류협력이 공식적으로 시작된 이래 중간 중간 어려움과 부침이 있기는 했지만 전체적으로는 양적·질적 측면에서 꾸준하게 발전해 왔다는 점이다. 둘째, 주로 북한 쪽에서 많이 제기되기는 했지만, 남북이 새로운 차원의 사업을 추진하고 그에 따라 남북간의 경제협력이 한 단계 발전해 가는 과정에서 남북 모두에게 적응단계가 필요했다는 점이다. 북한에게는 변화에 따르는 사회 내부의 충격을 완화하고 소화할 수 있는 정리기간이 필요했고, 남쪽에게는 국민적인 공감대를 도출하고 정치권에서 합의의 틀을 형성하는데 시간이 필요했던 것이다.

이러한 경험에 비추어 볼 때, 지금 우리는 전체적인 발전 흐름을 효율적으로 주도해 나가면서 예상치 못한 상황에 대비하여 문제를 해결하는 능력을 향상시켜 나가는 노력에 각별한 관심을 기울여야 할 단계에 있다고 할 수 있다. 지금의 남북 상황, 특히 경제협력사업을 제대로 관리해 나가지 못할 경우, 남북한의 평화적 공존과 공동번영이라는 목표 달성은 매우 힘들게 될 것이다. 이런 점에서 우리는 단기적인 성과도 중요하지만 보다 장기적인 목표와 전략을 가지고 남북간의 경제협력을 추진해 나가야 하는 것이다.

이 글은 기본적으로 몇 가지 관점을 담고 있다. 첫째, 남북간의 경제협력을 단순히 남북 양자의 차원을 뛰어 넘어 동북아협력이라는 차원까지 인식의 폭을 확대시켜 보고자 한다. 우리 경제의 미래와 직결된다고 생각하기 때문이다. 둘째, 북한의 현실적인 수요와 요구를 충족시키는 작업이 매우 필요하다고 인식하고 있다. 북핵문제가 해결되는 과정에서 본격적으로 제기될 북한지역에 대한 투자와 개발을 위한 협력은 북한 측의 필요성이 적절하게 반영되어야 하며, 북한이 협력의 한 주체로 자발적으로 움직이며 스스로의 능력을 증진시켜 나가야 한다고 믿기 때문이다. 셋째, 우리 경제 내부의 요구가 적절하게 반영되어야 한다는 점이다. 이를 위해서는 한반도를 하나의 공간으로 산업을 재편하는 문제, 한반도를 균형있게 발전시키는 문제와 미래의 새로운 성장동력을 확보하는 문제들이 심각하게 검토되어야 할 것이다.

위의 세 가지 관점에 기초하여 남북경제협력사업의 문제점과 문제점을 극복하고 장기적으로 발전하기 위해 추진해야 하는 과제를 고민해 보고자 한다. 그리고 보다 구체적이고 현실적인 상황에 입각하여 향후 남북경협의 발전전략과 추진 방향을 제시하기 위해 개성공단 개발사업을 살펴보고자 한다.

2. 남북 경제협력사업의 특징과 주요 추진사업

1) 남북경협의 주요 성과와 특징

남북경협의 성과를 살펴보는 방법으로는 남북간의 교류와 협력사업이 어떻게 진행되고 있는지 통계치를 살펴보는 것이 가장 일반적이다. 다만 이 경우 수치에 나타나지 않은 중요한 특징을 놓칠 수 있다는 문제가 있다. 따라서 통계치에 나타나지 않은 특징이 무엇인지를 인식하는 작업이 매우 중요하다고 할 수 있다. 먼저 경제분야의 인적교류와 물자교류의 실태, 그리고 추진되고 있는 주요 협력사업들을 통해서 최근 남북경제교류와 협력의 성과를 살펴보자.

(1) 경제분야의 인적교류

경제분야의 인적교류는 크게 두 가지로 나누어서 접근할 수 있다. 경제분야 관련 방북과 3국에서의 북한주민 접촉이 그것이다. 인적교류가 지니는 의미는 첫째, 인적인 접촉을 통해서 상호 신뢰관계를 형성한다는 점에서 협력사업을 촉진한다고 할 수 있다. 둘째, 북한경제 내부의 변화를 추동할 수 있는 인물과의 연계를 강화함으로써 장기적으로 경제협력을 확대해 나가는 토대를 구축한다는 의미가 있다.

〈표 1〉 경제분야에서 남북간의 인적교류 현황

	2000	2001	2002	2003	2004
경제 관련 방북	125건 (534명)	142건 (668명)	235건 (1,754명)	533건 (5,208명)	560건 (13,075명)
경제분야 북한주민접촉	272건 (400명)	250건 (393명)	237건 (390명)	411건 (534명)	592건 (973명)

출처: 통일부, 「남북교류협력 추진실적」, 각년도.

경제분야 관련 방북은 1989년 이후 2004년까지 3,434건(36,721명)으로 특히 2000년 이후 매우 빠른 속도로 증가하고 있는 상황이다. 2000년에는 제도적 장치 마련과 개성공단 개발사업 협의 및 임가공사업과 관련한 방북이 주류를 이루었다. 이후 개성공단 개발사업 및 철도·도로연결사업과 관련하여 방문이 이루어졌으며, 삼성전자의 임가공사업 및 소프트웨어 공동개발, 한국담배인삼공사와 KT&G 의 담배임가공사업, 평화자동차의 자동차생산, 국제옥수수재단의 농업기술협력사업, 성신산업과 로템의 철도화차 제작사업, 제일모직과 LG 등의 의류임가공사업 등과 관련한 방북이 이루어졌다.

경제분야의 제3국에서의 북한주민과의 접촉은 1989년 이후 2004년 말까지 3,787건(5,728명)이 성사되었는데 전반적으로 증가하고 있는 추세를 보이고 있으며, 2002년 이후 빠르게 늘어나고 있다. 제3국에서의 경제인 접촉은 물자교역 및 남북경협사업을 협의하기 위해 추진되는데, 북경과 홍콩 등의 지역에서 주로 이루어지고 있다.

〈그림 1〉 남북교역 추이

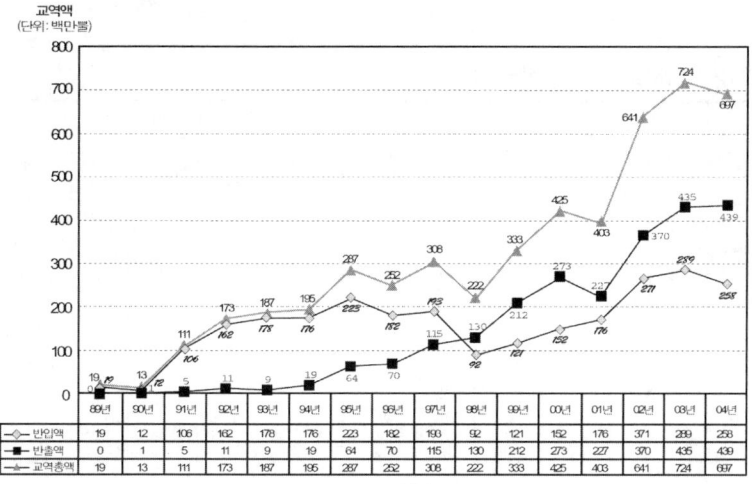

교역액
(단위: 백만불)

	89년	90년	91년	92년	93년	94년	95년	96년	97년	98년	99년	00년	01년	02년	03년	04년
반입액	19	12	106	162	178	176	223	182	193	92	121	152	176	371	289	258
반출액	0	1	5	11	9	19	64	70	115	130	212	273	227	370	435	439
교역총액	19	13	111	173	187	195	287	252	308	222	333	425	403	641	724	697

년도

출처: 통일부(2004), 「2004 남북교류협력 추진실적」.

(2) 물자교류의 실태

남북간의 교역은 전반적으로 증가하는 추세를 보여주고 있으며, 그동안 남북관계의 경색, 우리 경제의 어려움 등으로 남북교역이 감소하는 사례도 있었지만 특히 2000년 남북정상회담 이후 폭발적으로 증가하고 있다.

2002년 남북교역액이 가장 큰 폭으로 증가하였는데, 주된 이유는 남북당국간 대규모 경제협력사업이 꾸준히 증가하였기 때문이다. 경의선·동해선 철도·도로 연결을 위한 자재·장비 차관 제공, 대북식량차관 제공 등이 주요 사업이있다. 전체적으로는 대북지원액의 증가가 가장 많은 비중을 차지하고 있는 것으로 나타나고 있다.

2004년의 남북교역실적 감소 현상은 비거래성의 교역의 증가(10.7%)에도 불구하고 거래성 교역의 감소폭이 더 큰데서 비롯되었다. 거래성 거래의 감소(-14.9%)에서도 위탁가공의 감소(-4.9%)에 비해서 상업적 거래의 감소폭(-23.2%)이 더 큰 것으로 나타났다. 상업적 거래의 감소는 농림수산물과 광산물의 반입이 감소하였으며, 잡제품류의 반출이 감소한데서 기인한다. 이는 남한 경제의 침체에 따른 수요 감소가 주요 요인이라고 할 수 있다.

〈표 2〉 남북교역의 유형별 실태

년도	유형	거래성 교역			비거래성 교역					
		상업적 거래	위탁 가공	소계	경수로 사업	금강산 관광사업	협력 사업	KEDO	대북 지원	소계
2001	반입액	101	72	173	-	2	0.5	0.0	0	2.7
	반출액	10	52	63	34	6	10	3.5	111	164.0
	총교역액	111	125	236	34	8	11	3.5	111	167.0
2002	반입액	167	103	270	-	-	1	0	0	1.0
	반출액	4	68	72	58.6	12	12	2	213	297.0
	총교역액	172	171	343	58.6	12	13	2	213	299.0
2003	반입액	177	112	289	-	-	0.2	-	-	0.2
	반출액	46	73	119	24	16	5.0	-	271	315.0
	총교역액	224	185	409	24	16	5.0	-	271	316.0
2004	반입액	151	108	259	-	0.1	-	-	-	0.1
	반출액	22	68	90	0.5	42.0	49	-	258	349.0
	총교역액	172	176	348	0.5	41.0	49	-	258	349.0

출처: 통일부, 「남북교류협력 추진실적」, 각년도.

(3) 경제협력사업의 현황

1992년 10월 5일, (주)대우가 남포공단 합영사업으로 경제협력사업자 승인을 받은 이래 2005년 5월말 현재까지 90건의 '경제협력사업자' 승인과 59건의 '경제협력사업' 승인이 이루어졌다. 구체적인 사업계획을 승인받는 경제협력사업의 경우, 대북포용정책을 내세운 국민의 정부 출범 이후 활발하게 증가하였다. 이에 따라 1998년 이후 53건의 경제협력사업 승인이 있었다. 경제협력사업 승인은 2004년 한해에만 26건이 이루어졌으며, 개성공단개발사업과 관련한 경제협력사업은 2004년부터 2005년 4월까지 23건 승인을 받았다.[1] 개성공단개발사업이 남북경제협력사업에서 상당한 비중을 차지하게 된 것이다.

개성공단개발사업이 추진되기 이전에도 35건의 경제협력사업이 승인을 받고 진행되었으나, 대부분 중간에 사업이 중단되거나 축소되었다. 이는 아직까지 대북경제협력사업이 어려운 사업임을 보여주는 것이라고 하겠다. 이러한 상황에서도

---

1) 이중에서 2005년도에 승인을 받은 경우는 5건이다.

2000년부터 시작된 제조업분야의 일부 제품의 경우, 지속적 사업이 추진되고 있어 주목을 받고 있다. 녹십자는 2001년 7월 최초로 유로키나제 반제품을 반입한 이래 2004년까지 42만 달러 상당의 반제품을 반입하는 등 꾸준히 사업을 추진하고 있으며, 평화자동차는 2002년 4월 남포에 자동차 조립공장을 준공한 이후 2004년 말까지 「휘파람」, 「뻐꾸기」 등 4개 모델의 자동차 571대를 생산하여 410대를 판매한 실적을 보이고 있다. 이외에 그동안 상업용 물자 육로 수송 제한 등으로 사업 추진이 부진하였던 태창의 금강산샘물개발사업은 동해선 육로를 통해 샘물을 반입할 수 있게 됨으로써 새로운 전기를 마련해 가고 있다.

(4) 최근 남북경협의 주요 특징

남북경협의 통계치에는 명시적으로 나타나지 않은 몇 가지 특징이 최근들어 집중적으로 나타나고 있다. 첫째는 정부가 직간접적으로 참여하는 대규모 사업을 중심으로 진행되고 있다는 점이다. 2000년 남북정상회담 이후 정부가 대북경제협력사업에 본격적으로 참여하면서 나타나게 된 현상이라고 할 수 있다. 특히 철도·도로연결사업과 개성공단개발사업은 정부차원의 재정적인 지원이 없었다면 추진되기 어려운 사업이다. 금강산관광사업의 경우도, 현대아산이 독자적으로 추진했지만 적자의 누적으로 파산 직전상태까지 간 상황에서 정부차원의 지원에 힘입어 수익성을 회복하였던 것이다. 이 사업들이 가지는 특징은 남북간의 정치적 관계의 부침에도 불구하고 지속적으로 추진되고 있다는 점이다.

둘째, 여전히 불확실성이 남아있는 북한지역에서의 협력사업보다는 대북사업에 관심을 가지고 있는 중소기업들이 여러 가지 측면(자금 조달, 접근성, 안정성, 사업성 등)에서 여건이 좋은 개성공단 입주를 선호하면서 북한 다른 지역에서의 협력사업이 외면을 받게 된 점이다. 이에 따라 그동안 남북경협의 주도적인 사업으로 부상해온 위탁가공교역이 2004년에 와서는 감소하게 되었다. 물론 위탁가공무역량이 감소한 보다 직접적인 원인으로 물류비의 증가와 사업의 불투명성 상존 등을 꼽을 수 있다.

셋째, 지방자치단체의 대북 경제협력사업에의 참여가 활발하게 추진되고 있는 점이다. 그 중에서도 특히 북한과 지리적으로 인접하고 있는 강원도와 경기도, 그리고 인천시의 관심이 큰 것으로 나타나고 있으며 점차 경제협력사업이 증가하는 추세를 보여주고 있다. 그러나 아직까지는 지방자치단체들의 사업추진 역량이 제한되어 있어 단발성 사업에 머무는 경우가 많으며, 계획에 비해서 실제로 추진된 사례는 매우 적은 상황이다.

넷째, 북한경제의 우리 경제에 대한 의존도가 증가하는 추세를 보이고 있다는 점이다. 이는 일차적으로 정치적인 상황과 관계없이 비거래성 교역은 꾸준히 증가하고 있는 사실에 기인한다.[2] 특히 2000년 이후 식량·비료와 같은 인도적 차원의 대북지원은 지속적으로 증가하고 있다. 북한경제의 대남 의존도 증가는 국제사회의 대북지원이 감소하고 있는 현상으로 인하여 더욱 두드러지게 나타나고 있다. 북한경제의 대외의존도는 중국경제에 대한 북한의 의존도가 심화되고 있는 상황과 맞물려 전략적인 고려사항으로 부각되고 있다.[3]

마지막으로 남북경제협력의 제도화가 상당한 수준으로 진척되고 있다는 점이다. 제4차 장관급회담(2000.12)에서 투자보장, 이중과세방지, 상사분쟁해결절차, 청산결제 합의서를 체결한 이후, 우리 측에서는 국회본회의(2003.6.30)를 통과하여 내부 발효절차를 완료하였고, 판문점 연락관을 통해 발표통지문을 교환하는 형식으로 정식 발효시켰다(2003.8.20). 이와 함께 개성공단 개발사업이 본격적으로 추진되면서 남북경협 관련 합의서가 추가적으로 체결되었다. 개성공단 통관·검역합의서(2002.12.8), 차량운행합의서(2002.12.6), 상사중재위 구성·운영합의서(2003.10.12), 개성·금강산출입·체류합의서(2004.1.29) 등 5개 경협합의서가 국회본회의를 통과(2004.9.23)하였으며, 개성공단 통신 합의서(2002.12.8), 열차운행합의서(2004.4.3), 해운합의서(2002.12.28) 및 해운부속합의서(2004.5.28) 등 4개 경협합의서가 국회 본회의를 통과(2004.12.9)하였다. 이들 경협 관련

2) 2004년의 경우 남북교역의 크기와 비중이 감소한 이유는 거래성 교역이 감소하였기 때문이다.
3) 북한의 대외무역에서 중국과 한국의 비중(단위: 백만 미국 달러, %)

	2000		2001		2002		2003		2004	
	교역액	점유율	교역액	점유율	교역액	점유율	교역액	점유율	교역액	점유율
중국	488	23.5	737.5	27.6	738.2	25.4	1,022.9	32.8	1,385.2	39.0
한국	425	20.5	403.0	15.1	641.0	22.1	724.0	23.2	697.0	19.6

출처: KOTRA, 2005, 「2004년도 북한의 대외무역동향」, p. 34.
* 교역액은 남북교역을 포함한 금액임.

합의서는 2005년 8월 4일에 발효되었다.

이와 같은 남북경협의 특성들을 종합하면, 정부의 역할이 확대되고 있으며, 남북협력사업의 안정성이 증대되고 있는 경향을 보여주고 있다고 할 수 있다.

2) 3대 경협사업의 추진실태와 과제

(1) 개성공단 건설사업

개성공단 사업은 북한 개성시 봉동리 일대 약 2,000만평(공단 800만평, 배후도시 1,200만평)의 개발을 목표로 추진되고 있으며, 1단계 사업으로 한국토지공사와 현대아산㈜이 공동으로 100만평 규모의 공단 조성 사업을 진행하고 있다. 개성공단 개발과 관련하여 북한은 「개성공업지구법」을 공포('02.11.27)한데 이어 2004년 말까지 11개의 관련 하위규정을 제정하였으며, 남북 당국간에도 개성공단의 통관·통신·검역 합의서를 채택('02.12.8)하였다. 이어 투자보장 등 4대 경협합의서를 발효('03.8.20)하는 등 개성공단 사업의 안정적 추진을 위한 제도적 기반을 마련하였다.

현재 개성공단 개발현황은 크게 시범단지와 1단계 100만평 본 단지가 추진되고 있는데, 개성공단 1단계 100만평 개발공사는 2004년 4월 23일부터 공식적으로 시작되었으며, 2007년 입주를 완료한다는 계획으로 추진되고 있다. 개발업자는 1단계 개발부지 조성공사를 추진하면서 부지내에 2만 8천평을 시범단지로 조성('04.6.30)하여 우선적으로 분양하였다.

이는 무엇보다 국내 사업환경의 악화로 인하여 중국이나 동남아 등지로의 진출을 고려하고 있는 많은 중소기업이 조기에 입주하기를 원하고 있는 현실직 수요를 충족시키고자 한 것이며, 이와 함께 본격적으로 공단을 분양하여 가동할 때 적용될 법·제도, 투자환경 등을 사전에 점검하여 문제점을 미리 개선하고자 하는 실험적 (pilot project) 성격을 지니고 있다.

시범단지는 15개 기업에 분양하였는데, 분양 당시 총 134개 기업이 신청해 8.9 대1의 경쟁률을 기록한바 있어 중소기업들의 관심을 알 수 있다. 개성공단에 대한 기업들의 관심이 높은 것은 저임금에 고급 노동력을 고용할 수 있다는 이점에 기인하는 것으로 보인다. 근로자에 대한 지급금액은 월 최저임금 50달러와 사회보험료 15%를 포함하여 최저 월 57.5달러로 결정되었으며 매년 5% 이상 인상할 수 없도록 되어 있기 때문이다.

〈표 3〉 개성공단 시범단지 입주기업 개요

회사명	업종(소분류기준)	주요 생산제품	투자금액 (억원)	분양면적 (평)
삼덕통상	신발제조	신발	49.6	2,438
문창기업	봉제의복	항공기 근무복	38	1,626
부천공업	전기공급, 제어장치	Wire Harness (전기배선부품)	45	2,438
매직마이크로	전자부품, 영상장비	Lamp assembly (LCD 모니터용)	30	1,220
용인전자	전자부품	트랜스 포머, 소자코일	40	2,438
대화연료펌프	자동차부품	자동차 연료펌프	50.8	1,220
태성산업	플라스틱제품제조	화장품 용기	60	2,438
SJ테크	플라스틱제품	반도체부품용기	40	1,626
호산에이스	일반기계제조	팬코일 (공기청정기 부품)	26	1,000
신 원	봉제의복	의류	37.9	2,438
리빙아트	기타금속제조	주방기기	45	1,000
로만손	시계 및 부품제조	손목시계, 쥬얼리	155.8	2,620
TS정밀	반도체, 전자부품제조	반도체 금형부품	28	1,626
제씨콤	통신, 방송장비 제조	광통신 부품, 소재	43	1,778
재영솔루텍	기타 기계제조	자동차 전자부품 금형	50	2,438

참조: 통일부(2005), 「개성공단 사업 추진 현황」.

2005년 9월 현재, 4개 기업(리빙아트, 신원, SJ테크, 삼덕통상)을 필두로 12개 기업이 공장을 완공하거나 마무리 단계에 있으며, 3개 기업은 2005년 말에 완공할 예정으로 공장이 건축중에 있다. 리빙아트 및 신원 2개 업체는 각각 270여명의 북측 근로자를 고용해 제품 생산중인데, 리빙아트의 경우는 매일 평균 1,200여개의 냄비를, 신원은 매일 평균 300여벌의 의류를 생산하고 있는 것으로 알려지고 있다.

공단개발 사업 및 공장 가동이 진행되면서 2005년 7월 현재 북측 근로자 3,100명이 남측 근로자 460여명과 함께 근무하고 있다. 이와 함께 2004년 말 사단법인 YMCA 그린닥터스가 병원을 설치하였으며 은행(우리은행), 식당(아라코), 편의점(패밀리마트) 등 근로자들을 위한 편의·지원 시설이 설치되었다.

본단지 100만평에 대한 부지조성공사는 2005년 8월 말 현재 그 공정율이 80%를 상회한 것으로 알려지고 있으며, 2005년 9월에는 추가로 1차 5만평을 분양하였다. 여기에는 전략물자·원산지 문제가 없는 업종 및 기업을 중심으로 분양되었으며, 시범단지와는 달리 협동화단지와 APT형 공장용지도 분양되었다.

(2) 철도·도로의 연결사업

제1, 2차 남북장관급회담('02.7.31, 9.1)에서 남북간 경의선 철도연결 및 문산~개성간 도로 개설에 합의하였으며, 특사방북('02.4.3~6)시에는 경의선과 함께 동해선 철도·도로도 연결하기로 합의함으로써 남북간 철도·도로를 연설하는 사업이 추진되었다. 이어 비무장지대 공사를 위한 군사보장합의서가 발효('02.9.17)됨에 따라 경의선·동해선 철도·도로 동시 착공식이 개최('02.9.19)되었다.

남북당국간의 지속적인 협상을 통해서 진행되고 있는 이 사업은 남북협력의 새로운 모델을 창출하고 있는 것으로 평가되고 있다. 군사부문의 협력까지 포함되어 있기 때문이다.

이 사업을 진행하는 데 있어 제기되는 문제점은 북측의 동해선 연결사업에 대한 집착과 동해선 연결사업의 우리측 구간 사업이 시행상 어려움이 많을 뿐만 아니라 비용부담이 크다는 점을 들 수 있다. 북측은 동해선 연결사업을 들고 나온 이후 경의선과 동해선 연결사업의 병행추진을 강조해 오고 있다. 그러나 동해선 연결사업의 우리측 사업은 단절구간이 길뿐만 아니라 토지수용 등의 문제로 사업추진이 물리적으로 쉽지 않은 상황이다. 따라서 우리측에서는 추진 상황에 맞추어 경의선부터 연결해서 사용하고 동해선은 장기적인 사업으로 추진하자고 주장해 왔다. 다행히 최근에 와서는 북한의 입장이 융통성을 보이면서 변화의 가능성을 보여주고 있어 사업 추진 전망을 밝게 하고 있다.

〈표 4〉 남북 철도 · 도로연결 공사 현황　　　　　　　　(2005.4.9. 현재)

구 분		우 리 측		북 측	
		구 간	추 진 현 황	구 간	추 진 현 황
경의선	철 도	12km	공사 완료('02.12.31)	15.3km	본선 궤도부설 완료
	도 로	5.1km	공사 완료('03.10.31)	7km	포장공사 완료('04.11.30)
	C I Q 철도		25.5%		
	C I Q 도로		10.05%		
동해선	철 도	7km	군사분계선 ~ 통전터널 구간(3.8km) 공사 완료, 통전터널 ~ 저진역(3.2km) 구간 공사 진행	18.5km	본선 궤도부설 완료
	도 로	4.2km	공사 완료('04.10.31)	20km	포장공사 완료('04.11.30)
	C I Q 철도		9.5%		
	C I Q 도로		29.98%		

출처: 통일부(2005), 「남북관계 추진현황」.

　　남북 철도와 도로 연결사업이 지니고 있는 다른 문제점으로는 연결구간이 DMZ 를 포함하고 있어 국내외 정치상황에 민감하며, 군사부문의 협력이 뒷받침되어야 할뿐만 아니라 미국과의 긴밀한 협력이 전제되어야 한다는 점이다.4) 따라서 경제 외적인 변수와 북미관계의 변화에 영향 받지 않고 안정적으로 사업이 추진될 수 있 도록 제도적 장치를 마련하는 작업이 중요하다.

(3) 금강산 관광사업

　　1998년 11월 18일 금강산 관광선이 첫 출항한 이래, 2005년 7월말 현재 총 100 만명이 넘는 관광객이 금강산을 관광하였으며, 2003년 9월부터 시작된 육로관광 을 통해서는 2004년 12월말까지 총 443회 302,403명이 금강산을 방문하였다. 이 로써 한때, 관광객 감소와 사업자의 자금난 등으로 좌초위기에 놓여있었던 금강산 관광사업은 안정을 찾아가고 있는 추세이다. 특히, 당일관광, 1박 2일 관광, 2박 3

---

4) 물론 이러한 특성 때문에 남북철도와 도로 연결이라는 경제협력사업을 통해서 그동안 가장 진전이 힘들었던 남북 군사부문의 협력을 확대시키는 효과를 기대할 수 있기도 한다.

일 관광 등 관광상품이 다양화하고 금강산호텔 개관 등 숙박·위락시설 등이 확충되고 관광객의 선택 폭을 확대하면서 수익성도 점차 개선되고 있다.

이와 함께 북한당국은 금강산지역을 관광특구로 지정하고 개발사업자·투자자의 권리보장, 자유로운 관광 허용 등의 조치를 담고 있는「금강산관광지구법」을 제정·공포('02.11.13)한 이후 총 9개에 달하는 하위규정을 발표하는5) 등 금강산 특구개발을 위한 제도적 장치 마련을 통해서 안정적 성장기반을 구축해 나가고 있다.

육로 관광의 시작으로 관광객 수가 지속적으로 증대하고 있어 사업의 수익성이 지속적으로 개선되고 있는 것으로 평가되고 있으나, 아직까지는 충분한 수익성을 확보하지 못하고 있다. 문제는 금강산 관광에 대한 관심이 증대되어 수익구조의 개선이 예상되는 현 상황에서 숙박시설의 부족으로 관광 수요를 보장하지도 못하고 있다는 점이다. 이 문제를 해소하기 위해서는 추가적인 시설투자가 요구되고 있으나 사업의 불확실성이 완전하게 해소되지 않은 상태라는 점이 걸림돌로 작용하고 있다.6) 여기에 최근에는 현대아산의 내부 인사문제로 인하여 북측당국과 알력이 발생, 관광객 수를 반으로 줄이는 등 파행적인 운영을 하고 있어 금강산사업의 미래를 불안하게 만들고 있다.

남북관계 개선의 상징이 된 금강산 관광사업이 안정적으로 지속되기 위해서는 사업자에게는 수익을 보장하고, 투자자에게는 안전한 투자환경을 제공해야 한다. 이를 위해서 사업자는 수익성을 제고하기 위한 운영방식의 개선을 위해 노력해야 할 것이며, 북측은 몇 가지 부분에서 획기적인 개선방안을 내놓아야 한다. 수익성 개선을 위한 방안으로는 먼저, 관광객들의 활동범위를 확대하고 선택 및 활동의 자유를 최대한 보장하는 것을 들 수 있다. 동시에 내부적으로는 수익성 제고를 위한 노력의 일환으로 설악권과의 연계관광 프로그램을 개발하여 두 지역을 서로 시너지효과를 즐기면서 이익을 공유하는 관계로 발전시켜야 할 것이다. 또한 국내외 홍보를 강화하고 보다 적극적인 마케팅 전략을 수립할 필요가 있다. 마지막으로 금강

---

5) 개발규정, 광고규정, 기업창설운영규정, 노동규정, 세관규정, 외화관리규정, 출입·체류·거주규정, 관리기관 설립운영규정 등.
6) 정부와 관광공사는 연내에 특구종합개발계획을 확정하여, 국내외 기업으로부터 투자자금을 유치함으로써 특구개발을 본격적으로 착수할 수 있도록 할 것이며, 이를 위해 세계관광기구(WTO) 및 국내 전문기관 등과 협조해 계획안을 마련하고 있다고 밝힌 바 있다.

산 관광사업을 안정적으로 추진하기 위한 제도적인 정치가 마련되어야 한다. 비경제적인 이유로 인하여 금강산관광사업이 영향을 받고 있는 지금의 운영구조로는 국제적인 관광단지로 발전시킬 수 없기 때문이다.

3. 남북 경제협력의 목표와 추진 전략

1) 동북아 경제협력과 북한경제의 연관 관계

그동안 우리 사회에서는 북한경제의 문제를 우리만의 문제로 인식하는 경향이 있었다. 그에 따라서 남북간 경제협력을 한반도 내로 국한시키는 경향이 함께 나타났다고 할 수 있다. 이러한 접근이 지니고 있는 문제점으로는 우리가 활용할 수 있는 정책적 수단이나 재원조달 가능성 그리고 북한과의 협상의 어려움으로 인하여 사업의 영역과 파급효과가 제한되었다는 점 등을 지적할 수 있다.

동북아지역의 경제협력이라는 관점에서 현재 북한경제가 지니는 의미를 살펴보면 크게 3가지를 꼽을 수 있다. 첫째, 남북분단으로 인한 북한지역의 폐쇄성은 동북아지역의 경제협력 확대를 위해 극복해야 하는 주요 장애물이자, 우리가 대륙으로 진출할 수 있는 통로를 봉쇄하고 있다고 할 수 있다. 특히, 동북아 지역협력의 확대를 지향하는 에너지나 물류·교통 등과 같은 주요 경제협력 사업들은 대부분 지리적 연계가 중요하다는 점에서 북한지역은 현재 동북아 경제협력의 주요 병목(bottleneck) 구간이라고 할 수 있다.

둘째, 북한지역과 동북3성 및 연해주 지역은 동북아에서 가장 낙후된 지역 중의 하나로 경제개발을 위한 지역국가들의 공동 노력이 필요하다. 특히 경제적인 낙후성은 지역차원의 불안요소로 작용하게 된다. 북한의 핵문제도 경제적 어려움을 극복하기 위한 안보적 차원의 극단적인 선택이라고도 해석할 수 있다. 따라서 낙후지역의 발전을 통해서 이 지역의 공동번영과 균형발전을 추구하는 공동의 노력이 필요하다. 현재 이 지역에 대한 정부차원의 개발전략이 경쟁적으로 추진되고 있다. 중국은 동북3성 개발전략으로, 러시아는 극동지역 개발전략으로 자국 경제의 장기

발전을 위한 발전전략의 일환으로 이 지역에 대한 개발을 추진하려 하고 있는 것이다. 그러나 이 지역의 개발은 경쟁보다는 협력을 통해서 보다 효율적으로 이루어질 수 있을 것이다. 이를 위한 지역 국가들의 발전전략을 연계해서 추진하는 방안 마련이 필요하다고 하겠다.

셋째, 북한핵문제의 해결과 이 지역의 외교·안보적 환경을 개선하기 위한 북한경제에 대한 지원과 협력의 유용성에 주목할 필요가 있다. 기본적으로 동북아지역의 경제협력 확대에 필요한 외교·안보적 환경의 조성이라는 측면에서 북한 핵문제의 해결과 한반도의 군사적 긴장 해소는 매우 중요한 과제라고 할 수 있다. 현재 악화되고 있는 북핵문제는 동북아지역의 긴장을 증대함으로써 경제협력 분위기를 심각하게 저해하고 있으며, 같은 이유에서 북핵문제의 악화는 남북간의 경제협력 진전을 위협할 것이기 때문이다.

2) 남북 경제협력의 과제

남북경제협력이 추구해야 하는 목표에는 우리 사회와 경제의 목표와 북한의 필요성, 그리고 동북아를 중심으로 하는 국제사회의 요구가 적절하게 반영되어야 한다. 이런 점에서 남북경제의 새로운 성장 동력 창출, 북한의 시장경제체제 전환 촉진, 남북경제공동체 형성 기반 마련, 그리고 동북아지역의 경제협력 촉진을 통한 평화정착 등이 주요 과제로 제시될 수 있다.

첫째, 남북경제의 새로운 성장 동력을 창출할 수 있어야 한다. 남북경제협력을 경제성장 부진으로 어려움을 겪고 있는 우리 경제의 새로운 도약의 발판으로 활용해야 한다는 우리 사회 내부의 요구가 적절하게 반영되어야 한다는 것이다. 이를 위해서는 동북아경제권의 중심권에 위치한 남북한의 지경학적인 이점을 최대한 활용한 동북아 국제분업 체계를 구축하도록 해야 할 것이다. 또한 경영난에 직면한 우리 중소기업들에게 회생의 기회를 제공하면서, 우리 경제의 산업구조 개편을 촉진하는 기회로 활용해야 한다. 또한 이 과정에서 북한의 경제난 해소를 위한 대북지원과 함께 북한경제의 자생력 향상을 위한 협력사업을 확대할 필요가 있다. 이를 위해 당분간은 식량난 해소를 위한 인도적 성격의 지원을 계속하면서, 동시에 중장기적인 관점에서 북한 경제의 생산력 증대를 위한 협력사업에 초점을 맞추어야 한다. 특히 북한경제 발전에 필요한 경영 및 기술 개발, 인재 양성 등을 지원하는 작업에 관심을 가져야 할 것이다.

둘째, 북한의 시장경제체제로의 전환을 촉진할 수 있어야 한다. 이를 위해서는 북한이 지금 추진하고 있는 개혁·개방 작업이 가시적인 성과를 낼 수 있도록 간접적으로 지원할 필요가 있다. 특히, 북한이 개혁·개방과 남북경협을 통한 성장 가능성에 대해 확신을 가지도록 하는데 관심을 모을 필요가 있으며, 경제분야의 변화를 스스로 안정적으로 관리할 수 있는 능력을 배양할 수 있도록 지원하는 문제에도 관심을 가져야 한다. 이와 함께 남북경제협력을 통해서 북한의 특정 지역의 개방 확대와 경제관리 시스템의 개혁을 유도하는 한편, 경협의 성과를 축적하여 점차 그 범위가 확산되도록 노력하는 것이 중요하다. 이러한 점에서 우선적으로 개성공단 개발에서 남북경협의 성공 사례를 창출하는 것이 시급한 과제이다.

셋째, 남북경제공동체 형성을 위한 기반을 마련하는데 도움이 되도록 해야 한다. 남북경제공동체를 형성하기 위해서는 안정적으로 경협사업을 추진할 수 있는 법적·제도적 장치를 마련하는 작업이 중요하다. 특히 민간차원의 남북경협을 활성화시키기 위해서는 수익성과 안정성을 향상시킬 수 있는 법과 제도의 개선이 주요하다. 이와 함께 남북한 경제간 적절한 분업 구조 구축 및 균형 발전을 도모해야 한다. 이를 위해서 남북 경제상황에 적합한 분업구조를 형성함으로써 남북한이 균형적으로 발전할 수 있도록 산업구조를 조정하는 방안을 마련해야 할 것이다. 특히 북한의 저렴한 노동력, 풍부한 자연자원, 지리적 장점 등을 살린 분업체계 구축이 요구된다.

넷째, 동북아지역의 경제협력과 상호 연계시키는 방향으로 추진되어야 한다. 동북아지역 국가들과의 협력을 통하여 북한의 변화 여건을 조성하며, 동북아지역 협력사업에 북한의 참여를 적극적으로 유도하는 것이다. 구체적인 사업으로, 국제사회와의 협력을 통해서 상대적으로 미개발된 동북3성, 연해주·동시베리아, 북한지역의 개발사업을 연계 추진하는 방안을 추진할 필요가 있다. 이를 통해서 '북한지역 개발은 한반도의 미개발지역이면서 동시에 동북아지역에서 상대적으로 미개발된 지역을 개발하는 것'이라는 개념을 이용하여 접근할 수 있는 것이다. 또한 북한의 관심이 집중되어 있는 에너지협력사업과 철도연계사업을 전략적으로 추진할 필요가 있다.

마지막으로, 북핵문제의 해결과정을 평화적으로 관리하고, 북한지역 개발에서의 주도권을 확보하는 것도 고려되어야 한다. 북핵문제가 평화적으로 해결될 경우에 예상되는 북한지역에 대한 개발협력계획을 주도적으로 마련함으로써 한편으로는 북핵문제의 해결을 촉진하는 카드로 활용하고, 다른 한편에서는 국제사회의 공동으로 참여하는 북한지역 개발사업에 우리의 이해관계가 적절하게 반영될 수 있도록 주도권을 유지하는 방법으로 남북경협사업을 기획해 나갈 필요가 있다.

3) 남북 경제협력과 개성공업지구

(1) 북한의 경제특구 개발의 의미

우리가 북한의 경제특구 개발, 특히 개성특구에 관심을 갖는 이유는, 우선적으로 개성특구의 경우에는 우리 기업이 개발하고 있을 뿐만 아니라 대부분 우리 기업들이 입주하여 생산활동을 할 것이기 때문이다. 이와 함께 북한이 추진하고 있는 경제부문의 변화를 가속화할 수 있을 것으로 기대되기 때문이다. 또한 경제부분의 변화는 정치적 안정성 확보를 통해서 한반도의 정치·군사적 안정을 도모할 수 있을 것으로 보이기 때문이다. 이를 표로 정리해 보면 다음과 같이 요약할 수 있다(임강택, 임성훈, 2004: 18).

〈표 5〉 북한의 경제특구 개발의 함의

	경제적 측면	정치·군사적 측면
한국 차원	어려운 중소기업에 회생 기회 제공, 새로운 성장동력 창출	군사적 긴장 완화, 대북정책 추진 수단 확대,
북한차원	경제난 해소 계기 마련, 경제개혁 가속화, 경제개방 확대	군사중심의 정책 완화 기대, 정치적 안정성 확대
남북 차원	남북협력의 증진, 남북 공동번영 및 균형발전, 경제공동체 기반 마련	한반도 긴장 완화, 남북간 군사부문의 신뢰 구축
동북아 차원	동북아지역 경제협력 확대	동북아지역 평화 협력 증진

북한에 경제특구가 개발된다는 것 자체가 개혁·개방의 진전을 의미한다는 점에서, 경제특구 개발은 남북경협의 확대로 이어질 것으로 예상된다. 북한의 산업인프라가 확충되고, 북측 관계자들의 시장마인드가 개선되며, 정부정책의 효율성이 향상됨에 따라 사업의 안정성과 수익성이 개선될 것으로 예상되기 때문이다. 특히 개성공업지구 개발의 경우 남북경협에 미치는 효과는 보다 직접적으로 나타날 것으로 판단된다. 따라서 개성공업지구를 비롯한 북한의 경제특구의 개발에 대한 우리의 접근은 보다 장기적이고 종합적인 관점에서 이루어져야 할 것이며, 북한의 경제특구를 어떻게 활용해야 할지 전략적으로 사고할 필요가 있다.

북한의 경제특구가 우리에게 주는 의미는 무엇보다 국내 경제의 경쟁력을 제고하고 투자환경을 개선하는 효과를 만들어 낼 것으로 기대된다는 점이다. 고비용구조로 경쟁력을 상실하여 중국이나 동남아로 생산기지를 찾아 떠나고 있는 국내의 기업들에게 기회를 제공함으로써 국내 생산기지의 공동화에 대한 대안으로 활용할수 있을 것이다. 여기에서 중요한 점은 장기적으로 북한의 경제특구를 우리 경제의 새로운 성장동력으로 발전시켜 나가야 한다는 점이다. 따라서 비교우위에 기초한 남북간 분업구조를 창출해 나간다는 장기적인 관점에서 접근해야 할 것이다. 이외에도 북한의 경제특구에서 우리 기업들이 생산활동을 하고, 이를 통해서 남북관계가 개선되면 우리경제의 대외신인도 개선이라는 간접적인 효과도 기대할 수 있다.

또한, 북한의 경제특구 개발은 북한경제의 장기침체 극복과 현대화를 촉진함으로써 남북의 공동번영과 균형발전에 기여할 것이다. 이를 위해서는 경제특구 개발에 적극적으로 참여함으로써 이를 통해서 북한경제의 경제회생과 현대화 작업을 지원하고 개혁·개방과정을 촉진할 수 있도록 해야 한다. 북한경제의 변화는 남북한 공동번영의 출발점이 될 것이다. 무엇보다도 북한의 경제특구 개발은 남북경제공동체 형성을 위한 물리적·제도적 기반을 제공하게 된다. 따라서 개발이나 투자 등 다양한 방식으로 북한의 경제특구 개발과정에 참여함으로써 이질화된 제도를 통합해 나갈 수 있는 방안들이 구체적으로 모색되어야 한다.

(2) 개성공업지구 개발의 의미

개성공업지구가 우리에게 특별한 의미를 지니는 이유는 다음과 같다. 첫째, 개성공업지구는 저렴한 생산비와 수도권과의 근접성, 북한당국의 개발의지 등을 고려할 때, 지금까지 성공한 사례를 만들어 내지 못한 남북경협부문에서 첫 번째 성공사례를 창출할 수 있는 지역이다. 특히 우리 중소기업들의 관심은 날로 증대되고 있다. 개성공단에서의 성공은 새로운 형태의 경협모델을 제시함으로써 향후 남한 기업들의 북한진출을 촉진시켜 남북 경협을 더욱 활성화시킬 수 있을 것이다.

둘째, 북한의 개혁·개방정책을 촉진함과 동시에 북한 변화의 성공 가능성을 높일 것이라는 측면에서 매우 중요한 의미를 갖는다. 나진·선봉지역의 개발 실패가 북한으로 하여금 이후 개방에 대한 부정적 입장을 강화시켰던 사실에서 알 수 있듯이 개성공단의 성공은 북한 당국으로 하여금 개방의 필요성을 각인시키고 향후 개혁의 가속화와 대외개방의 확대를 촉진시킬 것이다. 또한 이 지역에서의 학습효과를 통해서 북한이 추진할 변화작업의 성공 확률을 높이고 지도부에게 변화작업의 성공 가능성에 대한 확신을 심어주는 역할도 수행하게 될 것으로 보인다.

셋째, 개성공업지구는 남북한 경제통합을 추진하는데 있어 실험장소를 제공하며 촉진제의 역할을 수행하게 될 것으로 기대된다. 개성공단을 건설하고 북한 노동자를 고용하여 생산하여 상품을 반출하는 일련의 과정을 소화하기 위해서는 남북 당국 차원의 다양한 협력이 필요하며 특히 제도화 작업이 요구되는데 이러한 작업은 남북간 경제통합의 징검다리 역할을 하게 될 것이다. 이와 함께 개성공업지구의 개발은 남북간의 물리적·심리적 거리감을 줄이는데 기여하게 될 것이다. 또한 개성특구의 매개적 기능이 강화될수록 남북한의 동질성 회복지수는 점차 높아진다고 할 수 있다. 즉 개성특구는 남북한 경제협력의 거점이자 동질성 회복의 접점이 된다고 하겠다(임강택·임성훈, 2004: 20-22).

4. 개성공단 개발사업의 성공을 위한 모델 창출

동대문 상인의 개성공단 진출을 위한 움직임이 가시화되고 있다. 중소기업협동조합중앙회는 동대문 시장의 의류 제조·도매 업체 30개사가 개성공단의 중소기업 전용 아파트형 공장에 입주해 이르면 내년 하반기쯤 공동 브랜드의 의류제품을 만들어 동대문 시장과 남대문 시장 등에서 판매할 계획이라고 2005년 9월 4일 밝힌바 있다[7].

이처럼 동대문 상인의 개성공단 진출 움직임이 매우 구체적으로 진척되고 있는 상황에서, 동대문의 개성공단 진출은 어떠한 의의를 가지며, 그 성공을 위해서는 어떠한 정책과제가 필요한 지 점검해 볼 필요가 있다.

동대문의 개성공단 진출은 '개성공단을 활용한 동대문의 발전'과 '동대문을 활용한 개성공단의 발전'이라는 동전의 양면과도 같은 두 개의 맥락을 가진다. 이중 전자는 우리의 내부역량 강화 즉 동대문 패션 클러스터의 발전이라는 맥락에서 살펴 볼 필요가 있다. 후자는 남북경제의 신성장동력 창출과 북한의 개혁개방 촉진을 토대로 하는 남북경제공동체 형성의 기반 마련, 나아가 동북아경제공동체 실현 촉진이라는 중층적·복합적 맥락에서 이해할 필요가 있다. 즉, 동대문의 개성공단 진출은 동대문의 발전과 동시에 개성공단 개발사업의 성공적 안착을 위한 모델창출로서의 내용을 족히 담고 있어 이를 위한 구체적이고 실질적인 정책과제 도출이 매우 중요하다.

이러한 문제의식을 토대로, 다음에서는 첫째, 동대문의 '패션 클러스터'로서의 구조적 특성을 알아보기로 한다. 둘째, 동대문에 대한 설문조사를 토대로 동대문 상인들의 경영실태와 현안을 파악하고, 셋째, 동대문의 개성진출과 관련한 관계자들의 개성공단 입주조건, 요망사항 등에 대한 의견 등을 알아본다[8]. 넷째, 이를 바탕으로 동대문의 개성진출의 의의와 성공적인 개성공단 진출을 위한 정책과제를 제시해 보기로 한다.

---

7) 중앙일보 9월5일자. 이들 업체들은 개성공단 1단계 1차 분양지역(5만 평) 중 한 곳에 건설될 연면적 7,100평의 아파트형 공장 중 3,000평가량을 30개 업체가 100평씩 나눠 입주할 것으로 알려졌다. 중소기협중앙회는 개성공단에서 동대문 시장용 의류를 생산할 경우 여러 면에서 중국보다 유리할 것으로 분석했다. 중국의 임금수준은 1인당 월 약 100달러이나 개성공단에서는 월 65달러 정도이며, 통역이 필요 없고 관세와 운송비용이 절감되기 때문이다.
8) 이 설문조사는 중소기업협동조합중앙회의 사업이 구체화되기 이전에 작성된 것임을 밝혀둔다. 따라서 이 글의 의의는 이미 추진단계에 들어선 동대문 상인의 개성공단 진출이 동대문의 발전방향에 부합되는 동시에 남북경협의 의의도 충족시키는 것이 되기 위해서는 무엇이 필요한가를 점검해 보는 데에서 찾을 수 있을 것이다.

1) 동대문의 구조적 특성[9]

재래시장의 대명사로서 흔히 동대문시장으로 불리는 동대문이란 곳은 어떤 곳일까? 동대문은 지리적으로 동대문(흥인지문)을 중심으로 종로5가 광장시장에서부터 청계8가 신설종합시장에 이르는 2㎞ 내외에 산재해 있는 약 33개의 상가에 30,000여 자영업자가 집적되어 있는 지역을 일컫는다.

동대문은 패션에 관련된 핵심 기능이 자기완결적으로 집적되어 있는 패션 클러스터(Cluster)라고 말할 수 있다[10]. 동대문에서는 패션상품의 가치사슬(Value Chain: 부가가치 창출과 관련된 전 공정의 연계구조)인 '기획-생산-판매'와 관련된 모든 기능이 때로는 생산자이자 디자이너이기도 한 상인에 의해 이루어지고 있다. 또한 동대문은 원·부자재는 물론 라벨, 포장까지, 패션 제품도 다양한 아이템이 망라되어 있는 종합 패션시장으로서의 면모를 갖추고 있는 곳이다.

동대문은 크게 전통상권과 현대식 동부상권, 신흥 서부상권으로 분류된다. 이 중 특히 동부상권과 전통상권은 최대 소비지인 서울에 입지해 있으면서도 전국의 소매업체에 패션제품을 공급하는 대규모 도매산지로서의 특징을 갖는다. 관련 통계의 부재로 정확한 현황파악이 어려우나 동대문은 2000년 초반에 대략 하루 매출액 400억원, 연간 매출액 약 10조원, 하루 유동인구 40만명에 달하는 것으로 추정되었으나 이후 그 규모는 점차 감소되어 왔다.

동대문은 내수 뿐 아니라 수출도 담당하는 곳이다. 최근에는 생산비 증가로 인해 수출규모가 점차 감소추세이나, 한 때 연간 수출액이 약 19억 달러에 이른 적도 있었던 것으로 추정된다. 이러한 수출은 주로 관광객의 개인구매 혹은 개인무역(일명 보따리 무역) 형태를 통해 중국과 일본, 동남아, 러시아 등을 대상으로 이루어진다. 대상국별 수출비중은 중국 32%, 일본 24%, 동남아 9% 등이며, 상인 중 8%는 매출의 70~100%를 수출한다(金良姬·安倍誠, 2002).

동대문의 수출경쟁력은 가격뿐 아니라 다품종소량생산과 단납기다. 이러한 강

9) 이 내용은 주로 김양희·신용남(2000)의 내용에 의거하고 있음을 밝혀둔다.
10) 이 글에서 필자는 '동대문시장'이 아니라 '동대문'이라는 다소 모호한 명칭을 사용하고자 한다. 동대문이 단지 시장기능만을 수행하는 공간이 아니라 패션과 관련된 제반 기능이 집적되어 있는 클러스터로서의 성격을 지니고 있다는 점을 강조하고자 함이다.

점을 지탱하고 있는 것이 다름 아닌 동대문 주변에 자동차로 30분 이내의 거리에 대부분 포진되어 있는 숙련공 위주의 봉제기반이다. 이들의 존재에 힘입어 동대문은 기획-생산-판매간 밀접한 연계에 기반한 클러스터로서의 강점을 발휘할 수 있는 것이다.

그러나 열악한 노동환경과 3D 업종에 대한 편견 등으로 신규노동자 유입이 어려워 동대문의 생산기반은 고령화와 후계자 부재문제에 직면해 있다. 이를 부분적으로 대체하고 있는 외국인 노동자들은 숙련도가 낮고 고용여건이 불안정해 품질관리가 곤란한 실정이다. 그 결과 동대문은 중국내 양산제품 생산을 위한 시제품 생산기지(testing bed)로 변화하고 있는 추세로, 일본, 대만 등지의 바이어는 동대문에서 이렇게 제작된 소량의 시제품을 중국에서 양산하는 경우가 증가하고 있다. 이 것이 바로 동대문이 국내 봉제기반의 활성화 및 대량생산 거점의 안정적 확보를 위해 개성공단 진출에 관심을 갖는 주된 이유인 것이다.

2) 동대문의 개성공단 진출에 대한 설문조사 결과

(1) 설문조사 개요

동 조사는 2005년 2월 25일~3월 4일간 실시된 것으로서, 설문대상은 주로 의류의 제조 및 판매를 담당하는 도매상인들이다. 조사방식으로는, 각 상가대표의 책임하에 대상자를 선정한 후 설문지를 배포하고 조사자가 직접 응답자를 방문해 설문조사하는 방식을 취했다. 총 배포수는 7,000부이고, 이중 827부를 회수(회수율은 11.8%)하여, 회수율은 낮으나 절대적인 회수부수는 매우 높다. 이런 점에서 이번 조사는 일차적으로는 동대문의 경영실태 파악에 유용한 자료가 될 뿐 아니라, 이들의 개성공단 진출에 관한 의향을 광범위하게 파악할 수 있어 실태자료로서 귀중한 가치를 지닌다고 할 수 있다.

응답자 827명의 업태별 분포를 살펴보면, 이들 대부분의 주업태가 도매상이다. 사실 업태별로 도매업의 비중이 압도적으로 높은 이유는, 개성공단 진출에 관심을 가질 가능성이 높은 업태는 소매보다는 도매일 것이라는 가정하에 애초부터 조사대상을 주로 도매상에 초점을 맞추었기 때문이다. 그러므로 본 조사의 결과는 동대

문의 상인 일반보다는 동대문에서 중심적 역할을 수행하고 있는 도매상의 경영실
태와 개성공단 진출의향을 파악하는데 크게 도움이 된다 하겠다.

한편 개성공단 진출시 요청되는 구체적이고 실질적인 정부정책의 방향과 과제
를 도출하기 위해서는 개성공단에 입주의향을 보인 대상자를 중심으로 한 실태파
악이 필요하다. 따라서 이하에서는 개성공단 진출의사를 묻는 질문에 답한 응답자
(N=712) 중에 의사가 있다고 답한 경우(29.2%, N=208)만을 대상으로 하여, 개
성공단 진출과 관련된 설문 위주로 이들의 경영실태와 개성공단 입주 관련 요망사
항을 전체 응답과 비교하면서 특이사항 여부를 파악해 보기로 한다.

〈표 6〉 응답자의 업태별 분포 및 주요 특징

상가명	응답수	비중	주 업태	특 징
디자이너클럽	165	20.0	도매	현대식동부상권, 숙녀복
청평화시장	100	12.1	도매	전통재래상권, 보세의류, 이월상품
광희프라자	81	9.8	도매	전통재래상권, 가죽·모피 의류, 보세
통일상가	67	8.1	도매	전통재래상권, 원단 및 부자재, 남성복
두 타	67	8.1	도소매	신흥서부상권, 종합 패션쇼핑몰
제일평화	65	7.9	도매	현대식동부상권, 원단 및 부자재
테크노상가	59	7.1	도매	현대식동부상권, 중고가 숙녀복
아트플라자	67	8.1	도매	현대식동부상권, 여성 캐쥬얼, 청의류
동화시장	35	4.2	도매	전통재래상권,
평화시장	32	3.9	도매	전통재래상권, 종합의류, 부자재
동평화시장	31	3.7	도매	전통재래상권, 의류 이월 상품
에어리어식스	27	3.3	도매	전통재래상권, 가죽·모피제품, 캐쥬얼
신평화시장	17	2.1	도매	전통재래상권, 내의, 종합의류
남평화시장	14	1.7	도매	전통재래상권, 가방, 벨트, 바지류
합계	827	100.0		

(2) 경영실태 및 당면과제에의 대응양식

개성공단 입주를 희망하는 상인(이하 입주희망자)들의 경우 매장-공장간 거리
는 대체적으로 전체대상(이하 전체) 응답의 경우와 유사하나 2시간 이상인 경우는
전체(3%)보다 높은 5.9%를 차지, 이들은 개성으로 공장이 이전되더라도 현재와
크게 생산여건이 변화되지 않을 것이라는 판단에 기초하고 있다고 보여진다(응답
자수는 153개, 이하 N=153).

제품의 지역별 주요 판로는 전체의 서울 비중이 45%였던 반면 입주희망자의 비중은 81.1%로, 지방(17.0%)이나 해외(1.9%)에 비해 압도적으로 높아 개성진출 시 서울과의 근거리라는 조건을 최대한 활용할 수 있을 것으로 보인다(N=53). 이들의 업태별 주요 판로로는 도매가 72.8%로, 전체(68%)에 비해 4.8% 포인트 높아 개성에서 대량생산의 이점을 누릴 수 있는 이들이다(N=195).

신상품 출시기간은 전체에 비해 대체적으로 긴 것으로 조사되어, 동대문의 단납기 생산 시스템과 공간적으로 분리되어도 크게 지장받지 않을 것임을 시사한다(N=193). 즉, 1주일 이하는 39.4%(전체 41%), 8~15일은 24.4%(전체 28%)로, 전체에 비해 단납기 제품의 비중이 다소 낮게 나타났다. 반면, 16~30일의 범용품 생산비중이 17.1%로 전체(13%)에 비해 높으며 1~3개월이 소요되는 제품의 생산비중도 14.0%로 전체(10%)보다 높은 비중을 점한다. 그러나 '1주일 이하'도 절대적인 비중은 낮지 않아, '시제품은 동대문, 양산은 개성'이라는 남북간 비교우위에 입각한 분업구도를 고려하고 있는 것으로 유추된다.

〈그림 2〉 경영상의 장애요인(1순위) (입주희망자)

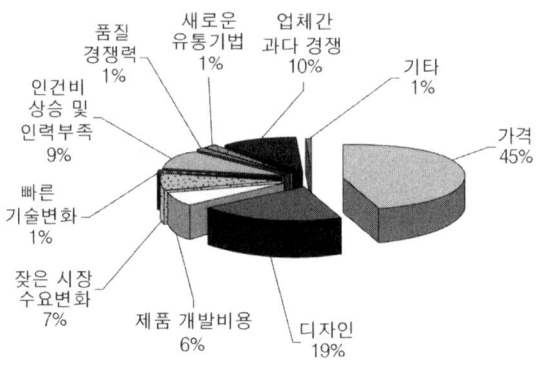

입주희망자들이 경영상 애로사항으로 가장 심각하게 느끼고 있는 점은 가격 45.2%, 디자인 18.6%, 과당경쟁 10.1%, 인건비 상승 및 인력부족 9.0%의 순으로 나타나, 전체에 비해 가격경쟁력 면에서 더 큰 위협을 느끼고 있음을 보여준다. 전

체의 경우 1순위는 '가격(39%)', '디자인(21%)', '잦은 시장수요변화(13%)', '업체간 과다경쟁(11%)' 등의 순(N=188)이었다. 2순위로는 전체 분석결과와 크게 다르지 않으나 단지 잦은 시장수요변화가 20.2%로 전체(14%)에 비해 높게 나타나고 있다(N=173).

이러한 경영압박에 대한 대응양식은 전체와 유사하다. 1순위로 꼽은 것이 '신제품 및 디자인 개발 41.6%(전체 41%)', '비용절감 33.5%(전체 36%)'의 순이나 여타 항목은 낮은 비율을 점하는데 그쳤다(N=96). 2순위로도 '신제품 및 디자인 개발'(25.9%, 전체 27%)'과 '비용절감(15.2%, 전체 16%)'이 수위를 차지하며, 이를 위한 방안에 해당하는 '유능인력 채용 14.6%(전체 14%)'도 제시되었다(N=158).

〈그림 3〉 경쟁압력에의 대응양식(1순위) (입주희망자)

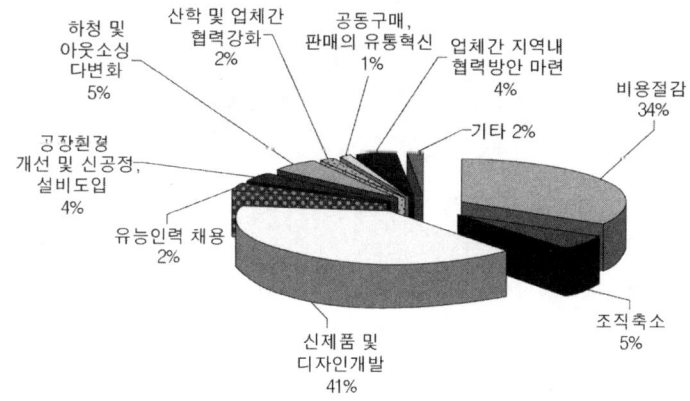

(3) 개성공단 입주조건 및 요망사항

개성공단 입주의향이 있는 이들은 당연히 전체(55%)에 비해 개성공단 개발에 관한 사실을 인지하고 있는 비중이 77.9%로 높게 나타났다(N=199). 개성공단 진출이 도움이 된다고 생각하는 비중도 전체(72%)에 비해 93.3%로 높게 나타났다(N=209). 단, 도움이 되지 않을 것이란 응답도 6.7%로 나타나 이들이 개성공단 입주를 희망함에도 불구하고, 그것이 현재 당면한 경영위기에 대한 근본적인 타개책이 될 수는 없다고 판단하는 것으로 풀이된다.

아파트형 공장의 건축비 책정에 대해서는 싸거나 적절하다는 응답이 전체(19%)를 웃도는 28.8%인 반면 비싸다는 응답도 전체(36%)보다 훨씬 높은 52%로 드러나 건축비 책정의 적절성 여부에 대한 검토가 요망된다(N=202). '잘 모르겠다'는 응답은 전체(45%)에 비해 매우 낮은 19.3%에 불과해 이들은 이미 개성공단 관련 정보를 입수해 분석하는 등 진출 여부를 진지하게 검토해 본 것으로 보여진다. 건축방식은 직접 건축을 선호(51.4%)해 전체(47%)에 비해 상대적으로 초기 투자자금 확보가 용이한 대형 도매상이 대부분임을 시사한다(N=183).

〈그림 4〉 아파트형 공장 건축시 건축가격의 적절성(입주희망자)

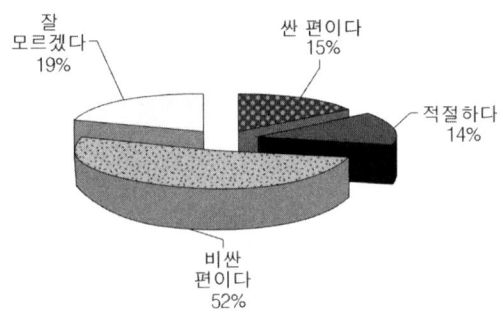

공장 분양시 필요 평수는 30평 이하 10.2%, 200평 이상 대규모가 4.0%로 전체(각각 18%, 2%)에 비해 대규모 공장을 희망하며(N=197), 임대의 경우에도 이와 유사한 결과가 도출되었다(N=193). 분양방법으로는 어느 정도의 자금력을 필요로 하는 개인 분양에 대한 선호도가 45.7%로 전체(37%)보다 높게 나타났다(N=188). 입주시기에 대해서는 최대한 빠른 시기내 입주를 희망하는 비율이 24.2%로 전체응답(13%)에 비해 높았다(N=186).

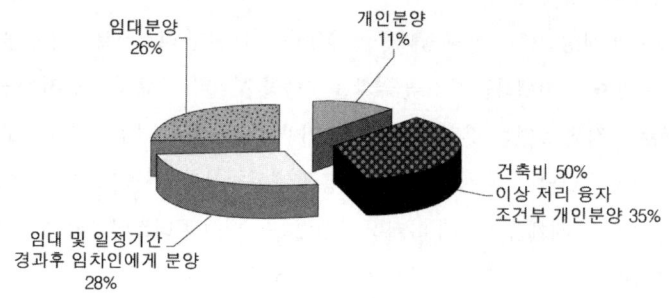

〈그림 5〉 아파트형 공장 분양방법(입주희망자)

중국내 공장이 있을 경우 개성으로의 이전 의향을 긍정적으로 검토하겠다는 비중이 46.9%로 전체 41%에 비해 높으나, 두 곳 모두 운영하겠다는 답변도 17%로 전체(14%)에 비해 높아 중국과 개성간 입지조건 차이에 대한 더욱 정밀한 비교분석이 필요하다고 할 수 있다(N=147). 중국공장만 운영하겠다는 응답은 1.4%로 전체(10%)에 비해 매우 낮아 이들은 대체적으로 개성공단의 성공 가능성을 긍정적으로 평가하므로 진출을 희망하는 것이라고 해석할 수 있다.

3) 동대문의 개성진출의 의의와 정책과제

(1) 의의

① 내부역량 강화: 개성을 활용한 동대문 패션 클러스터의 발선

이상의 설문조사 결과를 종합해 보면, 개성공단 진출을 희망하는 상인이 개성에서 생산할 제품의 특성은 다음과 같다. 첫째, 대량생산품. 제품의 상품주기(Product Life Cycle)가 짧은 단납기 제품의 양산이나, 상품주기가 상대적으로 길어 동대문과 서울을 중심으로 하는 기획과의 물리적 거리가 그다지 문제되지 않는 경우 모두 이에 해당된다. 둘째, 판로측면에서는 주로 서울을 기반으로 하기 때문에 개성-서울간 근거리의 장점을 최대한 활용할 수 있을 것이다. 즉, 단기적으로 이들의 개성공단 진출은 서울과의 근거리가 주는 장점이 동대문과 분리되었을 때의 단점을 극복하는 것이 가능할 전망이다.

동대문의 개성진출은 현재 동대문이 추구하는 패션 클러스터로의 발전을 생산기반의 측면에서 지탱하는 중요한 역할을 수행할 것이다. 동대문의 발전에 중요한 장애물로 지적되고 있는 것은 남한내 생산기반의 급속한 붕괴조짐이기 때문이다. 따라서 개성이 단납기 제품의 양산 및 범용품 생산거점으로 자리잡게 되면 동대문은 제품 기획 및 시제품 생산과 마케팅에 주력하는 패션 클러스터로서의 발전에 주력할 수 있다. 서울에서 근거리에 위치한 개성공단의 활용은 국내 섬유생산기반의 '외연적 확장'을 의미하는바, 와해위기에 놓인 생산기반의 보완과 대체에 기여한다고 볼 수 있다.

개성의 생산거점으로서의 안착은 국내 제조업체의 중국이전과 중국산 제품의 국내유입을 억제하는 효과도 기대할 수 있다. 경의선과 동해선 연결사업이 완공되어 물류비용이 감소되면 대러시아 및 대중국 수출이 유망하며 특히 러시아인의 한국산 제품에 대한 선호도가 커 장기적으로 대러시아 수출 전망이 밝다고 하겠다.

개성에서의 안착과 동시에 간과할 수 없는 것은 현재 동대문이 안고 있는 구조적인 문제들에 대한 근본적인 해결책일 것이다. 동대문이 패션클러스터로서의 형태는 갖추고 있으나 아직 명실상부한 패션클러스터가 되기 위해서는 개성공단의 활용이 부분적인 처방에 불과하다. 서울내 생산거점의 고부가가치화, 대구·구미 등지의 섬유소재산업의 클러스터화를 통한 소재 및 원부자재의 품질과 디자인 능력 제고, 이들 섬유패션 클러스터와 소비지간의 유통혁신, 산학연 연계 강화, 인재육성 등을 통한 혁신적인 동대문 패션 클러스터로서의 전환이 필요하다. 그러한 노력과 맞물리지 않는다면 개성공단 진출은 오히려 피할 수 없는 구조조정을 지연시키는 결과를 초래할 수도 있다.

이처럼 동대문의 패션 클러스터로서의 발전도상에서 개성은 이를 위한 시간적·재정적 여력을 확보하는 데 기여하는 완충지대로 자리매김될 것이다.

② 평화와 공동번영의 기반 마련: 북한경제 회생 및 통일경제의 기반 조성

북한은 노동집약적 섬유산업의 개성내 유치를 통해 단기적으로 외화획득 및 고용창출효과를 얻을 수 있다. 특히 의류봉제산업은 노동집약적 특성으로 인해 설비투자 부담이 적은 반면 고용창출효과가 커 선진국이 기획 및 판매기능을 담당하고 개도국은 이러한 글로벌 분업구도에 편입되어 생산을 담당하는 특징을 갖는다. 즉 의류봉제 산업은 개도국의 경제개발시 저임의 풍부한 노동력을 비교우위의 원천으로 삼아 우선적으로 육성되는 경향이 강해 개도국에게 '기회의 창'(windows of opportunity)으로 불린다(Gereffi, 1994). 더욱이 북한 입장에서는 한반도의 최대 소비지인 서울과의 근접성을 감안할 때 서울을 기획 및 판매거점으로 하는 동대문 패션제품의 개성 생산은 장래가 유망하다.

개성의 동대문 상인 유치는 남북이 각각의 비교우위에 기반해 상생할 수 있는 전략적 산업의 유치를 의미한다. 대내외적으로 남북경협에 대한 부정적 시각이 팽배한 가운데 개성공단 사업이 시작된 만큼 우리 정부는 개성공단 출발과 함께 이른 시일내에 성공사례를 만들어야 하는 정치적 부담을 안고 있는 게 사실이다. 그러므로 섬유산업 중에서도 의류·봉제산업에서 단기간에 성공사례를 창출하는 것이 현실적인 선택지이다. 봉제는 재봉기, 재단기, 마무리 자재 등 최소한의 장비와 좁은 공간으로 생산이 충분하므로 신속한 조업이 가능하기 때문이다. 이러한 요인으로 인해 현재 개성공단 진출을 희망하는 기업 중 대다수가 섬유·의류업으로서, 이러한 점에서도 본 연구는 적지 않은 의의를 지닌다 하겠다. 특히 동대문을 활용한 개성공단의 발전은 동대문 생산자의 소규모성과 제조설비의 단순함으로 인해 진출후 조속한 시일내에 조업이 용이하므로 개성공단을 활용한 성공사례 창출이 수월하다. 이들의 경우 단시일내에 서울-개성간 왕래의 자유 및 통신의 자유가 보장되지 않더라도 큰 지장은 받지 않을 것으로 보인다.

동대문을 활용해 단시일내에 개성공단 사업이 본 궤도에 오르고 이를 통해 개성 사업에 대한 북측의 기대가 높아질 경우 북한은 개혁개방에 대한 확신을 갖게 되고 이를 확대하려는 유인이 발생할 것이다. 나아가 북한이 동북아 분업구도에 편입된다면 이는 궁극적으로 남북경제통합과 동북아의 평화조성에 매우 중요한 계기를 제공하게 될 전망이다.

〈그림 6〉 개성공단내 섬유산업 유치의 의의

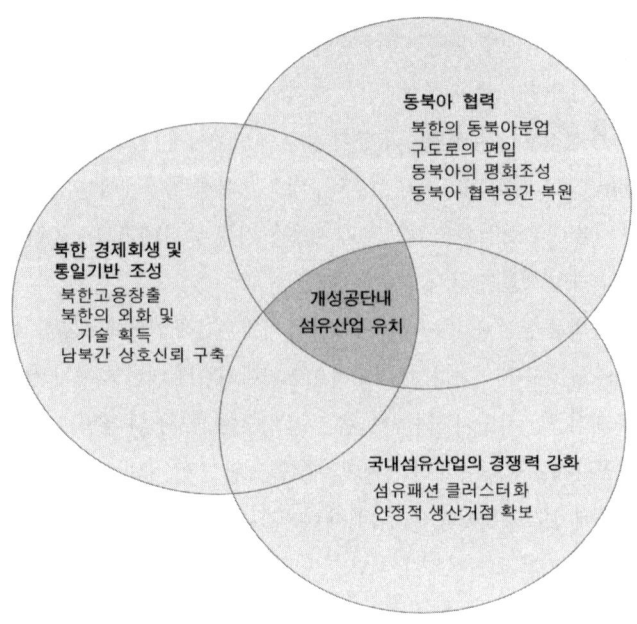

(2) 개성공단 진출을 위한 정책과제

① 단기 과제

초기에는 투자자금 동원능력이 있으며 자체 생산관리 능력 등 자구능력을 보유한 대형 상인 및 생산 경영자의 개성 진출을 위한 정책적 지원을 통해서 이들의 성공사례를 창출하는 것이 중요하다. 그러나 장기적으로는 영세소상인의 저임만을 노린 진출은 한계에 직면할 것이므로 개성의 저임금과 결합시킬 비가격 경쟁력을 보유하고 동대문에서 경쟁이 가능한 상인의 진출을 우선시해야 할 것으로 판단된다. 우선적으로 진출의향이 있는 상인 및 공장주에 대한 분석결과를 바탕으로 이들에 대한 정책지원의 방향과 구체안을 마련하는 것이 필요하다. 동시에 개성공단 진출에 대한 체계적인 홍보, 설명회 개최를 통해 아직 전반적으로 개성공단 개발사업에 대한 인지도가 낮은 상가 및 상인들에게 검토의 계기를 부여해야 한다. 아파트 분양가 책정, 공장규모, 입주조건 등의 기준과 원칙의 적절성 및 현실성을 재검토 하는 것도 필요하다.

우리측의 성공사례 창출 및 북측의 개성공단에 거는 기대 등을 고려할 때, 품목, 공장규모, 북한인력 채용규모 등 최소한의 진출자격을 제한하는 방안도 검토해 보아야 할 것이다.

② 중장기 과제

가. 중국(동북3성) 대비 입지적 우위 확보

개성이 단기적으로 노동집약적 부문의 해외이전에 대한 대안이 되기 위해서는 지리적으로 북한과 인접해 유력한 경쟁 대상이 될 중국 동북3성에 비해 비교우위가 있어야 하나 현재로서는 명확한 비교우위를 갖고 있지 못한 실정이다. 현 시점에서 개성이 중국에 비해 비교우위를 점하는 것은 명목 임금수준과 한국시장에의 접근성 및 물류비용, 언어 등이나 임금을 제외하고는 강력한 우위라고 보기 어려운게 사실이다. 반면 개성에서의 숙련공 화보나 관련산업 발전 정도, 현지시장에의 접근성(규모), 제도 및 인프라 등은 동북 3성에 비해 매우 취약하며 남북간의 언어의 동질성에도 불구하고 의식 및 관행의 상이성 등도 커다란 장애요인으로 작용할 전망이다. 따라서 중국진출 기업이나 중국진출을 계획하는 국내기업에게 개성이 분명한 대안이 되도록 하기 위해서는 개성의 중국 대비 취약점을 강화하기 위한 노력이 절대적으로 필요한 상황이다. 이와 관련해 특히, 개성이 갖는 서울과의 근거리라는 우위를 확고히 하기 위해서는 기획-생산-판매의 가치 고리(value chain) 간의 연계가 원활하도록 3통(통신, 통행, 통화)의 자유가 충분히 보장되어야 한다.

나. 개성공단 제품의 수출 활성화를 위한 여건 마련

동대문 주변의 생산자 일부는 개성공단제품의 급격한 남한내 반입이 초래할 시장질서 교란을 우려하고 있다. 그러나 이는 정부의 인위적인 판로제한이나 업계의 자율규제보다는 장기적 안목에서 수출시장의 확보를 위한 원산지 규정 및 고관세 문제 해결을 통해 푸는 것이 바람직하다.

현재 미국 및 일본으로의 공식적인 수출은 고관세 부과로 인해 매우 제한되어 있으나 동대문 상인을 통한 수출은 대부분 소량 간이무역의 형태 혹은 비공식 수출형태를 띠고 있어 고관세는 큰 장애요인이 되지 않는다. 한-싱 FTA와 한-EFTA에서 합의된 바와 같이 한-ASEAN FTA 및 한·일 FTA에서도 개성산 제품의 원산지를 한국산으로 승인받기 위한 정부의 노력이 필요하며 한-싱 FTA를 활용한 싱가포르 경유의 대동남아 우회수출 가능성도 타진해 보아야 한다.

그러나 원산지 규정 문제 해결은 용이하지 않아 장기적으로는 수출시장의 안정적 확보를 위해 북한에 대한 경제제재 차원에서 미국 및 일본 등이 북한산 제품에 부과되고 있는 고관세의 해제 여부가 관건이 될 것이다.

나아가 개성산 제품 생산이 활성화될 경우 남북간의 민족내부거래에 대한 외부의 견제가 있을 수 있어 이에 대비한 국제법상 조치 마련도 요청된다. 그러나 안정적인 판로 확보 및 관련한 문제 등은 북핵문제 해결이후에나 가능할 것이다.

다. 북한경제 회생 및 통일경제의 토대 마련

현재의 제반 여건을 고려할 때 아직은 요원하나, 이를 위해서는 장기적인 안목에서 다음의 세 가지 점에 유의하여야 한다. 첫째, 개성이 북한경제 회생의 지렛대가 되기 위해서는 북한내 인력의 원활한 조달 및 숙련공 육성의 여건조성이 필요하다. 섬유의류는 노동집약적 업종으로서 북한내에서 노동력 수급이 원활해야 하며 공단내에서는 자유로운 인력채용 및 경영활동 보장, 숙련공의 확보 등이 가능한 여건조성이 관건이다. 둘째, 북한내 섬유산업의 균형발전을 위해서는 점진적으로 섬유산업의 구조 고도화가 실현되어야 한다. 이를 위한 선결과제는 다름 아닌 봉제부분의 개성공단내 성공적 안착이다. 이를 기반으로, 노동집약적인 하류(의류 및 완제품)에서 시작해 점차 기술집약적인 중류(직물생산·염색 등) 및 상류(섬유사 및 소재) 부문으로 생산구조를 고도화 하는 것이 필요하며 이를 위한 기술 및 자본이 원활히 유입될 수 있는 환경조성이 절대적이다. 마지막으로, 남북합작회사의 설립을 통해 개성에서 습득한 시장경제 및 경영 노하우가 개성외 지역으로 파급되도록 남북 양측의 관계당국이 특별히 배려하는 노력이 중요하다.

참고문헌

김양희 · 신용남. 2000, 「재래시장에서 패션 네크워크로」, 삼성경제연구소.
임강택 · 임성훈. 2004, 「북한의 경제특구 개발과 외자유치 전략」, 통일연구원.
통일부. 2004, 「2004 남북교류협력 추진실적」, 통일부.
통일부. 2005, 「개성공단 사업 추진 현황」, 통일부.
통일부. 2005, 「남북관계 추진현황」, 통일부.
통일부. 각년도, 「남북교류협력 추진실적」, 통일부.
KOTRA. 2005, 「2004년도 북한의 대외무역동향」, 대한무역투자진흥공사.

金良姬 · 安倍誠. 2002, 「韓國東大門市場の發展と新たな日韓アパレル産業ネットワークの形成」, アジア經濟硏究所.
Gereffi, Gary. 1994, "The Organization of Buyer-Driven Global Commodity Chains", Commodity Chains and Global Capitalism, Gary Gereffi & Miguel Korzeniewicz, eds., Westport, C. T. Praeger.

2000년대 한국경제의 쟁점과 민족경제론

— '외국자본 지배론' 비판을 중심으로

정 건 화

1. 서

"한국의 선두그룹이 세계 속에서 선두를 달리는 데는 그렇게 어려움이 없을 것이지만 꼴지가 상당히 좋은 수준으로 가는데에서 우리사회가 과연 잘 해낼 수 있을지에 대해서는 자신이 없다." 얼마 전 대통령이 한 말이다. 대통령은 이어 "2004년부터 지금까지 풀리지 않은 걱정은 우리 사회가 양극화 되고 있는 것이며, 이 문제에 대해 정부를 포함한 어느 두뇌집단도 명쾌한 대안을 제안해온 곳이 없다"면서 답답함을 토로했다고 한다(프레시안, 2005년 7월 14일). 우리사회에서 대통령의 발언은 말의 행간을 읽어 의중을 파악하고 정치적 해석을 곁들여야 하지만 이 말에 대해서만큼은 그런 '수읽기'보다는 상황의 심각함에 더 마음이 기울어진다. 우리 사회 최고 정부당국자인 대통령의 발언을 통해 양극화 문제의 심각성이 공식적으로 확인되었기 때문이다.

양극화!

노숙자들과 100만을 훌쩍 넘은 절대빈곤층, 심각한 청년실업과 전체 고용의 절반 수준으로 만연된 비정규직 고용, 한때 370만 명을 넘어 전체 경제활동인구의 16%에 달한 신용불량자와 지속되는 소비위축 등은 1990년대 말 이후 언론의 경제면, 사회면을 메운 친숙한 기사거리가 되어 버렸다. 반면 우리나라의 세계적 기업들이 세계시장을 누비는 모습도 낯설지 않은 뉴스가 되었다. 2004년 우리나라 수출은 지난 1980년대 '3저호황'이래 최대의 증가율을 보였으며 외환보유고는 세계 4위 수준이다. 반도체며 이동통신, 자동차, 철강 등의 분야에서 한국의 일부 대기업은 이제 글로벌 기업의 반열에 올라섰고 국내 대기업 임원이나 간부급 직원들 중 상당수가 스톡옵션과 성과급으로 억대 연봉자가 되었다. 이처럼 한국경제의 양극화 현상은 점점 뚜렷해지고 있다.

양극화와 함께 한국경제의 현실을 설명하는 또 하나의 주제어(key word)는 개방과 외국자본 문제이다. 2004년 10월말 현재 우리나라 주식시장 전체 시가총액의 42.5%는 외국인투자자가 소유하고 있다. 주식시장의 외국인 소유는 비중으로 세계 4위, 규모로는 세계 7위이며(제일경제신문, 2005년 5월 8일), 30여개 우량 대기업 주식의 절반 이상이 외국인 투자자들의 소유라는 사실도 그다지 새삼스럽지 않다. 외환위기를 거치며 외국자본을 보는 시선이 180도 달라지면서 불과 10여년 만에 한국경제에서 외국자본의 역할과 비중은 극적으로 높아진 것이다. 뿐만 아니라 2004년 한국경제의 무역의존도는 서비스를 포함하면 86.3%를 넘었고 GDP(국내총생산)에서 차지하는 수출의 비중이 처음으로 민간소비의 GDP 비중보다 커지고 수출의 성장 기여율은 85.4%에 달해서 한국경제는 그야말로 외국인투자와 세계시장에 목을 매고 있는 상황이다.

그런 가운데 업계나 언론계, 학계 일부에서는 외국자본에 의한 국내기업의 적대적 인수합병과 금융기관 인수가 막대한 국부유출을 초래하고 한국경제의 성장잠재력을 훼손하고 있다는 우려를 내놓고 있으며, 이런 우려는 정부의 재벌규제정책에 대한 비판으로 이어진다. 젊은층에게 삼성 등 일부 한국의 대기업은 민족자존과 자긍심의 아이콘으로 대접을 받고 있고 진보학계 내에서도 재벌시스템은 효율적인 경제시스템이며 한국경제의 새로운 성장동력도 재벌에서 주어진다는 주장이 정면으로 제기된다. 지금은 고인이 되었지만 비판적 경제이론가로 명성을 날렸던 모 일간지 논설위원은 "외자는 펄펄 나는데 우리 기업은 제힘만큼 걷는 것도 막는 '역차별'은 나라 경제의 대계를 위해 옳은 궁리가 아니"므로 "출자 제한을 풀어주고, 금융 계열사 의결권을 인정해주라"고 주장했다. 그는 한국경제의 초미의 현안이—이를 테면 주적이—바뀌었다는 생각이고, 80년대의 도식을 빌리면 반자본의 피디(PD)에서 반외세의 엔엘(NL)로 '변절한' 것이므로 나라를 위해 '변절하라'고 비장한 어조로 공정거래위원장을 다그쳤다(나라위해 우리 변절합시다, 중앙시평: 중앙일보, 2004년 12월 7일).

이쯤 되면 어느 정도 경제를 안다고 자부하는 사람들도 혼란에 빠지지 않을 수 없게 된다. 과연 한국경제는 잘 나가고 있는 것인지 아니면 위기에 빠진 것인지? 양극화된 경제에서 위기란 누구의 위기를 말하는지? 또 IMF 위기 이후 시행되어 온 여러 경제개혁조치들이 한국경제의 새로운 도약을 위한 발판이 된 것인지 아니면 한국경제 고유의 성장시스템을 해체시켜버린 것인지 그리고 재벌은 개혁되어야 하는 것인지 아니면 외국자본과의 치열한 생존경쟁을 벌이는 국민기업으로 지원되어야 하는 것인지? 더 나아가서 글로벌 신자유주의가 주도하는 세계경제 내에서 한국경제의 대안적 발전전략은 과연 무엇이며 그것은 어떻게 가능한 것인지? 이처럼 한국경제가 글로벌화한 세계경제에 적극적으로 '통합'되면서 정작 한국사회 자신은 빠른 속도로 '분열'되어 가는 상황은 세계화와 양극화의 연관 메카니즘에 대한 해명, 나아가 한국경제의 발전방향에 대한 진지한 성찰을 시급한 과제로 제기하고 있다.

이 글에서는 IMF 경제위기 이후 한국경제의 구조변화를 둘러싼 여러 쟁점을 검토함으로써 이러한 혼란스런 물음들에 대한 해답의 단초를 마련하고자 한다. 글의 순서는 다음과 같다. 먼저 2절에서는 IMF 경제위기 이후 진보진영에서 이루어진 한국경제 상황을 둘러싼 다양한 논의들을 정리한다. 이 과정에서 IMF 이후 경제개혁에 대한 평가와 '한국경제 위기론' 등과 관련한 쟁점들이 짚어질 것이다. 다음으로 3절과 4절, 5절에서는 한국경제에 관한 쟁점들을 크게 세 가지로 선정해서 다룬다. 3절에서는 외환위기 이후 한국경제의 구조변화에 대한 논쟁에서 핵심을 이루는 투자(부진)문제를 검토하고 4절에서는 경제양극화의 양상과 원인을 설명한다. 그리고 5절에서는 급속한 대외개방 이후 외국자본의 영향력이 증대하면서 제기되는 재벌체제 옹호론과 재벌규제완화론에 대해서 검토한다. 마지막으로 6절에서는 글로벌 자본주의 시대의 민족경제론을 모색하는 차원에서 한국경제의 대안적 발전에 대한 논의를 시론적 수준에서 제시한다.

2. 외환위기 이후 한국경제 논의 평가

경제위기 이후 한국경제의 구조변화를 평가하는 입장은 경제위기를 초래한 구조적 문제점이 크게 개선되고 있다고 보는 관점과 한국 현실에 전혀 맞지 않는 신자유주의적 정책으로 인해 한국경제는 시스템적 위기를 맞고 있다는 관점을 양극단으로 하는 커다란 스펙트럼을 형성하고 있다. 물론 한국경제 현실을 두고 평가가 이처럼 서로 상반되는 것이 처음은 아니다. 그렇지만 예전에 주로 관변 연구소나 기업 측에서 이데올로기 공세의 일환으로 '경제위기론'을 제기했던 것과 현재의 논의지형은 두 가지 점에서 다르다. 첫째는 진보진영내에서 경제위기에 대한 문제제기가 이루어지고 있다는 점이고, 둘째는 진보진영 자체가 두 입장으로 갈라져서 그간 구조변화의 성격과 대안에 대해서 다른 목소리를 내고 있다는 사실이다. 스펙트럼 내부에서 신고전파 경제학에 충실한 논의를 제외하고, 넓은 의미에서 이른바 진보진영에 속하는 논의들을 좀더 세밀하게 살펴보면 크게 네 가지 관점이 발견된다(표 1 참조).

먼저 '시장주도 규율강화론'이라 부를 수 있는 관점으로서 한국경제는 경제위기 이후 시장규율이 강화되는 방향으로 제도개혁 및 기업거버넌스 개혁이 진행되고 있다고 보는 관점이다. 이러한 관점은 임원혁(2002; 2005), 국민경제자문회의 사무처(2005) 등에서 발견된다. 이 관점에 따르면 경제위기가 발생한 이후 우리나라는 구조조정과 경제개혁을 추진하여 상당한 성과를 거두었다. 대우그룹 등 부실 대기업의 퇴출을 통해 도덕적 해이 문제에 대한 분명한 메시지가 기업들에게 전달되었고 외국인직접투자 유치 등을 통해 시장기능이 강화되었다. 또 분식회계나 부실경영에 대해 엄격히 책임을 묻는 사례가 증가하고 있다. 기업경영에도 커다란 변화가 나타나 기업은 투자자금을 조달하는 방법에 있어서 경제위기 이전과 판이한 모습을 보이게 되었다. 정부의 암묵적 보증에 대한 기대가 깨지면서 리스크 관리에 대한 기업의 인식도 제고되었다(임원혁, 2002).

두 번째 관점은 '재벌개혁론'으로서 첫 번째 관점의 연장선상에 있지만 한국경제는 여전히 재벌에 발목잡혀 있으며, 그로부터 한국경제의 많은 문제점들이 파생된다고 보는 관점이다. 그런 점에서 한국경제는 과거 박정희 모델의 틀을 깨지 못하고 있으며(김상조, 2005a; 2005b) 시장논리가 정상적으로 관철되도록 하는 제도개혁이 당면과제가 된다. 한편 이 관점에서는 한국경제의 현상황은 기업부도율이나 실업률, 기업금융비용, 기업수익율, 외환보유고 등 경제지표의 측면에서는 결코 위기라고 할 수 없지만 중소기업의 위기, 고용불안, 소득불균형 심화 등의 경제 양극화문제가 심각한 상황으로 진단한다. 이들 문제는 근본적으로 재벌의 경제력 집중이 심화됨으로써 나타나는 결과로 이해한다(장하성, 2004a; 김기원, 2005).

세 번째 관점에서는 한국경제에 대한 '위기감'이 높다. 두 번째 관점이 주로 참여연대에서 활동하는 경제학자들이 공유하는 관점이라면 세 번째 관점은 대안연대의 일부 학자(이찬근 교수) 그리고 영국, 싱가폴 등지에서 활동하는 연구자(장하준 교수, 신장섭 교수) 등이 주도하고 있다. '외국자본 지배론' 혹은 '국민경제 위기론'이라 부를 수 있는 이 관점에서 볼 때 한국경제는 '시스템적 위기'에 처해 있다. 이와 같은 국민경제의 위기상황은 외환위기 이후 경제전반에 걸친 구조개혁을 추진함에 있어 선진 외국자본을 개혁의 파트너로 삼아야 한다는 '외국자본 순기능론'에 경도되어 국내 자본시장을 준비 없이 무차별 개방한 데 따른 것이다. 외환위기 이후 7년에 걸친 이른바 '신자유주의적 구조개혁'은 한국경제의 고성장 시스템을 해체시키고 성장잠재력을 훼손함으로써 한국경제를 구조적인 위기상황으로 몰아가고 있다는 것이다. 이 관점에서는 초국적 금융자본에 한국경제가 포위되어있는 것이 가장 중요한 상황변수이며, 외국자본의 국내금융시장 장악과 영미식 주주가치 극대화모델의 강요가 그 표현형태이다. 현재 한국경제의 심각한 문제들, 저투자-저성장, 청년실업, 비정규직 증대, 중소기업 약화, 사회 양극화 등은 과도한 신자유주의적 구조개혁의 결과이고 특히 자본시장 전면개방과 무리한 재벌개혁에 기인하는 것으로 본다(이찬근, 2003a; 이찬근, 2003b; 이찬근, 2004a; 이찬근, 2004b; 이찬근, 2004c; 장하준, 2004; 신장섭·장하준, 2003).

네 번째 관점은 외환위기 이후 경제의 양극화가 심화되면서 노동자나 자영업자, 서민 대중들의 삶의 조건이 악화되는 현실에 대해 '민중 생존권 위기론'의 차원에서 한국경제의 문제를 제기한다. 신자유주의적 세계화의 폐해를 지적하는 점에서

세 번째 관점과 일정부분 인식을 공유하지만, 이 관점의 특징은 '시장주의' 혹은 '시장독재'에 대해 강력한 반대입장을 취한다는 점이다. 이들은 시장원리가 사회 전체를 지배하고 성장과 경제적 효율성이 이념적 지배가치가 되면 필연적으로 사회통합의 위기, 민주주의의 위기, 생태적 위기가 심화된다고 경고한다(최장집, 2005; 김종철, 2005; 김유선, 2004; 박승옥, 2005).

〈표 1〉 외환위기 이후 한국경제 상황에 대한 관점들

관점	구조개혁 평가	현상황 평가	정책대안 혹은 해결책	주요논자
시장주도 규율강화론	구조개혁 성과 큼	경제위기 상황 아님	시장규율의 강화를 통한 한국경제의 효율성 제고	임원혁, 경제정책 자문회의
재벌개혁론	일정한 성과를 거둠. 그러나 재벌 개혁은 지지부진함	경제위기 상황 아님	재벌개혁만이 한국경제의 효율성 제고의 길	참여연대 (김기원, 장하성, 김상조)
국민경제 위기론 (외국자본 지배론)	성장 시스템이 붕괴되고 있음	심각한 위기상황임	재벌체제를 유지 하면서 새로운 성장동력을 갖추는 것이 필요	대안연대 (이찬근) 장하준, 신장섭
민중생존권 위기론	민주화된 정부하에 서도 신자유주의적 경제정책 심화	경제양극화로 민중생존권이 위기를 맞음	시장독재, 시장주의에 대한 견제가 필요	최장집, 김종철, 김유선 박승옥

위의 네 관점 간에 확인되는 한국경제의 현안과 과제에 대한 견해 차이를 보면 한국경제를 둘러싼 쟁점이 드러난다.

우선 시장주도 규율강화론과 재벌개혁론으로 이름붙인 첫 번째와 두 번째 관점은 시장의 규율기능에 대해 강한 신뢰를 보이는 데서 공통점을 지니지만 후자가 재벌개혁, 재벌의 소유구조 개혁에 관심을 집중한다는 점에서 강조점의 차이가 있다. 이 두 관점을 다수 신고전파 시장만능론과 구분시켜주는 것은 이들이 단순히 '시장효율성'에 모든 것을 환원시키는 것이 아니라 시장기능이 제대로 기능하게 하는 여건 즉 법과 제도의 정비를 강조하는 데 있다. 특히 이 관점에서는 기업의 지배구조 개선을 통한 책임경영 그리고 전문성과 독립성을 지닌 금융기관의 모니터링 역할을 강조한다. 정부의 역할에 대해서도 무조건적인 역할축소, 즉 '시장으로부터의 철수'가 아니라 공정한 경쟁과 혁신을 위한 질서와 규칙의 형성과 유지, 즉 '시장의 조성'에 두어진다.

시장주도 규율강화론은 외국자본 지배론과 날카로운 대립각을 세운다. 특히 외환위기 이후의 구조개혁에 대한 평가나 한국경제의 현 상황에 대한 진단과 처방에서 그 대립은 첨예해진다. 시장주도 규율강화론의 관점에서는 구조개혁과정은 과거 한국경제를 구조적 위기로 몰고 갔던 기업, 금융기관의 도덕적 해이에 따른 과잉투자, 만성적 부실재무구조 문제를 상당 정도 해소함으로써 한국경제의 경쟁력 회복에 큰 도움이 되었다고 평가한다. 반면 외국자본 지배론에서는 위기이후의 경제개혁정책은 영미식 신자유주의 경제모델의 수용과정이고, 그 과정에서 한국경제의 특성과는 전혀 맞지 않는 경제구조 개혁정책이 추진됨으로써 한국경제는 위기 상황에 빠지게 되었다고 본다.

재벌개혁론과 외국자본 지배론은 진보진영의 한국경제에 관한 논쟁의 두 축을 구성하였다. 특히 외국자본 지배론은 '한국경제의 시스템적 위기'를 말하면서 국민경제, 국적자본에 대한 강조를 통해 과거 민족경제론적 용어와 문제의식을 리바이벌시켰다. 그렇지만 비판론자들, 특히 재벌개혁론자들은 이 관점을 강력하게 비판한다. 외국자본과 국내자본의 대립을 과장함으로써 왜곡된 민족주의적 감정을 부추기고 재벌개혁의 필요성과 정당성을 회피하는 구실을 제공한다는 것이 비판의 핵심이다.

시장주도 규율강화론과 민중생존권 위기론 역시 일정한 긴장관계를 보이고 있는데 이는 민중생존권에서 시장주도 규율강화론을 '신자유주의적 개혁'으로 규정하는 데 기인한다. 민중생존권 위기론의 관점에서는 IMF경제위기 이후 시행된 경제정책을 일괄해서 '신자유주의 정책'으로 부르고, 이 정책들은 우리사회의 경제적 양극화를 초래함으로써 민중 생존권 위기를 초래했다고 비판한다.

외국자본 지배론과 민중생존권 위기론은 신자유주의 개혁정책에 대한 반대라는 점에서는 같은 목소리지만 한국경제의 대안에 대해서는 견해차가 크다. 특히 외국자본 지배론에서 제기하는 대안으로서 '재벌중심 축적시스템의 재건'이나 '재벌과의 대타협' 등에 대해서는 명백하게 생각이 엇갈린다.

이 글의 주된 검토대상은 외국자본 지배론과 재벌개혁론간의 쟁점에 대한 것이다.[1] 그리고 외국자본 지배론의 문제의식이 민족경제론적 전통의 계승이냐, 민족경제론의 왜곡이냐에 대한 평가도 필요하다.[2] 이와 관련해서 필자는 외자지배론의 논의가 민족경제론적 관점에 가까운 것처럼 보임에도 불구하고 과거 민족경제론의 논점이나 실천적 함의와는 거리가 있다고 생각한다. 이에 대한 본격적인 논의는 잠시 뒤로 미루고, 여기서는 시장주도 규율강화론이나 민중생존권 위기론에 대한 필자의 생각을 간략히 언급하고자 한다.

먼저, 시장주도 규율강화론을 '신자유주의' 개혁으로 규정하고 그 이름이 지닌 부정적 이미지에 근거해 일률적으로 비판하는 것은 적절치 못하다는 생각이다. 특히 시장의 규율기능 회복과 투명하고 공정한 경제행위를 위한 제도개혁을 신자유주의 개혁으로 규정하고 비판하는 것은 적절치 못하다. 투명하고 공정한 경제행위를 위한 제도개혁과 관행의 교정은 어떤 경제시스템에도 필요한 것이다.[3] 현재 어떤 대안논의에서도 시장의 존재와 역할을 전적으로 배제하는 논의는 없으며 민중생존권 위기론에서도 시장을 부정하지는 않는다. 사회주의 붕괴 이후 대안적 경제체제는 형평성뿐만 아니라 효율성도 담보한 체제라야 한다는 인식이 확산되면서 시장은 경제체제의 효율성을 보장하기 위한 불가피한 선택으로 여겨졌고 대신 국가계획이나 국유화를 주장하는 논의는 현저히 줄어들었기 때문이다. 시장효율성을 받아들이면서 시장의 규율기능을 부정하는 것은 엄밀히 말해 자기모순.

물론 필자는 시장주도 규율강화론이 한국경제의 양극화 문제에 대해서 뚜렷한 해법을 제시하지 못하고 있다고 본다. 그리고 시장규율이란 뒤집어보면 경쟁에서

---

1) 대외개방을 통해 외국자본의 유입이 전면화된 글로벌 자본주의시대에 국민경제나 민족자본 개념의 외연과 내포를 확정하는 작업은 민족경제론의 재구성을 위해 필수불가결하다. 외국자본 지배론은 그런 점에서 이러한 작업의 현실적 필요성을 분명하게 제기해주었다고 할 수 있다.

2) 여기서 민족경제론이란 고 박현채 선생의 이론 혹은 사상체계를 지칭하며, 방법론으로 보면 정치경제학적 접근에 기초하고 민중 민족주의적 지향을 지닌 국민경제론으로 정의하고자 한다. 관련해서 필자는 민족경제론을 크게 세 범주로 구분한 바 있다(정건화, 2002). 먼저, 넓은 의미의 민족경제론은 60년대 중반의 외자의존형 산업화 과정에서 대두된 '자립경제를 중시하는 비판 경제학의 흐름'을 총칭하며, 두번째로 좀더 좁은 의미로는 '민중적 민족주의' 혹은 '급진적 민족주의'를 지향하며 정치경제학적 분석과 대안제시를 시도했던, 1960~1980년 대초 일군의 경제학자의 연구활동 성과 및 사회운동진영의 이론으로 규정할 수 있다. 세번째, 가장 좁은 의미로는 1978년 발간된 민족경제론으로 대표되는 고 박현채 선생의 이론 혹은 사상체계라 할 수 있다.

3) 사회주의 계획경제 역시 경제주체간 바게이닝 문제, 즉 협상과 담합에 따른 사익추구가 만연하면서 부패(corruption)와 지하경제가 창궐했고 결국은 시스템의 위기로 진행되었다.

의 승자에 대한 보상과 탈락자에 대한 냉혹한 응징을 통해 지탱되는 것이므로 시장 규율을 강조할수록 경쟁탈락자들에 대한 엄격한 제재와 응징은 필연적이다. 이들이 사회의 다수를 구성하고 또 그 규모가 빠르게 증가하며 그로 인해 발생하는 정치적, 사회적 비용이 엄청나게 커지고 있다는 사실에 대해서는 시장은 무관심하다. 그것이 시장이다.

그리고 시장주도 규율강화론이 기업들의 노동시장 유연화 전략과 비정규노동 확대전략에 대해서는 불가피한 것으로 보거나 그 문제점에 대해 무관심하다는 점에서 '신자유주의 정책'과 친화성을 갖는 것도 분명하다. 필자는 현재 우리사회에서 진행되고 있는 '노동시장 유연화' 와 비정규노동의 증가현상은 가장 전형적인 '신자유주의 정책'의 결과로 본다. 노동시장 유연화나 비정규노동 출현의 경제적 배경에는 정보기술의 발전과 글로벌 자본주의화 경향이 작용하는 것이지만 노동시장 유연화의 성격과 비정규노동의 구체적 존재형태는 신자유주의 정책에 의해 좌우된다.4) 바로 이런 이유에서 시장주도 규율강화론이 우리사회의 대안적 발전담론이 될 수는 없다.

민중생존권 위기론의 경우는 한국사회의 경제적, 사회적 양극화 현상에 대해 심각한 우려를 표명하지만 정작 양극화 현상 자체에 대한 분석을 심도깊게 진행하지는 않았다. 그 이유는 양극화 문제를 본격적으로 분석하고 처방을 제시한 경제학자들이 별로 없었다는 사실과 관련된다. 이런 경제학자들의 무관심에 대해 '경제학자여, 잠에서 깨 민중의 삶을 보라'(프레시안, 2005년 4월 30일)거나 '세계화에 결딴난 민중이 박현채를 다시 부른다'(한겨레, 2005년 7월 14일)는 식의 저널리즘적 언설이 심심찮게 등장했다.

경제학자들의 참여가 별로 없었다는 사실과 무관하지 않지만 민중생존권 위기론의 최대 약점은 한국경제에 대한 구조분석의 취약성에 있다.5) 특히 국민경제 자

---

4) 정이환(2002)은 비정규 노동의 네 가지 유형을 제시하고 국제비교를 통해 한국의 비정규노동에 대한 비교분석을 시도했는데, 미국이 자발적 보완형, 네덜란드, 일본이 자발적 대체형이라면 한국은 비자발적 대체형이라고 요약했다. 또 대체형 중에서 일본의 비정규노동이 제한적 대체형이라면 한국의 비정규노동은 전면적 대체형이라고 규정했다. 이 규정은 한국의 비정규노동의 문제가 정규 노동을 대체하는 형태로 확산되고 있으며 정규노동에 비해 '낮은 임금과 노동조건으로의 대체'라는 성격을 갖는다는 것을 의미한다.
5) 한국사회의 양극화 현상을 거시축적체제의 성격과 연관지어 분석한 것은 이병천(2005)이 거

체는 글로벌 자본주의체제로 점점 통합되는 가운데 국민경제내 양극화가 심화되는 현상에 대한 설명이 필요하지만 아직까지는 '신자유주의적 세계화'라는 거대담론 수준의 비판에 머물 뿐이다. 신자유주의적 세계화가 분명 중요한 외적 조건임에는 틀림없지만 그러한 외적 환경이 한국경제내에 내면화되어 어떤 메카니즘을 통해 양극화를 심화시키는지, 그리고 그 메카니즘에 기초한 사회운동적 연대의 틀은 무엇인지 등에 대한 분석이 구체화되어야 할 것이다.

민중생존권 위기론이 시장주도 규율강화론이나 재벌개혁론과 뚜렷히 구분되는 것은 '시장'의 역할에 대해 비판적인 입장을 취하고 있다는 점이다. 한국사회의 진보를 위한 대안담론으로 역할했던 민족경제론의 전통에 설 때 시장주의, 시장주도 개혁론의 한계를 지적하는 것은 불가결하다. 민족경제론이 직접생산자의 삶의 조건을 개선하고, 민중적 민족주의를 지향하는 한 시장주의 담론과의 정면대결을 회피한 채 할 수 있는 이야기는 그다지 많지 않기 때문이다. 그런 점에서 시장주도 규율강화론은 '민중적 민족경제'의 대안모델로서는 결정적인 하자가 있다고 할 수 있으며 '시장효율성'논의에 압도당하지 않는 민중생존권 위기론의 문제의식이 대안모델의 기초가 되어야 함은 분명하다.

지금까지 한국경제에 관한 관점들의 비교를 통해 드러난 분석과제는 다음과 같다. 첫째 외환위기 이후 진행된 구조개혁에 대한 상반된 평가는 곧 변화된 축적체제 특히 기업 금융시스템의 변화가 투자에 미친 효과와 맞물려 있으므로 이에 대해 좀 더 엄밀한 검토가 이루어져야 한다. 특히 평가의 핵심을 이루는 한국경제의 투자부진 상황과 성장동력 문제에 대해 살펴보아야 한다(3절). 그리고 경제 양극화 현상의 원인과 메카니즘에 대해 한국경제의 구조적 특징과 연관시킨 분석이 요구된다(4절). 또한 시스템 위기에 빠진 한국경제가 새로운 성장동력을 재정비하기 위해서는 재벌체제의 해체가 아니라 '재벌체제와의 타협'이 필요하다는 외국자본 지배론의 핵심주장에 대한 평가가 요청된다(5절). 마지막으로 '시장담론'과 '재벌체제'를 넘어서는 새로운 민족경제 담론을 재구성해야 한다(6절). 이제 각각의 주제에 대해 절을 달리해서 살펴보기로 한다.

의 유일하다.

3. 한국경제의 쟁점(1): 투자부진과 성장동력 약화

IMF 경제위기 이후 거시정책 방향은 자본시장 개방과 기업 금융시스템 변화에 맞춰졌다. 이에 대한 평가는 크게 엇갈리지만 어느 경우든 우리나라 금융 및 기업시스템에 큰 변화가 있었다는 데는 이견이 없다. 즉 외환위기이후 당시 전체 금융기관의 약 35%가 사라지는 구조조정 과정을 거치면서 기업의 투자자금 조달 방법은 과거와 판이하게 달라진 것이다. 1996년 당시 기업의 투자재원 자급도는 35.8%에 불과했으나 2000년에는 투자재원 자급도가 61.4%에 달하게 되었다(임원혁, 2002). 그리고 1990년대 초반까지 약 80~90%에 달하던 은행권의 기업대출은 2000년 50%대로 떨어져 2003년말 현재 43.9%에 머물고 있다. 기업의 부채비율도 감소해서 1997년말 약 400%에 육박하던 부채비율은 2003년 말 현재 123.4%로 떨어져 미국이나 일본보다도 낮아졌다(이건범, 2005). 기업지배구조의 변화도 진행되었다. 내부거래 금지, 부채비율상한 제한, 소액주주권리강화, 기업회계기준 강화, 사외이사제 도입 등의 조치들이 시행되었다.

이미 언급한대로 이런 변화에 대한 평가는 크게 엇갈린다. 한편에서는 한국경제는 기업지배구조 및 금융자원배분 구조, 경영행태 등의 측면에서 체제전환에 값할 정도의 변화를 이루면서 글로벌 스탠다드에 성공적으로 적응하고 있다는 평가를 한다(임원혁, 2002). 이를 통해 금융기관들은 점차 자율성과 전문성을 지니고 기업행동에 대한 위험관리 기능을 하도록 훈련받게 되고, 기업들은 강화된 자본시장의 규율기능을 통해 도덕적 해이(moral hazard)에서 빠져나오게 되었다는 것이다.

다른 한편에서는 급속히 진행된 자본시장 개방은 결과적으로 금융자본, 특히 외국계 금융자본이 국내 실물경제를 장악하는 계기가 되었으며, 투기성 외국 금융자본은 주주가치 극대화의 원리를 앞세워 적극적인 재투자를 외면하고 실물경제의 활동을 제약하면서 한국경제를 '시스템적 위기'에 빠뜨렸다고 비판한다(이찬근, 2004a; 이찬근, 2004c; 장하준, 2004). 즉 금융위험을 낮추는 데 정책의 초점이 맞춰짐으로써 금융기관들의 안정성과 재무건전성을 높이는 과정에서 기업부문으로의 자금이동 경로가 위축되고 기업 투자가 절대적으로 감소하게 되었다는 것이다. 그 결과 성장잠재력을 배양하고 선진국을 캐치업하기 위한 전략이 실종됨으로써 글로벌 스탠다드를 위한 정책들은 오히려 한국경제의 장기성장의 동력을 손상시킨 것으로 평가한다(신장섭·장하준, 2003).

여기서 관심의 초점이 되는 지표는 투자였으며, 투자감소는 현재 한국경제의 심각한 침체의 원인으로 제시된다. 외국자본 지배론에 따르면, 자본시장의 외자주도와 주주가치 극대화 압력, 은행권의 수익성 지상주의와 가계금융에의 집중 등은 '기업금융-기업투자'의 연결경로를 크게 위축시키면서 금융부문의 산업자금 공급 기능을 제거해버렸다. 그 결과 국민소득 대비 투자율은 1990년~1997년 평균 37.1%에서 1998년~2002년간 과거의 2/3 수준인 평균 25.9%로 떨어졌다(장하준, 2004; 이찬근, 2004a). 실제로 한국경제는 심각한 내수침체를 겪고 있고 이후로도 투자는 크게 늘어나지 않고 있다.

현재 우리사회의 심각한 고용불안과 비정규직 증가, 일자리부족 현상 역시 이러한 실물투자의 위축과 밀접한 관련이 있으며 최근 심각한 문제가 된 바 있는 개인 신용불량과 부동산 투기 역시 기업금융의 붕괴에 기인하는 현상으로 설명된다. 은행들이 수익성과 안전성을 추구하면서 위험이 높은 기업금융을 피하고 소비자금융에 집중하였고 여기서 과당경쟁의 결과로 부실대출에 따른 신용불량자가 양산되었다는 것이다. 또 기업대출이 줄어들면서 축적된 유휴자금이 부동산 시장으로 유입되어 부동산 경기 과열을 초래했다는 것이다.

투자감소는 한국경제의 성장동력의 상실을 예고하는 결정적인 지표로 제시된다. 왜냐하면 한국경제는 앞으로 상당 기간 전통적인 제조업에 의존해서 성장을 계속해야 하며 특히 중국의 추격을 따돌리기 위해서는 제조업의 고부가가치화를 위한 대규모 중장기 투자가 지속되어야 하는데, 외환위기 이후 수익성을 최우선하는, 혹은 투자를 경원시하는 경제정책이 소위 글로벌 스탠더드라는 이름 하에 국내 총투자율을 급격히 하락시켰다는 것이다.

필자의 생각으로는 개방 특히 자본시장의 개방이 한국경제를 투기적 외국 금융자본에 예속시키고 이로 인한 투자의 실종이 심각한 경기침체와 장기적 성장동력을 손상시켰다는 주장은 과도한 단순화에 근거한 과장된 주장인 측면이 크다. 왜냐하면 투자감소는 여러 가지 복합적인 원인들이 작용한 결과인데, 이를 과도하게 단순화시키고 특정 이유를 과장하고 있기 때문이다. 이하에서는 투자를 중심으로 한 국경제의 최근 상황을 구체적으로 살펴보기로 한다.

먼저 투자위축의 구조적 요인으로는 과거 과잉투자가 일상화되었던 데서 벗어나 수익성을 보다 중시하는 방향으로 경제시스템이 전환된 것을 들 수 있다. 설비투자규모는 지난 1992년 GDP의 15% 수준에서 2004년 9.5%로 추세적으로 하락해왔다(국민경제자문회의, 2004). 외환위기 이후 정부의 암묵적 보증이 사라짐에 따라 위험관리의 중요성이 높아지면서 상장기업들의 투자행태와 재무구조의 변화의 방향은 투자성향 하락, 차입금 축소, 단기유동자산 확충으로 요약된다.6) 한마디로 기업들은 과거에 비해 신중한 투자결정을 내리게 되었다고 할 수 있다.

외국자본 지배론에서 강조하는 변화는 바로 이런 기업투자행태 상의 변화를 지목하는 것이다. 그러나 이런 변화가 성장잠재력의 고갈을 초래했다고 볼 수는 없다. 실제로 2003년부터는 외환위기 이전에 비해서는 낮은 수준이지만 대기업들은 개선된 수익성을 바탕으로 국내외 투자를 모두 확대하고 있다.

이러한 사실은 국민계정의 설비투자와 상장기업 설비투자를 비교함으로써 확인된다. 상장기업의 설비투자는 국민계정 설비투자와 비교할 때 대기업 비중이 높으므로 대기업의 투자행태를 반영하고 있는 것으로 볼 수 있다. 표 2에서 보면 외환위기 이후 국민계정 설비투자에 비해 지속적으로 낮은 증가율을 보이던 상장기업의 설비투자는 2003년부터 높은 증가세로 전환했다. 즉 2003년 국민계정상의 전체 설비투자가 2.7%감소한 반면 상장기업들의 설비투자는 35% 가까이 늘어났고 2004년에도 3.1% 수준을 유지하지만 상장기업을 제외한 기업들의 설비투자가 매우 부진하다.

---

6) 영업이익대비 설비투자로 정의된 설비투자 성향은 외환위기 이전 150~200%에서 지속적으로 하락하여 2004년 기준 69%로 줄었고, 부채상환도 꾸준히 이루어져 외환위기전 300%를 상회하던 상장기업의 부채비율이 2004년에는 91%로 하락했다. 또 주주중심 경영에 대한 압력이 높아지면서 상장사의 배당금 지급액은 1996년 1.5조원에서 2004년에는 7.7조원으로 증가했다. 그리고 위험관리의 중요성이 부각됨에 따라 단기유동자산의 규모가 크게 증가하여 상장사의 총자산대비 단기유동자산 비율이 1990년대 6%대에서 2004년에는 10%대로 상승하였다(KDI, 2005).

〈표 2〉 상장사와 국민계정 명목 설비투자 증가율 추이　(전년동기 대비, %)

	1996	1997	1998	1999	2000	2001	2002	2003	2004
국민계정 설비투자	12.1	-4.8	-32.5	34.2	36.3	-8.1	4.5	-2.7	3.7
상장기업	24.4	-1.7	-26.9	-5.9	25.8	-25.7	-12.8	34.8	31.4
상장기업제외	-3.2	-9.7	-42.3	123.1	46.1	6.1	14.3	-18.8	-16.1

주: 상장기업제외 설비투자는 국민계정 명목 설비투자에서 상장기업의 설비투자를 차감하여 계
산.
자료: 한국은행, WiseFn.

따라서 한국경제 투자부진의 중요요인으로는 무엇보다도 중소기업부문의 수익
성 악화에 따른 투자감소를 들어야 한다. 한국은행의 기업경영분석에 따르면, 대기
업의 수익성은 2002년 이후 지속적으로 개선되고 있지만 중소기업의 수익성은 전
반적으로 악화되는 추세이며 특히 2003년 이후 수익성 저하가 심화되고 있다
(KDI, 2005). 기업의 수익성은 설비투자의 주요 결정요인인데 중소기업의 경우 수
익성 악화가 지속되면서 국내 설비투자를 축소하거나 저임금 노동력을 활용하기
위해 제조업을 중심으로 해외투자를 확대하게 된다. 이러한 현상은 중소기업의 경
우 구조조정이 제대로 이루어지지 않았고 중국의 부상과 글로벌 아웃소싱 확대에
따른 경쟁력 저하에 직면하여 설비투자 여력이 급감하고 있는 것을 반영한다.

더욱 중요한 사실은 투자위축은 어디까지나 국내에 한정되었으며 해외투자는
2002년 이후 급증했다는 점이다. 국내 기업들의 해외직접투자 추이를 살펴보면,
1990년대 초반 10억 달러 수준에 불과했던 해외투자가 1995년 30억 달러, 2004
년에는 58.3억 달러로 빠르게 늘어나고 있다(국회예산정책처, 2005b).

더욱이 대기업이 주도하던 과거와 달리 중소기업의 해외투자가 늘고 있다. 중소
기업 해외투자는 1990년 0.6조원에 불과했지만 2001년 2.3조원, 2004년 5.9조원
을 기록했다. 그리하여 중소기업의 해외투자가 전체 해외투자에서 차지하는 비중
은 2001년에 21.9%에서 2004년에는 46.2%로 크게 늘어났고 특히 제조업분야 해
외투자는 2004년 대기업의 해외투자를 상회하였다(KDI, 2005) (그림 1 참조).

이런 점에서 국내 설비투자의 위축은 중소기업들의 생산기지 해외이전 경향과
동전의 양면을 이룬다는 것도 알 수 있다. 그리고 그 중심에 중국이 있다. 풍부한 저
임금 노동력, 광대한 시장잠재력, 선진국으로부터의 기술이전 등을 바탕으로 중국

경제가 급성장하고 한국경제가 중국경제와의 연관이 심화되면서 국내 중소기업들이 앞다투어 중국으로 몰려가고 있는 것이다. 2000년대 들어 중소기업의 제조업 해외투자 중 대(對)중국 투자 비중은 74.9%에 달해서 대기업의 25.7%에 3배 가까이 높다(국민경제자문회의, 2005).

〈그림 1〉 국내기업의 해외투자 추이

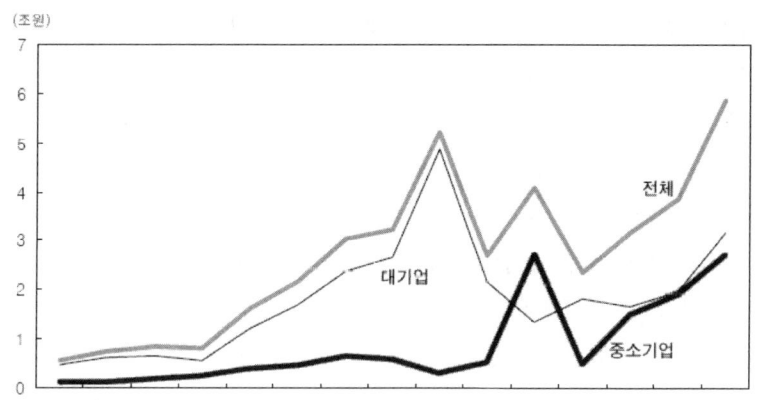

자료: 수출입은행, 해외투자통계.
출처: KDI(2005).

그 밖에 IT산업의 국내투자유발효과가 미흡한 것도 설비투자 부진의 요인이 되고 있다. 수출을 주도하고 있는 IT산업의 경우 중간재의 65% 정도를 수입에 의존하고 있어 수출 급증에도 불구하고 투자유발 효과는 그리 크지 않다(국민경제자문회의, 2005). 좀더 일반화해서 말하자면 국내 분업연관의 이완이 수출의 증가에도 불구하고 부품, 중간재 생산이나 조립, 가공을 담당하는 국내 중소기업 부문의 투자확대로 이어지지 않고 있는 것이다. 이러한 현상은 한국경제의 양극화를 심화시키는 원인이기도 한데 이에 대해서는 다음 절에서 좀더 자세히 다루기로 한다.

또한 한국경제의 성장잠재력을 나타내는 잠재성장률이 1980년대 이후 점차 하락하는 것으로 추정되지만[7] 그 주된 이유가 단지 투자부진 때문만은 아니다. 성장

7) 1980년대와 1990년대 한국경제의 잠재성장률은 각각 7.5% 및 6.6%수준이었으나 2000년대에 들어서는 5%내외 수준으로 하락한 것으로 추정된다(국회예산정책처, 2005a).

잠재력의 하락은 생산요소인 노동 및 자본 투입량의 감소에 각각 기인하므로, 노동 투입 측면에서 인구고령화와 출산율 저하에 따른 생산가능인구의 증가율 둔화, 노동시간의 감축 등 불가역적 요인도 작용하고 있으며 그 밖에 고용불안, 산업기반의 해외이전, 부문별 생산성 격차 확대 등 한국경제의 구조적 원인이 크게 작용하고 있다(국회예산정책처, 2005a).

기업금융의 문제, 특히 은행권의 수익성 지상주의와 가계금융에의 집중 등도 문제점으로 지적되지만 은행권의 중소기업대출에는 언제나 높은 문턱이 있었다. 또 기업대출이 줄어들면서 축적된 유휴자금이 부동산 시장으로 유입되어 부동산 경기 과열을 초래했다는 주장도 원인과 결과가 전도된 해석일 수 있다. 일부 대기업을 제외한 절대 다수의 기업, 절대다수의 자영업자들은 현재의 저금리수준도 감당하기 힘들 정도로 악화된 수익률과 부채부담을 지고 있다.[8] 제조업 부문 중소기업의 약 1/5이 손실을 기록하고 1/3이상은 영업이익으로 금융비용을 감당하지 못하고 있다는 통계자료가 이런 상황을 나타내준다(국민경제자문회의, 2004). 이런 현실에서는 은행권의 수익성 지상주의가 문제가 아니라 중소기업부문 투자의 기대수익률이 절대적으로 낮은 것이 문제이므로 은행권의 여유자금이 중소기업 대출로 흘러가지 않는 것은 어떤 면에서 자연스러운 현상이다.[9]

결국 문제는 국내 중소기업의 심각한 수익성 위기와 제조업 설비의 해외이전-공

---

8) 미국의 GDP 대비 기업부문 유이자 금융부채 비중이 45%정도인데 비해 한국은 2004년말 기준으로 명목GDP에 대한 기업부문의 금융부채 규모가 97~98%로 두 배 이상 높다. 그리고 외환위기 이후 기업의 구조조정이 이뤄져서 재무구조가 많이 좋아졌다고는 하지만 금융부채 규모는 97년의 670조원 수준에서 거의 변하지 않았으며 재무구조가 좋아진 것은 부실기업 구조조정 과정에서 160조원에 달하는 공적자금 투입으로 대기업들의 부채가 출자전환 되거나 탕감된 데 기인하는 바가 크다(김광수, 2005).

9) 장하준 교수가 지적한 대로 2002년 들어 은행 차입이 전년도 3조원에서 42조원으로 급격히 늘어나면서 기업의 외부자금 조달도 86조원으로 1996~1997년의 73% 수준까지 회복되어 기업금융이 늘어났다. 그러나 국민소득 대비 투자율은 도리어 2001년의 27.1%에서 2002년 26%로 떨어졌다(장하준, 2004). 장하준 교수는 이처럼 막대한 은행 대출금들이 설비등 생산적인 곳에 투자되지 않고 유휴자금으로 부동산 시장을 떠돌게 된 이유에 대해서는 단지 기업금융의 붕괴라고만 말한다. 그러나 이것이야말로 중소기업의 투자부진의 근본원인이 은행권의 기업금융 기피에 따른 것이 아니라 중소기업의 수익성 하락에 있음을 말해준다고 할 수 있다. 중소기업들이 은행권에서 자금을 대출받아 생산설비에 투자를 하지 않은 것이다. 전창환(2005)은 21세기 세계경제의 주된 흐름이 금융화, I.T·서비스화로 되면서 과거와 같이 저임금과 노동력 투입에 기초한 중소기업 부문에서 예전과 같은 수익률을 올릴 수 있는 영역들이 크게 줄어든 것이 그 이유라고 설명한다.

동화이다. 내수위주 중소기업이나 전통산업 그리고 도소매, 음식숙박업을 비롯한 서비스업 영세자영업자 등이 우리경제의 구조적 취약부문을 구성하고 있고 이들 부문은 앞으로도 당분간 부실화와 폐업의 터널을 벗어날 가능성이 별로 보이지 않는다(국민경제자문회의, 2005; 김광수, 2005). 그러므로 한국경제의 가장 심각한 문제는 대기업과 중소기업, 수출기업과 내수기업, IT업종과 비IT업종, 제조업과 서비스업, 고소득층과 저소득층 등 경제부문간 양극화의 심화라 할 수 있다.

결론적으로 외국자본의 국내금융지배, 특히 기업의 자본조달 시스템의 변화가 국내 투자부진을 초래하고 한국경제의 성장잠재력을 훼손하고 있다는 주장은 현재 나타나고 있는 한국경제의 문제를 온전히 드러내지 못하고 있다. 국내투자 부진에서 특히 문제가 되는 것은 중소기업들의 투자부진이다. 더욱이 해외투자는 대기업, 중소기업을 불문하고 지속적으로 증가하고 있다. 대기업들의 경우 과거 과잉투자와 그로 인한 산업과 금융의 동반부실화가 일반화되었던 시기의 기준으로 본다면 투자가 상대적으로 위축되었다고 할 수도 있겠지만 변화된 자본조달 기제의 장점—위험관리—을 오히려 '심각한 문제점'으로 규정한 다음 예전의 투자관행으로 돌아가야 하는 것인지는 의문이 아닐 수 없다.

4. 한국경제의 쟁점(2): 경제 양극화

한국경제에서 양극화는 다양한 영역에서 동시에 발생하고 있다. 수출과 내수의 양극화, 중화학부문과 경공업부문간 양극화, IT부문과 비IT부문간 양극화, 제조업과 서비스부문간 양극화, 대기업과 중소기업간 양극화, 소득의 양극화, 고용의 양극화 등이 현재 한국사회에서 주목받고 있는 양극화의 주된 양상들이다.[10] 이들 영

[10) IMF 외환위기 이후 다양한 영역별 양극화 현상에 대해서는 한국은행의 보고서(양극화의 원인과 정책과제)에 잘 정리되어 있으므로 여기서 구체적인 지표나 통계수치 등을 제시하지 않기로 한다(한국은행, 2004). 단 이 자료가 2004년 1/4분기까지만을 다루고 있는데, 이후 발간된 자료를 보면 양극화 현상은 더욱 심화된 것으로 나타난다.
2004년 전체를 볼 때, 수출-내수, 제조업-서비스업, 고소득층-저소득층간 격차는 2003년보다 더 벌어졌다. 수출증가율(통관기준)은 31%로 수출의 전체 성장에 대한 기여율이 85.4%에 달했다. 반면 민간소비는 1.1% 감소하고 설비투자와 건설투자 역시 각각 3.8%와 1.1%]

역들은 서로 중첩되거나 동일한 구조적 원인에 의해 나타난 결과물의 서로 다른 모습이기도 하다.

양극화의 원인은 크게 세계화, 정보화, 제도미비 등 세 측면에서 찾아볼 수 있다. 세계화로 제조업이 공동화되고 외국에서 값싼 인력이 유입되면서 블루칼라층에 피해가 집중되고, 기술진보 역시 비숙련 노동력에 대한 수요를 줄이고 정보격차를 진행시켜 빈부격차의 확대를 낳았으며, 여기에 더해 사회안전망이 미비하여 우리 사회의 양극화가 심각한 양상을 보이고 있는 것이다(이정우 · 윤진호, 2005). 그런데 이들 세 가지 요인이 존재한다는 것은 어느 사회나 마찬가지이지만 양극화의 정도는 나라마다 다를 수 있는데, 우리의 경우 사회경제적 환경이나 정부, 경제주체들의 대응방식이 양극화를 심화시키고 있다고 할 수 있다. 한국경제의 성장과정을 보면 중화학부문-수출-대기업 위주의 성장전략이 정부의 재정, 금융적 지원을 받으며 강력하게 추진되어 왔다. 그런 점에서 중화학-경공업부문의 양극화, 대기업-중소기업, 제조업부문-서비스부문간 양극화가 전혀 우연적인 현상은 아니다.

그런데 현재 나타난 수출-내수부문간, 대기업-중소기업간 격차확대와 소득의 양극화, 고용의 양극화는 적어도 90년대 중반이전까지는 지금처럼 뚜렷하고 심각한 양상을 보이지는 않았다. 그리고 정보통신 분야를 중심으로 한국 대기업의 대외 경쟁력이 크게 제고되면서 진행된 IT부문과 비IT부문간 양극화도 90년대 이후 현저하게 심화된 현상이다. 따라서 이 글에서는 양극화의 원인을 외환위기 이후의 이른바 신자유주의 경제정책보다는 90년대 이후 한국경제의 I.T산업 중심으로의 산업구조변화, 재벌-중소기업간 분업연관의 이완에서 찾고자 한다. 그리고 외환위기는 그러한 변화를 가속시킨 것으로 이해한다.

이런 문제의식에서 볼 때 먼저 주목되는 것은 그림 2에서처럼 한국경제의 수출이 핵심 제조업제품에 의존하는 비중이 특히 90년대 중반을 계기로 가파르게 상승

증가에 그쳐 내수의 성장기여율은 불과 14.6%에 머물렀다. 제조업은 11.4%로 고성장을 이어간 반면 서비스업은 1.3%의 낮은 증가율을 기록했고 중화학공업은 14.2%의 고성장을 달성한데 비해 경공업은 2년 연속 마이너스 증가율을 기록했다. 기업 규모별로도 대기업의 경상이익률은 10.2%를 기록한 반면 중소기업의 경상이익률은 3.3%에 그쳐, 대기업과 중소기업간 양극화도 확대되었다. 그리고 소득상위 20% 계층과 하위 20% 계층간 격차(소득 5분위 배율) 역시 2003년 5.22에서 2004년 5.41로 높아져 빈부격차가 심화되었다(국회예산정책처, 2005b).

해왔다는 사실이다. 5개 핵심품목 중 반도체, 무선통신기기, 컴퓨터 등 3개 품목이 이른바 IT산업으로 분류되는 업종이다. 즉 한국의 산업구조가 IT산업을 중심으로 편제되었는데 IT산업은 산업연관관계가 취약하여 전체 국민경제에 대한 생산이나 고용유발효과가 미흡하다. 그 결과 수출호황이 국내 여타산업의 성장으로 이어지던 과거의 패턴과는 달리 IT품목위주의 수출호조는 국내 생산 및 고용증대로 이어지지 않고 있는 것이다.

〈그림 2〉 5대품목의 수출비중 변화추이(1980~2004)　　　　　　　　(%)

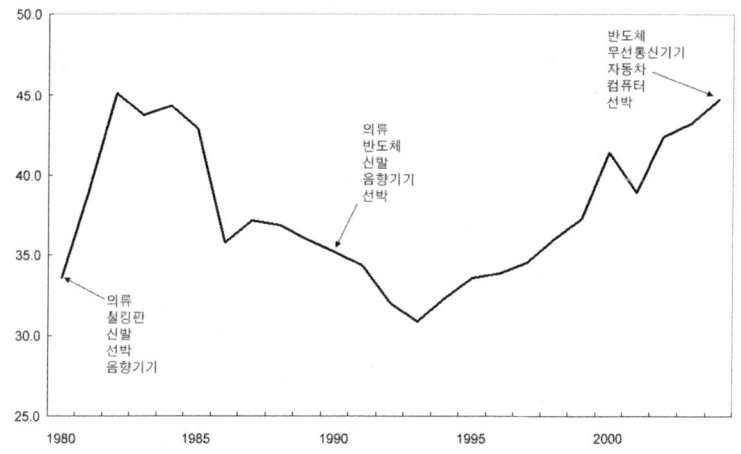

자료: 한국무역협회, 무역통계.
출처: 한국은행(2004).

한일 양국의 산업연관구조를 비교분석한 정준호(2005)에 따르면, 산업연관표의 투입계수와 산출계수간의 4가지 상관관계를 이용한 요인분석 결과, 한국과 일본 모두 IT 산업군이 제1인자로 확인되었다. 이는 한일 양국에서 IT 산업의 비중이 높다는 것을 반영하는 것이며, 양국 모두 핵심 결절산업으로는 디지털화 경향을 반영해서 집적회로, 개별소자, 전자관 등을 들 수 있다. 두 나라의 비교에서는 그림 3에서처럼 일본의 경우 한국에 비해 소재관련 산업부문들이 결절산업으로 더 부각되고 IT산업군으로 포섭되는 세부 산업들이 한국보다 더 많다는 점에서 산업연관

〈그림 3〉 한국과 일본 IT 산업군의 후방연계도 비교

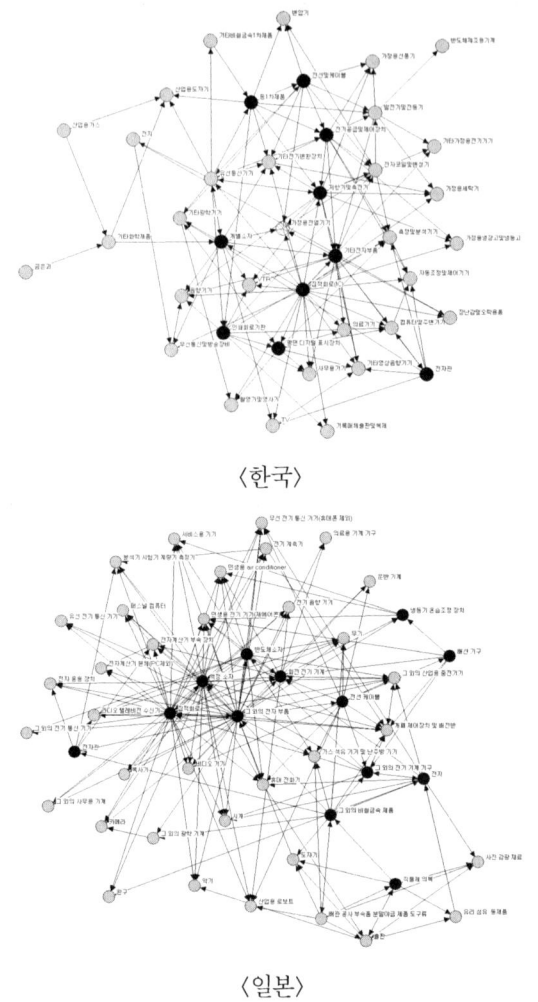

〈한국〉

〈일본〉

주: 한국과 일본의 2000년 기준 산업연관표의 투입계수로 작성했으며 흑색 점들은 결절산업으로
　　확인된 것임.
출처: 정준호(2005).

구조가 한국보다 공고하다는 것을 보여준다.

　　더욱이 한국의 부문간 산업연관은 지속적으로 이완되어 온 것으로 나타났다. 최

종수요 한 단위 증가가 산업생산에 미치는 영향을 나타내는 제조업의 생산유발계수는 1980년대 후반 이후 부품 및 소재산업 육성노력 등으로 1990년에 정점을 기록하였으나, IT산업의 비중이 크게 높아지기 시작한 1990년대 이후 점차 하락하기 시작했다(정준호, 2005). 대신 중간투입구조에서 해외에 의존하는 비중은 점차로 증가했다. 특히 컴퓨터 및 사무기기, 반도체 및 전자부품, 영상, 음향 및 통신기기 등의 산업들의 경우 중간물의 투입구조에서 해외비중이 증가했다(표 3 참조). 부품소재산업의 국내분업연관의 취약성을 반영해서 이들 부품 및 소재의 수입의존도는 지속적으로 증가하고 있고 특히 5대 IT산업의 경우 원자재의 65%를 수입에 의존하는 실정이다. 그리고 그 주된 수입처는 일본이어서 부품 및 소재의 대일 적자는 계속 누적되고 있다.

산업연관관계 형성에서 핵심적인 기능을 담당하는 부품소재산업은 최종재산업의 수출성과가 내수로 파급되는 주요한 경로이며 동시에 주된 생산주체가 중소기업이다. 그러므로 대기업-중소기업간 격차확대는 이처럼 한국경제의 IT산업에서 소재와 부품의 국내분업연관이 취약한 것을 반영하는 것이다.

〈표 3〉 제조업 업종별 생산유발계수 및 수입중간재 투입비율추이(1980~2000)

	1980	1985	1990	1995	2000
생산유발계수	-	2.021	2.056	1.946	1.959
수입중간재투입비중	2.71	26.45	26.43	28.98	30.66

주: 생산유발계수: 2000년 산업연관표의 산출액 기준
　　수입중간재투입비중: 수입 중간재투입액/중간재 투입액(혹은 산출액(?))×100
사료: KIET 자성
출처: 정준호(2005)에서 재작성.

중소기업이 한국경제에서 차지하는 비중을 보면 2003년 기준으로 사업체수, 종사자수, 부가가치, 생산액 등이 각각 전체의 99.4%, 76.9%, 52.8%, 50.6%를 차지하여 사업체수나 종사자수에서는 국민경제의 압도적 다수를 이루며 생산액, 부가가치 측면에서는 절반 이상이다(한국은행, 2004). 이에 비해 대기업의 비중은 계속 떨어지고 있다.[11]

과거 한국경제의 성장전략은 수입자본재에 기초한 대기업 중심의 성장전략이었고, 결과적으로 부품·소재부문이 취약하고 국내 산업연관이 미흡한 구조적 문제를 항상적으로 지니고 있었다. 낮은 기술수준과 취약한 물적, 인적 자원, 수탈적인 대기업과의 하도급거래 등 원천적으로 불리한 환경에 있던 중소기업들은 특히 90년대 들어 IT산업 위주로 산업구조가 개편되고 개방과 국제화를 통해 대기업들의 해외진출과 현지생산이 증가하는 등 국제적 수준에서 생산 네트워크의 활용이 확대되자 점점 더 심각한 수익성 위기에 봉착하는 악순환에 빠져든 것이다.

그 결과 그림 4에서 보는 것처럼 90년대 들어 중소기업의 생산성 증가율이 현격히 둔화되면서 대기업과의 생산성 격차는 확대되고 수익성 위기가 나타났다. 낮은 수익성은 투자여력을 소진시키고 다시 소진된 투자여력은 수익성 위기를 가속시키고 있다. 그런 점에서 한국경제의 양극화는 중소기업들이 심각한 구조적 문제에 직면해있음을 알리는 시그널이라고 볼 수 있다.

〈그림 4〉기업규모별 총요소생산성 증가율 추이(1985~2001)

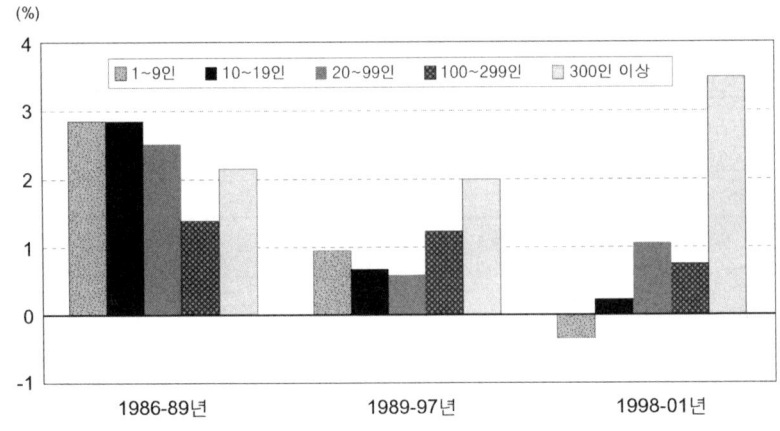

출처: 국회예산정책처(2005b).

생산성 격차는 임금격차를 불러왔다. 표 4를 보면 중소기업의 대기업에 대한 상

---

11) 제조업의 경우 300인 이상 사업체의 고용비중은 1997년 56.1%에서 2002년 23.0%로 하락했고 부가가치 비중은 같은 기간 중 70.1%에서 47.9%로 줄었다(동반성장연구팀, 2005).

대임금 수준은 1980년대 중반이래 지속적으로 하락하는 추세를 보이고 있다. 특히 80년대 말 3저 호황을 거치면서 임금격차가 커진 후 다시 90년대말 이후 빠르게 확대되고 있다. 중소기업 부문의 상대임금 하락은 전체의 76.9%에 해당하는 임금소득자들의 상대임금 감소를 의미하며 이는 소득의 양극화로 이어진다.

〈표 4〉 중소기업의 상대임금 변화 추이(1984~2003)　　　(대기업=100)

1984	1987	1990	1997	1999	2002	2003
75.7	72.2	66.1	63.6	58.5	55.8	54.9

자료: 중소기업협동조합중앙회, 중소기업통계 DB, 해당년도.
출처: 정준호(2005).

다음으로 IT산업 중심의 산업구조 변화가 고용의 양극화에 미친 효과를 보자. 이미 언급한대로 수출경쟁력의 원천인 IT 산업의 고용유발효과는 크지 않다. 이를 반영해서 한국경제는 이미 1990년대부터 '고용 없는 성장'의 징후를 보여주고 있다.

〈그림 5〉 제조업 고용비중 추세의 국제 비교

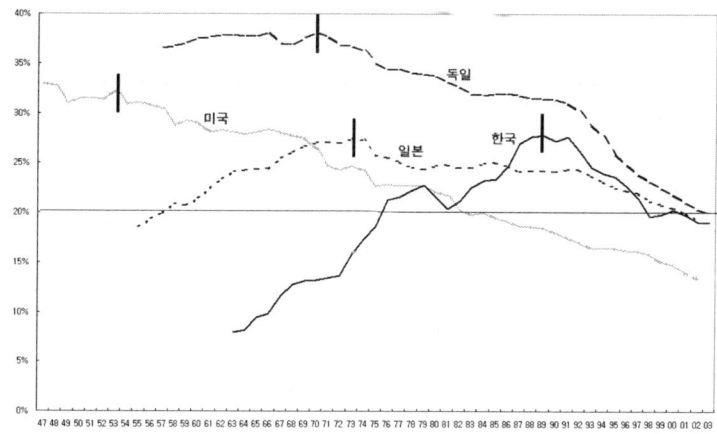

자료: KIET 작성.
출처: 정준호(2005).

그림 5에서 보듯 제조업의 고용비중 감소는 경제규모가 커지고 발전단계가 일정 수준에 오르면 필연적으로 나타나는 현상이지만 한국의 경우 80년대 말까지 가파른 상승을 기록하여 정점에 이른 이후(89년말 27.8%) 급격히 감소하고 있다(2003년 19.6%).

제조업 부문에서 감소하는 고용[12]을 흡수하는 스펀지 역할을 한 것이 서비스 부문이었다. 표 5를 보면 서비스부문은 제조업 부문의 고용증가율이 (−)로 돌아선 1990년대 이후에도 계속 (+)의 취업자 증가율을 유지하여 전체 고용증가의 견인차 역할을 했다. 그러나 서비스 부문의 생산성은 매우 낮았고 이 부문에서 새로 창출되는 일자리는 주로 저임금, 단순직종이 우세했다.[13] 제조업 부문의 빠른 일자리 감소-서비스 부문의 일자리 증가는 90년대 이후 일자리의 질의 양극화를 촉진시켰다.

〈표 5〉 산업별 연평균 취업자증가율 추이   (%)

	1971~1980	1981~1990	1991~2000	2001~2003	전기간
제조업	9.1	5.3	-1.2	-0.7	4.0
서비스업	5.2	5.3	4.4	2.8	4.7
기타	0.8	-1.7	-1.9	-0.4	-0.9
전산업	3.6	2.8	1.6	1.5	2.6

주: 기타: 농림어업, 광업, 건설업 및 전기가스수도업.
출처: 한국은행(2004).

그림 6을 보면 1990년대 초부터 일자리의 양극화가 뚜렷이 확인된다. 즉 1993년~2002년 중 임금소득 상위 30%와 하위 30%의 직업에서 일자리가 크게 늘어난 반면 중위권인 40~70%의 직업에서는 일자리 증가가 거의 정체된 것을 알 수

---

12) 고용양극화는 특히 대기업의 일자리 창출 능력이 크게 떨어지고 있는 것과 관련된다. 300인 이상 대규모 사업체의 고용 비중은 지속적으로 하락하였고 외환위기 이후 1,000인 이상 대규모 사업체의 취업자수는 절대적으로도 크게 줄었다(전병유 외, 2005).
13) 한 연구에 따르면 우리나라는 현재 소득수준과 비슷한 시점의 주요 선진국 고용구조를 감안할 때 전통적인 서비스 업종의 비중이 지나치게 높은 것으로 나타났다. 따라서 이들 국가와 비슷한 서비스부문 고용구조를 갖기 위해서는 근대적 사회서비스 영역에서 약 200~400만개의 고용이 늘어나는 대신 전통적 도소매 및 음식·숙박업 및 기타 서비스업에서는 약 60~290만개 가량의 고용이 감소해야 한다(동반성장연구팀, 2005).

있다. 또 하위직 일자리는 압도적으로 비정규직으로 채워졌을 뿐만 아니라 늘어나는 상위직 일자리도 비정규직이 절반 이상을 차지하고 있다. 이는 한편으로는 산업 구조가 IT산업 중심으로 재편되고 정보화가 급속히 진행되면서 지식정보관련 전문직종의 정규직, 비정규직 일자리가 증가하지만 다른 한편으로는 서비스업을 중심으로 저숙련, 저임금 하위 서비스부문의 비정규직 일자리가 빠르게 늘어나는 현상을 반영하는 것이라 할 수 있다.

서비스부문은 자영업자들의 비중이 높다. 특히 우리나라에서 영세자영업은 실업의 대안이자 고용의 저수지다. 우리나라의 자영업자 및 무급가족종사자 비율은 2003년 현재 34.9%로서 일본(16.3%), 영국(11.7%), 미국(7.2%) 등의 선진국에 비해 매우 높은 수준이다. 이런 조건에서 내수 경기침체가 지속되면 (생산)서비스업 위축-(소득)자영업자 및 무급가족종사자 소득감소-빈곤층 증가로 이어지는 순환경로가 넓어지면서 소득양극화 현상이 심화되는 것이다(국민경제자문회의 사무처, 2005; 전병유 외, 2005).

〈그림 6〉 일자리 10분위별 증감 　　　　　(전체 취업자 기준, 1993~2002)
(전체 취업자 기준) 　　　　　　　　　　(임금근로자 기준)

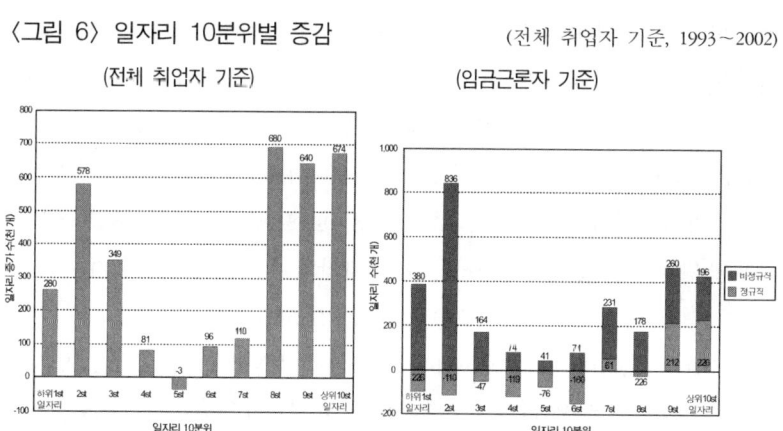

자료: 한국노동연구원(2003), 『일자리 양극화 경향과 빈곤 정책의 방향』.
출처: 전병유 외(2005).

고용안정성이 하락하는 데 결정적인 기여를 한 것은 노동시장 유연화 공세였다. 노동시장의 수량적 유연화는 IMF 위기 이전인 1990년대 초부터 대기업을 중심으로 내부노동시장을 해체, 이완시키려는 노력과 함께 시작되었다. 김영삼 정부 하에서는 심화되는 국제경쟁과 세계화 상황에 맞도록 고임금과 노동시장 경직성을 완화해야 한다는 주장과 요구들이 강도 높게 제기되었고 '노동법 개정' 날치기 통과가 이루어졌다. 당시 노동계의 강력한 투쟁에 의해 노동법 개정은 저지되었지만 개별 기업이나 사업장 차원에서 이미 기존 노동시장 체제를 변화시키기 위한 시도는 상당히 폭넓게 진행되고 있었던 것이다.

이처럼 기업들이 기존의 내부노동시장 체제의 변화를 추구하기 시작한 것은 IMF 경제위기 이전부터의 일이며 임시직을 중심으로 노동시장의 비정규화가 진행되기 시작한 것도 경제위기 이전부터였다.[14] 노동운동의 고양과 3저호황을 맞아 80년대 후반 대기업을 중심으로 성립한 내부노동시장은 이후의 운영과정에서 기업특수적 숙련이나 숙련형성 메카니즘이 만들어지지 않은 결과 한국의 재벌계열 대기업들로 하여금 이미 90년대 중반부터 해체를 적극적으로 시도할 강력한 유인을 갖게 만들었다. IMF 경제위기는 이러한 기업측의 노력과 성과를 보다 가시적으로 만들었으며 실제로 내부노동시장의 이완과 부분적 해체는 실현되었다. 그런 점에서 비정규직의 확대로 대변되는 고용시스템의 변화는 단지 IMF 경제위기의 탓이라기보다 과거 1980년대 후반이후 형성된 우리나라 노동시장 구조에 대한 대재벌-대기업측의 지속적이고 체계적인 대응의 결과물이다(정건화, 2003a).

IMF 위기이후 비정규고용은 더욱 크게 늘어나서 2004년 11월 현재 전체 임금근로자 가운데 임시 및 일용직 근로자 비중은 48.5%에 이른다. 한시근로, 시간제 근로 및 기타 비전형근로를 포괄하는 고용형태상의 비정규직 비중도 2001~2002년 27%대에서 2003년 32.6%, 2004년 37.0%로 빠르게 늘어났다. 2004년 정규직 취업자수는 전년대비 35만2천명이 감소했지만 비정규직 취업자수는 78만8천명이 증가하는 등 우리나라의 노동시장에서는 비정규직 노동이 정규직 노동을 보완하는 형태가 아니라 정규직을 대체하는 형태로 증가하고 있고, 이에 따라 고용불

---

14) 고용지표를 보면 임시직의 증가는 94년이래의 증가추세를 유지하고 있으며 경제위기 이후에 갑자기 급격한 증가가 나타났다고고는 할 수 없다. 단 일용직의 비중은 경제위기 이전인 1996년까지는 하락세를 유지하다가 1997년과1998년 소폭 상승하였고 1999년 18.0% 증가해서 한해에 무려 3.8% 포인트나 증가했다. 따라서 경제위기 중에는 일용직을 중심으로 하는 노동시장의 비정규화가 진행되었다고 할 수 있다(정건화, 2003a).

안과 정규직-비정규직간 임금격차15)에 따른 소득양극화가 심화되고 있다. 이 같은 일자리의 양극화와 비정규 고용의 증가는 소득분배 양극화에 크게 기여하게 된다.

지금까지 양극화 현상은 한국경제의 성장전략의 문제, IT산업을 중심으로 한 재벌중심의 경제구조의 문제, 재벌-중소기업간 분업연관이 취약한 산업조직상의 문제, 그리고 중소기업의 불안정한 성장기반 등에 기인하는 것으로 설명하였다. 그리고 이 현상의 뿌리는 거슬러 올라가면 한국경제의 대-중소기업간, 수출-내수부문간 불균등발전이 결과한 한국경제의 이중구조에 닿아있고 IMF 경제위기 이후 상황은 보다 심각한 형태로 표면화된 것으로 이해했다. 한편 이 현상이 90년대 이후 본격적으로 나타난 것은 이 무렵을 즈음해서 대기업 등 경제의 선도부문에서의 경제적 성과가 중소기업이나 저소득층 등 낙후부문에게도 혜택이 돌아가 총체적으로 경제가 활성화되는 확산 메카니즘이 와해된 것을 의미한다.16) 그것은 결국 성장을 통한 고용창출의 한계, 성장을 통한 분배개선의 한계를 의미하는 것이기도 하다.

필자는 양극화현상을 '87년 체제'로 불리는 1980년대 후반 혹은 적어도 1990년대 초부터 현재에 이르는 한국경제의 구조적 특질에서 나타나는 현상으로 파악하며, 외환위기 이후의 일련의 정책은 이러한 추세를 보다 전면화시키거나 심화시키는 역할을 한 것으로 이해한다. 그리고 2003년 이후 한국경제가 심각한 내수침체를 겪으면서 이런 양상은 더욱 두드러지게 된 것으로 본다. 그런 점에서 외국자본지배론에서처럼 경제의 양극화를 개방과 외국자본의 금융지배나 주주이익 극대화 논리의 결과로 돌리는 관점에 대해서는 동의하지 않는다.

산업정책의 측면에서만 본다면, 양극화의 해결을 위해서는 산업간 연관관계를 단절시킨 기존 재벌중심의 전략산업 육성정책 대신 산업간 연관관계를 강화하는 정책이 기본이 되어야 할 것이다. 이는 첨단 핵심 부품·소재산업을 적극 육성함으로써 산업연관관계를 강화하고 고부가가치화하는 방법이다. 성장과 분배의 선순

15) 2004년 상반기 기준 정규직 평균임금이 217만원인데 비해 비정규직의 평균임금은 105만원이어서 비정규직의 임금수준은 상용근로자의 1/2 수준에 못미친다(국회 예산정책처, 2005a).
16) 허시만(Hirschman)은 이를 넘쳐흐르는 물이 바닥을 적시는 것에 비유해서 적하(滴下)효과(trickle-down effect)라 불렀다. 김유선(2004)은 노동소득분배율에 대한 실증분석을 통해 한국사회에서 '경제가 성장하면 trickle-down effect로 분배구조가 개선된다'는 성장과 분배의 선순환 가설이 기각됨을 보여주었다.

환구조를 만들어내기 위해서는 이처럼 대기업과 중소기업간의 동반성장을 위한 산업성장체제를 구축하는 것이 필수적이다. 이러한 전략은 비단 양극화를 해소하는 차원에 머무는 것이 아니라 한국경제의 장기 성장동력을 강화하는 데도 기여할 것이다.[17]

재벌-대기업 중심의 기존 성장전략 자체가 양극화의 배경이 되는 현재의 산업구조를 만들어냈다는 것이 필자의 생각이다. 따라서 지금까지와 같은 성장전략, 즉 재벌-대기업 위주의 성장전략을 지속한다면 문제가 해결되는 것이 아니고 오히려 상황이 더 악화될 수 있다. 그런 점에서 경제양극화 현상은 재벌-대기업 중심의 성장전략이 더 이상 국민경제의 발전전략일 수 없음을 보여주는 결정적인 증거라고 할 수 있다. 급속한 개방과 외국자본의 국내 주식시장 및 금융기관 지배가 그 자체로 심각한 문제를 야기하는 측면이 있음을 부인할 수 없다 하더라도 그것을 이유로 해서 재벌체제를 다시 강화해야 한다거나 한국경제의 미래를 재벌체제에 의탁해야 한다는 논리가 수용될 수 없는 이유가 여기에 있다. 그리고 양극화가 한국경제의 성장잠재력의 위협요인이라는 점에서 외국자본 지배론에서 말하듯 한국경제의 잠재적 성장동력을 위해서 재벌규제를 완화하고 지금까지처럼 재벌중심으로 한국경제의 발전전략을 재구성하자는 제안에 대해 동의할 수 없는 이유도 바로 여기에 있다.

5. 한국경제의 쟁점(3): 외국자본과 재벌

2절에서 정리한대로 외국자본 지배론은 재벌개혁에 관한 한 다른 관점들과 뚜

---

17) 최근 중국이 첨단산업부문에도 집중 투자하면서 중국과의 기술격차가 줄어들고 있는데, 기술격차를 지속적으로 유지하기 위해서는 기반산업과 원천기술의 선도적 개발이 필수적이다. 중국의 공산품 수입구조를 볼 때 미국, 독일, 일본, 프랑스 등이 석권하고 있는 자본재와 핵심 부품·소재 부문에 동참하지 않고서는 동북아 분업구조에서 한국의 위상이 위태로울 것이기 때문이다. 통신기기, 자동차, 조선 등 한국이 세계적 경쟁력을 확보하고 있는 수출부문의 가공·조립산업들도 부품·소재산업의 뒷받침이 없으면 경쟁력의 지속이 어렵다. 부품공급의 안정성과 즉시성, 유기적인 상호연계 필요성 등으로 인해 부품·소재의 글로벌 아웃소싱(global outsourcing)에는 한계가 있으며 국내의 부품·소재 육성은 필수적이다(동반성장연구팀, 2005).

렷이 다른 견해를 보이고 있다. 이들의 논점은 크게 세 부분으로 구성된다. 먼저 절 박한 국민경제의 위기상황을 제시한다(①배경상황). 즉 한국경제는 투기적 외국자본에 포위되어 있으며 정부의 재벌규제정책으로 재벌기업의 소유권이 외국자본에 넘어갈 위험에 처해있고 재벌시스템은 해체될 운명에 놓여있다. 이어서 재벌체제는 오늘의 한국경제를 있게 한 매우 효율적인 체제라고 하면서 기존의 부정적 선입견을 버려야 한다고 주장한다(②재벌에 대한 재평가). 그러므로 재벌을 인정하고 재벌과의 대타협을 통해 재벌로 하여금 국민경제에 기여토록 하자고 제안한다(③ 정책대안).

이러한 외국자본 지배론의 문제의식과 처방은 민족경제론적 전통의 계승으로 볼 것이냐, 민족경제론의 왜곡이냐에 대한 논란을 불러일으켰다. 이 절에서는 '① 배경상황'과 '③ 정책대안'에 대해서 집중적으로 검토하면서 이와 관련된 판단의 근기들을 찾고자 한다. '② 재벌에 대한 재평가'와 관련해서는 이미 3절과 4절의 논의를 통해서 재벌체제에 대한 필자 나름의 판단을 분명하게 드러냈다고 생각한다.

먼저 ①의 중요근거로 제시되는 외국자본의 한국 금융시장 지배에 따른 과잉배당과 과실송금 등 경제잉여의 유출 그리고 외국자본에 의한 국내재벌기업의 M&A 문제에 대해 간략히 살펴본 다음 ③의 내용인 '재벌과의 대타협' 그리고 그 근거가 되는 '재벌＝국적자본'논의에 대해 검토해보기로 한다.

외국자본 지배론에서 보는 한국경제는 심각한 위기상황을 맞고 있다.

고삐 풀린 외국자본은 주주라는 꼬리표를 달고 이 땅에 들어와 주주 가치 극대화를 외치며 단기적 이윤 챙기기에 나섰다. 그렇게 주식시장과 은행권은 외자에 섭수되었고 한국경제는 성장의 동력을 상실한 채 창틀의 갇힌 작은 용이 되고 말았다(이찬근, 2003a).

경제에 혈액을 공급하는 은행들이 넘어가고, 황금 알을 낳는 기업들을 내주면 우리는 대체 무엇을 먹고 살아야 하는가?(정운영, 중앙시평, 중앙일보, 2004년 12월 7 일).

정말로 심각한 문제제기이다. 그러나 이런 주장을 뒷받침하는 증거 혹은 근거는 그다지 강력하지 않다. 사실의 측면에서 외국자본의 성격을 모두 단기적 이익을 추구하는 투기자본으로 보아야 하는가에 대한 문제가 바로 제기된다. 한국은행의 추정결과를 보면 외국인 포트폴리오투자 순유입액 중 투자회사, 은행, 연기금 등 장기투자성향 자본이 대부분이며 헤지펀드로 추정되는 자본의 비중은 2003년 기준 3% 정도이다(청와대 경제보좌관실, 2005). 따라서 문제는 투기자본의 정의를 어떻게 하는가에 달렸지만[18] 동일한 현상을 보는 것치고는 너무나 상황인식이 다르다.

외국자본이 모두 투기자본은 아니더라도 단기적 이익을 추구하는 주주이익극대화를 행동원칙으로 한다는 주장도 가능하다. 그렇지만 단기주의에 따른 고배당과 자본회수의 문제에 대해서, 전체 상장기업의 배당성향과 외국인 지분율간 상관관계를 분석해 보면 통계적 유의성이 매우 낮고 배당성향 및 배당수익률이 선진국에 비해 낮은 수준이며(청와대 경제보좌관실, 2005), 외국인의 압력에 의해 기업의 배당성향이 높아졌는지 배당성향이 높은 기업에 외국인 투자자들이 투자한 것인지를 확인하기 위한 변수간 인과관계도 그다지 뚜렷하지 않다는 반박이 있다(임원혁 외, 2005; 송원근, 2005). 외국인 투자자들의 국적이나 투자행태가 매우 다양하며 평균적으로 볼 때 국내 투자자들보다 주식보유기간이 오히려 더 길다는 주장도 있다.[19]

누구도 부정할 수 없는 사실은 1990년대 중반 이후 외국인직접투자 유입액이 급증했다는 것이다. 1998년에는 연간 외국인직접투자 유입액이 GDP 대비 1%를 넘어섰으며 외국인 직접투자 누계액은 2004년 10월 8일 현재 1,000억 달러(경상가격기준)를 기록하였고 1997년 경제위기 이후 누적된 금액이 전체의 82.2%를 차

---

18) 이찬근(2004b)에서는, 외환위기 이후 금융자본이 실물경제를 장악하기에 이른 국내의 상황을 감안한다면, 투기자본을 금융공학적인 관점에서 협소하게 정의하는 것은 바람직하지 못하며 광의의 관점에서 실물경제의 안정과 발전에 기여하지 않는 자본은 모두 투기자본으로 분류되어야 한다고 주장한다.
19) 2003년 우리나라 주식투자자들의 평균 주식보유 기간이 2개월 미만이며 대표적인 기관투자가인 투자신탁마저도 평균 보유기간이 4개월인데 외국인 투자자들의 평균 보유기간은 1년3개월이다. 그런 점에서 외국인 투자자 중에서는 단기투기세력도 있지만 이는 일부에 불과하고 절대다수는 장기적인 펀드 투자자들이라는 것이다(장하성, 2004d).

지한다. 간접투자의 경우도 1998년 이후 국내증권시장의 개방으로 국내기업에 대한 외국인지분과 영향력이 꾸준히 늘어났고 2003년 10월에는 최초로 외국인의 상장기업 지분률이 전체의 45%를 넘기도 했다(김선웅, 2004; 임원혁 외, 2005).

재벌개혁론자들도 현재 우리의 개혁수준에 비해 개방이 다소 과도한 것을 인정한다. 특히 외국인의 주식보유비중이 지나치게 높고 금융기관에 대한 외국자본의 지배도 걱정스런 부분이 있음을 인정한다(김기원, 2004b). 정부도 투기성 외국자본으로 야기될 수 있는 부작용을 막기 위해서 국내금융기관을 인수하는 대주주의 적격성 심사제도를 강화하여 국제적으로 평판이 있고 신뢰도가 높은 금융기관을 우선적으로 고려하는 등의 보완대책이 필요하다는 점을 인정하고 있다(청와대 경제보좌관실, 2005).

그렇지만 그동안 외국자본이 국내자본을 보완하고 구조조정과 기업지배구조 개선 등에 기여한 역할이 부정될 수는 없으며 해외연기금, 뮤추얼펀드 등 대다수 장기투자자는 분명 그런 역할을 하고 있다. 그리고 외국인 투자문제는 근본적으로 우리나라 자본 시장의 구조적 문제이며 외국자본에 대한 평가는 일률적일 것이 아니라 개별적이고 특성별, 목적별로 구분해서 이루어져야 하고 고배당 이슈나 경영권 분쟁 역시 개별 기업별로 판단되어야 한다는 지적 또한 경청할 필요가 있다(권순현, 2005; 송원근, 2005; 이건범, 2005).[20] 우리나라의 GDP 대비 주식시장 규모는 은행중심 금융시스템을 가지고 있는 독일을 제외하면 여타 국가들에 비해 상당히 작은 편이므로 장기적으로 외국자본에 대한 규제보다는 우리나라 자본시장을 육성하는 장기적인 관점에서 접근해야 한다는 것이다(권순현, 2005). 자본시장 육성정책을 통해 시중 부동자금을 주식시장으로 끌어들이고 주식시장의 규모를 키우면 외국자본에 의한 적대적 M&A의 가능성은 그만큼 낮아질 것이기 때문이다.[21] 정부도 일부 투기성 외국자본으로 야기될 수 있는 부작용을 막고 주가상승이

---

20) 이건범(2005), 송원근(2005) 등에 따르면, 외환위기 이후 2004년 현재까지 주식시장에서 우리나라 기관투자자의 비중은 계속 하락하여 주식시장의 안전판 역할을 수행하지 못하고 있다.

21) 한걸음 더 나아가 성장동력확충이라는 차원에서 전략적 외자유치도 고려해야 한다고 제안도 있다(임원혁외, 2005). 대외신인도 제고와 경제위기 극복을 위해 외자를 유치했던 정책에서 벗어나 좀 더 전략적으로 접근해서 핵심역량을 가진 외국기업을 통해 우리나라의 취약 부분을 보완하자는 것이다. 예를 들면 연관 산업의 경쟁력은 있지만 부가가치가 낮은 부품, 소

나 지배구조 개선에 따른 자본이득의 해외유출을 줄이기 위해 사모투자펀드 활성화나 연기금의 주식투자 확대 등 국내자본의 기업인수능력을 높이는 정책을 검토하고 있다(청와대 경제보좌관실, 2005).

외국자본 위기론 역시 무조건 외국자본을 몰아내자는 것은 아니며 일정 부분 현실론을 수용하기도 한다. 영미식 스탠다드를 완전히 거부할 수 없는 것이 현실이며 무엇보다도 미국의 강력한 영향권 아래에 있는 한국이 자본시장 개방과 외국자본의 유입을 거부하기 어렵다는 것을 시인한다. 외국인 투자가 경제에 미치는 효과는 나라와 산업에 따라 다르며 성공한 나라들의 외국인 투자정책에서 공통점은 전략적 접근을 했다는 점이라고 강조한다(장하준, 중앙일보 2005년 5월 20일). 또 국내적으로도 국민연금의 천문학적인 증가에서 확인되듯 경제의 금융화 추세가 불가피하므로 자본시장의 존재를 인정하는 방향에서 경제의 안정화를 위한 정책대안을 마련할 필요가 있음도 인정한다. 그래서 외국 자본의 국내 자본시장 진입을 무조건 막을 것이 아니라 국내 금융시장과 주식시장에서 투기적 행태를 제한해야 한다는 점을 강조한다(이찬근, 2004b; 한겨레신문, 2004년 9월 10일).

이렇게 보면 외국자본 지배론과 시장주도 규율강화론 그리고 재벌개혁론간에 심각하게 존재하는 것처럼 보였던, 외국자본의 국내 금융시장의 영향에 대한 견해차는 '문제의 심각성에 대한 강조점의 차이' 정도로 축소되는 듯하다. 그러나 재벌체제에 대한 생각에서 차이는 결정적으로 벌어진다. 결국 문제가 되는 부분은 재벌에 대한 것이다. 외국자본에 의한 재벌의 적대적 M&A나 재벌개혁에 따른 재벌시스템의 해체에 대한 입장의 차이이다.

국내기업들에 대한 적대적 M&A문제부터 보자. 지금은 적대적 M&A가 외국자본과 국내기업간 문제로 되면서 국내 재벌계 대기업만이 아니라 우리 사회 전체, 심지어 노동계까지도 외국자본의 국내기업 인수합병에 대한 대응이 필요하다고 나서고 있는 상황이다.[22] 우리나라 기업에 대한 M&A의 가능성은 얼마나 큰 것일까?

재산업에 대해서는 기존산업을 첨단화하기 위해 외국자본을 전략적으로 활용하는 방법이 그 예이다.

22) 원론적으로 보면 적대적 M&A는 긍정적인 면과 부정적인 면을 동시에 가지고 있다. 긍정적인 역할은 M&A에 의하여 비효율적인 경영진을 교체하거나 경영에 참여하지 못하는 소액주주도 대주주와 같이 보호를 받고 경영권 프리미엄을 공유할 수 있으며, 기업의 구조조정을 촉진시키고 경쟁력을 높이는 데 기여할 수 있다는 점이다. 부정적인 면은 경영진이 단기적인

여기에 대한 의견은 첨예하게 갈라진다. 한편에서는 우리나라의 기업들은 자신들의 지배권을 위협받고 있다고 진단한다. 자본시장 개방이 급속도로 진행된 결과 삼성전자와 포스코의 외국인 지분이 각각 54%와 70%이고 국민은행과 외환은행 역시 77%와 72%에 이르고 있는 현실이 그것을 극명하게 보여준다는 것이다(중앙일보, 2004년 12월 7일). 이에 대해 재벌개혁론자들은 현재 우리의 경영권 방어시스템이 외국에 비해 그다지 취약하지 않다고 본다.[23]

외환위기를 전후해서 부실기업의 구조조정을 촉진하기 위해 또 IMF의 적대적 M&A 허용 요구에 따라 경영권 보호장치를 거의 대부분 폐지하여 유럽은 물론 영국, 미국에 비해서도 경영권 보호장치가 미흡한 적도 있었다. 그러나 2004년말 의원입법으로 경영권 보호장치를 일부 도입하는 방향으로 증권거래법 개정법률안이 국회의결을 거쳐 2005년 3월29일 시행되면서 상당한 정도로 보완된 것이 사실이다(청와대 경제보좌관실, 2005).

그러나 재벌체제를 옹호하는 입장에서 주목하는 부분은 따로 있다. 재벌기업들은 적대적 M&A의 촉진과는 직접적인 관련이 없지만 출자총액제한제도 등 현재 진행되고 있는 재벌개혁정책이 경영권 방어에 심각한 문제를 야기한다고 보는 것이다. 또 IMF 위기 이후 추진되는 기업개혁 조치가 내부거래 등 재벌들이 기업집단으로 활동할 수 있는 기본 수단들을 봉쇄함으로써 그룹구조가 갖는 긍정적인 측면을 활용될 수 없도록 만들고 있다는 것이다(신장섭·장하준, 2003).

여기에서 쟁점의 변화가 나타난다. 단순히 외국자본의 국내 주식시장이나 금융시장에서 차지하는 비중이 크다는 것이 문제라기보다는 재벌체제를 개혁하려는 정책들이 강도 높게 추진되면 결과적으로 재벌의 경영권을 외국자본에 넘기는 결과가 된다는 것이다. 그러므로 이런 정책을 원천적으로 재검토해야 한다는 것이나 (이찬근, 2003a; 2003b).[24]

성과에 의존하게 되고 회사의 현금을 보유하지 않고 계속 지출하는 경영을 하게 되며 M&A 대상회사는 막대한 방어비용을 투입하게 됨으로써 오히려 경쟁력 약화가 초래되고 심지어는 회사 존립 자체가 위태롭게 된다는 점 등이다(김선웅, 2004).

23) 우선주와 보통주의 차등의결제도를 비롯해 지분대량변동보유신고제, 이사시차임기제, 자사주취득제 등이 시행되고 있고 총수의 우호지분이 압도적인 회사에서는 기존제도 하에서도 정관변경으로 경영권을 더 강화할 수 있다는 것이다(김기원, 2004b).

24) 재벌체제의 특성으로 인해 경영권이 불안정해진다는 데 대한 재벌개혁론의 대응은 다음과 같다. 먼저 외국인 주주들의 절대다수는 경영권 인수를 시도한 전력이 없는 펀드투자 회사들

이를 뒷받침하기 위해 외국자본 지배론은 재벌을 선택할 것인가 외국자본을 선택할 것인가라는 양자택일적 선택구도를 제시한다. 그리고 그 선택을 위한 학습자료로 두 가지 논점을 제공한다. 하나는 재벌체제가 문제가 있기는 하지만 그래도 외국자본보다는 낫지 않느냐는 '재벌＝국적자본론'이고 보다 강력한 하나는 재벌체제는 효율적인 체제이며 재벌은 앞으로도 한국경제 성장의 주역이라는 '재벌＝성장동력론'이다.

'재벌＝국적자본'이란 논의는 글로벌 자본주의시대 초국적자본도 국적이 있음을 부정할 수 없고(장하준, 2004), 우리나라의 재벌 역시 여러 가지 파행성에도 불구하고 사회적·국민적 요구를 근본 부정할 수 없다는 측면에서 일정 수준 국적자본의 성격을 가지므로 외국자본과 구분되어야 한다는 것이다. 다시 말해 국적자본은 외국자본과 달리 이탈(exit)의 옵션을 자유롭게 활용하기 어렵기 때문에 국내의 사업환경 개선을 위해 발언(voice)의 옵션을 구사함으로써 국민경제 발전에 상대적으로 높은 헌신(loyalty) 효과를 창출한다는 것이다. 그리고 재벌체제가 갖는 효율성을 인정해야 하며, 소유가 분산되고 전문경영자에 의해 독립경영이 이루어지는 기업이 더 높은 경영성과를 내고 있다는 증거도 없고 가족소유, 기업과 금융기관 상호간 네트워크형 지분 보유관계의 기업들도 광범위하게 존재한다고 주장한다(이찬근, 2003).

신장섭·장하준(2003)에서는 기존 재벌개혁정책, 즉 기업관련 공정거래규제 강화, 새로운 회계기준 도입, 기업과 금융권과의 관계 재설정, 인수합병관련법 개정, 기업지배구조개혁 등의 정책들이 결과적으로 재벌의 복합그룹경영이라는 장

이며 다양한 국적과 투자 목적을 가진 펀드투자 회사들이 담합해서 경영권에 도전하는 사례는 드물다(장하성, 2005; 김기원, 2004b), 또 국내 재벌총수들에게 결코 경영권 방어수단이 없지 않다는 점도 지적된다. 즉 출자총액제한으로 계열사간 출자가 완전히 자유로운 것은 아니지만 원칙적으로 순자산의 25%까지 가능하고 수많은 예외조항을 통해 출자가 가능하며, 금융계열사의 의결권도 현재는 30%까지, 2009년 이후에도 15%까지는 인정되기 때문이다. 그리고 계열사 수, 내부 지배구조 개선 등을 이유로 출자총액제한으로부터 졸업할 수 있는 길도 열려 있다고 지적한다(김우찬, 2004).
그 외에 출자총액제한제도 폐지와 금융계열사 의결권 유지로 경영권 문제를 해결하려는 것은 계열사관계가 더 복잡해지고 소유구조에 약한 고리가 생겨 오히려 경영권공격을 당하기 쉬울 수도 있다는 지적, 투기적 외국자본에 의한 부당한 경영권공격이나 과도한 국부유출을 막으려면, 재벌개혁에 의해 기업가치를 높이고, 국내기관투자가를 육성하고, 민주적 우리사주조합을 발전시키는 방법이 가장 정상적인 방법이라는 원론적이지만 중요한 비판도 있다(김기원, 2004b; 장하성, 2005).

점을 소멸시킴으로써 재벌체제의 역동성을 훼손하고 어렵게 일궈낸 국내의 물적 기반을 붕괴시키기에 이르렀다고 정면으로 비판한다. 그러므로 재벌들의 안정지분 확보를 위해 출자총액 제한을 풀고 지주회사 설립 요건을 완화해 주며, 재벌들 사이의 상호출자를 용인해서 일본과 같이 관련기업이나 금융기관의 우호지분 소유를 장려해야 한다고 주장한다. 장하준(2004)은 피라미드형 출자 등을 통한 '가공자본' 창조는 내부자금이 절대적으로 부족한 기업들이 적극적인 투자를 하는 것을 가능하게 해주었기 때문에 나쁘게만 볼 수는 없으며 가공성 자체보다는 그것이 얼마나 소득과 고용을 창출하는가에 의해 평가되어야 한다고 주장한다. 결국 재벌계 기업간 순환출자나 가공자본을 막으려는 법제도가 잘못된 것이라고 정면으로 비판하고 있는 것이다.

여기서 두 관점은 팽팽히 맞선다. 한쪽에서는 재벌체제의 개혁이 살 길이고 다른 한쪽에서는 재벌체제를 살려두어야 살 길이 열린다고 본다. 한쪽에서는 순환출자와 가공자본이 한국경제의 아킬레스 건이라고 하는데 다른 한쪽은 그것이 한국경제의 힘이라는 것이다. 그런 가운데 외국자본 지배론에서 먼저 타협안을 내놓는다. 이른바 '재벌과의 대타협'론이다. 유럽강소국 스웨덴의 예를 들면서 총액출자제한을 완화하거나 혹은 지주회사 체제로의 개편을 원활히 할 수 있도록 지주회사 제도의 기준을 완화하는 등 재벌의 지배권을 방어할 수 있는 장치를 마련해주고 지배권 불안을 심화시키는 규제의 틀을 바꾸는 대신 재벌은 이러한 혜택에 상응해서 사회공헌기금을 창설하는 등 외국자본과는 상이한 행동패턴을 보임으로써 국민경제에 공헌하도록 하자는 것이다. 그렇게 해서 총수의 이익과 주주의 이익뿐 아니라 사회적 이익이 합치할 수 있게 조정히는 장치를 만들자고 제안한다(이찬근, 2004; 장하준, 2004).

한국의 진보는 이미 한국사회의 주류로 떠올랐다. 그러나 이들의 시각은 아직 1970, 80년대의 보수 대 진보의 대립구도에서 크게 벗어나 있지 못하다. 1990년대 이후 본격화한 금융세계화와 국민경제의 긴장관계를 적극적으로 인식하지 못하고 있다. 이들이 원하는 투명성-책임성의 개혁은 기득권의 해체는 가능하게 할 수 있지만, 더욱 나은 대중의 삶으로 이어질 공산은 희박하다....

공동체의 이익이라는 관점에서 자본의 국적성을 인정한 스웨덴의 지혜는 오늘날 기득권의 해체에 쏠려 있는 우리나라의 경제개혁에 귀감이 아닐 수 없다...민주사회에 걸맞은 방식으로 새롭게 성장 동력을 회복해야 한다. 그 방법은 다름 아닌 사회적 합의의 모델이다. 서로 상대방을 인정하면서 공동의 목표를 찾아내 상생의 길을 찾는 것이다. 사회적 대타협이 포괄해야 할 대안적 경제정책의 방향은 다음과 같다.

첫째, 재벌의 사회적 책임을 전제로 재벌의 지배권을 인정한다. 이에 대한 대가로 재벌은 사회공헌기금을 출연하고, 일정 수준을 초과하는 이익에 대해 투자적립금을 쌓도록 한다. 둘째, 재벌이 출연한 사회공헌기금은 남북경협, 지역균형발전, 중소기업 경쟁력 강화 등 대규모 모험투자에 활용해야 하며 정부는 이런 모험사업에 금융기관의 참여를 독려한다는 차원에서 재정지원을 통해 금융기관과 위험을 분담한다(이찬근, 2003b).

'재벌과의 대타협'을 위한 논리적 근거를 제공하는 것이 '재벌＝국적자본' 가설이다. 재벌이 국적자본이라는 말은 말뜻 그대로만 본다면 틀린 말이 아니며 가설이라 할 것도 없다. 그렇지만 문제가 되는 것은 그 함의(含意)이다. '재벌＝국적자본' 논의는 민족경제론의 논점을 연상시킨다. 국민경제에 기여하고 국민국가에 규제되는 자본, 그런 의미에서 국적자본이란 민족자본의 다른 이름일 수 있다. 그리고 국적자본의 대당개념은 외국자본이다. 그런 점에서 국적자본은 민족자본 개념의 새로운 버전이라고도 할 수 있다. 외국자본 지배론은 이처럼 재벌과 외국자본의 대립구도를 설정함으로서 재벌을 민족자본의 위치에 올려놓았다.

필자는 이런 대당(對當)이 잘못된 것이라 생각한다. 왜냐하면 먼저 외국자본과 국내자본의 대립을 과장하고 있기 때문이다. 투기적 외국자본이 국내 금융시장을 장악하여 한국의 실물경제를 거덜내고 있다는 것이 그 과장의 전형이며 앞에서 본 대로 재벌문제를 제외하면 사실은 해법의 차이가 큰 것도 아니다.

다음으로 외국자본 지배론의 '③ 정책대안'의 문제, 즉 '재벌과의 대타협론'으로 가면 더욱 심각한 문제들이 있다. 우선 경영권이란 과연 무엇인가 생각해보자. '경영권'이라는 것은 주주가 최고경영자에게 기업가치 제고를 위해 노력하도록 위임한 권한이지 재벌 총수 일가가 대대손손 승계하는 권한이 아니므로, 재벌 총수 일가의 경영권을 보호해야 한다는 명제는 성립되지 않는다는 주장, 재산권과는 달리 경영권은 기업가치 제고에 대한 주주와 최고경영자간의 암묵적 합의를 전제로 형성된 '조건부 권리'일 따름이라는 주장은 정당한 것이다(임원혁, 2005).

경제영역에서 민주주의의 훼손도 심각하다. 재벌개혁의 기본방향은 '권한만 있고 책임은 지지 않는 재벌총수'에게 의사결정권이 집중되는 것을 정정하는 것이다. 평균 5% 수준에도 미달하는 지분으로 기업집단 전체에 대해 주인역할을 하는 재벌 총수, 견제 없는 절대적인 권한을 행사하고 그 결과에 대해서는 책임지지 않으며 그 권한을 세습하는 행태는 민주주의의 원칙에 어긋난다. 그런 점에서 재벌의 소유지배권 개혁은 실질적 민주주의의 실현을 위한 가장 중요한 관건이다. 25)

재벌그룹내 기업은 특히 임직원, 주주, 채권자, 국민 등 다수의 이해당사자로 이루어진 조직체다. 여기에 적용되는 투명성과 책임성의 원칙은 민주주의 사회에서 어떤 조직에도 적용되어야 하는 보편적인 원칙일 따름이다. 기업이라고 예외는 아니며, 그런 점에서 투명성과 책임성에 대한 강조가 영미식 모델만의 특징이라고 할 수 없다. 이른바 라인형 모델이라는 유럽대륙식 모델에서는 노동조합을 포함한 다양한 이해당사자의 경영참가를 통해 투명성과 책임성을 관철시키고 있다.26)

물론 '타협'을 위해서는 원칙만을 고수할 수는 없다. 타협이 정말로 필요한 국면이고 타협의 성과가 충분히 크고 의미있는 것이라면 고려할 수도 있을 것이다. 또 그런 조건이 모두 충족된 후라면, 예컨대 재벌총수의 '지위'를 보호해주고 연기금이 국내재벌대기업의 주식을 매입한 다음 공익이사가 중심이 된 운영위원회가 기업경영에 대해 통제권을 행사하는 방식을 상정해볼 수도 있을 것이다. 연기금 운영

---

25) 자본주의 사회내에는 정치영역에서의 민주석인 원리를 경제영역에는 적용시키지 않으려는 강한 경향이 존재하고, 이는 경제를 사적 영역에 귀속하는 것으로 규정함으로써 징당화 된다. 시민사회와 조응하는 시민경제(civil economy)를 대안모델로 제시하는 브룬(S. Bruyn)은 시장과 기업들은 사적 영역과 공적 영역 모두에 속한다고 단언한다. 경제는 단지 사적인 시장 시스템이 아니라 애초부터 공공선을 위해 디자인된 공적 영역의 한 부분이며 기업들이 이해당사자들에게 미치는 영향이 커지면서 대중으로부터도 점점 더 공적 영역에 속하는 것으로 간주되고 있다는 것이다. 기업에서의 민주적 권리와 소유권을 다룬 달(R. Dahl)에 따르면 국가의 민주적 운영의 필요성에 대한 설득력 있는 어떠한 논의도 기업의 운영에 적용될 수 있으며 따라서 기업의 민주적 운영의 정당성을 부정하는 어떠한 논의도 동일하게 국가의 민주적 운영을 반대하는 것이 된다(정건화, 2004).
26) "삼성처럼 노조도 인정하지 않고, 영미식도 아니고 유럽대륙식도 아니라면, 삼성이 요구하는 지배구조는 무엇인가. 노동조합도 채권자도 그리고 외국자본도 감히 넘볼 수 없는 철옹성과 같은 재벌총수의 경영권인가?"(송호창, 2005).

위원회는 재벌기업이 사회적 책임을 이행하도록 견제하고 재벌총수는 연기금 운영위원회의 의견을 존중하여 사외이사 제도를 보강하는 등의 타협이 적어도 상상 속에서는 존재할 수 있을 것이다.

대타협을 제안하는 입장 역시 재벌 체제의 모든 면을 무조건 옹호하는 것도 아니다. 재벌체제를 유지한다는 것이 꼭 기존의 총수가족의 지배권을 보장해 주어야 하는 것은 아니지만 안정지분이 확보되지 않은 상태에서 총수가족에 의한 통제를 단시간 내에 없애려 하면 재벌구조 자체가 붕괴되고 외국자본에 의한 접수가 일어날 수 있으므로 재벌총수의 지배권 보호는 과도적인 조치라고 설명한다. 궁극적으로는 주거래 은행제도, 관련사간 상호 주식소유 등을 통해 재벌총수 없는 재벌체제를 만들어야 한다고 보며, 위험이 증폭되는 경향이 있는 재벌체제의 단점을 보완하기 위해서는 종업원, 거래은행, 하청업체 등 기업의 내부사정을 잘 아는 이해당사자들에 의한 내부감시를 강화하는 방법도 필요하다고 인정한다(장하준, 2004).[27]

그러나 문제는 이 논의가 전혀 현실성이 없다는 점이다. 여기서 타협의 내용이 일자리 창출, 사회공헌기금과 같이 포괄적이고 모호한 것은 어차피 중요한 문제가 아니다. 필자의 생각으로는 '대타협론'의 심각한 문제는 이 논의가 비현실적일 뿐만 아니라 이런 논의를 제기함으로써 그 비현실성은 더욱 강화된다는 사실이다.[28] 다시 말해 현 상황에서 재벌은 재벌개혁에 대해 저항하느라 외국자본의 위협을 강조하고 있는 혐의가 짙으며, 대타협론은 결과적으로 재벌로 하여금 실제로 타협을 고려하지 않을 수 없는 최종심급에서의 위기를 회피할 수 있도록 해준다. 외국자본에 의한 적대적 M&A 위협을 과장해서 재벌개혁에 대한 부정적 여론을 조성하는 것이 그것이며 재벌=국적자본 논의를 통해 만들어진 감성적인 민족주의는 그런 역할을 충실히 하고 있다.

---

27) 시장주도 규율강화론이나 재벌개혁론의 입장에서는, 설혹 이런 타협이 이루어질 수 있다 하더라도 연기금은 기본적으로 연금가입자에게 혜택이 돌아가게 운용되어야 한다는 점에서 동의하지 않는다. 이러한 타협은 재산권 침해논란이나 자원배분의 왜곡을 가져올 것이며, 시장규율이 작동하지 않아 경영실패의 경우 책임소재도 불분명해지고 또 재벌총수를 보호하기 위해 여러 보호장치들이 작동하는 것 자체가 투자자의 불신을 높이게 된다는 점 등이 그 이유이다(임원혁, 2005; 장하성, 2004b).
28) 이병천(2005) 역시 대안적 기획은 '현실적이 되려면 불가능한 것을 요구하라'고 하는 아래로부터의 급진적 시민민주주의의 정신을 견지할 필요가 있다고 지적한다.

삼성그룹은 이미 공정거래법에 대해 위헌심판을 제청했고 재정경제부가 마련한 금산법(금융자산의 구조개선에 관한 법률)개정안은 삼성그룹을 위한 개정안이란 평가를 받고 있다. 그 밖에도 X파일 사건에서 드러나듯 일상화된 불법적 정치자금 제공과 두산그룹 '형제의 난'에서 보는 것처럼 재벌총수들이 기업조직을 사조직화해서 저지른 불법과 탈세는 이미 사회적 관용의 한계를 넘어섰다.

마지막으로, 필자의 입장에서는 '대타협론'의 전제가 되는 재벌체제의 효율성에 대해서 동의하기 어렵다. 특히 재벌체제가 한국경제의 성장동력이라는 주장은 이 글의 분석결과에 비추어 매우 일면적이다. IMF 경제위기 그리고 이어진 경제양극화 등 한국경제의 구조적 문제들은 요소다투입형 성장전략의 한계를 드러내준 것이며, 최근의 양극화현상은 국내적 분업연관의 단절과 국내투자를 대체하는 해외투자, 노동을 우회하는 성장 전략 등의 복합적 결과이다. 그런 점에서 설혹 재벌체제가 지금까지 한국경제의 급속한 성장의 원동력이었다 하더라도 결코 우리사회의 미래를 위한 발전모델이 될 수는 없다는 생각이다.

재벌체제는 변화된 국내외적 상황, 즉 냉전이 해체되고 금융주도의 세계화가 진행되는 현실, 지역주의가 강화되고 생산의 국제화와 지역혁신을 통한 경쟁이 첨예화된 상황에서 일부 첨단산업을 수노하는 선도적 기업들을 제외한 우리 사회 구성원 전체의 경제생활을 맡길 수 있을 만큼 신뢰를 주고 안정적인 체제가 아니다. 그리고 한국경제의 양극화 현상은 정확히 그것을 보여주고 있다는 것이 필자의 생각이다. 그러므로 '재벌이냐, 외국자본이냐'라는 이분법적 선택지에 대한 정답은 '문제설정이 잘못되었다(false question)'든가 '둘다 아니다(non of these)'이다.

6. 한국경제의 대안적 발전담론의 모색—민족경제론의 재구성

외국자본 지배론에서 말하는 위기는 중소기업의 위기나 경제양극화가 아니라 재벌-대기업 중심의 고투자 성장전략의 위기일 뿐이다. 이들은 대기업과 재벌 중심의 경쟁력 제고에 관심을 집중하고 있으며 한국경제의 성장잠재력 문제도 어디까지나 재벌을 중심에 둔 해법을 제시하고 있다.

그러나 이미 재벌중심의 성장전략은 1987년 이후 그 한계를 노정하기 시작했다. 1987년 이후의 한국의 정치, 경제, 사회상황을 아우르는 용어로 '87년체제'라는 개념이 사용되기도 하는데(이일영, 2005c), 이 체제의 중요한 특징은 과거 국가주도의 추격(catch-up)전략이 성공할 수 있었던 국내외적 요인들이 소멸된 환경 속에 놓여있다는 점이다. 즉 재벌에 대한 국가의 조정능력은 약화되었으며 낮은 요소가격 투입조건을 가능하게 했던 억압적 국내 정치 및 사회통제구조는 유지불가능하게 되었다. 그러므로 외국자본 지배론에서 말하는 재벌중심의 새로운 성장동력 창출전략은 과연 한국경제의 어느 단계, 어느 시기를 염두에 두고 있는 것일까? 1987년 이후 민주주의로의 이행과정이 비록 경제민주주의의 진전으로 심화되지 못하고 형식적 민주주의, 절차적 민주주의의 틀에 갇혀 '민중생존권의 위기'를 초래하였지만 그렇다고 과거 박정희 시절과 당시 모델이 한국사회의 대안일 수는 없다. 뿐더러 국가의 규율과 조정이 빠진 재벌체제였던 87년 체제의 한계는 1997년 말 IMF 외환위기에서 분명하게 드러났다.[29]

위기 이후 진행된 자본시장 개방과 기업금융 시스템 변화는 87년 체제에 변화를 가져온 것이 사실이다. 특히 금융 시스템의 변화는 한국경제의 축적구조 변화에 큰 영향을 미쳤다. 생산시스템을 단순화시키면 생산요소 시장-기업-생산물 시장의 연결구조로 볼 수 있고 생산요소 시장은 크게 자본시장과 노동시장으로 구분할 수 있는데, 기업금융 시스템의 변화는 고용 시스템의 변화와 함께 곧 생산요소 시장 전체 혹은 생산 시스템내에서 생산요소 투입구조 전반의 변화를 의미한다. 이렇게 볼 때 한국경제는 87년체제와도 상당히 다른 축적체제로 재편되었다고 할 수 있으며 과거와는 다른 자본조달 시스템이 장착되었다고 할 수 있다.

물론 자본조달 시스템의 변화를 추동한 중요한 변수는 자본시장 개방을 통해 유입된 외국자본이었다. 이들은 국내 주식시장에서 절대적인 영향력을 행사하는 투

---

[29] 비록 외환위기 자체가 한국경제의 내부에서 촉발된 것이 아니었고 일부 산업부문의 펀더멘탈은 튼튼했다 하더라도 왜곡된 소유구조, 전근대적 거버넌스와 방만한 경영, 금융의 모니터링 기능 부재가 초래한 대규모 투자실패와 이어진 대기업의 연이은 도산 등은 당시 상황에서 한국경제에 대한 신뢰를 결정적으로 추락시킴으로써 외환위기의 원인을 제공한 점은 부인할 수 없다.

자자로서 기업행위의 여러 측면에 대해서 변화를 요구하고 있고 그런 점에서 이들은 영미형 주주자본주의의 행위양식을 한국경제에 이식하고 있는 것도 사실이다.

그러나 다른 한편에서 보자면, 한국경제는 여전히 강고한 재벌중심의 축적체제를 유지하고 있고 '삼성공화국'으로 불릴 만큼 특정재벌이 우리 사회 모든 영역에서 전무후무한 영향력을 행사하기에 이르렀다. 외환위기 이후 지난 8년간의 지배구조 개선노력에도 불구하고 재벌지배의 본질적 부분에는 변화가 없었다. 2004년 현재 출자총액제한 기업집단 총수의 지분율은 1.5%인 반면 계열회사 지분율은 40.0%에 달하고 비상장회사의 경우 상장회사에 비해 계열회사의 지분율이 더 높아 소유지배구조의 왜곡이 더 심하다(공정거래위원회, 2004). 국내 금융기관의 경우에도 대기업 집단의 금융회사 지배현상은 지속적으로 심화되었다. 출자총액제한 기업집단소속 금융회사가 전체 자산에서 차지하는 비중을 보면 생명보험사의 경우 1998년 41.9%에서 2002년 53,9%로 증가했고 증권사도 같은 기간 44.4%에서 51.8%로 늘어났다. 법적으로 재벌이 진출할 수 없는 은행부분에서는 외국사본의 몫이 크게 늘어났지만 비은행 금융기관에 대한 국내 재벌의 영향력은 계속 커지고 있는 것이다(이건범, 2005).

그러므로 외국자본의 금융시배와 주주이익 극대화 모델에 대한 강요가 만들어내는 변화와 함께 강고하게 유지되고 있는 재벌-대기업 중심의 경제체제가 지니고 있는 구조적 문제 역시 현단계 한국경제를 규정하는 중요한 변수이다.30) 한국경제가 현재 위기상황에 처해있다면 그 역시 이러한 변수들의 복합적 결과물이다. 외국자본의 지배가 과장된 만큼 재벌체제의 문제는 은폐되고 있다. 필자의 입장은 현재 한국경제의 구소석 문제는 외국자본의 금융지배에 따른 문제에 앞서 이른바 '박정희 모델'로 불리는 억압적 발전국가체제로부터 '87년체제'로 불리는 재벌체제에 이르기까지 기존 한국경제의 축적체제의 특성에서 기인하는 측면이 크며 한국경제의 구조개혁의 방향 또한 그로부터 규정적으로 결정되어야 한다는 입장이다.

필자는 이제는 이른바 '박정희모델'로 불렸던 개발국가 모형의 대항담론이었던 '민족경제론'이 당위의 차원에서가 아니라 현실적 대안의 차원에서 글로벌 시대의

---

30) 이런 점을 고려해서 이병천(2005)은 외환위기 이후 한국경제를 '국제금융자본-재벌-시장경쟁국가의 삼각동맹'에 의한 '신성장체제' 또는 '양극화 성장체제'로 규정한다.

민족경제론으로 거듭나고 풍부해져야 할 때가 되었다고 생각한다. 고 박현채 선생이 말한 '민족적인 것의 계급적 프리즘을 통한 발현'이란 문제의식에서 보자면, 한국사회가 글로벌 자본주의 시스템내에서 나름대로 안정적인 국민경제를 운용하는 것 자체가 대단히 힘겨운 과제임에 틀림없지만 그렇게 되더라도 그것이 대다수 사회구성원, 특히 직접적 생산자의 삶의 조건을 부단히 불안정하게 하는 조건 위에서만 가능한 것이라면 그것은 '민족경제론적 대안'이 될 수는 없다. 민족경제론의 과제는 '한국경제의 대안적 발전의 길'을 제시하는 것이되 그 전제는 어디까지나 '민중적이고 또 민족적'이어야 하기 때문이다.

그런 관점에서 보자면 직접적 생산자의 삶의 조건을 위협하는 양극화 현상이야말로 우리 사회의 가장 심각한 문제일 뿐만 아니라 한국경제의 미래와 발전전망을 규정하는 최대의 문제이다. 그리고 21세기 한국경제에 대한 민족경제론적 대안은 경제양극화를 해결하는 것을 과제로 해야 한다. 현재 양극화된 한국경제의 한 축에는 내수부문이 있다. 그리고 이 내수를 구성하는 경제의 순환구조가 있다. 전통적 제조부문과 서비스부문-중소기업과 자영업자 그리고 대다수 노동대중으로 구성되고 고용불안과 심각한 가계소비위축을 경험하고 있는 경제의 하위순환이 그것이다. 그리고 다른 한편에 수출을 중심으로 하는 또 하나의 경제순환구조가 있다. 그것은 재벌 대기업-핵심수출산업을 중심으로 해외투자, 해외로의 과실송금, 해외소비의 상위순환을 만들어 낸다. 이처럼 두 순환의 분리는 한국경제의 발전전략에 기인하는 분업연관 단절과 대기업-중소기업간 수탈적 관계에 기인하고 이 경향은 세계화를 통해서 더 심화되었다.

그런 가운데 한 국민경제의 경계와 영역구분은 점점 의미를 상실해가고 국민경제 내 특정 지역이나 특정 산업이 국제적인 생산 네트워크에 직접적으로 편입되는 경향이 뚜렷이 나타나고 있다. 그 결과 국민경제가 하나의 단일한 경제순환구조를 구성하는 단위라기보다 산업, 지역 혹은 여타 가치사슬 상의 지위와 역할에 의해 외부 국민경제 혹은 외부 지역경제나 산업, 초국적 기업 등과 결합되어 생산의 국제적 네트워크를 구성하는 여러 단위들로 나뉘어진다. 또 국제적 생산 네트워크에 포함된 국민경제 내 특정부문이나 지역, 산업, 기업들과 그 네트워크에서 배제된 부문, 산업, 지역, 기업들 사이에는 과거 존재하던 상호분업연관이나 국민경제 구성원으로서의 공통성은 점차 희석되는 대신 서로 다른 경제적 재생산구조와 경기순환을 경험하면서 이질화의 길을 걷게 된다. 따라서 공간적 의미의 국민경제는 서로 균질하지 않고 상호연관이 단절된 복수의 경제영역으로 분할된다. 한국경제의 양극화된 두 순환은 이처럼 내적으로는 대-중소기업간 산업연관의 단절을 통해, 그리고 외적으로는 세계화 경향을 통해 점점 더 단절을 심화시켜 가고 있는 것이다.

민족경제론의 논의를 빌어 서로 다른 경제순환 영역을 국민경제 내 공간구조에 집어넣으면 전자를 로컬 영역으로, 후자를 글로벌 영역으로 부를 수 있다. 이때 국민경제의 양극화 경향은 과거 민족경제론의 어법으로는 민족적 생활양식의 균열이며 로컬 영역에서의 생산성-수익성 위기는 '민족경제영역'의 위기, 혹은 '토착경제영역의 위기'가 된다. 그리고 이 균열은 산업부문간, 지역간 그리고 계급·계층간 이해관계 대립을 심화시키고 이들 간의 이해관계 조정을 위한 정치적, 경제적, 사회적 비용을 증가시키며 국민국가, 시민사회의 위기를 초래할 상황을 부단히 만들어낼 것이다.

그렇다면 대안은 무엇이며 대안모색은 어디서부터 출발해야 하는가? 당장 이 물음에 답할 능력은 없다. 그러나 대안모색에서 반드시 고려되어야 할 것이라 생각하는 네 가지 논점을 제시하고자 한다.

1) 새로운 국가역할 규정이 필요하다

글로벌 자본주의 시대에 국가의 새로운 역할은 국민국가라는 공간구조 속에서 가능한 경제순환구조의 통합성을 증진시키고 산업부문간, 지역간, 계급계층간의 이해관계 조정과 그에 기초한 상생(win-win)의 발전전략, 즉 민주주의와 효율의 선순환을 가능케 하는 발전전략을 실행하는 것이어야 한다. 이는 '시장의 요구'에만 끌려가지 않고 '사회의 요구'를 적극적으로 고려하는 것이어야 하며, 국가-시장 관계와 더불어 국가-사회 관계의 전향적 재구축(이병천, 2005)에서 출발해야 한다.

산업정책과 관련해서는 새로운 전략이 필요한데 이는 '혁신'을 중심에 두되 특정 산업이나 기업에 대한 직접적 지원방식이 아니라 이른바 '외부성(externalities)'을 만드는 데 모아져야 한다. 외부성은 산업적 특성이나 기업내부에 존재하는 것이 아니라 공간적 근접성(spacial proximity)과 지역내 배태(local embeddednesss)에 의해 형성되는 것으로 혁신을 향한 경쟁우위의 핵심요소이다. 그리고 글로벌 자본주의 시대의 국가경쟁력은 임금이나 천연자원 등 부존 생산요소의 '비교우위'가 아니라 생산효율을 혁신하는 능력, 즉 '경쟁우위'가 핵심이라는 사실이 점점 더 분명해지고 있다(Porter, 2001).

그러므로 국가의 역할은 경쟁우위의 환경을 만드는 것이어야 한다. 이런 변화된 역할을 하는 국가를 아글리에타(M. Aglietta)는 투자국가(investment state)라 부른다. 이때 국가는 혁신요소의 형성을 위해 광범위한 외부효과를 갖는 투자에 재정지출을 집중하고, 사회구성원 전체의 고용가능성(employability)를 제고하기 위한 교육, 연구, 인프라에 자극을 가하는 것이 필요하다고 본다.[31]

대안적 경제는 사람과 사람을 둘러싼 환경, 즉 생태에 대한 관심이 중심가치가 되어야 한다. 사람과 환경을 귀하게 쓰는 경제는 옵션이 아니라 필수이다. 인구는 줄고 점차 고령화되고 있다.[32] 사회구성원들의 삶과 생활을 시장과 선순환적으로 결합하는 방법은 지식기반 경제의 창출에서 찾아져야 한다. 지식자본은 하나하나의 개인에게 체화되기도 하지만 제도로서 네트워크 환경으로도 존재한다. 그런 제도와 시스템을 갖추고 시장으로부터도 생존능력을 인정받으면 온전히 글로벌경제 내에서 생존가능하고 독자적 작동하는 로컬영역이 되는 것이다. 그리고 그 경제를 가능한 한 생태친화적인 시민사회와 공존하게 하는 메카니즘을 만들어 지속가능한 성장을 추구함으로써 '위험사회'로부터 벗어나야 한다. 그것이 21세기 국민국가와 시민사회의 과제이다. 결코 시장에 그 역할을 맡길 수 없다.[33]

---

31) 아글리에타(M. Aglietta)는 이런 국가의 역할이 역사적 진보의 길에 서는 것이라 평가하는데, 그 이유로는 우선 이러한 투자국가는 성장의 원천이 지적 노동의 창조적 능력에서 주어지는 기술진보의 특성에 부응하는 것이고, 둘째 시장이 해결할 수 없고 오히려 시장실패의 원인이 되는 외부성을 창출하는 것이며, 셋째 노동의 가치를 비싸게 만드는 전략, 그런 점에서 '임노동자 사회'로의 발전전망을 갖는다는 점을 든다(Aglietta, M., 1997).

32) 보건복지부 전망에 따르면 2050년 우리나라는 65세이상 노인인구 비율이 현재 최고령 국가인 일본과 이탈리아을 제치고 세계에서 가장 높아진다고 한다. 2004년 현재 전체인구 대비 노인인구의 비율은 9.1%인데 2030년 24.1%, 2050년 37.3%로 증가하며 경제활동대비 비율은 각각 37.3%, 69.4%가 된다(한겨레신문, 2005년 5월22일자). 경제활동인구 대비 노인인구 비율이 훨씬 더 빠르게 높아지는 이유는 심각한 출산률 저하에 따른 유소년층 인구저하가 초래하는 지연된 효과이기도 하다.

33) 전지구적 차원에서 제기되는 현대 자본주의적 발전양식이 지닌 한계 또한 '시장을 넘어서는 대안'을 필요로 한다. 물부족과 화석에너지 고갈, 지구온난화와 기후변화 등으로 대표되는

2) 시장을 넘어서자

대안의 모색을 위해서는 시장에 압도되지 않고, '시장을 넘어서려는 사고와 의지'가 필요하다. 사회주의 붕괴 이후 대안적 경제체제는 형평성뿐만 아니라 효율성도 담보한 체제라야 한다는 인식이 확산되면서 시장은 경제체제의 효율성을 보장하기 위한 불가피한 선택으로 여겨졌다. 대신 국가계획이나 국유화를 주장하는 논의는 거의 사라졌다. 그 결과 진보진영 내에서조차 '시장을 우회'하는 전략은 상상속에도 없고 현실적으로도 불가능한 것으로 받아들여졌다.

최근 우리사회에서는 민주화이후 세 번에 걸쳐 민주정부가 들어섰지만 정작 민주화의 성과는 도둑맞았다는 문제제기가 이어지고 있다. 그 이유로는 1987년 민주화대투쟁이래 문민정부, 국민의 정부, 참여정부로 이어지는 이른바 민주정부들이 '시장효율성 이데올로기'에 충실했던 것이 지적된다. 왜 민주정부는 무기력하게 핵심가치의 자리를 시장에 내줄 수밖에 없었는가? 그것은 민주정부들의 성세칠학이 시장효율성, 시장합리성, 시장주권에 압도되었기 때문이다. 그 결과 재벌-국가동맹이 만들어지고 재벌중심-노동배제적인 경제정책의 추진되면서 민주주의의 기반 자체가 흔들리게 되었다(최장집, 2005; 이병천, 2005).

여기서 대안적 경제체제를 논할 때 시장을 불가피하게 도입해야 하는 근거가 수로 시장기구의 효율성과 연관되어 있는 것이라면 '시장의 효율성은 과연 어디에서 기인하는 것인가'라는 물음은 매우 중요하다. 시장 효율성에 대한 해명이 분명하게 이루어지지 않는다면 대안적 경제체제에서 시장을 고려해야 하는 진정한 이유는 제시되지 않고 있는 것이며, 사회주의 체제붕괴의 여파로 그저 막연히 '시장으로의 투항'이 일어나고 있는 것인지도 모르기 때문이다. '제도로서의 시장'이라는 관점에서 보면 경제체제의 효율성은 시장 자체에 대한 논의에서보다 기업이나 여타의 사회제도 등 조직과 제도 영역으로 확대된 지평에서 논의되어야 한다는 것이 필자의 생각이다.[34] 더불어 '시장독재'에 저항하고 있는 민중생존권 위기론의 감수성

자연파괴와 자원고갈은 시장에 기초한 시스템의 효율성에 대한 결정적 반증이다(김종철, 2005; 박승옥, 2005).
34) 이에 대한 보다 상세한 이론적 논의에 대해서는 정건화(2004) 참조.

과 통찰은 민족경제론의 재구성을 위한 필수적 구성요소라 할 수 있다. 새로운 대안 담론은 '시장을 넘어선 곳'에 있다는 것이 필자의 믿음이다.

한 사회의 미래와 발전이 경제적 효율성의 확보 없이는 불가능하다 하더라도 경제적 효율성이란 이름하에 여타의 사회적 제도장치들이 해체되는 한 돌파구는 없다. 제도주의 경제학의 중요한 성과는 경제영역에는 시장외 다양한 제도들이 개입되어 있고 그것들에 대한 상호연관을 분석하지 않으면 경제의 효율성을 완전히 설명할 수 없다는 것이다(정건화, 2004).

3) 지역과 공동체에 주목하자

현실경제에는 시장과 국가외 제3의 매우 중요한 영역이 존재한다. 프레드 블록 (Fred Block)은 이 영역에 대해, 자유시장론자와 국가계획론자가 다 무시하고 있는 차원으로서 광범위한 사회적 틀과 구도라 설명한다(Block, F., 1990). 그것은 시장이나 국가 어디에도 포괄되지 않은 비공식적인 제도들(규범, 규칙, 습관 등)과 소규모 공동체들로서, 현실에서 경제주체들의 상호작용을 매개해주는 역할을 한다. 볼즈·진티스(Bowles & Gintis)는 효율과 평등을 동시에 유지할 수 있는 경제체제는 시장, 국가와 이들 공동체의 관계의 재구성을 통해서 이루어질 수 있다고 말한다 (Bowles & Gintis, 1996).

이런 공동체는 국민경제내에 수많은 지역에서 존재하고 작동된다. 그런 점에서 제3섹터에 대한 관심은 지역경제와 지역공동체에 대한 관심으로 구체화될 수 있다. 이와 관련해서 우리나라에서는 최근 국가경쟁력 강화를 클러스터의 구축을 통해 달성하려는 논의들, 즉 지역혁신체제론 혹은 혁신 클러스터론이 활발하게 검토된 바 있다. 이 논의들은 재벌-대기업이 아니라 중소기업과 지역경제의 활성화를 통해 국가 경제의 새로운 성장동력을 창출하려고 한다는 점에서 관심을 주목을 받는다(이병천, 2005; 정건화, 2003b; 김광수, 2005).[35] 혁신 클러스터나 지역혁신

---

35) 김광수(2005)에서는 클러스터가 현재의 산업기술의 특성에 기인하는 대-중소기업간 양극화의 해법으로 제시된다. 첨단기술 개발을 위해서는 장기간에 걸친 대규모 위험감수 (risk-taking) 투자를 필요로 하는데 개별 기업차원에서 기술개발 경쟁을 하면 대기업이 이 경쟁을 주도하게 되고 중소기업은 뒤처질 수밖에 없으며 결과적으로 중소기업들과 이들 기업

체제 전략은 과거와 같이 '산업'이나 대기업을 기반으로 하는 것이 아니라 '지역'
과 '혁신'을 기반으로 하며, '단순한 지리적 근접'에서 '전문화된 지역', '산업지
구', '집단학습', 그리고 '혁신환경'으로 발전해가는 전망을 제시함으로써 과거 개
발독재 시대의 억업적 동원과 일방적 배분에 의한 불균등발전 전략과는 구별되는
새로운 발전전략, 즉 분권화되고 자율적이며 참여를 통한 혁신기제의 창출전략을
제시한다.36)

물론 혁신 클러스터론은 지역의 내생적 조건들과 가능성에만 초점을 둔 채 소수
의 선택적인 클러스터만이 성공하고 있는 현실을 설명하는 데 많은 한계가 있다는
지적이 있다. 특히 클러스터론은 국가나 다국적 기업의 역할 등과 같은 외생적 요인
의 중요성을 과소평가하여 세계화 추세 속에 각 지역의 클러스터들이 어떻게 세계
경제에 통합되면서 어떤 클러스터는 성공적으로 발전하고 어떤 클러스터는 쇠퇴
하는지에 대한 거시적인 이론적 틀을 제공하지 못한다는 비판을 받는다(이용숙,
2005). 그러나 경제양극화를 극복하고 분업연관이 단절된 중소기업들의 경쟁력을
강화하는 전략으로서 지역혁신클러스터 전략은 주목받아야 하고, 이를 위한 거버
넌스는 세밀하게 구상되어야 할 필요가 있다.

4) 개방형 민족경제를 구상하자

과거 민족경제론은 분명 자립적, 일국적 발전전략을 채택하고 있었다. 박현채

들이 산재한 지역경제는 낙오될 수밖에 없다는 것이다. 그러므로 개별기업 차원에서 혁신투
자 경쟁이 진행되도록 할 것이 아니라 지방과 국가 차원에서 혁신경쟁을 위한 환경을 조성하
고, 지역경제에 대해서 제3섹터를 구성하는 여타 행위주체들이 엮이는 거버넌스를 만들어
내자는 것이다.
36) '재벌＝국적자본'론에서도 산업클러스터가 고려된다. 국적자본은 국내환경에 익숙하고 국
내환경이 여의치 않을 경우 이를 개선할 수 있는 정치적·사회적 네트워크를 확보하고 있기
때문에 산업클러스터 형성을 주도할 수 있다는 것이다(이찬근, 2003a). 단 이 경우는 대기업
이 지역혁신체계 구축의 주역이 될 것이다.
그러나 혁신 클러스터나 지역혁신체제의 가장 중요한 특징은 구성주체간 네트워크 형성이
며 개별 기업 범위를 넘어서서 지역 내부에서 공통지식을 창출하고 이전하는 메카니즘을 만
드는 전략이며 그 추진방법으로서 국가에 의한 총동원체제방식이 아니라 '인센티브에 의한
자발적 발전전략'이다. 그러자면 현재와 같은 재벌-중소기업간 수탈구조가 전면적으로 재
편되어야 할 것이다. '재벌＝국적자본' 논의는 '대타협'을 통해 이것을 실현시키자고 주장한
다.

혹은 기존 민족경제론이 상정하는 민족경제는 기술, 원자재, 판매시장 등의 측면에서 자립적이고 잘 짜여진 국내분업연관을 가진, 민족국가를 단위로 운영되는 경제라는 관념이 강했다. 그 이유는 민족경제론이 한편으로 한국사회에서의 자본제적 발전과 성장을 해명하면서 궁극적으로 분단된 남북경제의 통합과 그에 기초한 한반도 전체 차원에서의 재생산 구조의 확립을 목표로 했기 때문이다. 그런 점에서 민족경제론은 대외지향적이고 외자의존적 성장정책을 축으로 하는 박정희식 근대화 담론에 대항하여 분단상황의 극복이라는 과제에 집착했던 모델이라 할 수 있다(정건화, 2002).

그러나 상황은 바뀌었다. 그 변화의 핵심에는 세계화가 있다. 대안은 세계화를 어떻게 받아들이는가와도 관련된다. 필자는 세계화 경향 자체를 다양한 지리적 규모에서 존재하고 활동하는 여러 행위자, 제도, 네트워크들 사이의 복잡한 상호작용을 통해 만들어지는 결과라고 인식해야 한다는 시각(이용숙, 2005)에 동의한다. 이일영·전병유(2004) 역시 세계화 경향에 대해서 '개방적'인 시각을 가져야 한다고 주장한다. 세계화란 반드시 확고부동한 신자유주의적 실체만도 아니고 개방이 곧바로 신자유주의를 의미하는 것도 아니며 세계화와 개방이 신자유주의에 저항하는 정책과 양립될 수도 있다는 것이다. 그런 점에서 세계화와 개방이, 인류사회에 경제, 정치, 문화적으로 새로운 기회를 제공하는 측면도 있다고 보는 것이다.

정태인(1999)은 1990년대 후반을 국민 자본주의에서 글로벌 자본주의로 넘어가는 과도기로 규정하고, 국민자본주의의 한 시기에 관한 이론이었던 민족경제론은 자기의 수명을 다했고, 대신 글로벌 자본주의 시대에 국민경제가 갖는 의미와 글로벌 시대에 보다 평등한 사회를 구현하기 위해 민족경제론은 재구성되어야 한다고 주장한 바 있다. 그 연장선상에서 이일영(2005a; 2005b; 2005c)은 분단극복과 통일문제를 '당위'로만 인식했던 과거 민족경제론과 달리 변화된 현실을 고려한 상황에서 주어지는 '현재적 필요'로부터 재구성하자고 제안하였다. 이를 위해서는 한반도에 존재하는 분단과 역동적으로 변화하는 동북아의 상황을 동시에 풀어가는 전략으로서 '개방'을 적극적으로 활용하여야 한다고 강조한다.

국토면적이나 인구로 보아 작은 나라, 즉 소국(小國)이 자립경제를 실현하는 것은 자원과 시장의 한계 때문에 거의 불가능하다는 것이 역사적 경험으로 확인되었다. 또 글로벌체제로 작동하는 세계경제에 이미 깊숙이 편입된 경제를 억지로 '이탈'시키는 전략이 그 실현가능성 여부를 떠나 꼭 바람직한 것만도 아니다. 그런 점에서 필자는 과거 자립적 민족경제의 확립을 추구해온 민족경제론적 과제는 대외전략의 측면에서 '글로벌 시대의 개방적 민족경제'[37]적 지향으로 계승되어야 한다는 데 대해 동의한다.

7. 맺음말에 대신하여

박정희 모델로 상징되는 한국경제의 기존 발전모델은 세계화 경향 속에서 위기를 맞았고 이후 서서히 해체되었다. 역설적으로 '외채위기론'을 강조하고 '경제잉여의 대외유출'을 경계한 민족경제론, 한국경제의 구조적 모순과 그에 따른 기층민중들의 '생존권 위기'를 제기하던 정치경제학적 분석이 사라진 후 한국경제는 진짜로 '외세 문제'와 '민중 생존권 위기'를 맞았다. 그 후 한국사회는 한편으로는 외국자본과 특정 재벌의 영향력이 그 어느 때보다도 커지고 다른 한편으로 고용불안과 사회의 양극화 역시 전례 없이 심각한 상황을 맞고 있다. 또 한반도는 여전히 지구상에서 전쟁발발의 위험이 가장 높은 지역에서 벗어나지 못하고 있다. 더욱 문제는 지금은 과거와 달리 현실을 주도하는 지배담론에 대해 각론에서 맞서고 총론적으로 대안을 제시할 대항담론도 뚜렷하게 존재하지 않는다는 사실이다.

2005년은 고 박현채 선생이 떠난 지 꼭 10년째 되는 해이다. 그리고 양극화가 심화되는 현실에서 그 어느 때보다도 '박현채와 민족경제론의 부활'을 바라는 목소리가 높다. '제 민족과 가난한 자에 대한 충만한 사랑에 복종하는 도덕성. 이론의 명령을 그대로 실천에 옮기는 지적 도덕성. 이러한 도덕성을 삶 전체에 걸쳐 일관되게

---

37) 이일영(2005c)에서 개방형 민족경제는 다자주의-지역주의-민족주의의 동심원 구조를 의미한다. 여기서 다자주의란 강대국의 일방주의를 견제하며 세계무역기구(WTO)체제와 공존하면서 새로운 평등적 국제경제질서를 형성하는 것이다. 지역주의란 역내 국가와의 무역·투자확대로부터 출발하여 동아시아 경제통합으로의 발전을 지지하는 것이다. 그리고 민족주의란 남북 협력발전으로부터 시작하여 통합적 민족경제로 발전하는 것이다.

견지하는 더 큰 도덕성이 박현채 삶의 본질'(박순성·김균, 2000: 80)이라는 평가에 많은 사람들이 동의한다.

그런 점에서 박현채의 민족경제론을 계승한 21세기 한국경제의 대안이 반드시 갖추어야 할 원칙은 '직접적 생산자 대중의 사회적 참여 확대와 삶의 조건 개선'이라는 원칙이다. 고 박현채 선생의 민족경제론은 그가 가난한 자를 사랑하는 방식이었으며 그의 글쓰기의 바탕은 이 민족, 이 땅의 가난한 자에 대한 충만한 사랑이었기 때문이다.

그 바탕 위에서 세계화 경향과 국민경제의 상호작용에 기초해서 글로벌 시대 한국경제의 새로운 발전모델에 대한 전망을 갖는 개방적 민족경제론을 재구성하는 일이다. 이 글이 그러한 문제의식이 논의되고 소통되는 공간형성에 조금이라도 기여하게 되기를 바라는 마음 간절하다.

참고문헌

공정거래위원회. 2004,『2004년 출자총액제한기업집단 주식소유 현황 분석』, 2004. 8. 5.

국민경제자문회의. 2004,『2004년 IMF 연례협의단 한국경제보고서』

_____. 2005,『참여정부 출범 이후 거시경제 상황과 정책대응 및 평가』

국회예산정책처. 2005a,『NABO 하반기경제전망』

_____. 2005b,『2004년도 세입,세출결산분석』

권순헌. 2005, "외국인 주식 투자 증대에 따른 문제점과 대응방안" (내부발표자료)

김광수. 2005, 미디어다음 인터뷰-김광수 경제연구소장에게 듣는 경제위기 진단 (2005년 6월20일).

김기원. 1999, "재벌개혁을 둘러싼 쟁점"(초고)

_____. 2004a, "빗나간 재벌체제 옹호론,"『경제프리즘』, 2004. 5. 28.

_____. 2004b, "사이비 민족주의를 우려한다,"『경제프리즘』, 2004. 12.

_____. 2005, "삼성이 흔들리면 나라가 흔들리나,"『경제프리즘』, 2005.8.5

김상조. 2005a, "부동산 버블, 부동산 정책만의 문제인가,"『경제프리즘』, 2005.7.4

_____. 2005b, "재벌개혁 다시 시작해야,"『경제프리즘』, 2005.7.27

김선웅. 2004, "한국의 적대적 M&A에 관한 제도에 관한 검토" (초고).

김우찬. 2004, "재벌만을 위한 경영권 방어,"『경제프리즘』, 2004. 12.

김유선. 2004, "노동소득 분배구조개선을 위한 정책과제" (2004년 사회경제학계 공동 학술대회 발표문).

_____. 2005, "한국의 노동-진단과 과제" (한국노동사회연구소 창립 10주년 기념 심 포지움(한국의 노동, 과거 현재 미래 발표문).

김종철. 2005, "해방 60년, 과연 우리는 성공했는가,"『녹색평론』, 제83호.

대외경제정책연구원. 2005, "선진통상국가의 개념정립" (내부발표자료)

동반성장연구팀. 2005,『동반성장의 길』(미발표내부자료)

박순성, 김균. 2001, "정치경제학자 박현채와 민족경제론 -한국경제학사의 관점에서," 『동향과 전망』, 제48호, 박영률출판사.

박승옥. 2005, "진보는 환상이다" (광복60년 시련과 전진 학술토론회 발표요약문), 프 레시안, 2005. 8.23.

산업연구원. 2005, "2005년 하반기 거시경제전망,"『산업경제정보』, 제260호

송원근. 2005, "대안적 기업지배구조 모색을 위한 검토" (미발표 초고)

송호창. 2005, "궤변과 오만의 산물, 재벌총수체제 집착론,"『경제프리즘』, 2005.4.4.

신장섭・장하준. 2003, "한국 금융위기 이후 기업구조조정에 대한 비판적 평가,"『한

국경제의 분석』, 제9권 제3호.

신정완. 2005, "한국경제의 대안적 경제체제 모델로서 '한국형 사회적 시장경제 모델' 구상" (미발표 초고).

신진영. 2005, "경영권 방어장치, 경영진에게 묘약, 회사엔 독약," 『경제프리즘』, 2005.4.13

유철규. 2004, "한국경제의 현황과 개혁과제 재론," (제8회 대안연대 정책포럼 발표문)

이건범. 2005, "현단계 한국금융의 성격과 금융시스템," 『동향과 전망』.제64호 (2005 여름).

이병천. 2004, "주식회사 한국 모델에서 이해당사자 한국모델로," 『서평문화』, 제56 집 (2004 겨울),.

_____. 2005, "양극화의 함정과 민주화의 깨어진 약속: 동반성장의 시민경제 대안을 찾아서," 『시민과 세계』제7호.

이용숙. 2005, "세계화 시대의 지역경제발전: 클러스터론과 글로벌 생산네트워크이론 의 비판적 검토" (미발표초고)

이일영. 2005a, "한반도-동북아 지경전략: 지향과 정책," 『동향과 전망』제64호 (2005 년 여름)

_____. 2005b, "새로운 한반도 경제체제의 구상," 『창작과 비평』 제127호 (2005년 여름)

_____. 2005c, "동아시아경제와 한국의 87년체제," 『창작과 비평』 제129호 (2005년 가을)

이일영. 전병유, 2004, "개혁이후의 경제개혁, 신진보주의 경제모델 구상," 『동향과 전 망』, 제61호 (2004년 여름)

이정우 · 윤진호. 2005, "좌담: 양극화를 넘어 동반성장의 길⑥," 한겨레, 2005년9월 28일자.

이찬근. 2003a, "유럽 소국의 기업지배권 방어기제: 국내 재벌개혁에의 시사점" (한국 사회경제학회 여름학술대회 발표문).

_____. 2003b, "스웨덴을 통해 바라 본 한국: 상상력의 해방과 실천적 교훈" (발표문 원고)

_____. 2004a, "외자 지배의 현상과 대책" (제8회 대안정책포럼 발표문)

_____. 2004b, "투기자본의 문제와 우리의 대응방향" (발표문 원고).

_____. 2004c, "한국 경제시스템의 위기와 대안정책," 『시민과 세계』, 제6호.

임원혁. 2002, "세계화 시대의 기업경영과 정책" (발표문 원고).

_____. 2005, "한국경제와 재벌개혁," 『시민과 세계』, 제7호.

임원혁 외. 2005, "외국자본 어떻게 보아야 하나," 『KNSI특별기획』, 제3호...

장하성. 2004a, "한국경제위기," 『경제프리즘』, 2004.6.2

_____. 2004b, "코리아디스카운트,"『경제프리즘』, 2004. 9.21

_____. 2004c, "외국인 투자자는 마녀?,"『경제프리즘』, 2004.12.22

_____. 2005, "우리기업을 어떻게 지킬 것인가,"『경제프리즘』, 2005.1.19

장하준. 2004, "경제개혁의 방향을 다시 생각한다,"『시민과 세계』, 제5호.

전병유. 2005, "한국경제에서의 성장, 고용 그리고 복지,"『동향과 전망』, 제64호 (2005 여름).

전병유외. 2005, "사회적 양극화 실태와 해법,"『KNSI 특별기획』, 제2호.

전창환. 2005, "노무현정부의 한국경제: 현황과 대책,"『동향과 전망』, 제64호(2005년 여름)

정건화. 2002, "민족경제론의 재검토,"『동향과 전망』,제55호 (2002년 겨울).

_____. 2003a, "노동시장의 구조변화에 대한 제도경제학적 해석,"『경제와 사회』, 제57호(2003년 봄).

_____. 2003b, "동북아시대 참여정부 산업정책의 방향과 쟁점,"『동향과 전망』, 제59호 (2003년 겨울).

_____. 2004, "대안적 경제체제의 모색을 위한 제도경제론적 검토,"『사회경제평론』, 제23호.

_____. 2002, "비정규노동의 성격과 그 요인: 한국과 일본의 비교,"『한국사회학』, 제36집 1호.

정준호. 2005, "한국 중소기업의 현실 및 클러스터 형성의 조건에 대한 탐색" (미발표 초고).

성내인. 1999, "글로벌시대의 민족경제론 서설,"『동향과 전망』, 녹두.

청와대 경제보좌관실. 2005, "투기성 외국자본 유입의 영향과 대응방향" (대통령보고 자료).

최장집. 2005, "민주주의와 한국의 노동" (한국노동사회연구소 창립 10주년 기념 심포지움, '한국의 노동, 과거 현재 미래' 발표문).

한국금융연구원. 2005,『2005년도 하반기 경제전망』.

한국은행. 2004, "경제양극화의 원인과 정책과제" (보도자료), 2004.7.

_____. 2005, "가계와 기업의 성장양극화현상" (보도자료), 2005.1.

Aglietta, M. 1997, 전창환 편역,『현대자본주의의 미래와 조절이론』, 문원출판, 1999.

Block, F. 1990, Post-industrial Possibilities: A Critique of Economic Discourse, Berkeley, Cambridge Univ. Press, 최은봉 역,『포스트 산업사회』, 법문사.

Bowles S.& H. Gintis. 1996, "Efficient Redistribution: New Rules for Markets, States, and Communities," Politics & Society, 24(4).

KDI. 2004, "하반기 경제전망과 정책과제" (제2기 제1차 국민경제자문회의 보고자료).

KDI. 2005,『KDI 경제전망2005년 2/4분기』, 제22권 제1호.

Porter, Michael. 2001, On Competition, 김경묵 · 김연성 역, 세종연구원.

글쓴이 약력

유철규 yoocg@mail.skhu.ac.kr
성공회대학교 사회과학부 조교수(경제학 전공)
학력·경력: 경제학 박사(1996. 서울대학교 대학원)
    1997. 4~1999. 4 영국 런던대학교(SOAS) 및 옥스퍼드대학교(St Antony's
        Collage) 객원연구원.
    1998. 1 -1998. 6 장기신용은행 및 장은경제연구소 근무.
연구분야: 금융제도론, 기술경제학, 한국경제론.
논저:『구조조정의 정치경제학과 21세기 한국경제』(편저), 2000 외.

송홍선 dna0214@kdic.or.kr
예금보험공사 전문위원(경제학 전공)
학력·경력: 경제학 박사(2000. 서울대학교 대학원)
    1994. 1~1997. 6 쌍용경제연구원 선임연구원.
    1997~1999 숙명여대, 경원대, 한성대 강사.
    2000. 6 ~현재 예금보험공사.
연구분야: 금융경제학, 기업경제학, 금융제도론.
논저:『구조조정의 정치경제학과 21세기 한국경제』, 2000 외.

정건화 gunna@hanshin.ac.kr
한신대학교 경제학과 교수
학력·경력: 경제학 박사(1993, 서울대학교 대학원)
연구분야: 노동경제학, 한국경제론, 지역발전론.
논저:『노동시장 유연화와 노동복지』(2003, 공저)
    『한국사회 지역연구—근대 안산의 형성과 발전』(2005, 편저)

이상철 sclee1031@hanmail.net
성공회대학교 교수(경제학 전공)
학력·경력: 경제학 박사(1997. 서울대학교 대학원)
    1997. 9~1998. 7 미국 UCLA 객원연구원.
연구분야: 경제발전론, 경제사, 산업경제학.
논저:『한국경제성장사』(공저), 2001.
    「1960-1970년대 한국산업정책의 전개」,『경제와 사회』제56호, 2002.
    『서울상공업사』, 서울역사총서 제4권, 서울시사편찬위원회, 2003.

신정완 jeongwans@mail.skhu.ac.kr
성공회대 사회과학부 교수(경제학 전공)
학력 · 경력: 경제학 박사(1998. 서울대학교 대학원)
    1998. 9~1999. 4 노사정위원회 책임전문위원.
    1999. 4 ~2000. 12 한국노동연구원 실업대책 모니터링센터 총괄조정팀장.
연구분야: 노동경제학, 비교경제체제론.
논저:『임노동자기금 논쟁과 스웨덴 사회민주주의』, 여강, 2000.
    "The Swedish Debate on Wage Earners' Funds Revisited", *Korean journal of
    Political Economy*, Spring 2003.

김정주 fragen85@yahoo.co.kr
한신대학교 민주사회정책연구원 연구교수(경제학 전공)
학력 · 경력: 경제학 박사(2000, 한양대학교 대학원)
연구분야: 정치경제학, 한국경제론, 경제발전론.
논저 :「시장, 국가, 그리고 한국자본주의 모델: 1980년대 축적체제의 전환과 국가 후퇴
    의 현재적 의미」, 유철규 편,『박정희 모델과 신자유주의 사이에서』, 함께
    읽는책, 2004.
    「1980년대 이후 한국경제에서 산업간 가치분배구조의 변화 및 변동요인 분석」,
    『사회경제평론』제25호, 한국사회경제학회, 2005.

전창환 jch6577@hanshin.ac.kr
한신대학교 국제경제학과 부교수(경제학전공)
학력 · 경력: 경제학 박사(1994, 고려대학교 대학원)
    2003년 8월~2004년 8월: Visiting Professor in the University of Washington,
        Jackson School of International Studies, Center for Korean Studies.
    2005.1~현재; 보건복지부, 국민연금 성과평가단 위원.
연구분야: 국제금융, 국제경제, 한국경제론, 정치경제학.
논저: 전창환(2002),「신자유주의적 금융화와 금융주도자본주의」,『사회경제평론』, 18
    호, 한국사회경제학회.
    전창환(2003),「네덜란드사회경제모델과 네덜란드 연금제도」,『경제학연구』, 2
    호, 한국경제학회.
    전창환 · 조영철(2000),『미국식 자본주의와 사회민주적 대안』, 당대출판사.
    전창환 · 김진방 외(2004),『위기 이후 한국자본주의』, 풀빛출판사.

김은경<ekkim1917@hotmail.com>
경기개발연구원 책임연구원(경제학전공)
학력 · 경력: 경제학박사(2002, Paris 10 대학)

연구분야: 통화정책, 유럽통합, 조세정책.
논저: 「EU의 금융시장통합과 금융감독」(2005)
      「유럽중앙은행의 통화정책에 대한 검토」(2002) 등

임강택 <ktlim@kinu.or.kr>
통일연구원(경제학 전공)
학력·경력: 경제학박사(1996, 미국 뉴욕주립대(알바니) 대학원)
연구분야: 북한경제, 남북경제협력, 동북아경제협력.
논저: 『북한의 경제특구 개발과 외자유치 전략』(공저), 2004.
      『경제분야 통일인프라 구축 및 개선방안』(공저), 2004.

김양희 kyanghee@kiep.go.kr
대외경제정책연구원(경제학 전공)
학력·경력: 경제학박사(1997, 동경대학교 대학원)
연구분야: 한일경제관계, 동북아협력, 지역경제통합.
논저: *Korea-Japan FTA: Toward a Model Case for East Asian Economic Integration*,
      co-author, 2005.
      『대안적 생산체제와 노사관계』(공저), 2001.

송원근 swg@jinju.ac.kr
진주산업대학교 산업경제학과 조교수(경제학 전공)
학력·경력: 경제학박사(2000, 고려대학교 대학원)
연구분야: 산업조직론(재벌), 연금제도.
논저: 『한국의 재벌: 재벌의 사업구조와 경제력 집중』, 나남출판사, 2005 외.
      「삼성의 경제력과 성장의 그늘」, 『역사비평』, 제72호, 2005.
      「기업연금의 지배구조 : 미국, 네덜란드의 비교」, 『사회경제평론』, 제24호, 2005.

〈그 외 공동연구원〉

오유석 ysoh@mail.skhu.ac.kr
성공회대학교 연구교수(사회학 전공)
학력·경력: 사회학 박사(1997. 이화여자대학교 대학원)

손혁재 nurison@empal.com
성공회대학교 연구교수(정치학 전공)
학력·경력: 정치학 박사(성균관대학교 대학원)

김상조 sjkim4059@hansung.ac.kr
한성대학교 경상학부 부교수(경제학 전공)
학력 · 경력: 경제학 박사(1993. 서울대학교 대학원)

한국 시민사회의 변동과 사회문제 이영환 편

노동자, 여성, 가족 및 소수자집단과 복지, 대중문화 및 언론에 대해 지난 반세기 동안 이면
에서 누적된 문제들, 그리고 문제해결을 위한 사회적 노력과 국가의 정책적 대응과정을 심
층적으로 분석하고 있다.

국가폭력, 민주주의 투쟁, 그리고 희생 조희연 편

국가폭력과 민주주의 투쟁의 상호작용 속에서 발생한 '희생'이라는 프리즘으로 한국 현대
사를 재조명해본다. 희생의 구체적 양태와 다양한 영역과 차원에서 나타난 희생을 입체적
으로 드러내고 분석한다.

한국자본주의 발전모델의 역사와 위기 유철규 편

글로벌라이제이션과 정보화의 약속과 예언은 우리 경제의 대안이 될 수 있는가·국가동원 체제를 통해 기적이라고 불릴 만큼 놀라운 경제성장이 어떻게 가능했는지, 그리고 그러한 성장은 어떠한 한계에 부딪치는지를 설명한다.

한국의 정치사회적 지배담론과 민주주의 동학 조희연 편

'한국현대사에 대한 담론사적 재해석'을 시도하였다. 다층적인 계급적·사회적 투쟁과정을 담론 적 투쟁과정으로 보고 한국 민주주의의 동학에 대해 담론으로 재조명하고 있다.

올로기적 기능을 중심으로
제7장 '국제경쟁'지배담론 분석: 박정희 정권에서 김대중 정권까지—신년사 · 취임사 내용을 중심으로
제8장 '가족계획 사업'과 가족주의 담론—'가족계획'담론의 생체정치학
발행일 2003년 8월30일 가격 20,000원

통합과 배제의 사회정책과 담론 이영환 편

한국사회의 구조변화과정에서 야기된 사회문제에 대응하기 위한 노동과 자본, 국가 등 다양한 행위자들의 실천과 이를 둘러싼 담론을 분석하고 있다. 차별과 배제를 생산하고 유지시켜온 주요 지배담론은 무엇이었고 그 담론의 담지자들은 누구였는지에 초점을 두고 있다.

서론 정치적 프락시스로서의 담론투쟁
　제1부 주요영역에서의 통합담론과 배제담론
　제1장 차별과 배제의 복지정책과 담론
　제2장 한국 사회의 문화 정체성갈등과 대중문화 담론
　제3장 언론산업화 정책의 변천과 지배담론, 그리고 대안담론에 대한 고찰
　제4장 평생교육, 불평등의 확대인가 사회적 통합의 기제인가
　제5장 정보화 변증법은 존재하는가
　제2부 사회적 약자에 관한 담론
　제6장 여성노동정책과 담론분석: 성별화된노동시장과 모성보호정책을 중심으로
　제7장 빈곤의 담론
　제8장 이혼담론의 전개와 가족법 개정
　제9장 노인복지정책과 담론
　제10장 한국 장애인 복지의 전개와 장애담론의 변천
　제11장 화교와 인종주의: 한국화교분석을 위한 인종주의 담론분석
발행일 2003년 8월30일 가격 20,000원

한국의 정치사회적 저항담론과 민주주의 동학 조희연 편

저항담론의 정치사회적 분석을 통해 한국 현대사에 대한 담론사적 재해석을 모색하고 있다. 새로운 저항의 지평을 개척할 수 있을지 여부는, 한국 지식사회의 이론적 재구성 능력 및 역사와의 대화 능력, 그리고 저항운동의 실천 여하에 달려있다고 할 것이다.

　제1부 총론
　제1장: 저항담론의 변화와 분화에 관한 연구—'급진화'와 '대중화'의 긴장을 중심으로
　제2부 정치사회적 저항담론과 민주주의 · 파시즘
　제2장 정치사회적 저항담론과 민주주의
　제3장 저항담론과 파시즘 논쟁—'파쇼'에서 '우리 안의 파시즘'까지
　제3부 정치사회적 저항담론과 자본주의 · 현실사회주의 · 미국/북한

박정희 모델과 신자유주의 사이에서 유철규 편

박정희 발전모델의 해체와 자유주의의 본격적 등장에 대해 1980년대 이후 한국 자본주의의 구조변화를 분석하고 있다. 또한 1980년대 이후 자유주의 정책의 왜곡과정을 보여줌으로써 자유주의적 정책이 어떻게 경제위기로 이어지게 되었는가를 밝히고 있다.

시민사회의 구성원리 전환과 사회정책의 대안적 프레임 이영환 편

한국사회가 지향할 대안적 패러다임의 모색과 설득력있는 대안을 만들어내기 위해 노력한 결과물이다. 사회문제와 사회정책의 각 영역에서의 대안적 노력들을 망라했다.

혁신과 통합의 한국경제모델을 찾아서 유철규 편

"혁신"과 "통합"이라는 화두를 중심으로, 왜곡되고 편협한 자본의 세계화를 넘어 평화와 공존을 가능하게 하는 세계화의 길은 무엇인지, 생산력의 확대와 노동의 폐기를 넘어 국민다수의 경제·사회적 생존을 보장하는 민주적인 사회 통합의 대안을 모색해보았다.

혁신과 통합의 한국경제모델을 찾아서

초판 1쇄 발행   2006년 2월 6일
초판 2쇄 발행   2008년 9월 26일

지은이   유철규 편
빌헹인   상소연
발행처   도서출판 함께읽는책(cobook publishing)

주소   (152-790)서울시 구로구 구로3동 182-13
대륭포스트타워 II 1205호
전화   02-2082-0260
팩스   02-2082-0263

가격   15,000원
ISBN   89-90369-37-1 (03320)